邓世增史料汇编

杨耀基 编著

中国华侨出版社
·北京·

图书在版编目（CIP）数据

邓世增史料汇编 / 杨耀基编著 . -- 北京：中国华侨出版社 , 2023.4
    ISBN 978-7-5113-8273-3

Ⅰ . ①邓⋯ Ⅱ . ①杨⋯ Ⅲ . ①邓世增—传记 Ⅳ . ① K827=7

中国版本图书馆 CIP 数据核字 (2022) 第 007850 号

邓世增史料汇编

编　　著：杨耀基
责任编辑：桑梦娟
经　　销：新华书店
开　　本：787 毫米 ×1092 毫米　1/16 开　　印张：32　　字数：480 千字
印　　刷：四川科德彩色数码科技有限公司
版　　次：2023 年 4 月第 1 版
印　　次：2023 年 4 月第 1 次印刷
书　　号：ISBN 978-7-5113-8273-3
定　　价：98.00 元

中国华侨出版社　北京市朝阳区西坝河东里 77 号楼底商 5 号　邮编：100028
发行部：（010）64443051　　传　真：（010）64439708
网　　址：www.oveaschin.com　E-mail：oveaschin@sina.com

如发现印装质量问题，影响阅读，请与印刷厂联系调换。

邓世增（1889—1954）

邓世增将军是中国同盟会会员、民国陆军中将、民国"行宪"第一届"立法委员"、中国国民党革命委员会全党团结委员会委员。

邓世增将军早年参加辛亥革命，一生致力于民主革命，积极参加抗日战争，支持新中国的建立；是一位反封建、反独裁、反侵略，追求统一，无私奉献的民主革命爱国将领。

邓世增将军热爱家乡，善为族事，关爱族人，是一位支持家乡建设和教育事业的忠厚长者。

开篇语

邓世增将军是对现代广东地方军政有过影响与卓越贡献的著名人物，对粤军第一师，对第十九路军的创建，对第十九路军淞沪抗战，对粤系军事集团延续广东第八路军、第一集团军、第四路军皆起到过程度不同的影响与作用；他毕生贯穿着粤军——粤系军事集团的兴起、成长、壮大的兴衰历程，各个时期均有过程度不同、印记深长的痕迹。粤军是对近现代中国及广东政治、军事、社会发展进程，均有过重要历史作用和影响的地方军事集团。粤军作为广东地方军系，最早发源于辛亥革命后之广东北伐军。辛亥革命后群起于广东各地的民军，被视为粤军雏形，始创于1912年。正统之粤军成建于朱庆澜移交孙中山之二十营新军，后来成为孙中山掌握的第一支具有革命意义的军事力量。它的诞生与成长初期，是广东地方军事力量伴随着民国时代军阀的兴起此消彼长，是孙中山先生三次在广东建立革命政权的开端及里程碑。粤军首先是一个意义广泛的广东地方军系称谓，是一个时期广东地方军事集团的统称。早期的粤军参加了民国肇始的北伐战争，是南方军系支持北方革命的重要一翼。护法、护国运动起事后，粤军作为革命党仰仗的武装力量，是在孙中山亲自领导下建立起来的中国国民党最初的强势军事武力，并在支持孙中山先生的革命事业的发展过程中成长壮大。粤军的发展、成长、兴盛和衰落，经历了曲折多变、扑朔迷离的较长历史过程；经历了陈炯明领衔的援闽粤军时期，驱逐旧桂系军阀返回广东的粤军、背孙（中山）分出的陈炯明部粤军和继续作为孙中山倚仗的许崇智部粤军时期。粤军的产生与粤系军事将校的成长与引领，为长时期封闭的军阀军事统治领域注入了先进的革命的军事学术思想和军事进步武力。一大批粤军将领，如邓世增将军等，在不同时期历史阶段的粤系军队中担当重任，成为独当一面的将帅英才；不少将军还在军政机构参与战略与策划，不同程度地影响着军队建设乃至战争进程，在国家军事历史上发挥过极其重要的作用。由于邓世增早逝，他的事迹与功勋渐为当代人所遗忘，但记忆的缺失不等于史事消失，如今我们收集、整理、研究他的事迹与军事履历，旨在发现与发掘他的存世功德。他是粤军前辈耆宿与著名将领，是现代广东军政事务的积极参与者、推进者、践行者与奉献者，晚年积极参与人民革命解放事业，参与中国共产党领导的军事策反，参与民革初期全党团结委员会的各项活动，是中国共产党统一战线工作的奉行者与挚友。

他的行世风范与功德，如同时代人李济深所记："益能（邓世增）参谋长名绩更懋，济深素心所托于兹十年矣……岭桥孤军，黄埔杀贼，孰主其谋，益能之力……"[1] 蔡廷锴所忆："邓世增乃军人中之忠厚长者，不独我对他如此恭维，就是第一师的同事，谁都说他的公道话。他对朋友固然和蔼可亲，就是对部下也不摆架子。有功必报赏，有过必处罚，真是赏罚严明，无偏无袒。他当时兼任第一师军械处长，李（济深）师长对他极为信任。"[2] 黄节撰文曰："世增秉母教，忠义奋发。余尝与同役广州，知其为人，有国士之风……"[3] "应召北上之邓益能保卫大武汉，既为我国此次拒敌之一段重大工作，故必合群策群力以从事。观于中央各军事领袖之询谋佥同，与平各行政机关之集中重庆办事，同时并疏散三镇一般老弱妇孺。而训练合龄之壮丁20万，以分任工作。此其决心不轻于放弃武汉，大可知也。于是凡具军事学识经验及奋斗精神，而尚散处各方者。我最高军政领袖，皆一律延致以共拒敌。日前旧四军健将邓益能（邓世增）应召北上，即其一也。益能初毕业于广东陆军速成学堂第三期。与李任潮（李济深）、徐景唐、冯祝万诸公共笔砚。（曾）俱为粤军第一师师长邓仲元罗致于麾下。二十年来，我粤名将大都出自第一师者，可见当时邓师长得人之盛矣。当北伐之际，益能任第四军第十一师副师长。时师长陈伯南（陈济棠），赴俄考察军事，益能遂代行师长职权，戍防南路。今日第四路军，余（汉谋）、香（翰屏）两位正副司令长官，则属第十一师下之两团长耳。年前两粤和平合作，益能亦致力不少，深为最高军事领袖所嘉奖，屡拟擢任要职，而益能均谦辞。或者窃疑其立心与李任潮共进退云。兹者我国抗战，已进入最重要阶段，诚非贤者淡泊明志之时。中央既下大决心，集中群策群力以应付。而其具有奋斗精神及经验学识如益能者，复何得抱膝长吟，而不坐言起行也哉。"[4] 当年此段文字，媒体报界对邓将军及粤军概括评价中肯得当。前有个人忆述，后为媒体舆评，为认识解读人物起呼应助力作用。这些都是对邓世增一生事功的充分肯定。

2019 年 10 月

陈予欢撰文

---

[1] 李济深撰书：《邓母詹夫人诔词》，1932 年 10 月。
[2] 蔡廷锴著：《蔡廷锴自传》，黑龙江人民出版社，1982 年 6 月，第 151 页记载。
[3] 黄节撰文：《邓母詹夫人墓志铭》，1932 年 10 月。
[4] 生刍撰文，《大汉公报》，民国二十七年九月二十三日（1938 年 9 月 23 日）。

序

邓世增（1889—1954），别字益能，出生于广东省合浦县营盘乡玉塘村（现属广西北海市铁山港区）一个私塾先生家庭。父亲邓鉴秋，母亲詹氏，兄弟姐妹十人，他排行第三。

1911年，邓世增加入同盟会，响应辛亥革命，参加反清暴动与起义，从此投身国民革命军，历任排长、连长、营长、团长、旅长、师长、第四军参谋长、第八路军参谋长、第十九路军副总指挥等职。参与1932年"一·二八"淞沪抗战、1933年福建事变，参与调停1936年两广事件。1937年全面抗日战争爆发后，他回家乡出资组建民众抗日自卫团。1939年，任第四战区南地区特别守备区司令官，参加桂南会战。抗日战争胜利后，积极参与国共和谈，参与组建国民党革命委员会。解放战争期间，积极策动国民党在广东的军政要员起义。

《邓世增史料汇编》主要辑录地方文史馆、档案馆和台湾"国史馆"的资料，各地报刊和相关历史人物的传记、回忆录及父亲本人的年表和自传手稿。这些存史资料，客观记载了邓世增在重大历史事件中的亲历轨迹，在国家和民族危难时刻挺身而出，表现了他浓烈的家国情怀。他终生奉行孙中山先生的遗训，追求民族独立、自主和国家统一。他坚定的信念，对事业的忠诚，出色的军事才能，赏罚严明的治军原则，待人以诚的态度，在军中有很好的声誉。他曾先后担任李济深、陈铭枢、蒋光鼐和蔡廷锴的参谋长，又先后被委任第十一师代师长、代理第八路军总指挥、代理京沪卫戍司令长官、代理福建绥靖公署主任。他深得上下级及同僚的尊重和信任。他从不计较职位高低，在早期粤军第一师时，曾把自己营长职位让给作战英勇、表现出色的连长蔡廷锴。1926年，陈济棠任第十一师师长时因故辞职，避往苏联考察时，父亲不肯就其师长位，只愿代其师长职，待陈济棠回国后，主动把师长职位让还给他。

作为他的子女，由于过去年纪较小，父亲长年征战在外，之后又因种种原因，对父亲生平及其所处年代认知甚浅。今天随着国家改革开放还原历史的潮流，才开始接触和收集父亲的资料。资料的搜集为我们开阔了探讨近现代史的眼界，资料的搜集寄托了我们对父亲的深切怀念和敬仰。

在此，衷心感谢在资料搜集过程中热心帮助的众多亲朋好友，特别是邓肇庠先生在10多年前曾花费了大量时间和精力编写《邓世增传》的初稿，给予我们很大鼓舞。因当时对写书要求不同，许多内容未能加以详细说明。现在《邓世增史料汇编》正可以印证和丰富《邓世增传》的真实性和可读性。在这里还要感谢钟国新医生把他父亲收藏了近80年的《邓氏詹夫人吊唁册》抄印本送交我们。吊唁册内记录了近800人包括当年叱咤风云的军政、文化界名人，所亲书、撰写的墓志铭、祭文、挽诗和挽联。这本吊唁册既是悼念贤良淑德的詹老夫人，又是颂扬先辈的抗日爱国情操，也是一个大时代的写照，是一份很珍贵的文物。祖父是父亲最敬重的人，是他鼓励和支持儿子们走上反封建帝制、追求民主、抵抗外族侵略的革命道路。但我们对祖父几乎是一无所知。就在我们一筹莫展时，唐锦汉老师在广东省立中山图书馆特藏部翻阅到一本古旧的线装小册子。它是国民党元老，时任中山大学校长邹鲁先生署名的《邓鉴秋先生讣告》，内里记载了我们寻找许久的祖父生辰死忌的日子，记载了宗亲及父亲同袍、旧日战友、朋友的哀悼，记载了父亲和叔父们的哀启，使我们了解到祖父也是一位热爱教育事业、乐于助人、有抱负、襟怀广阔、爱国爱乡爱家，令我们尊敬和怀念的老先生。

希望《邓世增史料汇编》能帮助后人对父亲邓世增进一步了解，对其所处的时代进一步认识。

邓昌

2019年8月

目 录

第一部分
邓世增生平忆述

邓世增年表	003
邓世增1951年亲笔自传手稿	008
档案资料	026
一、人事调查表	026
二、"军事委员会委员长侍从室"人事登记片稿	027
三、广州市公安局户籍档案馆存《广州市居民户口卡片》	028
四、台北"参谋本部"档案	029
忆父亲邓世增	032
我所知道邓世增的一些事迹	038
一、家庭概况	038
二、参加辛亥革命及东征、南征、淞沪抗战	038
三、贱卖盐田，参加国民大会竞选，支持李济深反蒋	041
四、支持人民革命推翻蒋家王朝	041
邓世增传	044

第二部分
各历史阶段资料汇集

辛亥革命	155
在粤军第一师	161
在第四军第十一师	164
在广州身兼多职	167
李济深被扣南京，邓世增图兵谏蒋介石	204
"一·二八"淞沪抗战	229
福建事变	262
两广事件	282
组织家乡民众抗日、参加桂南会战	310
在"军事委员会桂林办公厅"的岁月	364
策反活动	369

第三部分
邓氏兄弟

邓世诚	377
邓世汉	378
纪念先辈二三事	382

第四部分
纪念邓父鉴秋先生及邓母詹夫人

邓鉴秋先生事略 ………………………………………… 389
《邓鉴秋先生讣告》 ……………………………………… 392
《邓君詹夫人吊唁册》 …………………………………… 415
《邓氏詹夫人吊唁册》中部分题词人简介 ……………… 466
邓世增故居——鉴公楼和邓公馆简介 …………………… 490

后　　记 ………………………………………………… 495

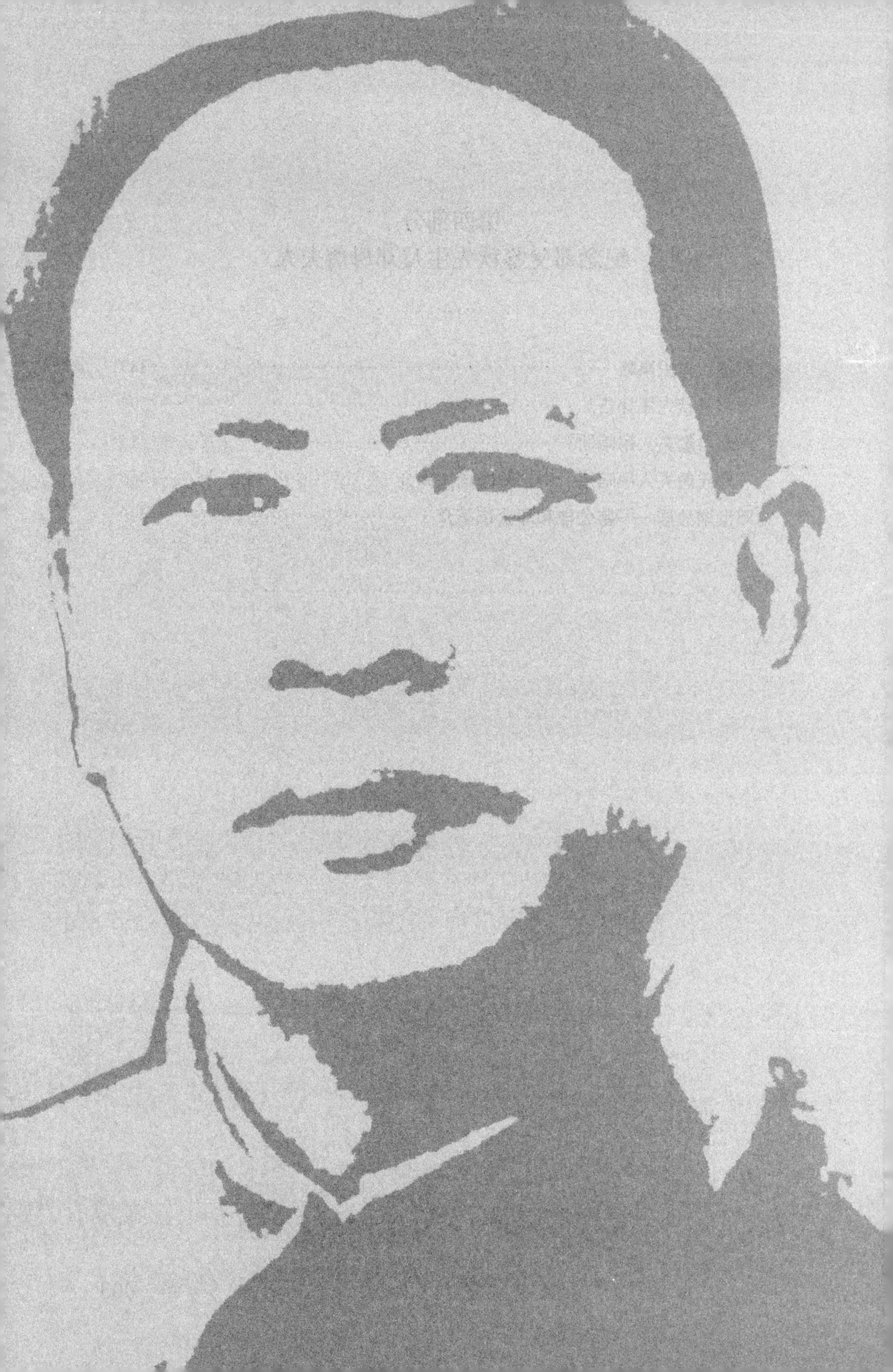

第一部分

邓世增生平忆述

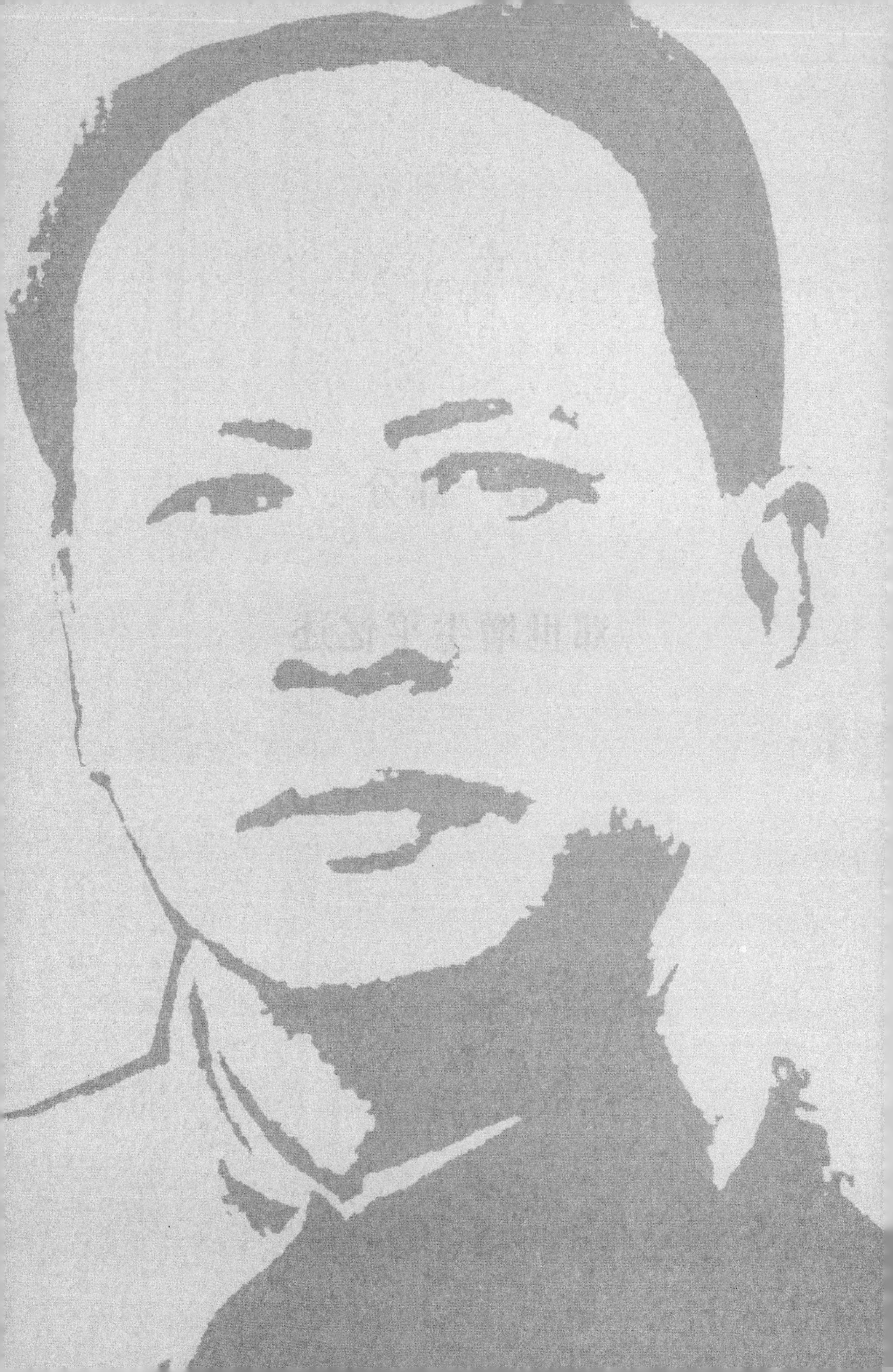

邓世增年表

邓世增（1889—1954），别字益能

1889年2月23日（农历正月二十四日），出生于广东合浦县南康镇玉塘村（今属广西北海市铁山港区营盘镇）。

1907年，入读廉州府中学堂。

1911年2月，在廉州府中学堂读书时，加入中国同盟会，响应辛亥革命，参加反清暴动与起义。11月，和苏用武（苏乾初）等在合浦廉州起义成功，成立了革命政府——廉州军政分府，任军政部部长（苏乾初任军政分府都督）。

1912年1月，入读广东陆军速成学校第三期炮兵科。

1913年10月，广东陆军速成学校毕业，派往兵站服务，讨伐袁世凯失败后，遭追捕逃往香港。

1914年春，任阳江苏汝森团机关枪连排长。在亲袁世凯的龙济光部杀害同盟会出身的苏团长后，前往香港避居。

1916年，任肇庆都司令第六军部委员，派往杨鼎中团服务。

1917年，随钦廉道尹成光任委员。

1918年，任广东肇军陈铭枢营教官（即副营长），驻罗定。

1919年，任粤军杨鼎中帮统部执事长（即副官长）。

1920年，联合陈铭枢在广东阳江起义，任陈铭枢粤军第九支队司令部参谋长。10月，移驻肇庆改编入粤军第五十四协统任营长。

1921年，任粤军第一师第四团营长。

1922年，粤军第一师邓铿师长送其200支枪，返回广东合浦县组建民团武装。

1923年6月，自广东合浦县率部200多人枪及山炮两门赴肇庆，被粤军第一师师长李济深收编为炮兵营，任营长。后调任粤军第一师军械处长兼大本营补充团第一营营长。

1924年春，任粤军第一师补充团团长。7月，调任粤军第一师第四团上校团长。期间奉命率部入广西,协助李宗仁、白崇禧、黄绍竑击败沈鸿英,收拾桂局。

1925年6月,随粤一师第二旅与东征军主力回师广州,参与平定杨希闵、刘震寰叛乱。7月,建国粤军改编后,任国民革命军第四军第十一师第三十二团上校团长。10月,参加第二次东征战役(东江讨逆之役),讨伐陈炯明部。11月,参加南征战役(南路讨逆之役),讨伐邓本殷、申葆藩部。

1926年4月,升任第十一师少将副师长。10月,兼任广州警备司令部中将司令官。

1927年1月,代理第十一师师长。8月,调任国民革命军第四军司令部中将参谋长,驻节广州。12月,任国民革命军第八路军总指挥部中将参谋长。

1928年1月,兼任广州卫戍司令部司令官。3月,兼广州市公安局局长。4月,兼任第八路军总指挥部独立师师长。11月15日,被中央党部委派为中国国民党广东编遣区第二师特别党部筹备委员,排名第一位,委任为中国国民党广东编遣区第二师特别党部常务委员。

1929年2月,被中国国民党中央执行委员会,指定为中国国民党广州市特别党部执行委员,兼组织部部长。4月,因李济深被扣留于南京汤山,其间代理第八路军总指挥,通电全国声讨蒋介石,"兵谏"反蒋未遂,避居香港。

1931年10月,任京沪卫戍司令长官公署参谋长。

1932年1月15日,代理京沪卫戍司令长官,参与"一·二八"淞沪抗战。7月,随第十九路军入福建,任驻闽绥靖主任公署参谋长。

1933年11月,参加福建事变,参与组建中华共和国人民革命政府,出任中华共和国人民革命政府军事委员会委员、人民革命军第一方面军参谋长兼第十九路军副总指挥、参谋长、南平行营主任。

1934年福建事变失败后,和撤退至龙岩的蔡廷锴会合,与陈济棠商议改编为独立第三旅,保留第十九路军最后的种子(后被下令解散)。

1935年,与李济深、蔡廷锴等秘密筹划重组第十九路军。

1936年,出任第四路军总指挥部总参议。参与调停两广事件,推动李宗仁、白崇禧提出《抗日救国协定草案》。

1936年11月12日,获国民政府颁发三等云麾勋章。[1]

---

[1]《国民政府公报》第117册,1936年11月13日第2201号颁令,国民政府文官处印铸局印行:台湾成文出版社有限公司,1972年8月出版,第6页记载。

1937年5月31日，被国民政府军事委员会铨叙厅颁令叙任陆军中将。[1]

1937年6月，委任为广东省民众抗日自卫队统率委员会26名委员之一，兼任第十三区民众抗日自卫队统率委员会主任。

1938年春，任钦廉地区抗日游击挺进司令部司令官。

1939年3月4日，国民政府颁令：派邓世增为广东省第八区行政督察专员兼保安司令部司令官。[2]

1939年5月，兼任第四战区南地区特别守备区司令官（后改第八区游击指挥部指挥官），参加桂南会战和历次南路抗击日寇之战役。在北海"焦土抗战"中，关键时刻下令不能轻率举火，使北海得免"焦土"浩劫。

1942年5月22日，国民政府颁令：广东省第八区行政督察专员兼保安司令部司令官邓世增呈请辞职，准免本兼各职。[3]

1942年夏，辞职返回原籍乡间寓居。

1943年，任军事委员会桂林办公厅（主任李济深）参谋长，后改任高等顾问，统筹整合西南抗战。参与东江纵队保护"左"派人士和文化名人行动。

1946年1月，任广州行营军事调处执行部顾问。揭露广东军政当局企图掩盖曾生领导的东江纵队是抗日队伍的阴谋，敦促张发奎准予东江纵队北撤。

1948年，提名为广东省参加第一届"立法院"的"立法委员"候选人。5月4日，当选为"行宪"第一届"立法院"的"立法委员"。

当中国国民党革命委员会在香港成立时，把从家乡运到广州的一船盐贩卖所得的3万多港元作为会费，更把家乡的20路盐田的经营收入长期作为革命活动经费。但因策反需要，没有公开加入民革。同年在广东北海协助民革组织起义活动。因起义事泄，逃往香港。开展对国民党高级将领的策反工作。

1950年，秘密赴京会见李济深，并受周恩来等国家领导人接见。6月5日，

---

[1] 一，《陆海空军军官佐任官名簿》第一册，国民政府军事委员会铨叙厅，1936年12月印行，第10页记载；二，《国民政府公报》第125册，1937年6月3日第2370号颁令，国民政府文官处印铸局印行：台湾成文出版社有限公司，1972年8月出版，第1页记载。自1935年4月2日开始，国民政府军事委员会按新制向军官重新叙任授衔。

[2]《国民政府公报》第139册，1939年3月8日渝字第133号颁令，国民政府文官处印铸局印行：台湾成文出版社有限公司，1972年8月出版，第6页记载。

[3]《国民政府公报》第169册，1942年5月23日渝字第468号颁令，国民政府文官处印铸局印行：台湾成文出版社有限公司，1972年8月出版，第35页记载。

被推定为中国国民党革命委员会全党团结委员会委员，7月，补办民革党员手续。奉命再往香港继续策反工作（主要对象是薛岳、陈济棠、余汉谋、张发奎等）。

1950年9月，携家眷回广州定居，参加中国国民党革命委员会广州市分部工作。

1954年2月5日，在准备到北京工作之际，突发心脏病，在广州病逝。安葬于广州市第十九路军淞沪抗日阵亡将士陵园。中央人民政府副主席李济深亲自墓碑题字"邓世增同志之墓"，以示悼念。

2015年9月，国家隆重纪念中国人民抗日战争胜利70周年，中共中央、国务院、中央军委向邓世增将军遗属颁发了：中国人民抗日战争胜利70周年纪念章（纪念章编号：2015001505）。

中共中央、国务院、中央军委2015年向邓世增将军遗属颁发的中国人民抗日战争胜利70周年纪念章

邓世增1951年亲笔自传手稿

《邓世增自传》是邓世增由香港返回广州，1951年在民革学习时所写的自传底稿。《年表》最后一页（1945年后）因年久破损丢失。

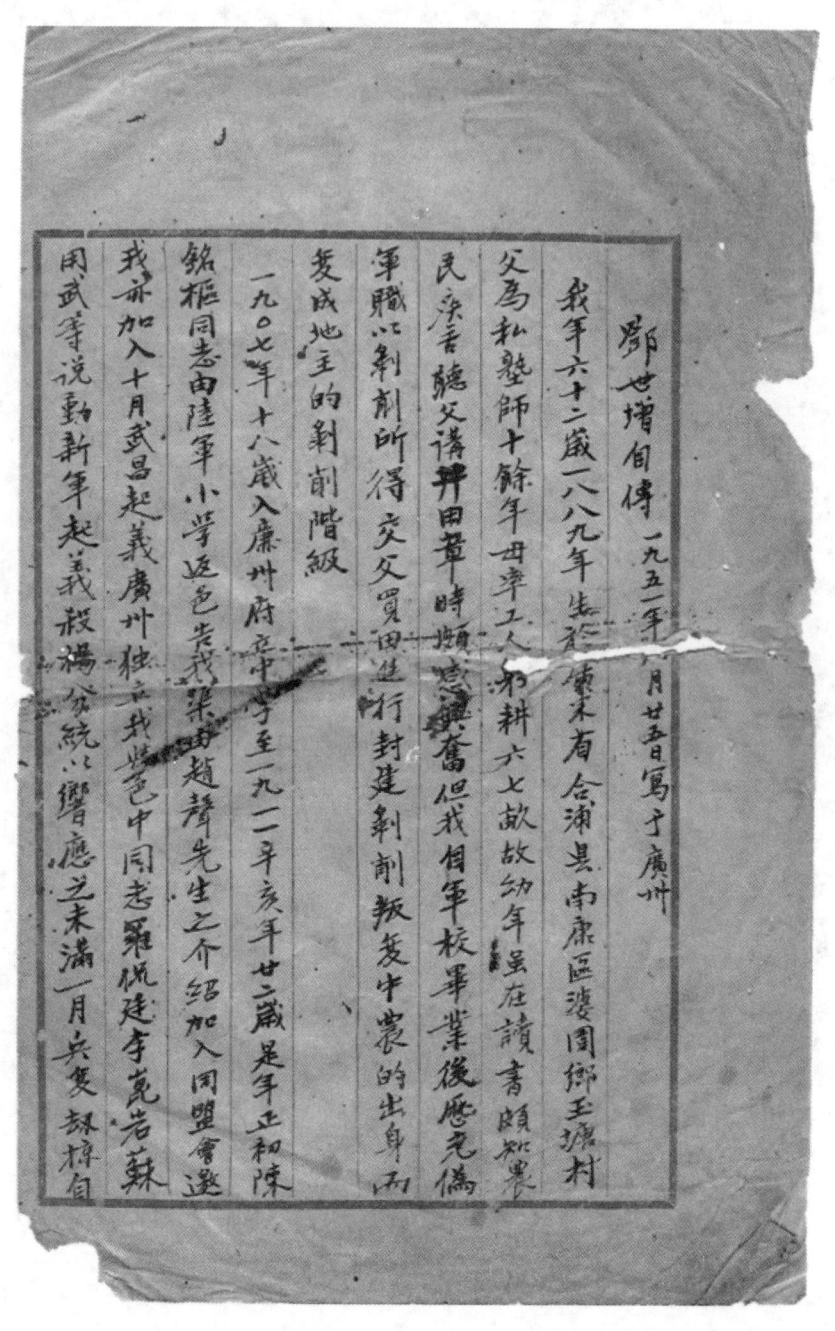

第一部分 邓世增生平忆述

愧不知兵事无以对父老于是来省投考广东陆军速成学校炮兵科考时不知政治为何物以为前次失败仅由于不知兵

一九一三年袁世凯刺殺宋教仁随派龙济光攻粤学校提前毕业从军惟袁世凯已仰帝国主义借款成功赔买各省兵废东南各省相继失败由是龙济光据粤数年我辈只作香港亡命客或返乡担任小学教員

一九一六年袁世凯帝制败為乃出而参加讨逆直至一九一九年仍坚进展至一九二〇年粤军由漳州一路我与陈铭枢同志起义于阳江粤军参谋长兼陆军第一师师长邓铿至穗将我部编為第一师第四团以陈铭枢同志当团长我营械劣裁併二营以原階级調

009

任人民政府副主席李济深发生关系亦自此始（时李济深任第一师参谋长，以下简称李任公）

一九二三年陈炯明叛变，中山先生委任李任公为粤军第一军命军第一师。长委我为炮兵营营长，补充团团长，第四团之长，第一师副师长，率征陈炯明西讨

沈鸿英，军平邓本殷，本团本师贡献相当力量

一九二六年第二军全部北伐西图，一九二七年萧本师奉调广州时，陈济棠赴俄拳派代理十一师师长，是年姓陈济棠复职。一九二八年奉调军部参谋长，旋调第八路总指挥部参谋长兼公安局长，蒋介石仍执行一九二七年反共政策，粤府遣之，故我兼任公安局时走入反动道路，错误甚多，兹已痛，今办理而自巳颈脑

糊涂，不可否认，反今昔之感愧无地

一九二九年李任公赴南京，开会蒋介石总称独裁排除异己，因之於汤山我至

第一部分　邓世增生平忆述

是拟悉蒋介石以个人权利（权力）罔顾党国抢是通电全国声讨厥罪明知李前虽失败受屈但为正义讨乌计成败此次诸君当受通缉取消党籍心实蒙然其时亦知蒋匪之罪恶尚未知剿真经过（邓方川别名）

一九三二年奉陈铭枢同志到港相邀共赴国难嘉奉赴南京担任沪卫戍司令公署参谋长未就职前走书报告李任仕（公）我此次入十九路军俾得当以报党国于万一嗣后美电许可各何一二六事起戒参加十九路军抗日抗于淞沪计三十余日虽心栗害不敌终须退却南京全国人民已稍明瞭日寇并非不可抵抗

蒋介石以十九军抗日知非为已用调离李卓赴福建我并遂军往拨任

福建绥靖公署参谋长蒋光鼐、蔡廷锴同志认为蒋介石已叛党叛国日见明显，欲救党国须先倒蒋，但蒋势盛，非有民众支持不可，派我兴锋铭鸿同志前往龙岩先行土改，但我十九路在龙岩之土改保留和平土改而不识阶争土改致使福建人民政府失败而得不到龙岩人民之确切支持深信今日我人民政府阶争土改指导之正确。

一九三三年陈铭枢同志由欧洲返港，兴蒋任公等决策欲救国必先倒蒋，欲倒蒋必先得瑞金毛朱两先生之令作而后可发派朱蕴山同志一再奔走上海兴中共接洽未获确息，欧援派陈尚使用同志直赴瑞金特获答覆福建人民政府遂即产生但以联络不够军事未能一致终归失败我希为福建人民政府人民革命军参谋长又不能出奇制胜终亦可辞难

失败原因不祇军事,实係如龙岩和平土改一类之类)但不出长江浙西生待敌人之包围我实属最大错误(福建出敌我又第二次通缉)

一九三五年张学良停虏蒋介石于西安李任公派我及李民欣同志走晤粤桂当局挺蒋出长南京政府粤桂当局已有允意未几中央媒介蒋亚桂李余贵难我们未知中英意周旋为我们罢死亦甘受不辞化证诸解放战争三年之久山李余坛终反动到底足证李余当日之贵难实係官僚教衍之谓

一九三七年七七李芦蒋介石号召全国团结抗日中共亦宣言翼同抗日丧勘李任公入京共赴国难唯蒋介不对于红军同时加压迫西对于李倭先猜忌日长我先行返粤李漢谋无我高领率抗日游击隊指揮

官旦谓我日钦康失业年入最多年回钦产可减少若干汉奸败请不必辞
位许谈我心爱国爱乡心切立即接任迨张赓奎任司令长官若干李
汉魂要我为第六区行政专员兼驻邑司令但李汉魂对我信任恶劣
供职张赓奎写异（张赓想任第七区专员）我所兼任之合浦县长黄维玉
李汉魂撒换之而易其私人李幸清本清一直不辞想钻园信公已招仔
经多方运用始能撒换我由是决心辞职其时想钻园信公已招仔
桂林辨公厅主任故力劝信该后心目虽迄卒宝急辞可留乃准
我赴桂林辨公厅充李任公私人高等顾问莫介石心谅公存桂优青
李文化界志卷一九一四年我撒辨公厅劳人谕先行返乡皇何桂林
沦陷任公返乡仍欲筹动桂李 广东李萧民团武装救国李汉

第一部分 邓世增生平忆述

魂默承蒋介石意旨函致张夫同志而嗾复鬱林梁尊贤杀之

一九四五年日寇投降我在乡闻毛主席至重庆乃来省张毅唐纵

我立言李任公应飞电重庆劝嗣李周提挈旦兴蒋介石致协签约

气釈諸康政协既佥签李任公有到重庆之必要乃走晤任公期期以

为不可玫协鱼伪双方签字但诸辞介石可以徒历史鉴免悔祸之心玫

协施不可靠我曰君子興人為善任公入票可教提其履行协约準能履行

國佳似诛毁约罪在介石興天下人民棄之而未為晚言之再三任公派兄先

到廣卅廣港穗同志商根據歷史判斷蒋介石怕不惨终不悔任公猶豫未决

适重慶同志再函促任公来渝任公將兔强就通厥後蒋那果毁约

遂興我乃嘆任公領袖前覺過去既明燭機光非余輩若我

期望甚奢一但就事實言,任公此次到渝趨此機會聯合各方同志多而反蔣意志大劲益急且在渝時任公派我訪問張發奎曰何故不承認曾生條紅軍何故不准曾生所部南撤毁約之罪由爾何華担得起否如華答曰不關我事係奉蔣介石密令而行此政場有候曾生之件當可辨到待間張治中先生先生来訪任公不遇我乘機間曰政協載有曾生之件當治中先生答曰傳文畢竟但備忘錄有待記載我乃告于張發奎發奎曰如是余無問題余我至是始知介石心存毁約且欲先以毁約之罪由部下負責中國有史以来找不出第二個陰險卑鄙狼毒之蔣介石
蔣介石还都南京毁約逞兵日益明顯我必爭先返任公同共上海各方同

志切实联络进入返港返港后即组织国民革命委员会民革成立任公不要我填表国我自一九三九年起至一九四九年解放广州止当中二十年间都保持任策反工作唐多庞佳公观点以为我与粤军第一师颇有渊源且曾滥等参谋长策反工作此较别人或易为功谁知数铣刀笔断成就一至于此又鉴于前此组织之抗敌蒋大同盟（一九三五年至入极之类）我既担任策反工作即须身入内地高一声现姓名当密不涉个人危险影响工作实大我不慎表原因在此有某同志批许不独个人想像未明历年来情况之故蒋介石既毁约违兵后伪设民意机关如国大代表立法委员之类以欺骗国内外讨好帝国主义国大立委之产生保锁定的非由民意者会通人（如李勉之类）琉僻而不严密特务亦被鑒

六

民选举五委时广东国民宪省党部一再电令合浦县党部告知人民大众不得选我为委员指定郭人民、龙大钧但合浦人民以我任专员时廉洁丁戊每月且商捐款若干以革命论此条延长蒋、汪政权是在抗战期间本不是敌振抗国民党命令小选我为五委迨后芝晓任公报发任但日午晚有高委掩护可入京与黄季宽、李宗仁、白崇禧、李汉谋、薛岳等讨蒋到李京先晓陈铭枢同志告以叶剑英诣蒋归会走入第二路待不足靠的现在民解介石军队计不妨进行且指示第一步要做蒋内部分裂工作第二步要做蒋李分裂工作第三步要做李据分裂工作[小注：吾蒋正来信邀译杨吾振平江等开会]讨蒋殷定遂通晓黄季宽、李宗仁、余汉谋、薛岳等黄季宽同志当选桂镜选时任巳表示积极此次晓谈尤具奖诚田铎将致白崇禧白余俱具兴奋色作将来有何保证并云俟骗蒋枪到手再说蒋已卷走我三师械李宽同志日夜想再打第二次次攻当三师之械有何用处有无保证是在我们有无决心当年第一师入粤我们亦未要求有何保证晓李答曰蒋须着但须辨法晓年余答曰我一毫无把司令有何力量晓薛若曰蒋介石失败无疑揆合情况他们也知蒋介石必败如顾祝同及勒到底着急人权利过重人民权利观念过轻致有此下场
徐蚌会战结果蒋介石军队主力消灭殆尽余汉谋薛岳逃粤主将军致我以为彼革命保个人权利观念但处此环境下为个人利害讨价应向人民靠拢彼果靠拢人民则广东人民可减少若干枪失能仍不采策反工作其实徐蚌会战后蒋既主力议然无存大陆解放指顾间事无须策反但某

奉命停止工作仍須繼續進行耳最笑話者莫若薛岳率就主席職日我問梁曰是否为救國而就此職梁不徦思索答曰是然步然並囑我密書報告任公且電李章達先生等不相勸進章達同志到港我屢促梁何時發動華推進乎雄軍近蔣介石抵粵仍危勤作祂望莫頑不受不能不需者還御趨崖浮起海零后曾長西責之不复將此交進文振賢果主持香港中共要先生属嘘不必發表我于是赴京何李任公報告第辰工作經過廿年冬及一李金成而受招待于逺東飯店同老們態不謙笑我並再自當愧悒甚幸在招待所内藏有機會學習提前潤校大章心理為之痛降一害學當學習初自以為文化水準並不高起對于為列能可自看自通何必

一定学习及学习后始知学习收益之大，不学习怎以知批评自我批评之奇效，不学习怎以知一边倒、你困之伟大，不学习怎以知斗争之政之真谛。有了批评自我批评不由年不坦白，有了一边倒今日始能抗美援朝，保家卫国有了斗争之政，此后对真残锋始能澈底剷除美帝侵畧朝鲜革起革命，返粤到港继续策工作，但我到港农民政治意识始能提高民主专政始能肇〔一九五一年六月二十七日美帝华莱士……〕美帝侵畧朝鲜革命

观察在美帝第七舰派来撤骨台湾之前策反工作怎樣搬起送于去年九月共携我爱人二兒返省居住俾我籔得机会學習

俟我爱人升籔机会學習

邓世增年表

一九〇七年（十八岁）入广州府立中学

一九〇八年 同右

一九〇九年 同右

一九一〇年 同右 春初入同盟会十月在合浦城起义

一九一二年 春入广东陆军速成学校炮兵科

一九一三年 冬军校毕业派兵站服务失败逃港

一九一四年 春到阳江苏汝森团当机关枪连排长龙济无款苏团长我回香港

一九一五年 任合浦珠江商小学校国文体操教员

一九一六年 在肇慶鄧司令第六軍部當委員派楊鼎中團服務

一九一七年 隨欽廉道尹戚克专委員

一九一八年 春在福建詔安琪軍克专排長冬返粵在羅定克任肇軍陳銘樞營教官（即副營長）

一九一九年 克任楊鼎中部統部執事長

一九二〇年 陽江起義任陳銘樞司令卻參謀長粵軍到穗改編營長

一九二一年 改編粵軍第一師第四團戰以原階級在該團服務

一九二二年 春派率路指揮所援桂冬鄧鏗師長給槍武百桿返念浦辦團

一九二三年 春編入黃惠龍部為營長夷省秋到江門第一師當砲兵營長

一九二四年 春任第一師補充團團長秋調充第一師第四團團長

一九二五年 克任第十一師副師長

一九二六年 仍任副师长驻汕头

一九二七年 秋代理十一师副师长 冬调第四军部参谋长驻广州

一九二八年 任伪第八路搪挀部参谋长兼广州卫戍司令兼广州伪公安局长

一九二九年 春反蒋失败逃香港

一九三〇年 仍寓香港

一九三一年 冬任伪京沪卫戍司令长官公署参谋长

一九三二年 任伪绥靖公署参谋长

一九三三年 任前福建人民政府人民革命军参谋长失败逃港

一九三四年 寓香港

一九三五年 寓香港

一九三六年 寓香港 要因蒋时曾来任蒙藏桂林

一九三七年 秋随李济深同志到南京汉口衡阳冬我返广州

一九三八年 春任伪钦廉抗日游击司令

一九三九年 任第八区行政专员

一九四〇年 同右

一九四一年 同右

一九四二年 夏辞职交代

一九四三年 辨公厅裁撤我回乡闲居 任辨公厅李济深同志私人高等顾问

一九四四年 本乡辨公厅裁撤我返乡居

一九四五年 同右

档案资料

一、人事调查表[1]

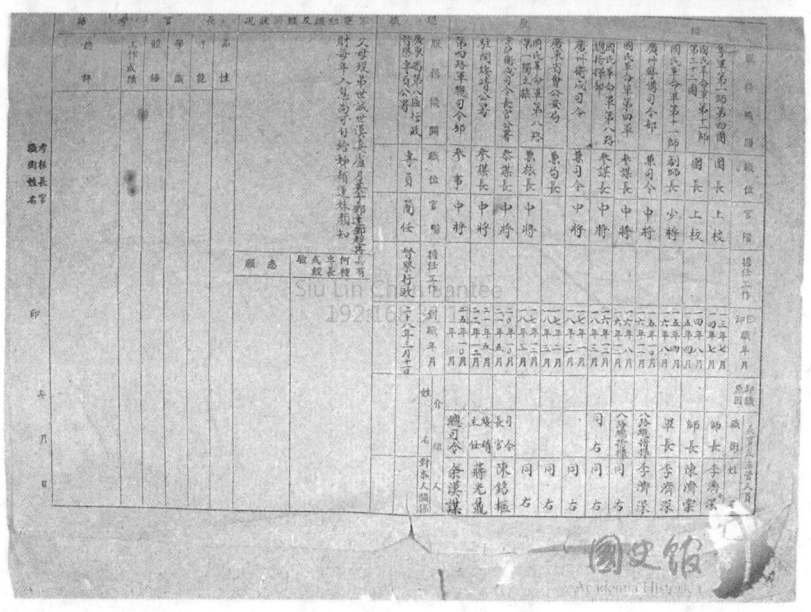

---

[1] 中国台湾台北"国史馆"藏。

第一部分 邓世增生平忆述

二、"军事委员会委员长侍从室"人事登记片稿[1]

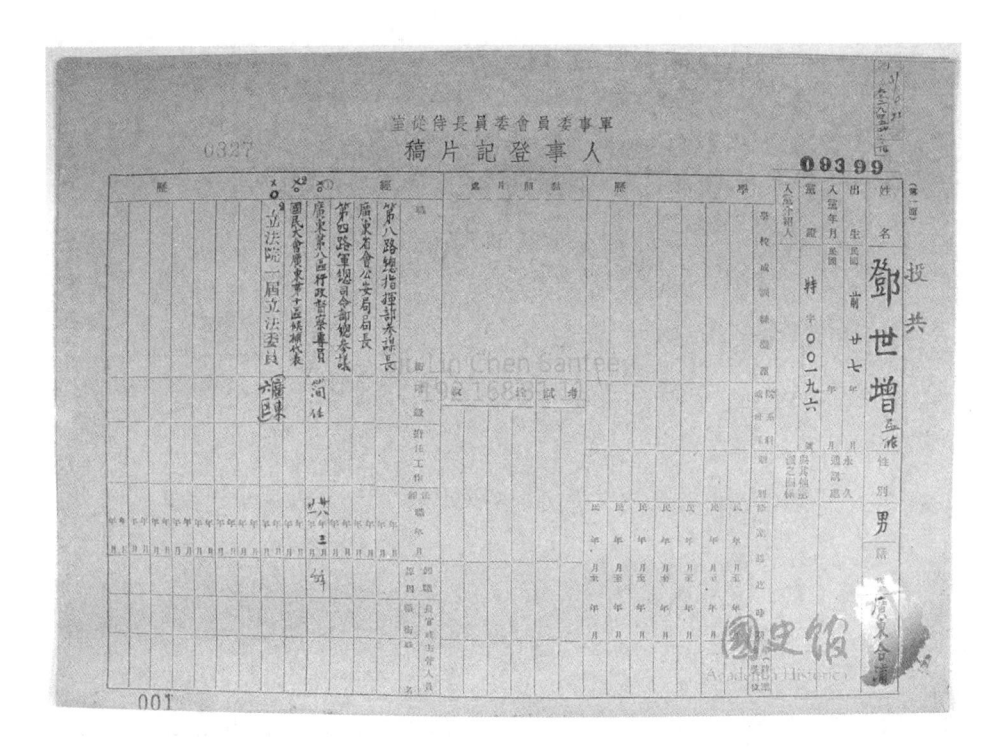

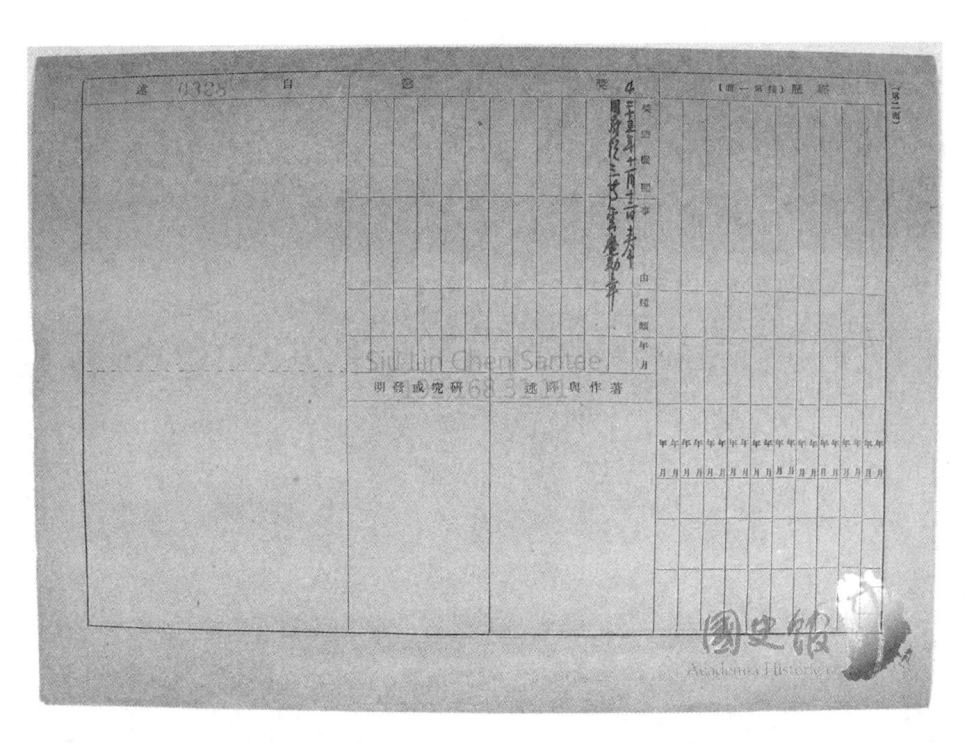

---
[1] 中国台湾台北"国史馆"藏。

三、广州市公安局户籍档案馆存《广州市居民户口卡片》

四、台北"参谋本部"档案

人員簡歷冊			
單 位 職 務	第四路軍總司令部		
階 級	中將參事		無照片
姓 名	鄧世增		
出生年月日	民前23年1月6日		
籍 貫	廣東省合浦縣		
學 歷	廣東陸軍速成學校砲兵		
主要經歷	粵軍第一師砲兵營中校營長： 12年2月12日—13年6月30日 粵軍第一師補充團上校團長： 13年7月1日—14年7月30日 國民革命軍第十一師第卅二團上校團長： 14年8月1日—15年4月15日 國民革命軍第十一師少將副師長： 15年4月16日—16年8月9日 廣州警備司令部少將兼司令： 15年10月1日—16年11月21日 國民革命軍第四軍中將參謀長： 16年8月10日—16年12月20日 國民革命軍第八路總指揮部中將參謀長： 16年12月20日—18年3月24日 廣州衛戍司令中將兼司令： 17年1月1日—18年3月24日 廣東省會公安局兼局長： 17年2月5日—18年3月24日 國民革命軍第八路第一獨立旅中將兼旅長： 17年12月15日—18年3月24日		

第1頁，共2頁

	京滬衛戍司令長官公署中將參謀長： 20年10月5日－21年5月1日 駐閩綏靖公署中將參謀長： 21年5月1日－22年12月10日 第四路軍總司令部中將參事： 25年10月1日（餘無資料可稽）
勳　　奬	三等雲麾勳章
戰　　役	東江討逆之役、南路討逆之役、淞滬抗日之役
備　　考	請依「個人資料保護法」等相關規定，妥為使用與保管。

忆父亲邓世增[1]

父亲离开我们已经60多年了。1954年年初,父亲正准备应时任中华人民共和国中央人民政府副主席李济深先生的邀请到北京中央政府工作时,不幸于1954年2月5日因心肌梗死与世长辞。父亲去世时,中国国民党革命委员会华南分会成立了治丧委员会。在数百人的追悼会上,广州市人民政府副市长、民革广州市主委李民欣先生致悼词,表彰了父亲在民主革命、抗日战争和新中国建立所作出的贡献。会场上放置了周恩来、李济深、叶剑英、曾生、陈铭枢、蒋光鼐、蔡廷锴等国家及地方领导人送的花圈。经李济深、陈铭枢、蒋光鼐、蔡廷锴等人提议,报中共中央统战部批准,父亲的灵柩被安葬在广州市第十九路军淞沪抗日阵亡将士陵园。李济

1931年,邓世增在庐山

深先生为父亲题写了"邓世增同志之墓"的墓碑,父亲最后归宿,如李济深先生在信中所言"可谓卜窀得所矣"。

1889年农历正月二十四日,父亲出生于广东省合浦县南康镇营盘乡玉塘村(现广西北海市铁山港区)。1911年,父亲就读合浦廉州中学堂时,受同学陈铭枢的影响,接受了孙中山"反对封建,建立民国"的民主革命思想,和二伯父邓世坤、苏乾初等十几位同学和教师秘密成立了合浦同盟会。为响应广州同盟会3月29日的广州黄花岗起义和10月10日的湖北新军武昌起义,准备在合

---

[1] 邓美莲撰文。

浦起事。

1911年11月17日，因邓世坤在制作手雷过程中不慎爆炸光荣牺牲，合浦同盟会组织新军提前起义，占领府衙。合浦宣布革命成功。在新政中，苏乾初出任军政分府都督，父亲任军政部部长。后因自感"不知兵事"，于翌年投考了广东陆军速成学校炮兵科。此后十余年，先后东征陈炯明，西讨沈鸿英，南平邓本殷，屡立战功，由一个机枪排排长擢升至第四军第十一师副师长、代师长，第四军参谋长，第八路军总指挥部参谋长兼任广州卫戍司令。在孙中山的国民革命中披坚执锐，出生入死，是一位民主革命的先驱。

1929年，蒋介石与李宗仁、白崇禧矛盾激化。3月21日，蒋介石下令通缉李宗仁、白崇禧，将赴宁调停的广东省主席、第八路军总指挥李济深囚禁于南京汤山。父亲时任第八路军参谋长，对蒋介石的卑劣行径义愤填膺，力主"兵谏"。3月23日，父亲向报界宣布"已致电蒋主席要求释放李济深，限三日内答覆，否则实行以武装求和平之法"，后因粤军一些高级将领反对而告吹。当时蒋介石曾以巨款并许以第八路军总指挥高职收买父亲，被父亲严拒，最后被蒋介石开除出国民党。自此父亲对蒋介石的独裁、背信弃义及背叛孙中山的"三民主义"有了更深刻的认识。

1931年10月，父亲应京沪卫戍司令长官陈铭枢之邀，赴南京就任京沪卫戍司令长官公署参谋长，主持京沪卫戍公署的日常工作。后因陈铭枢出任行政院副院长、交通部部长，京沪卫戍司令长官一职务改任蒋光鼐，但蒋因病未能赴南京就职。1932年1月15日，行政院决定由父亲代理京沪卫戍司令长官职务。

1月16日，父亲接龙华警备司令部有关"日寇有扰沪企图"的情报后，即会同蔡廷锴将军研究具体的防御作战计划。"一·二八"淞沪抗战爆发后，父亲经常亲临前线了解战况，及时向军政部和蒋介石反映情况。他反对军政部部长何应钦"适可而止……以外交方式解决中日整个问题"的主张，勉励第十九路军将士抗战到底，"再接再厉完成此空前绝后的使命"。在战斗日益加剧，我军死伤近万，而敌军三易主帅，兵力增加至六七万时，第十九路军多次向何应钦请求增援未果。父亲于2月26日清晨，硬闯蒋介石官邸，当面禀报前方将士孤军血战，如不及时增援，后果不堪设想，泣促蒋介石增兵，但蒋却以"各部队俱未集中，何能增援"为由轻轻推托过去。在日寇不断增兵，而我军孤立无援的情况下，3月2日，第十九路军被迫撤至第二防线。5月5日，中日签订了《淞沪停战协定》。33天的淞沪抗战虽然就此结束了，但第十九路军血洒淞沪，重创强敌，迫使日寇三易主帅的英勇壮举已经唤醒民众并建立"只要万众一心，日寇是可以打败的"之信心。父亲常以与第十九路军将士们一起抗击日寇，保卫淞沪为自豪。

在"一·二八"淞沪抗日周年纪念专刊里，父亲写下了"鉴彼巧偷，守兹贞拙，缕血所藏，后土常热"的题词。该题词摘自曾国藩《金陵湘军陆师昭忠祠记》，大意是官兵拒绝苟且偷生，坚守忠贞报国的信念。烈士骸骨掩埋的地方，大地也为之永远灼热。父亲以此深切悼念"一·二八"淞沪抗日阵亡将士，希望烈士的热血永远激励后人舍身报国。

淞沪停战后，蒋介石调第十九路军入驻福建，京沪卫戍公署随同第十九路军进入福建，父亲转任驻闽绥靖公署参谋长。1933年7月，陈铭枢自巴黎回到香港，后由港到福州，积极宣传"抗日、反蒋、组织独立政府"的主张。陈请父亲力邀李济深到闽主持举事，挽救第十九路军于危难，促使全国联合抗日。父亲认同蔡廷锴、蒋光鼐等人"部队未调整，防务未部署，财政未筹措，后方防御工事未构筑，杂牌部队未就范，内部敌人未肃清，举事时间应后延"的意见，但在陈铭枢"此次义举是抗日反蒋，即使失败，也是光荣的"反复鼓动下，众人最后同意仓促举事。1933年11月20日，召开临时代表大会，11月22日，成立了中华共和国人民革命政府，打出了反蒋抗日的大旗。

但在蒋介石的重兵围剿下，加上内部种种复杂的矛盾，在不到短短两个月之内，福建事变就失败了。最终第十九路军部队被改编，番号被取消，蒋光鼐、蔡廷锴等被迫赴港或留洋，但它对后来停止内战，建立民族统一战线，实现全民族抗战有先导意义。1935年12月，毛泽东对福建事变作了评价：他们（指第十九路军）把本来向着红军的火力掉转去向着日本帝国主义和蒋介石，不能不说是有益于革命的行为。周恩来也曾指出，十九路军对中国人民做过两件大事，一是上海抗日，二是福建反蒋。

父亲在福建中华共和国人民革命政府中担任军事委员会委员，人民革命军第一方面军参谋长兼第十九路军副总指挥、参谋长。由于早年投身粤军第一师的关系，父亲与第十九路军有着千丝万缕的关系，但这是父亲一生中在第十九路军担任的正式职务。父亲是福建事变的组织者之一，也是事变中和蔡廷锴将军最后撤出福建的高级将领。对参与福建事变，父亲视此为一生中最有意义的大事。

1934年闽变失败后,父亲周旋于粤桂间,追随李济深继续进行抗日反蒋活动,积极为"集中全民族力量,组织抗日救国军和国防政府,要求恢复十九路军,扩大革命联合阵线"而奔走呐喊。在1936年两广事件中,推动李宗仁、白崇禧采取联共立场,提出《抗日救国协定草案》,促使李宗仁、白崇禧支持蔡廷锴重组第十九路军做了大量工作。1938年,余汉谋委他为广东省抗日救国会委员,任南路(后钦廉)抗日游击司令官、广东第八区行政督察专员兼保安司令官。

1939年,父亲兼第四战区南地区特别守备区司令官,参与桂南会战。在北海"焦土抗战计划"中,坚持反对"抑寇而残民"的轻率做法,避免了一场关系到全城居民身家性命的灾难,广为北海人称颂。1943年,父亲在桂林随李济深先生任军事委员会办公厅参谋长(后改为高级首席顾问)。当时我们家在桂林芙蓉路八角塘置有一栋三层楼房,父亲把二楼让给了廖仲恺夫人何香凝一家居住。那时候可以经常接触到中共和左派人士,父亲也参与了由中共东江纵队领导的从香港沦陷区抢救左翼文化人士的行动。

父亲是组建民革中央时最积极的参与者和最低调的奉献者。父亲对民主革命信仰的坚定和忠诚,深得李济深先生器重和信任。父亲在1947年就参与了民革的筹建工作,但按李济深的意见,父亲不宜公开参与活动。他希望父亲利用"立法委员"的身份,及早年在粤军第一师(父亲曾任粤军第一师扩编的第四军和第八路军参谋长)与原粤系高级将领如薛岳、张发奎、陈济棠、余汉谋、香翰屏等的密切关系,秘密进行策反,为解放战争减少阻力和免使城市、人民受到战争破坏和伤害。

然而由于种种原因,特别是掌握兵权的薛岳出尔反尔,最终未能取得显著成效,但在国民党内部已起了分化瓦解的作用。对于这一点,父亲在自传中有这样的陈述:"任公(李济深之尊称)与上海各方面同志切实联络,迟迟返港,返港后即组织国民党革命委员会。民革成立,任公不要我填表,任公观点,以为我与粤军第一师颇有渊源,且滥竽参谋长,策反工作比别人或易为力。故我自1929年起至1949年解放广州止,当中二十年间都是担任策反工作居多,讵知黔技铅刀,无所成就一至于此。"父亲把家乡21路水盐田的经营收入长期提供给李济深先生作为革命活动经费。1948年民革中央成立时,又把从家乡北海运到广州的一船盐贩卖所得3万多港元作为会费。1950年1月,父亲由香港秘密赴北京，接受中共中央统战部、李济深的任务，返港策反在海南的粤籍将领。后海南岛解放，策反工作才告一段落。

父亲在1950年6月5日被推定为民革中央团结委员会委员，于1950年7月补办了民革党员证，介绍人是蒋光鼐、蔡廷锴。1950年9月，父亲从香港举家回到广州，积极参加政协和民革组织的工作和各项社会活动，拥护新生人民政府。1951年9月2日，李济深先生在给父亲的亲笔信中提及"广东即将分期全面土改，此种政策系孙先生及吾人在福建革命的一贯主张，今日才得到实行"。父亲遵照李济深先生的嘱咐，在《南方日报》上发表了拥护土改的文章，支持新中国的土改工作。又在抗美援朝热潮中把北海邓公馆捐献给国家，同时将香港中环嘉咸街一座商厦变卖所得款项全部捐作购飞机大炮之用。

1928年，父亲就任广州卫戍司令兼广州市公安局长时，在广州市行政会议上提议把红棉花作为广州市市花。父亲认为，广州是一个革命的城市，英雄的城市，而高耸挺立色泽殷红的红棉花，正代表着这种革命精神。1932年及1982年，红棉二度当选为广州市市花。父亲是提议红棉花为广州市市花的第一人。

父亲是一位谦谦君子，在宗族乡亲，袍泽同事中人缘极好，在《蔡廷锴自传》中对父亲有这样的描述："邓世增乃军人中之忠厚长者，不独我对他如此恭维，就是第一师的同事，谁都说他的公道话。他对朋友固然和蔼可亲，就是对部下也不摆架子。有功必报赏，有过必处罚，真是赏罚严明，无偏无袒。"由黄节撰文，李济深书的祖母《詹夫人墓志铭》中称赞父亲，深感他的为人处事有国士的风范。

父亲一生从戎，不信神不信鬼，只信奉孔子的儒家道德思想，"仁义礼智信"是父亲一生的信条。我们和父亲相处的日子很少，心目中的父亲是严肃、慈祥的。在家中除了看报纸、读书，亦常在客厅中踱步，我们轻易不敢去打扰他。父亲生活简朴，饮食简单，他常教导我们要尊师重道，以礼待人。做人要有涵养，要三思而后行，不得夸夸其谈，见到长辈必要先问好、行礼，对警卫员、佣人也得有礼。难得有空时给我们讲述《三国演义》的故事，要我们学习诸葛亮"一生唯谨慎""不求闻达"的作风。

父亲早年参加辛亥革命，一生致力于民主革命，积极参加抗日战争，支持新中国的建立。父亲是一位反封建、反独裁、反侵略，求统一，默默奉献的民主革命爱国将领。

2009年11月，北海市人民政府把父亲在抗美援朝中捐出的"邓公馆"和家乡合浦县营盘乡（现广西北海市铁山港区）玉塘村故居"鉴公楼"定为北海市文物保护单位。

2015年，中共中央、国务院、中央军委给父亲邓世增及叔父邓世汉分别颁发了"中国人民抗日战争胜利70周年纪念章"，肯定了他们抗日爱国的功绩。

父亲，我们永远怀念您！

邓世增子女，前排左起：邓苑莲、邓美莲、邓筱莲、邓洁莲、邓妙莲、邓幼莲；后排左起：邓昌、邓鑫（拍摄于1993年7月31日）

我所知道邓世增的一些事迹[1]

一、家庭概况

邓世增，别号益能，广东省合浦县（现属广西壮族自治区）南康镇玉塘村人，于1889年出生于贫苦家庭。邓世增家，兄弟五人，长兄邓世坤、二弟邓世诚、三弟邓世炎、四弟邓世汉。父亲邓鉴秋，是老学究。最初在玉塘村设馆教学，后来迁到南康镇，馆名"鉴秋学舍"。年中入息，不敷家用，乃转行贩卖珍珠，由于熟行，善于加工，贱买贵卖，获利甚丰。家庭经济日渐充裕，成为富有之家，及至邓世增发迹之后，这个富有之家，一跃而成为巨富，在合浦拥有稻田二三百亩，盐田三十多路，在北海有洋房一幢，在广州市马棚岗及东昌大街有洋房各一幢，在香港有洋房一幢。

二、参加辛亥革命及东征、南征、淞沪抗战

邓世增幼年时，随父亲在玉塘村教馆读书，1903年在珠江书院读书，辛亥革命时在合浦廉州中学读书。这时合浦同全国一样，掀起反清大风暴。邓世增在读书之余，偕其同学卜汉池、钟继业等人参加以苏乾初为首的反清暴动与起义，并集合当地群众千余人，把清朝派驻合浦的第二十四营清兵包围缴械，并将该营首领擒获，解至合浦县城南门"随达书院"附近斩首示众，以平民愤。

辛亥革命成功后，苏乾初、邓世增公开宣布："清朝合浦地方政府，已被人民推翻了，今后一切事宜，应请示省方处理。"旋即随同苏乾初等人前赴广州，向省方领导汇报。到达广州后，苏乾初被留在省城负责军事工作，邓世增则要求入军事学校训练。未几当局就把他送入广东陆军速成学校炮兵科，在校与同学陈济棠、林时清、钟继业等感情甚好。毕业之后，因孙中山先生领导的第二次革命遭到失败，袁世凯死党龙济光率兵入侵广东，而受到排挤。乃回合浦，息影园林，等待时机，重披戎装。

1921年王师浚（合浦人）任合浦县县长。邓世增由廖愈簪（合浦人，前清举人）的介绍，担任该县县兵队队长。年余之后，王卸任，邓亦去职。1923年6月，

---

[1] 李汝祥撰文。

邓世增在王师浚授意之下，由南路率军队200多人，步枪二百余支，山炮两门，前赴肇庆城，通过旅长陈济棠的推荐，由师长李济深收编为粤军第一师炮兵营，邓任营长，驻肇庆西城外，进行教育训练。1923年秋冬间，粤军第一师调往东江对陈炯明叛军作战，邓世增参加了第一、第二次柏塘战役，以及向增城广州转进，防守太和、人和之线。广州解围后，粤军第一师调回肇庆整理补充。第四团团长缪培堃因病逝世，1925年2月邓世增升任第四团团长，所部驻东城外，炮兵营并编为徐景唐兼团长的补充团。

1925年7月，粤军第一师第二旅由旅长陈济棠率领开往梧州支援李宗仁、黄绍竑新桂系，解决了驻在桂林的广西边防督办陆荣廷（由北洋政府任命）。战争结束后，邓世增团调回肇庆训练。1925年初夏，陈济棠统率第二旅和黄镇球的补充团支援李宗仁、黄绍竑，对反复无常的旧桂系残余沈鸿英部进行反攻，以收拾桂局。陈旅负责贺江流域作战，在贺县梅花大获胜利。邓团参加了这个战役，于3月下旬向肇庆凯旋。是年5月、6月间，滇军杨希闵、桂军刘震寰与云南军阀唐继尧勾结，在广州称兵叛变，企图颠覆革命政府，大元帅府乃下令讨伐。粤军第一师与许崇智的东征军、谭延闿的湘军、朱培德的赣军，合力消灭了叛军，保卫了革命策源地。邓团是参加北郊作战，颇有掳获。

1925年7月1日，国民政府在广州成立，随将驻粤各军一律改称为国民革命军。粤军第一师扩编为国民革命军第四军，李济深升任军长，第一旅扩编为第十师，陈铭枢任师长，第二旅扩编为第十一师，陈济棠任师长，徐景唐任副师长。第三团改称第三十一团，余汉谋升团长。第四团改称第三十二团，邓世增任团长，补充团改称第三十三团，黄镇球任团长，黄涛任炮兵营长，张发奎先任独立旅旅长，不久改任第十二师师长。

1925年10月，第十一师参加第二次东征，取得胜利以后，接着调往高、雷，参加南征，进剿盘踞在南路的邓本殷、申葆藩八属军，邓世增参加了这两个战役。当时参加南征的部队，主要是第四军所属的三个师和广西李宗仁派来的两个旅，前来支援掏敌背后，战果辉煌。1926年年初，就克服了琼崖，把邓本殷的八属军绝大部分消灭。以后第四军乃分防钦、廉、高、雷、琼崖地区，从事绥靖工作。

第十一师分防高、雷后，那时第四军又增编了一个第十三师，升徐景唐为师长，邓世增升任第十一师副师长。香翰屏升任第三十二团团长。及至第十师出发北伐以后，第十一师司令部和直属队，迁驻北海，第三十二团调驻钦廉。第十二师出发北伐以后，第三十二团调驻琼崖，第三十一团留驻高、雷地区。

那时钦廉地区尚有邓本殷、申葆藩残部张瑞贵一个旅，流窜于钦县十万大山，伺机蠢动。土匪刘朱华有七八百人，出没于合浦县东北部，打家劫舍，祸害地方，邓世增采取剿抚兼施的办法，肃清地方匪患，使人民安居乐业。

由于张瑞贵虽属八属军申葆藩残部，较有纪律和战斗力，邓世增乃与陈济棠商定，将之收抚。于是由邓父邓鉴秋与师部秘书廖愈簪，分头派人去请申葆藩劝告张瑞贵，弃暗投明，为国效力，张犹豫不决。将近一月，邓世增乃采取文武兼施的办法，一方面继续派人入山劝告，早日归顺；另一方面亲自率领第三十二团全部、第三十三团两个营和炮兵第一营于7月中旬集中钦县，准备包围十万大山，将其消灭。在此情况之下，张瑞贵感到孤立无援，大势已去，苟延残喘，终非长久之计，才答应接受收编为第十一师补充团，暂驻三那，然后调往灵山整训，至此钦防地方始得安宁，我军亦无后顾之忧。接着我军又派兵剿灭浦东的刘朱华股匪，致使钦廉人民得以安居乐业。

陈济棠移驻北海后，国民政府还任命他兼钦廉警备司令部司令官，引起各方面和部下的不满，于是请求避往苏联考察，以求进步，实则是缓和对己不利的空气。当时各团营长，乃推邓世增接任师长职务。邓世增生性俭朴敦厚，富于情感，认为这样做对不起陈济棠，力辞不就。仅照大家意见，改组了师司令部，把一些落后分子，清除了事。

1927年4月，蒋介石实行所谓"清党"运动。邓世增在不明真相中，十分惶惑，不久奉命率部（第三十三团未动）调回广州，接任广州警备司令。但只是维持广州治安，并无什么作为。是年6月，陈济棠由欧洲回来，密谋复任师长职务，邓世增从中竭力让陈，又得广东省政府财政厅长古应芬大力支持，陈乃得如愿以偿。邓世增则调任后方第四军参谋长，不久又升任第八路军总指挥部参谋长。邓为人忠诚老实，深为李济深所赏识，其后成为患难同袍。

"张、黄事变"即汪精卫指使张发奎在广州发动所谓"护党救国运动"（实则是驱逐李济深夺取广东军政大权），平息后，李济深于1928年初由南京回粤后任广州政治分会主席，广东省政府主席，第八路军总指挥。邓世增仍任第八路军总指挥部参谋长，并兼任广州卫戍司令官，广州市公安局局长等要职。那时他的思想与行动很矛盾：一方面认为捕杀革命青年是伤害国家元气的行为；另一方面又在继续执行惩治反革命条例。因此，有人说他是大糊涂虫，他亦没有公开否认。

国民党经过第二期北伐，统一全国。在南京建立五院制的国民政府，以蒋介石为主席。蒋于1929年年初以裁兵建设为名，召开编遣会议，作出不公平的编遣办法，因而引起国民党内新军阀的混战。蒋排除异己的矛头，首先指向新桂系。李济深与新桂系比较接近，也曾支持过它。蒋因对李有顾忌，于3月下旬诱李往京做调解人而将李扣留。陈济棠从中拥蒋，被任命为讨逆军第八路总指挥，接管李在广东的兵权。邓世增因拥李反蒋而去职，往香港做寓公。

1931年春，因"胡案"造成宁粤分裂。以后九一八事变，蒋介石被迫言和，引咎下野，粤方要求调蒋光鼐的第十九路军卫戍京沪。邓世增随往第十九路军任参谋长，参加"一·二八"淞沪抗战。淞沪抗战结束后，第十九路军调往福建，并由蒋光鼐任福建绥靖主任，邓世增调任福建绥靖主任公署参谋长。第十九路军在福建反蒋失败后，邓世增再往香港闲赋。

1937年，八一三淞沪战役爆发后，广东省设立人民抗日自卫团队统率委员会，邓世增应余汉谋、香翰屏之聘，任该会委员，不久又兼钦廉地区的游击司令。

1938年，合浦县成立第十三区抗日自卫团统率委员会，由邓世增兼主任委员，为做长期抗战准备，在合浦拆康城、毁桥梁、破坏公路、削低碉楼。同年9月间，邓世增又任广东省第八行政区督察专员兼保安司令。1941年3月，日寇在合浦县北海登陆，当时正规军调离，邓世增及合浦县长李本清无力抵抗，日寇直入北海市，奸淫掳掠，百姓惨遭浩劫。

三、贱卖盐田，参加国民大会竞选，支持李济深反蒋

1939年至1941年期间，邓世增为了支持李济深在中国共产党领导下进行民主政治运动，尽力筹款资助，将自己所有二十一路水盐田，贱价出卖，得款全部支援李济深。1947年，李济深邀约邓世增参加合浦"国民大会"代表竞选，以便对蒋在会议中多得一把有力助手。由于邓世增家庭富有，在廉城设立竞选团，在合浦各乡镇设立招待站，派有工作人员，从事拉拢联络工作，凡是参加选举邓为"国民大会"代表的选民，来往川资食宿费用由邓供给，一时选邓为"国民大会"代表的选民，蜂拥而来，因此邓以多数票，压倒竞选对手尤詹兴（合浦人，中山大学毕业，留学法国），获得当选。后赴南京参加第一届国民大会第一次会议，在竞选斗争中，投了李宗仁的票。

四、支持人民革命推翻蒋家王朝

1947年6月，由中央训练团第九军官总队退役回合浦军官有200多人，当

时合浦县县长何逦英、合浦团管区司令部司令官王诗萱、广东省第八区行政督察专员董煜，为了镇压合浦人民游击队，以巩固摇摇欲坠的反动统治，他们秘密会议决定：由团管区拨出日式六五步枪200支、子弹1万发，饷项由合浦县负责筹集（官兵饷项每月每人一律稻谷两石，副食费六元），稻谷由田亩税附加，副食费由屠宰捐附加，将退役军官200多人，组织成立合浦县军官大队（不参加者，不发退役年俸）。辖两个中队，以张相琦为大队长（范绍崇为副大队长，钟诚彰、李汝祥为大队附），以程汉臣为第一中队长，以花郁文为第二中队长。军官大队成立之后，曾向合浦公馆、白石水地区人民游击队，进行"扫荡"。1947年12月底，何逦英辞职，林朱梁接任县长，仍想保持合浦县军官大队继续作恶。当时邓世增向林朱梁（合浦人）建议：应该裁撤军官大队，以减少百姓负担。结果裁撤军官大队部，以及第一中队，保留一个中队。

1948年春，邓世增认识到中国军事形势已经进入新的转折点，人民解放军不但质量上已占优势，而且在数量上也占优势，国民党军队不断惨败和削弱，国民党统治垮台为期不远。当时他听到宋子文委派张君嵩（合浦人）为第十清剿区司令，即劝告张向宋婉辞，另图别职，但张君嵩不听劝告，走马上任，不久被保安第十团在南路起义时击毙。

1948年春，民革、民促领导人李济深、蔡廷锴从香港派岑嘉贤、王宗兴回到合浦，秘密组织民革地下军——合、钦、灵、防边区人民指挥部，及民促合浦县分会，策动合浦团队，伺机起义。当时王宗兴对我说："蔡廷锴发给我一笔活动费，李济深、蔡廷锴都有信交给我带交邓世增、许锡清，要他们支持活动费用。"是年5月、6月间，有一次我到北海市邓世增家里，谈论形势问题。邓说："从目前形势发展来看，国民党反动派垮台的日子快要到来。"我说："益公（邓世增别字）最好出来领导起义，那就号召力更大，影响更广。"邓说："我参加起义活动容易暴露政治面目，目前不如在外围帮忙，作用更大，活动费我已交港币1000元与王宗兴，以后需要，我再筹助。"是年8月间，民革地下军——合、钦、灵、防边区人民指挥部，已组织就绪，民促合浦县分会也已发展三四十人，准备起义。[1] 但因有内奸叶其润，将情况密报于伪广东省第八区行政督察专员公署。1948年8月12日，公署派队将民革、民促成员岑嘉贤、王宗兴、龙忠珍、岑运彬、

---

[1] 详细情况见广东省人民政府参事室《文史资料选辑》二十三期《我参加合浦策反概况回忆》记载。

李汝祥、谭启祯、蔡建中、叶进、王子法九人逮解赴广州绥靖公署，然后送入特务监仓囚禁年余（事情发生后邓世增逃去香港）。1949年10月，广州解放，始获出狱。出狱以后，岑嘉贤、岑运彬、王宗兴及李汝祥先后到香港，向邓世增汇报被捕入狱、出狱经过情况。邓世增即给港币1000元与岑嘉贤、岑运彬、王宗兴，另给港币200元与李汝祥，以解决衣服、食、宿问题。

中华人民共和国宣告成立以后，邓世增前赴北京会见李济深，被选为民革中央团结委员会委员，并派回民革广东省委员会参加工作与学习。那时我又在民革省委会学习，时常见面。有一次，我对邓世增说："现在只是学习，没有工作，生活成问题。心里有些烦躁情绪。"邓说："做革命工作不应该计较个人得失，应该先好好学习，改造思想，提高认识，等待组织安排工作。"这使我深受启发。

1954年5月16日，邓世增在广州病逝，享年65岁。安葬于十九路军坟场[1]。李济深亲自为他的墓碑题字："邓世增同志之墓"，以示悼念。[2]

---

[1] 原文如此，邓世增实为1954年2月5日在广州病逝。

[2] 本文刊登于《文史资料选辑》第二十九辑，广东省人民政府参事室编印，1985年7月。

编者更正：1. 邓世增有兄弟五人：邓世坤、邓世增、邓世诚、邓世炎、邓世汉。

2. 1931年年底，邓世增在南京任京沪卫戍司令长官公署参谋长，1932年参加"一·二八"淞沪抗战。

3. 1948年邓世增参选及当选的是"立法委员"。

邓世增传[1]

一、珠还合浦

广东省合浦县（现广西壮族自治区北海市）盛产珍珠，以其质纯、形圆、色艳名闻中外，被誉为"南珠"。

离廉州（合浦县城）南偏东30公里左右的海边有一座村庄，渔民用珍珠的贝壳按东、南、西、北四门筑成村寨以防盗贼，称为方城，附近墟镇群众称谓"珍珠城"。

明、清初，朝廷还派太监为钦差，强迫渔民出海捕捞珍珠，并派兵在南流江入海（白龙港）的西岸驻扎，该村因而得名曰"营盘"。

"珠还合浦"就是这一带有关珍珠的故事。

传说，明一太监获一颗夜明珠，亲自护送回京请赏，但到了梅岭，珍珠不见了，他回到营盘，发现该珠已回到大海。他强迫渔民再次捕捞，如是三次，最后，他割开自己大腿的肌肉，将珍珠藏于肉内，再用线缝合伤口，但该珠还是回到大海。太监也忧郁而死，后葬于营盘与珍珠城之间。

清道光年间，邓太公夫妻率二子来到今天的玉（岳）塘村，结庐开村。

太公长孙邓邦英生有10个儿女，仅存活四子二女。在村南、西及西北开垦20多亩荒地，每个儿子分得约6亩地。邦英的六子廷纶、八子廷绶（鉴秋）好学，闲时手不释卷，恰好学塾老师缺席，经邦英和八村父老洽商，由鉴秋前往彬塘执教，并在玉塘村另设一馆收本村及邻村学童，玉塘村则由廷纶执教。

1884年，鉴秋娶妻詹氏，一年后产下一女名莲姑，继于1887年又产一子名世坤。

1889年正月二十四日，詹氏又为鉴秋产下第三个儿子名世增。鉴秋要教学，除了犁耙及粗重农活儿外，一般农活儿均由詹氏承担。

玉塘村一带，潮水涨落达二三十里，退潮时，村民可拾螺蚌、掘沙虫、捞鱼虾捉蟹鲎，俗称"行海"。行海所获，除自食外，余则晒成干货，拿到墟中换回稻米。詹氏亦要去"行海"，因劳累过度，以至产四、五、六三个儿女均

---

[1] 邓肇庠撰文。

早殁。

穷人孩子早当家，世坤、世增兄弟俩自小即进行较轻的农业劳动，如帮助母亲及姐姐收种番薯、木薯、花生、芝麻、粟米等。六七岁时已上山放牛，九、十岁时已开始"行海"了，为了减轻父亲的辛劳，兄弟俩在十四五岁时便学犁耙土地。

邓氏祖屋大门的对联是："东汉家声远，南阳世泽长。"

联中说的是：王莽篡汉，刘縯、刘秀起兵新野，与新市、平林合兵拥立刘玄为更始帝。縯、秀战功显赫，为平林、新市诸将忌，诱杀刘縯。秀假以酒色掩饰其恨，释更始帝及诸将之疑，令率兵出长安，镇抚州郡。新野邓禹曾与秀游学长安，闻秀兵出长安，策杖求见，纵论天下，定中兴之策，禹建树甚丰。秀即帝后，封禹为梁侯、大司徒。禹是书生，不知韬略，守长安时，为赤眉所败，引咎请撤大司徒及梁侯爵。光武帝念其功，撤大司徒职，留梁侯爵。

全国一统，禹弃武讲学，建武十六年（光武年号）移封禹为高密侯，参议国家大事。帝崩，明帝即位，拜禹为太傅，待若宾师。禹卒，明帝赐禹长子震承袭高密侯，另封次子袭、三子珍为昌安、吉安侯。明帝追忆功臣，于南宫云台绘二十八将及四侯遗像，并以禹像为首，录出姓名、官爵，功表千秋。

禹六子训，弃文习武，熟于韬略，善抚兵民，任乌桓校尉与士卒共甘苦，得众心，番房惮训恩威，不敢近塞。张纤失信胡羌，引起胡乱，训继任太守，并代胡羌校尉，训广施恩信，纳胡平羌之策，恩威并施，驾驭有术，全羌顺服，不敢叛乱。训病殁，胡羌如丧父母，朝夕哭临，家家为训立祠，祷祀不绝。

邦英希望儿孙成为秀才、举人，但儿子们劳碌终日仅得温饱，这一愿望仅是空想。

鉴秋经过深思熟虑，和妻子反复商量，毅然辞去教师的职务，推荐他的学生张君嵩任教。1905年初春节过后，带了世坤、世增兄弟前往南康墟，在鸡巷附近把空地圈了起来，建了茅屋。由于过去经常请教渔民，学了鉴别珍珠等级的知识，鉴秋把家中的积蓄拿了出来，开始做收购珍珠的买卖。

得八村村民的信赖，后来还有营盘、黄梢等村渔民的支持，向他父子出售珍珠蚌的日渐增多。父子三人开蚌取珠，把蚌肉晒干在墟中出售，珠末（小珠）售给药店，成珠（一级品、二级品及极品）则拿到县城售给珠宝商。

父子三人以诚信为宗旨，忠厚待人，他们收购以蚌作价，但获得一级、二级珠均补回差价给渔民。收购越来越多，生意越做越旺，积蓄也日渐增多。

经济好转，鉴秋有能力供两个儿子上学了，只有入庠，上了学堂才能成为秀才，才能去考举人，才能实现父亲的愿望。

中国自鸦片战争后，中法之战、甲午之战，均由于清政府的腐败，割地赔款，丧权辱国，使国日贫，民日弱，贪官污吏横行，民不欲生，国人反清图强之心日盛。鉴秋父子三个人拟从科举出身，为国图强，三人个同时到廉州考秀才，但屡试不第，又获悉秀才之试有种种作弊，加深了对清政府的不满，遂起反清之志。

二、反清起义

一个夏天的黄昏，鉴秋将送世坤、世增去府城廉州府中学堂读书的决定，告诉他兄弟俩。世坤认为他们去读书了，这里的活儿父亲忙不过来。世增提出让二哥去读书，他留下帮父亲干活儿。但鉴秋坚决要他们去读书，在外互有照应；这里的工作可由七子、八子世诚、世炎来帮忙。最后他希望俩兄弟好好读书，争取上进，为家族争光。

1907年8月底，世坤、世增兄弟到廉州（现广西合浦县廉州镇）廉州府中学堂读书。学习的课程除了八股文章外，也学一些自然科学、中外历史地理等。

在学校内，世坤、世增与陈铭枢（陈后去广州陆军小学读书）、林益中、卜汉池、钟继业等十多位要好的同学，还有教员苏用武（苏乾初），来校宣传革命的罗侃廷、李昆岩（李时钦），经常一起讨论当前国内政治形势，对清朝的腐败感到愤怒；对孙中山先生创建的兴中会感到兴奋。在假日，他们常远足旅行到钦州境内的抗法老将冯子材墓园凭吊，也到三十里外的北海镇登上冠头岭，走到白虎头缅怀抗法战争的将士。

1911年2月，陈铭枢由陆军小学回到合浦，他在陆军小学经赵声先生介绍加入同盟会，他回来后向邓世坤、邓世增及苏用武、罗侃廷、李昆岩、钟继业等，宣传孙中山的"反对封建，建立民国"的主张。

经过陈铭枢的宣传和介绍，邓世坤、邓世增、苏用武等十二三名师生与罗侃廷、李昆岩等秘密成立廉州的同盟会。

1911年4月27日（宣统三年三月二十九日），黄兴率同盟会的同志攻打两广总督府的"黄花岗起义"，虽然失败了，但震撼了中华大地，辛亥革命之火已燃遍神州大地。

苏用武、邓世坤、邓世增等得悉黄花岗起义的消息后，为了响应孙中山先生推翻满清、建立民国的号召，一方面扩大在廉州的同盟会组织，发展会员（黄花岗起义后已发展到六七十名会员），另一方面积极筹备武装起义。邓世坤负责制造火药、手榴弹，为了掩护制造手榴弹的秘密，他们还开了一间爆竹厂。

邓世增、罗侃廷、李昆岩、钟继业则在军队中开展策反工作。

1911年10月10日，湖北新军在武昌起义成功，广州、云南随即响应，辛亥革命风暴席卷全国。

袁世凯以手握重兵为筹码，与革命党谈判，争取权力，一些地区掌握兵权者也纷纷效尤。钦廉地区也不例外，钦州曾进行两次起义，最后一次被冯子材之孙冯相荣反水而腰斩。合浦县新军杨分统也拒绝下属的起义要求。

合浦同盟会要求罗侃廷、李昆岩继续在军营（新军）中进行策反工作，并要求在军队中弄出几套军装及一些武器。邓世坤继续制造手雷，以供起义时应用。一切工作进行顺利，新军杨分统仍拒绝起义。新军决定：再动员他仍拒绝起义的话，将弃（包括击毙）他而起义。

1911年11月17日（宣统三年九月二十七日），离预定起义时间还差3天，邓世坤因劳累过度，在制造手雷过程中不慎引发爆炸，不幸身亡。幸制造好的手榴弹已转移，加上制造的手雷全部用酒樽包装，未引起官府的注意。据此同盟会召开紧急会议，决定当晚提前起义。由邓世增、罗侃廷、李昆岩、钟继业前往新军中工作，争取杨分统，如杨仍顽固不化，即采取断然措施。苏用武率领其余同志占领府衙。

邓世增与新军起义的同志，决定再一次动员杨分统。邓世增对杨分统说，利用自己掌握的军队向革命讨权力是危险的。辛亥革命滚滚洪流席卷神州大地，国民积极响应，在军队中特别是下级军官和士兵，均欢迎推翻满清，建立民国，分统营中有不少拥护革命的士兵和军官，反对革命的仅是一小撮，希望分统举起义旗，追随革命，以免生灵涂炭。

邓世增等人费尽唇舌，杨分统却认为这群学生哥嘴上无毛，无枪、无炮，不成气候，下令扣押邓世增等四人。起义官兵迫于无奈，将杨分统击毙，召集全体官兵宣布起义。

苏用武等也同时占领府衙。并在大街小巷中张贴"打倒满清，成立民国！""推翻帝制，建立民主！""辛亥革命万岁！"等标语。

合浦宣布：辛亥革命起义成功！成立了革命政府——廉州军政分府，苏用武任军政分府都督，邓世增任军政部部长，参谋长李时钦，财政部部长罗侃廷，民政部部长廖杏斋（兼合浦县县长），交通部部长林益中。

三、投笔从戎

起义成功后的第三天，全体同盟会会员及各阶层人士300余人，公祭邓世坤。

世增请假半月，运其兄的棺柩回乡，安葬于其祖父墓侧。

邓鉴秋夫妇痛失爱子，悲痛欲绝，邓世增终日陪伴父母开解。

经世增的开解，其父母悲戚之情稍减。世增回到廉州任职，他除维持治安、清剿流寇外，还对自卫大队进行一些普通训练。但大家都缺乏军事常识，邓世增、钟继业等人除在学堂学到的立正、稍息、敬礼、正步走等队列基本动作外，对步兵操典、射击要领完全不懂。

起义新军没有政治信仰，他们起义是形势所迫，希企在起义后，得到某种利益。今起义成功了却不见有任何利益，起义新军又见这班学生哥领导自卫大队，不懂军事常识，认为可欺。在起义未满一个月即行叛变，到处抢掠，但因受到广大民众的反抗，叛变很快得到平息。邓世增认为叛变的产生，是由于自己不懂军事常识，故恳请苏用武推荐他去广东陆军速成学校学习。

1912年春，苏用武同意邓世增所请，并借自己往省开会的机会，与邓世增、防城籍广东陆军小学毕业的陈济棠等由陆路步行一个月同往广州。邓世增、陈济棠都顺利进入广东陆军速成学校第三期学习。广东陆军速成学校是由前清广东陆军中学堂与将弁学堂合并后的广东陆军讲武堂，后称广东陆军速成学堂改办，校址在广州大东门外北横街。同期入校的还有李扬敬、林时清、钟继业等。邓选择炮兵科进行学习，因为炮兵科除了学习步科的基本知识外，还要学习战术及炮科理论，实习训练也较艰苦。他希望在军校中学习到最新的军事技术和知识。

1912年3月南北统一，孙中山辞去临时大总统，袁世凯继位。1913年6月，袁世凯阴谋恢复帝制，广东都督陈炯明宣布独立，脱离袁世凯政府。袁世凯任命龙济光为广东镇抚使。

在严峻的形势下，邓世增自1912年春进入广东陆军速成学校炮兵科，到1913年冬提前毕业，并被派到兵站服务。

8月，由于陈炯明部粤军的苏乾初部叛陈投龙济光，迫使陈炯明、岑春煊逃往香港，广东军政大权落入龙济光之手。

到职不久的邓世增，由于兵站属于讨袁派，为龙济光镇压，邓被迫逃港。1914年春，邓回到阳江与陈济棠一道加入苏汝森团机枪连任排长。因苏是讨袁反龙派，后为龙济光杀害，邓再次逃亡香港。1915年，因生活所迫返回合浦，在珠江小学任国文、体操教员。

1916年3月，朱执信等革命党人袭击广州的龙济光军队，击毙龙的团长田春发、营长吴仲文等，并袭击肇和舰及长洲炮台，终因寡不敌众，以失败告终。

1916年3月，广西陆荣廷自任两广护国军总司令，全国纷纷起义讨袁，袁世凯被迫取消帝制，但仍称大总统。

4月，广东"宝璧""江火"两舰起义归附民军，"江固"舰长在江门为民军击毙，该舰也归附民军。广东潮汕、钦廉地区宣布独立，迫使龙济光宣布脱离北京政府，但龙济光态度暧昧，意见分歧，民军与济军在各地不断发生冲突，民军司令徐勤等邀请陆荣廷来协调。

在这一形势下，当年仲夏，邓世增辞去教职，在肇庆都司令第六军军部当委员，并在杨鼎中团服务。

6月，袁世凯在全国声讨中病逝，黎元洪继任大总统。1917年4月，黎任陆荣廷为两广巡阅使，陈炳焜为督军。但黎元洪因辫子大帅张勋复辟，为张迫走，海军总长程璧光率第一舰队南下护法。在全国一片反复辟声中，段祺瑞、冯国璋等又把张勋驱逐，掌握了北京政府。

1917年9月，广州非常国会选举孙中山为军政府大元帅，形成南北对峙局面。

当时全国各地出现有枪便是草头王，不管你的政见好坏，合我者取之，违我者拒之的局面。

入粤的滇军经常因利益冲突，和桂军摩擦，桂军首领莫荣新对孙中山先生也很不尊重，否认大元帅的合法性，要求重组军政府。

这时，邓世增的主导思想，就是追随孙中山的军政府。1917年，随钦廉道尹成光回钦廉充当委员之职。1918年，到罗定，当时陈铭枢任肇庆民军梁燕南游击第一营营长，该营是由新兵和地方团队组成，陈铭枢请邓世增为该营教官（即副营长）训练新兵。

他们一方面招募新兵扩充实力，另一方面积极训练，这时罗镜商团区宗麟与蔡廷锴也投奔该营，区为连长，蔡为排长。蔡聪敏、好学、训练刻苦，且多次代理区宗麟指挥该连剿匪，蔡因战术机动灵活，战绩显著，剿匪有功，深得陈铭枢、邓世增的赏识。

因上峰克扣军饷，官兵除伙食外，所得无几，生活较为艰苦，适逢讲武堂在军队中招收学员，邓世增对陈铭枢建议，选派蔡廷锴往讲武堂学习，将来可做左右手，陈同意推荐蔡往讲武堂学习。蔡与陈铭枢、邓世增的友谊从此更深了。

由于部队缺乏粮饷，1919年杨鼎中在阳江任帮统，邓世增是杨的旧部，于是邓往投杨，被杨鼎中任命为执事长（即副官长）。此时，邓世增的同乡，亦是邓的父亲邓鉴秋之学生张君嵩（岳宗），在家乡与土匪周旋，惹来官府怀疑，前来军中投奔邓世增。

孙中山因长期没有掌握自己的军队，受西南军阀所左右，他根据大元帅参军长（参谋长）邓铿的建议，成立自己的武装力量，并委邓铿组建粤军第一师，但是肇军徐勤等听命于莫荣新（桂系陆荣廷），而陈铭枢部则拥护孙中山。当时陈铭枢、陈济棠、李昆岩等部（营）驻扎阳江，于是与邓世增联系，共同起义，反对肇军军事当局，拥护孙中山建立第一师。起义成功后，邓世增被陈铭枢委任为阳江警备司令部参谋长，后奉师长邓铿之令调回广州整编。整编后陈铭枢为粤军第一师第四团团长，邓世增原为第一营营长，后因该团枪械粗劣，将第一、第二营裁编为一营，由陈济棠任第一营营长，邓世增仍以原军阶留任团部。

1922年春，邓世增奉命派往南路援桂指挥所。不久，邓铿遇刺身亡，粤军出现分裂，由梁鸿楷出任粤一师师长，李济深为副师长，陈炯明不服调动，星夜率部退回惠阳。

1922年冬，邓世增得到早前邓铿师长令杨鼎中拨给的200支步枪，回合浦办团练。他回到合浦后，招募子弟兵，他的七弟世诚，堂弟世勋、世棠，堂侄邓熊（兆南）、邓东（春生）等均前来投军。

1923年春，邓世增率在合浦招募的子弟兵，携山炮二门，奉令编入粤军黄志恒部任营长。因邓世增是炮兵科毕业，故调往江门任粤军第一师炮兵营营长。

为了扩展粤军军力和准备北伐，第一师扩充为军，梁鸿楷出任军长，李济深为参谋长兼第一师师长。因第一师的参谋、后勤等职能部门抽调往军部，第一师职能部门要重组，邓世增被调回师部任军械处长。

李济深觉得邓世增文武双全，若长期留在军械处，则湮没人才，故派邓世增往补充团兼任第一营营长。他除留邓熊、邓东在军械处外，将邓世诚、邓世汉、邓世棠等人送往（广东）西江陆海军讲武堂学习，张君嵩等则派往补充营。

1924年春，邓世增兼任补充团一营营长时，适逢在第四团的蔡廷锴不满第四团人事安排（陈铭枢已辞职），愤然辞职。邓获悉后，亲往访蔡，恳请蔡廷锴往该营任连长，负责该营官兵的训练工作（实际为副营长），经济上在上级允许下任其开支。蔡到任后，在两个多月的训练中，枪械虽劣，但精神、军纪在粤军中已属一流。一天，邓世增不在营中，适李济深师长到该营巡阅，李赞其能，这是蔡廷锴后来在军队中发展的一大转折点。

不久，桂军刘玉山、陈天太不服调动，擅往都城截留税收，督办即令桂军由梧州东下出大坡堵截，并派粤军第一师张发奎的独立团在都城附近登陆，包围都城，当时邓世增的蔡廷锴连拨归独立团缪培堃营指挥，缪认为该连枪械旧劣，令为预备队，蔡甚为不满。当双方交战激烈之际，蔡纵观战局，发现叛军侧翼空虚，即取捷径向敌侧翼攻击，叛军腹背受敌，即行溃退。蔡一连劣旧武器之新兵击溃敌军，并获人枪400余，因而更新全营武器。蔡凯旋后，邓世增即为蔡申报请赏，并让出该营营长给蔡，使能专职军械处工作。李济深师长同意提升蔡廷锴为该营营长，并提邓世增为补充团团长，免去军械处处长之职。

补充团在都城驻扎，探悉苍梧、郁林边境及桂墟附近，有匪首偷牛贼、生鸡精两名，收容陈天太散兵，聚集六七百人，占据桂墟。邓世增派蔡廷锴前往进剿，匪占据村庄及附近高地进行抗拒，战斗终日仍无进展，邓请师部调来两门七生五炮协助攻击。一方面挖壕以阻匪徒突围，一方面做好炮兵阵地的工作，邓、蔡均是炮科出身，这些工作正是他们的专长，当七生五炮到来的时候，即进入阵地。从早上至黄昏，每一碉楼挨四五炮，碉楼即被摧毁，匪无险可守，拼死突围，少数残匪逃脱，窜入苍、郁边境的大坡山附近，邓、蔡指挥部队继续追剿，将其彻底肃清。桂墟之战，解救被匪掳掠男女百余人，毙匪百余人，俘虏二百余人。

部队凯旋回都城不久，因第二旅第四团团长缪培堃病逝，邓世增又得杨鼎中资助枪械600支，李济深调邓世增往第四团任团长。

四、柳州之战

1924年，邓世增调往广东革命第一军第一师第二旅第四团任团长。补充团由徐景唐接任，不久徐又调往第二旅第三团任团长，补充团由黄镇球接任，蔡廷锴仍留补充团任营长，后蔡调往第一旅第二团（团长蒋光鼐，旅长陈铭枢）任营长。

1925年元月，广西陆荣廷之沈鸿英残部，集结于贺县、平乐等处，有进犯梧州之势。东江方面，陈炯明部粤军又蠢蠢欲动。因而广东军政府决定：由许崇智率第一旅，蒋介石率黄埔军校教导团及该校学生军进剿陈炯明部粤军。第二旅旅长陈济棠率该旅，从肇庆、都城、梧州出发，并以补充团归第二旅指挥，因补充团缺一营，调第一旅第二团蔡廷锴营，并入补充团战斗队列。第二旅奉令赶赴柳州支援李宗仁、白崇禧，扑灭沈鸿英残部。

邓世增的第四团，第一营营长黄道甫、第二营营长香翰屏均是合浦人。适其弟邓世诚在讲武堂毕业回来，由邓世诚组建第三营（诚初到第四团时任连长）。这个团实际是合浦县的子弟兵。（该团后来改编为第三十二团，在一些回忆录中，包括李宗仁的回忆录及邓世增的简历中均以第三十二团称之）。

旧历正月末，第二旅从梧州出发，向犁木根推进，再向信都前进。占领信都后，沈军以一部分兵力联合林进挺残部进行对抗，沈军与已归顺革命军政府的广西李宗仁、白崇禧、俞作柏部激战。为援友军，陈旅长命第三团团长率部及蔡廷锴营为前卫，向山心、马练迳攻击，战斗异常激烈。徐、蔡采用集体冲锋的拼命打法，始将敌击退。徐、蔡部伤亡较大。旅长改派邓世增团为前锋，蔡营回归黄镇球补充团任后卫，就地补充休整。徐景唐团退回肇庆休整补充。

邓世增团接替前锋任务后，即向敌方三步梯追击。据侦察报告：沈军在三步梯一带布防，沈鸿英在贺县坐镇指挥。邓团抵达三步梯附近即与敌接战，敌据险固守，邓团仓促之间难选有利地形。邓世增令兵士一边还击，一边互相掩护挖掘掩体，随后黄镇球的补充团及时赶到投入战斗。

沈鸿英的叛军，因有吴佩孚派来的机枪连固守，战况更激烈。至中午，邓、黄两团几乎不支，但邓世增仍镇定自若，黄道甫营寸步不让，顶着敌军强攻，香翰屏营已呈不支，因援军已至，故坚持不退。邓世诚营第一连连长张君嵩在其侧（张的启蒙老师是邓之父亲邓鉴秋），张见敌火力猛，己方又无掩体，于是大叫："七哥！（事实上张比邓年纪略大，但习惯这称呼），我掩护，你挖掩体！"

邓世诚身高力大，从背后拿起铁铲，三四铲把泥土铲到张君嵩面前，以挡枪弹，然后自己挖掩体，在敌火力间隙的时候，张君嵩又大叫："全营官兵们！向营长学习挖掩体！"官兵一看，张、邓互相掩护挖掩体，于是大家学习，互相帮助，互相掩护，不到20分钟，全营散兵线，均挖好临时掩体。敌人火力虽猛，又仓促应战，但该营伤亡仅十余人，顶住了敌人攻击。

战至中午，敌反击冲锋，邓、黄两团有不支之势，但邓、黄两团长均镇定自若。邓命黄道甫营迂回，抄敌后路攻击，邓世诚营居中打敌中路，黄镇球命一营补黄营阵地，另一营增援香翰屏营。

双方数度冲杀，正在危急之际，蔡廷锴营及时赶到，立即向前冲杀，在前后夹击下，叛军始败退。但邓、黄两团仍被阻于三步梯。

叛军沈鸿英主力虽集中贺县三步梯一带，但李、白、俞的部队向柳州的进攻毫无进展，为解决三步梯之敌，尽早与李、白会师，陈旅长对蔡廷锴说："你营能冲破前面之敌，赏大洋2000元。"蔡廷锴组织二连强攻，但攻至距敌50米左右，即为敌机枪火力所阻，蔡杀得性起，亲率预备连，在邓、黄两团的火力掩护下，一鼓作气，猛向敌冲杀，敌遂溃退，撤离三步梯。

蔡廷锴亲率30名士兵乘胜追击，并令营副刘绍仪集合队伍随后跟进，途中遇邓世增派邓世棠率领的侦察排，于是合并向敌退路追击。沈部兵败后秩序大乱，蔡廷锴、邓世棠兵力虽少，仍以少击众。抵达三步梯时，遇敌之援兵，对方喝口令，即以溃兵番号应之，轻易通过敌哨，并把敌人休息之所侦察明了后，立即放排枪，使敌人无还击之力，立即溃退。沿途敌留下轻重武器甚多，蔡、邓一方面收缴武器，一方面派兵向贺县方向警戒，并令士兵向有火光之处射击扰乱敌方。又令邓世棠排占领民房开凿枪眼，以防敌人反击。

夜2时许，吴佩孚的机枪连前来投降，因刘营副率领的后续部队尚未赶到，故令两名士兵前往降连收缴机关枪，明晨正式受降。当时如对方发现我方兵力薄弱，进行反击，则不堪设想了，幸刘营副于4时许率部赶到。士兵自中午食饭后至今粒米未进，但他们继续向敌退路拦截，并开进贺县县城，始埋锅做饭。中午第二旅各部续抵贺县。

稍事休息，邓世增即率部向柳州推进，沿途收、俘沈军之散兵游勇达百人。抵达柳州外围，即与李、白、俞联系，相约总攻时间及部署。因沈部主力已被击溃，柳州之敌已无斗志，邓世增部发起总攻后，很容易将柳州城拿下。柳州拿下后，邓团已极度疲劳，除哨兵外，很多士兵随地倒下呼呼大睡。该团在柳州休息三天，准备与李宗仁等部直捣桂林陆荣廷总巢。这时却接到命令：邓团回师都城、肇庆休整，进军桂林由陈旅长另派部队接替。由于沈鸿英部已被剿灭，陈济棠、李宗仁等部长驱直捣桂林，未遇抵抗，陆荣廷从桂林经龙川逃入安南。正是："打生打死徐、邓、黄，光荣全归陈济棠。"对这段历史，李宗仁先生在他的回忆录中，称陈济棠为福将。

第四团回到都城、肇庆休整，第三营营长邓世诚因在三步梯战斗中，不适山区气候，患了重风湿病，行动十分不便，回到肇庆找专治杂病的钟医师进行治疗，治疗期间，第三营营长职务由张君嵩代理。

五、太和之战

广州国民政府积极扩充军力，准备北伐，把原来的第一军扩充为四个军，蒋中正任北伐军总司令，第一军军长为何应钦，谭延闿为第二军军长，朱培德为第三军军长，第四军军长李济深、副军长陈可钰，参谋长邓演存，第十师师长陈铭枢、副师长蒋光鼐（蔡廷锴、孙绳、戴戟分任团长）；第十一师师长陈济棠、副师长徐景唐（第三十一团团长陈章甫，第三十二团团长邓世增，第三十三团团长余汉谋）。1925年10月17日第十二师成立，师长陈可钰（兼）、副师长张发奎（许志锐、缪培南、黄琪翔分任第三十四至三十六团团长）。

当广州国民政府准备北伐的时候，南路的邓本殷原据琼崖，因投靠陈炯明部粤军，被其扩展至钦廉、高雷、两阳，成立八属联军，邓本殷任总指挥，申葆藩任副总指挥。1923年秋，邓本殷与陈炯明发生摩擦，邓即与段琪瑞、吴佩孚勾结，被段、吴委为高雷、钦廉、两阳、琼崖八属督办，并授予"品威将军"衔。在段、吴的支持下，北京政权自意大利购回大批军火，抵海口时，卸下部分机枪、步枪及迫击炮。邓本殷原是陈炯明部粤军辖下的粤军第六支队，后发展成五个军（实为三个军）的兵力，所控地盘达广东的三分之一。北伐前，如不将这个毒瘤割除，则会重蹈第一次北伐之覆辙。

广州国民政府决定：由朱培德为征南总指挥，率第三、第四军讨伐南路邓本殷部。

当李济深率第十师、第十二师往南路讨伐邓本殷时，陈炯明残部杨坤如、熊略、李易标、陈修爵及林虎等在淡水、河源、紫金等地活动，他们得陈炯明之助，秘密募兵，蠢蠢欲动，准备开赴南路的第十一师奉令东征。

东征的军事行动较为顺利，团长邓世增参加东征陈炯明，并为先头部队在惠州强渡东江。邓世增身处全团最大的船只中，冲在最前端，想必为敌方火炮针对目标。不料，惠州城方向一炮未发，可能将火力都集中在陆路防守方面了。陈部不敌，弃城逃跑。1925年11月22日，第十一师已兵至闽南永定，25日再至平和。

1925年12月，陈济棠由闽班师，军政府鉴于第四军既要参加北伐，又要留守广东，任务很重，决定以徐景唐、陈章甫的第三十一团为基础成立第四军第十三师。1926年1月24日，第十三师成立，徐景唐任师长，副师长陈章甫，下辖三个团，第三十七团团长陈章甫（兼），第三十八团团长云瀛桥，第三十九团团长李务滋。第十三师成立后，第十一师副师长空缺，由邓世增递补，第三十二团团长由黄道甫继任。

1926年7月18日，陈济棠、邓世增率部前往南路，途经广州，陈往当局述职聆听指示。当陈师离开广州市时，接第十三师通报，陈炯明残部林虎窜犯广州，为徐部围截于沙河，向榕树头方向逃窜，希望第十一师派部于太和、中和拦截。接讯后，邓世增即命黄道甫率第三十二团前往太和堵截，余汉谋率第三十一团往中和堵截。

黄道甫团抵达太和镇2公里外的百足桥，这里是最好的伏击地点，这里有一小河沿太和镇后山流入流溪河，河床较深，宽达二三丈，百足桥对峰又有一二百米高的小山，如在百足桥正面设兵迎敌，两侧山腰又设伏兵攻击，战斗打响，后有追兵，敌便四面楚歌，不战自乱。

黄道甫决定在这里设伏，但太和的后山很重要，周围山峰耸立，敌如占领后山，如鱼得水，退可经罗岗入龙眼洞进入增城，或经黄田入九佛进入增城。因此，守住太和后山的河岸很重要。

黄道甫令第三营代营长张君嵩守太和后山，令第一营李代营长守对面百足桥的小山，他和香翰屏利用山势、地形在百足桥正面迎击来敌，当阻击之战打响，两侧同时向敌攻击。

黄道甫部署完毕，约一小时后，在龙眼洞被徐景唐击溃的林虎残部，一部分向盆蛇岭逃跑，一部分偷袭沙河。徐部在榕树头与偷袭沙河之敌相遇，进行激战，敌不支，约五六百人向太和方向溃退。

当敌踏上了百足桥，进入黄部的伏击圈，受到迎头痛击，叛军死伤不少。敌指挥官发现岸边火力较弱，令敌兵向河边冲锋。当叛军正在渡河，却被第三营密集火力压住，不能前进，渡河叛军死伤过半。

黄道甫见时机成熟令号兵吹冲锋号，并站起侧身向兵士大叫："弟兄们！冲啊……"这时一颗无情的子弹自他背后射去，他即倒地，用手指着香翰屏，口动而无语，继而手已无力地垂下来。勤务兵跑上去，把他扶起大叫："六叔！六叔！"但黄道甫已不能回答了。

香翰屏被突然事故吓呆了，幸邓世增带着警卫排赶到，邓令香率部冲锋，务必全歼残匪。令卫生员及时为黄道甫包扎伤口，又令警卫排排长邓钧准备担架派16名士兵，轮流抬送黄道甫往博爱医院抢救。

邓世增安排抢救工作后，纵观战场，发觉我方士兵已杀红了眼，如不及时制止，敌则无一生还。于是下令："投降者免死！抗拒者格杀勿论！"

愤怒的子弹射向敌人，手榴弹也在敌群中开花，不到15分钟，敌人死亡300余人，俘敌200余人，缴获枪支500余杆，军械物资一大批，邓部伤亡仅十三四人。

战斗结束后，香翰屏向邓世增报告战果，邓默默不语，稍停，令香向军部报告，并令率第三十二团在沙河驻扎。

布置完毕，邓世增带领警卫战士赶往博爱医院，看望黄道甫伤势。据医生解释：子弹从背后进入胸部，伤在肺门，弹头难以取出，目前出血虽减少，但弹头留在肺部易感染，引起并发症。如要开刀，再伤血管，大量出血也难处理。邓世增听后也一筹莫展。

当邓世增准备离开医院之际，黄道甫突然

1926年，任国民革命军第四军第十一师副师长的邓世增

苏醒，他见了邓世增，用微弱的声音说道："老团长！请照顾我妻儿。"说完闭目长逝了。

第十一师同袍，特别是第三十二团的兄弟都馈赠帛金予黄道甫家属。邓世增也为黄道甫申请优厚的抚恤金，并举行隆重葬礼，将黄道甫安葬于瘦狗岭粤军第一师墓园。

黄道甫是背后中枪而伤亡，因而引起第三十二团官兵疑是站在黄侧的香翰屏所为。在未释疑前，邓世增暂兼第三十二团团长。邓世增力排众疑，他认为，香、黄之距离不足三尺，如香在一丈内击中黄团长，黄的伤口必有黑色火药之痕迹，且可闻到火药味，他并进行了示范。最后他说："子弹仍在肺部，说明射程较远，弹力变弱，未能穿透身体。"经邓世增的解说，众疑才渐渐平息。

六、回乡剿匪

第十三师成立，陈章甫的第三十一团拨归第十三师建制，第十一师仅余二个团，经军部决定由原第一师补充团团长黄镇球，组建第三十三团（原余汉谋的第三十三团已改为第三十一团）。

1926年2月，南路邓本殷部叛军已基本消灭，但八属联军收编了不少土匪，邓本殷叛军消灭后，一些过去干匪的，又重操旧业，因此每县都有二三十人以上，甚至一二百人的几股土匪，干着打家劫舍、杀人越货的勾当。合浦的刘朱华、徐闻的石夹生、遂溪县的李福隆、电白的徐东海，这几股土匪都在千人以上，也极凶狠，为害最烈。此外，还有申葆藩（申已降军政府）的张瑞贵旅，退据十万大山，以观时变。

由于邓本殷部叛军已基本消灭，南征的第三军及第四军的第十师、第十二师奉令调回参加北伐。

第十师出发北伐，所遗钦廉、高雷防地，由于匪患仍猖獗，故交由第十一师接管。陈济棠、邓世增将师部设在北海，余汉谋的第三十一团驻高州、香翰屏的第三十二团驻钦州，黄镇球的第三十三团驻雷州。

第十一师剿匪的策略是对顽固的土匪坚决清剿，彻底消灭，以靖乡梓。至于被官府压榨，无以为生，啸聚山林，抗捐抗税，对民众危害不大，又能悔改者，进行招抚。很快二三百人以下的土匪已被招抚或歼灭。在政策的感召下，一般的匪徒也不愿为匪，各自逃散回家。徐闻的石夹生、遂溪的李福隆，被第三十三团黄镇球重创。茂名、电白的徐东海也被余汉谋部击溃。这些地区的匪患得到收敛。

十万大山的张瑞贵部盘据钦州境内。邓世增认为：张瑞贵旅原是申葆藩的一个旅，有一定的战斗力，且能守纪律，退入十万大山，从不进行抢掠，张部和其他土匪是有区别的，于是决定采用政治谈判和军事威胁的办法迫使其归降。

1926年6月中旬，邓世增率香翰屏第三十二团、第三十三团的李洁之营及师部黄涛的炮兵营在张瑞贵驻扎的山下布防。

邓世增之父邓鉴秋原与申葆藩是故交，因此邓世增深入十万大山往见张瑞贵。邓向张说明申葆藩投降革命军的近况，劝说张瑞贵要明大义，以申葆藩为榜样，向广州国民政府投降。并指出：张如抗拒，必被围剿，徒增冤魂，最后走上灭亡之路。起初，张瑞贵仍持观望态度，及见第十一师布阵，张瑞贵自知孤立无援，再难挣扎，随即输诚请降。

张瑞贵降后，部分兵员补充各团缺额，张瑞贵充任第十一师补充团团长（后调第三十二团任副团长），暂驻三那等地。

1926年8月，第三十一团参谋长兼第一营营长叶肇率部，和李洁之营及黄涛的炮兵营向顽匪刘朱华进行围剿。

刘朱华是合浦大廉垌人，出身封建地主家庭，有点文化，喜与绿林人物交往。初期，纠集二三百人，拥长、短枪百余支，横行于合浦公馆、博白许莲村及廉江的高桥一带，以勒收行水，包烟庇赌为活，后为苏廷有收编为营长，再提升为统领，拥有1000多人，长、短枪八九百支。他虽有番号，但官兵均穿便服，实属兵匪一体的土匪。刘朱华要求属下，不许调戏妇女，不许抢人财物，因而乡人对他无甚恶感，且为其利用。

第十一师进剿时，刘朱华避实就虚，我军东进，他西窜，我军北进他南逃，进剿十多天一无所获。

后来请广西派兵两营，自陆川、博白联合围剿，刘匪中很大部分都是协从者，均不愿为匪，值此机会各自逃散回家。刘匪仅余五百人枪，窜入石头湖，据堡固守，被炮击破堡门，刘匪乘机逃脱。刘匪反复啸聚，被一再追剿，最后逃往广州湾（今湛江市）。

陈济棠部第十一师驻扎北海期间，对工人、农民运动不予支持，排斥进步学生。他的兄长陈维周承办各项捐税，牟取暴利，当地民众及地方官员对陈济棠兄弟极为不满。他所用之人均属五同关系，唯命是从者，因而在官兵中引起极大反感。陈济棠看到这种不利形势，再次使用东征时的"杀手锏"，请辞和前往苏联考察，以平民怨。

1926年冬，李济深批准了陈济棠的辞职，第十一师师长由邓世增代理。

1927年1月陈济棠以广州国民政府代表名义，与政治部主任林翼中，暨空军及其他技术人员20余人，前往苏联交涉购买军械及训练飞行等事宜。遂以港币3000元租用一艘约1000吨的轮船，从广州直驶苏联符拉迪沃斯托克，转乘西伯利亚铁路西行，开始苏联考察之旅[1]。陈济棠主动要求到苏联考察，并非出于对苏联好感，目的主要是为了暂时躲避外界的攻击矛头。

合浦和博白县交界处的东成乡，有匪张枚新，因不是顽匪，邓世增委张瑞贵前往招抚，张枚新率部降后，合浦匪患基本平定。

驻琼崖的部队，原是第十二师第三十四团的许志锐部，因该师已北伐，许部被调北上。1926年10月中旬，琼崖防务，调第三十三团黄镇球部填防。黄部雷州防务由第三十一团派部接管。

邓世增代理第十一师师长，整饬军纪，坚持"有功必赏，有过必惩"的原则，处事公平，受到官兵的欢迎。第十一师纪律严明，团结友爱，面貌一新。

邓世增七弟邓世诚患有风湿病，已不适军旅生活，呈请辞职。邓世诚辞职后，第三十二团的干部出现缺额，根据香翰屏提议，邓世增同意，调整如下：第三十二团团长香翰屏、副团长张瑞贵，第一营营长李某，第二营营长张枚新，第三营营长张君嵩。并令张君嵩驻防公馆，严防刘朱华匪帮死灰复燃。

合浦县鉴于雷州半岛有白石盐场，拟在北海一带海岸建立盐场。得悉邓世诚辞了军职，即请邓世诚出任白石盐场知事（场长），并成立一盐警中队，该中队一方面维持治安，一方面缉拿私盐。邓世诚出任知事后，北海第一幢洋式楼房，就是白石盐场的办公地点，现该楼仍保留，作为北海开发的见证。

邓世诚一生精打细算，勤俭持家，他将三哥（世增）留给父亲的钱，加上个人积蓄，首先在青山头与戚文苑合资围海造田，建了四五路水盐田。由于盐田回报率高，收效大，邓世诚随后又和刘瑞图在北海白虎头（今银滩附近），围海建造了20多路水盐田。

1929年，邓世诚又和杨祥甫，在北雾围海建了20多路水盐田。

这时，白石盐场已不是空壳盐场了，邓世诚将盐场产业名曰"邓益福堂"。"邓益福堂"拥有38路水盐田。自1930年至1949年，盐田的收益，成为邓世增抗日、反蒋活动的经济支柱。

邓世诚有了盐场的收益后，在北海搞起房地产，他首先在中华街建了五六幢房子，继而建设中山路，建了洋房式的邓公馆，在其侧也建了六七间的楼房。

---

[1]《陈济棠自传稿》，中国台湾台北传记文学丛书之五十九，传记文学出版社，1974年10月31日印行，第23页记载。

继之陈铭枢、许锡清、刘瑞图在朝阳里，相继建了别墅式的花园洋房。邓世诚还在刘瑞图、许锡清花园洋房之间的空地建了一个较大的花园——邓园。邓世诚搞地产，不是经商用途，这些房子大部分都是给失意的下属，特别是低下层官兵居住。

此时北海已建设成一个具备四五万人的城镇，成为海产品及渔具、修船工具的市中心，且和法属安南（今越南）的海防、海南岛的海口、广州湾（今湛江市）、香港等地通航和贸易。法国的天主教在北海建了教堂和医院，美国浸信会在朝阳里建了教堂和学校。政府也在北海设立海关、邮局和税所等部门。这些当时标志性建筑，都与邓世诚在北海的早期活动分不开的。

七、羊城风云

1926年10月，北伐军全面收复武汉。1927年2月，国民政府要迁都武汉，北伐军总司令蒋介石要迁都南昌，意见分歧。武汉方面要国共合作，蒋介石下野，蒋介石要分共、清共，各走极端。武汉当局派第十一军军长、武汉卫戍司令陈铭枢（攻克武汉后第十师扩建为第十一军）往谒蒋介石，希望双方和平解决。陈铭枢回到武汉后，由于政见各异，陈被迫出走。第十一军副军长兼第十师师长蒋光鼐、第二十四师师长戴戟也相继出走。陈、蒋、戴出走后，第四军军长张发奎收编了第十一军。张兼第十一军军长，委任蔡廷锴为第十师师长，提拔叶挺为第二十四师师长，吴仲禧代理第二十六师师长。

这时，东北张作霖率兵入关，派其子张学良率精锐部队挥军南下，占领河南郑州、开封、徐州等地。

宁、汉虽然分裂，但仅动之笔墨，尚未兵戎相见，当前形势迫使双方和好，以北伐为重，反击奉军。西北冯玉祥倒戈，占领郑州。武汉蔡廷锴部击退张学良部，收复开封、归德，南京刘峙部，占领徐州。各革命元老在徐州召开秘密会议，各方得到暂时的谅解。河南由冯玉祥负责，南京、武汉部队均凯旋回原地。

1927年4月12日，蒋介石背叛革命，实行"清党"，4月15日两广同时执行"清党"。广东军政当局鉴于罢工、罢市风起云涌，决定执行蒋介石的"清党"运动。当时，五人小组成员、公安局局长邓彦华执行清党工作，出动大批军警查封进步工会，逮捕进步青年、学生和工人（包括共产党），一批共产党员及进步学生被杀害。史称"四一五事件"。

四一五事件后，"国立中山大学"各系主任营救被捕学生无效，鲁迅先生愤然辞职。粤汉、广九、广三的铁路工人，广州汽车工人罢工1小时进行抗议。

4月23日至25日，在工会组织领导下，各行业工会举行罢工。鉴于当时形势，邓彦华引咎辞职。

广州是革命军政府的重地，军、警机构不能真空。广东军政当局决定调驻南路的第十一师回省，担任警备任务，并发布邓世增任卫戍司令的消息。钦廉防务，商调桂省吕焕炎接防。

1927年4月30日，邓世增的师部、炮兵营、工兵队及香翰屏第三十二团的第一、第三营已抵省，师部设在长堤的八旗会馆。待第三十一团及第三十二团第二营到达后，邓世增即就任警备司令职。第十一师离开南路后，所遗高雷警备司令由第三十三团团长黄镇球充任。

5月8日，邓世增自北海到达广州，传陈济棠已回国，另有任用，因而邓世增拟于7月1日就任卫戍司令职。

陈济棠在国外得悉广东形势，认为是回国复职，寻求发展的大好时机，于6月间匆匆回到上海，继而回到广州，托病住进中山大学附属医院以观风色。

在广州时的邓世增

他一方面指使心腹李杨敬、林翼中、林时清四处活动，向各方面疏通，为复职铺平道路，一方面与财政厅长古应芬勾结，由古向李济深进言，给陈济棠复任第十一师长之职。在陈的策划、活动下，陈济棠如愿以偿，复任第十一师师长。

陈济棠复职后，即提余汉谋为副师长，升叶肇为第三十一团团长。邓世增没有军队做后盾，卫戍司令职也告吹了。外传卫戍司令由陈济棠接任，第四军新编第四师由第四军参谋长张文调任该师师长，第四军参谋长由邓世增继任。

徐州会议后，宁、汉表面和解，不及一月双方矛盾又起，并以兵戎相见。武汉方面以张发奎的第十一军、第四军为第一方面军（后改为第二方面军），张任总指挥，张以叶挺的第二十四师为前锋，并令蔡廷锴的十师归其节制。兵抵南昌，第十师和张发奎已失了联系，蔡廷锴始率该师摆脱叶挺的控制，退出南昌。

1927年8月1日，周恩来、朱德、刘伯承、贺龙、叶挺等在南昌举行闻名全国的八一起义。随后朱德率部到井冈山，与湘赣边界起义部队会师，成立苏维埃政府，贺龙、叶挺部队往广东转移。

第十师到达进贤城，蔡廷锴已闻南昌起义，因而和平辞退该师的共产党员，继续向福建挺进，到达河口，副军长蒋光鼐回来，经研究拟回广东休整。第十师到达福州解除福州的土匪武装，重组第十一军第二十四师，委黄质胜为师长。蒋、蔡等电请陈铭枢回来主持军务，并向李济深请求回粤休整。第十一军的请求得到李济深的同意，但当第十一军到达漳州时，为恢复筹建第二十六师，因而暂停回粤。

八一南昌起义后，张发奎在武汉的地盘，已为李宗仁、白崇禧所据。张发奎的第二方面军（实为第四军）被迫回师赣南。鉴于形势恶劣，张发奎也向李济深请求回粤休整。

李济深和他的参谋长邓世增，均是忠厚长者，认为第四军、第十一军都是从第一师发展出来的，是李济深的旧部，是粤人的子弟兵，他们有困难，理应同意他们回粤休整。但他们都没有确定第四军、第十一军休整地点。

第十一军在漳州暂停前进，第四军代军长黄琪翔（张发奎回粤时赴港"休养"）率缪培南部2000余人，未经请示直抵广州。

黄琪翔、缪培南回粤后，即表示拥护汪精卫、李济深、张发奎及军委会广州分会，遂使李济深失去警惕，对黄、缪的表态深信不疑，派员赴港迎张发奎回粤参与军政。9月27日，张发奎列席李济深主持的军事会议，张表示始终拥护李济深。9月底，广州政治分会派张发奎为改组国民党广东省党部常务委员。

1927年10月1日，李济深正式就任第八路军总指挥，黄绍竑为副总指挥，邓世增为参谋长，张文为副参谋长。并将第十一师改编为第一军，第十三师改编为第二军，第二十师钱大钧部改编为第三军。李、邓对张等一再表态放下戒心。于是，李济深和张发奎联名电请汪精卫回粤主持党国大计。汪精卫于10月25日由汉口秘密经香港回到广州。

这时，广东的政治、军事实际上已由陈公博、张发奎所操纵。张发奎建议成立临时军事委员会，统一指挥第八路军及第二方面军，撤去第二方面军及第八路军之名。表面上把第二方面军指挥权交给李济深，背地里，张发奎操纵临时军事委员会指挥第八路军。首先，他把陈济棠的第一军调回广州（陈因防江西共军调往东江粤赣边界），调许志锐、黄镇球师接防。陈军调回广州不到一个月，以防共军骚扰为借口，又将陈军调往粤、闽、赣边境去。

公安局局长邓彦华辞职后，张发奎委派朱晖日为公安局局长，并负起广州防务工作。当时徐景唐的第二军在四邑一带，且陈章甫的第十三师还在钦廉剿匪。钱大钧的第三军驻扎潮汕，接任第二十师师长职务不久的邓彦华部驻扎在三水一带，可以说第八路军（含第四军第十一、第十三师）的防务全被架空了。

1927年10月14日，在汪精卫的诱使下，李济深与汪精卫去上海（汪实际仍留广州），和蒋介石派出的代表会谈。李济深离开广州前，邓世增对黄琪翔、张发奎的言行，特别是对军事调动，对第八路军架空的种种措施引起怀疑，劝李济深离省时不要将政治分会、临时军事委员会给张发奎掌管。李接纳邓世增的意见，请黄绍竑回广州代理广州政治分会、临时军事委员会主席之职。张发奎对此不满，声称军政之权已有人掌握，他本人拟出洋考察。

1927年10月16日，李济深乘"飞鹰舰"北上，汪精卫躲避北上留在广州。17日，黄绍竑到广州，即往蔡园见汪。黄辞出回家（吉祥路）途中发现公馆已被监控，晚上11时左右，黄得冯祝万的通报，要黄速避。黄获讯匆匆化装离家，连告知妻儿的时间也没有。18日下午，黄在西堤待往港轮开航之际，跳上轮船逃往香港。

1927年10月18日清晨，李济深在文德路公馆的警卫被缴了械，黄绍竑在吉祥路的公馆也被缴了械。张发奎纠合李福林率领薛岳、黄琪翔部包围第七军驻广州办事处，收缴桂系警卫部队的武器。第八路军总部及陈济棠、徐景唐留守广州的部队均被缴械。

当时的形势很明显是赶走李济深，铲除李在广东的势力。因此邓世增和张文两个人不得不出走。邓、张出走前，先安排任潮夫人及家属前往东山何香凝家中暂避。邓和张才匆匆逃往香港。

邓世增和张文到港后，即将广州的情况电告李济深，邓也将广州情况通报徐景唐，请徐将陈章甫的第十三师调回江门，做第二十师邓彦华的后盾，令邓彦华率部自三水向南海、九江等地推进。

邓世增与黄绍竑在香港相遇，两个人综合张发奎、黄琪翔的反叛行径，由黄绍竑公开发表"张、黄事变"的前因后果，并向报界发表了详尽的谈话，澄清张发奎、黄琪翔对李济深、黄绍竑等的污蔑。

"张、黄事变"后，张立即改组广州政治分会及临时军事委员会。李福林任广州政治分会主席，增设张发奎为委员，张自任临时军事委员会主席。

张发奎掌握军政大权后，在广州指挥军警于1927年10月23日搜查省港大罢工工人宿舍，取消罢工工人食堂，并解除400余名工人纠察队的武装。

张发奎将各军改称"护党国民革命军"，派第二师薛岳部、第十师苏世安部及独立团陈学顺部向韶关、仁化迎击黄绍竑部。派许志锐的第二十四师及新成立的黄镇球师（原第十一师第三十三团，归附张发奎后提升）向东江进发。第十二师缪培南部则向肇庆推进。广州城仅有朱晖日师留守。

中共广东省委，利用粤军的矛盾，市内兵力空虚，加上张发奎认为共产党可供其利用，没有在军队中清党，第四军教导团、警卫团均在共产党掌握之中。

中共广东省委在张太雷的领导下，发动工人赤卫队、近郊农民，以叶剑英领导的教导团、警卫团共五六千人，于1927年12月11日举行武装起义。起义部队占据广州市公安局、卫戍司令部，省府、省党部、电报局、火车站等重要机关。

起义后，成立了以苏兆征（张太雷代）为主席的广州苏维埃政府，以叶挺、叶剑英为正副司令的工农红军总司令部。

广州起义时，张发奎逃到河南区，指挥李福林的第五军，黄琪翔、朱晖日部，并勾结英、美、法、日军大举反扑。

起义部队在众寡悬殊情况下，经浴血奋战，为保存实力，决定撤出广州，在沙河集结后，转至花县整编，再分三路转移：一路往海陆丰与彭湃的农民起义部队及红二师会合；一路转入广西，后成为邓小平、张云逸、李明瑞领导的百色起义力量；一路向粤北转移与陈毅南下的红军会合。

广州起义前，反对"张、黄事变"正在密锣紧鼓中进行。11月5日，李济深乘"飞鹰舰"到了汕头，成立大本营，电令邓世增来汕头襄理军务。经研究部署如下：东路由陈铭枢为总指挥，令钱大钧、陈济棠部归陈铭枢节制。西路由黄绍竑任总指挥，由西江进迫广州。南路由徐景唐任总指挥，邓世增前往协助，自四邑、三水攻向广州。北路由范石生、方鼎英压向广州，成为四面合围之势。

"张、黄事变"后，汪精卫即往港，以观其变。广州起义后，第四军在第八路军等部队合围下，在民怨沸腾中，黄琪翔逃离广州。张发奎感回天乏力，宣布下野，缪培南代第四军军长、薛岳为副军长。第四军随即撤离省垣，广州的治安交由第五军李群负责。

缪培南率第四军撤出，已是广州起义的第八天，起义烈士的遗骸才能安葬于红花岗（今烈士陵园）。

1927年12月20日，黄绍竑部已占领肇庆，由于第四军已撤离广州，黄绍竑、徐景唐、邓世增部很快占领广州。

李济深据政治分会决议：委邓世增为卫戍司令，第七军留下四个团协助邓世增守卫广州，委任邓彦华为广州市公安局局长。黄绍竑、徐景唐部继续向东追击第四军。

张发奎的许志锐、黄镇球两师向潮梅方向撤军，在龙川与蔡廷锴第十师遭遇，发生冲突，许部伤亡较大，许志锐也负伤。许、黄被迫后撤，又遇第一、第二军陈济棠、徐景唐及桂军黄绍竑部包围，激战后，许、黄部伤亡惨重，许志锐战死。第四军被迫撤入江西、湖南边境。

在民众一片骂声中，李福林引咎辞去第五军军长之职，第五军军长由第二十师师长邓彦华代理，邓彦华并接任李群的公安局局长职。

邓世增任卫戍司令，虽有黄绍竑留下桂军第四师负责防务，但他没有一兵一卒直接掌握，经与第十三师师长陈章甫洽商，由陈调两营兵力给邓，另桂军第四师也调特务营给邓成立独立团，邓世增委张君嵩为团长。

至此，邓世增、邓彦华已将广州治安稳定下来了。广州安定了，邓世增、邓彦华联合电请李济深、陈铭枢回省处理军政事务。

八、身兼多职

邓世增回到广州，任卫戍司令之职，与公安局局长邓彦华两人负责广州治安，他巡视广州街道，看到银行被抢，商店被毁，到处烧焦，满目疮痍的痕迹。1月7日，邓世增发布对"张、黄事变"的布告，内容摘要如下：

……夫张、黄祸粤，居心最险，而手段最毒。一方托名农工招至土匪、流氓，以助其凶焰，而真正农工，则尽杀无遗类。一方借名讨共残杀无知愚民以涂人耳目，而真正农工、共党又饱警而逃飏，系铃解铃，翻手覆云，马昭心迹、欲盖弥彰……此布。司令邓世增。

原定2月7日由邓世增接任公安局长一职，政治分会以"港督来访，恐新手上场，措置不能自如"为由，令邓彦华暂停交接。

1928年，邓世增摄于广州，时任第八路军总指挥部参谋长、广州卫戍司令部司令官、广州市公安局局长，为其履历军职权限顶峰之一

1928年3月11日，公安局局长邓彦华因要率部赴东江"剿共"，向邓世增交接公安局长职，并于当天下午离开了广州。

邓世增为第八路军总指挥部参谋长，广州市卫戍司令部司令官，由于目前陈济棠的第四军（第十一师扩编），不同昔日的第四军，邓世增请辞第四军参谋长职。

1928年2月25日，第八路军西路军总指挥黄绍竑返回广州，声称第十五军即开拔回桂，他本人亦即回桂，绝不干预粤政。

由于桂军回桂，原黄绍竑留下卫戍广州的第四师也回广西去了，邓彦华的

第二十师亦去了东江,广州已无兵力卫戍,经征得李济深同意,邓世增奉命组建独立师。1928年4月24日,邓世增自任独立师师长,独立第一团团长张君嵩、独立第二团团长钟经瑞、独立第三团团长张孚亨。

前排:吴铁城(右一)、邓世增(右四)、罗旭和(右六)、周寿臣(右七)、陈铭枢(右八)。后排:张惠长(右二),张文(右八)

邓世增掌握独立师后,负责广州防务有了坚实的力量,在卫戍司令部的工作也运行自如了。

1928年3月13日,龙眼洞与长板乡族氏之间的械斗,邓世增派张君嵩一营前往弹压,一连数日,军、民虽有损伤,但最终将械斗平息,交有关政务部门处理。

7月24日,在东江招编的护船队,并不顺服,回到广州后妄图作乱。在北区熄灭电灯,使街道一片漆黑,卫戍司令部闻讯后,派独立第三团前往戒备,双方发生枪战,最后将护船队缴械押回处理。

邓世增任卫戍司令最感欣慰的是:侦破刺杀粤军参谋长、第一师师长邓铿的悬案。邓铿遇害一案,粤军议论纷纷,疑凶有三个人:邓遇刺后20天,营长陈少鹏,既无战功,又非扩编,突然提升为统领(团长);侦缉处长黄福芝,横行霸道,受邓铿多次斥责,时思报复;广东省议会秘书长陈觉民,任粤军第七路统领时,因该部质量差,军纪坏,陈又不是军人,邓铿下令将该部解散。陈谋两广盐运使潮桥副使的肥缺,又为邓所阻。粤军老干部对此三个人均注意查察,苦无实据。

1928年冬,陈觉民由港潜往汕尾,煽动惠阳、陆、海丰县地方团队叛变,企图扰乱治安，被防军拿获，解来卫戍司令部。邓世增闻悉，亲自参与审讯。

陈觉民供认是刺杀邓铿的主谋，他与陈小岳筹划达半年，才找到陈少鹏、黄福芝担任刺客。

他行刺的原因：第一，邓铿主张北伐，陈炯明派主张联省自治，北伐成功，不会容许他们有立足之地；北伐失败了，北伐军退回广东，则客强主弱，他们亦被挤掉。而邓铿是力主北伐的人，所以他们非把邓铿清除不可。这就是他刺杀邓铿的政治原因。第二，邓铿为人正派，毫不顾及同事的旧情面。多次派兵缉获陈觉民等由广西运来的鸦片，其中最大一宗是1921年5月，在晏公街缉获二百多担烟土，使他们损失了三十多万元，邓铿的正派作风使陈觉民等感到"无得捞"，对邓铿恨之入骨。1922年3月21日上午，陈觉民获悉邓铿在晚上乘广九车回广州市，陈觉民即布置黄福芝、陈少鹏在大沙头车站附近刺杀了邓铿。审讯完毕，因陈少鹏、黄福芝、陈小岳均在逃，邓世增以煽动地方团队叛变、图谋不轨罪，批准处决陈觉民。

1928年3月26日，成立广州军政督察委员会，该会是审查、决议机关，侦查惩治暴动分子，及咨请军政机关执行。该会由钱大钧、徐景唐、邓世增、邓彦华、冯祝万、王志远、欧阳驹为委员，邓世增、冯祝万、欧阳驹为常务委员。

公安局还要处理文字官司：谢瀛洲垂涎知用中学，欲霸占该校，他们在书店购了一本书，是李少陵（曾是知用中学的语文教师）翻译的克鲁泡特金《告少年书》。该书封面印有知用零碎丛书之二，他们以此作为罪证，诬告该校宣扬共产主义，企图将知用中学教职员一网打尽。该案被移交到公安局，知用中学力斥诬陷之言，辩称："该校没有出版任何丛书，克鲁泡特金亦非共产主义者，而是无政府主义者，《告少年书》是宣扬无政府主义的，不能以与宣扬共产主义混为一谈。"邓世增了解真情，并经省教育厅督学张资模到校查询，也无发现罪证。邓世增当即宣告谢瀛洲等所告不实，恢复知用中学信誉。

邓世增坚决整顿警风，对公安局警员的不良陋习坚决纠正。1928年9月11日制作调查证，规定警员若没有调查证，不得乘搭霸王车，不得免费进入戏院及娱乐场所。

对营私舞弊者，坚决处理，警员廖伟文、警长陈福及警察，往长塘街新庆里二号，以搜查字花之名，搜查古氏老妇之家，结果一无所获，但古氏控告该批警员，将她做女红的收入百余元搜去，邓世增得悉后即将廖伟文、陈福扣留调查。

1928年11月17日，东亚酒店107号房客陈侠郎（干伯）冒充中山县县长，在该酒店公开卖官（各区区长），为侦缉队侦悉，邓世增即与广东省政府民政厅刘厅长联系，联合将陈拘捕归案。

12月4日，接报三眼桥北村私铸双毫银币案，经查实捕冯玉、冯津两犯，起获作案工具铸币机2台。

邓世增认为：广州是一个革命的城市，是英雄的城市。1928年11月16日，在广州市行政会议上，他提出以红棉花为广州市花，为提议以红棉花为广州市花的首倡者。

1928年3月30日，国民党中央撤销各地改组委员会，任命马超俊、邓世增、范其务、林翼中等9人为广州市党务指导委员。

邓世增兼代公安局之布告（载于《广州民国日报》1928年3月12日）

为布告事，现奉国民革命军第八路总指挥部令开：广州市公安局事务，着暂交由卫戍司令邓世增兼代。等因奉此，遵于本月十一日正午十二时接关防视事。除分别呈报咨令外，合行布告，仰所属各界人等一体知照。此布。

中华民国十七年三月十一日
兼代广州市公安局长　邓世增

从左至右：何遂、李济深、戴季陶、邓世增。摄于广州白云山能仁寺

"张、黄事件"后，第八路军番号时起变化，到1928年3月底才稳定下来，其序列如下：

第八路军总指挥：李济深

副总指挥：黄绍竑

总指挥部参谋长：邓世增

广东西区善后委员、第四军军长：陈济棠

第十一师师长：余汉谋，副师长：李振球

第十二师师长：香翰屏，副师长：张瑞贵

第十三师师长：陈章甫

广东东区善后委员、第五军军长：徐景唐，副军长：邓彦华

第十五师师长：李燊，副师长：潘枝

第十六师师长：邓彦华（兼）

第十八师师长：李务滋

第二十五师师长：云瀛桥

广东南区善后委员、第十一军军长：陈铭枢，副军长：蒋光鼐

参谋长：戴戟

第十师师长：蔡廷锴

第二十四师师长：黄质胜

第二十六师师长：颜德基

补充师师长：李振中

新编第六师师长：何春帆

炮兵指挥官：郭思演

广东北区善后委员、□□师师长：王应瑜

第十五军军长：黄绍竑（广西新桂系集团）

第四师师长：伍廷飏

第五师师长：刘日福

第六师师长：黄旭初

第七师师长：吕焕炎

第十六军军长：范石生

第四十六师师长：范石生（兼）

第四十七师师长：曾日唯

广东海军舰队司令：陈策，副司令：舒宗鎏

广州卫戍司令部独立师师长：邓世增（兼）

新编第五师师长：杨鼎中

独立第三师师长：许克祥（湘军）

直属第八路军总指挥部统辖：

副官长：李民欣，秘书长：邓家彦

参谋处长：张国元，副官处长：李青，军务处长：李民欣，经理处长：马炳洪，航空处长：张惠长，军医处长：吴景炎，军事裁判处长：陈瀛，政治训练处长：邓家彦，军事政治月刊社长：张国元

虎门要塞司令部司令：潘文治

长洲要塞司令部司令：陈庆云

第一游击司令部司令：胡凤章

第二游击司令部司令：骆凤翔

测量局长兼测量学校校长：黄香蕃

广东兵工制造厂厂长：朱和中

工兵团、警卫团、交通警备团

第一和第二教养院，第一、第二和第三医院

编制这个序列，第八路军的指挥系统，无论在标图、任务下达、军情处理上，都不易出错，指挥上便利多了。

1928年10月10日，邓世增在广州"双十节"阅兵（载于《广州民国日报》1928年10月15日）

1928年5月3日，李济深奉南京电召，乘法轮离粤赴沪转京。离粤前，将第八路军总指挥交邓世增代理，广东省政府主席交冯祝万代理，并电请黄绍竑、陈铭枢来省主持军政事务。

在这个时期，裁军刚开始，很容易得罪编遣人员，黄绍竑以两广事务分身不开为由，复电李济深不能来省，李再电陈铭枢回省掌管军政事务。邓世增、冯祝万也电促陈回省，主持军政事务，陈以出巡琼崖各属，还待前往高雷一行始能来省，请邓、冯各司代职。

在群龙无首的情况下，邓世增于1928年5月13日决定：各军、师、团、营、连缺额，暂停补充，并速列表将缺额呈报。6月6日，又组织一高级机构专办裁军事项。由于何春帆（新编第六师）、颜德基（第二十六师）请求裁撤，故决定先行裁撤，另对兵源不足的新编第五师杨鼎中部及补充师李振中部，改编为团。全省只6个师为国防军，余则改编为地方警卫队及工兵（全省扩建公路需要大量工兵）。这个方案实际是名裁实不裁。

1928年7月30日，邓世增派少将参事梁广陶赴北平，与当局商议裁军事宜。

1928年8月底，李济深被委任为南京国民政府军事委员会参谋总长，何应钦为副参谋总长，李济深由浙赴京就职，并电请张国元来京代处理日常事务。

因李还兼第八路军总指挥,他待张国元到京后,于10月初返粤。

因李济深回粤解决两广币制及裁军问题,黄绍竑于8月30日由梧抵穗。9月1日,黄绍竑、冯祝万、邓世增3个人以第八路军总指挥部名义,召开各军、师长会议,讨论两广裁兵问题。基本确定粤、桂两省各留3个师,余则编为省防军,并研究安置被裁官兵的办法。

1928年10月下旬,李济深回到广州。26日,由李济深主持,与会者有:陈济棠、徐景唐、黄绍竑、冯祝万、邓世增及第十一军、第十六军参谋长。陈铭枢因病未能与会。

1928年11月2日,广东全省第十一次运动大会,在广州中山大学操场举行。运动员有2411人,观众达10万人,邓世增代表李济深主持开幕式。

1928年12月29日,粤自制飞机于下午3时举行新机试飞典礼。第八路军参谋长邓世增代表李济深主席参加典礼。典礼在航空处处长张惠长及该机研制者、修机厂厂长梅龙安陪同下进行。首先由邓参谋长将覆盖在新机的党、国旗揭下,邓世增发表演说:"余谨代表李主席命名该机为'羊城',祝'羊城'万岁!"此时,全体职员、来宾均高呼:"羊城万岁!"随即一架进口战机,与粤自制的飞机同时放飞,结果其速度、高度及灵活性能均与战机等同,得到邓世增及参观者一片赞誉声。邓世增向有功人员祝贺,鼓励他们为振兴中华,发展科学技术作出更大贡献。

邓世增(左二)、张惠长(左三)

1928年11月30日,在广东省政府礼堂,国民革命军第八路军总指挥部特别党部筹备委员会举行就职典礼。典礼由李济深监誓，筹备委员为：邓家彦、邓世增、张文、张国元、李民欣、李炯、李青、范滋泽、刘洪若9人。

蒋介石处心积虑削除异己，建立独裁政治，提出取消集团军总部，军队以师为单位，全国从300个师保留65个师（最初为60个师），另成立26万宪兵部队归中央指挥。很明显，这个计划是削弱地方军队，增强蒋对地方军队的控制。因而受到长江、黄河流域的军阀，例如冯玉祥、阎锡山、李宗仁等反对。但这个决定，令广东裁军作了一个很大的对策，就是名裁实不裁。

1929年2月底，广东军队编遣完毕，第八路军总指挥部是广东省最高军事管理机构，缩编番号如下：

第八路军总指挥：李济深，副总指挥：黄绍竑

总指挥部参谋长：邓世增

第一师师长：陈济棠

第一旅旅长：余汉谋，副旅长：李振球

第二旅旅长：香翰屏，副旅长：张瑞贵

第三旅旅长：陈章甫，副旅长：黄延祯

第二补充团团长：骆凤翔

第二师师长：徐景唐

第四旅旅长：云瀛桥，副旅长：谭邃

第五旅旅长：邓彦华

第六旅旅长：李务滋

第三师师长：蒋光鼐，副师长：戴戟

第八旅旅长：戴戟，副旅长：方伟

第九旅旅长：陈维远，副旅长：黄□

第四师师长：黄绍竑（因蒋桂战争，该师未实施编遣。）

第十旅旅长：伍廷飏（第四师）

第十一旅旅长：黄旭初（第四师）

第十二旅旅长：吕焕炎（第四师）

第五师师长：范石生，副师长：许克祥

第十三旅旅长：□□□

第十四旅旅长：许克祥

第十五旅旅长：王应瑜

第一独立旅旅长：邓世增（兼）

第二独立旅旅长：蔡廷锴，副旅长：张世德

第四舰队司令：陈策，副司令：舒宗鎏

表面看来，第八路军编遣工作，可告一段落，其实存在很多隐忧和危险。

广东省政府欢迎香港总督金文泰访穗摄影留念（广东省政府总部，1928年3月9日）

前排右至左：一李扬敬、二马超俊、四许崇清、五吴铁城、八邓世增、十罗旭和、十一周寿臣、十二陈铭枢、十三黄绍竑、十四金文泰（香港总督）、十五李济深（广东省主席）、十六璧约翰（英驻广州署理总领事）、十八陈策、二十二徐景唐、二十三陈济棠、二十五陈融、二十六冯祝万、二十七林云陔、二十八黄强。后排右至左：一王正廷、五陈树人、七张文、十三张惠长、十七朱兆莘、十九李文范、二十九邓彦华、三十二伍观淇

1928年10月10日，邓世增、冯祝万、朱家骅等在广州庆祝"双十节"阅兵台上（载于《广州民国日报》1928年10月13日）

1928年11月广东省第十一次运动会，邓世增、朱家骅、金曾澄、冯祝万、黄绍竑进入会场（载于《广州民国日报》1928年11月2日）

1928年11月6日，邓世增与陈策、金曾澄、林翼中、黄节等参加主持广东省第十一次运动会闭幕典礼（载于《广州民国日报》1928年11月7日）

邓世增向童子军训话（载于《广州民国日报》1928年11月3日）

欢迎广州号环全国飞行回粤合影，1928年12月18日。这是史上首次环全国飞行。李济深（左四），李济深夫人（左三），邓世增（右一），张文（左一），陈策（左二），张惠长（右五），张太夫人（右四），张夫人（右六），黄毓沛（右三），黄夫人（右二），杨官宇（右七），杨夫人（右八）

九、兵谏前后

蒋介石的削藩计划，受到各地的反对，蒋介石在国民党中央常委会上提出并获通过任命：蒋介石为国民政府主席，李济深、冯玉祥、阎锡山、李宗仁、张学良等16人为国民政府委员，[1] 冯玉祥为国民政府行政院院长兼军政部部长，阎锡山为内政部部长，李宗仁为军事参议院院长。蒋的图谋是封他们做京官，控制他们在南京，但遭到他们的拒绝，于是蒋介石又决定召开"国民革命军编遣会议"。

李济深应否赴"国民革命军编遣会议"，在粤诸公反应不一，李济深犹豫未决。他回到家乡苍梧大坡山避静思考，仍不得要领，于是请黄绍竑、冯祝万、邓世增、李民欣、张文等来大坡山商讨。

邓世增反对李济深赴会，并提出派陈铭枢为代表参加会议，但也遭到反对。他们认为：陈铭枢在宁汉分裂时，往见蒋介石，有出卖武汉嫌疑，被迫出走，若他去参加"编遣会议"，也可能出卖第八路军和广东。黄绍竑极力主张李济深赴京出席会议，他认为裁减兵员，减少军费开支，国家才可能建设。最后，李济深采纳黄绍竑的意见。

李济深决定赴京，因为他除了要出席"编遣会议"外，还要参加中国国民党第三次全国代表大会会议。出发前，他约邓世增在公馆密谈，研究第八路军的工作安排，希望黄绍竑和邓世增共同负责第八路军的事务。

1928年12月中旬，李济深召开"缩编"后的广东编遣区第一、第二、第三师旅长以上高级军官会议，宣布他赴南京参加"编遣会议"和中国国民党第三次全国代表大会。赴京期间，第八路军总指挥由黄绍竑、邓世增暂代，而黄绍竑不在广东时，由邓世增全权负责第八路军事务。

1929年1月2日，李济深安排第八路军总指挥部工作后，离穗去港，同日乘法轮"大德"号赴沪转京，出席"编遣会议"。

李济深抵达上海，李宗仁接他到法租界海格路融园同住。

这个时候，主持武汉政治分会的胡宗铎（李宗仁赴京参加编遣会议），下令免去湖南省政府主席鲁涤平的职务，并委何键继任。同时派叶琪、夏威部入湘解决鲁涤平部，鲁部仓皇退入江西。胡宗铎这些行动违背上届五中全会决议：不得以政治分会名义对外发表命令，不得任命特定地域内人员。同时，也违背

---

[1] 郭卿友主编，西北民族学院历史学系编纂：《中华民国时期军政职官志》，甘肃人民出版社，1990年12月，第525页记载。

编遣会议的规定：不得擅自移动军队。胡宗铎的行动给蒋介石找到伐桂的借口，成为轰动国内的"鲁案"。

但蒋介石对伐桂的布署尚未完善（策反工作），为避免过早暴露其意图，加上李宗仁获悉"鲁案"发生，已从南京逃到上海。他派蔡元培、吴稚晖到上海拜会李宗仁，蔡元培受国民政府委托调查"鲁案"。当时，李济深也在座，他建议李宗仁自请处分，李宗仁当即表示引咎自劾，以明责任。蔡元培认为李宗仁的表态，有和平解决的希望。

李济深认为：连年内斗，对国家安定不利，影响国家建设。"鲁案"应以和平解决为宜。蔡元培、吴稚晖也有同感，吴稚晖力邀李济深为和平解决"鲁案"赴京，共同调处。李宗仁为李济深的安全起见，一再劝阻，但吴稚晖拍胸担保李济深的安全。

1929年2月14日，为国民党中央执行委员会圈定的广州特别市党部执行委员有：邓世增（组织部部长）、马超俊（民众训练部部长）、林翼中（宣传部部长）等9人。1929年2月26日，广州特别市国民党第三次代表大会选出邓世增、马超俊、陈策、林翼中、胡文灿、范其务、何作霖、邓彦华8人为中国国民党第三次全国代表大会代表。李济深认为各人联袂上京赴会，后方不可无人主持要务。拟以陈铭枢、黄绍雄、邓世增等择一人留守后方处理一切。最后决定邓世增留粤主持后方，办理军队缩编事务，由金曾澄递补代表出席"三全大会"。

1929年3月7日，李济深与蔡元培、吴稚晖去了南京，蒋介石派蔡元培、何应钦、李宗仁、李济深查办"鲁案"。3月8日，李宗仁避嫌请辞，没有来南京。3月18日，中央免去张知本、胡宗铎、张华辅武汉政治分会委员之职。表面上"鲁案"已和平解决，但李济深却被严密监视失去自由。

1929年3月15日，中国国民党第三次全国代表大会开幕前，蒋介石已完成对李宗仁、白崇禧内部的策反工作。与此同时，因蒋介石对李济深的和平解决"鲁案"的做法极为不满，决定对李济深也进行严处，但他不愿陈铭枢集军、政于一身，故对邓世增实施拉拢、策反。

蒋介石还派说客往见邓世增，允邓为第八路军总指挥，并给一定的活动经费，条件是：不干涉蒋对李济深的处理。邓世增对来者说："第八路军总指挥是李济深，我仅暂代行总指挥一切事务。"说客问邓世增："假如任公不回来呢？"邓世增的答复很干脆："我一直代理至任公回来为止。"邓世增并当面向说客拒绝参加中国国民党第三次全国代表大会。

由于邓世增拒绝与蒋介石合作，蒋通过古应芬对陈济棠进行策反，蒋一方面封官（委陈为第八路军总指挥），一方面以金钱开路（给予500万元活动经费）。

蒋介石得到陈济棠的允诺，在中国国民党第三次全国代表大会上公开谴责"鲁案"，宣布李济深的和平解决方案无效。蒋还下令全国通缉李宗仁、白崇禧，于1929年3月21日将李济深囚禁于南京汤山。

南京不和谐的政治气候，严重影响广州。3月12日，纪念孙中山逝世4周年大会，邓世增主持了大会，但与会者均没有发言，仅去参加植树活动。邓世增没有赴京与会中国国民党第三次全国代表大会，在3月25日，广东省、广州市机关开庆祝会时，邓世增出席了，但并无发言。

邓世增接到南京消息后，对蒋介石所作所为感到很气愤，他电陈铭枢（陈上京参加中国国民党第三次全国代表大会时，在香港下榻的英皇酒店失火，陈夫妇跳楼受伤，在港治疗）、蒋光鼐（在北海）、蔡廷锴（在海南岛）、张发奎（在江西），提出"兵谏"建议，迫使蒋介石释放李济深，但遭到他们的反对。

1929年3月22日，黄绍竑闻讯到达广州，立即召开军事会议，与会者有：王应瑜、吕焕炎、余汉谋、香翰屏、邓世增、张文等，决定推黄绍竑代理第八路军总指挥，停止军队编遣，成立广州行营，军队向粤北调动，做好备战工作。

随即，邓世增召开第八路军广东部队的旅长以上会议。会上邓世增说："大家反对任公（李济深字任潮）参加编遣会议，我也反对，我提醒任公，在蒋介石眼皮下开会很不安全。任公说只要粤军团结，不内变，他在京是安全的，何况编遣会议后，他还要参加中国国民党第三次全国代表大会。任公到沪后，'鲁案'发生了，为避免战端再起，力求和平解决，任公以身许国，毅然赴京，以求'鲁案'和平解决。但蒋介石在中国国民党第三次全国代表大会上，公开谴责'鲁案'及李宗仁，宣布任公的和平方案无效，并将任公禁锢于汤山。"

邓世增发表"兵谏"讲话："粤军自邓铿将军创建第一师以来，任公继承邓铿将军遗志，呕心沥血，团结广大粤军官兵，将粤军发展扩大，其功不可抹。为任公安全和获得自由，我提议以武装求和平之法，以示我粤军忠诚团结，迫使蒋介石释放任公。我希望诸位同意进

邓世增将军（摄于1928至1929年间）

行'兵谏'。"之后，得到第三旅旅长陈章甫、第十五旅旅长王应瑜及第二师师长徐景唐及所部三位旅长的同意外，其余各师、旅长则怕"兵谏"促使蒋介石杀害李济深和对广东动武。在反对者中，有的为李济深安全考虑，举棋不定，有的希望广东局势混乱从中取利。在旅长会议上，一致同意："人不犯我，我不犯人，人若犯我，共同抵御。"

当晚，白崇禧在上海躲过蒋介石的缉捕，经香港到广州，与邓世增会晤。白了解广州对"兵谏"的分歧，认为留在广州已无所作为，匆匆返桂。1929年3月23日晚7时，李宗仁亦从上海逃到广州，邓世增派出军乐队，亲到火车站欢迎李宗仁。李抵省后，住黄绍竑宅，与黄做竟夕之谈。翌日李宗仁、黄绍竑到第八路军总部拜会邓世增。李宗仁一再提醒邓世增："保持第八路军的实力才能保任公的性命。"25日，李宗仁乘机离开广州。

1929年3月23日，邓世增向报界宣布：已致电蒋主席要求释放李济深，限三日内答复，否则实行武装和平之法。邓世增同时宣布：陈济棠未返粤之前，广州治安由其负责。邓世增同时说明：因陈铭枢在港受伤入院，需要休养，故"兵谏"之事，未向彼通知。

1929年3月24日，陈铭枢来电致黄绍竑、邓世增，电云：阅报见益兄（邓世增字益能）宣布之言谓吾粤将先天下称兵，不胜惶骇。湘鄂之事，箭在弦上，而迟迟不开火者，中央及武汉未当不重视兵戎，冀得转圜，以纾奇祸。吾人为促进和平计，只宜冷静斡旋。万无自为戎首而迫天下于不得不战之理。何敬之兄21日电告：谓叶夏议处，分区编遣之命令得行，则中央之兵必撤，是和平之非绝望。又云如恫吓，使回旋无地，其危险何堪设想，本为从井救人，而适成落井下石。诸兄胡不再计，弟创巨痛深宁此非当之变，伏枕饮泣，犹望顾全大局。

李宗仁抵穗前后，粤桂军队已进行动员，驻北江吕焕炎师已开抵赣边。第一师第三旅已开韶关，第一、第二旅星夜集中省垣准备北上，第二师徐景唐部亦集结惠州候命。桂军黄旭初、伍廷飏部亦由邕柳出发，由湘入赣。第八路军总指挥部加紧赶制粤、赣、湘地图。粤桂军队组建第八路军前敌总指挥部事务处，黄绍竑任总指挥、张文为参谋长。24日下午5时，黄绍竑偕李宗仁乘"坚如"舰回桂。

邓世增进行"兵谏"的活动没有得到各方的支持，在第八路军中，反对者也超过半数。他在没有周密部署下，也没有反复进行说服工作，去争取多数的支持者，而是仅以一腔正气，不计成败，通电全国，揭露蒋介石排除异己，实行独裁，叛党叛国的罪行。

陈济棠虽然不在广东，但陈在广东的活动并没有停止。首先他利用莫秀英与余汉谋的上官德贤夫人游七星岩、鼎湖山，进行夫人外交。陈维周乘海军舰艇到黄埔军校，慰问防城学生，还有陈济棠的爱将，林翼中、李扬敬也穿梭于军旅之间。但在第八路军反对兵谏者中，大部分像香翰屏一样，有条件地保持中立。

广东的变幻，急坏了在京的古应芬，他迫不及待地赶到上海迎接陈济棠，密商一切事宜。古希望陈济棠速回粤就任编遣特派员职，稳定广东局势。

1929年3月27日，在蒋介石主持下，中国国民党第三次全国代表大会第一次全会主席团报告：今日讨伐叛徒，以国家论，是为讨伐叛将；以党论，即为讨伐反革命分子。此等叛党分子，应由大会开除其党籍。通过决议：李宗仁、李济深、白崇禧等叛党叛国，永远开除党籍，送交中央监察委员会查明附逆叛徒，一并开除党籍[1]。

1929年3月29日，陈济棠抵港，即与陈铭枢面商大计，旋即乘"海虎"舰回广州，在舰上由陈策监誓，陈济棠正式宣布就任广东编遣区办事处特派员。

陈济棠利用粤军将领希企和平的心理，致电主张兵谏的同志，电云：济棠陷日（30日）由沪返省，详悉京中情形，并有蒋主席、胡（汉民）院长、古（应芬）文官长令签之函以人格保障，不以武力扰广东，望各同志一致主张和平，以救党国救广东为盼。

1929年3月30日，陈铭枢、陈济棠、蒋光鼐、陈策等发表宣言：中央因武汉分会破坏统一，不得已而致用兵，仅为局部问题，爱党爱国者，应尽力避免战祸之延长扩大，吾粤为中央辖下一省，军民当局之任务，首在保持本省之安宁秩序，即间接以促进大局之和平，铭枢济棠守土治军，负有职责，不忍重委3000万同胞于炮火之下，誓竭全力以巩固边陲，维持治安，谨掬血诚为袍泽寅僚父老兄弟告，人民厌乱，将士苦战久矣！共祸以来，伏莽潜滋，疮痍满目，休养生息，犹恐不及，决不能以重兵祸，沦子遗人民于万千之劫，（中略）铭枢济棠等取以至大决心昭告省众，粤军为党国所有，不以供一派一系之指挥驱策，粤省之财，皆粤人卖儿贴妇之膏血，不以供一派一系之抛掷牺牲，其有谋不利吾粤而牵入战事旋涡者，皆粤人公敌，铭枢济棠等唯力是视，特此宣言。

这个宣言直接指责李济深、邓世增、徐景唐。邓、徐则指责陈济棠出卖李济深，制造粤军内乱。

---

[1] 荣孟源主编：《中国国民党历次代表大会及中央全会资料》上册，光明日报出版社，1985年10月，第685页记载。

当天，陈济棠在总部召开军事会议，陈策、陈庆云、朱青、朱炯、张惠长出席了会议，邓世增和张文也参加会议。会议否定兵谏。

1929年3月30日夜，邓东得香翰屏通知，陈济棠将不利于邓世增，邓获悉即布置独立旅撤至增城石滩，邓告诉团长张君嵩、钟经瑞，兵至石滩背靠第二师（徐景唐部），虚张声势。如陈来犯，则经博罗、向闽边退却，军需补给就地取材。并要求邓东发给每团3万元备用金。部署完后，邓世增穿着睡衣匆匆上车逃离广州，去往惠州。

邓世增到了惠州与徐景唐会商后，由邓世增出面电请陈济棠和平解决纷争，但先决条件是确保李济深安全和允许驻粤的桂军安全离境。

1929年3月底，李宗仁、白崇禧逃回广西，蒋介石要李、白出洋考察，李、白要蒋恢复李济深自由，撤销对李、白及李济深的查办案，给李、白出洋考察的名义及旅费，对广西部队的编遣工作，由黄绍竑全权处理。但蒋介石令黄绍竑将李、白拿解到京，不准广西收容武汉退回的部队，只允许广西编一师一旅。这激起李、白、黄反蒋的决心。

1929年5月初，李宗仁就任"护党救国军"总司令，声讨蒋介石独裁篡党的罪行。李宗仁赴港进行对外联络（主要是冯、阎），黄绍竑回南宁筹措军费，白崇禧则部署军事力量。

1929年5月7日，蒋介石任命湖南何键为讨逆军第四路军总指挥，广东陈济棠为讨逆军第八路军总指挥，企图从湖南、广东夹击广西。黄绍竑、白崇禧则对湖南采取守势，集中全力进攻广州。黄、白分两路向广东进攻，连败陈军，但两路军到达三水时，无舟渡河，粤军退守赤坭，双方在赤、白坭隔江对峙。

邓世增、徐景唐得悉李、白向蒋介石提出释放李济深，撤销李、白及李济深查办案时，邓、徐对李、白大为赞赏。徐令邓彦华在第二师作动员令，和张君嵩、钟经瑞团作佯攻广州之态势。徐、邓部署完毕后，将部队交邓彦华指挥。徐景唐和邓世增两人同时赴港。

省垣已四面楚歌，陈济棠手忙脚乱，本身实力难以支持，被迫从南路调第三师（第十一军改编）回穗救驾。陈济棠知道蔡廷锴与邓世增关系密切，且蔡对陈的编遣计划不满，怕蔡拒绝执行，或阳奉阴违，故令蔡旅由顺德北滘渡河进入东莞，直插石龙以阻第二师活动，并请蒋光鼐找蔡进行游说。蒋见蔡后，以确保粤军革命力量，希望蔡廷锴和邓世增接洽。

蔡廷锴率独立旅向石龙推进，蒋介石又利用海军从武汉经海路将李明瑞部队调来（蒋此举为俞作柏、李明瑞回桂推倒李、白开路）。李部在黄埔登陆，即向增城方向进攻张君嵩、钟经瑞部。在蔡、李的夹击下，张、钟两团为避免冲突，率部退入闽粤边境，于1930年夏与翁照垣部会合，转入江西加入第十九路军新成立的第七十八师，随即进驻上海。

5月21日，陈济棠援军（蒋光鼐部）已到，蔡廷锴部又扼石龙要冲，与桂军决战于白坭。血战结果桂军失利，黄旭初受重伤，王应瑜被俘，最后李宗仁、白崇禧离开广西，广西由俞作柏、李明瑞所控制。

陈济棠解决桂军入侵后，回师对付东江的徐景唐部，由于邓彦华事前没有做好应变准备，结果节节败退，在兴宁大败，残部向江西三南退却，又为香翰屏部追截，最终全部被消灭。

7月11日，陈铭枢致电国民党中央：桂系已肃清，徐景唐、邓世增决定出国。

1929年10月9日，国民党中央执行委员会决定：永远开除徐景唐、邓世增、李务滋、云瀛桥、张文、舒宗鎏、冯祝万等37人的党籍。

1929年8月间，邓世增、徐景唐赴日本游历。

邓世增对第一次被开除党籍，虽有所准备，但却很迟才知道消息。

十、淞沪抗日

1931年2月，蒋介石和胡汉民因"约法"之争，蒋扣胡于南京汤山，出现蒋、汪（精卫）合作时期，引起两广对蒋的不满，孙科、林森等离开南京回广州。两广同时扩军，重新调整人事，形成粤、宁对峙局面。

1931年4月底，陈铭枢受陈济棠排挤，由广州南下香港与已从日本回港的邓世增会面。陈铭枢欲邀邓一同北上入宁（南京）。蒋介石早前也以邓世增久历戎行，富有军事学识，着邓召集旧部，编配成军，恢复其军职。因李济深仍被蒋困在南京，邓世增坚决要与李济深共进退，坚辞不就。此次陈铭枢在香港邓的寓所里，与邓世增会谈竟日，邓世增始终不答应同去

图为京沪卫戍代司令长官、参谋长邓世增将军

南京。邓世增反劝告陈铭枢：今粤事已变，兄此次北行入宁，蒋介石必以兄为前敌总指挥，于蒋（光鼐）蔡（廷锴）之外，又必增朱绍良、王金钰或其他各部之兵与兄，饷械且无吝焉。如一战而胜，重复两粤，兄之欲成功，至此程度亦已足矣。然试一想，蒋介石斯时，能如今日之信兄乎。蒋昔日之倚任潮（李济深），倚何敬之（何应钦），无以异于今日之倚任老兄也。然任潮、敬之，今日何如？兄一念至此，当可废然反矣。陈铭枢听了此言沉默良久说：予将不理国事，赴日休养去矣，便茫然告别邓世增而去。

陈铭枢离港赴日，刚抵达神户，突收到广东传来消息，陈济棠要省保安队缴械及解散。保安队由陈建立，有四团之众，于剿匪保民分布各县市。因此陈铭枢电邓世增、欧阳驹，转致陈济棠和陈策，电文曰："益能、惜白两兄即转伯南、筹硕两兄均鉴。省保安队官兵大都锋镝余生之革命同袍，患难与共之粤人子弟，区区数千人，为桑梓保卫，无关权势得久，早勤力绥靖，人民亦已乐赖之矣。今闻扣留符团长，围攻翁团，复调兵攻琼、防樊团，何虞何怨，必欲灭之，假以扰乱后方为口实。琼崖海岛孤悬，无争于世，简赴该地，岂唯两全之术，乃正数百万琼民之所泣血请命。毁民保障，仁心何存？自残手足，义气安正？公等争权势，为何标榜，众户难喻，兹事明白，妇孺能知其曲直。若以枢去国犹未定，为此泄忿，则非枢之所敢闻矣。"

6月，陈铭枢回国，应蒋介石之邀赴江西赣州任"剿匪"右翼集团军总司令，重掌十九路军（由原十一军旧部：第六十师（师长沈光汉）、第六十一师（师长毛维寿），和新编的第七十八师（师长区寿年）整编成立。蒋光鼐任总指挥，蔡廷锴任军长）。

九一八事变爆发，日军侵占东北。在国人要救国，息争御侮的呼声下，陈铭枢、蔡元培、张继等极力斡旋，粤方以释放胡汉民为先决条件，才派代表往上海谈判。为谈判安全计，粤方要求第十九路军为京沪卫戍部队，并拟成立京沪卫戍司令长官公署。

9月30日，蒋介石任命陈铭枢为京沪卫戍总司令官兼代淞沪警备司令。此时陈铭枢正在广州与粤方谈判，他即南下香港，再次力邀邓世增同赴上海为国事奔走。

10月18日，李济深恢复自由，与于右任、李石曾、朱培德、吴铁城、邵力子、邵元冲等由南京乘夜快车去上海，准备与即将来上海的广东代表会晤。19日上午8时15分，火车到达上海站。陈铭枢、邓世增、上海市公安局长陈希曾及法租界警督程子卿等同去迎接。李济深身着直贡呢夹袍，精神饱满，下车后与来迎接的众人乘车同赴吕班路寓所。他向大家表示：外患紧迫，非团结国内一致对外而不能图存。所有（宁粤）会议事项，待粤委各代表抵沪晤商后，再作决定。

10月5日，由陈铭枢提名，军政部咨请任命邓世增为京沪卫戍司令长官公署参谋长。11月13日，国府正式发表此任命。因蒋介石已释放李济深，恢复李济深、邓世增的党籍，邓征得李济深意见，同意赴任。陈铭枢同时委张襄为副参谋长。

邓、张负责筹组长官公署事务。卫戍司令长官公署设于南京中山路三元巷前陆、海、空军司令长官部旧址。卫戍司令长官公署下设参谋、副官、秘书、军法、医务、经理等处（科），并设参议、咨议等职。

邓世增、张襄将第十九路军总指挥部，设置于南京两广宾馆。同时部署第六十师驻扎苏州、镇江一带，第六十一师驻南京近郊各地，第七十八师驻上海至嘉定地区。1931年11月21日，京沪卫戍司令长官公署正式挂牌，其职权是保卫京（南京）沪（上海）的安宁，所有在京沪地区内各单位的军、警、宪，均归其指挥与调遣。蒋介石、吴稚晖、邵力子等参加成立大会，并与陈铭枢、邓世增、蔡廷锴及所部200多名军官合影留念。

陈铭枢认为京沪相距虽近，在指挥上仍不免有鞭长不及之虞，加上陈在南京政务繁忙，于是决定其兼任的淞沪警备司令由十九路军原六十一师师长戴戟接任。12月21日，戴戟被正式任命为淞沪警备司令，陈铭枢调京沪卫戍公署的张襄、林劲去淞沪警备司令部任参谋长、副官处长，以协助戴戟。

第十九路军长期辗战南北，今在京沪繁华之地，恐军纪松弛，蒋光鼐、蔡廷锴、邓世增均经常注意军纪，使该军纪律严明，军威不减。日寇在淞沪经常挑衅，他们一方面视察防地，巩固阵地，一方面令班长以上官兵对日寇进行侦察。当他们视察吴淞炮台时，发觉这里地形复杂，是很理想的要塞地形，可惜，吴淞及狮子林的炮台均是百年前的旧式粉炮，且士兵均老弱不堪，比广州虎门要塞的炮火还差，因而对该防区进行重大调整。

"粤宁会谈"由于双方利益关系，表面出现团结合作局面，实际各派系之间钩心斗角，争权夺利日甚一日，就以粤方来说，有"汪派"和"胡派"之争，汪派推汪精卫为行政院院长，胡派推孙科为行政院院长。1931年12月，中国国民党第四次全国代表大会后，蒋介石下野，林森为国民政府主席，孙科为行政院院长。但孙科无法打开派斗僵局，财政恶化，连第十九路军20万元的伙食费也开空头支票。孙科任行政院院长不及一个月被迫辞职，汪精卫继任，财政仍十分困难，第十九路军的军饷继续拖欠。

拖欠军饷，可能迫使第十九路军解散，或军纪败坏，对此，军长蔡廷锴甚为忧虑。总指挥蒋光鼐为避免卷入派系斗争，以养病为名，避到上海去了。在这期间，蔡廷锴为了解决军饷，日夜奔走于军政部和财政部之间，拜访宋子文（宋曾为孙科开出 20 万空头支票给予兑现），但宋在派斗旋涡中已无职权。老上司交通部部长兼卫戍司令长官陈铭枢，也卷入派斗的旋涡，反对派以交通部属下招商局购船贪污案对陈铭枢做攻击。邓世增找军政部部长何应钦，也没有得到解决办法。蔡廷锴在空闲之时，唯有到邓世增家，互吐苦水。

1931 年 12 月底，陈铭枢出任行政院副院长兼交通部长。1932 年 1 月 6 日，南京政府任命蒋光鼐为京沪卫戍司令长官，蒋光鼐因病未赴南京就任。1 月 15 日，行政院决定由京沪卫戍司令长官公署参谋长邓世增暂行代理司令长官职务。

东北沦陷后，马占山、丁超等部仍进行抵抗，马占山部在嫩江桥与日寇激战数日，使日寇不能长驱直入黑龙江。当时蔡廷锴因军无粮饷，拟将第十九路军解散，并在第十九路军中精选 6000 人，组成"西南国民义勇军"，并以张炎、翁照垣为旅长，待冬衣解决后，即开赴绥远，支援东北抗日联军。

日寇利用中国政局动荡的时机，驻军又缺粮饷的困境，制造事端，企图转移国际对日本强占中国东北的注意力。1932 年 1 月 18 日，驻沪日谍指使日本僧侣，到上海马玉山路三友实业总社挑衅，引起冲突，发生互殴。事后日本声称有一名和尚伤重死亡。1 月 20 日，日本驻上海领事馆武官辅助官田中隆吉，指使日本宪兵大尉重藤千青以及上海"日本青年同志会"暴徒 32 人，袭击三友实业社，焚烧三友毛巾厂，砍伤巡捕多人，并沿街挑衅，捣毁商店，殴打行人。上海市政府向日本驻上海领事馆提出抗议。

1932 年 1 月 20 日，邓世增接报后即告知蔡廷锴，两人认为：日方派僧人与我三友实业社工友打架引起争端，我军不应松懈警戒，决定召开第十九路军驻沪军官会议。

在此之前，蔡廷锴曾向陈铭枢的机要秘书邓世汉（邓世汉是邓世增的九弟，陆军大学毕业后到卫戍司令公署任职），了解日军军力情况，邓对蔡述说日军编制，日军一个师团约一万五六千人，配军用飞机 9 架含战斗、轰炸、侦察三个机种，每个步兵联队（即团）配置战车十余辆，我军装备不如日军，但士气激昂，久经实战考验，我军一个半师即可抗敌一个师团。蔡认为他握有三个师，可对抗日军两个师团，蔡增加了抗日的决心。

1932 年 1 月 21 日，日本提出苛刻条件，除经济赔偿外，取缔抗日活动，解散抗日团体，为我方拒绝。

1932年1月23日，参谋处长樊宗迟代表京沪卫戍公署赴淞沪警备司令部，出席由蒋光鼐主持召开的第十九路军驻沪军官会议，讨论应变计划，并带去了陈铭枢的指示：如日军向我防地进攻时，即在原地抵抗消灭之。会议在听取淞沪警备司令部参谋长张仲昌（襄）的汇报时，日寇在上海的种种挑衅行为使军官们义愤填膺，他们询问官长："日寇犯我，打！还是不打？"

"打！"蔡廷锴坚决回答，并道，"人不犯我，我不犯人，人若犯我，坚决回击。"

戴戟和与会的十九路军将领均表示了守土御侮的决心。

会议决定：（1）加强戒备。（2）万一事故发生，第七十八师区寿年部要死守5天。（3）战斗打响，第六十师、第六十一师于5天内到达上海，听命支援。（4）加强防区工事，并预选抵抗线。（5）各国租界如不干扰我军事行动，我军绝不骚扰他们，但出入租界，在我辖区内，均要接受我方检查。（开战后，一奥国商人与一妇女经过步哨，不肯接受检查，被我方击毙。）

樊宗迟回到南京，即向卫戍司令长官陈铭枢、参谋长邓世增报告会议决定，陈同意后即呈报军政部。根据目前态势，由陈铭枢签署"守土卫国"的告第十九路军将士书。

代司令长官邓世增得报，日本浪人沿京沪线扰乱挑衅，破坏交通，蔡廷锴令沿路驻军加强防范（《时事新报》，1932年1月25日）

1932年1月24日，蔡廷锴从邓世增处得到情报，大批日本浪人已来京沪沿路各埠扰乱挑衅，破坏交通，即下令沿路各驻军加强防范。同日，军政部部长何应钦到上海，在张静江家中召见蔡廷锴。何应钦对蔡廷锴说："日本要第十九路军撤退30公里，政府本应拒绝日方无理要求，但为保国力，唯有忍辱负重，希望第十九路军撤至南翔以西布防。"蔡廷锴答道："第十九路军防区是我国领土，又不接近日方地区，我们没有理由撤退。"稍停，蔡廷锴气愤地说："政府如要我们撤退，最好撤离京、沪。"

"忍辱派"的忍辱，并没有使日方感激，反而提出更不合理的要求：取缔排日行动,解散排斥日货团体,在军事上积极调兵遣将。日本从吴港派出巡洋舰"大井"号和第15号驱逐舰运载450余名海军陆战队员和大批军火抵沪。又急调第一水雷战斗队运载第二特别海军陆战队460余人抵沪。使开战前日本在沪拥有军舰21艘,飞机40余架,海军陆战队1830余人(不含新运到的900余名陆战队),另紧急召集及武装在沪日本青年三四千人。

1932年1月26日,国民政府在日方压力下,同意第十九路军在28日前撤退30公里,查封《国民日报》,赔偿三友实业社工人打伤日方人员的抚恤金5万元,并向日方道歉,保证不再发生同类事件。

撤军令下达后,区寿年部如令执行,但闸北驻军因宪兵团尚未接防,张君嵩团待宪兵团前来接防才能撤离。

1932年1月28日上午,英、美、法驻军纷纷以铁丝网在各街口布防,日军陆战队及在沪日军陆续集合,晚上11时30分,日军向我闸北张君嵩团进攻,张团奋勇还击,打响"一·二八"淞沪抗日第一枪。

"一·二八"前,第十九路军总指挥部设在南京两广宾馆内,战斗打响后,第十九路军军部暂设在上海警备司令部内(后迁至真茹车站),蔡廷锴即令张团死守待援,并令第七十八师迅速返防并援张团。又令第六十师、第六十一师于3天内集结上海附近候命。蒋光鼐、邓世增速将战况向上峰报告,蒋光鼐、蔡廷锴、戴戟将日本背信弃义,突袭我军,我军自卫还击战况向国内、外通报。

1932年1月29日上午,闸北战斗甚为激烈,张君嵩团伤亡三分之一,幸得翁照垣旅长在24日前向两广商会借得2万元,为张君嵩团部署简易防御工事(该款曾请市府拨款,却被拖延)。张君嵩团虽伤亡较大,仍坚决顶着敌人的疯狂进攻,寸土不让,各防线均沉着应战,将来敌击溃。敌机则狂轰滥炸,使商民牺牲很大。

1932年1月29日上午9时半,在南京,参谋总长朱培德与军委会委员何应钦和李济深、京沪卫戍司令部参谋长邓世增、江苏省主席顾祝同、参谋本部厅长林蔚、军委会参谋次长杨杰等召开紧急会议,至12时半始散。会议对上海及长江各处警卫部署作详细决定。同日,蔡廷锴令卫兵连用步枪、轻机枪向低飞敌机射击,结果击落敌机一架。区寿年部亦攻至虹口、花园附近,闸北还用集束手榴弹炸毁敌坦克和战车3辆,第十九路军初战告捷,士气大振。

1932年1月30日,在各国领事要求下,中日双方休战3小时,以利撤退闸北、虹口一带难民。难民撤退后,双方又展开激战,日寇终被我击退。据密报:敌增兵千余人,敌舰30余艘泊于吴淞口。据此分释敌有攻吴淞口炮台之企图,因炮台兵力单薄,故令翁照垣率一团(钟经瑞团)兵力赶往吴淞增援,并令驻军归翁指挥。

南京中央大学学生500人，赴行政院递交质问书，质疑政府的绥靖政策，并请调兵增援第十九路军。

战斗打响后，第八十七师第五百二十二团团长沈发藻等，向军政部部长何应钦请缨上前线杀敌，受何申斥。沈不气馁，联合第二百六十一旅连长以上军官，再向何应钦请缨，未果。

1932年1月30日，驻南京陆军第八十七师第二百六十一旅，在旅长宋希濂率领下通电响应第十九路军抗日，并开往前线。何应钦获悉，暴跳如雷，责骂陈铭枢、邓世增带兵没有纪律。邓世增反问何应钦："第二百六十一旅是去降日吗？不是，他们是去抗日！那么你是否派兵去截杀他们？我是不敢这样做的。我感谢你们，调来有正义、有正气的部队给我们指挥。"蒋介石、何应钦大怒，下令今后未经批准擅离驻地者按军法处决。

敌在十余架飞机和舰艇的掩护下，日海军陆战队约千人，分乘二十余艘橡皮艇向我狮子林、吴淞等处登陆，发起对吴淞炮台的第一次总攻击。幸翁照垣据蔡廷锴严令，率钟经瑞团（翁旅四团）及时赶到，击退了日寇陆、海、空的进攻，保卫了狮子林、吴淞等地。在闸北八字桥，敌向我的进攻，也被击退。计当天俘敌10名，缴获步枪数10支。

1932年2月1日，第十九路军总指挥部参谋人员，在卫戍司令部参谋长邓世增率领下，自南京迁来上海南翔（蒋光鼐开战时已在上海）。当天除敌机轰炸外，均无战事。我方借此时机进行换防，由第六十师沈光汉部接区师防务，翁照垣旅仍守吴淞口，归第六十师指挥，区寿年师及第六十一师作为总预备队。

1932年2月1日，上海各界代表王晓籁、杜月笙、黄炎培等十多人，携米食及物品到指挥所劳军。蒋光鼐、邓世增和杜月笙及代表们一一握手致谢，邓认为青帮三大教父：黄金荣、杜月笙、张啸林三个人差异很大。老大黄金荣对突发事态，以静制动，先保其既得利益，静观其变。老二杜月笙喜投机、沽名钓誉，往往做出一些貌似行侠仗义的行为。邓世增想到青帮过去因贩卖鸦片，与日商出现很大的磨擦，将日商一船鸦片抢去，并限制英、日鸦片销入国内。今日中、日开战，如日方得胜，他们会被迫躲进法租界。因此，在一定的条件下，一定范围内，杜月笙会有民族气节和爱国心。因而和杜结交，利用杜在上海的关系，收集各方情报。在这次战争中，杜提供了不少情报。如在法租界侧，中山路附近的日纱厂，驻有一中队日兵，不断向我方袭击，妨碍我交通。杜将纱厂有日驻军一事告知邓，我军即限令该日军撤退，使该地交通不再受阻。

盐泽幸一到来后，除敌机骚扰及小接触外，均无大的战斗，盐泽同时放出和谈空气，在各国领事斡旋下，双方派代表进行谈判。我方以区寿年师长为代表，提出双方撤回开战前的原阵地，但敌方仍坚持其过去的苛刻条件，被我方拒绝，谈判破裂。

为了争取主动，我方于2月4日向虹口杨树浦之敌主动攻击。第六十一师副师长兼独立旅旅长张炎，将杨树浦敌前沿阵地占领，但虹口、花园敌司令部，凭其坚固工事及带电铁丝网固守，我军又无工兵，被迫撤退，此役敌军伤亡颇大，但我方也伤亡千余人。

1932年2月3日，日舰及飞机向我吴淞炮台猛攻，我发炮还击，击沉日舰1艘，击伤2艘，击落敌机1架。4日，敌又集中军舰13艘，猛轰我炮台，炮台被毁灭。

上海各大学生组成500人的义勇军及300人的救护队，上海市民联合组成200人的义勇军开赴前线，加入第十九路军行列。

"一·二八"开战仅9天，盐泽天天战败，迫使日寇阵前易帅，盐泽幸一被撤换了，新指挥官野村吉三郎率久留米混成旅8000人来援。

抗战不到10天，日寇便首易其帅。

1932年2月6日，敌援军久留米混成旅抵达上海，在海、空军的配合下，向吴淞及闸北大举进攻，吴淞要塞司令邓振铨弃职潜逃，但敌进攻为翁照垣旅击退。此役以蕴藻浜及吴淞桥的战斗最为激烈，敌来势虽猛，但我方有备而战，毙敌600余人，伤敌也颇大，敌被迫撤退。我方的炮台及散兵壕被毁殆尽，我军也伤亡千人。

在全国一片声援中，蒋介石令第八十八师自杭州开赴上海，该师于6日抵达南翔，做第十九路军总预备队，又令第八十七师的余部从镇江开赴上海，与该师的宋希濂旅会合。以第八十七师、第八十八师组建第五军，任命张治中为军长，加入第十九路军的抗日行列。

1932年2月8日，蒋介石又加派一连炮兵，携4门野战炮来上海援助第十九路军。9日，第十九路军获阎锡山赠六门重迫击炮及六百发炮弹。

当晚，第十九路军集中全部炮火，向虹口敌司令部猛轰，敌甚恐慌。敌以坦克向我八字桥进犯，被我击毁坦克一辆，在我英勇将士的抵抗下，终将敌击退。

1932年2月8日，军政部部长何应钦提出：淞沪战事适可而止，早得收束，先求停战，以外交方式解决中日整个问题。

国民政府因战事决定临时迁往洛阳。陈铭枢是军事委员会委员，被蒋介石指定留在南京与何应钦主持淞沪战事，此时陈仍未正式交接司令长官之职，时常在卫戍公署办公。1932年2月11日，陈铭枢与参谋长邓世增几经商议后，以陈铭枢之名致电第十九路军将领，反对何应钦"适可而止，早得收束，避免再战"的主张，勋勉全军将士再接再厉，完成此正面对抗日军的使命。

1932年2月13日，蒋介石在浦口召见陈铭枢、何应钦、罗文干（外交部部长），罗对蒋说："我军连续战胜日军，英、法公使都轮流请我吃大餐，但得悉我政府不肯增兵，我便没有大餐吃了。"当蒋问到外交如何才能有利？罗说："有仗打，打胜仗，外交有办法；没仗打，打败仗，外交就任人宰割了。"蒋介石指示：第十九路军保持十余日来的胜利，趁此收手，避免再战。蒋、何的主张一脉相通。因此陈铭枢提出开战以来日寇不断增兵，到目前为止已增兵万余人，要保持十余日的胜利，应给予援军，有了援军，就算不投入战斗，也起威慑作用。陈铭枢就援军问题与蒋、何进行针锋相对的争论，蒋、陈的矛盾日深。陈铭枢一气之下，将京沪卫戍司令长官公署事务交给邓世增代理，希望邓世增不断地向蒋介石请兵。

1932年2月13日拂晓，久留米合成旅在飞机和大炮的配合下，向我全线攻击，战斗激烈，我方寸土不让，进行白刃战，至黄昏始将敌击退。为开战以来战斗时间最长之一役，此役缴敌机枪十余挺，步枪数百支，从此久留米部一溃不振。

1932年2月14日，第五路军正式全部进入第十九路军战斗序列，为利于指挥，在南翔的第十九路军总指挥部，改为淞沪抗日前敌总指挥部，仍由蒋光鼐任总指挥。在敌兵疲劳，无力进攻之时，我军进行防务调整。第十九路军蔡廷锴在南为右翼军指挥官，负责江湾到南市，闸北区，包括上海市区的守备，并把主力放在真茹、大场镇方向。第五军张治中为左翼指挥官，辖第八十八师驻守江湾以北、庙行镇，第八十七师为其预备队。

野村到任不足半月，仍屡战屡败，亦步其前任盐泽后尘，日军又一次进行阵前易帅，派植田谦吉为主帅，率两师团来援。利用运输舰将兵员及武器，在公共租界的汇山码头登陆，各国对日寇违反国际惯例的行径，既不提出抗议和阻挠，且进行袒护。

日寇的行径为杜月笙得悉后，杜即告知邓世增，邓通知第十九路军总指挥部参谋处处长赵一肩，派炮兵参谋两名，化装为搬运工人，随杜月笙人员前往汇山码头侦察，绘好详细地图回来。

1932年2月15日上午10时，邓世增根据各方探报回来的情报判断，日军今夜或明早有向我总攻的企图，即向军政部和蒋介石电话报告。另电告蔡廷锴，于2月16日集中全部炮兵向汇山码头日敌物资炮击，由于事前准备周密，我炮兵弹无虚发，落点准确，虽因弹片伤及意大利等国水手数名，由于各国对日本行径不加阻挠和抗议,故他们对此也不敢提出责难。这次炮击阻止了日寇利用公共租界的阴谋,且使其受到重大的损失。炮击也打乱了了日寇的进攻节奏和时间。

日寇每次易帅,必以苛刻条件提出和谈以待援兵,为我拒绝后,即大举进攻。植田谦吉也万变不离其宗。2月20日,敌全线向我进犯,被我击退,敌受重创退回原阵地,以电网工事阻我追击。继而向我吴淞、狮子林攻击,企图以橡皮艇登陆,但均被我英勇将士击退。敌再向蕰藻桥、八字桥等处,以机械化部队伴攻,企图在庙行镇、江湾进行中央突破。敌阴谋为我洞悉,蔡廷锴亲赴前线,鼓励士气,敌虽反复冲杀,并经多次肉搏,仍未得逞。这次战斗是"一·二八"开战以来时间最长、最激烈的一次,从2月25日11时至下午3时,战斗还在继续进行中。

杜月笙悉江湾危急,他向邓世增提出组织300人(一说500人)的大刀队前往支援。邓世增电告第十九路军总指挥部参谋处处长赵一肩,安排义勇军通过警戒线参与战斗。接电后,赵一肩即电告在前线的蔡廷锴请示,蔡道:"三哥(指邓世增)的意见,边执行、边通告。"于是,赵一肩安排大刀队通过警戒线,到达江湾。

蔡廷锴在江湾前线,接见大刀队全体人员,说明当前局势,并问:"你们不怕死吗?"大刀队全体成员随即宣誓:"誓死保卫国土,大刀向鬼子头上砍去!"蔡廷锴即将大刀队隐藏在前线,寻找战机。下午5时后,蔡廷锴值双方再度肉搏之时,指挥大刀队参战,大刀队如猛虎出林,蛟龙入海,大刀猛向日寇头上砍去,由于得到大刀队这支生力军,下午7时将敌击退。这次战斗俘敌营长一名,士兵300余人。因敌在蕰藻滨将俘我的伤兵烧毙,故该批俘虏受到第十九路军士兵愤怒的报复。据此,外电误传蔡廷锴是红须绿眼的杀人魔王。

在庙行镇,日军向该镇猛攻,第八十八师俞济时部固守不退,正在危急之时,左翼指挥官张治中亲率预备队增援,战至午夜12时才将敌击退,并将金穆宅内之敌包围。翌晨,日援军往解金穆宅之围,与第八十七师、第八十八师激战,入夜第八十八师因伤亡严重,撤至庙行镇以西地区休整。庙行镇由第六十一师毛维寿部接防。

植田到任不到十天,再次失败,日寇又一次在阵前三易其帅。改派前陆相、陆军大将白川义则率第十一、第十四两师团来援,接替了植田。这次植田不再放和谈空气,于1932年2月27日集结在江湾、跑马场向我军全线进犯,但我军阵地稳固,唯庙行镇方面战斗较烈。28日从11时至下午5时双方反复争夺三四次,入夜敌仍不得逞,敌林元大佐被击毙。双方伤亡很大,敌终为我英勇的第十九路军击退。

当敌方不断增兵的时候,邓世增多次上京请求增援,但军政部部长何应钦以"难抽部队赶援"为由,一次又一次拒绝第十九路军的请援要求,甚至李宗仁拟调一团兵力增援,广东又以未接命令为由不准过境。最后李宗仁仅派一连兵力,从海路由福建登陆,才到达上海。

当日寇三易其帅,敌又增兵两师团时,邓世增又一次晋见蒋介石请求增兵,蒋派手下挡驾,仅称其不在。邓世增极无奈。至翌日(2月23日)清晨,邓世增趁蒋未起床,硬闯蒋宅,蒋只好接见。邓禀报前方将士分分秒秒流血牺牲,如再不及时增援,伤亡将更惨重,并指出安庆、芜湖有胡宗南、夏楚中两个装甲师,嘉兴、杭州有卫立煌两个机动师,江阴、无锡有上官云相师,这些部队均可提调参战,且上官云相还主动请战,可先调该师参战。

但蒋介石认为调动部队要经防地交接,这样调动非要一个月时间不可,目前应抓紧时机与日方谋和。邓世增费尽口舌,仅得500名工兵。对此,邓世增只有苦笑,为平息国人公愤,要求蒋介石惩办:第一,上海海军李舰长天天运送淡水和补给供日本舰队;第二,税警总团团长王赓被俘,被日寇取得我军兵力配备图。当时在座的何应钦却推卸责任说:"淞沪战争,中日双方未经宣战,而是局部冲突,李舰长是代日军购给养,以免日军在沿海抢掠骚扰。"

邓世增请援无望,回到公署立即与上海前敌总指挥蒋光鼐通电话,告知请援无望,蒋介石力主和谈,在电话中

邓世增应《西南执行部一二八周年纪念特刊》录曾国藩(涤笙)语:鉴彼巧偷,守兹贞拙,缕血所藏,后土常热

罗文干、陈铭枢、邓世增等人在(南京)外交部与外交委员会开会,向外委会详细报告了沪战经过以及现在防线的情况(载于《时事新报》,1932年3月12日)

两人也黯然无语。

王赓在国人的指责下，蒋介石亲下手令将王赓送到公署，当时邓世增不在公署，而处理此事的参谋处处长樊宗迟，却拒绝受理。邓世增回到公署，得悉樊如此处理，怒说："蒋先生亲下手令把王赓押来公署，我们应将他转交第十九路军总指挥处理，樊宗迟太粗心，连蒋介石的手令都不认识，也不向我报告，竟把王赓退回去！"王赓退回后不够一个月，便被开释，官复原职。

开战以来，日寇先后投入兵力达十万之众，而我第十九路军仅得五万余健儿（含五军两个师及税警总团）。对比之下，国人可进一步看清蒋介石不积极抵抗的面目了。

蒋介石坚决拒绝增援之后，致力于和谈，但蒋经常来电询问邓世增有关前线敌我态势。邓世增只有回答："我军兵寡无援，态势恶劣。"

1932年3月1日，白川义则知我军无援兵，而他的援兵已到，便向浏河、七丫口登陆，并向大仓前进，企图截断我军退路，进而包围我军。第五军第八十八师第五二八团团长黄梅兴，率该团在江湾抗击日寇多次进攻，阻止日军前进，掩护我军转移。

在敌强我弱，又无后援的形势下，第十九路军及第五路军唯有撤至第二防线。

1932年3月2日，我军全线撤至常熟、安亭、青阳港和南翔等地的第二防线。除安亭、青阳港与敌有小接触外，余均无战事。

1932年3月3日，日军自浏河攻击娄塘镇、朱家桥，企图突破嘉定、太仓的中间地带，截断第十九路军的退路。第八十七师守军被敌分割包围，激战竟日，终于突围与第八十八师在外岗会合。这是淞沪抗战最后一场恶战，第八十七师孙元良旅伤亡官兵300余人。第八十七师虽然付出沉重代价，但挫败了日军第十一师团切断京沪铁路的企图，保住了淞沪大军后撤的通道。

1932年3月3日，因蒋光鼐一直未就任京沪卫戍司令长官，军政部再次下令：着参谋长邓世增暂行代理司令长官职务。

3月10日，罗文干、陈铭枢、邓世增等在南京外交部与外交委员会开会，向外委会详细报告了"一·二八"淞沪抗战经过以及现在防线的情况。各委员对沪停战会议之事讨论甚久并作出决定。

此时，蒋、汪政权积极准备谈判，派顾维钧为首席谈判代表。3月13日，外交部发函邓世增，函中指派总指挥蒋光鼐、黄强为代表参加停战会议，但日方司令官白川义则拒绝出席。为示对等，我方改派外交部次长郭泰祺为谈判首席代表，蒋介石又指名要淞沪警备司令戴戟代替蒋光鼐参加会议，陈铭枢将蒋介石意旨告知戴戟，戴反诘陈说："淞沪停战签字最好由你签。"陈默然不语。戴戟说："如日方认错的和平停战协定，我是同意签字的，但协定中有一条'上海周围二十里内不准中国驻兵'，这种丧权辱国的协定，我是拒绝签字的。老蒋的签字能手很多，宋子文、何应钦、吴铁城都是能手，何必找我呢？"最后由日方以重光葵、植田谦吉为代表，有美、英、法、意参加的国联调查团于4月24日抵沪，中日双方停止军事行动。1932年5月5日，签订淞沪停战协定，规定上海周围二十里内不能驻兵。

很明显，日寇第三次增兵比第一、第二次总和还要多，它的目的是击退我军，作为谈判的筹码，而我军以5万英勇健儿，抗击10万强寇，多次请援，屡遭拒绝。最后在"国联调停"下签订屈辱的协定。第十九路军对蒋汪政权的不满与日俱增。

1932年5月16日，上海各界4万人举行淞沪抗日阵亡将士追悼大会，何香凝女士在致悼词时放声痛哭，悲愤之情不可言表。随后商会又召开抗日阵亡将士追悼大会，更见全国群众悲愤之情。

33天的淞沪抗战，虽被蒋、汪政权扼杀，但使敌阵前三易其帅，重创猖狂一时的日寇，打出了第十九路军的军威，显示了中华民族的气节。

蒋光鼐、蔡廷锴发表《守土卫国告海内外同胞书》，激发了中华儿女的爱国心，得到全国军民的支持，例子多不胜数——

各地军人请缨杀敌！

各界代表敦请政府派兵支援淞沪抗日。上海各界多次派代表到前线劳军和慰问。

宋庆龄、何香凝及宋子文夫人张乐怡等也先后亲往前线劳军。

各国海外华侨汇巨款捐赠给第十九路军将士，例如菲律宾华侨救国会汇款44万元，檀香山国难救国会汇款10万元，旧金山华侨募捐得美金100万元。

上海各大学学生500人，组成义勇军开赴前线，但因未受过军事训练而被安排维持道路交通及军部附近秩序。他们认真负责，敌机狂轰滥炸时，面不改色，镇定地坚守岗位，不愧为中华好男儿。

当敌机猛烈炮轰吴淞炮台，将炮台及战壕摧毁时，很多战士被埋其中。参加救护队的300名大学生，在炮火连天的情况下，将60多名被埋的战士救出，将殉国战士的尸体挖出。学生们已疲劳不堪，但仍坚持到最后，把被毁的战壕、炮台清理完毕，出色完成任务。令活着的将士感动流泪。

就凭一颗爱国心，中华儿女有钱出钱，有力出力，互相激励，互相促进。将士们"守土卫国"信心更坚定。

1932年4月29日，签订停战协议前一周，日寇利用"天长节"在上海虹口公园举行阅兵庆祝，显示其威力，恐吓中国民众。为破坏日寇此次行动，陈铭枢通过王亚樵联络了韩国临时流亡政府，安排会日语的韩国爱国志士尹奉吉混入会场，他怒向阅兵台投掷炸弹，重光葵、野村、植田受伤，白川义则、河端贞次因伤重而亡。尹奉吉被捕后英勇就义。

1932年5月6日，上海救国会通电全国反对国民政府出卖上海。次日，又派代表往晤郭泰祺，详询上海协定事项，当郭泰祺宣读协定之际，民众出于义愤，殴伤郭泰祺头部，并撕毁协定之英文本以示抗议。

1947年1月28日，原第十九路军将属在广州十九路军陵园祭奠。邓世增（前排右六）与蒋光鼐（前排右五）、蔡廷锴（前排右四）、谭启秀（前排右七）等

1947年1月28日,蒋光鼐率十九路军原部属在广州十九路军陵园祭扫先烈。前排中蒋光鼐、左蔡廷锴,蒋光鼐背后为邓世增

十一、福建反蒋

淞沪停战协定规定上海二十里内不准驻军,大大伤害了第十九路军的尊严,引起极大的不满。蒋光鼐愤然辞去总指挥之职,回到家乡广东东莞县太平镇。7月,陈铭枢也因交通部办理招商局变产契约及电信合同,受到汪精卫的指责,愤然辞职欲出洋考察。虽蒋介石派石瑛、段锡朋赴上海挽留,并请陈回京任参谋总长,终因陈为淞沪协定与汪不和,坚辞斯职,赴欧考察。

1932年5月中旬,国民政府军事当局以"红军窜扰闽南,漳州失守,同安亦危"为由,令第十九路军由海道入闽,前往进剿。并任蒋光鼐为福建绥靖公署主任,邓世增为福建绥靖公署参谋长,但蒋光鼐挂冠不就,回虎门家中闲居。邓世增将京沪卫戍司令长官公署原班人马,转到福建绥靖公署去。

7月9日,邓世增由上海乘亚丹士总统轮抵达香港。原计划由沪直接入闽,今次来港与蔡廷锴会合是为了调停陈济棠与粤海军陈策隶属之争,并赴广州与当局商讨粤省每月协助十九路军军饷事宜。粤省与海军矛盾基本解决,7月12日,邓世增又马不停蹄由广州转赴东莞面谒蒋光鼐,会商入闽事宜,并促蒋早赴福建上任。

7月14日,十九路军军长蔡廷锴、驻闽绥靖公署参谋长邓世增、十九路军

> 邓世增昨赴东莞
>
> 闽省绥靖公署参谋长邓世增，前以调解海军事宜，奉蔡廷锴军长命来省与陈总司令详为商榷，现海军问题业已全部解决。邓参谋长来粤公务已竣，又以关于入闽问题事宜，顷须向蒋总指挥请示一切，特于昨十二日乘广九车赴石龙、转朴东莞面谒蒋总指挥请示机要，并定于今（十三）日由石龙乘车返港。

邓世增赴东莞面谒蒋光鼐（载于《香港华字日报》1932年7月13日）

总部秘书长徐名鸿等人，乘荷兰籍"芝沙丹尼"轮由香港到达厦门，受到十九路军黄强、沈光汉、毛维寿、区寿年、张炎、黄固、翁照垣、张励等将领、厦门各军政要员及各界代表200余人欢迎。7月16日，邓世增由厦门乘"楚泰"号军舰抵达马尾。进驻公署后，邓对民众及记者讲话："保国卫民乃军人天职，本军历来御侮剿匪，亦不过尽此职责，何必如此欢乐。此后，仍望各界能与本军精神上切实合作，不必拘于形式。""前者停止救国运动，福建居全国之首。""此后对此项运动应采如何方式，俟同省府磋商后，方有相当答复。"同时，邓世增代蒋光鼐发出就职通电。

7月26日，行政院准蒋光鼐因病恳辞任十九路军总指挥职，由蔡廷锴继任，并福建绥靖主任蒋光鼐休养期内，蔡暂行兼代驻闽绥靖公署主任职务。时蔡廷锴坐镇在漳州忙于指挥各部赴闽西"剿共"，无法分身去福州"绥靖"公署办公，不能兼顾两地之事。他便委托邓世增留守在福州的绥靖公署，代理他的代主任职权，处理日常事务，并负责指挥闽北各部队进剿。

当时，福建民情复杂，帮派之间互相攻击，如不查实，很易上土豪劣绅的当。福建苛捐杂税多达200多种，省主席方声涛对此也无能为力，只知抽大烟，不管地方事宜，而地方杂牌军，只知盘剥勒索人民。

蒋光鼐没有到职，虽一再敦请前来主政，或代其通电就职，蒋仍不表态，致使政令不行。蔡廷锴在福建仅负军事指挥之责，绥靖公署乃军、政的总指挥，邓世增因蒋光鼐没有就职，虽拿着绥靖公署大印，也不能随便代行蒋光鼐的职务，面对福建严峻的局势，蔡廷锴、邓世增一筹莫展。经蔡廷锴、邓世增一再敦促蒋光鼐赴任不果，两人反复商量，由蔡廷锴亲往虎门促驾。

蔡廷锴到了广州，约广东第二军军长香翰屏，同往虎门促驾。蒋光鼐见他们到来热情招待，但只谈友情，不谈政治，只谈饮食，不谈军旅，使蔡、香一筹莫展。最后香翰屏说道："憬公不就职，当局借口另委他人，逐渐浸透入第十九路军主要领导位置，把贤初、益能架空，从而夺取领导权！憬公此举实属不智。"这才使蒋光鼐回心转意，到闽就职。

蒋光鼐到了福建后，立即着手解决亦军、亦匪之杂牌军。第十九路军未到福建前，福建由土豪及杂牌军割据称雄。以建瓯为中心的刘和鼎部的第五十六师割据闽北地区；以邵武为中心的周志群独立旅割据闽北地区；以仙游为中心的陈国辉独立旅割据闽东南地区；以漳州为中心的张贞第四十九师割据闽西南一带；以尤溪为中心的卢兴邦新编第二师占据闽中地区；以福安为中心的陈齐瑄独立旅割据闽东地区。这些杂牌军，以陈国辉部的六个团，军纪最坏，跋扈横行，掳人勒索，无恶不作。卢兴邦被称为"闽北王"，盘据龙溪、永安、大田多年，自设兵工厂，设卡抽税，该部是匪？是兵？无所识别，有多少人枪也无所知悉。

1932年，邓世增（右）与何应钦在庐山

第十九路军未抵闽前，红军已解放闽西北及闽西南地区，并建立了苏维埃政权。上述这些土著杂牌军，大都吃过红军的败仗，损失相当严重，对红军如惊弓之鸟，多取保存实力的观望态度。

经蒋光鼐、蔡廷锴、邓世增的研究，决定敲山震虎，选择最嚣张的陈国辉下手。由蒋光鼐诱捕、处决陈国辉，邓世增率绥署直属旅谭启秀部（谭部由广东招兵回来），及第六十一师毛维寿部，从仙游、永春、大田、蒲田等地将陈国辉残部包围，并将其肃清。福建匪患基本解决，地方恶霸的嚣张气焰始被压下去。

蒋介石为了消除第十九路军对他的不满，于1932年10月1日派国民政府主席林森以巡视之名进行劳军，并洽商人事安排。1932年11月29日，行政院任命蒋光鼐为福建省政府主席，蔡廷锴为福建绥靖公署主任兼第十九路军总指挥，邓世增仍为福建绥靖公署参谋长。这一人事安排，实际封疆于第十九路军，以安其心。中央同时宣布蒋光鼐兼民政厅长、李章达为福建省政府秘书长、范其务为财政厅长（范因其下属贪污引咎辞职，改任许锡清）、郑贞文为教育厅长、孙希文为建设厅长。

邓世增于1933年为第十九路军第六十一师干部教导队同学录题词：同济时艰

1933年元旦过后，蒋、蔡、邓着手解决军政大事。在政务方面，首先是民生，要解决全省交通，使全省公路畅通无阻，同时着手解决盐务及粮食问题，使人民生活得到安定。军务方面是很棘手的问题，第十九路军到福建后，军官们争置家立室，军队中出现厌战情绪，特别一些北方士兵思家情绪甚浓。因此，决定加强政治思想教育，培养班长人才，成立军士教导团，改良战斗教练及射击科目，同时积极补充兵源。原第十九路军参谋长黄强被派去与法国商人洽谈购买飞机、大炮事宜。但从法商手中购买的6架飞机都没有装配机枪，不能作战，仅可做侦察用，使第十九路军失去陆空配合作战之能力和制空权。福建事变时，黄强任漳厦警备司令及厦门市长，1934年1月9日，在中央军大军压境下，不遵蔡廷锴命令而将厦门市转交海军接管。

闽西一度为红军占领达几年之久，曾进行打土豪劣绅分田地的土改。第十九路军入闽后，红军主动退出龙岩、永定以西地区。蒋、蔡、邓认为红军处处得到农民的支援，得力于打土豪分田地的政策，因而决定将闽西各县暂归绥靖公署直辖，成立闽西善后委员会。最初由谢仰麒任主任委员，徐名鸿、傅柏翠等7人为委员（傅在福建事变后期起了很大的作用），徐名鸿后兼政务主任。1933年1月4日，闽西善后委员会第29次常委会通过决议，蔡廷锴兼任该会主席，并先后加委邓世增、沈光汉、区寿年、张贞为委员。实行以孙中山先生"耕者有其田"的计口受田政策。对红军分配过的土地重新分配，凡在苏区被打倒的土豪不许报复，但也不许农民再斗争土豪，采用和平土改的形式。"计口授田"即凡能耕田的农民就给土地，不能耕田的不给土地，计口就是在农村中，不分男女老幼，一个人就是一口，分给土地。实行这个办法一般农民所得土地，比红军分配得略少，但他们有封建正统思想，也乐于接受，对第十九路军也积极支援。但在其他地区，由于地富土豪联合中农，污蔑第十九路军是变相的共产党，处处进行破坏，有部队驻扎时，地富不敢猖狂，当部队离开时就变天。在地富进攻下，受害的还是贫苦农民，福建事变时也得不到农民的支持。

7月，委员会改组成闽西善后处。蔡廷锴仍兼处长，邓世增兼任副处长。邓世增直接参加了土改工作，并积极协助傅柏翠组织农民武装。福建事变末期，这些武装抗击杨逢年的特务武装，掩护漳州的后方部队及家属撤至龙岩，起了一定的作用。

1933年4月，蒋介石对苏区进行第四次"围剿"，以顾祝同为北路军总司令、陈诚为前敌总指挥，陈济棠为南路军总司令、蔡廷锴为前敌总指挥。南路军广西派6个团、广东派20个团开往赣南，第十九路军则在闽西。

1933年5月，蒋介石在南昌令第十九路军派八团兵力进占连城、朋口、芷溪，于是派第七十八师区寿年部由南靖、永安西进，并令长汀的马鸿兴保安团归区寿年指挥。7月30日，区部在连城与红军三军团彭德怀部遭遇，激战3天，区寿年部损失两个团即行东撤。8月2日，蔡廷锴急令邓世增自福州飞漳州。3日，邓到龙岩指挥前线部队，图稳住阵脚。他自己也于4日自福州飞漳州坐阵指挥。9月18日，第六十一师在延平、青州又被击败，损失了一个团，第六十师进驻永安，当时将乐、归化又告失守，永安濒危。这时，蔡廷锴彻底认清了当前形势："剿"也完（孤军深入，后无援兵必为红军消灭），不"剿"也完（违抗军令必为蒋介石消灭）。蒋介石把第十九路军逼进一条绝路，如何走出绝境？

1933年春，日寇出兵攻占热河，并猛攻我华北长城各地，当时国民党军队第二师、第二十五师、第八十三师与宋哲元的第二十九军和长城内外的义勇军奋起抵抗。蔡廷锴等抓住这个机会，以第十九路军既是抗日之师，对此安能坐视，直接向中央请缨北上援热抗日，经一再请求，中央始允组织六团兵力北上支援。蔡廷锴以谭启秀为第一旅旅长。张炎为第二旅旅长。粤、桂方面获悉后，又编二旅归蔡廷锴指挥，称"西南援热联军"北上抗日。第十九路军从老隆绕道至清远源潭乘火车北上，在郴州集中。1933 年 3 月 13 日，蒋光鼐电蒋中正：（蔡廷锴）拟以官兵六千余编为敢死队，协同粤桂所一部秘密北上，东路拟令邓世增为前敌指挥官仍照计划进剿。如日犯闽，即以留守漳、泉、福州所部抗战。

当蔡廷锴率部到达郴州时，5 月塘沽协定已签订，蒋介石电令蔡廷锴率部回闽。蔡率部回至水口、龙溪，为了安置援热部队，蔡向蒋介石要求扩充两个师，蒋被迫同意。蔡廷锴遂任谭启秀为绥靖公署补充师师长，张炎旅与第四十九师合并，免去张贞师长之职，任张炎为第四十九师师长。

蔡廷锴率谭启秀部进驻水口、龙溪西岸，第六十师进驻永安，与红三军团成为胶着对峙状态。这一形势为后来与红军划定边界，互相贸易起了积极意义。

陈铭枢在西欧考察，经常通过绥署电台，利用陈、蒋、蔡、邓专用电码（此电码为京沪卫戍司令部 4 人专用）进行联系，蒋、蔡、邓告知国内形势给陈铭枢，而陈在回电中常用"怀不赏之功，戴震主之威"之句警惕他们。因这是 4 人专用电码，从不假手于人，而电报来往经由邓世增收发。为加强第十九路军的后方，陈铭枢建议与李济深联系，用李之名要求粤、桂、闽三省联防。

李济深被蒋介石释放后，在上海居住至 1932 年 6 月才回香港隐居。李济深与邓世增的关系密切，当年邓世增的"兵谏"主张就是要蒋介石释放李济深。由于这种关系，邓世增往港取得李济深的同意，往粤、桂谈三省联防事宜。

广东陈济棠拥有 3 个军的兵力，经济发展较快，已被称为"南天王"，他前有第十九路军在福建为其屏障，后有桂系为其侧翼防湘军而满足现状，对实行三省联防，仅敷衍了事。

李宗仁虽有联防之意，但因陈济棠的敷衍，也表示桂、闽之间有广东，如闽有事广西则难给予支援。临别时李宗仁以广西过去留得桂南一席之地才能起死回生，他请邓世增注意闽西南之地。邓世增粤、桂之行无功而返。

当年夏天，陈济棠突然派参谋长何荦到闽，商谈三省军事互助。蒋光鼐亲自回粤与陈济棠商谈，发觉陈故作姿态，敷衍闽方。

很明显，成立西南政府也好，三省联防也好，对陈济棠并没有什么好处。他一方面敷衍闽、桂，一方面派杨德昭去庐山晋见蒋介石，得到蒋介石 1500 万元的好处，答应对闽事做壁上观。

福建反蒋举旗前，陈铭枢、李济深还先后派徐景唐、李民欣、尹时中、邓世增、张文等多人前往粤、桂（特别是广西）游说，但均无结果。1933年8月，蒋光鼐派李章达往粤、桂，经一再游说，勉强起草了"抗日反蒋，粤、桂、闽实行军事互助"的三省联防草案，但仅具形式，且是貌合神离，难于实施的草案。

1933年7月初，陈铭枢自巴黎回到香港，蔡廷锴往港迎陈来闽。陈到闽后，活动频繁，穿梭于军队、团体之间，到处集会演讲，言必抗日、反蒋，却置蒋光鼐、蔡廷锴于不顾，引起蒋、蔡的不满。对此，邓世增认为：陈铭枢演讲要旨在抗日反蒋，不应受指责，陈是第十九路军创始人，目前虽高调也可原谅。

陈铭枢过去曾对蒋光鼐、蔡廷锴、邓世增说过，已与红军取得联系，双方互不侵犯，但在陈回闽前，第十九路军与红军遭遇中损失了四团兵力，因而受到蒋、蔡、邓的质疑。蔡廷锴更问："你说已和共产党拉拢有几个月了，如今红军全力东向想歼灭我军，这是合作吗？"陈答道："还没有合作成功，当然不会停止敌对行动呀！"这更引起他们的不满。

陈铭枢回港后，派陈公培来福州，这才知陈和共产党尚未联系好。于是请陈公培代表闽方，直接和红军联络，陈公培于8月见到彭德怀，双方同意先停止军事行动，主张共同抗日，从此闽北战事才缓和，成为休战状态。

陈铭枢接到和红军联系的信息后，8月又自港来到福州。陈铭枢建议派代表到江西瑞金会见中央红军领导人，于是派徐名鸿与陈公培同往，并取得了"第十九路军与红军防线及福建政府与苏区政府划界事宜"的协定。

陈铭枢在闽活动，极力主张抗日反蒋，组织独立政府。蒋、蔡则认为："抗日反蒋是我们的主张，但不急于组织政府，应等时机。"邓世增在来往两广联系中了解到李宗仁、白崇禧与陈济棠对反蒋态度消极，对福建现时起事并不支持，邓因此也表示不同意现在就另组政府的主张。后几经周折大家才同意组织独立政府。

陈铭枢在闽得到公开讨蒋的一致意见，又匆匆回港策划。陈多次邀请李济深出山，李济深因与粤、桂联系均得不到支持，对出山一事举棋不定。陈铭枢亲往港，以挽救第十九路军于危难，促使全国联合抗日，劝说李济深，李济深始答允。

蒋介石对福建的行动，也积极防范和秘密进行破坏活动。他以"剿共"为名任命陈诚为北路军前敌指挥官，第二路军蒋鼎文部两个师驻浙赣边境，张治中的第四路军（即前五军）两个师驻扎浙闽边境，卫立煌的第五路军三个师驻扎在浙赣边境，蒋后续部队为汤恩伯纵队辖两个师。蒋方兵力比第十九路军多一倍以上，且这些部队都是蒋的嫡系部队。

蒋介石还派特务头子郑介民在仓前山，戴笠带着初出茅庐的沈醉在鼓浪屿设立情报站，进行收买策反工作，主要对象是福建的杂牌军，黄埔及中央军校毕业的学生。据沈醉的回忆录称：他们策反了第十九路军参谋长范汉杰并取得了密码。第十九路军也采取相应对策，秘密成立"改造社"，由蔡廷锴任总社长，徐名鸿任书记，各师成立分社。

改造社成立主要目的：防范蒋介石的策反和蓝衣社（复兴社、军统前身）的渗入。据破案得悉，福建省党、政、军中已有复兴社的活动，特别是黄汉光、周邵棻等强烈主张"谁敢违抗领袖，反对政府就要制裁"，于是将情节较为严重者秘密处决。破案后，军官们认清蒋介石的真面目，加强了军中团结。

陈铭枢回港和李济深商议后，积极策划和串联活动，他们和湖南、贵州、云南、四川派在驻广州、香港的代表取得了联系，与山东的韩复榘、陕西杨虎城也直接联系，至于在野的如：泰安的冯玉祥、天津方振武、上海方鼎英和李烈钧等均派专人联络。据陈铭枢的说法："义旗一举各方响应。"但当义旗一举时，除冯玉祥派余心清、方振武派姚褆昌为代表外，要算中国国民党临时行动委员会黄琪翔等一大批人员，这批人员到了福建，占据各个主要领域。

蔡廷锴、邓世增对临时行动委员会及黄琪翔等"喧宾夺主"的行动甚为不满，且对黄琪翔于1927年在广州发动的"张、黄事件"记忆犹新。1933年11月20日，在福州较场召开中华共和国临时代表大会上，他们高呼"邓演达精神不死！"引起各界强烈谴责。黄琪翔等被迫解散中国国民党临时行动委员会。闽变后，他们在港又恢复活动。

陈铭枢忽略了一个问题，就是政府所需的庞大开支，福建是一个穷省，关税收入不足100万元，总税收也不足100万元，过去每月靠广东补充50万元，为了节流，文武官员均进行减薪，文职从一等一级（省主席等高位）减至200元，最低级的雇员才拿30元，军队方面除士兵保留原饷外，将上将800元降至所有将官不超过160元，校官不超过100元，尉官不超过40元。在财政重重困难下，成立反蒋政府，扩大编制，财政出现更大赤字，特别政府成立时，广东补助的50万元被取消了。福建财政困难是新政府生存的致命伤，它比敌人军事进攻更甚。

在军事上，陈铭枢也忽略了官兵厌战情绪，官兵缺乏战斗意识，很容易为蒋介石收买策反。福建杂牌军为本身利益不易听从指挥，很容易倒戈投蒋，特别像刘和鼎部。

1933年9月，徐名鸿与陈公培初步与中央红军谈判，签订苏区与福建的划界协定,双方互派代表商谈进一步的合作和物资交流。陈铭枢认为时机已成熟,匆匆回港,得到李济深同意,在李家召开第一次筹备会议。蒋光鼐也从福建往港参加会议,参加会议的还有:冯玉祥代表余心清、阮墨林,第三党代表(即中国国民党临时行动委员会)黄琪翔、章伯钧、徐谦及李济深老属下张文等。

　　会上,陈铭枢强调抗日必先倒蒋,倒蒋非有革命精神不成,现在时机成熟不能再延误。李济深根据两广态度,认为先聚集反蒋力量,不急于抬出招牌。余心清等认为,先埋头训练人才,改造旧军队和革新福建政治,以做长期斗争准备。黄琪翔、陈铭枢等认为:我们各党派联合阵线有号召力,通电一出,各方响应,蒋介石就会下野。此外,还讨论军事、外交、政治、财经等有关问题,并决定在香港参加人士分批乘轮到福州,筹备各项工作。

　　1933年11月上旬,蒋光鼐由港回到福州,传达了香港会议,并通知邓世增、许锡清做好接待工作。邓世增对草率决定成败存亡表示反对,特别是联共(徐名鸿、陈公培到瑞金没有会见红军主要领导人,陈公培、朱蕴山到上海找中共领导人也无结果),认为另立国号、另树国旗,会引起中间派人士的反对。在家中,邓世增之父邓鉴秋赞成抗日反蒋,但却坚决反对另立国号、另树国旗。但事已至此,唯有和许锡清做好接待工作。11月5日,来到福州的有徐景唐、张文、张醁村、舒宗鎏、尹时中、陈铭枢和他的班底梅龚彬、何公敢、胡秋原、王礼锡等,"第三党人"黄琪翔、彭泽湘、彭芳草、章伯钧等。

　　1933年11月17日,陈铭枢决定在福州鼓山的回龙阁召开有关举事的决策会议,李济深因路途阻滞未能赶及。参加鼓山会议的有陈铭枢、蒋光鼐、蔡廷锴、李章达、黄琪翔、邓世增、黄强、徐名鸿、沈光汉、毛维寿、区寿年、张炎、谭启秀等。整天开会都是讨论成立人民政府的时间和有关修订政纲政策的问题,讨论废弃青天白日的党、国旗,讨论军事、财政问题。会议对成立人民政府的时间讨论较长,蒋光鼐、蔡廷锴主张在1934年1月以后,蔡的理由是用一两个月时间,解决南平附近的刘和鼎部及全省杂牌军,以利调动第十九路军兵力。蒋光鼐的理由是利用这段时间,理顺福建的财政,着手解决财政困境。会上,以陈铭枢、蔡廷锴的争论最为激烈,但在陈铭枢一再坚持下,最终同意在1933年11月20日宣布成立新政府。

　　八一南昌起义的领导者叶挺将军也应邀到来住在蒋光鼐家中。1933年11月18日,李济深、徐谦、陈友仁、余心清也相继来到福州。

　　邓世增原是第八路军总指挥部参谋长,与徐景唐、张文、舒宗鎏等交往较密,邓世增曾质问:"这么重大的决定,为什么这样草率?"张文答道:"当时意见也很分歧，赞成、反对的均有。"邓世增向他们说明当前福建形势是：财政困难，入不敷出，库房空虚，军队则士无斗志，军心不稳，特别是杂牌军不轻易听从指挥等隐患。

李济深到来后，蔡廷锴召开师长以上会议，马江要塞司令云应霖也参加了军事会议。宣布第十九路军要革命，决心反蒋抗日，同时宣布扩军计划，把原来5个师扩为5个军，并改称为人民革命军第一方面军，蔡廷锴任总司令、第十九路军总指挥，邓世增任总指挥部参谋长及第十九路军副总指挥，第一军军长沈光汉、第二军军长毛维寿、第三军军长区寿年、第四军军长张炎、第五军军长谭启秀，黄强调任厦门市市长（后兼警备区司令官），会议在死气沉沉中结束。

关于改变国家名称，意见也很分歧，与会者多数认为：中华民国是推翻清朝，由孙中山先生缔造的，国民党人不应因蒋介石反动而废除国号，这样会破坏联合阵线。邓世增说："袁世凯称帝废除民国，张勋复辟废除民国，均无好下场。"他随即问陈铭枢："取消国号、国旗一事有没有和云、贵、川、湘及山东、陕西等地商议过？他们的态度如何？"陈铭枢不能作答。

黄琪翔、陈铭枢等坚持认为：国民党已变质，取消国号、国旗会得到国人的谅解。并提议改国号为：中华共和国，但引起部分与会者的不满。会议在不和谐的气氛中决定：政府委员及军事委员会成员，名单如下：

中华共和国主席：李济深

委员：陈铭枢、陈友仁、蒋光鼐、蔡廷锴、戴戟、黄琪翔、徐谦、李章达、余心清、何公敢共10人。萨镇冰为高级顾问。

军事委员会主席：李济深

军事委员会委员：陈铭枢（兼政治部主任）、黄琪翔（兼参谋团主任）、蒋光鼐、蔡廷锴、邓世增、徐景唐、戴戟、沈光汉、毛维寿、区寿年、张炎、谭启秀。

会议同时决定：

黄强为漳州行营主任（后改谢东山）

邓世增为南平行营主任

蔡廷锴为闽东警备司令

翁照垣为兴泉警备司令

会议决定：将福建分为闽东、延建、兴泉、龙汀四省。并任命各省正、副省长。

中华共和国宣布成立的同时，蔡廷锴、邓世增和第十九路军其他将领一起署名，通电全国反蒋。第三天，南京政府的飞机在闽北沙县轰炸前线阵地，当时沙县及其以西地区是沈光汉的第一军集结地,毛维寿的第二军一个师也在沙县、延平之间均受到波及。12月1日,闽南的泉州也被炸,中旬以后,闽东地区及福州也连续被炸,秩序混乱。陈铭枢以为他的"通电"一出,会令各方响应,但实际上一切都破灭了,蒋介石决心用武力来扑灭福建事变。

1933年12月中旬,由李济深主持召开军委紧急会议,参加者有军委委员:陈铭枢、蒋光鼐、蔡廷锴、黄琪翔、李章达、邓世增、高级幕僚张文(参谋团副主任)、舒宗鎏、张醁村等,会议主要讨论作战方针。

会议首先由第一方面军参谋长邓世增报告当前敌我态势:

南京政府已下令对我进行"讨伐",计划抽调二三十万兵力分批入闽,其先遣部队约10万人,以张治中的第四路军2个师,集结于浙闽边境,卫立煌3个师、蒋鼎文2个师及汤恩伯2个师集结浙赣边境,我第一军在延平、古田、沙县一带驻扎,准备迎敌。11月上旬,敌机猛炸我沙县新筑工事,看来敌拟先从浙闽边境进犯,并以重兵通过赣境,向我古田、延平进击。

福建绥署辖有海军5艘舰艇,因马江要塞司令李猛斌投蒋,已率江贞、江元、楚观3舰投敌,仅截回星星、海鹄两舰。海军陆战队原有两个旅,他们表示拥护共和政府,可是,也被蒋介石的海军部长陈绍宽收降叛离闽境。

福建的杂牌军曾接受我方委任和听令的陈齐瑄、卢兴邦、周志群部,当脱离我控制线即不受调遣。刘和鼎部早有叛意,秘密北撤至建瓯及顺昌等地,与我前线部队相距百里,我们想要解决刘和鼎部,也鞭长莫及。

展开讨论时,意见即现分歧,蔡廷锴主张集中兵力在闽北,先行消灭狡猾多端、对己危害最大的刘和鼎部,继续迎击南下与东进之敌,在建瓯以南、顺昌以东地区将敌击退,争取主动。

蒋光鼐认为:"敌军比我强大,后续部队比前部更强大,迎头痛击就算胜利了,还是解决不了战场上的问题。过早使用主力,损失有生力量,等于不攻自破。"他主张将各军撤至闽西南,背靠红军作持久战。(这是邓世增出使广西时,李宗仁以广西留得桂南一席之地,才能起死回生示警于邓世增,"闽变"后李再电蒋、蔡重申此意。)或将主力放在闽东,乘敌之虚进入浙东,打乱敌军计划。

本来蔡、蒋的计划,经过细致的和合,是完全可以采用的。邓世增事前已知蔡、蒋的计划,邓世增认为:将3个军放在闽西南,作持久战的布局。将一个军放在吉田、延平、沙县一线迎击敌军,将另一个军的一个师潜伏在闽、浙边境,另一个师作为预备队,各方策应。

当敌军进入闽境,潜伏的一个师即进入浙境,形成"敌进我进,敌攻我攻,敌退我退"捉迷藏的战术,打乱敌入侵的部署。当敌退却时,我守军也可出击,消灭敌人一部分有生力量,使敌恐惧。如情况不允许,即退回闽西南,如情况有利则继续实行此战略。

但是会场外一片保卫革命"圣地"、保卫"国都"的呼声。不懂军事的先生们,如外交部部长陈友仁、法院院长徐谦及第三党章伯钧等先生在会场外大喊:"保卫国都福州!誓死保卫革命圣地福州!"在1月13日福州开始撤退时,这些先生却急急地乘海轮逃跑。

会议上,黄琪翔、陈铭枢强调福州是人民政府首都,乃军事、政治、经济、文化的心脏,非万不得已决不放弃,我军力量有限不宜分散,应集中力量守福州,福州能确保,政治影响就会扩大。并认为:东出浙江过于冒险,过早撤至闽西南又过于消极,均不可取。邓世增以汉末,曹(操)、袁(绍)官渡之战,操率兵偷袭乌巢,成功以弱胜强,以小胜多的战例,反驳黄、陈东出浙江冒险之说。但在会议内外一片"保卫国都"的喧叫声中,李济深被迫同意集中力量保卫福州。至于邓世增对蒋、蔡的修订计划尚未出笼便胎死腹中。

会议结束后,蔡廷锴、邓世增立即贯彻执行会议的决定,邓世增邀请徐景唐、张文带领各军幕僚在福州各地视察,布置防地,构筑工事。其目的是通过他们亲身体会:福州三面环海,岛屿众多,自身缺乏舰船,军运不便,易攻难守。邓世增希望通过徐、张向李济深陈述福州是无险可守之危地,希望李济深更改死守福州的决定。

蔡廷锴会后,进行调兵遣将,颁令:

(一)第五军赵一肩守古田,司徒非部守南平,谭启秀率直属部队及赵师一个团守水口。

(二)第一军移交延平防务后,回防福州西北地区。

(三)第二军直属部队及庞成师的一个团由庞成负责守泉州,余部集结福州以北地区。

(四)第三军留一团扼守莆田、仙游的交通要道,第七十八师负责守备马尾要塞任务外,余均集中福州附近。

(五)第四军除留周士弟团驻守龙岩外,余部开往福州集结。

1934年元旦前，各军（除四军因路途遥远外）均依令进入新阵地。

元旦过后，在古田的赵一肩师已和张治中的第四路军前哨接触，司徒非在南平也受到卫立煌的宋希濂部及刘和鼎部的炮击，1934年1月5日，古田、南平激战甚烈。

1月5日夜，李济深、陈铭枢已知过去决策是错误的，连夜开会。李济深在陈铭枢、黄琪翔压力下，未经与其他将领商议，即行决定在前线迎击蒋介石军队。这临战变阵，确是一险，蔡廷锴已有不满，无奈也下达命令：毛维寿为右路指挥官，率该军及第三军一部向古田急进，解赵师之围。令沈光汉为左路指挥官，率该军及第三军一部，沿白沙向延平推进。

1934年1月5日，九峰山阵地为第三十六师宋希濂部攻破。下午，南平县城外围玉屏山被第五十六师刘和鼎部占领，第五师师长司徒非向刘部投降，南平县城陷落。1月7日，谭启秀不足两团兵力守水口，被蒋鼎文部包围。水口失守，军长谭启秀只身乘木筏逃出重围。1月12日，赵一肩师在古田县城坚守7日，待援无望之下向张治中部投降，至此第五军完全被消灭了。

支援第五军已失去意义，蔡廷锴提议召开白沙会议。会上，蔡建议将第十九路军（尚存四个军）全部撤至闽西南，确保实力，以利寻找战机。蔡的意见得到蒋光鼐的赞成，但陈铭枢、黄琪翔认为：步步设防，以保福州。在蔡、蒋的规劝下，特别指出蒋介石如用海军进攻福州，福州是保不了的，后路也有被切断的危险。陈铭枢才同意撤出福州，退守闽西南。于是陈、黄、蒋乘轮回福州安排政府的撤退事宜。蔡廷锴在白沙召集军、师长会议，布置撤至闽西南的工作后，蔡赶回福州，任命张炎为福州戒严司令。

福州在有条不紊地进行撤退，那些激进分子除了大骂陈铭枢"胆小鬼"外，也匆匆忙忙逃跑，"外交部"部长陈友仁、法院院长徐谦于1月11日也乘轮回了香港。1月13日，李济深、陈铭枢、蒋光鼐、黄琪翔由航空队队长刘植炎驾机护送至泉州。当李、陈、蒋、黄自泉州再往龙岩，途中曾多次受敌特的袭击，幸得傅柏翠的民团，一次又一次将杨逢年的武装特务击退，保护李济深等安全到达龙岩。

陈铭枢、蒋光鼐、蔡廷锴已看清局势严峻，在撤退前几天，他们商量决定，派邓世增往广东。初时任务是与陈济棠接洽，如十九路军退回闽西南时，请陈允让闽粤边八县作为防地，并希望陈派粤军进入闽南，支援掩护以策安全。后来形势发展太快,邓未到广州,福建人民政府已宣布解散。1月12日,邓世增与李章达到达广州,他们的任务变成安排福建人民政府人员和十九路军经广东撤离。邓世增同时奉命经闽西会见徐名鸿、傅柏翠,告知当前危局,希望他们加强扩大民团组织和训练工作,然后才往广东洽商收编第十九路军事宜。

邓世增在广东与陈济棠会谈之际,陈济棠曾向蒋介石提议:第十九路军集中闽西南进行收编,保留其番号,由戴戟出任总指挥。蒋介石决心消灭第十九路军,不同意陈济棠的建议。

1月15日,第十九路军各部有条不紊地缓缓撤出福州。蔡廷锴将数百担军粮交萨镇冰及正直乡绅,救济贫困民众及抚恤被蒋机轰炸伤亡的家属。福建人民感激第十九路军在福建的功绩:消灭土豪劣绅的反动武装,取消苛捐杂税,发展交通及生产等。福建民众举起标语,列队里余,与第十九路军官兵道别欢送。可见第十九路军与福建人民的深厚感情。

毛维寿、沈光汉两军撤至泉州后,汤恩伯的刘戡部在仙游将第四军后路切断,张君嵩师与蒋军激战三昼夜,始将蒋军击退,确保后撤部队的安全。

蔡廷锴拟与蒋军在仙游决一死战,但沈光汉一个团调援时,行动缓慢失去战机。

军心涣散,士无斗志,毛维寿、沈光汉也态度暧昧,蔡私下问毛有否降意?毛也坦言承认。蔡无奈,将第十九路军指挥权交毛指挥,降、战问题由毛决定。蔡廷锴即带警卫队及军官训练团2000余人赶赴龙岩。

李济深等在龙岩得悉毛维寿降蒋,知大势已去,李济深、蒋光鼐再派李章达、邓世增与粤军第三军军长李扬敬联系,李、陈、蒋、黄将过境于汕头去香港。李扬敬同意李济深、蒋光鼐过境,但拒绝陈铭枢、黄琪翔过境。结果李济深、蒋光鼐于1月20日过境回港,陈、黄等人也化装过境回港。

蔡廷锴到了龙岩,李济深、蒋光鼐等已回香港,仅邓世增回到龙岩接应蔡。蔡廷锴、邓世增相见嘘吁叹惜,秉烛夜谈。

蔡廷锴和邓世增两人研究今后的去向,他们目前仅有四五千兵力,投向红军吧!尹时中往苏区联系尚无信息,陈公培、朱蕴山往上海找共产党中央也无音讯,加上卫立煌、宋希濂部在浙赣边境得共产党让道,令蔡廷锴、邓世增感到不满,两人均不主张投向苏区。最后,由邓世增与粤方洽谈事宜,粤方任黄和春为独一师(师长黄任寰)第三旅旅长,收编十九路军余部。

蔡廷锴、邓世增经永定、大埔,在汕头分别乘船前往香港。

"闽变"失败后,李济深、邓世增又一次被蒋介石开除党籍,陈铭枢、蒋光鼐、蔡廷锴均受到开除党籍的处分。

1935年,邓世增(左一)、陈铭枢(左二)、沈光汉(左四)等在香港欢迎蔡廷锴(左三)游历各国宣传抗日海外归来

十二、斡旋两广游击司令

"闽变"失败后,陈济棠收编了第十九路军余部,不足一个月,陈即下令该旅缴械。团长周士第及邓世汉、邓东、邓钧、邓世棠等闻讯分别逃得性命,周士第逃入了江西苏区。邓世汉泳渡韩江,腿部中弹,靠仰泳顺流而下,3天后在出海口处遇一日本商船,因邓世汉懂日语,该商船将他救治后,送他到香港。邓东在山间小路跑了3天,双脚起泡不能走动,为一老妪所救,他与家人失去联系达3月之久。邓钧、邓世棠及脚伤治愈后的邓东,逃到粤军第四军张瑞贵部始得安身之所。不幸的是,蔡廷锴的秘书长徐名鸿为陈济棠所捕获,陈下令将徐杀害。

邓世增到香港后,获悉陈济棠言行不一,背信弃义,深感愤慨,广东虽有余汉谋、香翰屏("闽变"后香因支持第十九路军受到谴责愤而辞职,不久又再复职)等老朋友,但从没有回广东和他们相聚。除了1935年7月至10月期间,邓世增父亲病逝，他回乡奔丧之外，可以说几乎绝足广东。

1936年5月20日，胡汉民举殡，蒋介石派王宠惠吊祭，并向陈济棠提出：

（一）撤销西南执行部和西南政务委员会。

（二）改组广东省政府。

（三）执行部和政务委员会一切人员，愿到京者，中央妥为安排，愿出国者给予旅费。

（四）陈济棠改为第四路军总指挥，各军、师长由军委重新任命。

（五）统一币制。

这五条实际取消了陈济棠在广东的军政大权。于是，陈济棠联合李宗仁、白崇禧反蒋。李、白主张用"抗日"之名博取国人同情，请南京政府准予："北上抗日，收复失地。"这就是1936年6月1日粤桂的"两广事变"。

蒋介石历来对反叛者惩处绝不手软，两广的一切他都一清二楚，当时两广的口号是："北上抗日，收复失地。"迫使他不敢讨伐，但不等于放任。蒋介石清楚陈济棠独裁偏听，与部下矛盾丛生。因此蒋首先在广东军队中进行分化瓦解工作。1936年6月，派陈诚往长沙，要求何键迫使两广入湘部队退回原地。7月4日，陈济棠属下48架飞机飞离粤境投靠南京国民政府。

蒋介石写了一封亲笔函，派福建事变失败后在陆军大学受训的张君嵩去上海，请出粤军宿将林虎。林虎随后与余汉谋、张瑞贵等一再接触，奉劝他们拥护中央。余汉谋的妻舅上官云相也出面游说。7月6日，第一军军长余汉谋由大庾秘密往南京见蒋介石，余表示愿受命收拾粤局，蒋问余需款若干？余答300万。蒋笑道："人云幄奇（余汉谋）老实，不假。这样吧！陈济棠赶走邓世增，陈要500万元，我也给你500万元，望从速解决。"他俩就这样拍板成交。同日，粤军副军长李汉魂、邓龙光、虎门要塞司令李洁之通电反陈。

1936年7月13日，蒋介石在南京召开国民党五届二中全会宣布：撤销西南执行部和政务部委员会，并以国民政府军事委员会名义，免去陈济棠本兼各职，任命余汉谋为广东绥靖公署主任。

1936年7月14日，余汉谋通电就职。15日，余率部向韶关、翁源进发，17日占领英德。7月15日，粤空军司令官黄光锐亲自带领74架军机及后勤人员经韶关飞往南昌宣告投诚南京。陈济棠知大局无可挽回，于18日乘英舰避居香港。

陈济棠失败后，广西危矣！李宗仁、白崇禧请自香港回到梧州家中闲居的李济深出山，研究抵御蒋介石进攻广西之策。

余汉谋掌握军权后，邀请邓世增来广州协助他安定粤军，委邓世增为广东绥靖主任公署首席高级顾问暨第四路军总司令部总参议。

蒋介石原想利用定粤之威，再克广西，但西北的张学良、杨虎城蠢蠢欲动，加上广西军力不弱，迫使蒋放弃攻桂的计划。首先由陈诚（广州行营主任）委香翰屏、余汉谋派邓世增为代表往桂斡旋。李宗仁、白崇禧也有迫蒋抗日及和平解决之意，邓世增、香翰屏于6月24日回穗。

为解决广西问题，以便解决西北张学良、杨虎城问题，蒋介石亲飞广州处理一切事宜。蒋得悉李、白有和平解决问题的意向，而黄绍竑一再请辞广西绥靖公署一职，令蒋和平解决广西问题有了转机。

1936年8月12日，蒋介石在广州东山梅花村下榻处，召见邓世增，听取邓世增晤李、白的经过，并授予和谈的原则，派邓世增再飞邕斡旋。

邓世增在南宁见到李、白后，告知蒋介石急欲解决广西问题，以利解决西北问题，李、白几经考虑，决定派刘斐随邓世增赴粤。蒋介石亲自接见了刘斐。

形势迫使蒋介石对李、白妥协，1936年8月20日，总参谋长程潜派唐星为代表，广州行营主任陈诚请邓世增为代表，广西绥靖公署黄绍竑派舒宗鎏为代表，前往南宁重申谋和之诚意。

唐星、邓世增、舒宗鎏三个人到南宁后，李、白对蒋介石谋和不抱幻想，以敷衍之态对待。唐、邓、舒均感难完成使命。

这时，李济深、蔡廷锴都不在南宁，邓世增清楚，李、蔡来桂的目的是保存广西，不受蒋介石控制。蔡廷锴在广西重组第十九路军，如蒋对桂用兵，则助桂方一臂之力，如蒋迫于形势奋起抗日，第十九路军可恢复昔日雄风。当时，蒋介石内外交困，如能对桂和平，则广东将减少受蒋介石的控制。邓世增思之再三，决定和李、白私下会晤。邓再将蒋介石不佳的处境告知他们，并认为：蒋目前对桂方妥协，以便抽出精力，对付西北军的杨虎城及东北军的张学良。李、白对蒋仍不放心，于是提出：

（一）开放救国言论及救国运动。

（二）撤南下之兵北上抗日。

（三）从速决定抗日救国计划及实施日期。

（四）李宗仁留任广西绥靖公署主任，黄绍竑调回浙江任省政府主席。

虽然和战尚未决定，但邓世增对和平抱着极大希望，他将这些情况告知李济深和蔡廷锴。

1936年9月3日，北海共产党地下组织发动声势浩大的反日示威，在十九路军翁照垣师,谢鼎新团的支持下,将日商殴伤致死,翁师与日舰对峙,蒋恐事态继续恶化,难以控制局势,因而加速对李、白的妥协。9月6日,蒋介石同意桂方建议,桂方为让步计,同意白崇禧以军事委员会常务委员之名出国考察。

蒋、李妥协后,广西的军队改为第五路军,军队将受到编遣。蔡廷锴在南宁见到邓世增,两人商谈后,希望李、白保留第十九路军一个师的编制(当时李、白不在南宁),并委翁照垣为师长,蔡廷锴留下一书交邓世增转给李、白。

邓世增见到李、白,将蔡的书信付与,李、白同意保留第十九路军一个师的力量,即调翁师入桂,但翁照垣不听调遣,结果,李、白遣散该师,改留七十八师区寿年部。

1936年10月,陈诚(右一)、蔡廷锴(右二)、徐景唐(右三)、邓世增(右四)在香港浅水湾酒店会商

1936年12月12日,西安事变发生后,蒋介石被迫同意抗日,但他一面声称抗日,一面将张学良扣押。1937年7月卢沟桥事变,燃起全国抗日的烽火。

当西安事变张学良扣押蒋介石的时候,民族革命同盟会李济深派邓世增、李民欣往粤、桂,(民族革命同盟会,组建于1935年4月、5月间,由李济深、陈铭枢、蒋光鼐、蔡廷锴、徐谦、冯玉祥、方振武、陈友仁为最高干部,主张:"推翻汉奸政府,树立人民政权,联合各党派团体一致实行抗日。")他们会晤李宗仁、余汉谋时,促他们出兵南京改组政府,当时李、余均同意。但不久,西安事变在周恩来斡旋下，蒋介石同意抗日后，事变获得和平解决，致使这一策划胎死腹中。

邓世增感到全面抗日气候已经形成了，他对余汉谋说："在粤军中连长以上均在军校受过训练，有基本军事常识，但一些文职人员及连长以下者，没有受过军事训练的占绝大多数。你应利用这短暂的时间，对排长以上及文职人员，进行强化军事训练。"他的建议为余汉谋采纳。1937年5月，凡粤军尉官以上，没有在军校毕业者，每天一律参加军事训练半天。

邓世增为余汉谋的顾问，难免为属下所忌，于是决定回乡利用自己的号召力，组织抗日力量，一旦发生战争，在乡保家卫国。他回到合浦，考察钦廉地方的防卫、民情，并出资在合浦建立县、乡、镇的通讯网络。

七七事变后，蒋介石于8月13日召见蔡廷锴，拟委蔡为京沪卫戍司令，蔡遂与区寿年、谭启秀及陈福初同赴南京（沈光汉因故未同往），但蒋不同意安排谭启秀的军职，也不同意调区寿年师来沪。蒋仅希望蔡在上海、南京打一些胜仗，迫使"国联"调停。

蔡廷锴鉴于"一·二八""国联调停"的屈辱，且一经调停，影响全面抗日的大好形势，蒋介石虽给蔡30万大军指挥，但这些军队来自四面八方，素质参差不齐，难以掌握，故蔡廷锴恳辞斯职。蒋改委蔡廷锴为大本营上将参议官，强留蔡廷锴在南京为他保卫京沪之战出谋。嗣后，唐生智被委为南京卫戍司令。

蒋介石为了表示他抗日的决心，又分别召见李济深、邓世增、陈铭枢、蒋光鼐等人。1937年9月10日，李、陈、蒋及邓世增由汉口来到南京，蔡廷锴与谭启秀在下关迎接，众人得悉蔡被蒋召见的情形。陈铭枢、邓世增在南京又遇见奉召而来的叶挺，大家原是四军同袍，相见甚欢，并约一起去订做新军服，准备共赴国难。后来叶挺被任命为新四军军长。当蒋介石召见李济深、陈铭枢、蒋光鼐、邓世增时，委李济深为军事参议院院长，陈铭枢、蒋光鼐、邓世增为参议官（邓为中将参议）。除陈铭枢外，李、蒋、邓均婉辞，并建议：各省成立救国会，各地成立民众抗日自卫武装。蒋介石表示同意。

邓世增感在京已无所作为，先行回到广东。在广州，余汉谋、香翰屏成立广东民众抗日自卫团统率委员会，邓世增被推定为26位委员之一。余汉谋请邓世增屈就钦廉地区抗日游击挺进司令部司令官。邓世增认为：钦廉地方失业军人很多，应回乡把他们组织起来抗日，否则可能为敌利用。余汉谋除拨少量组织经费和军饷外，不足之数由邓世增设法筹措。

邓世增首先出资筹组自卫武装，任命邓钧（六伯父之孙，为其二兄世坤之继子，原在张瑞贵部任中校营长）为特务大队长，该大队有四个中队，中队长均是村中的叔侄兄弟，可说是邓家军。此外另委戚文苑、钟继业另组建两个大队。至此邓世增已有了一个团的兵力，不再是空头司令了。

邓世增再与县长洽商，同意在各乡成立自卫中队，区、镇成立自卫大队，凡18岁至25岁青年均参加民众抗日自卫队。他们利用农、渔闲暇时进行军事训练（这是无粮饷的自卫队），有警报时集中听候调遣。在区、乡自卫中（大）队中组织较完善的，要数第五区（今北海市）和婆围乡，因这里地处沿海，易发动青年。同时北海区区长刘瑞图、婆围乡乡长邓世秩均出资资助训练，婆围乡还组织六保联防。北海婆围的自卫队已成为一支准战斗部队。

邓世增在合浦取得经验后，在钦县物色了苏廷有，在防城物色了黄质胜，灵山县找到黄业兴，说服他们在县内组建民众抗日自卫团。一旦日寇入侵，奋起抗日。

邓世增在钦廉地区成立民众抗日自卫团后，除得到本地乡绅赞助外，还得到在香港的宋庆龄、何香凝的支持。她们向各界募捐一批棉背心、毛毯及药品给邓世增的自卫团。

蔡廷锴于1938年4月间，任第十六集团军副总司令后，请示桂林行辕主任白崇禧，批准给予自卫团（后改为第八游击指挥部）的经费和军饷，行署的罗翼群主任也与各地乡绅筹措因公殉职军民的抚恤金。

1938年赵洪文国赴香港募捐抗日，与香港抗日爱国妇女团体合影。前排左六：邓世增夫人，左七：赵洪夫人

邓世增函谢中国妇女慰劳自卫抗战将士会香港分会捐赠药品（载于《香港工商日报》，1939年5月2日）

十三、八区专员家乡抗日

1937年12月13日南京沦陷后，日军一方面向武汉推进，一方面利用海军南下向广东进攻，鉴于这一形势，余汉谋（已改任第十二集团军总司令）与广东省主席吴铁城决定，将广东划分为8个行政区，各区设置行政督察专员，负责政务，同时兼任该区保安司令部司令官。1939年4月，邓世增被任命为第八区（即钦廉地区，含合浦、钦州、防城、灵山4县及遂溪、徐闻）行政督察专员兼任保安司令部司令官，副司令官为陈国勋，邓世增向吴铁城主席提请委黄维玉为合浦县县长。

邓世增和黄维玉积极发动民间的抗日活动，支持学生进行抗日宣传，除繁华集镇、富裕村庄外，还深入穷乡僻壤。在民间继续组织抗日救国自卫队（1939年日寇入侵防城、钦州、灵山后改名游击队），他积极筹组以县为单位的游击司令部。

1938年4月5日，余汉谋的副官长张枚新被调到广东第八游击区指挥部任副指挥官之职，邓世增再委张枚新任合浦县游击司令，委黄质胜为防城游击司令，苏廷有为钦州游击司令，黄业兴为灵山游击司令。至1939年年底，邓世增又与张炎在高州、雷州地区建立起以张炎（兼）、谭启秀、王定华、叶寿尧为司令的游击纵队。1939年4月，第四战区任命邓世增为南地区特别守备区司令官，任张炎为副司令官，负责指挥高、雷、钦、廉四区各县游击队自卫团等南路民众武装，领导区属民众武装组训，制定今后地方抗战策略，并与驻防军指挥官共同拟定作战策略，以求互相配合运用。

1938年6月，日舰频繁向广东调动，在大亚湾、中山等地进行骚扰。7月，日航空母舰"若宫"号驶入东京湾（北部湾），在北海的涠洲岛至廉江的安铺一带水域进行骚扰。1938年9月，北海地下党（共产党）在第十九路军谢鼎新团的支持下，杀死日商中野（实为间谍），因此日寇军舰在北海至安铺一带采取报复行动。日舰在海上见船就烧见人就杀，被烧的商船、渔船不计其数，被杀的同胞也无法统计，白天海上只见黑烟冲天，晚上则见海面一片红光。日本的兽行使北海、福成、营盘、婆围、石头埠沿海渔民不能出海捕鱼，民众抗日自卫团更为活跃，他们天天操练，站岗放哨，已成为一支准战斗队伍。

1938年9月25日，日航空母舰的飞机向北海、廉州进行轰炸，北海邓世增公馆大门中弹，9月27日，涠洲岛失守，9月28日，日寇增兵至700余人。

1938年10月20日，日军久纳成十八师团在大亚湾澳头等地登陆，即挥师直指广州，但日寇未至，广州军政当局官员已逃走一空，后人对此有"余汉无谋，吾（吴）铁无城"之讥。日寇没有想到，虽然余汉谋主力叶肇部等四五万人，被调往上海参加保卫战，但余尚有十师之众，能毫无阻挡直达广州，使日寇产生疑虑，在广州外围停了三天，经侦察广州已无兵力，才敢进城。

为了打通粤汉线，日军北上，兵至清远源潭，与张君嵩的税警总团相遇。张是"一·二八"淞沪抗日时的团长，为淞沪抗日打响第一枪，曾与日寇殊死搏斗，今日与日寇相遇，税警总团自然奋起迎击。他们利用猪肉台等杂物为临时工事，顽强阻击，使日寇的推进受阻。广东税警总团后奉命驻扎四会县，改编为陆军暂编第二军暂编第八师，张君嵩任该师师长。

日军占领合浦县涠洲岛后，1938年9月间，日本商人在涠洲岛设立商社，勾结中国奸商，用以物换物的形式进行贸易。日商收购中国大米、桐油、铜钱等，而供应给中国奸商的是煤油、火柴、纸张等货物。当时婆围乡的杨锡清、戚玉珊（均是税警总团的上、中尉军需官，因惧战于1937年7月离职回乡）及林本森等趁乡长邓世秩病重，不过问乡中事务之机，进行投机资敌的贸易活动。

杨锡清、戚玉珊等利用青山头至黄稍一带沿岸，作为出入口口岸，因为进口货物均不是日本货，他们对乡民诡称是从广州湾（今湛江市）运回来的，因而乡民也乐于为他们搬运货物。他们的奸商活动进行了半年左右，已把婆围、南康的镇集搞"繁荣"了。1938年10月间，由于他们抬高粮价，抢购粮食，引起广大民众的不满。

当时驻守南康地区的第一七五师某营官兵，激于义愤，在民众的协助下，缉获奸商资敌的粮食，交南康镇公所处理。适邓世增巡视南康，合浦县立第三中学学生集会纷纷要求邓专员严惩奸商。邓世增认为："为商者，唯利是图。"故仅没收出口的粮食，将奸商教育释放，但学生一再请愿，邓将他们押回合浦处理。邓世增抵达十字铺时，邓世增提杨锡清、戚玉珊等审问，他们声称："日商不用法币（即国民党的纸币），我们也不用日本的军票，无奈以物易物进行交易。"他们承认其利润较大，属走私资敌。最后，他们具结不重犯，并声称退出商场。邓世增在他们认错具结后，将他们释放。自此，三个人在抗战期间，绝足商界。

1938年2月，蔡廷锴任第十六集团军副总司令，该集团的防区：自广东西江以南至南路的钦廉及广西贵县、郁林地区。5月中旬，蔡往南路视察，于廉江约见第七区专员张炎、第八区专员邓世增。当蔡、邓离开廉江时，敌机轰炸遂溪，当地团队用集束步枪和轻机枪，向低飞的敌机射击，结果击落敌机一架。邓世增返回合浦后，将这一喜讯通报各大队。并告知"一·二八"抗战时，也是用这个办法击落敌机的。于是各大队针对敌机来袭线路及具体地形，分头部署对空狙击组，利用轻机枪、步枪，在高楼顶和大树顶进行伏击。在8月的一个早晨，一架低飞的敌机被击伤后，降落在南康附近，当时缴获敌机一架，俘虏日飞行员一名。日机降落时，自卫队员拿着武器或锄头，将日机包围，日飞行员只有举手投降。

1938年10月长沙第一次会战胜利结束后，11月1日军事委员会桂林行营重新调整各防区，第十六集团军总司令夏威调任第十一集团军总司令，第十六集团军由蔡廷锴接充。第十六集团军原防地不变，在四邑一带由第三十一军（军长韦云淞）镇守，钦廉地区由第四十六军（军长何宣）镇守。两地相距千里之遥，且海岸线较长，若有事发生，首尾难顾，蔡甚为担忧。

蔡廷锴的担忧很快便出现了，1938年11月10日，邓世增发现敌舰三四十艘，驶近钦州龙门及防城企沙海域。1938年11月14日，接第四十六军军长何宣报称："敌在飞机的掩护下，强行在龙门及企沙两地登陆。第四十六军新编第十九师有不支之势。"

敌在防城企沙和钦州龙门登陆后，防城随即失守。11月19日，钦州的小董、那丽也告失，因战线过长，兵力分散，第十六集团军对敌仅起阻击作用。25日，南宁相继陷落。

南宁失守后，日寇已形成包围封锁我国的态势，因此蒋介石调杜聿明的第五军（包括郑洞国的荣誉第一师及邱清泉的新编第二十二师）给白崇禧，要白组织反攻。

白崇禧以夏威为西路总指挥，负责南宁的反攻，以徐庭瑶为北路总指挥，并令第五军归其指挥，负责夺回镇南关，以蔡廷锴为东路总指挥，负责钦廉一带，以破坏敌的交通补给线为主，以及打援任务。

西北两路反攻部队，除飞机外，敌我双方武器装备相等，兵力则我方三倍于敌。东路却仅有第四十六军及黄鹤龄游击挺进纵队，以及第八游击区邓世增所属的队伍。黄鹤龄、邓世增的队伍没有经过战斗历练，第四十六军新编第十九师在防城，仅三天便失守，第一七五师、第一七四师成立时间虽长，但未经过战斗洗礼，特别是第一七四师在钦州不战而退。这些部队战斗力较弱，白崇禧令第四战区叶肇军加入东路军战斗队列，但叶肇又奉第四战区令集结西江北岸，白无奈改调韦云淞的第三十一军加入东线战斗队列。

大战一触即发，敌我双方均在调兵遣将，日寇兵源及物资均从企沙、龙门等地登陆，沿小董、那丽源源不断地向广西南宁输送。邓世增的第八区游击挺进指挥部属下的苏廷有（钦县）部、黄质胜（防城）部及合浦的张枕新部，以破坏敌人的交通补给线为主。邓世增也经常亲率邓钧的特务大队到钦县参与袭击战斗。

在实战中，邓世增确定以大队（营）为战斗单位，明确其防地、职责，组织广泛的情报网，收集情报，利用敌人的弱点袭击敌人，打乱及阻挠敌人的运输计划。各县司令部对各大队在其职责范围内不予干预，使能充分发挥大队的战斗作用。

此时，蔡廷锴仍感兵力不足，于是调第一游击区谭启秀部和第七游击区张炎部前来参战，但广东省主席李汉魂以第七游击区（雷州半岛）地处沿海，防务重要，不同意调动，蔡仅调到谭启秀部。

1939年12月17日，杜聿明的第五军攻击镇南关，揭开中日桂南大战序幕。东路第四十六军、第三十一军及谭启秀部猛攻吴墟、奇灵（日军运输中转站），并一度收复吴墟、奇灵。邓世增的特务大队，苏廷有、黄质胜部配合第四十六军、第三十一军的军事行动，偷袭小董、那丽、那楼等地的敌运输车队，使敌的交通补给一度受阻。因这是敌的交通补给命脉，敌拼命反扑争夺，我军因伤亡过大，最后撤出吴墟、奇灵。

西路、北路经过四五天的战斗，攻下了南宁和镇南关，但敌反扑时又把南宁及镇南关丢失。蒋介石一怒之下，撤去白崇禧的指挥权，改由第四战区司令长官张发奎指挥。张发奎再抽调邓龙光、叶肇两军加入战斗。

1939年12月22日始，我军将日寇全面击退，残敌由龙门等地在海上撤走。张发奎称这次胜利为镇南关大捷，蔡廷锴书"振旅南疆"刻于灵山穿镜岩石壁上，以志永久纪念。

1940年11月10日，南宁日军退却，溃退至钦县金鸡塘之间，下舰出海。邓世增率领广东第八区游击挺进指挥部及属下游击挺进纵队，与友军一道攻击日敌钦县外围后卫阵地。属下第六游击纵队在埇仑关，木标岭与日敌对峙。广东第八区游击挺进指挥部在钦县东江凌屋、水棍陂、分界、黎合江、清水河、龙眼坪部署。11月14日，邓世增所指挥之游击队拂晓将当面之敌击溃后，辰刻一部进至大路街与钦城残敌隔江对战。另一部迂回石岗渡与撤退之敌发生激战，消灭大量日军。日敌仓皇撤退。

桂南会战我军第二次向镇南关攻击前，蔡廷锴令三十七集团军总司令叶肇部向甘棠截击永淳北岸之敌，令第四十六军何宣率部渡横河，向甘棠、古辣急进，与叶肇部成东西夹击之势，叶肇违令，所部不知去向，致使甘棠、古辣失守，宾阳亦落敌手。在镇南关之我攻击部队，因后路被截断，被迫不战而退。桂南会战后，叶肇即被扣审，是桂南会战处分最重的将军。又如第四十六军三个师长中的两名，在敌攻灵山时，敌离灵山尚有20里，他们丢下部队逃往博白等地，仅余新编第十九师与第一游击区谭启秀部在武利、陆屋等地抗击日寇。

广东第八区在这次会战中，灵山县县长梁汉耀在敌未至便率全县官吏弃城逃跑，遗留大批粮食、武器在县城，幸蔡廷锴在县城视察时发现，及时处理，才避免为敌所有。会战结束后，邓世增将其拘审，但梁汉耀与某高官关系密切，在拘审前即行调离。灵山游击司令黄业兴，由于军纪废弛，邓世增对该部进行整顿，黄被迫辞职，邓世增委该部副司令官陈欣荣升充。

在桂南会战中，钦县游击司令官苏廷有，英勇机智，屡屡破坏敌人的交通补给线，俘敌内岛吉郎一名，受到嘉奖，他的副司令官李品三，乃钦县一正直富绅，钦县沦陷后，其生意、田舍均蒙受损失，当时他已60多岁，但他将自置枪械百余杆，集合子弟奋勇杀敌。邓世增发现后，将其子弟编入苏廷有部，并委李品三为副司令官，这次会战同时受到嘉奖。

桂南会战时，日寇侵入灵山，一批群众被日寇迫进山洞，日寇、汉奸用火烟攻入洞中,欲迫群众出来,正危急时,灵山县有十多名爱国青年(包括共产党员)及时赶到击退敌人救出群众。蔡廷锴获悉后,接见这群青年。适有爱国青年莫平凡、梁光中等被县当局诬陷,宁可风(曾任县长)向行政督察专员邓世增及第二十六集团军总司令蔡廷锴说情,力证他们被诬陷,邓、蔡二人将该批青年释放,并由宁可风组建南三游击队,委宁为南三游击队副司令官,将这批爱国青年安排到南三游击队去。

1939年3月,为推动广东南路民众抗日救亡运动,唤醒民众,团结一致抗日,邓世增将海燕剧团编为第八区戏剧宣传队在钦州、廉州、高州、雷州地区巡回演出,进行抗战宣传。邓世增支持和捐助由张炎和郑坤廉(张炎夫人)主办的抗日期刊《战时南路》,在期刊上题字并多次发表文章鼓励民众,宣传抗战。

邓世增对下属和蔼可亲,刚正不阿,有功必赏,有过必罚,但他最不满的是下属身染恶习,特别是子侄,但一些子侄不听劝告,使他非常气愤及无奈。

邓世增的堂侄邓熊(兆南)精明能干,邓世增以他为左右手。邓兼任补充团之职时,由他代理军械处事务。1928年,邓世增向冯祝万推荐他为禁烟局局长。邓熊到任后,烟赌集于一身,邓世增多次劝其改正不果,他被去职后也不为他另谋出路。

邓世增的特务大队长邓钧也曾染恶习,被邓劝戒,在桂南会战中,破坏敌运输线,屡立战功。邓仍为他请功,调升邓钧为合浦县师管区上校副司令官。1942年3月、4月间,邓钧护送新兵往遂溪,在海上与日兵相遇,双方激战一个多小时,结果邓钧与护送官兵全部殉国。

1939年9月,李汉魂任广东省政府主席,他和第七区、第八区行政督察专员张炎、邓世增的矛盾日益严重,因日寇入侵钦廉地区,邓世增与李汉魂的矛盾被搁置了,但与张炎的矛盾不可调和,张炎被迫辞去行政督察专员之职,但仍保留不属李管辖的第七游击区指挥官一职。

1941年4月,李汉魂未经蔡廷锴同意(第二十六集团军撤销后,蔡改任粤桂边区总司令,第七游击区仍属蔡辖区),下令解散第七游击区并伪称张炎不服从命令,上山为匪,将张炎扣押。邓世增赶往营救,并经蔡一再向李汉魂抗议,始将张炎释放。张炎获释后,改做盐商,但李汉魂对此声称:"已报第十一军欺压第四军一箭之仇。"

1939年9月,李汉魂撤去黄维玉合浦县县长之职,委其侄李本清为合浦县县长。此举是对邓世增的监视,桂南会战期间,李汉魂、邓世增还没有明显摩擦。李本清利用邓忙于桂南会战,对合浦县政很少过问的机会,勾结奸商进行走私粮食、桐油资敌。1940年年初，小江的廉州中学和合浦县立第一中学学生，查获奸商走私的粮食和其他私货，他们将货物扣押，同时举行反奸商、反资敌的活动。由于奸商走私粮食，造成合浦粮食供应紧张，粮价飞涨，怨声载道。

李本清以聚众闹事为由，将参加学生运动的廉州中学学生、邓世增之侄邓登拘留，企图以此攻击邓世增支持学生运动。谁料李本清的阴谋激起保安、游击司令部军官的不满。当时负责情报工作的邓骏，调集在廉州的侦查人员，调查李本清与奸商勾结的资料。奸商见李本清将邓登扣押，认为有县太爷撑腰，派出三人往见李本清，请示发回被扣货物。当他们中午在茶楼用膳的时候，为邓骏等侦悉，将他们扣押回专员公署。李本清无奈，释放邓登，拟与邓世增和解了事。但邓登要李本清赔礼道歉，并鸣炮和用轿抬他出狱。李本清感到为难，邓骏也感到邓登要求过分，经邓骏一再劝说，加上李本清一再道歉，邓登始肯出狱。

奸商的主要物资是粮食，合浦县地虽广，但大部分属旱地，不能生产稻谷，故奸商抬高粮价抢购粮食，民愤很大，特别是抢购粮食者，多是乡长、保长，例如：小江乡长宋德坤、西场自卫大队长陈南、沙岗自卫队长王国光，除运粮资敌外，还与汉奸勾结，串通乡绅签名欢迎入侵灵山的日军，因而引起合浦爱国人民的不满。群众将王国光扣押，解除自卫队武装。白石水乡长梁文光，利用发行公民证之机进行贪污勒索，还在墟外设卡抢购粮食资敌，引起群众极大的愤怒。

1940年2月21日至23日，数千群众在中共地下党的领导下，将合浦县政府包围得水泄不通，要求县长李本清禁止运粮资敌，平抑粮价。在这3天里，邓世增既不派兵镇压，也不派员劝阻、平息事态。李本清被迫爬上围墙（李怕群众冲进县府，把大门关闭）答允群众要求，群众才散去。而这次事件的积极参与者和鼓励者是邓世增的侄女邓爱莲。

李本清上任不到半年，屡遭围攻，而行政督察专员对他的处境置

邓爱莲、夫婿陈冠庸摄于1993年（20世纪30至40年代，两人是北海中共地下党员）

若罔闻,因而向其叔李汉魂状告:"邓世增纵容共产党,邓之侄辈均参加共产党,围攻县政府,阻挠正当合法经商,至使合浦经济萧条。"邓则告:"李本清贪污腐败,勾结奸商运粮资敌。"

因此,邓世增每见到邓爱莲、邓登及他的副司令陈国勋之子陈琪时,都对他们说:"读书人,以读书为重,参加抗日救亡宣传我拥护,但不要参加共产党。"事实上,邓爱莲、邓登、陈琪早已参加了共产党,邓世增虽然也清楚,但隐而不言。

邓世增与李本清的矛盾,越来越加剧,适逢合浦县立第一中学校长周胜皋,被提调到国民党合浦县党部任书记,合浦县立第一中学校长遗缺,李本清提拔该校训育主任杨超兰继任,但杨超兰在任训育主任时,无故开除地下党员学生谭俊等3人,遭学生强烈抗议,风波尚未平息,杨超兰被提升为校长,引起学生的愤怒。他们进行罢课抗议,并向当局请愿。邓世增侄女邓爱莲是合浦县立第一中学学生,她是抗议、请愿的积极参与者。邓爱莲的活动,被李本清发现,李指责邓世增纵容共产党活动,逼邓下令逮捕邓爱莲。邓世增签批逮捕令前,通过其机要秘书邓松(邓是中共南路特委专线联系的地下党员)通知邓爱莲立即逃离合浦,去广州湾其父处暂避。邓世增签发的逮捕令,变成一纸空文,邓世增、李汉魂之间的矛盾,连中共南路特派员周楠也一目了然。

在合浦县立第一中学学生集会时,邓世增到场进行训话。他强调学生以学为主,参加抗日救亡宣传活动我拥护,但不要闹事,妨碍抗日工作。

李本清为遮掩其罪行,于1940年9月在白石水搞一次民选乡长,因该乡乡长梁文光在征兵及发身份证工作中贪污勒索,群众对梁极不满,李本清拟梁文光在民选中胜出留任,以堵言论之口(事前、事后李均不向行政督察专员请示和商讨)。选举结果原乡长梁文光落选,该乡中心小学校长张世聪(共产党员)当选,但梁拒不交权,更令人气愤的是:梁勾结自卫大队黄南滨大量抢购粮食,公开运粮资敌,至使粮价暴涨,民怨沸腾。当时共产党员朱兰清(中华人民共和国成立后第一任合浦县长)、张世聪等组织武装截扣梁、黄运往资敌的粮食,迫使该走私通道被截断。

梁文光、黄南滨以共产党武装叛乱为由,向县长李本清报告,李请求专员派兵镇压。邓世增对李本清目无专员、专横跋扈极度不满,但因李本清为李汉魂之侄,不宜斥责,仅以桂南会战正在紧张时刻,第二十六集团军包括第八游击区的部队都集中兵力,破坏日寇自防城、钦州通往南宁的补给线为由,坚决拒绝李本清的请求。

1940年6月初,李本清亲率合浦县警队及乡保队千余人,对白石水人民进行"围剿"。触发白石水人民的武装斗争，迎击李本清的县警队，并向各地的乡保队说明真相，使乡保队不听李的号令，自动撤走。白石水人民迫使李本清第一次"围剿"以失败告终。

李本清的"围剿"失败后，咎其原因是乡保队同情"暴徒"，不听指挥所致。李本清一方面请其叔李汉魂责成邓世增派兵镇压，一方面向第八区保安司令邓世增请求派兵进剿。邓世增仍以日寇虽败走，钦廉地区处敌前沿为由推却。5月、6月间日寇入侵越南，窥我云桂边境，第二十六集团军改编为粤桂边游击总指挥部，除了各县及地区的游击队外，粤桂边游击总指挥部仅有第四十六军残部在灵山休整，新调到的第九十三师又因邕、钦一线吃紧，第四战区又调第九十三师前往迎敌。

粤桂边区游击总指挥蔡廷锴除了拥有各地区游击队外，实是无兵司令。目前一切兵力均以迎敌为主，如要对内用兵须请示粤桂边总指挥。但经联名致电请示蔡总司令，却不获批准。

李本清不顾蔡廷锴、邓世增的反对，策动第一七五师驻白石水附近休整的某营为其助威，集结合浦县自卫大队千余人，于1940年9月进行第二次"围剿"，结果自卫大队伤亡20余人，李本清也受伤。

李本清一再失败后，向其叔即广东省政府主席李汉魂告状，说邓世增勾结纵容共产党，反对合法经商，妨碍政令施行，引起暴乱。

李本清一再诬告邓世增，邓世增一怒之下，反告李本清："目无专员，贪污腐败，官商勾结，运粮资敌，擅调兵力，官迫民反，影响抗日。"

李汉魂清楚其侄已被邓世增、蔡廷锴掌握有力证据，故采用拖延手法，要求邓世增放下争执，先行平乱。邓世增认为当前必须团结所有抗日力量，共同抗日，不宜对内动武，白石水事件以和平解决为宜。

1941年2月，陈国勋率部前往白石水，与张世聪会商，陈国勋坚持要对方缴出一两支破旧枪和部分白石水起义人员，并由乡绅作保，张世聪坚持要李本清赔礼道歉，并抚恤死难群众。双方意见不统一，多次会商均无结果。

1941年3月3日，因日军在北海登陆，陈国勋匆匆赶回县城，因邓世增于3月2日到了北海，陈国勋未悉邓世增是否回县城，故赶回以应变。幸得邓世增到了北海，他与第五区区长刘瑞图及驻军团长商讨，修改北海焦土抗战计划（原计划是日军登陆即将全城炸毁），改为日军入侵到文明路以东地段，由刘瑞图作决定，通知驻军立即执行起爆任务。3月3日，日军在北海的地角渔村登陆，并没有向前推进，使北海市区保全完整。

李本清官商勾结，走私资敌的证据，握在邓世增之手，而李汉魂又找不到任何整治邓世增的借口，邓世增在两广军政界中人脉极广，一般小事不易搞垮邓世增。第二次长沙会战后，广东成立第七战区，司令长官余汉谋、副司令长官蒋光鼐均是邓世增的好友、同袍，令李汉魂对邓世增更难下手。

1941年6月底，邓世增亲赴广东省政府所在地曲江，向李汉魂告李本清，同时辞去行政督察专员及本兼各职。李汉魂除一再挽留邓留任外，无奈地撤去李本清合浦县县长之职。委反共老手丘桂兴任合浦县县长。

丘桂兴主政合浦后，处处与邓世增为难，处处与共产党为敌，因此，邓世增再三请辞。当邓世增的辞呈再一次交到余汉谋、蒋光鼐处时，他两人知道邓世增借口辞去火山口之职，于是同意了。李汉魂亦无奈地同意了邓的请辞。

十四、桂林闲职

邓世增辞去广东第八区行政督察专员兼保安司令官之职后，游击区也于1941年10月1日撤销，便在桂林芙蓉路八角塘购买了房屋作为他的府邸。1943年春节后，在警卫排的护送下，往桂林上班。

1943年夏，邓世增由李济深申报国民政府军事委员会，委邓世增为军事委员会桂林办公厅参谋长。（后不设参谋长一职，改为高级首席顾问。）

军事委员会桂林办公厅主任李济深，虽是广西省军政首脑，但没有实权，更何况他的参谋长（高级首席顾问）。看来，邓世增在桂林不是工作繁忙反是闲居。但对邓世增来说，并不是闲居：因他要负责接待某些高官，要联络"左"翼文化人士，又不能忽视对第四战区司令长官部、广西绥靖主任公署、广西省政府的联系。

1941年12月25日香港沦陷后，由中共东江纵队将廖仲恺夫人何香凝女士及其媳、孙和一批文化界人士，从沦陷的香港拯救回国。何香凝经兴宁、曲江于1943年4月1日到达桂林，廖夫人本拟往重庆，设法救其子廖承志出狱（廖为蒋介石逮捕）。但被蒋介石挡驾，不准廖夫人往重庆。廖夫人无奈要在桂林居住，再转求某政要施与援手。当时桂林住房奇缺，邓世增居住在芙蓉路八角塘5号，二楼及新建二楼仍然闲置，邓世增在广州、上海、香港时与廖夫人交往甚密，故邀廖夫人何香凝到八角塘新建二楼居住，廖夫人欣然应允。

何香凝是一位政治家、社会活动家，又擅长书画艺术，在"左"翼作家中声望很高。她在桂林闲居时，常到"左"翼作家中做客，或在家中教孙儿及邓世增的女儿画画。有人认为她在桂林没有留下墨宝，其实，当时她的墨宝只是作教学用途。

由于廖夫人居住八角塘，国民党"左"翼文化界人士多来拜会廖夫人，有一些活动，邓世增也参加了。在与"左"翼人士的接触中，邓世增认识了中共抗战的政策。

到芙蓉路八角塘拜会邓世增和何香凝的，还有国民党闲散政客和军人，其中有：蔡廷锴、梁寒操、林翼中等。1943年8月1日，国民政府主席林森病逝，邓世增、何香凝、蔡廷锴、梁寒操、林翼中联名电唁。与此同时，被邀请到八角塘居住的还有粤剧名伶薛觉先先生。

1941年12月香港沦陷时，邓世增的妻儿均在香港，他们得到粤剧名伶薛觉先先生之助（互为邻居）暂住其家，待机逃往澳门，后经广州湾回到合浦。过去邓世增对粤剧界伶人有偏见，不准族人（包括妻儿）与艺人交往，但经此事后，他觉得薛是爱国艺人，有义气，敢于收留抗日将领的家属，为报薛之恩，他支持及保护薛觉先在广州湾、钦州、雷州、郁南等地演出。1943年，邓世增在桂林任职时，他让出八角塘官邸的新建二楼给何香凝居住，原二楼给薛觉先居住，而他本人及随从则住楼下。

1944年5月敌再犯长沙，守军达30师之众，号称铁军的第四军几乎全军覆没，美援的60余门大炮也让日寇所获，长沙为敌攻陷。

长沙失守后，敌围衡阳，桂林出现大疏散、大逃亡风潮。当敌在衡阳围而不攻，进行调整兵力时，政府却大肆吹嘘敌被击溃，使已疏散的机关及群众，又涌回桂林。8月初，敌陷衡阳前后，桂林军民大逃亡、大疏散的风潮又起。

邓世汉

1944年1月，军事委员会桂林办公厅撤销，李济深调为军事参议院院长，李不就，仍留桂林。邓世增处理办公厅撤销的善后工作，仍留桂林。桂林第二次大逃亡时，邓世增随李济深撤离桂林往梧州，经郁林、灵山、合浦、遂溪等地。李济深沿途演讲，宣传抗日，并抨击蒋介石，引起蒋介石的不满，蒋致电各地不给李演讲场地，并称李是汪派人物，严防李叛国投敌。

适广东阳江税警总团某营因缺乏粮饷，拟投敌叛国，李济深、邓世增闻悉，即赶往阳江，说服该营进行收编。当时李济深、邓世增均穿着军装，骑着战马，率该营经茂名等地回到梧州。用行动来回答蒋介石的污蔑。此事完成后，邓世增始回合浦县。

1943年6月，邓世汉（邓世增九弟）调升合浦沿海警备区指挥部少将指挥官，指挥所设在合浦廉州邓公馆。1944年2月，调任第四战区司令长官（张发奎兼）部少将高级参谋。8月，邓世汉奉第四战区张发奎之命，回合浦县组建一个师。起初邓世汉认为合浦失业军人很多，兵源充足，组建一个师不成问题，他回到合浦后，才知自撤销各游击指挥部后，他们的将官校官为第三十五集团军邓龙光部收编，他要选一个团长都很困难。

1944年9月，邓世增回到合浦。11月，桂林、柳州相继失守，邓龙光部暂编第八师师长张君嵩率部驻守防城。张回青山头探亲，适邓世增、邓世汉亦回乡小住，宴请张君嵩。邓世增希望张君嵩能支援数名副团长给其弟世汉。可是，张部在长沙第三次会战时，4名团长殉职3人，仅余第四团团长冯哲夫（冯于1949年任合浦县县长），张君嵩实无余力支援邓世汉。而邓世汉也只能成立一个大队（下设3个中队），仅有500名未经战阵的新兵。邓世汉将实情报告张发奎，张接报后，将邓世汉之职改为：兼合浦前敌指挥部指挥官。

1945年1月，日军开始全面撤退，2月初日寇自南宁经钦州、防城沿合浦向廉江、遂溪撤回广州，日寇摆出一字长蛇阵的撤退队列，每100人左右的队伍，相隔三五十里，缓缓行进。到了墟镇，他们不敢进行抢掠骚扰，怕引起百姓的愤怒抵抗。

此时，重庆国民政府军事委员会准备在广西展开大反击，以卢汉为第一方面军司令长官，张发奎为第二方面军司令长官，汤恩伯为第三方面军司令长官，王耀武为第四方面军司令长官。邓世汉电请张发奎，要求派兵截击日军。但张发奎发现日军已开始退却，准备提前反击，故不接纳邓世汉所请，但同意邓世汉组织力量截击日军。

邓世汉请来保安司令张国元及副司令陈国勋，与邓世增4个人共同研究。他们决定在公馆至山口中伏击有辎重的日寇部队。张抽两个中队在山口据险阻击前敌回援，派一个中队在总江口把江中所有船只撤离，以一个分队在那丽一带骚扰敌军，并将总江口的桥炸掉，随即退守河边，以确保3小时内不让敌过河。伏击部队要在三四小时内解决战斗，撤离战场。

他们在公馆至山口的山边公路，设伏待机袭击日寇，1945年2月春节前的一个上午，机会终于到了，敌方有百余人及3匹马，枪声一响，日寇反应迅速，立即还击。日寇3匹训练有素的马,听到枪声,即伏在地上。一些士兵奔去解马上的装备。这引起邓世汉注意,他大叫:"机枪集中火力向马匹及附近士兵扫射!"但还是让其中一匹马的武器被卸下来,日寇随即装配进行反抗。这时才发现马上驮的是重机枪,大队长王福俊(曾是邓世汉的副营长)见此,立即抢下轻机枪,站起来向马匹及附近日寇扫射,其余的轻机枪也集中向同一方向扫射,结果有两匹马被击毙,附近日寇也毙伤不少,使日寇火力减弱,但日寇还是顽强抵抗,等待前军回师救援。

已过山口的日军,闻警报回师时,又受到保安司令部两个中队的阻击。日寇无奈唯有边战边向前部靠拢。这次战斗达3小时之久,缴获敌枪械一批,其中还有重机枪等武器,但日寇伤亡多少均不详,因日寇撤退时,连一具尸体都没有留下来。自此日寇不再按上述线路撤兵,改由梧州、西江方向败退。

1945年5月,第二、第三、第四方面军,在广西全线反击,6月底广西全面击退日寇。

1945年6月底,陈纳德的飞虎队(空军)在北海冠头岭建立野战机场,这是北海第二次建立机场,(第一次是1930年,地点在高德至北海之间的茶亭。)新编第一军派一个加强营负责守卫机场,令合浦民众免受日寇骚扰。

日寇在太平洋的海军损失惨重,日本海军大将山本五十六也被击毙(座机被击落毙命),7月底美军攻占琉球群岛首府,8月6日美空军在广岛投下第一颗原子弹,继在长崎又投下第二颗原子弹。8月8日,苏联对日宣战,将日本在中国东北的关东军消灭。8月15日,日本天皇宣布无条件投降,抗战至此结束。

1945年8月底,张发奎特电邓世增在北海机场相见,张告知当前国内外形势,特别提到中共已派周恩来到重庆,国共重开政治协商会议,张发奎认为邓世增应劝李济深到重庆会晤毛泽东、周恩来,为国、共和平出力。张发奎对邓世增说:"目前,国、共在争夺接收日、伪的工作,常常出现摩擦,希望你和任公(李济深)对此能起调解的桥梁作用。"事实上国民党内部也在争夺接收工作,如广东由第七战区或第四战区谁负责接收,大家都在争夺。

邓世增感到数年抗战,人民处于水深火热之中,今得和平是休养生息的好时机。他毅然答允张发奎所请,他又要离乡,奔走和平。

十五、助东江纵队北上　家乡图举义

1945年冬,邓世汉随张发奎回广州,参与华南地区对日受降事宜。因他曾在陆军大学及日本学习,懂日语,11月7日张发奎委他兼任日军官兵东莞管理所所长。1946年2月1日，所部改组为国民政府广州行营（主任张发奎），邓世汉仍任少将高级参谋，兼广州行营日军官兵管理处处长，广州行营日本战犯拘留所主任，负责看管华南地区13.7万日本战俘，分期分批把他们遣返日本。对其中700多名确认犯有战争罪行的战犯，则关押在广州日本战犯拘留所。然后，部分转解南京、上海审判，部分在广州审判、处决。日本高等战犯：日本华南派遣军第二十三军司令兼香港占领地总督田中久一中将、第一三〇师团师团长近藤新八中将，后在广州审判并执行枪决。邓世汉的官邸设在广州市区登峰路协园。

邓世增1948年摄于南京，时当选国民政府"行宪"第一届"立法院"的"立法委员"

1945年10月，邓世增到了广州，张发奎反复向邓世增力言，敦请李济深到重庆，为和平起调解的桥梁作用。国共在政协签约后，邓世增认为李济深有必要到重庆，于是赴港晤李济深。李济深认为政协双方虽已签约，但蒋介石一贯出尔反尔，政协之约绝不可靠。邓世增认为："任公入京（重庆），可与各方同志敦促其履行协约。如蒋能履行固佳，如蒋毁约，罪在蒋介石。当号召天下人民反对尚未为晚。"在邓世增一再劝说下，李济深与邓世增自香港到广州，但广州诸公认为蒋介石绝不会执行协议。李济深正举棋不定，重庆诸公纷纷来电，促李济深前往重庆，李济深始与邓世增勉强赴重庆。

李济深、邓世增抵达重庆，得到机会与各方同志联系，对蒋介石失信于天下之事，积极反对。

1946年1月25日，中共派方方少将为代表，国民党派黄维勤少将为代表，美方派密勒上校为代表，组成军事调解处第八执行小组，处理广东国共问题。当时国民党方面否定广东有中共部队，受到中共及东江纵队的猛烈抨击。特别是受到在香港沦陷期间，被东江纵队拯救回国的何香凝女士，以及民盟南方总支部的强烈谴责，他们通电全国呼吁和平。

这时，张发奎因公来到重庆，邓世增受李济深委托，向张发奎质问："香港沦陷后，廖夫人（何香凝）、文化界人士及飞虎队飞行员（轰炸香港时飞机被日寇击落，飞行员跳伞逃生），都是中共东江纵队冒着生命危险，将他们从敌人手中救回来的，根本与国民党挂不上半点钩。"

张发奎道："我拿到政协签约的文本，没有说明东江纵队、琼崖纵队等是抗日的部队。我是奉蒋介石密令行事。若政协文本有提到东江纵队之文件，我当可办到。你最好问问张治中兄，可知其详。"张发奎不肯放行东江纵队的另一原因是：抗战胜利时，中共延安方面电令东江纵队受降华南日军。此举激怒了负责华南受降的张发奎。

邓世增、张发奎分手后，第二天张治中来访李济深，适李外出未归，邓世增接待张治中，邓世增与张治中在"一·二八"淞沪抗战时接触密切，于是邓世增乘机说："第八军调小组否认广东有中共部队，受到各方抨击。向华兄称协议文本没有记载东江纵队、琼崖纵队是抗日部队，故他左右为难。不知此事确否？"

张治中答道："文本虽无记载，但备忘录中有记述。曾生领导的东江纵队、冯白驹领导的琼崖纵队是中共的抗日部队。"张治中还从他的公文包中取出备忘录给邓世增参看。

张治中走后，邓世增往访张发奎，邓世增见面即质问张发奎是否看过政协文本全文，张称已看过全文，文本确无记载。邓世增再问张是否看过附件，张答他没有附件。

邓世增告知张发奎，备忘录中注明曾生领导的东江纵队、冯白驹领导的琼崖纵队是中共的抗日部队。二人始知蒋介石存心毁约，不发附件，让毁约之罪由其下属负责。最后张发奎表示，如附件有记载，问题可解决。

在张发奎、邓世增会晤之前，即1946年3月3日，国民党第六十三军已向东江纵队进攻。军事调停执行部驻广州的第八执行小组前往调查处理，受该军阻挠，并说该地区没有中共部队，只有"土匪"。迫使第八军调小组返回广州。

张发奎邀请邓世增屈就国民政府广州行营调解顾问一职。

蒋介石还都南京，李济深因与上海各方同志联络，也去了南京、上海，邓世增回广州。

邓世增把妻儿迁来广州，他在广州没有房子。当时吴铁城在法政路有一套别墅，为了支持邓世增斡旋国共和平，无条件借给邓居住。

1946年3月8日，东江纵队政委林平在重庆举行记者招待会，揭露国民党妄图消灭华南抗日游击队的阴谋。会上发表华南抗日游击队八年抗战的战绩，迫使国民党公布附件,承认东江纵队及琼崖纵队是抗日武装力量。

1946年3月31日,重庆军事三人小组,派出军事代表团,成员是:中共代表廖承志、国民党代表宗阙、美国代表柯夷上校。

他们到了广州,会同第八小组解决华南游击队北撤问题。但对集中登船等程序不作具体安排,又不对安全作出保证,并拒下停战令。各地的国民党军队对中共游击队进行围攻,但遭到反击。

1948年邓世增(右二)、舒宗鎏(右一)、蔡廷锴(右三)和谭启秀(右四)摄于香港蔡廷锴公馆

廖承志与方方、林平、曾生等揭露国民党的阴谋,将其公诸于世,同时通过邓世增对张发奎进行工作。可是,张发奎以"上命难违"搪塞邓世增、廖承志。在国内外爱国民主人士及华侨同声谴责下,国民党于5月21日,达成东江纵队北撤至山东烟台的最后协议。琼崖纵队因受到国民党阻挠未达成协议。邓世增往见张发奎,再度提出质问,张发奎仍以"上命难违"来作答,邓世增对张发奎的答复极为不满。

1946年5月20日，军调第八小组与行营取得最后协议，派出3个小组到东江纵队的各解放区，检查中共军队北撤的各项工作，并拨款3.7亿元（先拨1亿元，余款在大鹏湾付足）。张发奎答允对复员人员给予保障，在撤退线路及集结地，国民党军队后撤一日行程之距离。

1946年6月30日，东江纵队2230余人，集中大鹏湾沙鱼涌，乘美军登陆舰往山东烟台进入解放区。但东江纵队还有1900余人，国民党不将他们北移，便在惠州、宝安一带留了下来，继续活动。

由于东江纵队北撤没有得到彻底解决，邓世增多次质问张发奎，张发奎的答复："形势变幻，无能为力。"但张发奎答允目前不先向游击队攻击。

1946年11月，由于国民党违背重庆政治协商会议的协议，片面召开国民大会，制定宪法，致使国共和平破裂，1947年4月军调处已停止活动。

邓世增把妻儿送回北海居住，自己在其弟邓世汉的官邸即广州市登峰路协园居住，继续奔走和平。

1947年1月28日，蒋光鼐、蔡廷锴、邓世增等前淞沪抗日将士，借聚集广州的机会，前往第十九路军陵园祭扫先烈。

1947年5月、6月间，廖承志准备撤离前，往协园向邓世增辞行，自此廖承志结束了广东军事代表团的工作。

邓世增夫人和子女们（摄于北海市中山路邓公馆前的私家泳棚。1949年初）

1947年下半年，全国各县（解放区除外）进行国民大会代表、"立法委员"选举。这次选举有人称之谓钦点选举，也有人称它是地方霸主之争。钦点，就是国民党内定某公当选，霸主之争，是地方各派势力之争。

合浦县在国民党元老中，以陈铭枢、邓世增、香翰屏、林翼中为主，陈铭枢、邓世增当时无职无权，但合浦的军政要人，均曾是其下属。林翼中在陈济棠时期，是陈铭枢之左右手，被委为民政厅厅长，时任广东省参议会议长。香翰屏30多年来均在军队中，曾任军长、集团军总司令，现任广州行辕副主任。陈铭枢对国民大会代表、

"立法委员"选举不感兴趣。林翼中、香翰屏提出竞选国民大会代表,结果香翰屏当选为国民大会代表。

邓世增自1925年以来,追随李济深,风雨同舟,成为密友。1946年,李济深利用邓世增在两广军政界的渊源,担任策反(反蒋)的工作。李济深等组成国民党革命委员会,邓世增虽参加了,但为便于策反工作,防止泄密危及组织,邓世增没有填写申请表(1950年1月,邓才在北京补办入党手续,一些不详内情的民革成员,指责邓的组织观念不强)。这次"立委"竞选,邓世增不感兴趣,但李济深认为邓应利用"立法委员"的合法身份在南京、广州等地公开活动,以利于开展团结各界人士反对蒋介石的工作。当时蒋光鼐在东莞参选国民大会代表,若邓世增竞选"立法委员",民革在国民大会、"立法委员"中都有人活动,邓世增赞同李济深的意见,决定竞选"立法委员"。

国民党在合浦县钦点龙大钧为"立法委员"候选人,且令合浦县党部及政要全力支持龙大钧。但龙大钧要与邓世增竞选必败无疑。因邓世增在合浦任职时间长,人缘广,而龙大钧只在这次竞选时,合浦人始知其人其事。邓世增虽竞选"立法委员",但他没有回乡直接参选,一切事务由其妻及堂侄邓东负责。其妻得悉合浦政要不能为邓世增助选,但邓世增一定要获绝大多数票胜出,于是卖了北海一套商铺,并拿出一笔钱来做竞选经费。许锡清、刘瑞图等一些乡绅也赞助竞选经费。在北海、廉州,邓世增的竞选宣传闹得火红,在乡镇中,不少乡绅亦支持邓世增的竞选,最后邓世增得70余万票,为全国"立委"之冠,以占票百分之九十以上的优势胜出。

1947年下半年,蒋介石对共产党根据地进行全面攻击,沈阳行营主任熊式辉进攻东北解放区受挫折。蒋介石撤去熊之职,调他的参谋总长陈诚率精锐的新编第一军往东北,任陈诚为东北行辕主任(此时行营改为行辕),蒋希望陈诚在国民大会开会前,在东北取得重大胜利。

陈诚辜负了蒋介石的希望。1948年1月,新编第一军已溃不成军。3月28日,国民大会代表开会期间,代表们高喊"杀陈诚以谢天下!"之声,此起彼落。

国民大会选举正、副总统,当然总统唯蒋介石一人当选。副总统内定孙科,可是参选者还有李宗仁、戴传贤、程潜等人。李宗仁得到美国的赞赏,戴、程只是配角。第一轮投票结果,余下孙科和李宗仁。在进行第二轮投票前,上海《救国日报》揭露孙科情妇蓝妮丑闻,使孙科竞选大受打击。张发奎率广东国民大会代表,往上海捣毁《救国日报》。国民大会在一连串丑闻中,最后选出李宗仁为副总统。

邓世增参加国民政府"立法院"第一次会议后回到广州，1948年4月，张瑞贵调往湛江，任粤桂边剿匪总指挥部（简称剿总）总指挥。张瑞贵向来敬重邓世增，他专程往登峰路协园拜会邓世增，见面时先行军礼，再向三哥（蔡廷锴、张瑞贵、张枚新对邓世增以三哥称呼）问好，方谈此一任命。邓世增对张瑞贵说："当前国民经济崩溃，民不聊生，反对政府者众多，救民于水火者缺乏，宋子文去年9月来广东任省政府主席，后兼广州行辕主任，把地方团队扩充为保安十团（亦称税警十团），这样的扩军，加重人民的负担，人民正处于水深火热中，不是给共产党壮大的机会吗？"

张瑞贵对邓世增之语似懂非懂，默然不语，邓继续道："今共产党免除苛捐杂税，人民有了喘息机会，何不依靠、拥护共产党？今你为'剿总'，没有广大民众的支持，何以胜任？"张瑞贵认为上命难违，请三哥再启示。邓世增对张瑞贵说："上策，辞官归故里，不再给国民党卖命；中策，掌握一两团实力，与当地游击队联系，瞅准机会进行起义；下策，拥兵自重，既不听命于上峰，也不'剿共'。"张瑞贵辞出后，往湛江上任，他做既不听命也不"剿共"的总指挥。

1948年7月，宋子文在广东成立十个"清剿"区，他委张君嵩为粤桂边"剿总"副总指挥，兼第十"清剿"区司令官。张君嵩接受委任后，往见邓世增，请邓世增给予赠言，邓世增以对张瑞贵之语告张君嵩。张君嵩悟后，向广东省保安司令官黄镇球请求成立一营警卫营，并请委邓伯涵为副司令官。当时邓世增之弟邓世汉、族弟邓世棠希望往第十"清剿"区司令部任参谋长，请邓世增说项，邓世增不允。建议张君嵩："多头多主意，如要设参谋长，以伯涵兼之为宜。"绝了世汉、世棠的希望。

张君嵩、邓伯涵清楚，各保安团吃空额不少，要掌握一两团兵力，必先从查兵员入手，控制他们，或撤换他们的团长。他们选择了保安第十团先下手，但为该团长陈一林察觉，于1949年4月借张君嵩、邓伯涵往该团视察时，将张君嵩、邓伯涵击杀，并率全团官兵六七百人投向中共粤桂边纵队。邓世增闻讯，对张君嵩之死倍感惋惜。

张君嵩、邓伯涵被保安第十团击杀后，其部众均电请广东省保安司令官黄镇球，委任邓世增为第十"清剿"区司令官，以挽危局。张瑞贵也电请邓世增并称："愿让总指挥一职给三哥，弟就副总指挥之职。"邓接电后对其弟邓世汉说："瑞贵欲害我！"故所有电邀及保安司令黄镇球之请，均为邓世增拒绝。

国民大会、"立法委员"开完会后，蒋介石为了发动全面内战，将各行辕撤销，成立东北"剿总"、华北"剿总"、徐州"剿总"、华中"剿总"，其余各省均设立绥靖公署。时称为"戡乱建国"时期。

1948年辽沈战役后，东北全境易手。杜聿明被围，黄维在双堆集受挫（在淮海战役中，杜、黄均为解放军俘虏）。北平、天津一线也战云密布。

1948年12月24日，蒋介石在美国胁迫下，决定"引退"。白崇禧、程潜均迫蒋介石下野，与共产党和谈。蒋介石无可奈何于1949年元旦，发表《引退谋和声告》。

蒋介石"下野"后，李宗仁即电李济深及民主人士共策和平运动，他把"剿总"改为军政长官公署，裁撤"勘乱建国"总队，宣布释放政治犯，解除报章、杂志的禁令，取消戒严令，撤销特种刑事法庭，停止特务活动（事实上李宗仁的行动，也在蒋介石特务控制下），并致电毛泽东主席，以上述基础开始谈判。

李济深接电后，委托邓世增趁在南京开会之机，与李宗仁、白崇禧联系，试探其诚意。邓世增分别会晤李、白后，得悉他们和谈的底线是："划江而治"（即以长江为界）。特别是白崇禧自任华中"剿总"（包括徐州），握有重兵。且自解放战争以来，桂系未损一兵一卒。他在武汉尚有桂系的张淦、夏威两个兵团。因此，他坚持以"划江而治"的主张。邓世增对李、白指出："刘、邓大军飞渡黄河，乃不久前之事，长江也非天险。"李宗仁、白崇禧却认为："内战迄今，桂军未受损伤，今有长江天险，又有海、空军配合，共军能奈我何？分治之事已成事实。"

李宗仁代总统，蒋介石回溪口，遥控全国，特别在军事方面。李宗仁提出和谈条件，没有和行政院院长孙科商量。

1949年2月底，孙科将国民政府行政院迁移广州，成为南京—溪口—广州的"一国三公"之局。孙科的行为受"立法委员"弹劾。1949年3月8日，孙科被迫将行政院迁回南京，并辞去行政院院长之职。1949年3月12日，李宗仁提出委任何应钦为行政院院长。

1949年3月26日，中共派周恩来为首席代表，林伯渠、林彪、叶剑英、李维汉和聂荣臻为代表；1949年4月1日，南京以张治中为首席代表，邵力子、黄绍竑、章士钊、李蒸、刘斐为代表，双方在北平进行会谈。谈判一开始，南京方面就提出就地停战的议案，其实质是保住长江以南半壁江山，与中共隔江对峙局面。也就是李、白"划江而治"的翻版，致使和谈一开始就陷入僵局。

1949年4月，国民政府迁都广州，但代总统却在桂林。当时各方意见，拟重开和谈之门。行政院院长何应钦于5月初，往广州市登峰路协园会晤邓世增，希望邓世增通过李济深与中共联系，重开谈判。邓世增向何应钦指出："国民政府坚持划江而治，进行谈判是不可能的。"

1949年5月中旬，广西政府主席黄旭初到广州，参加"行政院"全国财粮会议。邓世增在桂林与黄旭初来往较密切，邓世增往机场迎接他。黄旭初到穗后，翌日即携一篓广西榕县沙田柚，到登峰路协园拜会邓世增。他希望邓能促成重开和谈的局面。邓世增坦率地告知黄旭初："划地而治，是绝对不可能的。代总统如能摆脱蒋介石的羁绊，真诚和谈，那么可保留原有军队，代总统也可能出任国家副主席。如代总统以此为底线，小弟愿效犬马之劳。"邓世增提出的底线，是会见何应钦后，根据李济深的指示做的。

邓世增往港向李济深报告何应钦、黄旭初的信息。李说："国民党已日落西山，目前李宗仁仍处处受制于蒋介石，和谈希望很渺茫。目前工作重点，应放在策反两广军队，迫使李宗仁不得不进行和谈。"两个人研究后，认为将重点放在广东军政界方面。

邓世增首选对象是余汉谋，余、邓交往密切，余汉谋任绥靖公署主任，还有叶肇一个军为其掌握。邓、余密谈后，余汉谋表示同意在适当时机起义。但武汉失守后，蒋介石将军队布防重点放在广州第一线。撤去叶肇的广州警备司令之职，成立以李及兰为首的卫戍司令部，胡琏及刘安琪兵力入粤。余汉谋对蒋介石大军压境，不敢轻举妄动。

邓世增的次选对象是张发奎，当时张也感到形势于己不利，同意举旗起义。张发奎有黄镇球、薛岳两个保安师及两个军的实力，他的决定如能和余汉谋共同进行，仍有可为之处。但在8月程潜和陈明仁在长沙起义后，李宗仁在李汉魂的引线下，组织"第三势力"，张发奎、薛岳也沉迷筹组"第三势力"，否定了起义之举。

邓世增对广州的形势，感到暂时难以开展工作，准备回乡在钦廉地区进行策反，他乘船回北海，再到合浦，与钦廉专员公署谭朗星专员（前第十"清剿"区司令官）及合浦县冯哲夫县长密商起义事项。8月中旬，蒋光鼐通过邓世汉（民革成立时参加民革，利用绥署高级参谋身份为其兄传递信息）转达李济深请他速往香港的指示。邓世增与钦廉谭专员、冯哲夫县长商议合浦起义之事，延误至九月下旬才赴港。

邓世增离北海时，留下一函交其堂侄邓东，敦促谭朗星专员及冯哲夫县长起义。（冯哲夫与邓东曾是暂编第八师同袍，冯哲夫为第四团团长，邓东为军械处处长。）

但国民党重兵退至合浦，邓东不明冯、谭的态度，把邓世增敦促之函压下来。

冯、谭也认为蒋军势大，不敢妄动。合浦、北海解放时，刘安琪兵团大部分被解放军俘虏，谭、冯也逃亡。

1949年12月解放桂林、柳州，国民党的黄杰、鲁道源、张淦兵团均被击溃，灵山、合浦解放。桂军拟从钦州、防城逃往海南岛，但也被截获俘虏。能逃到海南岛的桂军也为数不多，白崇禧的本钱蚀光了。李、白、张拟成立的"第三势力"的基地，只有在海南岛。

十六、策反两粤将领　回归祖国

1949年9月下旬，邓世增由北海到香港，居住在罗便臣道李济深的家中。此时，李济深、陈铭枢、蒋光鼐、蔡廷锴已去北京，参加第一届政治协商会议，李济深当选为中华人民共和国中央人民政府副主席。

邓世增1948年于香港参与"民革"地下活动和对粤桂将领策反工作

李济深留给邓世增在港的任务是："团结国民党党、政、军要员回归祖国。"邓世增将重点放在陈济棠身上。邓世增与陈济棠一向政见不合，但私交甚笃，两人同是陆军速成学校的同学，毕业后都是由低级军官升迁，又同在第十一师任职，陈济棠任师长，邓世增任副师长。

邓世增通过在港的陈维周做陈济棠的工作，希望陈与薛岳联系，以两个人现有兵力在海南岛起义。但李弥兵团重兵镇守海南岛，陈、薛顾虑重重，不敢举旗。且薛岳沉迷于李、白、张的"第三势力"蓝图。他积极经营海南岛的陆、海、空防御工事，并称之谓"伯陵防线"，对起义一事更无兴趣了。

前第十九路军在港的官佐，建议邓世增将陈维周扣押作人质，迫陈济棠起义。邓对他们解释："维周虽是济棠之兄，但他不能左右济棠的行动，济棠也不能左右海南岛的局面，此举非智者所取。"邓世增的解释有一定的依据，这得追溯他被选"立委"后的策反工作是：（一）分裂蒋的内部工作。（二）分裂李、蒋的工作。（三）分裂李、孙（科）的工作。

经陈铭枢介绍"立委"于振瀛、谭惕吾、张平江等相识，并进行分工合作，他负责两广军政高层人士，遍访黄绍竑、李宗仁、白崇禧、张发奎、余汉谋、薛岳等。事前陈铭枢告诫邓世增："李、白可能反蒋，但他们走的是第三路线（即第三势力）。"当会见白崇禧时，白怕和共产党合作后无保障，待骗到蒋介石为他武装3个师的枪械后再说。李宗仁认为目前蒋虽倒了，但他尚未有足够力量。余汉谋、张发奎则认为自己是空头司令，没有实力，余汉谋回广东后，又惧蒋介石的军队，止足不前。薛岳则断言蒋必败，但不表态。徐州会战后，蒋军主力被消灭殆尽，余、薛回粤主军政。薛岳就任广东省政府主席之日，邓世增问薛岳："伯陵兄！就此新职，为挽救吾粤吾国乎？"薛岳不加思索即曰："当然！当然！"并嘱邓世增密电李济深，请李章达南下相助。

邓世增、卢月瑛夫妇与李崧（右一）医生、潘甦夫妇摄于香港

　　李章达回港后，邓世增多次追问薛岳何时行动，薛岳称待扩充保安师后发动。蒋介石将兵力转往广西、四川，薛仍不举旗，反而去海南岛布署他的"伯陵防线"。为此，邓世增曾长函责备薛岳，薛岳不复函，邓世增拟将该函在香港文汇报发表，但中共代表面嘱邓世增暂不发表。

　　1950年1月，邓世增由香港经天津秘密赴京，赴京前欲向香港新华社发表起义声明（邓当时仍为国民政府"立法委员"，并每月有300元津贴），但新华社社长转达中央意见，认为暂不宜公开，因日后另有部署。

　　邓世增抵京时，李济深等亲到北京车站迎接。邓世增被安排于远东招待所，并受到周总理等党和国家领导人的接见。

　　在京期间，邓世增向中国国民党革命委员会主席李济深汇报了多年来的策反工作。邓世增因多年来的工作一事无成，深感惭愧。

过去因搞策反工作，为保密及组织安全起见，邓世增没有办理民革的入会手续及登记。1948年年初，民革成立时，邓世增捐出自北海运港的一船盐（售卖后约得3万港元，当年可购香港半山一座花园洋楼）做会费，为避免暴露与民革的关系，向家人诡称一夜赌输了。

邓世增的三十八路水盐田中有二十一路水，即青山头、北雾的盐田，自1934年福建事变后，由邓世增支配改作政治活动之用。蔡廷锴往广州在李章达家（光孝路祝寿巷44号），组建中国国民党民主促进会总部，邓也不参加。邓世增利用这次晋京机会，补办了民革入会手续，介绍人是蒋光鼐和蔡廷锴。

邓世增深得李济深等民革老同志的信任，认定他忠诚可靠。1929年蒋介石囚李济深于南京，邓拒受收买，进行兵谏反蒋。1933年福建人民政府反蒋失败，邓世增是最后一个离开第十九路军逃亡国外的高级将领。

1950年年初，邓世增再奉命返港，策动盘据海南岛之国民党高级军政人员起义，如薛岳等。因邓世增与该批官员渊源深远，交情甚厚，邓世增是策反他们起义的最适合人选。

他途经广州，下榻于太平南路白宫酒店，受到中共华南分局第一书记叶剑英、第二书记张云逸设宴接待。

邓世增到香港后，美帝国主义发动侵朝战争，与台湾签订了防御条约，美第七舰队开进了台湾，逃离大陆的军政要员（包括在野的），好像服了一颗定心丸，他们在观望、徘徊。在港的张发奎，继续沉迷于发展"第三势力"，对回归毫无诚意，策反工作阻力重重。

1950年4月初，邓世增写信给其侄邓东，告知往京情况，要求邓东将家中所有枪械，全部缴给人民政府。5月2日，邓东往合浦县城，通过田粮处邓松（解放前是中共地下党员，曾任邓世增的机要秘书）在前廉州中学校长蔡振伟家中，会见合浦县长朱澜清，请他派员接收枪械。1950年5月中旬，邓东将全部枪械缴给人民政府。

1950年5月海南岛已全部解放，邓世增虽未能成功策反国民党高级军政人员起义，但对他们起了分化瓦解的作用。因策反工作告一段落，邓世增举家由香港迁回广州。

1950年，邓世增回归祖国前与家人摄于香港

中国国民党革命委员会用笺

第　　頁

中國國民黨革命委員會通知

茲經本會推定同志為全黨團結委員會委員特此通知

此致

鄧世增 同志

主席 李濟深

一九五〇年六月五日

總團通字第 0131 號

1950年6月5日，李济深签发给邓世增的民革全党团结委员会委员任命通知

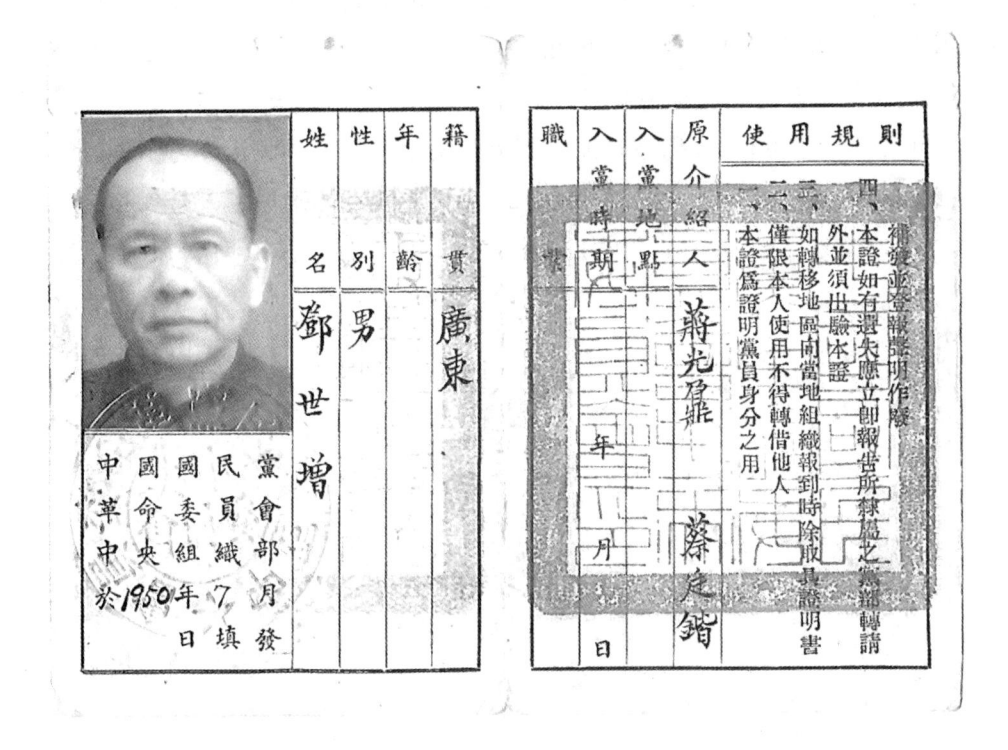

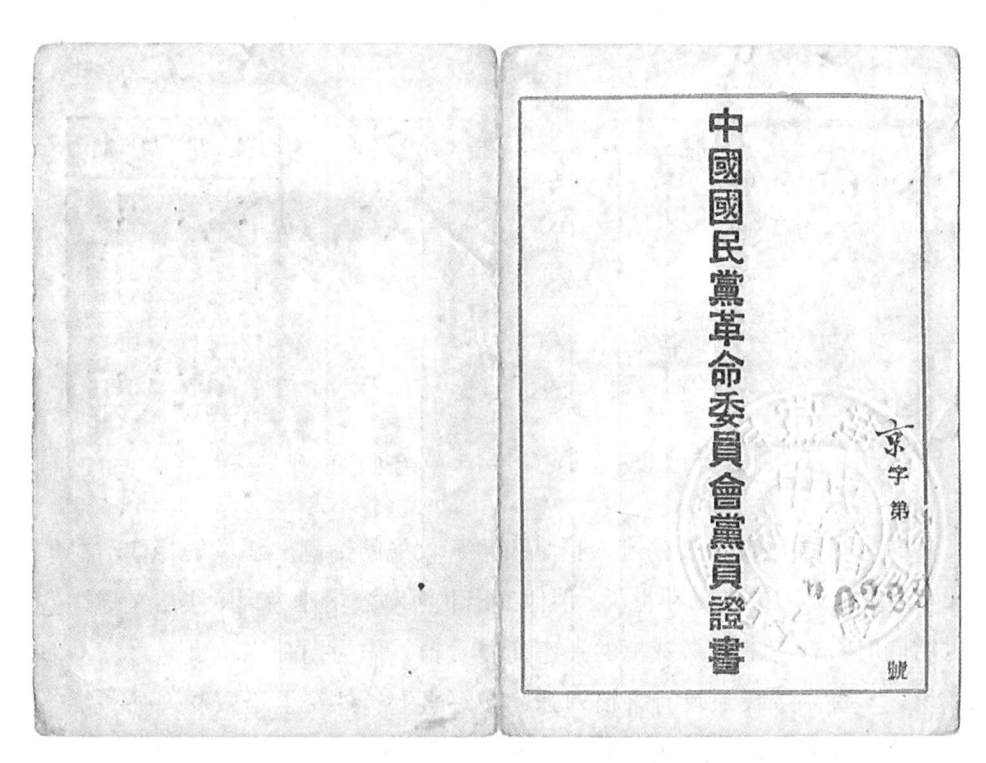

1950年7月补发邓世增的民革党员证，介绍人填的是蒋光鼐、蔡廷锴

邓世增九弟邓世汉在解放前已参加民革，解放后被安排在广东省人民政府参事室工作，1950年9月往北京华北人民革命大学（现中国人民大学）学习，毕业后仍回广东省人民政府参事室工作。

邓世增回到广州后，积极参加民革及政协组织的各种政治学习活动。他对人民政府打击投机倒把，"以工代赈"解决失业问题的政策，令金融稳定，经济得以迅速恢复，赞不绝口。1951年1月，开展镇反运动，他认识到这是巩固政权的必要措施。

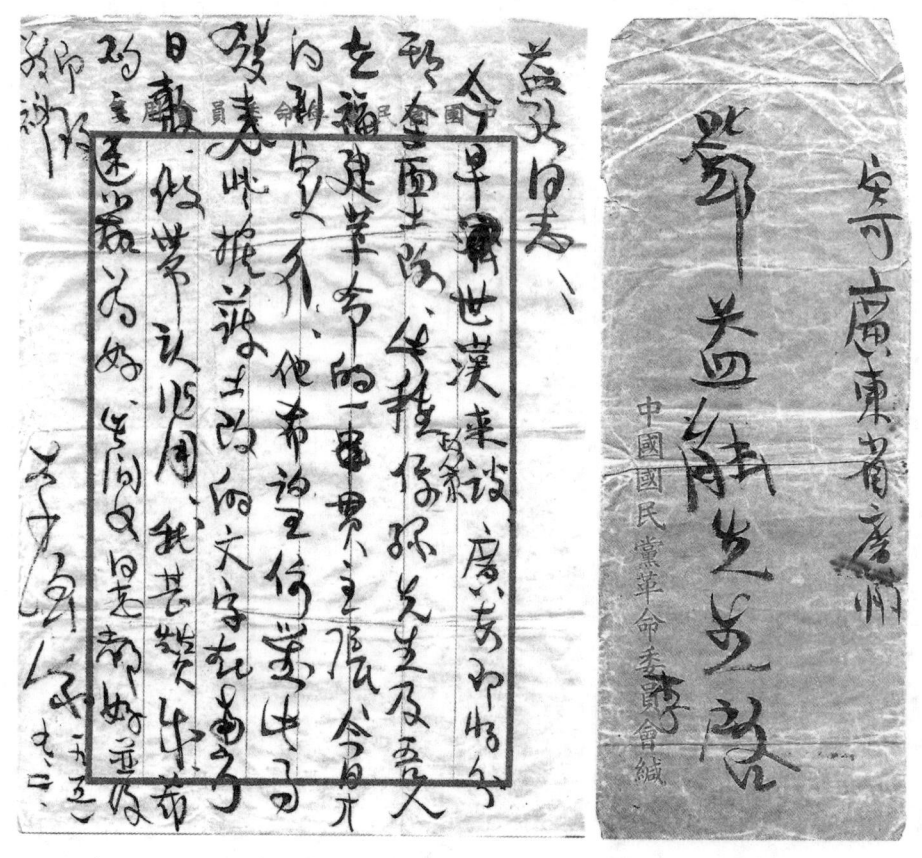

1951年9月2日，时任中央人民政府副主席李济深给邓世增的亲笔信

1951年，国内抗美援朝进入捐献飞机、大炮的高潮。邓世增写信给在华北人民革命大学学习的九弟邓世汉，请他捐出北海邓公馆作为捐献飞机大炮之款。邓世增同时将香港中环嘉咸街的一座商厦卖掉，作为捐献飞机大炮之款。他对家人说："百年来我国政府害怕列强，在军事上、外交上不敢和列强对抗。现在人民政府派出志愿军，拒敌于国门之外，与美帝为首的侵略者对峙在'三八线'，这是了不起的大事，我们应各尽所能，积极捐献。"

1952年12月底，合浦县进行土地改革，邓世增把北海的房子作为退租、退押外，还把广州马棚岗一座花园洋楼及东昌大街一座房子卖掉，妻子亦把首饰卖掉，尽最大努力退租、退押。

邓世增对土改工作是拥护的，广东省人民政府副主席李章达闲时来访，他们经常以人民政府的各种政策，对比福建反蒋时的得失。邓世增对李章达说："在福建我们搞和平土改，农民生活改善了，那时我认为我们的政策好，共产党的政策太'左'了。现在我才认识到，当时我们的政策右了，封建势力没有彻底摧垮，农民没有得到彻底的解放。福建失败后，他们的土地又被地主夺回去。现在农民得到彻底的解放，农业生产上升了，农民生活改善了。"

由于邓世增尽了最大的努力拥护土改的退租、退押，李章达劝他出来工作，但邓世增婉拒了。邓世增并透露任公（李济深）希望他到北京工作。

1953下半年，邓世增经特别安排秘密往香港一行，执行中国国民党全党团结委员会的特别任务。

1953年年底，李济深再促邓世增赴京，安排他工作，还托其弟李达潮交邓300元作旅费之用，并告知邓，已与周恩来总理商议，拟调邓世增到中央工作。邓回复："待春节过后，安排好儿女生活、学习后，即启行。"

1954年1月31日午饭后，邓世增突然觉得胸前剧痛，家人即扶他到床上休息，之后他自觉疼痛消失，遂不以为意。2月2日（农历大除夕）午后，他又感胸痛，随即昏迷，由邻居齐鸿雪医生送他入广州市第一人民医院急救。广州市卫生局局长李达潮即赶到医院，与医院院长姚碧澄组织抢救。经抢救后他苏醒过来。

1954年2月4日，广州市人民政府副市长李民欣、卫生局局长李达潮到医院探病，为万一起见，他们劝邓世增立遗嘱，两人并签名做见证人。

1954年2月5日凌晨，邓世增再次发病，经抢救无效，心脏停止了跳动。医院诊断死因为心肌梗死。

一位反封建、反独裁、反侵略，求统一，默默奉献的爱国将领——邓世增与世长辞！

邓世增逝世的消息传到香港，国民党操纵的报章大肆歪曲说："邓世增贫病交迫，被共产党毒杀。"台湾方面表示，如其遗属愿到台湾作证，可获巨款，以警示国民党人投共的下场，阻吓他们回归祖国，但被其遗属坚决拒绝。

邓世增逝世后，李济深、陈铭枢、蒋光鼐、蔡廷锴提议将邓世增的灵柩安葬于广州第十九路军陵园，经民革中央同意并报统战部批准，由广州市地政局副局长林一元办理应备之手续。

李济深委托在广州的广州市政府副市长李民欣成立治丧委员会，并在追悼会上代表李济深致悼词。会场上放置了周恩来、叶剑英等党和国家领导人及地方党政领导人送的花圈。

邓世增过去的同袍李济深、陈铭枢、蒋光鼐、蔡廷锴等，均厚赠帛金，抚恤其家属，统战部也定期补助其家属的生活费。统战部及民革中央委托李达潮，长期照顾邓世增遗属，直至1976年他去世。

20世纪80年代，邓颖超、廖承志、廖梦醒在北京分别接见了邓世增夫人邓卢月瑛，肯定了邓世增是一位爱国将领，民主革命的先辈。

李济深为邓世增墓碑题字原稿

1984年10月，全国政协主席邓颖超（中）接见邓世增夫人邓卢月瑛（左一）、廖蒹（右一，廖承志长女）

第一部分　邓世增生平忆述

1984年10月，全国政协主席邓颖超（前排中）接见邓世增夫人邓卢月瑛（前排左一）、廖蒹（后排，廖承志长女）

1984年10月，全国政协主席邓颖超（中）接见邓世增夫人邓卢月瑛（左一）、廖蒹（左三，廖承志长女）

145

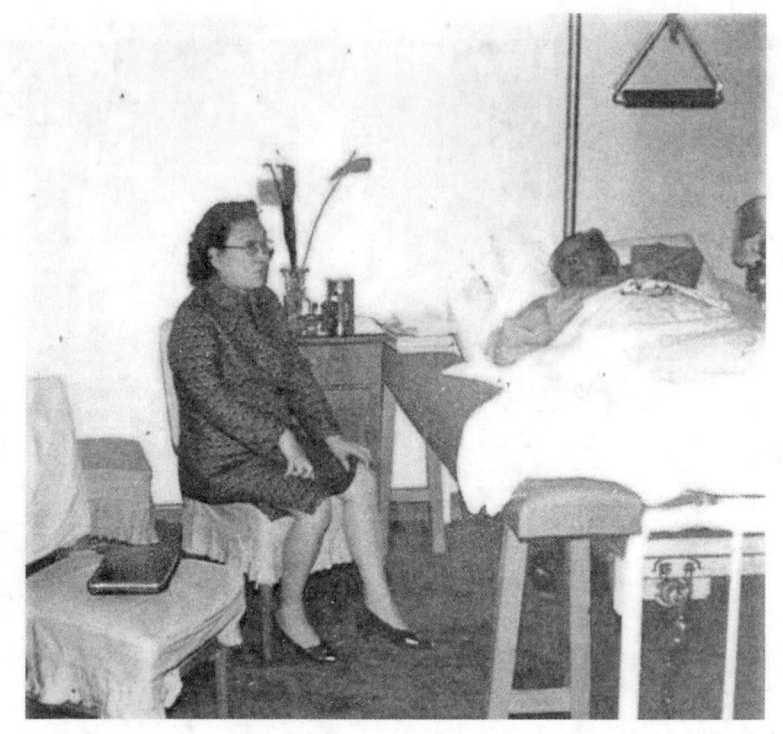

1982年10月15日，全国人大常委会副委员长、国务院华侨办、港澳办主任廖承志在病房中接见邓世增夫人邓卢月瑛

1983年11月，邓世增夫人邓卢月瑛与廖梦醒（廖仲恺、何香凝的长女，全国人大代表、政协委员、全国妇联执委）亲切交谈

1984年10月，邓世增夫人邓卢月瑛（右六）在北京与香港国庆观礼团妇女代表合影。右三：前香港特区政府律政司、全国人大常委梁爱诗；右四：前香港立法会议员、中华全国妇女联合会执委林贝聿嘉；左三：全国工商联副主席、全国政协常委伍淑清

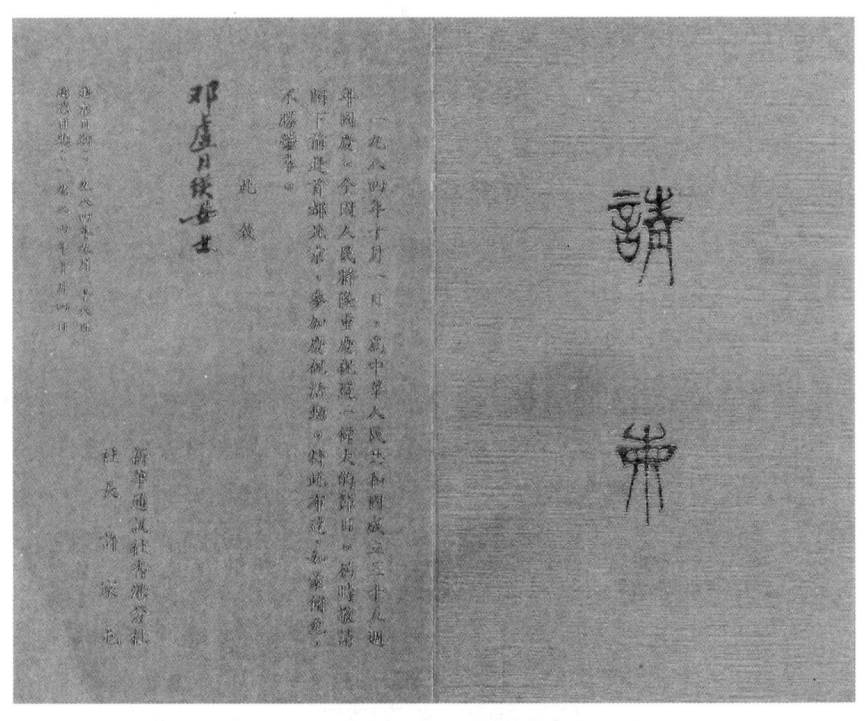

1984年，新华社香港分社发请柬，邀请邓世增夫人邓卢月瑛国庆赴北京参加庆祝活动

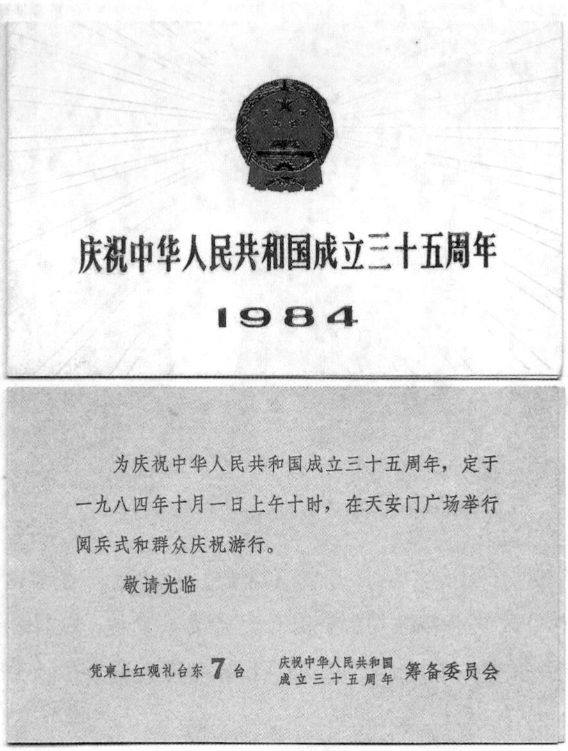

庆祝中华人民共和国成立三十五周年
1984

为庆祝中华人民共和国成立三十五周年，定于一九八四年十月一日上午十时，在天安门广场举行阅兵式和群众庆祝游行。

敬请光临

凭东上红观礼台东 7 台　庆祝中华人民共和国成立三十五周年 筹备委员会

邓世增夫人邓卢月瑛收到的国庆天安门广场阅兵式和群众游行观礼邀请（1984年10月）

邓世增将军使用过的印章

第一部分 邓世增生平忆述

广州第十九路军淞沪抗日将士陵园内邓世增将军墓

广州第十九路军淞沪抗日将士陵园

十七、编后语

1998年12月，初稿完成时，由于缺乏资料，一些史实不详，也有些资料较充实，后来查实这些资料也有不实之处，我感到彷徨，曾一度放弃。幸得一些热心朋友给我鼓励，他们收集了一些资料寄给我参考，主要是获得广州图书馆、广州地方文献室张玉华、梁敏小姐之助，并获关怀此书的亲友，提供不少宝贵意见及资料才使我完成此书，谨致深切谢意。本书主要依据：《广州民国日报》《申报》，黄绍竑、蒋光鼐、蔡廷锴、李宗仁先生的回忆录（含自传）及李洁之文存、程思远先生的政要秘辛和六万山烽火等资料，按邓世增自传增补汇编而成。

我曾（六）祖廷纶和鉴秋（八）祖（廷绶、世增之父）是亲兄弟，成家后曾分家两次，终因儿女增多才正式分家，可见兄弟情笃。我父邓东（春生），在邓世增任职的军队中曾任军需主管，因忠厚、谨慎，深得邓世增的信赖，并成为邓世增与当时粤军团以下军官沟通的桥梁。1945年年初，世增七弟世诚病逝，我父被命为世增在乡产业的总管。由于这些特殊原因，我常与同龄叔父（世诚、世汉之子）游玩、读书。抗战期间，我在乡时（特别是夏天）均在鉴公楼客厅中过夜，常听七公（世诚）谈三公（世增）之轶事，特别是对李本清的斗争。

抗战胜利后，我升学来到广州，寄寓叔父邓淮家，周日我常往探望三公。1947年国共谈判破裂，邓世增的调解顾问之职也撤销了，邓遣妻儿回北海，他本人仍留广州，居住在其弟世汉官邸协园，实际上邓在周六及星期天才在协园会见亲友，与不宜向外公开的政要会晤，平时则在李大超（广东省党部主任委员）家或省政要聚会的俱乐部聚会。1947年夏季的一个星期天，军调小组（含军事代表团）结束，廖承志来协园辞行，适我往探望邓世增，我因见有客，急欲退出，但邓将我留住，并送500元港币给我做生活、学费之用。

由于耳闻目睹，我对邓世增的传记也有一定的认识，在这次收集资料的过程中，发现"文史资料选辑"中有关邓世增的资料，经查核后出入很大，一些史实不全，有错误。举例如下：

一、在李汝祥"我所知道邓世增的一些事迹"一文中，将邓世增的家庭情况搞乱了。世增排行第三，上有姐、兄，下有弟、妹，鉴秋贩卖珍珠（实为收购珍珠蚌），家计日渐充裕，但非富有之家，文中说邓世增贱卖二十一路水盐田一事，与事实不符。事实上，邓世增有三十八路水盐田，1953年才收归国有。

二、淞沪抗战时，邓世增是京沪卫戍司令长官公署的参谋长，并没有出任十九路军参谋长,因为第十九路军成立至调驻京沪初期,缺参谋长一职。邓世增常代表十九路军,以致连中央社的记者也误会。直至福建事变时,邓世增才担任十九路军副总指挥兼参谋长。

三、1947年邓不是竞选国民大会代表,而是竞选"立法委员"。这是根据李济深的指示,利用"立法委员"的合法身份,在京、穗、港等地进行策反活动。为了隐蔽身份,民革成立时,他不履行任何入会手续,至1950年才在北京补办手续。他捐给民革的经费,也以一夜赌输一船盐为借口,捐给民革3万元港币。

由于我才疏学浅,能力有限,遗漏、谬误之处在所难免,谨此致歉!谢谢!

邓肇庠执笔
2007年7月7日

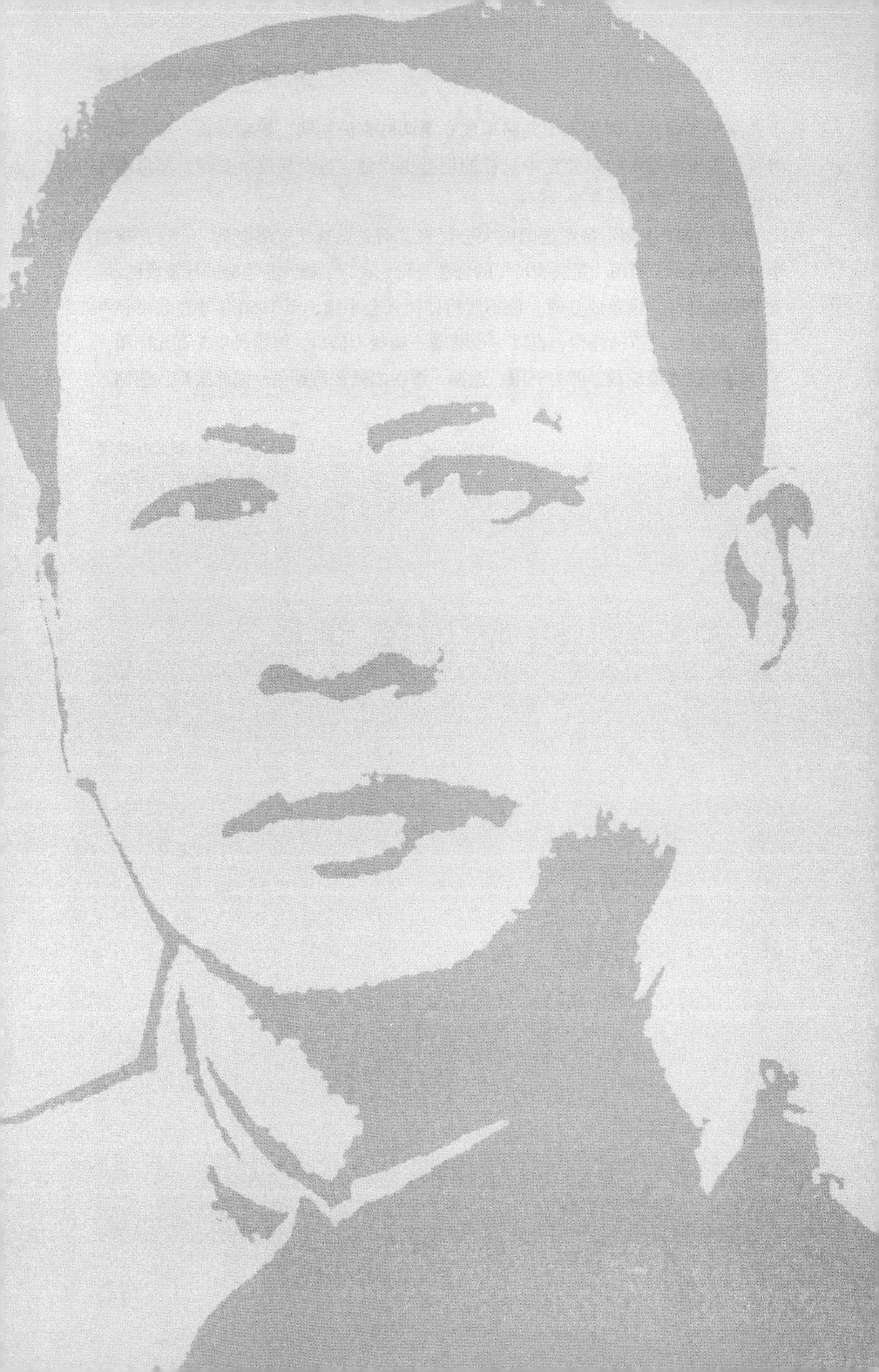

第二部分

各历史阶段资料汇集

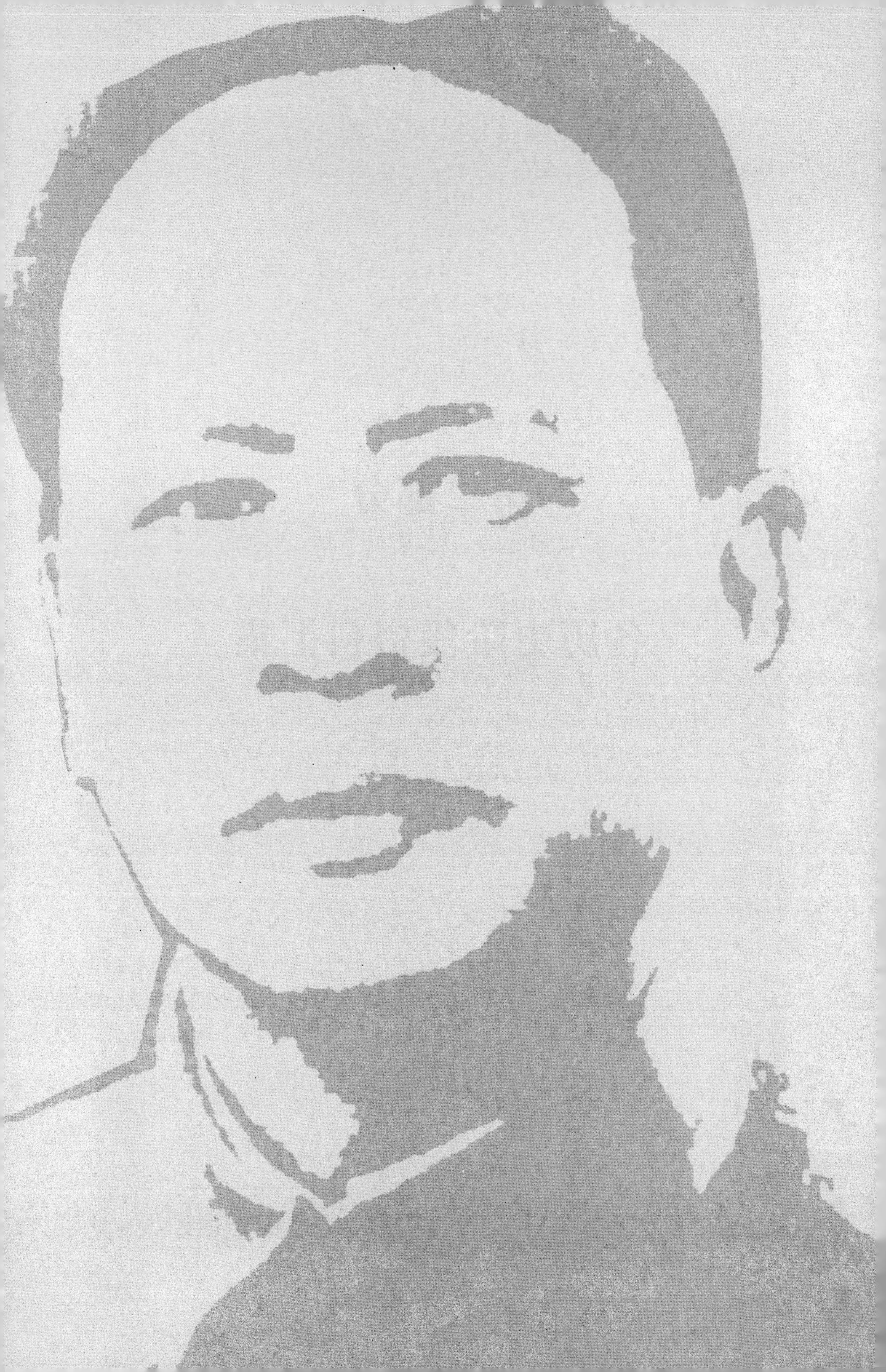

辛亥革命

一、辛亥革命之廉州光复中的邓氏兄弟[1]

邓世坤（1887—1911）辛亥革命烈士

辛亥革命是为推翻清朝帝制、建立共和制的全国性的民主革命。

广东钦廉地区（今属广西）民众和全国各地人民一道，投身到这一如火如荼的革命洪流之中。在湖北新军武昌起义前，就先后有1907年9月由王和顺领导的钦廉防城起义，以及1908年3月由黄兴领导的钦廉上思起义。这两次起义大大地促进了全国反清形势的发展。1911年11月，由苏用武（又名苏乾初、陈武）、罗侃廷、李时钦（又名李昆岩）等人领导的反清暴动，攻下府县衙门，宣布反正，光复廉州城，成立了革命政府——廉州军政分府。他们对推动辛亥革命的发展作出了重大贡献。

1911年，邓世坤与其弟邓世增同在合浦廉州府中学堂读书，学堂里聚集了一大批思想进步，接受西方民主思想，传阅革命书刊，同情革命的进步中小学生及青年知识分子。邓氏兄弟结交了一班要好的同学和师长：苏乾初、陈铭枢（陈后来到广州陆军小学读书）、钟继业、林翼中、卜汉池等。他们志同道合，经常在一起讨论当前国内局势，对清政府腐败感到愤慨，对孙中山先生创建的"兴中会"感到兴奋。1911年2月，陈铭枢由陆军小学回到合浦，大力宣扬孙中山的"反对封建，建立民国"的主张。邓世坤、邓世增、苏用武等十二三名师生秘密加入了同盟会。他们受到了广州黄花岗起义的激励，积极发展会员，筹备武装起义。他们还专门开了一间爆竹厂，以掩护制作手榴弹的秘密行动。邓世坤负责制造火药、手榴弹；苏用武与林翼中负责联络发动绿林中人起义；卜汉池与丁守臣前往灵山一带策动农民起义；邓世增、罗侃廷、李时钦、钟继业等则在新军中进行策反。一切准备就绪。

1911年10月10日武昌起义成功极大地鼓舞了他们。在离预定举行起义日

---

[1] 2016年6月8日整理，参考书目：1. 黄节撰文、李济深书：《合浦邓君妻詹夫人墓志铭》；2. 邓世增：《邓世增自传及年表手稿》；3. 邓肇庠：《邓世增传》；4. 林翼中：《廉州之光复》；5. 范翔宇：《辛亥风云中的珠浦人文》（中）；6. 陆露：《廉州的辛亥革命遗迹》。

155

子只剩下三天的时候，邓世坤因劳累过度，在制造手雷的过程中，不慎引发爆炸，不幸牺牲。为免引起官方注意，同盟会立即召开紧急会议，决定提前在当晚（宣统三年九月二十七日，公历1911年11月17日）举行起义。罗侃廷、邓世增、李时钦、钟继业等随即前往新军开展工作，与新军起义的同志一起，争取杨分统（廉州城防军杨尊任）反正，不果。他们当场把杨分统击毙，召集全体官兵宣布起义。同时苏用武率领其余同志占领府衙。各衙门官吏个个闻风丧胆，纷纷落荒逃窜。起义军在大街小巷到处张贴了"打倒满清，成立民国！""推翻帝制，建立民主！""辛亥革命万岁！"等标语。

11月18日，合浦宣布辛亥革命起义成功，成立廉州革命政府——廉州军政分府，并任命陈武（即苏用武）为都督，李时钦为参谋长，邓益能（即邓世增）为军政部部长，罗侃廷为财政部部长，林翼中为交通部部长，廖杏斋为民政部部长。此役史称"廉州光复"。

原合浦廉州府中学堂校舍

起义成功后第三天，同盟会全体会员及各阶层人士三百余人公祭邓世坤。

邓世坤壮烈牺牲后，邓世增带领幼弟邓世诚与邓世汉，前赴后继，追随孙中山，为民主革命继续奋斗。1912年春，邓世增入读广东陆军速成学校炮兵科。1920年联合陈铭枢发动阳江起义，投身由孙中山领导，邓铿任师长的粤一师。自此南征北战，为孙中山先生开创的民主革命事业付出了毕生精力。

二、《邓世增1951年自传手稿》摘要

1907年18岁入廉州府立中学至1911年辛亥年22岁，是年正初陈铭枢同志由陆军小学返邑告我：渠由赵声先生之介绍加入同盟会，邀我亦加入。十月武昌起义广州独立我与邑中同志罗侃廷、李昆岩、苏用武等说动新军起义，杀杨分统以响应之，未满一月兵复劫掠，自愧不知兵事，无以对父老，于是来省投考广东陆军速成学校炮兵科……

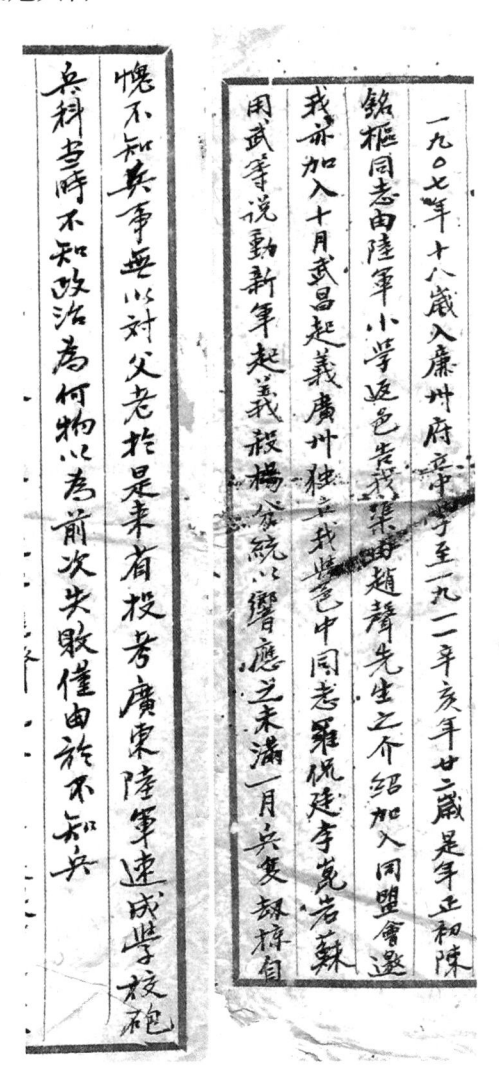

三、《廉州之光复》节录 [1]

廉州唐代设置，元改为路，明改为府，清因之。府治设于合浦，原辖合浦、灵山、

---

[1] 林翼中撰文，香港印行，《海峤晚获集》记载。

钦州三属。钦州自于清末改为直隶州后，仅余合浦灵山二县，地处粤省之西南部，东北为桂省所环绕，西界钦州，仅东隅与廉江为界，为与粤垣广东交通孔道，南面临海，有地名北海，辟为商埠，冠头山握港外，位于北海与海南岛之间者为涠洲、斜阳二岛，并为海疆要区，六万山绵延境内，地形复杂，人民从事耕读，沿海则事渔盐，民风淳朴，守信尚义。

民国前七年，余考入廉州府中学堂肄业，廉中为合灵两县学生求学之地，初本安静向学。嗣以学生中吴淮友潘承鉴等（皆清秀才）赴省垣肄业，亦有学生戚友原肄业于省垣者，潜以当时出版之《民报》，"扬州十日"，"嘉定三屠"革命军，暨各种禁书以及排满书籍等寄阅，一部分同学于秘密辗转阅读后，因而互相结合，情绪激昂，教员中亦每有于授课时或闲谈中，发挥对满清不满之言论。而当时所授学科，以经学为要目，春秋左传之外，兼及公羊，且于讲解时每以严夷夏之防，申明微言大义，学生之革命思想，于是逐渐恢张。钦州三那事起，影响所及学校课堂，亦为人焚毁，需停课修理。复课后，各同学复集，除革命书籍接到后，仍轮流阅读外，对三那事变，亦时有评论。同学刘应时于国学颇有根底，好为异言高论，对于教员叶某所授功课，时提出质问，叶系以府学论兼任教员，又以议员身份出席省咨议局，对于禁赌案，曾投否字票，号为议员，更为同学所鄙视，下课时有以鞋擦地发声以表示鄙夷之意。叶不能忍，乃向郡守告密，刘应时遂被知府传去，后悉仅受普通的告诫，并无其他处分，同学咸以为清吏恐生事端，故作痴聋，益无顾忌，时校中除余外，加入同盟会者不少，已分为二三组活动，盖介绍入党者不止一人，故互不相属也。而于刘应时事发后活动虽如常，对外益为缄默，其故为放言高论者，则本未入党，仅属同情革命而已。

郡城之阅书报社，为县立小学教员许某所主办，亦有革命书籍可以借阅，或供秘密阅读，于是知小学中亦有从事革命或同情革命者。又有赴日本习体育归来之王维世倡设体育会；并到各校任体操教员，常发排满言论，因是革命运动已渐普遍。辛亥三月二十九之役，死者七十二人，港报记载革命运动经过甚详，凡死者之家世言行，以及殉难时情形，均有述及，阅者大为感动，无不以能参加是役为荣，谓纵因是而死，亦算快事。

是年夏，余已毕业，静候提学使批准赴省垣复试，以成绩优异，被选留校授新生功课。适武汉举义，各省回应，罗侃廷李时钦等奉命抵廉，与苏用武约余等会谈，谓军队及绿林中人经有联络，俟机举义。唯灵山方面以余与刘应时张百非暨宁姓同学（为附城巨室）等有交谊，请余赴灵山接洽策动，并须速返共商大计，余乃与陈作琼赴灵山，获悉施唐山杨某（忘记其名，杨洲如之子在省垣肆业者）已奉命主持其事，稍事接洽，值廉城已反正，电促余返。

廉城原驻有防军，由分统杨尊任（郭人漳之甥）统辖，其余如北海镇游府都府等武官，知府知县等文官，所属虽有不少官兵，然皆非能战者，但以之对付革命党则绰有余裕。唯是时省垣已光复，各地皆风声鹤唳，廉城除杨分统外，各官吏多作逃亡之计，对于革命党之活动，似已不及注意。罗侃廷虽为附城人，以外出求学多年，识之者不多，而李时钦识之者更少。彼二人各穿西装表现革命党人姿态，与谢彪（帮带）刘武臣（哨官）等接洽，表示运有炸弹枪械甚多云，刘谢等惊于炸弹之威力，又悉三月二十九之役，总督衙门亦被攻破，总督董以身免，遂深信之，答应担任各种职务。而苏用武石菊秋等则运动附城土匪参加，伺机起义。某夜镇台衙门围墙被炸崩一幅，刘臣刘德武威等即占据镇台衙门，（总兵已离署）谢彪一听炸弹声响，即率亲信向杨分统开枪射击，当场将之击毙，并毙士兵数名，余众皆降。各衙门官吏，以事变突生，多闻风逃匿，无心反抗，在扰乱中，所有库房之财物、军械处之枪械，均被抢掠一空。次日，即以钦廉军政分府都督陈武名义宣布反正，光复廉城，而陈武者，实即中学教员苏用武之化名也。

军府设于小学堂，各机关首长每日有一定时间聚会，商讨重要事务。时军府首长为都督陈武，参谋长李时钦，军政部部长邓益能，财政部部长罗侃廷，民政部部长廖杏斋（兼合浦县县长）系前中学教员，经各人请来者。闻余返，略询灵山情形，余具告之，并介绍谢彪、刘武臣等军官与余相见。谢彪原为上八团绿林，后投诚为帮带、矮小精干年约四十余龄，自以为反正有大功，趾高气扬，目空一切，其余佩带襟章者，除秘书长林赏亭暨郭李榆等为小学教员外，其余诸人，多为余未认识之操附城语者。旋秘书以交通部部长襟章与余，余以出入须检查，乃受而佩之。唯实无事可办，即有亦不能办，日到军府殊觉无聊，苏都督（即苏用武）旋派余与石菊秋（都督之亲信）之子石某赴沙岗招抚其地绿林，时过三点会开会，（晚间名放台）首领梁菜，穿无袖之红色八卦袍，披发握剑，先拜天地，及略与各级头目及旧会员周旋后，即登台高坐，受新入会者之参拜，次第饮血酒，约二小时始竣事。余因得目睹三点会开会情形，着与该首领会谈，并无结果（不允将其所辖会员开到廉城驻扎），实则彼欲利用余等参加，以增加其声势而已。后拟再派余往其他各地招抚，均婉辞之。

军府成立之初，廉人以陈武名字，殊感陌生。罗侃廷、李时钦等均服西服，出入有从者手持或背负包裹笨重之圆形物体，见者以为即某晚炸崩镇台衙门之炸弹，声势颇壮。后既悉陈武即中学教员之苏用武，军政部部长邓益能即中学生邓世增，财政部部长罗侃廷即小学生罗人然，曾赴省垣光华肄业者。其余参加者多为中小学教员或学生，为人所轻视。石菊秋以都督名义，日发委任状，以为如此多方延揽，可以扩充势力，驯至土劣乘机并入，品流糅杂，益形纷扰。同事中已乏合作精诚，日事纷呶，余觉投降之军队，已有不听羁勒之迹象，收编之绿林，既无实力，又不相统属，乃私询罗侃廷李时钦等以实际情形，发觉危机四伏，险象环生，于是始有向东三团联络乡团增加力量，以备援急之义，以余与东三团中绅耆素相稔，且彼等平日对二于余颇推重，瞩余负此责，后速设法联络，以为声援。当时仅军政部部长邓益能自以为对军事有把握，认余之主张为过虑，甚至疑余不满现在位置，欲借故离去。至是，余乃决回家，就近与各耆绅接洽，不意离廉城拟家只三日，即开防军叛变焚掠，军府解体。

　　数日后，罗侃廷李时钦等抵余家附近之白沙圩，约余晤谈。始悉自余离开后，形势益为恶化，所招抚之绿林，虽着令不准入城，唯因无统一之管理，凡受抚者皆各自设办事处于城内，不时聚集多人，到处骚扰。谢彪亦收编无赖，大事扩充，且以领军饷未能依照其虚报官兵之数发给，早怀怨望，又受土劣之煽惑，欺军府之无能，欲乘绿林不法，商民被骚扰不堪，明示将所有绿林缴械改编，暗图增加个人实力。各邦绿林闻此讯（系参加军府之土劣，故放声气使之闻之），大为恐慌，即行发动变乱，放火抢掠。初时防军仅新编之无赖部分与绿林通声气者，参加焚掠，后以无人制止，各部分亦均有参加。城内外四处火起，闹成一片纷乱，除有坚固之房屋者外，商店民居被焚掠妇女被奸淫者，不可胜计，诚空前之浩劫也。军府中人以职权关系，平日已无切实联系，亦无统一之指挥与可靠兵力，（各人所有仅收缴之军械临时雇用之衙队）一旦变起，手足无措，会议结束，只有逃走。（即会议时廖杏斋曾说林某真本事，预先离开，以免受此惊云，实则余当时亦想不到事情如之速，余之离去，不过仅为大局设想而已）苏用武石菊秋为附城人，可逃匿之地甚多，邓益能、廖杏齐同返其家乡，（南康）罗侃廷虽为附城人，但不敢居留，并随李时钦同行准备赴高州依苏敬修（慎初）。余亦同去。到达高城不久，以内部发生纠纷，苏敬修奉命任为陆军第二师师长，组织军队，准备参加北伐，众等亦随赴省垣，以原非军人，师部无可位置，乃与罗侃廷入虎门北伐将校团受训。迨南北和议完成，将校团改组，调惠州。罗侃廷旋退出入北京军需学校，余入高等师范，余之革命工作，至此告一段落。

在粤军第一师

一、《陈铭枢回忆录》节录

1916年我重新投身军旅，参加了方声涛部护国军，担任连长职务，蒋光鼐、戴戟也在这个部队。1918年，方声涛奉孙中山之命，由粤入闽，我借故离开部队，到肇庆出任游击营长，邓世增为营教官，驻军罗定。团里的士兵及下级干部，多是罗定、阳春、阳江和南路的钦州、廉州一带子弟，陈济棠当时任营长，蔡廷锴任排长。邓演达当时是第一师的参谋，把我的情况介绍给粤军第一师师长邓铿，转达我愿意放弃两阳地区、接受改编的意图，吕超正任大元帅府参军，将我引见晋谒孙中山。粤军将领魏邦平也向邓铿介绍了我部的战绩。于是，我部得以改编粤军第一师第四团。[1]

二、《蔡廷锴自传》节录

时团长邓演达驻沙坪，他对我印象甚佳。他见我每次战役任敢死队、先锋队，知我英勇。当时他知我离营，即函邀我往彼团服务。我接信后，知邓团长爱我，且他素来是赏罚分明之人，遂复函云：迟些，即往供驱策。数日，我复返肇，住于某旅馆，邓世增来访。我与邓自在罗定同事后，甚为友善，当他到访时，心甚欢悦。那时，他任大本营补充团营长，归李济深节制。当我们见面时，他说："你现在往何处？不如来帮。"我说："我已答应邓泽生（即邓演达），怎能又去你处？"他说："我和泽生是叔侄，又是朋友，你来我处，他不会怪你的。"我笑说："你处是新兵，枪支又劣。"他说："督办已备价买枪，不久就到，你愁无好枪！"我见他如此诚恳，遂决意到他那里服务，即致函邓团长，说为邓营长所邀，不能追随。入补充团后，邓（世增）营长以我担任一连，在经济上不加限制，但我亦不敢超出限度……

我自脱离第一师第四团，入大本营补充团邓（世增）营任连长后，以邓营长之诚心待己，颇为痛快。的确，邓营长乃军人中之忠厚长者，不独我对他如

---

[1] 陈铭枢著，朱宗震、汪朝光编：《陈铭枢回忆录》，中国文史出版社，1997年3月，第28页。

此恭维,就是第一师的同事,谁都说他的公道话。有过必处罚,真是赏罚严明,无偏无袒。他当时在第一师师部兼任军械处处长,李师长对他极为信用。因为他是兼职,事务纷繁,自我到任连长后,他知我可托,便将全营的训练事宜,交我全权处理。训练两个月,枪械虽劣,而士兵之精神与军纪,却博得李师长之好评。那时,我仍未与李师长直接见过面,谈过话。有一日早操,师长到来巡阅,营长不在,我则照例将出操人数跑前报告。报告完毕,师长问我:"这些新兵训练有多少时间?精神尚不错。你因何不在第四团?"我说:"已训练两个多月,各官长颇有朝气,我们训练,先纠正班长动作……至于我离开第四团,邓营长深知我。"经此之后,我更加奋发努力。李师长对我似有认识,不久,我的机会来了……

*****

营长邓世增知我爱我,见我为他争不少面子,亦甚欢喜。但他是一个忠厚长者,不欲我之功劳无赏。他知我在第四团屡次建功,已获枪甚多,那时见我又立此奇功,便有将其营长让位于我,而他则专任师部军械处职务之意。而督办却不如是办,他将邓营长升为补充团团长,以我接其遗缺为第一营长,复编广西民军得一营为第二营,我接营长后,即调广利驻防训练。[1]

三、《我所知道邓世增的一些事迹》节录

1923年6月,邓世增在王师俊授意之下,由南路率军队200多人,步枪200余支,山炮2门,前赴肇庆城,通过旅长陈济棠的推荐,由师长李济深收编为粤军第一师炮兵营,邓任营长,驻肇庆西城外,进行教育训练。1923年秋冬间,粤军第一师调往东江对陈炯明叛军作战,邓世增参加了第一次、第二次柏塘战役,以及向增城广州转进,防守大和、人和之线。广州解围后,粤军第一师调回肇庆整理补充。第四团团长缪培南病逝,1925年2月邓世增升任第四团团长,所部驻东城外,炮兵营并编为徐景唐兼团长的补充团。同年7月粤军第一师第二旅,由旅长陈济棠率领开往梧州支援李宗仁。黄绍竑新桂系,解决了驻在桂林的广西边防督办陆荣廷(由北洋政府任命的)。战争结束后,邓世增团调回肇庆训练。1925年初夏,陈济棠统率第二旅和黄镇球的补充团支援李宗仁、黄绍竑,对反覆无常的旧桂系残余沈鸿英部进行反攻,以收拾桂

---

[1] 蔡廷锴著:《蔡廷锴自传》,黑龙江人民出版社,1982年出版,第150-152页。

局。陈旅负责贺江流域作战,在贺县梅花大获胜利。邓团参加了这个战役,于三月下旬向肇庆凯旋。是年五六月间,滇军杨希闵、桂军刘震寰与云南军阀唐继尧勾结,在广州称兵叛变,企图颠覆革命政府,大元帅府乃下令讨伐。粤军第一师与许崇智的东征军、谭延闿的湘军、朱培德的赣军,合力消灭了刘杨叛军,保卫了革命策源地。邓世增团参加北郊作战,颇有掳获。7月1日,国民政府在广州成立,随将驻粤各军一律改称为国民革命军。粤军东一师扩编为国民革命军第四军,李济深升任军长,徐景唐任副师长。第三团改称三十一团,余汉谋升团长。第四团改称三十二团,邓世增任团长,补充团改称三十三团,黄镇球任团长,黄涛任炮兵营营长,张发奎先任独立旅旅长,不久改任第十二师师长。[1]

---

[1]《文史资料选辑》第二十九辑,广东省人民政府参事室编印,1985年7月,第30-31页。

在第四军第十一师

一、《粤军纵横——李洁之将军回忆录》节录

第十一师师长陈济棠，虽然在革命部队中工作多年，但他以往的气质并未改变，对于占卜堪舆之事仍旧迷信。陈济棠驻扎北海兼任钦廉警备司令后，所任用的人员，多数都与他有同乡关系，如参谋长李扬敬、副官长张之英、参谋林时清、政治部主任林翼中等，均未领受过革命洗礼；参谋林时清、经理处代处长杜伦五、军医处处长余宝业，涉及贪污；其胞兄江湖术士陈维周，干预地方行政，承办捐务，私图厚利，而且又压制学生运动，弄得啧有烦言。陈济棠恐因此丢官，乃请求往苏联和欧洲各国考察，以缓和各方面的非议，并将他的职务交由邓世增副师长代理。

邓世增决心整顿部队，在陈济棠走后的次年春末，他与各团长商定，改组师司令部，任命张达为参谋长，何荦为副官长，黄涛为中校参谋，张建为军医处处长，区芳浦为政治部主任，唯经理处处长一职，尚未找到合适人选。

6月上旬，我随同黄镇球从海南岛经香港到达广州，住在南堤二马路南汉旅馆，本作回乡之计，并未往师部报到。

那时，第一师司令和直属队、第三十一团、第三十二团补充团等，已由南路调来广州，师部驻八旗会馆，副师长邓世增兼任广州警备司令，负责警卫广州工作。大概是黄镇球将我的思想情况告诉了他，当天晚上，邓世增副师长请各团长、各处长和我到南园酒家宴会。

席间，大家谈论到此次"清党"问题，邓世增说："当前中国革命，应该遵照孙总理的遗教来进行，即第一步打倒军阀，树立民主政治、伸张民权、节制资本，建设国有企业，发展国民经济。根据建国大纲循序而进，在广大人民一致努力下，必能完成革命建设大业，置国家人民于富强康乐之域。要知道，现在我国没有几个大资本家，只有大贫与小贫之分，分散在全国各大中城市的产业工人，合计只有200多万人，而且他们的多数也不是绝对做工的无产阶级，忽工忽商忽农的不少。至若农村，确有地主与农民之分，但地主毕竟是少数，我们在打倒军阀官僚的同时，也打倒土豪劣绅，先来一个二五减租，再进而实行耕者有其田就够了，何必一定要在自己的地区搞流血革命，弄得鸡犬不宁？

国民党要清党，是不得已的事情。不过，这次清党有些地方不分青红皂白，连累了一些好人，伤害了国家元气，也确实令人痛心。"

谈到本师情况，邓世增说："洁之兄，我们此次师司令部大改组，由于大家通力合作，已顺利完成，只是你来得迟些。本师虽是实行自费经理制，财政公开，但因连年参战未尝宁息，不但没有制定各项规章制度，而且对于人马、装备、财务也没有清理，因此，在补给上往往不能做到合情、合理和合法，对于教育、作战都受影响。由此可见，经理处处长的职责是极其繁重的，不是什么人都可以担任，大家知道你是本军的老干部，熟悉本师情况，向来奉公守正、考虑周到、办事细心，所以我们一致推举你来担任这个职务。谅你必能以团体精神出任，不负重望。"

第二天早上，我就去油栏门外惠广渡码头，打听东江的船期，订船位、买船票，准备启程回乡。到了中午，回来南汉旅馆取行李，店老板对我说："李先生，刚才你们的邓副师长派了两个马弁来，代缴了栈租，将你的行李搬到八旗会馆去了，请你到师部去吧。"我因此只好去师部看看究竟。

我到后，大家迎上来对我说，邓副师长已吩咐庶务副官，为我布置好一个房舍宽敞、家私精致的办公室兼卧房。不久，邓世增、张达、余汉谋、黄镇球同来看我，异口同声地说，你来到差就好了，今后本师的经理补给事务，我们完全尊重你的意见，请大胆去干为是。我在他们的盛意之下，不好固辞。就这样，我接任了第四军第十一师经理处中校处长的职务。

1927年，大约在七月初，陈济棠由欧洲考察回来，经过疏通，表示尊重大家意见办事，随即复任师长职务，邓世增调任后方第四军和第八路军参谋长，升余汉谋为第十一师副师长，升黄镇球为新编第三师副师长，仍各暂兼原来的团长职务。我们师司令部人员除何荦调升虎门要塞司令部参谋长外，其他都照旧供职，没有异动。[1]

二、《我所知道邓世增的一些事迹》节录

1925年10月，第十一师参加第二次东征，取得胜利以后，接着调往高（州）、雷（州），参加南征，进剿盘踞在南路的邓本殷、申葆藩八属军，邓世增都参加了这个战役。当时参加南征的部队，主要是第四军所属的三个师和广西李宗仁派来的两个旅，前来支援抄敌背后，战绩辉煌。1926年初，就克复了琼崖，

---

[1] 李洁之著，石犇编辑：《粤军纵横——李洁之将军回忆录》，香港明报出版社，2009年4月初版，第27页、第69页、第136页、第348页。

把邓本殷的八属军绝大部分消灭。以后第四军分防钦、廉、高、雷、琼崖地区，从事绥靖工作。第十一师分防高、雷后，那时第四军又增编一个第十三师，升徐景唐为师长，邓世增升任第十一师副师长。香翰屏升任第三十二团团长，及至第十师出发北伐以后，第三十三团调驻琼崖，第三十一团留驻高、雷地区。那时钦廉地区尚有邓申残部张瑞贵一个旅，流窜于钦县十万大山，伺机蠢动。土匪刘朱华有七八百人枪，出没于合浦县东北部，打家劫舍，祸害地方，邓世增采取剿抚兼施的办法，肃清地方匪患，使人民安居乐业。由于张瑞贵虽属八属军申葆藩残部，较有纪律和战斗力，邓世增乃与陈济棠商定，将之收抚。于是由邓父邓鉴秋与师部秘书廖愈簪，分头派人去请申葆藩劝告张瑞贵，弃暗投明，为国效力，张犹豫不决，将近一月，邓乃采取文武兼施的办法：一面继续派人入山劝告，早日归顺；一面亲自率领第三十二团全部，第三十三团两个营和炮兵一营于7月中旬集中钦县，准备包围十万大山，将其消灭。在此情况之下，张瑞贵感到孤立无援，大势已去，苟延残喘，终非长久之计，才答应接受改编为第十一师补充团，暂驻三那（钦州三那圩），然后调往灵山盘训，至此钦防地方始得安宁，我军亦无后顾之忧。接着我军又派兵剿灭浦东的刘朱华股匪，致使钦廉人民得以安居乐业。

陈济棠移驻北海后，国民政府还任命他兼钦廉警备司令，由于他思想顽固，虽然经过几次革命浪潮冲击，仍然没有觉悟，对"联俄、联共、扶助农工"三大政策，很大抵触，大搞"五同关系"，引起各方面和部下的不满，于是请求往苏联考察，以求进步，实则是缓和对己不利的空气。当时各团营长乃推邓世增接任师长职务。邓世增生性俭朴敦厚，富于情感，认为这样做，对不起陈济棠，力辞不就。仅照大家的意见，改组了师司令部，把一些落后分子清除了事。

1927年4月，蒋介石集团背叛革命，实行所谓"清党"运动。邓（世增）在不明真相中，十分惶惑，不久奉命率部（三十三团未动）调回广州，接任广州警备司令官。但只是维持广州治安，并无什么作为。是年6月，陈济棠由欧洲回来，密谋复任师长职务，邓（世增）从中竭力让陈，又得广东省政府财政厅厅长古应芬大力支持，陈乃得如愿以偿。邓（世增）本人则调任后方第四军司令部参谋长，不久又升任第八路军总指挥部参谋长。邓（世增）为人忠诚老实，深为李济深所赏识，其后成为患难同袍。[1]

---

[1]《文史资料选辑》第二十九辑，广东省人民政府参事室编印，1985年7月，第31-32页。

在广州身兼多职

一、《民国广东大事记》节录

第八路军序列：总指挥李济深，副总指挥黄绍竑，参谋长邓世增，秘书长邓家彦；第四军军长陈济棠，第十一师师长余汉谋，第十二师师长香翰屏，副师长张瑞贵，第二十五师师长陈章甫（后改称第十三师）；第五军军长徐景唐，副军长邓彦华，第十三师师长云瀛桥（后改称第二十五师），第十五师师长李燊、副师长潘枝，第十六师师长邓彦华兼，第十八师师长李务滋；第十一军军长陈铭枢，副军长蒋光鼐，参谋长戴戟，第十师师长蔡廷锴，第二十四师师长黄质胜，第二十六师师长颜德基，补充师师长李振中，第六师师长何春帆，炮兵指挥官郭思演；第十五军军长黄绍竑（广西军），第四师师长伍廷飏，第五师师长刘日福，第六师师长黄旭初，第七师师长吕焕炎；第十六军军长范石生，第四十六师师长范石生（兼），第四十七师师长曾日唯；舰队司令陈策、副司令舒宗鎏。其他：新编第五师师长杨鼎中，独立第三师师长许克祥（湘军），工兵团，虎门长洲要塞司令，警备团，第一、第二游击司令等。[1]

二、《李洁之文存》第一卷节录

1928年（民国十七年）冬末，我由肇庆第十一师来广州，曾去广大路广州卫戍司令部探望邓世增（那时他任李济深的第八路军参谋长兼广州卫戍司令和广州公安局局长），一见面，他就很兴奋地对我说仲元先生在天有灵，我们已经替他报了仇。邓世增跟着在夹万中取出一个案卷摆在桌上，一面看一面说，这个仇人真的是陈炯明的族人陈觉民，他曾在日本某大学学过法津，粤军在福建时期，曾在漳州某机关做过什么咨议，粤军由福建回粤时，在短期内做过粤军第七路司令驻扎两阳并兼任两阳警备司令，以后在广东省议会做过秘书长，陈席儒做广东省省长时，又在省长公署做过主任秘书，为人狡滑、奸诈、贪婪、阴险、无恶不作。最近他从香港秘密往汕尾去煽动惠阳、海丰、陆丰等县的地

---

[1] 广东省立中山图书馆编著：《民国广东大事记》，羊城晚报出版社，2002年11月，第352页。

方团队叛变，企图扰乱地方治安，被驻防军拿获了，解来审判，他直认不讳，还供出他是行刺仲元先生的主谋者，并主使陈少鹏、黄福芝去行刺仲元先生的。他在军法处口供的一部分曾有这样的记录：

问：你为什么要主谋行刺邓铿？他和你究竟有什么深仇大恨？

陈答：邓铿是老孙的人，他们主张以广东的财力、物力去支援北伐，用武力来统一中国。这样做一定弄到兵连祸结，民穷财尽。我们主张联省自治，以和平的方法求得中国的统一，彼此政治见解不同就成为敌人，敌我是不能共存的，假如老孙的北伐成功了，他们是不会容许我们有立足地方的。反之，如果老孙的北伐失败了，那些北伐大军全部退回广东来，那时客强主弱，我们也会被他们排挤出去的。而这一关键就在邓铿身上，所以我们非先把他除掉不可。

问：此外你和邓铿还有什么私仇？

陈答：邓铿自以为很正派，一意孤行，毫不顾及同事的旧情面。曾经派兵缉获我们由广西买来的鸦片，最大的一批是民国十年五月晏公街的一次，使我们损失资本不下30万元。这批鸦片洪兆麟、钟景棠、杨坤如、陈炯光、陈小岳、陈修爵等将领和我都有份的，他用这样毒辣的手段弄得我们没有"捞"，怎么对他不怀恨呢？

问：你怎样进行组织暗杀邓铿的呢？

陈答：由于上述两种利害关系，我就去和那些将领们商量，要把邓铿打死，他们都没有什么意见。这事我与陈小岳筹划了将近半年，想尽办法才找到陈少鹏、黄福芝愿意担任刺客。但又没有机会可以下手。直到民国十一年（1922年）3月中旬，打听得邓铿将要往香港迎接什么人来广州，我认为时机已经到来，便去通知陈少鹏、黄福芝准备。到了3月21日上午，我又在总司令部打听得邓铿就在本日搭广九路晚车回来，我马上就去通知陈少鹏、黄福芝届时要化装到大沙头车站去行事，他们都欣然答应了。就这样达到了我们的目的。至于他们两个人谁把风，谁发枪，我则不清楚。

问：你这样做，事前是不是得到陈炯明的同意呢？

陈答：我曾几次在陈炯明面前发牢骚说，邓铿目无长官，目无同事，自以为是，一意孤行，同老孙联成一起，搞什么北伐，将来他的势力再大起来，我们一定要受他的荼毒，非把他杀掉不可。陈炯明都没有做声，既不说好也没有说不好，我就认为他默许了，敢于大胆去干。外间有人说这是陈炯明主谋的，我敢说这不是事实，但陈炯明对邓铿心存戒惧，那是真的。

问：你主使陈少鹏，黄福芝去做刺客有什么条件？

陈答：黄福芝很久前就怕邓铿撤他的差，只求事成以后仍然保持他的侦缉处处长职务，于愿已足。陈少鹏我们曾许他事成以后，提升他为统领，所以他乐意去干。

问：事后真的提升了陈少鹏做统领，这是要通过陈炯明批准的，如果事前他不知道，事后怎可获得他的批准呢？

陈答：米已成炊，如果不兑现，万一陈少鹏出来自首，那么牵连就大了。所以在我苦求之下，陈炯明也就不得不答应了。

邓世增当时对我转述了陈觉民罪犯这些口供，并说陈觉民虽然没有供出邓仲元先生解散了他的粤军第七路部队，而怀恨在心，引起杀机，但在我看来他之所以要主谋暗杀仲元先生，这必然是最主要的原因。我便问邓现在对陈觉民打算怎样处理？他说已于十多天前把他枪决了。我说在报纸上还没有看到这个新闻。他说已出了布告宣布陈觉民煽动地方团队叛变图谋不轨的罪状，然后把他执行枪决的。希望将来还可以拿到陈少鹏、黄福芝等来正法，所以不说他行刺仲元先生的事。以后邓世增对本案还说过一二次，再加上我平日对邓仲元先生的景仰，所以对此印象很是深刻，不会磨灭。我相信其他好些听过邓世增说这段话的人，都能记忆，可作见证。

从邓世增向我转述的陈觉民的口供，已经很清楚主使行刺邓仲元先生的是陈觉民，而发枪行凶的则是陈少鹏、黄福芝。他们都是属于陈炯明派的人，也证明了以前种种传说并不是毫无根据的。[1]

三、民国时期广州市花：红棉评选前后[2]

1928年12月28日，广州各大报刊登了邓世增在市行政会议上的提议：

国民政府已确定梅花为国花，谓其古峭则像中华立国之早，耐寒则像种族奋斗之坚，芳洁则像人民德性之醇，浓艳则像文艺组织之美，五瓣则像"五权"，三朵则像"三民"。体物喻情，至工且切。广州为革命源地，而市花之制，尚付阙如。北平之菊，南京之兰，各有所标，未遑较论。窃谓国花既表其全，市花当表其特；若离开历史性、地方性、体喻性而言市花，则名花反成凡卉，不

---

[1] 广东省兴宁市政协文史资料委员会办公室编纂：《李洁之文存》第一卷，第246页、第247页、第248页、第249页记载。

[2] 邓毅撰文。

可不审也。"木棉花"为吾粤之特产,他方未有也。其色殷红,故又名"红棉"花。虽久经离枝而红不褪,故又名英雄花,取喻军人,由来已久。花开半尺,干高十丈,凡有同列杂树,彼必巍然高耸,出人头地,争荣特屹之本性,一若有生以俱来。虽冬不凋,虽老不萎。每当春仲,吾人登粤秀山巅,南望群卉,其第一冲动眼帘而荡涤胸次者,果何花耶?始自赵佗,以迄今日,吾粤所以为革命策源地,其革命向上、独立不挠之精神,唯此花差足代表之!文艺人士,必有能充其说者。请付之审查,审查果当,则请于明年元旦正式公布红棉为市花,以扬芳烈,而增市誉。是否有当,特提出公决。

提议人:公安局长邓世增

邓世增提议红棉为市花

△红棉为吾粤之特产冬不凋老不萎

△巍然高耸足以代表吾粤革命精神

广州市邓公安局长提议以红木棉花为广州市市花,早经市府通过。兹录其原提议书如下:广州市政厅为提议事,比者国民政府已定梅花为国花,谓其古峭则象中华立国之早,耐寒则象种族奋斗之坚,芳洁则象人民德性之醇,穠艳则象文艺组织之美,五瓣则象五权,三朵则象三民,体物喻情,至工且切。广州为革命策源地,而市花之制,尚付阙如。北平之菊,南京之兰,各有所标,未遑较论。窃谓国花既表其全,市花当表其特。若离开历史性地方性体喻性而言市花,则名花反成凡卉,不可不审也。木棉花,吾粤之特产,他方未有也。其色殷红,故又名红棉花。虽久经离枝而红不褪,故又名英雄花。取喻军人,由来已久。花开半尺,干高十丈。凡有同列杂树,彼必巍然高耸,出人头地。争荣特屹之本性,一若有生以俱来。虽冬不凋,虽老不萎。每当仲春,吾人登粤秀山巅,南望羣卉,其第

农事双月刊 农事消息

七一

1928年12月30日《民国日报》刊登署名"老已园"之信,认为红棉过于高耸,难欣赏,不易采摘,易堕落不能胸前佩戴,且评选3天时间太短,故反对红棉为市花,而提议黄菊入市花审查之列。

1929年1月,李济深赴京参加"编遣会议",第八路军日常事务由邓世增负责,邓已无暇关心市花的评选工作,此事因而被搁置。

1932年11月,刘纪文任广州市政府市长,他重提评选市花工作,经过一个月的评比,最后选出红棉为市花。

1982年,广州市人民政府再次发动市民评选市花,红棉再度当选为广州市花。

農事雙月刊 農事消息

一衝動眼簾而盪滌胸次者,果何花耶?始自道佗,以迄今日,吾粤所以為革命策源地,其革命向上獨立不撓之精神,詡付之審查,審查果當,惟此花差足代表之。文藝之士,必有能充其說者,則請於明年元旦正式公佈紅棉為市花,以揚芳烈,而增市譽。是否有當,特提出公決。提議人公安局長鄧世增。

九江農業之好現象

九江農家,多籍桑田魚塘為業。查魚類一項,近來甚為暢銷,西方五义路開邊市南魚行,每日均有巨量輸出。查其銷路。除當地耕戶需要外,餘如開平之赤坎,順德之黃連,勒摟,龍江,裹海等處,均有人到採辦,因此價格激增。農人現為應市計,趕緊乾塘捕魚,紛紛僱用排水工人,星夜操作。每有一魚塘,亦見活動。查桑苗一項,往昔須至夏曆九月始見暢銷,惟因魚類好市,農家得歇後,提前購植,一時求過於供,每千株由四元漲至七元,購者尚爭先恐後。投機者遂紛從龍江古勞採運大幇桑苗到九江發賣,無不獲利

七二

四、1927年—1929年《广州民国日报》节录

民国十六年一月三日（1927年1月3日）
要闻二
邓世增之军事谈片

第八路军抵省后，大局为之一震。关于办理各项事宜，颇为各界注意。记者昨特访问新编第四军邓参谋长世增，询以情形。兹将邓参谋长与记者谈话撮志如下（记者问）：此次第八路军返省部队共有若干人？（邓参谋长答）除黄旭初、伍廷颺、徐景唐、吕焕炎四师外，其余尚有守备军、严博球、曾友仁等数团、人数约四万众。除已抵省部队三万余人外，其余均留驻肇庆三水一带驻防。（问）贵路军对于第四军态度如何？（答）本军无论如何、必将该军扑灭、因其欲侵扰潮梅。现陈军长铭枢、钱军长大钧、陈军长济棠经由汕出大兵分路讨伐。省方连日亦调大军约三万，出发东江，夹击其后，合计省汕两方共约七万余人。而第四军仅约三万，想不难一鼓荡平也。（问）李主席何日可返广州？（答）李主席抵穗后，或先赴汕一行，亦未可定。但其返省之期，不出本星期内。如李主席未返省以前，由黄代总指挥绍竑代理一切。（问）李主席返省后，办理广东急务、最重要者为何点？（答）第一急务、为维持中央纸币、因关系金融周转、至为重要、设使中纸不能十足通用、商业民生均大蒙其害、此亦人所共知也、如政府只说维持、而无切实办法、差强人民行使、殊非善策、李主席回省后、必有相当办法维持、实不足虑也、其第二急务、为办理灵辕善后、及维持本市商务等等、兄弟未悉其详、不能尽告。（问）海军方面现状如何？（答）前冯肇铭所辖之各舰、顷已集中省河候命、舰队司令陈策、亦于三十一号由汕率同四大江返省、办理海军各舰事宜、飞鹰舰亦于日内返省、海军方面、当无问题也。（问）现在各机关长官、多已他去、其继任为何人？（答）此事俟李主席回省后才能定夺。但以旧人复任为多。余所知者，财政厅长一缺以冯祝万复任为多。经政府征求冯氏意见，如冯不干时或以林云陔接充。（问）现在大军出发东江，留守广州军队共数若干？可足维持治安否？（答）现政府决以四团人巩卫广州、由第八路军警卫团□团、第五军第十六师陆澜、梁若谷共二团。另守备军严博球一团，合同本市保安队警察等，不下八九千人，足以维持治安有余。□兄弟复奉令任广州卫戍司令，当负责维持也。但共党余孽尚未肃清，将□本卫戍部或增设谍捕队若干队，协助□警□不违。由此观之，本市治安当日臻巩固。市民可安枕无忧矣。记者访谈至此，呈辞而退。

民国十七年一月三日（1928年1月3日）

邓世增已就卫戍司令职；卫戍司令部设长堤肇庆会馆

第八路大军回师省垣后、关于本市治安、业已先后由李主席委派邓世增任广州卫戍司令、及邓彦华任公安局长负责维持、邓局长经已就职、昨一日邓卫戍司令世增亦已布告就职、卫戍司令部则附设于长堤肇庆会馆新编第四军司令部行营内……现在留驻本市部队、尚有四团兵力、对于本市治安、足以防护巩固云、兹将就职礼节及布告录下、（就职礼节）一、肃立、二、奏乐、三、向党旗国旗总理遗像行三鞠躬礼、四、主席朗读总理遗嘱、五、演说、六、奏乐、七、鸣炮、八、礼成、（就职布告）广州卫戍司令布告、为布告事、案奉国民革命军第八路总指挥李济深、兹派邓世增为广州卫戍司令等因奉此、遵于本月一日启用关防就职、除分别呈报暨咨行外、合行布告各界人等一体知照、此布、司令邓世增。

民国十七年一月三日（1928年1月3日）

邓世增、邓彦华负责维持治安

（觉悟社）第八路大军回师省垣后……所有本市后方治安、酌留兵力四团、交由卫戍司令邓世增、公安局局长邓彦华、分别负责、再连同公安局原有保安队武装警察等、本市军警兵力、实已雄厚、足以巩固治安有余、又政治分会委员黄绍竑、陈策、林云陔等、昨一日已出席政治分会会议、讨论军政各重要问题、并议决电促李主席回粤主持云。

民国十七年一月四日（1928年1月4日）

邓世增通函就卫戍司令职

卫戍司令邓世增、昨一日已在长堤肇庆会馆新编第四军部行营、附设卫戍司令部、启用关防、布告就职、昨并分函各机关团体照云、迳启者、案奉国民革命军第八路总指挥令开、兹派邓世增为广州卫戍司令等因奉此、遵于本月一日就职视事、除分别呈报函咨外、相应函达贵府查照、此致。广州卫戍司令邓世增。

民国十七年三月二十日（1928年3月20日）
新任第四军军长陈济棠就职情形
邓世增代行布达

（本报专访）新任第四军军长陈济棠，于昨日正午，在长堤第四军军部，举行就职典礼，事前陈军长及总指挥部参谋长邓世增主张就职典礼从简，未向外间通知，故各机关人员及亲友，知者极少。昨日十一时左右，第四军护卫营开到军部前面排列，来宾伍观淇、马洪焕、何彤、李民欣、李扬敬、李务滋、唐灏青、陈达材、邓挥等，陆续而至。十二时，举行就职典礼，李济深赞礼，总指挥部参谋长邓世增代表李总指挥布达。布达毕，新任军长陈济棠训话，略谓：兄弟德薄能鲜，不足以当第四军军长之职，但军人只有服从命令，所以兄弟今日来此就职，现在国民革命之势力，虽已越过长江，然因各人对于党之主义信仰不坚，常发生分化之象，就第四军本身而论，……继有张发奎黄琪翔诸逆，称兵作乱，第四军之系统，几至中断，幸将士用命，卒将此种败类铲除净尽，我们经过此二次战争之后，我们欲为党国做事，尤须努力于本军之团结，本军将来对于党国之效力，在各位之努力与奋斗，军长不过为军中之一个人而已，至于军部人员为全军之中枢，应比之军部外之各师团人员尤应十分努力，以资表率云。训话毕后，各机关人员陆续而来，盖得讯较迟，故皆后期而至也。

民国十七年三月二十四日（1928年3月24日）
要闻

各界公祭邓上将仲元情形

昨二十三日，为邓上将仲元殉难六周年纪念日，党政军学各机关团体于是日正午十二时，在黄花岗邓上将墓前，举行纪念典礼，墓道前门，高搭牌楼一座，用白布横书："邓上将仲元先生殉难六周年纪念"字样，生花砌结："英灵宛在"四字，旁伴以"革命尚未成功""同志仍须努力"生花对联，墓前生花结彩，各石柱用绿叶缠绕，生花砌结"为国牺牲"四字，旁伴对联，文曰"佳城郁郁有生气""此恨绵绵无绝期"。各军政党机关、各团体致送花圈甚众，芬

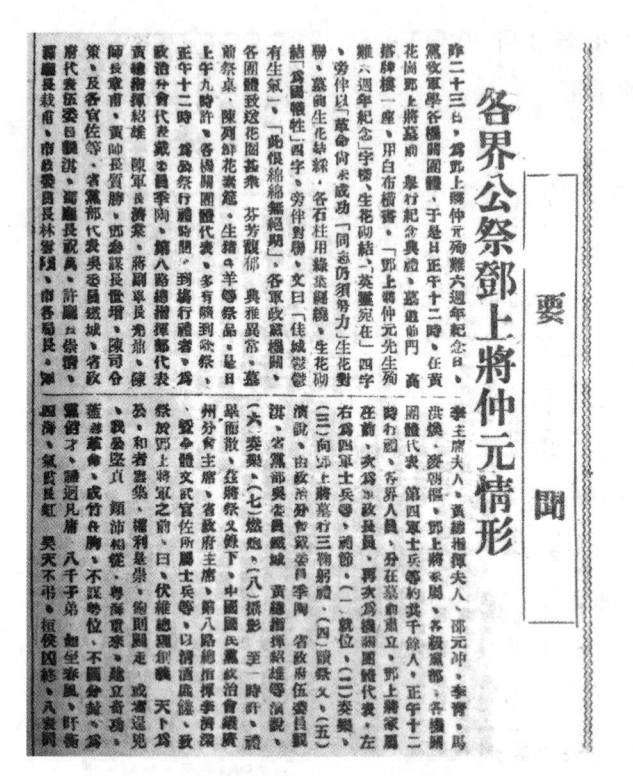

芳馥郁，典雅异常，墓前祭桌，陈列鲜花素筵，生猪牛羊等祭品。是日上午九时许，各机关团体代表，多有随到致祭。正午十二时，为公祭行礼时间，到场行礼者，为政治分会代表戴委员季陶，第八路总指挥部代表黄总指挥绍竑，陈军长济棠，蒋副军长光鼐，陈师长章甫，黄师长质胜，邓参谋长世增，陈司令策，及各官佐等；省党部代表吴委员铁城，省政府代表伍委员观淇，冯厅长祝万，许厅长崇清，刘厅长栽甫，市政委员长林云陔，市各局长，及李主席夫人，黄总指挥夫人，邵元冲，李青，马洪焕，麦朝枢，邓（仲元）上将家属，各级党部、各机关团体代表、第四军士兵等约共千余人。正午十二时行礼，各界人员，分在墓前肃立，邓（仲元）上将家属在前，次为军政长员，再次为机关团体代表，左右为四军士兵等，礼节。（一）就位，（二）奏乐，（三）向邓（仲元）上将墓行三鞠躬礼，（四）读祭文，（五）演说，由政治分会戴委员季陶、省政府伍委员观淇、省党部吴委员铁城、黄总指挥绍竑等演说，（六）奏乐，（七）燃炮，（八）摄影，至下午一时许，礼毕而散，兹将祭文录下：

中国国民党政治会议广州分会主席、省政府主席、第八路总指挥李济深，暨全体文武官佐所属士兵等，以清酒庶馐，致祭于邓仲元上将军之前，曰：伏惟总理创义，天下为公，和者云集，权利是崇，饱则飙走，或者逞凶，我公坚贞，颠沛相从，粤海重来，建立奇功，盖为革命，成竹在胸，不谋势位，不图分封，为党储才，识迥凡庸，八千子弟，如坐春风，盱衡四海，气贯长虹，昊天不吊，桓侯凶终，八表同昏，狐鼠憧憧，部曲衔哀，发奋为雄，以倒军阀，已定南中，以威列强，以当要冲，同袍不肖，叛道离宗，共党是尊，饮茶粤东，乡邦残破，浩野哀鸿，呜呼痛哉，愔愔幕裹，岳岳军容，治平天下，岂待三东，月台一变，万甲蒿蓬，国难方殷，挽救术穷，硕画宏图，谁能及公，呜呼善哉，尚飨。

民国十七年三月三十一日（1928年3月31日）
前日各界公祭黄花岗情形

邓世增挽联：吾党诸烈，数合孔门，诸贤磊落望千春，赤血光腾白虹剑；辛亥国殇，继遭乙丑，国恤哀荣在三月，黄花香接紫金山。

民国十七年四月五日（1928年4月5日）
邓世增呈报全市施政计划

兼公安局长邓世增，昨将全市已往及将来施政计划，呈请市政厅转呈省政府云，呈为是复核转事，窃奉钧厅第259号令开，现奉广东省政府民字第423号令开，案查本府委员会主席提议，查省政府自采用委员制以来对于集思广益，及发展各厅长，及各委员个人能力，与免除个人独裁，其利故多，唯因省政府未有规划施政计划，不免演成人自为政，各不相属，反欠缺监督考核之处，其弊亦自不少，在此省政府委员制制度，未经中央规定变更以前，拟请各委员各厅长，拟具补救之法提出，讨论施行。又本人提议为便考核各厅工作及程度成功起见，应令各厅处作分别的报告：（一）已往的施政计划，（二）已往的施政情形及态度，（三）将来的施政方针总计划，（四）每月施政经过的情形决议案。当经本府委员会第四十次会议议决照通令，并呈奉政治会议广州分会核议通过在案，除录案分别函行外，合就令仰即便遵照，按项详加报告。

民国十七年五月十日（1928年5月10日）
邓世增革新广州警政之计划
第一区改为模范警区
警察出勤改用四班制

邓世增革新广州警政之计划
▲第一区改为模范警区
▲警察出勤改用四班制

广东为革命策源地、广州市警察、向在本市服务多年、（三）前者警察为三班制、每警士每日服务逾十小时以上、精神既已疲乏、焉能担任繁重警职、现在改设四班制、则各警每日负担工作、至多不过七八小时、各该警士自有良好精神、挤在职务、（四）改设四班制后、警察团已增多、则警俱自必同时增加、现邓局长统筹兼顾、固不愿增画市民负担、又不肯不实行改制、故延裁减区署、即将所馀经费、增设警察、并拟酌加警察薪俸、以上计划、先从第一区办起、分期推及全市、想警政修明、不难迎踪欧美云、

能为党政府劲力、已有相当成绩表现、惜以制度上无大改革、故何难收良好效果、现兼代局长邓世增、欲实现本市为模范市、必先将警政彻底改良、闻已拟定计划、批介实行、兹探录其大要如下、（一）拟将第一区改为模范区、先把全区警察改换、即调集教练所第一期毕业学生、全体留区服务、从新更换、但无论办理、则必无良好效果、故邓局长即于警察学识与经验之干员、从新指挥办理、则必无良好效果、故邓局长即安选拔教练所教官林萬泰充该区区长、查林萬泰係警察专门学校毕业、

民国十七年六月十三日（1928年6月13日）
邓世增积极扩充卫戍兵力，编独立师专驻广州卫戍

民国十七年六月十九日（1928年6月19日）
卫戍部增厚近郊防军

卫戍司令邓世增，以近郊大沙头一带，现只有特务营钟泽元部驻扎防卫，实力尚嫌不足，特饬令卫戍团团长张君嵩加派锐枪兵士，前赴驻防，张团长奉令后，昨已调所部营长林朱梁部前往大沙头一带分队驻扎，巩固近郊治安，并着加意训练云。

民国十七年六月二十日（1928年6月20日）
卫戍部派队围捕凤凰岗杂赌，分水陆两路前往兜捕，获男女犯二十七名

……卫戍司令邓世增……为禁绝杂赌维持治安起见，昨（十九）日密令该部谍捕队长何荣光，先行派便衣谍捕员数名，潜入各处烟赌场内，探听后，即于上午十一时许，由卫戍队派出队兵一大队，协同谍捕队长率领谍捕员，分水陆两路前往……将各处烟场包围……往各处逐间搜查，当堂搜获烟具赌具字花部据等……

民国十七年十月十日（1928年10月10日）国庆特刊之二
《训政时期中"双十节"日对于建设问题的感想》（邓世增）

世增不文，厕身军旅。于政治大计，未之学也。顾以党义涵濡者久，平日在职言职，未敢轻有论列。此次北伐成功，全国已告统一。正党国开始训政，国人嗷嗷望治，群注集于建设之一途。又值双十令节，全国胪欢庆祝。皆希望今兹训政时期之国庆，与前此十六度之循例庆祝有异。当此普天同庆政治日渐光明之时，义不可无一言与同志商榷。总理建设计划，至详且备。其大别则分心理建设物质建设与社会建设三端。训政伊始，对外则打倒帝国主义，废除不平等条约。对内则建设廉洁政府，开发实业，整顿交通，实行兵工，统一财政，改革税制，振兴教育，保护农工等，此皆建设之事业也。今国府正在组织五院，实行五权之治。窃以为当此训政开始之时，苟非万众齐力，万目共的以注集于思想之纯洁，人格之完成，则吾党所负至重且钜之使命，随时随地可以发生危险。此非吾不详之言也。总理有言，兵法以攻心为上。吾党之建国计划，即受此中苟安畏难之心之打击者也。又曰政治之隆污，系乎人心之振靡，大哉言乎。吾侪言满天下，而党义政纲，尚未能切实见诸实行者，此中自非无故。吾重思之，其毋乃思想未能集中，人格未能修养之故。凡我同志，愿于思想人格上再加注意焉。总之毋骛高远而逞玄谈，泯私见而遵正谊。此则十有七年之国庆，当为"三民主义"之新中国开一新纪元，而愿与吾党同志兢兢共勉之者也。

民国十七年十月十三日（1928年10月13日）
庆祝"双十节"之空前盛况
省政府庆祝情形

是日省政府门首，悬挂生花大横额，国旗党旗两大面，由操场以迄礼堂，均悬挂万国旗，缀以电灯，生花结彩，布置宏伟绚丽，蔚然大观。上午九时许，军政各机关职员纷纷到府，由省政府派定职员招待，先在洋花厅休憩。到府行礼者，为政治分会代主席冯祝万、朱委员家骅、林委员云陔、广东省政府委员李禄超、刘栽甫、朱兆莘、黄节、伍观淇、陈军长济棠、高等法院院长罗文庄、陈司令策、总指挥部参谋长邓世增、副参谋长张文、参谋处长张国元、副官处长李青、副官长李民欣。广州市政府各局长、各师长、第八路总指挥部、省政府所属各机关校官以上。荐任以上各职员、政治分会、总指挥部、省政府、民政厅全体职员等共二三百人。各长官均衣大礼服，或常礼服，庄严肃穆，隆重异常。上午九时半行礼，各长官各职员分别齐集礼堂，文官在礼堂左方，武官在礼堂右方，秩序，（一）齐集，（二）肃立，（三）奏国乐，（四）向国旗党旗总理遗像行三鞠躬礼，（五）主席冯祝万恭读总理遗嘱，（六）奏乐，（七）长官致辞。由主席冯祝万致辞，大要谓今天是双十国庆纪念日，政治分会，省政府所属各长官及各机关同志，齐集此间，举行庆祝国庆纪念典礼。大家是很愉快，很喜欢的。今年庆祝"双十节"，与往年不同，因为全国统一，北伐成功。故感觉得庆祝"双十节"纪念，很有意义。回思民国十七年以来，年年均有举行庆祝"双十节"。但往年庆祝，或在反革命政府时期，或在军阀盘踞时期，故举行庆祝总觉得无甚意味。今年则全国统一，国内军阀，经已打倒。本党政府，实施训政，为人民谋幸福。故今年之庆祝"双十节"，实予我们伟大之纪念日子。但我们在此庆祝当中，对于先烈元勋之创造民国功绩，是不要忘记的。本党革命先烈同志，历尽几许艰辛，费尽多少热血，为党国牺牲奋斗，始能创造中华民国，以达到十七周年纪念。一种勇敢奋斗精神，我们应当敬仰，并继承先烈遗志，继续为党国奋斗。其次现在国内军阀，经已打倒，收复山东，组织山东省政府，实施训政工作。此点实为今年庆祝双"双十节"，特别愉快事情，我们应该不要忘记，并希望各同志，此后更加努力，完成国民革命云云。（八）奏乐，（九）鸣炮礼成。随拍照而散。

民国十七年十月十三日（1928年10月13日）

东较场阅兵情形

总指挥部在东较场举行阅兵，上午十时半，各部队即先后到东较场集合，计由卫戍司令部卫戍团、十一军军官教导队、入伍生大队、学兵大队、十一军炮兵营、工兵团两连、总部卫士营、第四军教导队等。十一时半，已陆续到齐。场内分设阅兵台三座：左为来宾招待处，右为总部职员参加处，中为阅兵官及高级军官驻息处。阅兵台向南，各军部队均北向或东北向排列。东便为军官学校、入伍生大队、学兵大队、第四军教导队、十一军军官教导队。南便为卫戍司令部卫戍团。各部队在场内肃立，秩序整齐，精神奋发。十二时许，已预备一切，总指挥官为李扬敬，阅兵官为总指挥部参谋长邓世增，副参谋长张文、副官处长李青、副官长李民欣、经理处长马炳洪、及军政长官冯祝万、朱家骅、李禄超、陈济棠等数十人，情形至为热烈。总指挥官向阅兵官报告毕，旋即行礼，礼节。（一）恭迎阅兵官入场，（二）奏乐（部队举枪），（二）行礼，（阅兵官就位。部队在正面者不动，在东边者半面右转，西边者半面左传），（三）肃立，（四）奏乐，（五）向国旗党旗总理遗像行三鞠躬礼，（六）恭读总理遗嘱，（七）奏乐，（八）礼成、礼毕，即由总指挥请阅兵，阅兵官即向场内各部队巡视一遍，军乐大奏，军士举枪行礼，由入伍生部起阅至十一军炮兵营止，然后回阅兵台。再由指挥官指挥各部队行进场内环绕一周，步伐整齐，秩序严肃。部队进行次序：为军官学校入伍生，学兵营大队，第四军干部教导队，第十一军教导队，卫戍部卫戍团，总指挥部卫士营、工兵团，手机关枪连，十一军炮兵营等。各军士有穿灰色及草青军服。阅毕，由指挥官请阅兵官邓世增致训词，及政治分会冯代主席祝万，第四军长陈济棠致训词，随高呼口号而散。

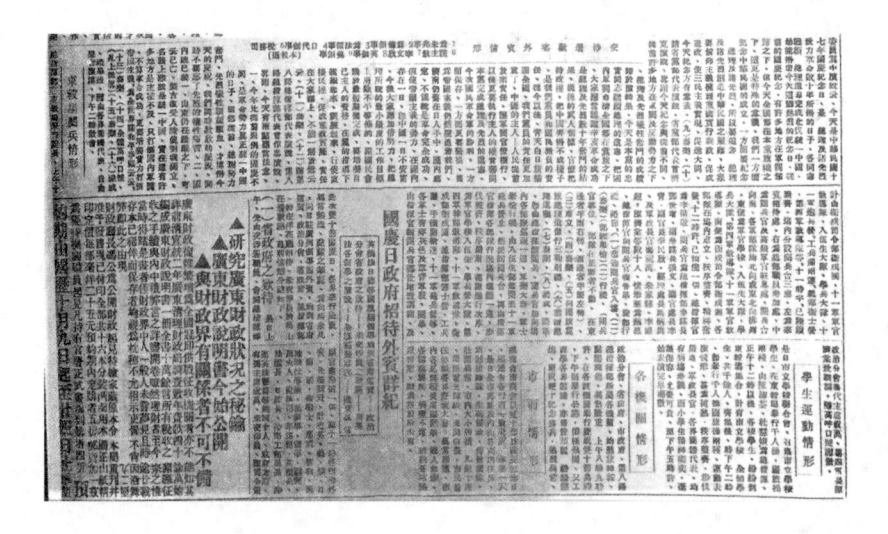

阅兵后参谋长邓世增之演说

民国十七年十一月二日（1928年11月2日）
广东全省第十一次运动大会特刊
我武维扬之
广东全省运动大会昨已开幕
会场规模宏大学生英勇雄健
要人参加赛跑观者十余万人——大会场中尚有缺憾

（专访）广东全省第十一次运动大会，昨日已在中山大学操场，举行开幕典礼，查此次大会，规模宏大，筹备周详，为历届所仅见。而各学校团体，报名与赛者达数千人，报名参观者达数万人。

大会会场之布置：会场在中山大学操场内……

参加典礼之人物：

是日到会参加开幕典礼者，政治分会代主席冯祝万……运动大会正会长李济深代表邓参谋长世增……

行开幕礼之情形：邓世增宣布开会，由黄绍竑等相继演说。

九时二十分，各军政要人，机关团体来宾，大会各职员，运动员等齐集运动场，即升旗鸣炮开幕。由邓世增、陈策将运动会大旗高升。鸣炮三响，军乐大奏，并由航空处驾驶飞机三架在会场四周翱翔环绕，升降疾徐，异常灵敏。鼓掌之声不绝。

邓世增宣布开会理由，黄绍竑演说……

邓世增之开会词：

大要谓：各位都知道人生以体育德育智育三者为最重要，虽有良好之智育德育，而不注重体育，则体魄不能强健，无强毅之精神，胜任一切社会事情，故提倡体育运动，实为锻炼健全体魄，预备为国家胜任伟大事业。广东运动大会，每年均有举行，盖所以奖励国民体育运动，今日第十一次运动大会，已经开幕，各运动员踊跃竞争，参加运动，深信必有良好之成绩，此次运动大会，必收伟大效果，将来定能誓雪东方病夫之耻辱。先总理常说，人生衣食住行四大端外，应注意发扬体育，以锻炼体魄，运动大会运动员诸君，应要毋忘记总理发扬体育之遗训，时时刻刻练习体育运动，故运动大会开会，不是点缀升平，实为强国之要素，当今军事告终，训政建设伊始，正练习体育运动之好机会，希望诸君一致努力云云。

民国十七年十一月三日（1928年11月3日）

广东全省第十一次运动大会特刊

广东全省运动大会第二日

邓参谋长世增检阅童军，各组运动人员精神奕奕

欢呼喝彩声与歌乐同起，童子军千余人环绕四周

（专访）昨（二日）……十二时至一时，市党童军大会操……聆受邓参谋长世增之训话。邓参谋长大要谓：军人是平日渐次养成的，受有教育，有训练，方可有用。若临时招募集会，断不相信有良好的成绩。你们现在当童龄的年龄，即具有这样的志愿，及模范的组合。

将来由小学中学一路至大学,能继续不断地锻炼健全的体魄与人格,一定是将有补于党国不少啊。小朋友们,快快起来,养成完健的精神体格,十年生聚,十年教训,把国耻消雪,那么是你们真正的责任了。

民国十七年十一月七日(1928年11月7日)
广东全省运动大会昨闭幕;国际比赛中华胜西人
场券减价四周座皆满;下午六时举行闭幕式

昨(六)日,为广东全省第十一次运动大会开会之第六日,亦即运动大会开会最后之一日,是日天气晴和,到场参观者,上午只西北隅两棚上,稍有踊跃,东南隅两棚座差不多尽为虚席位,是日各项比赛运动种类,除各县联赛,田径,排球,篮球复决外,并有各种运动公开比赛。下午四时半,另有中华体育会约沙面水陆军混合队,在该运动会场做国际友谊比赛,因入场券减价,各界购券入场参观者,极其踊跃,迨开赛时,四周棚座上,竟无隙地,比之第一二日莅会观众,几多一倍,为数不下十数万人。广西省政府主席黄绍竑,第八路总指挥部邓参谋长世增,冯财政厅长祝万,陈司令策等,均莅场参观。查中华队员中,除何佐贤、麦国栋、吴宝鎏、罗伟女四人外,余均为该队数著名之甲组球员,比赛之结果,三对一,中华优胜,全场博得掌声,几叹观止。六时比赛完毕,即举行闭会礼,计到会者,有广西省政府黄主席,广东教育厅厅长黄节,财政厅厅长冯祝万,邓参谋长世增,许委员崇清,陈司令策等十余人。兹将闭会礼节录下,"闭会礼节"一、齐集,二、奏乐,三、向国旗党旗总理遗像行三鞠躬礼,四、恭读总理遗嘱,五、奏乐,六、会长勉词,(以时间已晚、第六、七两项、会长与来宾演说、均为节省),七、来宾演说,八、高呼口号,全体高呼,1.努力运动,2.消雪国耻,

锻炼国民体育，3.振发民族精神，4.广东第十一次运动大会成功，5.中国国民党万岁，6.中华民国万岁，九、会长率全体职员运动员绕场一周，十、鸣炮、遂宣告散会，并将是日各县联赛各种运动成绩之结果探录如下……

民国十七年十一月廿六日（1928年11月26日）

邓世增关怀囚犯，拟将警察旧制服给囚犯御寒

公安局长邓世增，昨令所属各区署分署云：为令遵事，查本年冬季服装，经已从新制发，所存各该区分署之旧黑斜制服，及绒大楼，限刻日列册，缴局核收。以便分发本局拘留所及惩教场各囚徒御寒之用。为此令仰各该区分署，即便遵照毋违，切切此令。

民国十七年十二月十日（1928年12月10日）

邓世增在市党部纪念周报告

邓部长世增作党务政治报告，略谓：关于中央党务及政治事情，已详诸报章。现在把广东方面最近重要事项略为报告。（1）省府主府问题……已由中央改任陈铭枢担任。（2）缩军问题……所有总部统属之军队，决定改编为四师。（3）政治分会存废问题，李主席面谈，谓中国为世界最大之国家，亦为世界交通最不便之国家。揆诸实情，政治分会实有存在之必要。……中央若有明令，

186

亦当奉令废止。（4）善后问题，自设立四善后区后，各区土匪渐趋肃清……将来或改为行政公署。

民国十七年十二月三十一日（1928年12月31日）
航空处昨日举行自造飞机试航礼
李主席命名为羊城号，由邓参谋长代表行礼，试验结果可与外国机并驾

航空处为发展航空事业计，各飞行家悉心研究，创制新式飞机，现已由修机厂长梅龙安制成一架，极为轻便。初拟名为"大沙头号"。昨二十九日举行新机试演典礼，柬请军政要人及各团体参观。兹将其实验情形探录如下：

试演情形：是日李主席派邓参谋长世增，代表到场行礼。来宾毕集后，至下午一时以前，先将新式飞机移置飞机场。机之两旁配以党国旗，各来宾齐立对向机前。航空处长（张惠长）、邓参谋长立前数步，行礼如仪。由邓参谋长将党国旗卸下，执在手中，与张处长同退后三步。邓参谋长为新机命名云："余谨代李主席命名命此飞机为羊城，祝羊城万岁。"说毕，场中全体职员来宾齐呼羊城万岁三声。梅厂长并同一飞机师就机内，将机发动，同时并放战斗机一架比赛。当发动时，该机绕场一匝，渐渐上升。两飞机升至数两千尺，高入云中，向空中翱翔一周，徐徐而下，直达机厂前。各来宾鼓掌之声不绝。梅厂长甫下机，张处长请梅夫人上前，与梅厂长接吻。梅夫人羞人答答，向人丛中遁去，极有趣致，来宾皆灿焉。演试结果，该新机与外国战斗机之高度速率，并驾齐驱。各来宾均喜吾国从此不特飞机发展，预祝航空前途无量。最后由邓参谋长演讲，略谓：请各同志努力从事以完成总理之航空救国为目的云。

民国十八年二月二十七日（1929年2月27日）

本市新闻

邓世增呈辞公安局长职

辞去公安局长一职专心办理军政

　　兼代市公安局局长邓世增呈市政委员长云，呈为恳请准予辞职事。窃局长兼代职务，行将一载，……故以军职兼权警务。年来全省各路整理治安，地方均已安谧……。当此全国统一，已入建设时期，自不敢再以负责军务之身久司警职。除是国民革命军第八路总指挥部外，理合呈请钧厅察核。伏恳准予辞去广州市公安局局长一职。俾得专心办理军政，以免事繁责重，难期兼顾，实为公便。谨呈广州市市政委员长林。兼代广州市公安局局长邓世增。二月二十六日。

民国十八年三月二日（1929年3月2日）

两广缩军现正在进行中；经理处处长马炳洪之谈话

　　邓公安局长辞职决慰留，裁兵约两星期即可完峻，裁兵后每年可减一千万，被裁军官约两千名……

　　（专访）第八路总指挥部经理处处长马炳洪昨（一日）语记者。

　　（一）兼市公安局局长邓世增分呈市政厅及总指挥部呈请辞兼公安局长职，现李主席以邓局长长市公安以来，成绩超著，决意慰留。外言将以某人继任，均讹传。（二）李总指挥济深，现接首都来电，请速回京主持要政，及出席第三次全国代表大会。约在最近三无日内即可首程。谈至此，记者叩以最近缩军进行，据称：（一）第四、五、十一、十五各军，已明令依照编制缩编，约两星期即可完峻。（二）裁兵后每月可减八十余万军费，每年共计可减一千万，因现在每月需四百余万，预计裁兵后三百余万已足开支。（三）总指挥部本身裁撤问题，现仍未奉到中央明令……

民国十八年三月四日（1929年3月4日）

李主席暨各要人定期晋京；陈主席古应芬、邓家彦等偕同；总部事务交邓世增主持

广州政治分会主席李济深，自返粤后，经将两广裁兵计划商妥，限期各军于本月十五日以前缩编完毕。现李主席因迭奉蒋总司令等电促赴京，筹开第三次全国代表大会，未便在粤久留，乃定期明日（五日）偕同陈主席铭枢等首程过港，晋京出席三全会，第八路总指挥部职务，则由邓参谋长世增代理云。（南方社）

民国十八年三月五日（1929年3月5日）

邓世增与记者谈：李主席北上及对湘事意见

李氏向大会提国防及中央地方权限问题

对湘事顾全中央威信同时避免扩大风潮

（专访）训政开始，湘南突生事变，中央决定交参谋部长兼编遣委员会总务主任李济深等会同查明办理。李氏对于办理此次湘省事件之意见，实为社会大众所愿闻。记者昨（四日）下午赴吉祥路李公馆请谒，适李主席会见他客，正在谈话，旋由第八路总指挥部参谋长邓世增接见，兹节录谈话如后……

民国十八年三月五日（1929年3月5日）

李主席一再慰留邓世增

邓氏暂允打消辞意

公安局长邓世增提出辞职后，经李主席及市政厅厅长林云陔，一再慰留……

民国十八年三月二十六日（1929年3月26日）

李宗仁黄绍雄已联同返桂

李氏由桂入湘返汉　黄氏不日回粤出发

李宗仁畅谈蒋介石联冯制桂倒冯之阴谋

李宗仁离港乘坐第二次广九快车来省……邓世增等均亲赴大沙头车站迎迓……

五、《香港工商日报》《申报》《公评报》（1928—1929）节录

《香港工商日报》1927年6月11日
邓世增部调省之真情

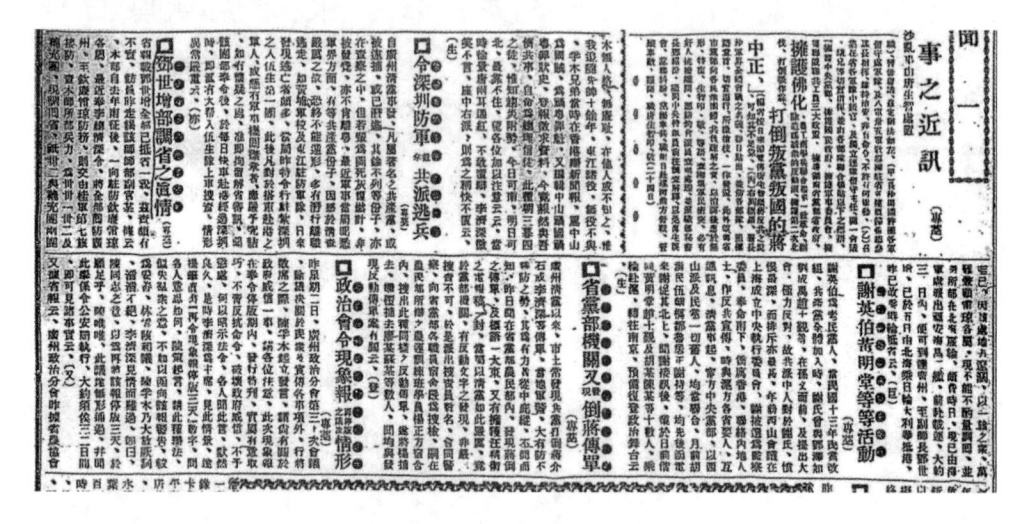

《香港工商日报》1927年6月14日
邓世增部抵省情况

《香港工商日报》1928年5月1日

邓世增捕获刘朱华

前邓本殷之旅长刘朱华……为邓世增所侦悉……

《香港工商日报》1928年6月29日

邓世增整顿警政

邓世增自任公安局长以来，对于所属警察，时求锐意革新，警察人才尤为注重……

卫戍部勒令禁绝烟馆之原因

昨卫戍司令邓世增，忽然下令将全市谈话馆（烟馆）大搜特搜之后，连随禁止不准再设……

《香港工商日报》1928年7月3日
邓世增对保安队索民团案之处置

……嗣后倘有不奉命令擅自办案者，以私擅逮捕论罪，严为惩办，决不瞻徇……

《香港工商日报》1928年12月29日

邓世增口中之四大政闻

……一、省府主席问题，因李主席事忙，无暇兼顾，已由中央改任陈铭枢担任……二、缩军问题……所有总部统属之军队，决定改编为四师及若干独立旅……三、政治分会，实有存在之必要……中央若有明令，亦当奉令废止……四、善后问题……各善后区，系非正式的政制，将来或改为行政公署……

《申报》1927年6月5日

邓世增部抵省

邓世增就警备司令职

◎邓世增部抵省
▲邓所遗警备司令缺
△桂军开赴接防钦廉

【广州】第十一师副师长邓世增所部团长张瑞贵部第一第三两营，及师部直辖炮兵营工兵连，於三十日抵省，师部现设八旗会馆，一俟该师团第二营及三十一团续到，邓即定期就广州警备司令职，刘所遗高雷警备司令缺，将以第三十三团长余汉谋升充，并由桂军富局调桂军吕焕炎部接防钦廉，另调黄旭初部填驻龙州，粤境，接防钦廉。（四日上午八时）

◎广州各界要讯

《公评报》1928年3月21日

邓世增再令严禁私娼

◎邓世增再令严禁私娼

十九日市公安局长邓世增通令各区署云，案查本局厉行查禁私娼，原为维持风化以保公安起见，前经颁定取缔办法九条公佈执行，并迭经饬区严厉查禁有案，乃禁者自禁，而犯者自犯，大有野草烧不尽，春风吹又生之慨，殊属玩视功令，大干例禁、亟应严查拿禁，以肃风化，而正人心、除分令外，为此令仰该区署分署即便遵照，迅即查照须定取缔私娼办法，分别严查拘禁，无论私娼嫖客、窝家及媒合人等，一律拘案解究，毋得稍存庇纵，致干重责，切切此令。

六、《广东省政府周报》《市政公报》节录

《广东省政府周报》纪事第十一期载

总部委任邓世增为第八路总指挥部参谋长……

纪事

总部委任邓世增为第八路总指挥部参谋长调张文为刚参谋长

▲经过饬本府各厅及市府一体知照

广东省政府令 军字第八三号 令九厅广州市府

为令知事：现准国民革命军第八路总指挥秘书处通报内开：迳启者：现奉交下前总司令部务字第八六五三号令，开：为令知事：兹委任邓世增为该部参谋长，调张文为副参谋长，除分令外，合行令仰即便知照，此令，等因。奉批秘书处通传等因。奉此，相应通知，即希查照为荷，等由。准此，除分行外，合行令仰即便知照，此令。

▲本府奉通饬知照

（一）函复国民政府秘书处查照

国府秘书处电告驻汉国民政府结束

广东省政府公函 文字第二三九号 十六，十，八。

（一）通令本府九厅广州市府知照

广东省政府令 军字第八三号 十六，十，十八。

四九

广东省政府周报《军事》第二十期载
广州卫戍司令邓世增于一月一日就职

廣東省政府週報 軍事 第二十期

政治會議廣州分會

廣州衛戍司令鄧世增於一月一日就職

（一）令本府各廳廣州市府知照

軍字第八二號

廣東省政府令

令本府各廳　廣州市府

為令知事：現淮廣州衛戍司令部第一號公函開：案奉國民革命軍等八路總指揮李令開：茲派鄧世增為廣州衛戍司令，清理，則來日方多，窒碍尤甚，在職局對于此等共匪，無審理之權，則勢必日積日多，在職局管轄之懲戒場，對于收容共犯，既有加無已，則勢必滿坑滿谷，而在共犯之因嫌疑被逮者，無主管機關為之澈查，分別辦理，如有誤會拿押者，亦瘦骶堪虞。局長有見于此，諳批請鈞府察核，應否迅設請黨機關，清理積案，抑應如何辦理之處，伏候批示祗遵，等情。據此，查核所陳各節，不為無見，第事屬清理共犯積案，應請鈞會酌核辦理，除批飭候呈核辦外，理合攄情専呈察核，應如何辦理之處，伏候批示祗遵。等情。據此，清理積案，應請鈞會酌核辦理，抑應如何辦理之處，伏候批示祗遵。

謹呈

此令，等因。奉此，遂於本月一日就職，除呈報及分咨外，相應函達貴府查照，等由。准此，除分行知照外，合行令仰即便知照，此令！

國府令飭拿辦吳佩孚

（一）令本府各廳廣州市府飭屬嚴緝

軍字第八一號、十四

令本府各廳　廣州市府

為令遵事：現奉國民政府第一三四號令開：吳逆佩孚，殃民禍國，萬罪至深，逃竄川邊，陰謀煽亂，迭經電飭緝拿，未獲解京懲辦，偷任漏網，法紀何存，該將領等，一體迅拿究辦，如或膽敢隱匿，自犯通緝，毋稍疏蹤，切切此令，等因，奉此，合亟令仰遵照辦理，除分令外，合行令仰，即便遵照，通飭所屬嚴緝該逆究辦為要，此令！

花縣黨部電請派剿該縣農匪案

二四

广东省政府周报其他行政事项第四十三期
关于八路军总部咨知总指挥因公赴京暂由该部邓参谋长代行代拆案

关于八路总部咨知总指挥因公赴京暂由该部邓参谋长代行代拆案

▲分令所属各机关知照

(一) 咨复八路总部

广东省政府咨 军字第三二号 十七，七，十三，

为咨复事，现准贵部咨字第八六号咨开，本总指挥因公赴京，部务交由陈军长铭枢代拆代行，陈军长未到以前，暂由本部邓参谋长世增代拆代行，请查照，等由准此，当经饬属知照在案，除令行外，相应咨复查照此咨

国民革命军第八路总指挥部

(二) 令各机关

广东省政府令 军字第三二号 十七，七，十三．

令 本府各厅 各区善后委员
高等法院 地方税委会
广州市府

（乙）司法

政治分会函复关于本府对高等法院用令案

(一) 令高等法院

广东省政府令 法字第八号 十七，七，十，

令 高等法院

为令知事，现奉政治会议广州分会第一四六号函开：迳复者，顷呈阅关于该府对於高等法院行文用令，保遵照本会议决案办理，现奉国府令，改用公函，应如何遵办，饬核示遵一案，荣经本会第一百十九次会议议决，司法制度未能完

《市政公报》纪事

邓世增厉行刷新警政

市公安局长邓世增近为极力整顿警政及考察市内各区署职员勤惰起见……抵五区署巡视……

●邓世增厉行刷新警政

市公安局长邓世增近为极力整顿警政及攷察市内各区署职员勤惰起见，十七日午十二时，特偕同行政课长王李子另衞兵多人，乘汽车前往，先抵五区署巡视一遍后，始按次至五区一，五区二，一区署，四区署，四区三，四区二，四区一等署分别巡察，对于各职员工作及警兵之驻所情状，与内勤事务等，均施以详细查攷，闻一俟全市攷察完竣后，另计划整顿办法，实行措施云。

高压线附近搭掛金属物质，一概剪除，及所有电箱电线，嗣后务须预为防范，毋稍疏忽各在案、惟此案关系重要，筹划善后办法，不厌求详、现复孤取缔课长李忠、技士邓焕等覆查当日肇事情形、及安筹防止方法去后、旋据复称、职等遵于本月十一日、会同电力公司中西工程师、率同工匠驰赴该地查勘、并安筹防止方法、据工匠称、当事发生时、公司曾派往该处查勘、见数处街线燃烧、即将高压线撃撤开、断絶高压电线流通至低压电桿线、电製撤开后、该低压线本应无电流达到、唯以手按之、觉手震不已、显然尚有电流通过、后将窩澤线相连接之处剪除、方无电流通过、甚该工匠所述、及职等所查勘此次洩电、决定其为高电压线与低电压线被金属物相连接所致无疑、其防止方法、须随时将所有附带电桿上之金属物除去、并安置自动保险製、以便高电压线电流涌过低电压线时即能开製、以免再发生洩电情事、至於电力公司安置电火箱、不择适宜地点

八二

七、《蒋中正文物》选辑[1]

陈铭枢电蒋中正：邓世增参谋长电催任公（李济深）速返。（台北"国史馆"藏）1928年3月31日

---

[1] 中国台湾台北"国史馆"藏。

李济深函蒋中正：据邓世增、冯祝万复电称：军政各费短绌，……请中央令行粤海关每月就近拨回粤款一百一十万元……（台北"国史馆"藏）1929年1月22日

1928年邓世增为《商业特刊》第一期题词

题词

商战纵横，优胜劣倾，不有宣传昌以竞争，伟哉此编，提挈商情，建货殖之枢纽，树珠海之先声

邓世增题

李济深被扣南京，邓世增图兵谏蒋介石

一、《白崇禧传》节录

李济深被解除广东省政府主席以后，即息影广西苍梧大坡山料神村家中，武汉事变后他曾电责胡宗铎，令其速向中央自劾。今接到中央政治会议决议，促其出来调查武汉政治分会改组湖南省政府事件，李济深即召集他的亲信邓世增、冯祝万、李民欣、张文等商量。唯众意纷纭，踌躇未决，乃电邀黄绍竑来梧一商。黄氏由南宁来到，认为武汉事件必须大事化小，敦促李济深出来息事宁人。李氏接纳黄绍竑的意见，乃动身北上。3月11日，李济深到上海，李宗仁即接他到"融园"住在一起。

白崇禧一到香港，即入广州晤第八路总指挥部参谋长邓世增。邓氏说，李任公被扣的消息传到广州，群情激愤。3月23日，蒋先鼐、蔡廷锴、余汉谋、陈章甫、李振球等人，联名致电蒋介石，指责无端扣留李济深的卑劣行径，并迫切要求即日恢复李济深的自由。未几，广东省党部和省市民众团体亦纷纷通电响应。邓世增又说，他已召集李任公的嫡系将领徐景唐师长和王应瑜旅长商议，他们主张进行兵谏。但此一建议已为陈铭枢、陈济棠所压制。原来两陈北上赴宁出席"三全大会"，陈铭枢过香港时住英皇酒店，因酒店失火，从四楼跳下伤足，留港就医。陈铭枢传话来穗，他不赞成兵谏。陈济棠到上海时，国民政府文官长古应芬已派人在那里等候他，要他立刻折返广州，收拾粤局。说到这里，邓世增把陈铭枢、陈济棠于3月30日的联名通电给白崇禧，其中有"其有谋不利于粤，而牵入战争旋涡者，则粤人公敌。"白崇禧阅电后，知粤局不可为，遂于当日（即3月30日）下午4时搭商轮返港。

3月31日，白崇禧偕张任民从香港搭"大明"轮返梧州，过三水时，忽见黄绍竑从那里上船，真是可谓巧遇，白问黄："为什么来这里？"黄绍竑说："接邓世增电，邀来广州商时局，连夜赶到梧州，再乘'南强'小轮到三水，准备从这里搭火车去广州。"一进车站，见第八路总指挥部副官处长李少毅正在守候，而且形色张皇，李少毅拉我到偏僻处告诉我："陈济棠已到广州，接管了第八路总指挥，邓参谋长请你立刻回去，不要自投罗网。"刚巧"大明"轮入口，所以我就上船了。白崇禧在非常困难情况下同黄绍竑久别重逢，彼此都有一番感慨，张任民问白崇禧："来日大难，你有钱吗？"白打开他的皮箧道："就是这六万元，别无所有了。"[1]

二、《政海秘辛》节录

这篇演说，无异是宣布李宗仁的罪状，表明了对武汉用兵的决心。李济深即于是日从暗中监视改为公开监禁，蒋把他送到汤山温泉"休息"去了。

当李宗仁在上海发现情况有些不对，曾派第八路总指挥部副参谋长雷飚去南京密劝李济深，及早设法离开南京，如果他无法同李济深联系，就找李民欣用李任潮名义电致广州总指挥部邓世增参谋长，说明如发生变故，则粤局政治由陈真如（即陈铭枢）、军事由陈伯南（即陈济棠）负责。结果雷也找不到李泽霖（即李民欣），他回到上海同李宗仁商量，选用李济深名义将上面的意见电邓转达，后来事实证明这份电报并不起什么积极作用。

原来蒋对粤局早有布置：1928年11月21日，蒋就准李济深辞去广东省政府主席兼职，另任陈铭枢为广东省政府主席。这是一石二鸟之计，一以削弱李济深在广东的领导地位，一以笼络陈真如以孤立李任潮。李因知蒋的用心，故在交代省府职务后即回到苍梧乡下静养，一直等到接召开编遣会议的通知，才邀其心腹亲信冯祝万、邓世增、李民欣、张文等商量行止大计，后又邀黄绍竑来晤，乃决定去沪。但他完全没想到这一去，就被蒋介石抓起来了。

当李济深被囚的消息传到广州后，各方面人士十分震惊。第八路总指挥部参谋长邓世增召集徐景唐、王应瑜等师旅长会议，主张兵谏。但那时掌握广东大权的陈济棠、陈铭枢已去南京参加国民党"三全大会"。陈铭枢到香港时住英皇酒店，因酒店失火，从四楼跳下伤足，入院就医。陈济棠到上海时，国民政府文官长古应芬已在那里等候他，力促他立即返粤坐镇。陈、古是拜把兄弟，在政治上陈济棠一向唯古之命是听。3月30日，陈济棠和陈策乘兵舰由香港到广州后，即与陈铭枢、蒋光鼐、蔡廷锴等发出联名通电拥蒋，电文中有"粤省军队为党国所有，不以供一派一系之指挥驱策；粤省之财，皆粤人卖儿贴妇之膏血，不以供一派一系之浪掷牺牲"等语。

李宗仁到香港后并未耽搁，即入广州。那时陈铭枢、陈济棠都未返粤。邓世增仍派军乐队到广九火车站欢迎。邓世增说："白崇禧两天前曾经到过广州。"李宗仁提出了一些李济深被扣后，邓应当怎样应付粤局的意见，即

---

[1] 程思远著：《白崇禧传》，北京华艺出版社，1995年出版，第124页、第128页。

告别遄返梧州。[1]

三、《新粤桂战争》节录

1929年1月间，中央在南京召开全国编遣会议。问题的核心，固然在长江黄河一带，但两广也是不能例外的。而受到召集的李任潮，对应否出席会议，颇费考虑。他回到自己的家乡大坡山乡下，踌躇未决，要我前去商量。冯祝万、邓益能、李民欣、张文，都在他家里，参加商讨。有主张出席的，也有主张不出席的。我到后，竭力主张应去出席。我认为必须裁减兵员，国家才可谈建设，革命才可告成功。同时因为我自己正在广西进行地方建设工作，也不愿发生意外的阻碍。李任潮采纳了我的意见，遂动身赴南京。这个难题解决之后，我也很愉快地回到南宁，安心致力我的工作。不料到了3月间，武汉北平问题发生，第四集团军解体，李任潮在南京不能自由。问题的核心，一转就到了两广。广州方面电邀前去商量应付的办法，并派专轮到梧州迎候。我连夜赶到梧州，乘南强小轮，前赴三水。到三水时，第八路总指挥部副官处长李少毅，正在火车站守候，形色张皇，不似前来欢迎的样子。他一见到我，即拉我到一个僻静的处所，秘密对我说："广州局势已变，陈真如、陈伯南已就广东省政府主席及广东编遣主任的新职，白剑生昨晨曾秘密到过广州，旋即遄返香港，请你赶紧搭商轮回梧州，切不要到广州去，自投罗网。"我见情形如此，自不能再前进，时适港梧"大明轮"进口，就搭船回梧。真是无巧不成书，在船上，忽然发现白健生，他很秘密地躲藏在一个房间里，相见之下，千言万语，不知从何说起。原来他是前数天从天津搭一艘日本的货轮，秘密的偷过上海。当船到上海时，南京方面派人上船严密搜查，他伏在船主房内的衣柜里，未被发觉。前天到达香港，当晚即乘船入广州，昨天早上到广州，而广州局势已变，由公安局局长邓益能调停，方能自由转回香港，即由香港乘这船回梧，适巧和我相逢。[2]

四、《以陈济棠取代李济深是蒋介石阴谋》节录[3]

李济深被蒋介石扣留之后，他的属下军政人员对此事有什么反应呢？有一天，我偕同周勃雄到朝天街张文副参谋长（第八路军总指挥部副参谋长）公馆去座谈。周氏首先向张氏询道："任公（称李济深）事件怎样？"张氏答道：

---

[1] 程思远著：《政海秘辛》，北方文艺出版社，2011年出版，第1-12页记载。

[2] 黄绍竑著：《五十回忆》"新粤桂战事"，岳麓书社，1999年4月，第188-214页。

[3] 李复才撰文。

"各高级将领在总部已经开过两三次会，结果，还是审慎从事，先由邓（世增）以参谋长代总指挥职的个人名义去电南京，申询蒋介石。这封电报，在先晚已经发出。"果然，这封电报发出之后，翌日，广州各报，全文登刊出来，尤其是广西各报，也用大字标题转载出来，这封电文的内容是：

南京蒋总司令钧鉴：惊闻任公汤山被扣，此间未遑置信，然空穴来风，未必无因，恳公勿听小丑而自坏长城，倘竟公终获罪，恐无以平第八路军全体将士之心也，惟公垂誉焉。

（署名）代第八路军总指挥邓世增

从邓世增以参谋长代总指挥发出这个电报之后月逾，蒋介石和他的国民政府还未见透露出什么消息。于斯时间，在李济深辖下的第四军军长陈济棠（字伯南，广东防城县人，广东陆军小学毕业），第十一军军长陈铭枢，已于这个电报发出后不久，联袂遄赴香港，海军江防司令陈策，也于电前去香港治疗足疾。迨至1928年冬间，三陈（指陈济棠、陈铭枢、陈策）突然奉蒋介石和他国民政府命令乘坐海虎舰驱驶入广州省河，在舰上宣布接就新职，以陈济棠接任第八路军总指挥，陈铭枢接任广东省政府主席，陈策仍任海军司令。这不但取李济深而代之，甚至连黄绍竑率领入粤平乱之两师桂军，及保荐在粤任职的文官武职人员，下令随部队开拔返桂（这时笔者也随部返桂）。这时广东方面，有如树倒猢狲散，群龙无首的现象，只有一个邓世增，广东局势大变，而邓世增呢？也就成了第八路军的移交人了。

五、《李洁之文存》节录

1928年夏，北洋军阀大部分被国民党消灭，西南西北各省的小军阀次第归附，是年10月，蒋介石在南京就任五院制的国民政府主席。不久，东北张学良也宣布易帜，蒋介石为了实现他的军事独裁统治，接纳政学院首脑杨永泰的献策，用"削藩"的办法，加强中央集权，于1929年初召开编遣会议，以实行裁军从事建设为名，设法削弱非嫡系部队。因此，引起李宗仁、白崇禧、李济深、冯玉祥、阎锡山等新军阀的不满，各自筹谋对付之策。

李济深向有黄老哲学的修养，对此采取阳奉阴违的态势。于3月1日将第八路军总指挥部改为广东编遣区主任办事处，各军改称为师。各师改称为旅。以陈济棠的第四军改为第一师，徐景唐的第五军改为第二师，第十一军改为第三师（以蒋光鼐任师长）。蔡廷锴部改为第二独立旅，邓世增部改为第一独立旅。以为敷衍，但实力并未减少。

李宗仁、白崇禧与李济深以广西同乡关系联成一气，以武汉为抗蒋根据地。各自集结兵力，互相呼应，但仍不敢公开反蒋。而蒋介石亦并不因此改变其已定的排除异己的方针。蒋所要排除的第一个对象便是李、白和李济深，于是便一面公开劝告李、白要服从中央命令，一面集结兵力向武汉进迫，并以金钱官职去收买李、白的部属，如俞作柏、杨腾辉、李明瑞等，以瓦解李、白势力；同时派吴稚晖来粤，请李济深到南京出席国民党中央执监联席会议，并商谈和平解决各军编遣问题。

陈铭枢从北伐升任第十一军军长时，便投入蒋介石怀抱。李济深为了拉拢陈，虽将广东省政府主席职位于前一年8月让给陈铭枢。可是陈铭枢和蒋介石却联系得更紧，将李济深所作所为向蒋告密以资邀宠。蒋虽利用他去推倒李济深、但唯恐陈难驾驭，而不敢授予兼摄军权。古应芬窥知蒋意，欲乘机在广东树立自己的势力，便与胡汉民同谋，向蒋推荐陈济棠代李济深掌握广东军权。其时蒋介石派在李济深幕内的坐探冯祝万，也向蒋作同样的条陈，于是蒋便决定仍以陈铭枢掌握广东政权，而以陈济棠掌握军权，使之相互牵制，以便从中操纵。这便是陈济棠取得广东省军权的来由。

陈济棠原是李济深亲身提拔起来的。当他接到古应芬的通知后，便故作镇静。一面下令所属部队开往粤北集中，伪作李的后盾；一面怂恿李前往南京，并向李表示愿同赴南京出席会议，以坚定李的信任。李济深在蒋、吴（稚晖）和两陈的阴谋圈套下后于3月下旬欣然就道，到了南京就被蒋介石扣押起来。

广东将领如邓世增、蒋光鼐、蔡廷锴、余汉谋、陈章甫、李振球等原来都是拥李的，得到李被蒋扣押的消息后，各人虽很愤激，但因群龙无首，唯有等待到南京去的陈铭枢、陈济棠回来主持大计。哪知陈铭枢经香港时，跌跛了脚在港留医未北上。于此时派范其务回来劝告将领要拥护中央讨伐李、白；陈济棠则尚未入京，也于此时衔命由上海南返。到香港后改乘陈策派来的海虎舰返广州。初时他唯恐各将领反对，还不敢公开表示拥蒋。暂逗留舰上，不敢贸然上岸，迨表示就任蒋介石所任命的广东编遣区主任职务后，他分别请各将领去谈话。伪装十分沉痛的心情说："李、白拥兵自大反抗中央。固然不对；而蒋介石把持中央，剪除异己，穷兵黩武，动摇国本，罪恶尤大。为使广东能摆脱战争的旋涡，从事"三民主义"建设，展堂（胡汉民字）、勷勤（古应芬字）两先生和各元老，都劝我不要灰心失望，应该回广东去负起责任，安定各将领心情，徐图补救。现在任公（李济深）已失自由，本人只得忍辱负重和大家寻求新的途径来救国救民，并可营救任公出险。"等语。

六、《黄埔军校续办第七期始末》节录

迨至 1929 年春，李济深在南京被蒋介石扣留于汤山后，李扬敬要唐灏青（此时唐已转任教育长办公厅主任常驻燕塘）召集全体教官和学生讲话，叫学生反对校长（蒋介石）无故扣留副校长（李济深），并谓校长的一生事业都是由于副校长的襄助而成功的，如今竟遽然扣留副校长，光在道德上就应该加以反对……云云。不久，代校务何遂召集全体学生训话时，则强调说学生在求学期间，就应当关起校门去埋头读书，对于校门以外任何事情，都绝不应当去管，以免分散精神影响学业云云。接着何遂并以校长的命令，将第七期学生由燕塘迁回黄埔。

及后，李济深之总指挥部参谋长邓世增等联合了桂系李宗仁、白崇禧、黄绍竑等进行援李（李济深）倒蒋，邓将广东所有的部队纷纷调到西北江等地去，却把黄埔第七期学生调到广州大沙头任广州警卫，并负责监视空军和大沙头飞机场。当时邓世增曾亲对第七期学生讲了一次要学生参加反蒋的话。但不到第三天，陈济棠背弃李济深投向蒋介石，受蒋介石任命为广东编遣区主任及国民革命军讨逆军第八路总指挥职，接掌了广东军政大权。[1]

七、1929 年 3 月至 4 月《广州民国日报》节录

民国十八年三月二十五日（1929 年 3 月 25 日）

要闻：蒋介石扣留李主席后的粤局；李宗仁二十三晚由沪抵粤垣；陈蒋二人先后返省，范石生将由郴来粤；陈真如因病不多言，当局有希望和平说

广州政治分会主席兼第八路总指挥李济深，此次出席中国国民党第三次全国代表大会，被蒋介石无故扣留，囚诸汤山，此间军政各界，闻知确实消息后，激愤异常。除由邓参谋长世增，去电质问外，连日关于本省治安，积极布置，并拟不得已时，将以武力要求和平，因此日来全粤空气，异常紧张，兹将所得重要消息，分志于下：

总部决定暂不结束 第八路总指挥部，原定 3 月 15 日结束，各处科均已准备一切，唯自蒋介石监视李主席消息传至广州后，总部为应付时局起见，现决定暂不结束，日中照常办公，连日各职员办理公事，非常忙碌。

总部省府将发宣言 总指挥部及省政府两方面，以蒋介石如此妄为，若不悔祸，不啻甘心毁法乱纪，破坏和平，拟于日间发出一种对时局之重要宣言，使民众了解一切，共同合作。

---

[1] 陈庆斌：《黄埔军校续办第七期始末》，"峥嵘岁月：黄埔师生谈黄埔"，广东省黄埔军校同学会编，广州师范学院印刷厂，1991 年 9 月印行，第 112-119 页。

出师之准备 蒋介石一面扣留李主席，胁制"三全大会"，一面调集重兵于江西安徽，向两湖进发。两粤当局万不得已，做救党救国之准备，昨经通饬各军，一体枕戈待命，不日出动者，为第十五军之吕焕炎师、黄旭初师，第十六军之王应榆师、许克祥师、范石生部，第四军之余汉谋师、陈章甫师、香翰屏师，第五军之李务滋师、云瀛桥师。此外尚有第十一军之蒋光鼐师、戴戟师，第五军之邓彦华师，及邓世增、龚杰元之一部等，均可随时调用，兵力异常充足。

三铁路准备运输 粤汉路除指定二号、五号两车头专供运兵北上外，昨并加拨 101 号、102 号两新车头应用，广三路由 24 日起拨出专车运载转车北上，广九路亦由 24 日起，接载陈部返省北上，各车务人员异常忙碌。

军实草鞋之补充 兵工厂现已加开夜班，各军军实已饬库照数拨足，草鞋为行军要物。24 日已绝市，着陆续订购，其余水囊脚绑等亦购备大帮，交粤汉路运韶，甚为忙碌。

兵站医院之设备 总部为有备无患计,已饬军需处处长马炳洪筹办兵站,并令总医院长李济汶,扩张院务,整顿韶关分院,筹设野战病院,救伤队等,以备临时之需。

令宪兵检查军装 总部昨令宪兵各大队长克即检查军装,领足子弹,静候事态。

军官团分别回营 向军官团报到之军官,现已奉谕分别回营服务,盖因国家多事之秋,求学尚非其时也。

李宗仁抵粤将赴汉 第四集团军总司令李宗仁,经于昨23日晚由沪秘密乘船抵广州,总指挥白崇禧,则早经秘密回抵汉口,故未与同来,闻此次随李总司令到粤者,尚有前总部参谋长张任民,张氏现寓东亚酒店五楼523号房,李指挥寓东山葵园,即晚曾有会议,李总司令拟于25日乘飞机赴汉。如蒋介石始终不悔悟,唯有迎头痛击,声讨其罪,与党人国人共弃之。又据总部副官处处长李青对记者称:李总指挥被扣留后,李总司令宗仁即离沪,以免遭其毒手,李总司令经于昨23日晚乘飞机来广州,商议一切,将仍任总司令。不日飞回汉口,查昨晚本市确闻飞机声,料系李氏所乘者。

陈济棠蒋光鼐返省 第一师师长陈济棠,于未抵沪前,已接吴稚晖电报,立尅（克）回粤,经于昨23日乘轮安抵省城,又第三师师长蒋光鼐,已于22日乘"广州号"飞机抵省,均晋谒黄主席。

行营人员已委定 顷据军界消息,总部准备蒋介石不悔祸时,即于10日内出发,闻经委员担任行营工作,行营参谋长为张文,秘书长为黄香蓉,参谋处处长由张谓文兼,副官处处长为黄某,其余处长以下多由总部人员兼任,或饬调出发云。

总部直辖特务队成立 总部现为扩充实力,便利差遣起见,增设特务营一营,直属总部管辖,查该营现经组织成立,唯人数未足,暂编为特务大队,并为节省经费起见,队长一职,则该部副官张樊兼充云。

测量局赶制军用地图 广东陆军测量局,自李主席被蒋中正监视,消息传来后,而军事行动决难避免,地图一项,系为军事最重之需,尤其是江西及两湖诸省,地当全国中枢,更应绘制详密,以利军事动作,查该局近日绘制该处地图,认真加紧工作,虽星期日仍照常办公云。

总部通令军警维持治安 总部昨发出通令云,查广东省内各军政长官,此次多赴京出席第三次全国代表大会,省内军警各机关及部队各职员,咸有维持地方治安之责,务须格外勤慎供职,勿得稍懈,并仰在此一月内,该各机关及部队，应加派值日人员，以资办事迅捷，各重要职员，尤应值宿在公，随时督察所属为要云云。

吕焕炎由韶关出发赣边 驻韶国民革命军十五军抵第三师吕焕炎部，现奉令前往南雄驻扎，负责办理赣边剿匪事宜，某师部亦将于下星期内前往，所有原驻各属及马坝乌石逼田一带之部队，则均限三日内调回韶州，集中出发南始，截至24日止，闻已抽调完峻，至师长吕焕炎，日前来省向黄军长绍雄请示一切，已得黄氏授予机宜，亟应回韶办理，及布置防务，现已决定于25日早，由省乘粤汉专车回韶，又该师连日来，由十五军驻粤办事处，请领各种子弹，及军用品饷项甚多，于22和23日派林副官运上韶关备用。

余汉谋部集中韶关 第一师第一旅旅长余汉谋，为充实兵力，集中训练起见，特饬第三十五团团长巫剑虹，第三十二团团长叶肇，集中、听候调遣，巫、叶两团长，奉命后，均经准备一切，第三十五团业于昨令该团官兵由省乘粤汉专车出发集中，第三十二团日间亦准备开拔云。

陈章甫部调防韶关 原驻南岗及增城一带之陈章甫部，第七十四团各营，昨奉总部命令，调防北江，以巩固北门锁钥，闻番、增一带匪患，叠经前第二十五师驻防"清剿"，早已敉平，现在各乡因办警卫队已足保卫板里，故总部檄调该团北上保卫边关，昨经开拔乘车赴韶，军容甚盛云。

第四军部队抵韶说 总部以驻韶吕焕炎部，完全由韶出发，特调香翰屏所部第三十六、第三十五两团驻防，该两团22日、23日已抵埗，军风两纪，异常严整，且所携各种辎重炮械子弹甚多。

骆凤翔进驻黄埔 新编第一师现已黄埔治安，亟应慎密保护，使军校学生得专心学习，故特派第一补充团骆凤翔部，进驻黄埔，查骆部奉令后，经于昨24日开拔赴黄埔驻防云。

范石生由郴来省说 第十五师师长兼第十三旅旅长范石生，有将所部缩编完竣后，经电饬参谋长李柱中，将编遣经过情形向总指挥部报告一切。记者昨据可靠消息，范师长以对于所部及防务事宜，亟待有所指示，顷亲行到省与总部参谋长邓世增，筹商一切事宜，日间即可由郴州原防首途来省云。

第一师补充团集中南石头 第八路军第一师师长陈济棠巩卫东增一带地方治安，本月22日，特令第一补充团（即原日第二十五师第七十五团），拨派部队，前往分防，黄团长奉令，经即于是日檄调所部第三营林寿尧部，遵令开往，该营抵石滩后，当经次第分防。昨24日，旋奉黄团长转奉陈师令，饬即回驻南石头集中候命，林营长奉令，复于是日（24日）遵令由石滩开拔返省，是午全部由石滩乘广九车返省。下午一时即抵埗，旋即列队赴广三码头，乘船过河南转赴南石头，集中听命，至该营离防后，所有石滩附近一带防务，转由陈章甫部第六团（即原日第七十四团）拨队填驻云。

交通营移驻三水 交通营吕定国部，原分驻于石围塘随车护送，并有一部分驻于燕塘东郊一带，集中训练，现驻三水河口一带之第一师第一旅部队。因湘事风云，全数集中韶关，听候命令，至遗三水一带防务，未便空虚。昨总部特调原驻燕塘之交通营全数，于昨23日由西壕口转搭火车，开往三水驻防，保护该处一带地方，以免宵小乘机扰乱治安云。

叶大森部暂行保留 第十五军补充团叶大森部，原有部兵3000余人。此次拨归第十五旅王应瑜部缩编，共编余士兵1300余人，经陆续运返省垣，交总部遣置处资遣。唯现总部以该部军士于革命工作，素有历史，且驻北区以来巩卫地方，颇称得力，一旦将其全部遣散，各士兵向乏营生技能，难免冻馁，现决暂行保留交叶大森领辖，以备分拨各师补充，或另缩一部云。

东区增编部队镇防 自第八路总指挥部决定将两粤军队改编后，第五军军长徐景唐，经即将所部部队，一律缩编。现徐氏又以东区频年叠遭共匪土匪蹂躏，今土匪虽告肃清，而东区地方辽阔，河道纵横，若仅以现在所编之两旅及两团人数镇防，实有不敷分配之慨，若不增加部队，诚恐影响于地方治安，殊非维持地方之道。日前特呈请第八路军总指挥部，准加增一旅，隶属于东区善后公署，以便随时调遣。现第八路总指挥部以所称各节，尚属实情，但增编一旅，似属过多。昨已令饬该军长，即准暂行增编一团及一营人数，归由善后署节制，徐氏奉此，已着手增编，大约数日内，即可改编完竣云。

风鹤声中之陈主席病状 自"三全大会"会议决定于15日开会，粤方各代表，纷纷过港赴宁出席，省政府主席陈铭枢，亦为粤方代表之一，不料于过港之日，突遇英皇酒店火警致跌伤，留港国家医院养病，屡见前报记载，不料湘变事起，时局因谣言而趋严重、陈氏为一省长官，故多有欲其对此事之态度，并知其近况若何。据昨日消息，以访谒时所见，则陈氏伤痕，已有新肌生出，痛苦亦觉减少，精神比前甚佳，大约于日间当能复原，唯有询及陈氏对湘事之意见，及各方所传消息，则陈氏只对曰：近数日来，蒋李两主席之讯，均未接得，既不知事实真相，均无表示，且余为病人，不欲多言，庶不能答君所问云。

当局仍主和平 自当局最近之意，仍主张和平解决，希冀蒋介石回心转意，虽有军事行动，不过防患未然耳，如能将李主席释回，无事不可商量，有不日派人赴宁媾和说。

民国十八年四月二日（1929年4月2日）

要闻：粤中将领拥护陈特派员之和平主张

邓世增辞本兼各职；陈济棠与本报记者畅谈粤局

（专访）本省决定主张和平不牵入战争旋涡，以营救李任公各节详情，经过昨报，昨日为本省宣布和平之第三日，全粤形势，渐趋安靖，兹再将各方情形，探录如下：

邓世增离省赴港

将第八路军总指挥部参谋长邓世增，现以粤省已宣告和平，总部亦已办理结束，本人历任两广军政要职，从未稍暇，异常劳顿，特决定乘此时机，辞去本兼各职，卑资休养。仍于昨31日向当局辞去本兼各职，又查邓参谋长辞去本兼各职后，其所遗职务，第一独立旅旅长，已由特派员委何荦继任。何奉委后，即于昨一日上午八时就职，至卫戍司令职务，亦由何旅长暂代，至公安局长一职，关系维持市区治安异常重要，实不能任令该职久悬，现闻当局有委前潮梅警备司令欧阳驹继任，又有一说则谓将以第三旅旅长陈章甫承任斯职云。

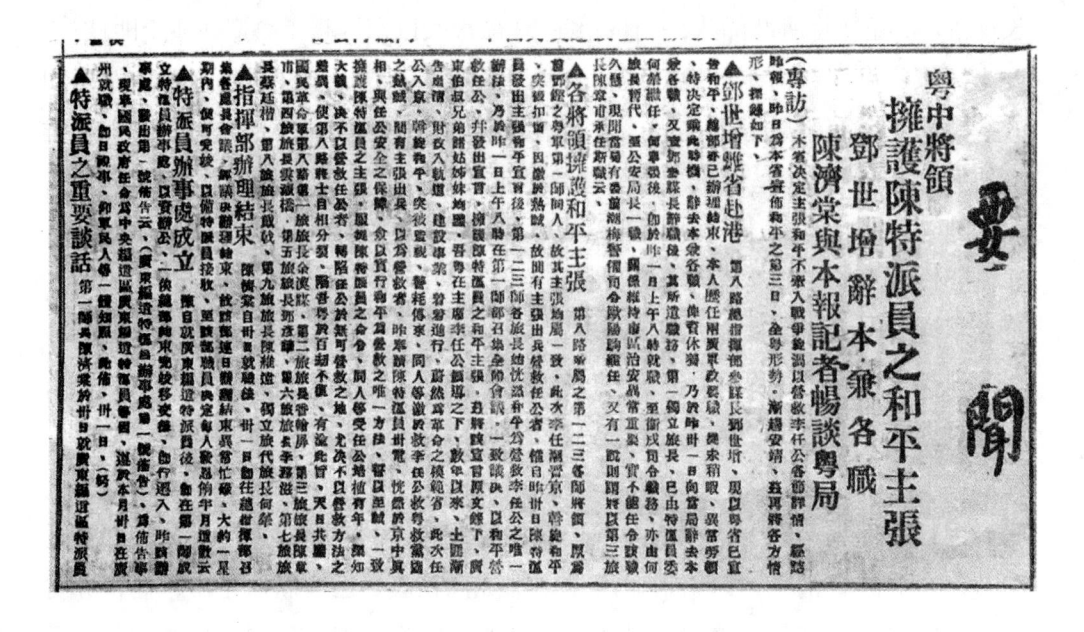

民国十八年四月三日（1929年4月3日）

邓世增冯祝万抵港情形

邓世增冯祝万，于一日下午，乘泰山轮船，离省赴港，业见昨报，查此次同行者，有江筱吕。是晚十时十五分，均已抵港，在港接船者，有省府秘书长孙希文，十一军经理处长翁桂清与黄骚，船舶定后，邓冯二氏，与欢迎者握手，旋即同乘一四九三号私家汽车，直向东转上坚道某宅，另有行李多件，则有其随员召车押去。闻邓世增在港逗留三数天，即行他去，至其行踪，则未确定，冯祝万因与陈铭枢会商，一二日后，或可返省云。

八、反蒋后对邓世增的通缉令（1929年）

广东省政府周报其他行政事项第九十二期

呈复国府严缉邓世增徐景唐案

廣東省政府週報　其他行政事項　第九十二期

其他行政事項

呈復國府嚴緝鄧世增徐景唐案

（一）呈國府

廣東省政府呈軍字第六六五號
十八．六．十五．

呈為呈復事：案奉鈞府第四一一八號訓令，據陸海空軍總司令蔣中正呈請府逆將鄧世增徐景唐二名永遠開除黨籍，並令行全國軍政機關一體通緝歸案究辦一案，邀免冗敍外，後開，合行令仰該省政府遵照，務將該逆等緝獲歸案究辦，並轉飭所屬一體遵照辦理，切切此令。等因。奉此，自應遵照，當經通令所屬一體嚴緝，務將該逆

等緝獲解案究辦在案。奉令前因，理合備文呈復察核。

謹呈

國民政府

（二）訓令各機關

廣東省政府訓令軍字第六六五號
十八．六．十五．

令　民政廳　高等法院　警衛編委會
廣州市市政府　南西北三善後區

為通緝事：現奉國民政府第四一一八號訓令開：案據陸海空軍總司令蔣中正呈稱：竊據廣州陳總指揮濟棠梗未電稱

……此次桂逆，自武漢失敗後，仍敢為禍吾粵，固由李白黃諸逆怙惡不悛，擬以粵為根據，反抗中央，亦在粵軍人鄧世增徐景唐等甘作桂逆走狗，不惜引狼入室，致有此結果。且徐鄧等挾其連年在粵搜括之脂膏，用以運動海軍，收買輿論，以致省城軍政黨機關，無不佈滿徐鄧爪牙黨羽，四出煽惑，譸張為幻，即革命根據地之廣州為此種妖氛所籠罩此次雖伏總理在天之靈，中央之威，以及士兵之用命，將敵擊破。然痛定思痛，徐鄧等之罪，寶浮于桂逆。當此桂逆初敗，該逆等仍四處運動土匪，勾結共匪，擾亂秩序，應請中央令行全國軍政機關一體通緝歸案究辦，並轉請中央黨部開除該逆等黨籍；一面與港政府嚴重交涉引渡，或驅逐出境，以除後患。而安徽國，實為公便。等情據此，查所稱鄧世增徐景唐甘心附逆，擾亂粵嶠，實屬罪無可逭。理令據情呈請鈞府察核，俯賜轉請中央黨部將該逆鄧世增徐景唐二名永遠開除黨籍，一面令行全國軍政各機關一體通緝歸案究辦，並令外交部向港政府嚴重交涉引渡，以除叛逆，而免後患。等情擴此，除飭處函復，一面函達中央執行委員會，並分別令行外，合行令仰該省政府遵照，一面函達中央執行委員會，務將該逆等獲歸案究辦，並轉飭所屬一體遵照辦理。切切此令，等因奉此，自應遵辦。除呈復及分令外，合行令仰遵照，並轉飭所屬一體嚴緝，務將該逆鄧世增於緝獲所屬一體嚴緝，將該逆鄧世增景唐二名緝獲解案究辦，以彰法紀，切切！此令。

廣東省政府呈勞字第一二六號十八，六，廿一．

（一）呈復行政院

□通令各縣長限期調查各該縣農業情形暨租佃關係案

呈為呈復事：頃奉鈞院一八四九號訓令，准中央政治會議咨復，關於保障佃農改良租佃暨行辦法一案，決議限各省府調查呈報，轉令遵辦，等因，計抄發附函一件。奉此，除通令各縣限十月底以前調查具復彙報外，所有奉飭及遵辦緣由，理合備文呈復察核。謹呈

廣東省政府週報　其他行政事項　第九十二期

行政院公报第五十六号训令第一九〇〇号十八年六月八日（1929年6月8日）
令内政部、军政部为转饬通缉邓世增徐景唐案由

訓令第一九〇〇號　十八年六月八日

令內政部
令軍政部

為令遵事案奉
國民政府訓令內開為令飭事案據陸海空軍總司令蔣中正呈稱據廣州陳總指揮濟棠梗未電稱此次桂逆自武漢失敗後仍敢為禍吾粵固由李白黃諸逆怙惡不悛擬以粵為根據反抗中央亦在粵軍人鄧世增徐景唐等甘作桂逆走狗不惜引狼入室致有此結果且徐鄧等挾其連年在粵搜括之脂膏用以運動海軍收買輿論以致省城軍政黨機關無不布滿徐鄧瓜牙黨羽四出煽惑謠張為幻當大塘桂逆未擊破以前即革命根據地之廣州亦為此種妖氛所籠罩此次雖仗總理在天之靈兵之威以及士兵運動土匪勾結共匪擾亂秩序應請中央令行全國軍政機關一體通緝歸案究辦並轉令該逆等開除黨籍一面與港政府嚴重交涉引渡或驅逐出境以除後患而安黨國實為公便等情據此查所稱鄧世增徐景唐甘心附逆擾亂粵醞實屬罪無可逭理合據情呈請鈞府察核俯賜轉請中央黨部將該逆鄧世增徐景唐二名永遠開除黨籍一面令行全國軍政各機關一體通緝歸案究辦並轉令外交部向港政府嚴重交涉引渡以除叛逆而免後患等情據此除函復一面函達中央執行委員會並分別令行外合行令仰該院遵照將該逆等緝獲歸案究辦並轉飭所屬一體遵照辦理切切此令等因奉此除分令外合行令仰該部遵照轉飭各軍市飭屬一體通緝務獲懲辦此令

河北省政府训令第三九四三号

遵照饬属一体遵办务将该逆邓世增、徐景唐等缉获归案究办为要此令

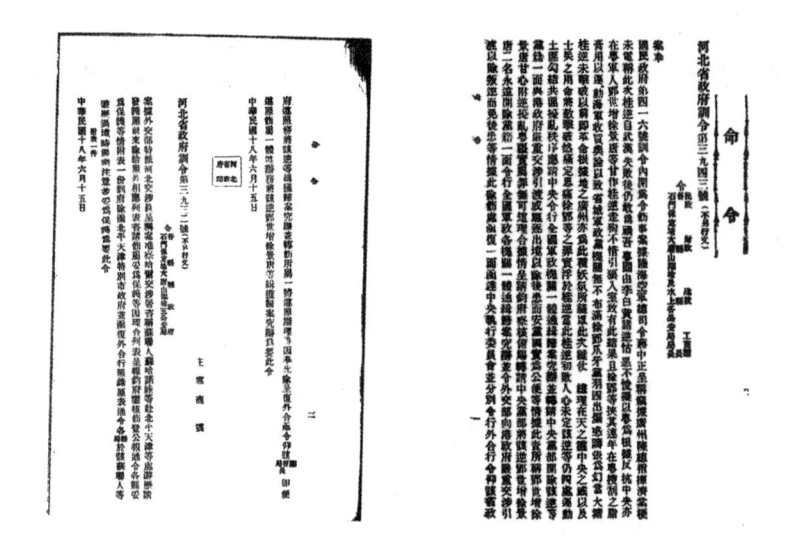

《铁道公报》第七期命令

铁路部训令第一〇三〇号

……查所称邓世增、徐景唐甘心附逆，扰乱粤疆，实属罪无可逭，理合据情。呈请钧府察核俯赐，转请中央党部将该逆邓世增、徐景唐二名永远开除党籍。一面令行全国军政各机关，一体通缉归案究办。并令外交部向港政府严重交涉引渡，以除叛逆而免后患……

中华民国十八年六月五日
部长孙科

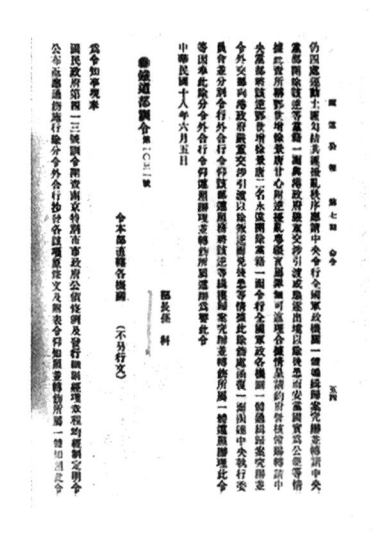

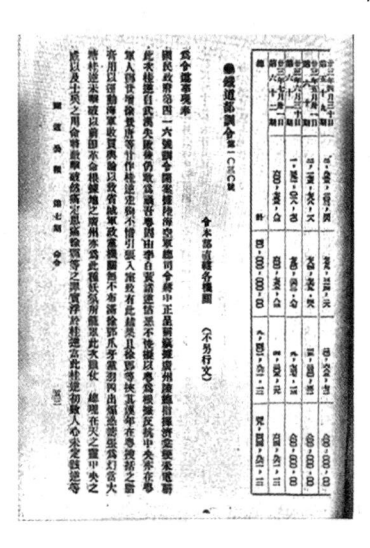

九、《蒋中正文物》选辑[1]

邓世增及将士电蒋中正抄文： 谣传（李济深）被监视，恳勿听从群小……（1929年3月22日）

邓世增籍第八路军全体将士3月22日（养日）自广州致电南京蒋中正：

限即刻到

南京蒋主席钧鉴（密）

李部长任潮，追随我公有年，公忠体国，妇孺皆知，如前次，清党之役，不顾利害，为公后盾。去岁三次晋京，谗言诽语百出不穷。任公屏绝不信，维公电是听。此次"三全大会"，躬率粤中军政各界出席，忠诚贯日，复何可疑。乃道路谣传，任公业经监视等语，甫闻之下极力辟谣。唯空穴来风，未必无因。恳公勿听群小自坏，长倘竟公忠获罪，恐无以平第八路全体将士之心也。唯公重察焉，鹄候电示。第八路参谋长邓世增偕全体将士泣叩。养印。

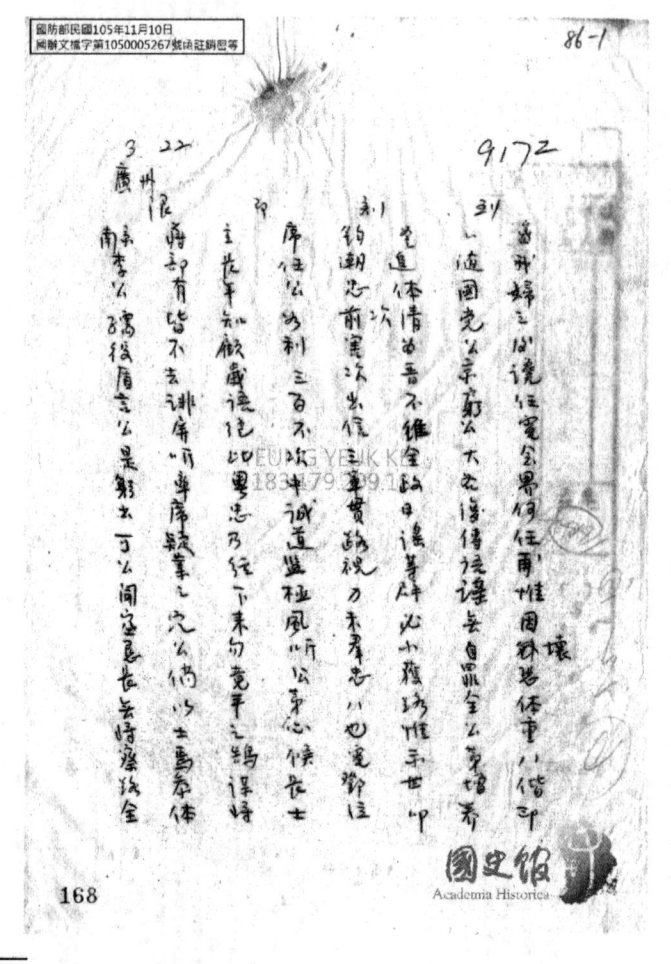

---

[1] 中国台湾台北"国史馆"藏。

蒋中正电复邓世增（电报稿）

邓参谋长益能兄勋鉴：养电悉。任兄行动并未监视，唯劝止无勿离首都职守也。粤中为革命根据地，第八路为革命基本势力之一。我革命将士必能别是非，明邪正。当不为邪说与谣言所动，以自堕革命历史。希为我转达此意为盼。

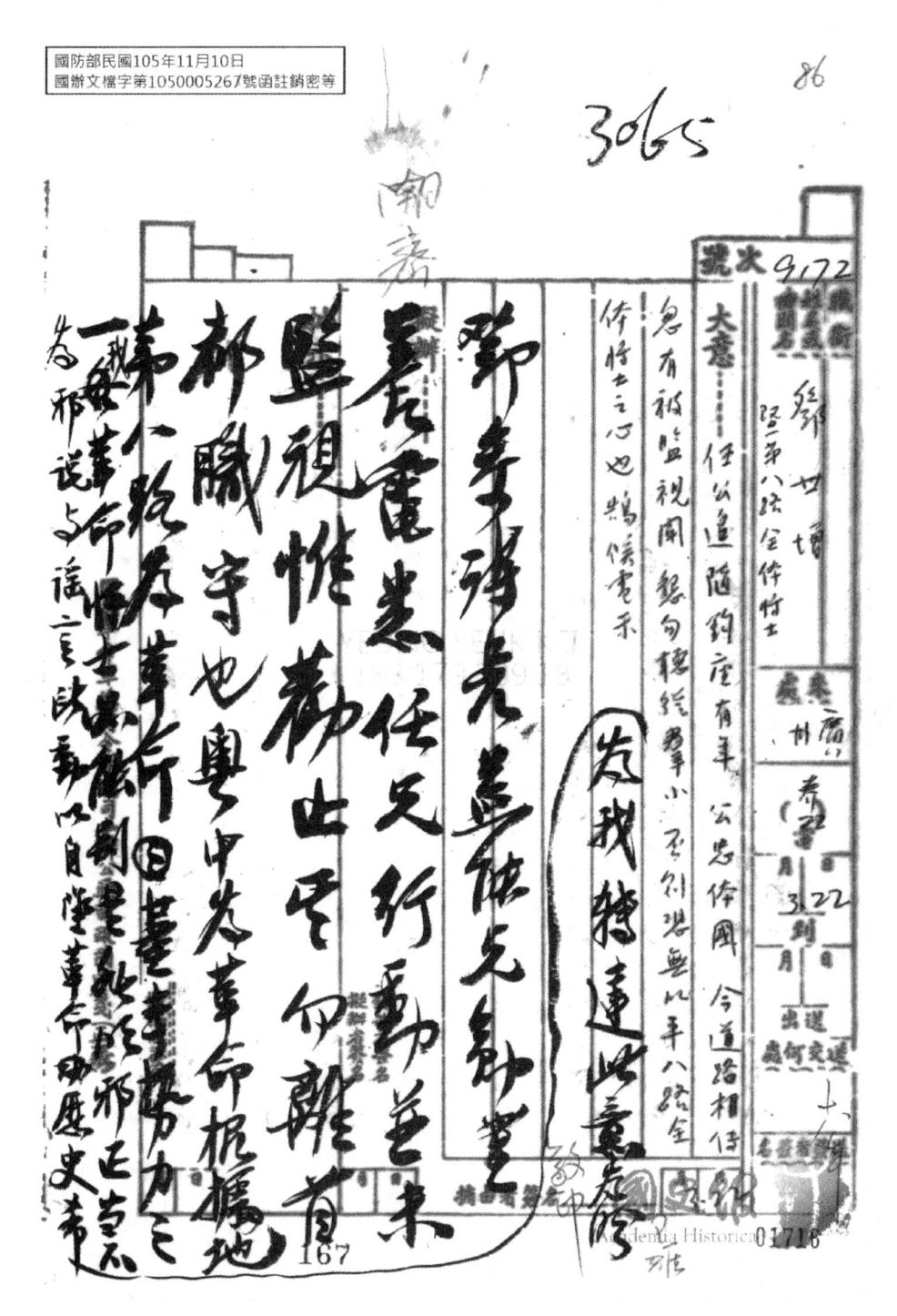

何应钦电冯玉祥、阎锡山（1929年4月4日电报抄文）

南京何总监枢密冬电四月四日到

华山冯总司令、太原阎总司令勋鉴：

枢密，接港电：粤将领咸主和平（之）陈济棠到广州就职，设办事处于河博。黄绍雄甫到河口闻讯即返梧州，邓世增亦离广州。桂军黄旭初部入湘南。吕焕炎北上入赣，悉离粤等语。谨闻，弟何应钦叩。冬印。

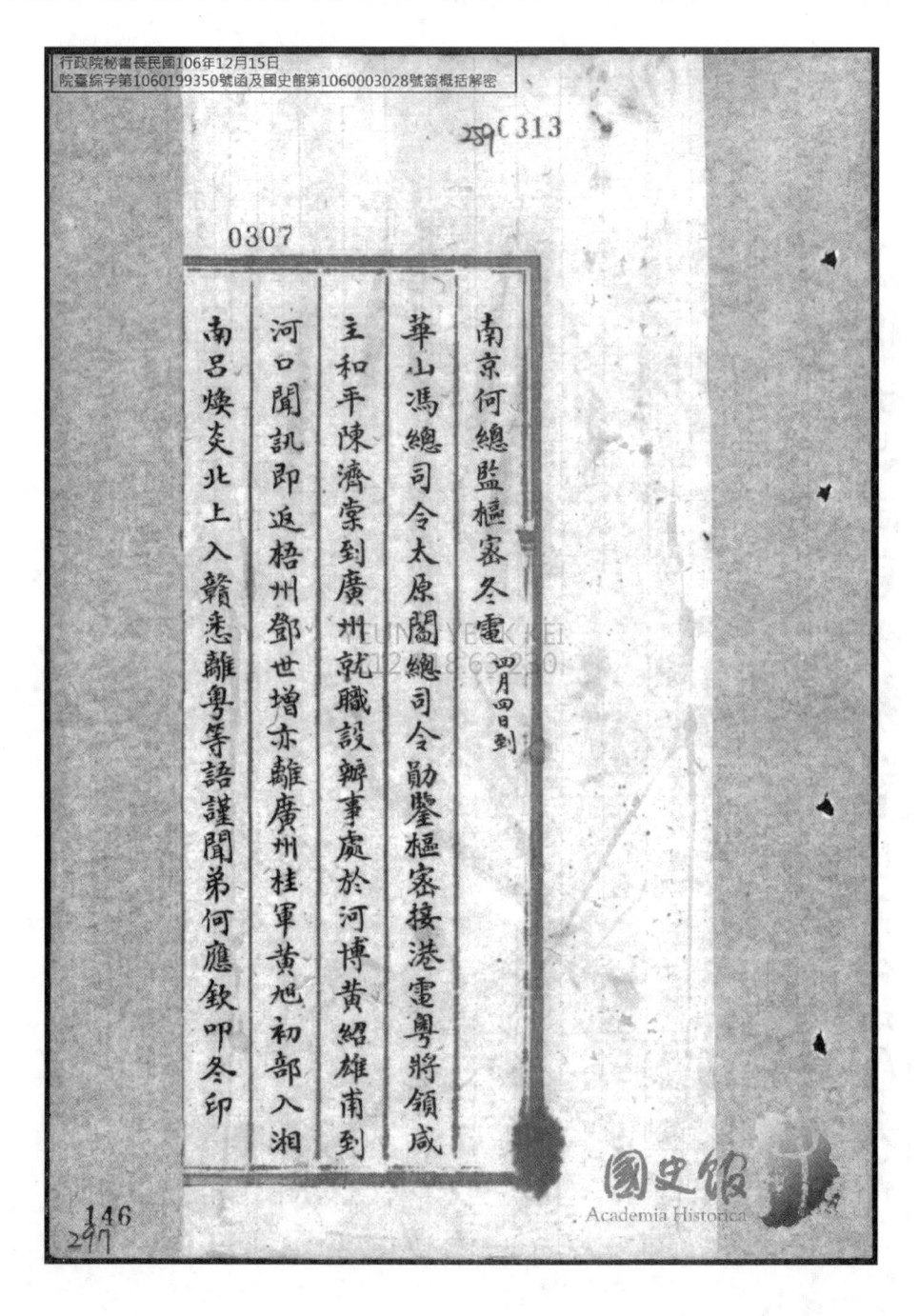

十、《邓世增将军与李济深和民革》

1911年2月邓世增在合浦廉州中学堂读书时，受孙中山革命思想影响，应陈铭枢之邀加入同盟会，响应辛亥革命，参加反清暴动与起义。11月，邓世增和罗侃廷、李昆岩、苏用武（苏乾初）等领导合浦廉州起义成功。[1]从此一生走向致力于民主革命，反封建、反独裁、反侵略，追求国家统一的道路。

1920年，邓世增加入粤军第一师任营长，开始了与时任粤一师参谋长李济深一生的缘分。李济深（字任潮，尊称任公）和邓世增真正互相了解认识始于1923年，李济深任粤军第一师长时，第一师职能部门重组，邓世增由炮兵营长被调回师部任军械处长。因在师部长期工作接触，李济深了解到邓为人忠厚，文武全才，若长期留在军械处，则湮没人才，故派邓世增往补充团兼任第一营营长。期间，邓世增见营中蔡廷锴作战英勇机智，要将营长之位谦让于他。李济深欣赏邓世增如此谦厚，作为清新，又见邓蔡二人均为军中难得人才，便将两人擢升为团长和营长，一时成为军中佳话。[2]

1925年，广西时局纷扰，沈鸿英、韩彩凤、陆日高、林俊廷皆割据一方，靠近进步力量的李宗仁、白崇禧、黄绍竑自成一股力量，与其他相持不下。邓世增向李任公进策："我师局处西江，万一有变，腹背受敌，情况危困，为今之计，诚能举我师之力，扶助李、白、黄等，消灭沈鸿英等部，使桂局统一。桂安粤始能定，则进战退守，绰有余裕。"任公采纳了邓世增之策略，与李、白、黄商议，派军西上协助，先将势力最大之沈鸿英部歼灭，然后消灭韩彩凤等。不出数月，桂局敉平，而在粤倡乱之滇军杨希闵、桂军刘震寰亦被消灭。两广平定，始于邓之计策，粤桂联合一致，终能促成北伐之壮举。[3]邓世增随第四军第十一师南征邓本殷、申葆藩后，在南路钦廉地区采取剿抚并进的办法，肃清地方匪患，使人民安居乐业。对申葆藩旧部张瑞贵，用文武兼施的办法将其收编。

邓世增随粤军第一师及改编后的国民革命军第四军，参加了东征陈炯明、

---

[1] 参见邓世增1951年自传手稿；又见李汝祥撰文：《我所知道邓世增的一些事迹》，载于《文史资料选辑》第29辑，广东省人民政府参事室撰稿编印，1985年7月印；又见林翼中撰文：《廉州之光复》，载于《海峤晚获集》，1977年印行。

[2] 参见《蔡廷锴自传》，黑龙江人民出版社，1982年出版，第152页；又见邓肇庠撰文：《邓世增传》，2008年汇编。

[3] 参见中国台湾台北"国史馆"典藏：蒋中正侍从室"邓世增档案"；又见香港《工商日报》，1958年8月31日记载。

西讨沈鸿英、南平邓本殷的历次战役。李任公对邓世增在这时期表现出的作战英勇，运筹帷幄，治军赏罚严明，为人忠诚厚道甚为赏识。邓亦视任公为伯乐知己。邓世增在李济深任军长的第四军中历任团长、副师长、代师长、军参谋长，后又在李济深任总指挥的第八路军总部任参谋长，[1]深得李济深的倚重和信任。

1928年12月中旬，李济深召开"缩编"第一、第二、第三师旅长以上会议，宣布他赴南京参加"编遣会议"和"三全大会"（国民党第三次全国代表大会）。赴京期间，第八路军总指挥由黄绍竑、邓世增暂代，而黄绍竑不在广东时，由邓世增全权负责第八路军事务。

1929年1月2日，李济深安排第八路军工作后，离穗去港，同日乘法轮"大德"号去沪转京出席编遣会议。蒋介石与李宗仁、白崇禧矛盾激化，3月21日，蒋介石下令通缉李宗仁、白崇禧，将赴宁调停的广东省主席、第八路军总指挥李济深以伙同李、白"分头发难，谋反党国"的罪名，将他软禁于南京汤山。蒋介石还派说客往见邓世增，允邓为第八路军总指挥，并给一定的活动经费，条件是：不干涉蒋对李的处理。邓世增对来者说："第八路军总指挥是李济深，我仅暂代行总指挥一切事务。"说客问邓："假如任公不回来呢？"邓的答复很干脆："我一直代理至任公回来为止。"邓世增并当面向说客拒绝参加"三全大会"。邓世增拒绝与蒋介石合作，通电全国，揭露蒋排除异己，实行独裁的罪行。23日，邓世增向报界宣布：已致电蒋主席要求释放李济深，限三日内答复，否则实行武装和平之法。是要向蒋介石实行"兵谏"，以解救李济深。蒋介石扣留李济深于汤山后，邓世增即亲自将李之亲属送往香港，安排生活食宿，邓世增又发表"兵谏"讲话："粤军自邓铿将军创建第一师以来，任公继承邓铿将军遗志，呕心沥血，团结广大粤军官兵，将粤军发展扩大，其功不可抹。为任公安全和获得自由，我提议以武装求和平之法，以示我粤军忠诚团结，迫使蒋介石释放任公。我希望诸位同意进行'兵谏'。"因陈济棠等反对，又得不到在粤大多数将领的支援，"兵谏"失败。邓世增被蒋介石开除党籍及被通缉而逃亡香港及日本。[2]

---

[1] 参见中国台湾台北"国史馆"典藏：蒋中正侍从室"邓世增档案"；又见《邓世增1951年自传手稿》记载。

[2] 参见《邓世增1951年自传手稿》；又见李汝祥：《我所知道邓世增的一些事迹》，载于《文史资料选辑》第29辑，广东省人民政府参事室编印，1985年7月印；又见邓肇庠：《邓世增传》，2008年汇编。

九一八事变后，1931年10月，蒋介石要改善与粤桂之间的关系，请陈铭枢出任京沪卫戍司令，陈铭枢当即向蒋提出两项要求：一是调十九路军进驻京沪，二是解除通缉邓世增，任邓为参谋长。陈铭枢更亲赴香港邀请邓世增共赴南京上任。邓世增征得李济深同意，出任京沪卫戍司令长官公署参谋长，参与了1932年的"一·二八"淞沪抗战[1]。1932年10月，邓世增母亲詹夫人仙逝，李济深亲笔为邓母写下诔词，并亲书墓志铭。在文中书写："世增、世汉……参与十九路军戎机……是役以寡敌众，以窳御坚，卒能遏寇，使不得逞者，全军忠义之效也[2]。"又亲撰："益能（邓世增字益能）参谋长名绩更懋，济深素心所托于兹十年矣……岭桥孤军，黄埔杀贼，孰主其谋，益能之力。"盛赞邓世增在淞沪抗战之功，表达对邓倚重和信赖[3]。

　　1933年11月，邓世增参加了由李济深、陈铭枢等领导的福建事变。邓与蔡廷锴等一起联署并通电全国，发表反蒋抗日宣言。[4]邓世增在成立的福建人民政府中任军事委员会委员（军事委员会主席李济深）、第一方面军参谋长，兼十九路军副总指挥，兼十九路军参谋长。[5]福建事变失败后，邓世增再次逃亡香港。

　　1935至1936年间，邓世增与蔡廷锴奔走于两广之间。邓世增向在桂的李济深报告两广之形势及蒋介石的真正意图。邓向李济深、李宗仁、白崇禧建言乘着两广事件之机，重建十九路军。最终虽不能恢复十九路军番号，但也促成了区寿年师（176师）的成立。[6]两广事件也和平解决，避免了一场内战，为1937年之后的全面抗战储备了军事力量，为国家和政府赢得了准备时间。

　　抗战期间，1943年邓世增由李济深提报军委，委邓世增为军事委员会桂林办公厅参谋长（后不设参谋长一职，改为高级首席顾问。办公厅主任李济深），

---

[1]《邓世增1951年自传手稿》记载。

[2] 黄节撰文、李济深书，载于邓世增之母合浦邓君妻詹夫人《墓志铭》，1932年12月。

[3] 李济深撰书：《邓母詹夫人诔文》记载，1932年12月。

[4] 中国台湾台北"国史馆"典藏：档案系列：《蒋中正文物》/特交档案/数字典藏号：002-080200-00135-097记载。

[5] 参见《邓世增1951年自传手稿》；又见李汝祥：《我所知道邓世增的一些事迹》，载于《文史资料选辑》第29辑，广东省人民政府参事室编印，1985年7月印；又见邓肇庠：《邓世增传》，2008年汇编。

[6]《香港工商日报》，1936年9月12日、9月16日、9月22日刊载。

统筹整合西南抗战。香港沦陷后，何香凝女士带同其媳、孙返回内地，于1943年4月1日到达桂林，当时桂林住房奇缺，邓在广州、上海、香港时与廖夫人交往甚密，故邀廖夫人到八角塘新建二楼居住。在桂林期间，邓世增经常参加何香凝女士和国民党"左"派、"左"翼文化界人士的活动，并提供保护。[1]李济深的二子李沛金在桂林迎娶邓世增夫人的侄女卢荔蕾，婚礼办得颇盛大，邀请众多在桂林之爱国将领，民主人士，文化界名人达500多人。[2]李济深素来低调，此次破例，目的借此名目，联络各界人士，团结抗日，又不为当局所忌。

1945年抗战胜利，国共双方进行会谈（后来签定"双十协定"）。虽然李济深认为蒋介石不可信，亦不可靠，邓世增仍然力促任公去重庆。邓认为到渝，一可敦促蒋介石履行政治协定，二可联合各方进步同志。在重庆时，廖承志仍然被关在狱中，没人敢探望过问。邓世增受何香凝所托前去探望廖承志，之后更向当局要求释放他。邓世增又受李济深委派向张发奎交涉，要张承认曾生的东江纵队是抗日武装，让其北上。邓世增在张治中处得知在政治协商档案里的备忘录中有东江纵队的记录，张发奎只好放行，促使东江纵队可大部北上山东烟台进入解放区[3]。

邓世增在1947年就参与了民革的筹建工作，但按李济深的指示，邓不宜公开身份和参加活动。邓世增是李济深一向倚重的军事将领，是任公的"武胆"。又因邓世增有长期军旅经历，早期办团练，抗战时在广东南路地区组织和训练地方武装，成绩斐然，成为民革主要的军事领导之一。[4]1948年春，民革、民促领导人李济深、蔡廷锴从香港派岑嘉贤、王宗兴回到合浦，秘密组织民革地下军——合、钦、灵、防边区人民指挥部，及民促合浦县分会，策动合浦团队，伺机起义。邓世增因肩负策反任务，不能暴露本身政治面目，在背后指挥策划起义行动，并提供活动经费。起义因内奸出卖而失败。1948年8月12日，广东省第八区行政督察专员公署派队将民革、民促成员岑嘉贤、王宗兴、龙忠珍、岑运彬、李汝祥、谭启祯、蔡建中、叶进、王子法9人逮解赴广州绥靖公署，然后送入特务监仓囚禁年余。邓世增因此又一次逃亡香港。1949年10月，广州

---

[1] 邓肇庳：《邓世增传》，2008年汇编。
[2] 李沛金著：《我的父亲李济深》，团结出版社，2007年印行，第202-205页。
[3] 参见邓世增1951年自传手稿；又见邓肇庳：《邓世增传》，2008年汇编。
[4] 参见中国台湾台北"国史馆"典藏：蒋中正侍从室《邓世增档案》补充登记备查之《呼声报》，1951年6月25日剪报记载。

解放，被捕的人始获出狱。出狱以后，岑嘉贤、岑运彬、王宗兴及李汝祥先后到香港，向邓世增汇报被捕入狱出狱经过情况。邓世增即给港币1000元与岑嘉贤、岑运彬、王宗兴，另给港币200元与李汝祥，以解决他们衣、食、宿问题。[1]

1948年，李济深由香港北上进入东北解放区。李济深要求邓世增留在香港，并请邓由般含道自己的私宅搬到李在罗便臣道90号的李公馆居住，代他联络接待在香港的各方进步人士，继续策反统战工作。李济深希望邓世增利用"立法委员"的身份及早年在粤一师、第四军与原粤系高级将领如陈济棠、薛岳、张发奎、香翰屏等的密切关系，进行秘密策反，为解放战争减少阻力和免使城市、人民受到战争破坏和伤害。在争取策反薛岳时，邓世增电请民革同志李章达先生南下香港相助。然而由于种种原因，特别是掌握兵权的薛岳出尔反尔，最终未能取得显著成效，但在国民党内部也起了分化瓦解作用。对于这一点，邓在自传中有这样的陈述："任公与上海各方面同志切实联络，迟迟返港，返港后即组织国民党革命委员会，民革成立，任公不要我填表，任公观点，以为我与粤军第一师颇有渊源，且滥竽参谋长，策反工作比别人或易为力。故我自1929年起至1949年解放广州止，当中二十年间都是担任策反工作居多，讵知黔技铅刀，无所成就一至于此。"[2]邓世增把家乡21路水盐田的经营收入提供给李济深先生作为革命活动经费，1948年，中国国民党革命委员会成立时，又把从家乡北海运到广州的一船盐贩卖所得3万多港元作为民革会费。1950年1月，邓世增由香港秘密赴北京，接受中央统战部和李济深的任务，返港策反在海南的粤籍将领。后海南岛解放，策反工作才告一段落。

邓世增在1950年6月5日被推定为民革全党团结委员会委员，1950年7月才补办了民革党员证，介绍人填的是蒋光鼐、蔡廷锴。

1953年12月底，李济深委托其弟李达潮向邓世增转达中央要求他去北京工作，以及交来300元的上京旅费。1954年2月5日，邓世增在准备去北京工作前病逝广州。李济深、陈铭枢、蒋光鼐、蔡廷锴提议将邓世增的灵柩安葬于广州十九路军陵园，经民革中央同意并报统战部批准，由广州市地政局副局长林

---

[1] 李汝祥：《我所知道邓世增的一些事迹》，载于《文史资料选辑》第29辑，广东省人民政府参事室编印，1985年7月印。

[2] 参见李汝祥：《我所知道邓世增的一些事迹》，载于《文史资料选辑》第29辑，广东省人民政府参事室编印，1985年7月印；又见邓肇庠：《邓世增传》，2008年汇编。

一元办理应备手续。广州市副市长、广州市民革主任李民欣成立治丧委员会，并代表李济深致悼词。李济深亲自为邓世增题了墓碑，碑文曰：邓世增同志之墓。会场上放置了以周恩来和叶剑英为首的国家党政领导人和地方党政领导人的花圈。邓世增过去的战友，以李济深、陈铭枢、蒋光鼐、蔡廷锴等为首，均厚赠帛金，抚恤其家属，统战部也定期补助其家属生活费。统战部及民革中央委托李济深之弟李达潮，长期照料邓世增遗属，是邓世增子女的监护人。

20世纪80年代，廖承志、邓颖超、廖梦醒在北京分别接见邓世增遗属，肯定了邓世增是一位爱国将领，及民主革命的先辈。

"一·二八"淞沪抗战

1931年10月，邓世增任京沪卫戍司令长官公署参谋长，率领公署人员进驻南京，安排第十九路军进驻京沪，布置京沪卫戍司令长官公署和第十九路军总指挥部。1932年1月15日国府命令：京沪卫戍司令长官蒋光鼐未到任以前，着京沪卫戍司令长官公署参谋长邓世增暂行代理。

1932年1月28日淞沪抗战爆发。翌日1月29日上午9时半，邓世增代表京沪卫戍司令长官公署与参谋总长朱培德、军政部部长何应钦、军委委员李济深、顾祝同、林蔚、杨杰等开会，共同研究对上海及长江沿线的警卫，与军委会、军政部制订保卫上海、南京的计划，确定方针。

邓世增与十九路军将领们并肩战斗，共同制定作战策划，并代表第十九路军与军政部、参谋本部、外交部、社会各界支持抗战人士联络、统筹、协作。当时第十九路军缺粮缺饷，弹药枪械不足，邓世增数度作为代表与蒋介石、何应钦交涉，多方奔走不遗余力。2月23日，在军情最紧急之时邓世增受陈铭枢、蒋光鼐所托亲临蒋介石南京官邸，要求增援。

第十九路军将士英勇抗击日敌侵略，苦战33天，激战100多次，迫使日军三易主帅，损兵1万多。李济深曾书："世增，世汉……参与第十九路军戎机。是役以寡敌众，以窳御坚，卒能遏寇使不得逞者，全军忠义之效也。"又撰："益能（邓世增字益能）参谋长名绩更懋，济深素心所托于兹十年矣……岭桥孤军，黄埔杀贼，孰主其谋，益能（邓世增）之力。"盛赞邓世增在淞沪抗战之功。

第十九路军淞沪抗战是中华民族抗击日本侵略者的一项伟大壮举，与"九一八"东北军队的不抵抗形成鲜明对比。它打击了日本侵略者的嚣张气焰，延缓了日本企图侵占中国的步伐，激发了全国军民卫国御敌的斗志，开创了中国军队局部抗日的新局面，在我国抗日战争史上具有重要的意义。在国家民族生死存亡的关头，第十九路军的将士们用鲜血和生命捍卫了中华民族的尊严，谱写了一曲可歌可泣的爱国主义壮丽篇章。

一、《中央日报》1931年11月12日摘录

民国二十年十一月十二日（1931年11月12日）《中央日报》（第二张第三版）

国府特任陈铭枢为京沪卫戍司令长官

并颁布该公署组织大纲，撤销卫戍总司令名义

国府昨日（十一日）明令特任陈铭枢为京沪卫戍司令长官，并颁布京沪卫戍司令长官公署组织大纲，兹照录如次：

国府命令：京沪卫戍司令公署组织大纲，现已公布，所有从前京沪卫戍总司令名义，应即撤销，此令。

……公署组织：国民政府昨（十一日）日命令公布京沪卫戍司令公署组织大纲，全文如左：第一条，为维护首都及京沪间治安，特设京沪卫戍司令长官，由国民政府特任之。第二条，京沪卫戍司令长官公署规制另表规定之。第三条，京沪卫戍司令长官在所辖区域内，如遇军事及灾害等事，应即指挥隶属各部□或商调本区附近驻军，相机处置。紧急时得呈请国民政府，准用戒严条例，施行戒严。第四条，京沪卫戍司令长官在戒严时，得遵照戒严条例各款之规定，执行其职权。但不在戒严时期，认为当地情形必须执行戒严条例各款之某项者，得呈请国民政府核准行之。第五条，本大纲自公布之日施行。

（中央社）新任京沪卫戍司令长官陈铭枢抵京后，即着手筹备长官公署，与布置第十九路军京沪一带防地事宜。据十九路（军）参谋长邓世增语记者：因十九路军尚未到齐，及司令公署署址须加布置，约二三日后，陈氏方可就职云。[1]

---

[1] 编者注：时第十九路军还没有设参谋长。邓世增时常代表第十九路军发言，连中央社记者都误以为邓是第十九路军参谋长。

二、《福建民国日报》民国二十一年一月十六日（1932年1月16日）摘录

（南京十五日无线电）国府命令：……京沪卫戍司令长官蒋光鼐未到任以前，着京沪卫戍司令长官公署参谋长邓世增暂行代理司令长官职务，此令。

国府命令

（南京十五日无线电）国府命令：一、首都警察厅厅长吴思豫呈请辞职，吴思豫准免本职。此令。二、任命蔡劲军为首都警察厅厅长。此令。三、任命李酒崟、焉步芳、杨希免、窦育海省政府委员。此令。四、青海省政府建设厅厅长马麟呈请辞职，马麟准免本职。五、任命李酒崟兼青海省政府建设厅厅长。此令。六、京沪卫戍司令长官蒋光鼐未到任以前，着京沪卫戍司令长官公署参谋长邓世增暂行代理司令长官职务。此令。（颙）

三、《军政公报》

军政部训令衡字一六一七号　二十一年三月三日（1932年3月3日）
……著京沪卫戍司令长官公署参谋长邓世增暂行代理司令长官职务……

●軍政部訓令衡字第一六一七號　二十一年三月三日

令本部各署廳司處

為令知事案奉

行政院訓令第七五四號開准

國民政府文官處第八八署號公函開案奉

國民政府令開京滬衛戍司令長官蔣光鼐未到任以前著京滬衛戍司令長官公署參謀長鄧世增暫行代理司令長官職務此令等因奉此除公布外相應錄令函達查照並轉飭軍政部知照為荷等由准此合行令仰該部知照此令等因奉此除分令外合行令仰該　長知照此令

●軍政部訓令衡字第一八一八號　二十一年三月十五日

令各署廳司處

為令知事案據陸軍第八十五師師長謝彬呈報駐京通訊處主任馬學波另有任用遺缺以龐度接替請備案等情據此除指令准予備案並分行外合行令仰該　長知照此令

●軍政部訓令衡字第一八一九號　二十一年三月十五日

令各廳署司處

為令知事案據陸軍第十四軍軍長衛立煌呈報駐京辦事處處長李允彬業經准予長假所遺職務由劉

四、蒋中正文物选录[1]

京沪卫戍总司令部组织大纲及暂行编制表（1931年11月2日）

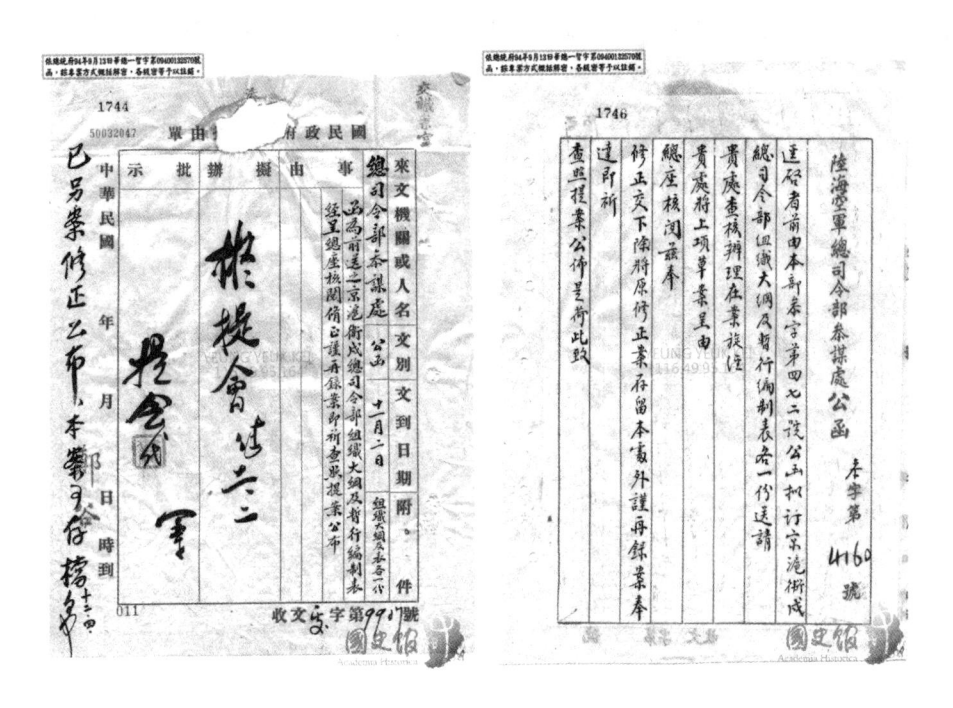

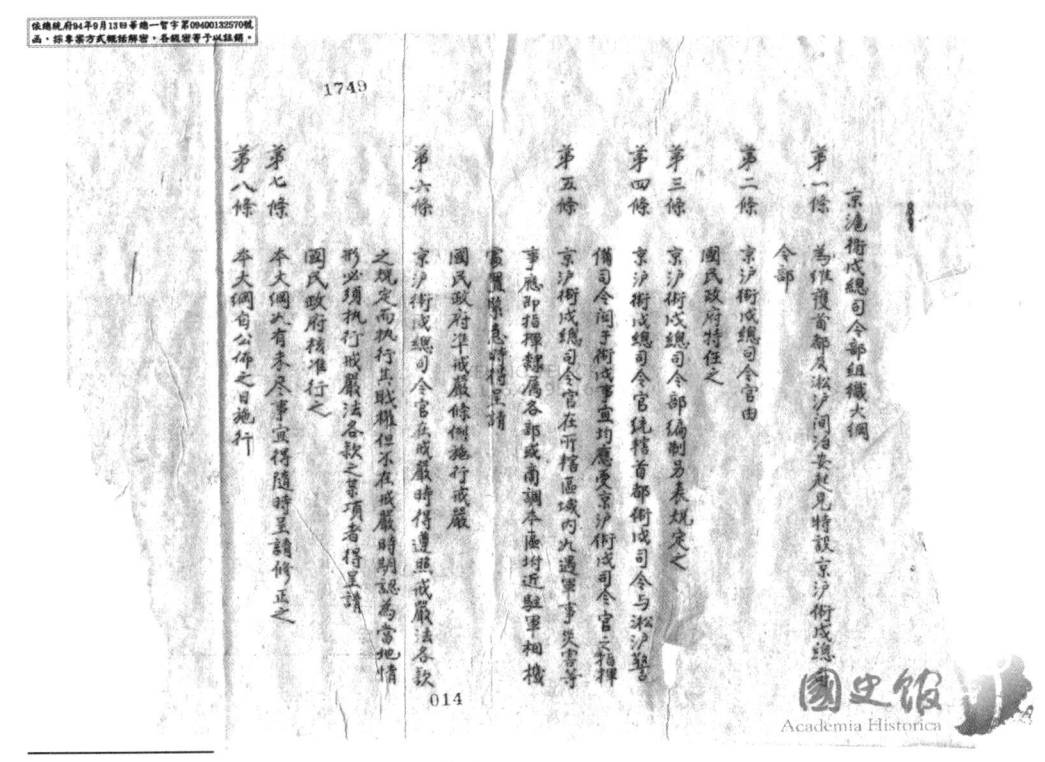

---

[1] 中国台湾台北"国史馆"馆藏。

京沪卫戍总司令部暂行编制表

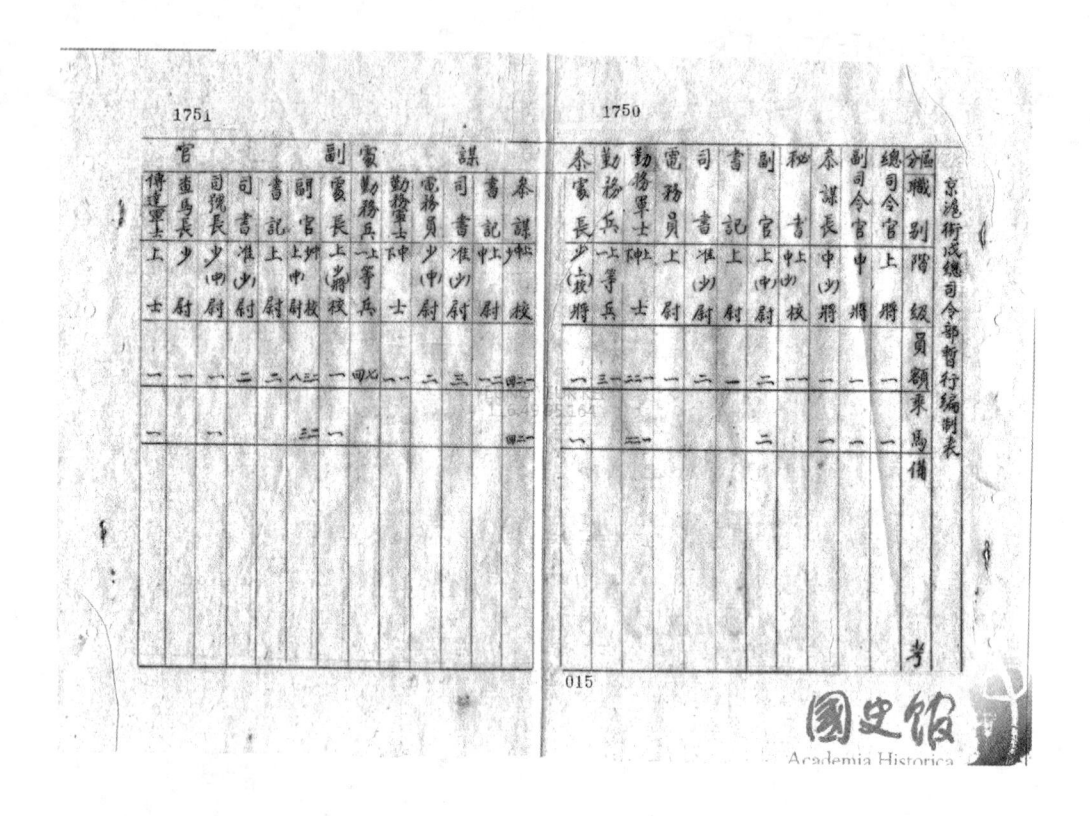

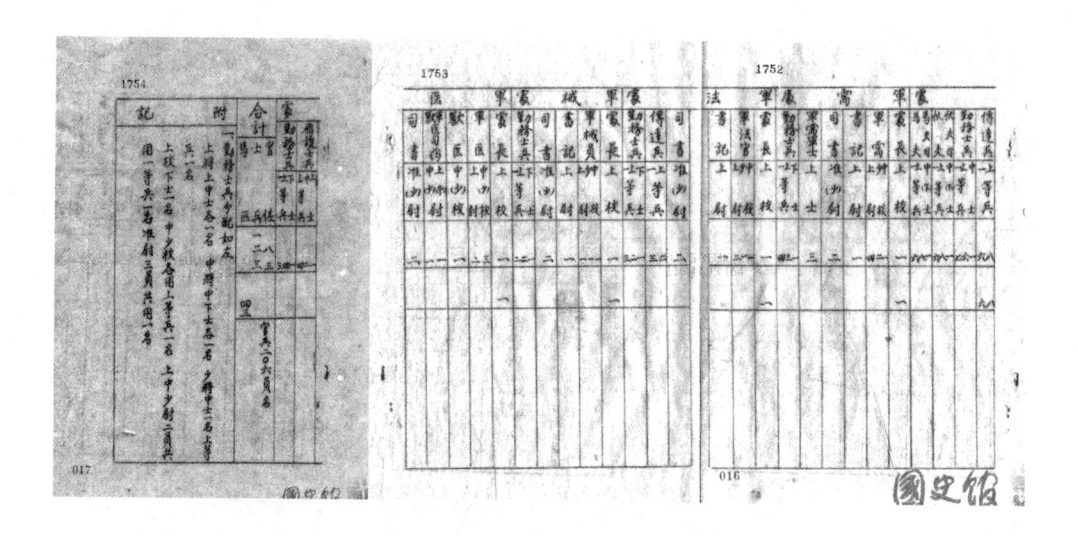

京沪警备计划草案

京沪警备计画草案

甲 敌情判断

一、敌企图以上海南京间之叛乱为主，沿江及取京沪间各要地以助援敌於此信之策源地。

二、敌上海地之判决如左
 1、上海附近，乃叛部所之，镇江附近，中南京附近。
 2、敌之上海先在一地成数处同时行，依海军砲火之掩护登陆，敌源佔领根据地再通过取战源佔领根据地再通进取。

乙 方针

我沪上警备军于京沪一军地区上海之警备池。

丙 部署

一、第八十七师置於八十八师之一部先在上海以东及京沪之办。

二、第六十六师推置於江阴无锡附近。

三、第六十八师推置於京沪附近。

四、宪兵八个特镇置於苏州嘉兴附近。

五、各地保安团及水陆空军警在统一指挥下共野战军协同动。

丁 指导要领

（下接）

一、敌主力由上海附近上海附近之要塞队及某部八十八师联合当池之要塞队及某部应佔上其他附。

二、敌主力由上海附近上海附近如敌由祖早上海應佔止某他附源应登军刚佔嘉兴钱合力扰止其他沿沪抗线置守部主力智混京沪伐诸技退嘉高镇减之八十师应由吴县嘉方南渡夹夹在上海附近之野战军派相秘策应必要时带在依地声备。

三、敌主力由江锁近上海时既在当池之部源盡力扰在丹阳附近之野战军派在其他在信地声备。

四、敌主力由京沪附近上海之沦陷在南京间之野战军绥城佔卿後应盡力扰上高减之。

五、敌方主力由京沪附近上海时应在当池之野战军依协佔邡侯。

六、上海南京二池之警备计画另行规定。

七、陆海军之联合作如由京沪卫成自令長宜共協军長编訂。

八、战争俎發自行编成俎警卿卿其必要俎成立即名添成礼示別意

今長宜之连者

戊 給室

一、特的活違，由航空署所，有之航宣派担任之，應受京沪卫成司令長宜之指挥。

二、野战军之俎自行编被佔卿卿編其必要俎成立別名添成礼示別意

京沪警备计划草案之庚部——指挥系统（京沪卫戍司令长官指挥系统）

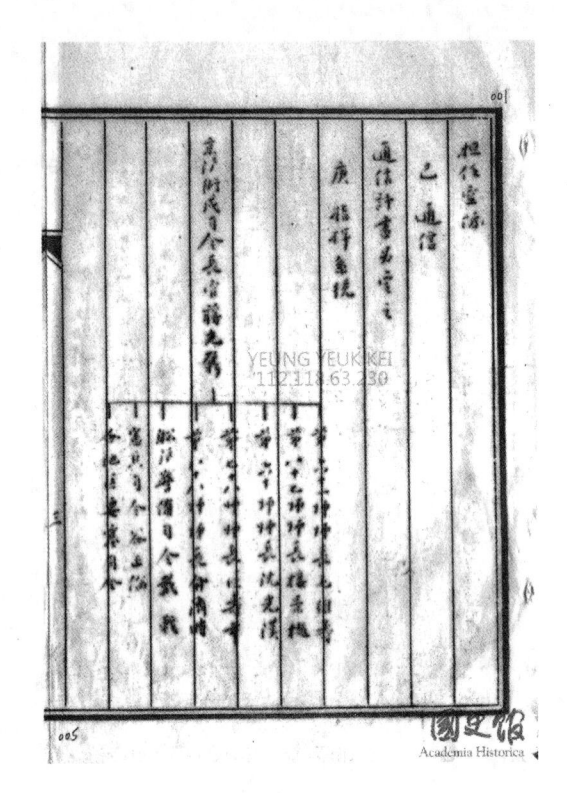

五、《京沪卫戍公署见闻》[1]

1931年9月底，国民政府发表陈铭枢为京沪卫戍司令长官公署（下文简称卫戍公署）的司令长官，从江西调回第十九路军驻扎京沪。

京沪卫戍公署的职权是保卫京沪的安宁，所有在京沪地区内各单位的军警宪，均归其指挥与调遣。公署的内部编制较庞大，人员数十，除参谋长外，分设参谋、副官、秘书、军法、医务、经理等处科；并有许多参议、咨议等人员。参谋长邓世增，副参谋长张襄（半月后，陈铭枢举荐戴戟代替他的淞沪警备司令兼职，调张襄去协助戴戟）。公署地址在南京市中山路三元巷（即蒋介石的陆海空军总司令部旧址）。陈铭枢等于10月下旬宣誓就职，蒋介石、吴稚晖亲来主持和监誓，并摄影留念。

第十九路军共三个师，总兵力约三万余人，毛维寿的第六十一师驻南京近郊各地区，沈光汉的第六十师驻苏州镇江一带，区寿年的第七十八师驻上海近郊以至嘉定地区。总指挥部设于苏州，副总指挥兼军长蔡廷锴在京沪线上往来

---

[1] 邓世汉撰文。

巡视，亲临各师旅团的营地，检阅部队。

我于10月间刚从北平的陆军大学（以下简称陆大）毕业后到南京谒陈（铭枢），陈任我为他的中校机要参谋。我在职期间的卧室与陈（铭枢）的卧室同在公署最后一座楼上，每天膳食与陈共一桌，当时接近陈较多，所以了解各方抗战与否的动态也广泛一些。

日本自吞并整个东北后，即扩大侵略范围，如天津、青岛、汉口、福州、上海等地，日浪四出制造流血事件，随时随地可爆发新的事变。1932年1月初，日军更为嚣张，大有山雨欲来风满楼之势，蔡廷锴来京晤陈铭枢会商要务，适陈、邓（世增）都不在，是夕也不返署（陈铭枢这时还未重视日军动向，尚在政海中角逐，他曾代理行政院长并兼交通部长，有些踌躇满志之态，卫戍公署职务，一切委诸参谋长邓世增）。蔡和我晚饭后，两人作长夜谈，蔡问我："日每个师团的人数和装备及战斗力如何？我们两个师是否可抵挡日军一个师团？"我便把我在陆大时从荻洲立兵大佐、田中久中佐、土桥、樱井等日本教官（九一八后一律遭退）所了解到的情况和日军编制，对蔡面述："日军一个师团的一万五六千人，是诸兵种联合组成的（步、炮、工、辎重、卫生等，东北多加骑兵），配属军用飞机9架（分战斗、侦察、轰炸），每个步兵联队（即团）配置战车约10余辆。我军装备虽不如日军，但士气激愤，又久经实战考验。据我估计，我军一个半师可以抗敌一个师团。"蔡即兴奋地说："那我们现在有三个师，最低限度也可以长期抗击日军两个师团，这也无疑问了。"翌日早晨，蔡又问：你看我们与日本打起仗来，国家和我们的前途如何？"我回答说："抗日有百利而无一害，抗战才能卫国保民，而且得到国人的拥护；在国际上，因为英美法等国对日本独吞中国，对它们利益有冲突，是不甘心的，必然起来支持我们正义的防卫，而制裁横行霸道的侵略者。不然的话，我越示弱，敌越逞强，得寸进尺，任敌军宰割，不仅给国人唾骂，自己也无地逃遁。"蔡对抗战问题，特别关注。

1932年1月中旬，蔡廷锴来京又找陈铭枢，大谈日军如来犯，我军怎样应变的问题，直至开午饭。我当时大着胆地插嘴说："沈阳事变的覆辙，不久就要轮到我们头上来了，我们想再穿上军服，确是厚着脸皮了。"陈铭枢沉默了一会儿，才兴奋地说："看日本的风头火势，或许要在我们防区制造事变，有爆发战争的可能。不得已时，打就打，最多打光为止。但是憬然（蒋光鼐号）

还在莫干山疗养,要通知他赶快回来,大家同舟共济才行。"这是我第一次听到陈表示抗战决心,令我欢喜若狂。因公署是当时执行保卫京沪的最高权力机构,而陈是最高长官,他如决心抵抗,在影响上可争取较多的抗战力量来支持。

陈铭枢自发出抗战不怕牺牲的决心之后,不到两天,他说到上海去巡视防地,我随陈往,是夕宿陈的上海法租界私邸。翌早陈说:"我另有要务,不暇分身,派你去看后,将情况告知我。"我首先到离日本兵营最近的我军第七十八师第一五六旅驻闸北的第六团,即会同该团长张君嵩及其第一、第二、第三营营长利长江、吴康鉴、吴履逊,视察我军阵地。敌我阵地警戒线,近的不过二百公尺;日军营房背后与我第六团的操场相毗邻;至于预期战斗地带,如北四川路、天通庵路、横滨路、虬江路、宝兴路、广肇路、青云路,均罗布铁丝网;每个交叉路口或要点,则加设鹿寨及木马,或掩蔽壕等(当时没有沙包)。看完之后,张团长对我说:"这些工事,看似简单,但器材需款,一时筹措不易,请求上海市政府拨款。市府一味推延,好在旅长翁照垣有魄力,他向市商会和北四川路的广东同乡共商借了两三万元,才完成此项任务。有了工事,日军如敢来犯,我们就在这里和他拼命。"张团士兵多广东籍,时当冬寒,一律穿着单衣、草鞋和短裤,勇悍气氛,形于外表。我即将抽阅最前线经过和张团士气之愤激及拼死之决心向陈(铭枢)面报。陈听完后,兴奋地说:"敌人如偷袭我们,谅不致如沈阳那样容易吧!"后来,日军突然偷袭我军,就从这个张团开始,而反攻日军第一炮的也由这个张团始。

1932年1月下旬,日军明目张胆地先后调遣军舰共约40艘,陆战队约五六千人,战车数十辆,直抵黄浦江码头登陆,派出浪人诈称游行,即乘机捣毁北四川路的广东商店二三十间;另派浪人5名化装成日僧在闸北的三友实业社殴打工人,借端挑衅。稍有民族气节,也不能忍,何况守土卫国是当时卫戍公署唯一天职。公署即时电令加强上海第一线作应战戒备。但军政部长何应钦出头干涉,最后抬出统帅部的命令,务必把第七十八师之张君嵩第六团从闸北撤回南翔后方,另派其宪兵第六团接替张团防务,并限于1月28日下午六时前交接完毕;如有故违,以背叛论罪。当时卫戍公署已屈从他的要求,照样下达撤回张团之电。

1932年1月28日下午七时,龙华警备司令部负责人给公署参谋处长樊崧迟打电话,谈了形势的变化:"日本领事村井几日前向上海市政府提出了要求:(一)

封闭上海市的一切抗日救国的团体;(二)封闭一切爱国报刊和排日活动;(三)赔款(日本的伪僧人受伤,医药费5万余元);(四)道歉;(五)保证以后在上海市没有以上事故发生,并彻底执行以上任务。之后,日方又在1月26日再发最后通牒,限令48小时内完满答复村井领事的要求;否则采取断然之手段。市长吴铁城在限期前已经依照日领事村井所列各项条款办理好了,并邀请英美法各国领事和村井在一起集会,当众答复村井。吴曾问村井对条款答复是否满意,村井也在各国领事面前表示满意了。至于闸北之张君嵩团与宪兵团之交接问题,双方负责人已经会同视察完毕,因日将落山,在日军火线下行动,恐引起误会,故拟延至翌(29)日上午开始交接防务。"樊听完电话并汇报后,曾对我说:"明天宪兵团就可接替张君嵩团的防地。这样,何(应钦)部长也就不再怪责我们备战了。"谁知夜半(约零时二十分)龙华警备司令部突来电话说:"日本海军陆战队二三千人于11时半向我闸北第六团防地袭击,现正在巷战激烈搏斗中。"当即令饬京城近郊的第六十一师向下关的日舰严密戒备。

次日夜半,南京城又被日舰炮轰。时在晚上10时,突闻炮声隆隆,继闻机枪声,下关及沿江一带居民变成人流向城里奔逃,旋接第六十一师师长毛维寿的军用专机电话:"下关日舰四艘,无故挑衅,突向我狮子林炮台和清凉山防地炮击,炮位和工事大都被破坏,我师正在与日舰对峙中。"(这个电话机是陈铭枢卧室的,因当时陈、邓(世增)都不在公署,是我接的电话。)约过十余分钟后,即接何应钦电话说:"正在接日本公使馆的参赞通知,说我们炮台上的驻军突然向下关江面的日舰炮击,另有武装士兵向下关之日本商店枪击,希即制止为要。"因陈、邓不在,我即根据毛师长的报告以对,并说我们狮子林和清凉山两处都有弹着点所爆炸的破片,足以证明日舰炮轰我们。何(应钦)听了我回答的话之后说:"陈司令长官太不约束部属,又发生严重事故,增加政府困难,连政府的政令也不顾。"这次日舰无端炮轰京垣,人民遭到巨大损害,何应钦不但不向日方抗议,也不调查民众的损失,反诬说我驻军炮击日舰,为日军张目。

2月5日(或6、7日)那天,第八十七师第二六一旅第五二二团长沈发藻来找我谈抗日问题。他首先说:"第十九路军在上海与日军激战一周了,我旅两团官兵人人摩拳擦掌,要求到前线杀敌,我和几个同人已向何(应钦)部长请求,受到申斥,真令我气愤!我拟联合两团的连长以上人员共同签名,再向何部长请求，如不达目的，决不罢休，你看我们这么做法，行得通吗？"我表示热烈赞成后，沈亦高兴地辞去。次日听何给陈打电话说："第八十七师第二六一旅的连以上官员联合向我请缨未遂，遂自由行动，准备在下关火车站乘车出发，下关日舰虎视眈眈，如再引起日舰武力干涉，那就不好办了；请兄即来我处，代我解释解释。"陈放下电话，即往何（应钦）处。可见当时士气的愤激。后在苏州举行抗日阵亡将士追悼大会，沈（发藻）见我时，即来和我握手并当众说："2月23日，江湾战役俘获日军中校营长空间升与数百日兵，就是我团和张炎副师长所率的两团围攻千多名敌人，并打了一场歼灭战。"我赞扬地说："那日本什么皇军，什么大和魂，不做俘虏的皇牌威风，不都被你和张副师长拉下来了吗！？"沈笑得不合口，表示他请缨杀敌的行动做对了。

自1月28日起至2月下旬之浴血苦战，经过闸北、吴淞、八字桥、蕴藻浜、江湾、庙行镇各次战役，打得日军统帅几次变易：野村吉三郎海军司令代替盐泽幸一少将，植田谦吉中将总司令代替野村，白川义则大将总司令代替植田，加派菱刈隆为副总司令，以加强侵略机构。敌军兵力先后递增，号称十万（加强兵种人数）。计陆战队、久留米混成旅团、第九师团、第十一师团、第十四师团等。我军兵力：计第十九路军的第七十八、第六十、第六十一3个师约3万多人；第五军的第八十七、第八十八两个师及宪兵团、税警团、独立团等约3万人（第五军于二月中旬加入战斗）总共不过6万余人。2月中旬，蒋介石返回南京。我当时曾根据敌我双方的兵力态势，绘出要图，建议陈（铭枢）邓（世增）向蒋介石请求增援，其急切的理由是："日军统帅已四易，增派精兵，强翁十万，船舰百余艘，飞机百余架，敌我兵力相差悬殊；而且我军血战20多天，伤亡无补充，又无增援，形同孤军作战；目前在上游的胡宗南、夏楚中的两个甲种师（当时控制在安庆、芜湖间的总预备队）；嘉兴、杭州间之卫立煌两个师（机动预备队）；江阴无锡间之上官云相师，以及步兵专门学校的高射炮队等（可作平射战车），都闲暇无事，应该及早调到前线参战，还有赣东北之50个师、武汉之10个师、江北之三四个师，都应该计划调遣作后续队。"陈（铭枢）邓（世增）当时虽虑及向蒋介石请求援兵，或与蒋政策抵触而无效，但前线紧张，亦采纳我建议。陈当时气尚悻悻，似与蒋当面闹翻，不愿会面，只由邓往谒蒋介石。

邓世增晤蒋介石后，回来复述了蒋介石不肯增援的理由："论兵力，日军集中容易，它共有21个师团（包括近卫师团）；论运输，日本交通发达，它在海军基地横须贺、佐世保、吴港集中出动要快过我们；何况现在无论制海权、制空权均控制在日本手里，无人阻挡，就是用运输船在长崎、门司、神户、大阪等港口集中出动，航线近的不到5百海里，远的不过7百海里，朝发可夕至；我们的卫立煌、胡宗南等部队均布紧防地，我们无论调动某个部队增援，都要经过防地之交接、集中、上落车船种种过程，须费许多时日才能开动去前线，这样日军增援之快速则超过我们甚远；至步校的高射炮队，只可供练习，不适于战场的。最好趁着这几次战役胜利的时机，赶快收手，与日方谋求停战，比较援兵不继，改作城下之盟，那时条件更苛……"由此说明蒋介石的武力，是用来专门镇压人民和维持蒋家王朝的独裁统治的，凡是抗战力量，他都要蓄意扼杀。

之后，常见蒋介石在电话里找邓世增询问前线敌我战斗地带。我向邓说："上官云相在抗战前后，曾来公署访过我们，他全师现屯江阴，为何不请他参战？"邓说："现在一兵一卒到前线支援，须得蒋先生命令才能开动。"

自蒋介石表示坚决拒绝增援之后，邓即用专机电话与真如车站的总指挥蒋光鼐转达经过情节。电话后，邓说："憬然（蒋光鼐号）指挥若定，虽援兵无望，但他理智过人，且够勇气！"日军统帅白川侦知我军援兵无望，孤军久战，竟于2月29日晚选派由日本国内新到的两个师团主力从浏河强行登陆，威胁我军左后侧背；在3月1日晚接到前线电讯："我军开始撤至太仓、嘉定、方泰、黄渡之第二道防线，伺机反攻。"

1932年3月3日，国际联盟开会决定中日双方停止战争。当时公署为着申张正义，曾向蒋介石政府要求两事：一是上海海军舰长李某某（名忘）等运送粮食和猪牛鱼菜供给日本舰队，一是敌前呈献我军兵力配备要图的王赓，都必须惩办，以平泄国人的公愤。后何应钦替蒋推卸责任说："淞沪战争，中日双方未经宣战，是局部冲突。李舰长是代日军收购给养，以免日军在沿海抢掠骚扰，这是好意。"

王赓在国人控诉其危害三军，无所逃罪的指摘下，蒋介石曾把王赓扣押送至公署。适参谋处长樊宗迟，拒绝受理。事过半天，收发室向邓世增汇报，邓对我说："蒋先生曾亲书条子把王赓押送公署，公署应转送第十九路军总指挥部处理，才符合情理，今绍圣（樊宗迟字）太粗心，连蒋先生的条子都不认识，也不问问我，竟把王赓退回去了。"殊不知王赓退回不够一个月，政府便把王赓开释复原职了。这说明押送王赓来公署，不过以堵全国舆论之口而已。

在抗战开始后约二旬，廖仲恺先生夫人何香凝女士拟在南京、苏州筹设抗战的伤病员医院和募集寒衣，以应伤病员兵的急需。她来京下榻于陈铭枢夫人朱光珍女士的萨家湾官邸。我晤何香老时，亲聆她慈祥的教诲，满腔的热诚，关注伤病员兵的温暖，溢于言表，但都被蒋介石授意所属各部借词制止。说什么伤病员医院和募集寒衣之事，由政府统一筹办，他人无须过问……竟把何香老一片爱国热情，付诸东流。何香老叙述被制止义举的经过缘由时，不胜慨叹！

我军在未撤守第二道防线的某天，当时的外交部长罗文幹曾来公署访陈铭枢、邓世增，谈论抗战问题时，罗说："当我军连续几次战胜日军时，英法美各国公使都轮流地请我食大餐，并向我祝贺，后侦知我政府不调兵增援，各国公使都不睬我了。昨天蒋委员长找我询问外交情况，有没有好办法？我把各国公使对我前后两种态度照样告诉他，同时说，有得打，外交有好办法，无得打，外交也无好办法，多打一天，在外交上也多一天的好收获。他（蒋介石）不满意我，我是这样说，他免我职，我也是这样说的。"

自1932年3月3日国际联盟开会决定，中日双方停止淞沪战争之后，蒋介石迭向陈铭枢说，淞沪停战协定，最好由淞沪警备司令戴戟或第十九路军负责人会同外交人员郭泰祺办理和签字，要陈铭枢照办。戴戟来公署，陈铭枢即把蒋介石的意旨向戴戟说了，戴戟反诘陈铭枢说："淞沪停战的签字，最好由你签。"陈铭枢默然良久，邓世增再帮腔说："孝悃（戴戟字），和平停战是好事，就算我们打到日本东京去，亦要有和平停战签字的一天，为什么为求和平签一签字都这样固执呢？"戴戟说："如日方认错的和平停战协定，我是同意签字的，但停战协定内有一条，'上海周围二十里内不准中国驻兵'，这种丧权辱国的协定，我是坚决拒绝签字的。同蒋（介石）签字的人多得很，宋子文、何应钦、吴铁城等都是能手，何必要我。"陈铭枢、邓世增自经戴戟这次坚决表示之后，也噤口不再向戴提及停战签字问题了。

我军自撤守第二道防线后，敌我仍相对峙状态，各国使馆的参赞和武官都分别来到公署，请求到前线阵地参观与慰问，陈铭枢司令长官同意后，派我陪同国际友人到前线去。某次我偕英法两国的参赞参观到太仓前线时，日军违背国联决定，即开枪扫射。我们急忙退回太仓防线。这时防守太仓防线的是从闸北撤回的张君嵩团，张团长对我们说："昨夜日军突击我阵营，被我们反击才逃跑，遗下日军尸体八九具（连武器），并拿出照片，每个日本兵，全身内衣均刺绣画符求神保佑，英法参赞看后亦作笑。我回京之次日，何应钦派员来公署说："据日本使馆通知说，驻守太仓的我军于几天前，夜袭日军，曾俘走日兵十余名，无论生死，务要交日武官领回。"公署拿出当时照片，据理驳斥后，才同意日本武官收回日兵尸体。

在3月10日前后，有美国舰队司令纽顿乘旗舰直驶来京，美使馆武官和上海美国副领事随来，纽顿会见陈司令长官后，请求到前线参观，并拜会蔡廷锴将军和前方将领。陈同意后，派我陪同前往。我陪同他们乘火车至苏州转汽车至前线指挥所会见了蔡廷锴，并参观了前线阵地，后在宴席中，纽顿问蔡："蔡将军，你估计这一次日军被贵军痛击后，还敢再来侵犯么？"蔡回答说："日军横行无忌，目中无人，或会再犯，但我们抱定拼死之心，虽剩一人一弹，也决心抗战到底。"纽顿解释说："日本无故侵犯上海，遭到迎头痛击，是日方预料不到的，如再入侵，确实愚蠢；而且《九国公约》曾有明文规定，尊重中国的领土主权，不准别国侵犯；美国前国防部长史汀生曾为此事提供签约的九个国家会同制裁日本的侵略，赞助中国的独立与自主；如第一次世界大战时，日本曾侵占青岛，但经过九国会议决定通牒后，青岛便无条件归还中国，况且目前贵军实行抗战，则九国公约和国联，更易提出制裁日本了。"

翌早我又陪纽顿到常熟东南之东塘市第五军军部会见张治中军长，参观后，纽顿问张："张将军，你判断以后日军要扩大入侵，用什么方式呢？"张回答说："日军如扩大入侵的话，或会分作三个战场，一个上海，一个南京，一个杭州，形成一个三角形的据点而互相联系（当时正在请纽顿食中菜的午饭，张即用中国筷子联结成三角形做给他看）；但是，日本要达到这个计划的要求，必须动员相当兵力，也要遭到巨大损害，或者日方经过这次创伤，或暂收兵的。"纽顿听完张的谈话之后，说："张将军所说是从战略上、战术上判断敌情，是怕危难，不敢侵犯，但《九国公约》和国联也是制裁日本，不得无故侵犯中国，更使日本害怕的。"旋告别回京，抵下关时，纽顿邀我参观他舰并晚餐。近两日来，听了纽顿的言谈，只赞扬我前方抗战将士的英勇和坚决，却无一语道及蒋介石政府有过半点抗战观念。当时很多人认为，各帝国主义与日本有矛盾，不愿日本独吞中国，所以也是鼓吹抗战将士的积极抵抗的。但实际上怎样呢？

事后,美国并没有采取任何制裁日本侵略者的措施,一切花言巧语,只不过是些骗人的鬼话而已。它只懂得以"门户开放""机会均等"为武器,来加强它对中国的政治、经济侵略,执行它那纵容侵略者扩大战争的"不干涉"政策,以至牺牲半个中国而不惜。[1]

六、《蔡廷锴自传》节录

1932年1月16日早上,气候如前,接龙华来电,谓警备司令部据探报,日寇有扰沪企图,日寇陆战队不时向我武装警察挑衅等语。得此消息,即往卫戍司令长官部向邓参谋长益能询问,他同时亦接此电报。

七、《南京国民政府与"一·二八"淞沪抗战研究》节录[2]

决定应对之原则

1932年1月29日上午8时,蒋介石在中山陵园召集何庆钦、朱培德会商沪事。随后由朱培德召集何庆钦、顾祝同、李济深、林蔚、邓世增、杨杰等人开会,[3]共同研究对上海及长江沿线的警卫,确定方针。[4]与此同时,蒋介石则召集党政要员研究各方报告来电,最后"决定实施昨日确定外交方针之积极抵抗者,先迁移政府于洛阳,免受炮舰之威胁,与之决战,并为长期抗战之策"。[5]决定之后,蒋介石与汪精卫召集国民党中央政治会议临时会议,决定对日军进行积极抵抗,国民政府移驻洛阳办公。会议还决定成立新的军事委员会,由蒋介石、冯玉祥、阎锡山、张学良、李宗仁、陈铭枢为委员,行政院院长、参谋总长、军政部长、海军部长、训练总监、军事参议院院长为当然委员,并指定蒋介石、冯玉祥、何应钦、朱培德、李宗仁为常委。[6]淞沪抗战期间,"军事委员会暂留南京,以朱培德、林蔚负责办理。而指挥前方之大权,则交军政部长何应钦与朱培德会衔行之"。[7]

在确立军事抵抗的同时,蒋介石又亲自订立了对日外交原则与方法。其原

---

[1] 本文原载于《原国民党将领抗日战争亲历记》,全国政协文史资料研究会编,中国文史出版社,1987年8月出版。

[2] 肖如平著。

[3] 周华美编著:《事略稿本》,第13册,1932年1月至3月,第90页。

[4] 《中央会商沪案》,载于《申报》,1932年1月30日。

[5] 周华美编著:《事略稿本》,第13册,1932年1月至3月,第96页。

[6] 《中央政治临时会议》,载于《申报》,1932年1月30日。

[7] 周华美编著:《事略稿本》,第13册,1932年1月至3月,第103页。

则为："一面预备交涉，一面积极抵抗。"其方法为："一、交涉开始以前，对国联与《九国公约》国先与接洽，及至交涉开始时，同时向《九国公约》国声明。二、对日本先用非正式名义与之接洽，必须得悉其最大限度。"其程度为："交涉必须定一最后防线与最大限度，此限度至少要不妨碍行政与领土完整，即不损害《九国公约》之精神与不丧失国权也。如果超此限度，退让至不能忍受之防线时，即与之决战，虽至战败而亡，亦所不惜。必具此决心与精神，而后方可言交涉也。"[1] 蒋介石手定的"一面预备交涉，一面积极抵抗"，成为国民政府处理"一·二八"事变的指导原则。

《申报》1932年1月30日载

南京朱培德二十九日晨九时半，召何应钦、顾祝同、李济深、林蔚、邓世增、杨杰等开会。至十二时半始散。对上海及长江各处警卫与设备有详细决定。（二十九日专电）

八、邓世增面见蒋介石请求增兵

《我的父亲蒋光鼐》节录[2]

为了求援，陈铭枢和父亲派京沪卫戍司令部参谋长邓世增，当面向蒋介石

---

[1]《蒋中正手书对日外交原则一面预备交涉一面积极抵抗》，1932年1月30日，"蒋中正文物"之革命文献，第15册，淞沪抗战，中国台湾台北"国史馆"藏，典藏号002020200015006。

[2] 蒋庆渝著，第150页记载。

请增兵。二十三日父亲收到邓世增的电报，结果是：

今晨晤蒋先生，催速增援，伊云：各部队俱未集中何能增援，预算增援部队，须在十日之后。希嘱蒋、蔡诸兄务照原定计划，迅速在南翔之线赶筑工事，以期长久抵抗。至于撤退时间，由蒋、蔡诸兄查看情形，自行定之……

此时，陈铭枢仍在南翔总指挥部，他和父亲看到邓世增求援的结果自然很失望，但是依旧想做最后的努力。陈铭枢再次给蒋介石、汪精卫、李济深、何应钦、朱培德发电提出增兵建议：

三日内如能增加四个团兵力，必可维持原阵地至一星期以上。其时蒋鼎文师到达，则胜券可操。上官所部宜用炮兵掩护渡河，准备对抗敌舰，并催蒋师兼程来援。至原阵地之不宜撤退，当面陈。

从两天来陈铭枢在第十九路总指挥部与蒋介石的电报往来，不难看出他当时和父亲讨论的重点还是那个老问题：按军政部意见撤退到南翔一线，还是坚持原地抵抗？权衡利弊，他们认为应该"死守原线待援"。

但是能够"死守原线"的前提，是必须得到增援，至少"三日内"要能"增加四团兵力"。正如几十年后陈……实际上是一个和与战的问题。

《"一·二八"淞沪抗战》节录[1]

2月下旬的一天，第十九路军派参谋长邓世增往谒蒋介石，请求增援淞沪，并条陈了一揽子增援部署。蒋介石对邓世增说了一番不予增援理由后，竟然说道："最好趁着这几次战役胜利的时机，赶快收手，与日方谋求停战，比较援兵不继，改作城下之盟，那时条件更苛……"彻底暴露了蒋介石"一面预备交涉，一面积极抵抗"方针的妥协本质。至此，第十九路军领导人对蒋介石的增援已不抱什么希望了。2月28日，陈铭枢在致汪精卫电文中写道："昨电谅经赐鉴。上官云相部，弁髦命令，不愿赴援，枢病未愈，不能赴杭，戴旅赴援，当亦无望矣！"

"因运输困难而难以增援"，蒋介石多次以此为借口而推说不能增援。2月下旬，京沪卫戍公署参谋长邓世增奉陈铭枢之命面见蒋介石求援，蒋答复道："论兵力，日军集中容易，它共有二十一个师团（包括近卫师团）；论运输，日本交通发达，它在海军基地横须贺、佐世保、吴港集中出动要快过我们；何况现在无论海关、制空权均控制在日本手里，无人阻挡，就是用运输船在长崎、门司、神户、大阪等港口集中出动，航线近的不到五百海里，远的不过七百海里，朝发可夕至；我们的卫立煌、胡宗南等部队均布紧防地，我们无论调动某个部队增援，都要经过防地之交接集中，上落车船种种过程的许多时日，才能

---

[1] 余子道、张林龙撰文。

开动去前线，这样日军增援之快速超过我们甚远。"3月淞沪停战以后，蒋介石因为增援不力遭到舆论抨击，他在致其兄蒋介卿信中为自己辩解说：后援不继，不是说中央有可调之兵而不援，确是因为运输困难。其实，事实恰恰相反，不仅南京当局有可调之兵，而且运输困难也可克服，决不能成为不加增援的理由。

《十九路军抗日血战史料》节录[1]

……邓参谋长世增致蒋（光鼐）总指挥便未电云："今晨晤蒋（中正）先生，催速增援，伊云：各部队俱未集中，何能增援。预算增援部队，须在十日之后……"

戰濠外。其餘一切都是空談，毫無補於實際，茲錄常日緊要數電如下，即可見一般了。

一、蔣總指揮發何部長梗午電云：「第二陣地帶設計已安，擬先行完成通信網之設備。第一次架設以嘉定爲中心，分向瀏河羅店南翔黃渡一帶完成後，再架設由崑山經太倉至瀏河，由崑山經嘉定至沈家橋，由嘉定至廣福等綫連絡之懇鈞座飭交通兵團電信隊即來架設。惟查淞戰迄今將及匝月，敵傷亡雖大，而援兵不斷，我方似應統籌應付。速派有力部隊增援，以免孤軍久戰爲即」等語。

二、鄧參謀長世增致蔣總指揮便未電云：「今晨晤蔣先生催速增援，伊云：各部隊俱未集中，何能增援。預算增援部隊，須在十日之後，希囑蔣蔡諸兄務照原定計劃，之撤退時間，由蔣蔡諸兄察看情形自行定之等因。查增援部隊難期迅速，確是實情，懇請諸兄查察情形妥爲處置爲禱」等語。

三、陳部長由南翔發蔣汪李何朱先生梗戌電云："三日內如能增加四團兵力，

---

[1] 华振中、朱伯康编，神州国光社出版，1933年版。

九、《抗日劲旅十九路军为何从拥蒋转向了反蒋？》节录[1]

第十九路军与蒋介石的政见分歧

"一·二八"抗战后，至1932年10月陈铭枢出国赴欧前，陈铭枢、蒋光鼐、蔡廷锴等高层本来是有共识的，即十九路军在福建"暂时维持原状，不卷入国民党派系斗争的旋涡，专心致力于整顿全闽，作为将来反蒋的基地"。[2]但不到一年半，"维持原状及不卷入"就被放弃，这主要是因为陈铭枢的思想及陈铭枢与蒋介石的关系发生了急剧变化。

"在办理神州国光社期间（约1929—1930年），受三礼锡等'左'倾学者影响，陈铭枢开始阅读马克思主义方面的书籍，逐渐改变政治倾向。旅欧期间，陈铭枢思想进一步左转，反对国民党，也反对国民政府。"[3]而蒋介石对陈铭枢的变化也有助之一"功"。在陈铭枢出洋前，邓世增请蒋介石出面挽留，蒋介石仅答以"应尊重其自由，不必勉强"。[4]陈铭枢回国前，通过汪精卫试探蒋介石的口风，蒋在答复汪的询问时虽然表示没有成见，但又反问现在是否为陈氏回国的最好时机？他有没有急着回国的必要？明显是不想陈氏回国。所以陈铭枢回国时已抱定决心与蒋介石决裂。

十、蒋中正文物、外交部函选录[5]

军政部来电纸（1932年2月18日，淞沪抗战期间）

邓世增电汪兆铭、蒋中正、朱培德、李济深：……枢今晨到军询察，士志坚如铜铁，定如山岳。战壕以现在第一重线为极有利。义勇军、复旦学生加入阵线，死伤者数百人。市民多数毁家失所而均无怨言，民气足见一般。警卫军现接防江湾以东、吴淞以西防线，吴淞阵地仍由翁照垣率两团防守……

---

[1] 肖自力撰文。
[2] 陈铭枢著，朱宗震、汪朝光编：《陈铭枢回忆录》，中国文史出版社，1996年10月出版，第112页记载。
[3] 张发奎著：《蒋介石与我：张发奎上将回忆录》，香港文化艺术出版社，2008年5月，第207页。
[4] 周华美编纂：《事略稿本》，第15册，第570页。
[5] 中国台湾台北"国史馆"藏。

軍政部來電紙

邓世增向蒋中正、军政部电话报告军情抄文

上午十时邓（世增）参谋长电话报告如下（1932年2月15日上午十时，淞沪抗战期间）：1.今午前方无甚接触。2.探报日军今夜或明早有向我总攻企图。

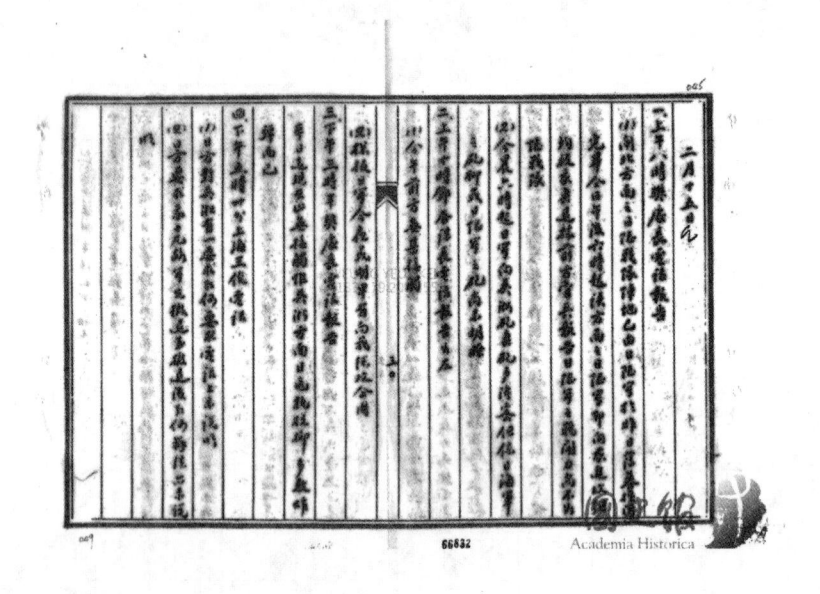

外交部函邓世增（文稿）1932年3月13日

卫戍司令长官公署邓（世增）参谋长转蒋（光鼐）总指挥勋鉴。政府已派贵总指挥、蒋作宾、郭泰祺、黄强为上海停战会议中国代表。昨复加派顾维钧为首席代表。特达。罗OO元印。

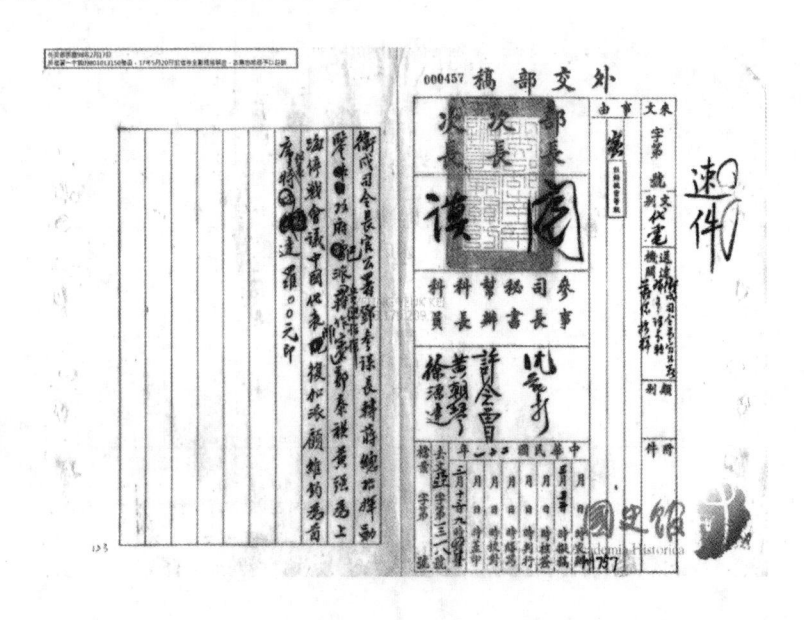

第二部分 各历史阶段资料汇集

邓世增与外交部部长罗文幹（钧任）来复函，关于安排法国军事参赞到前线观察事宜

法国驻华公使韦礼德函外交部（1932年3月8日）

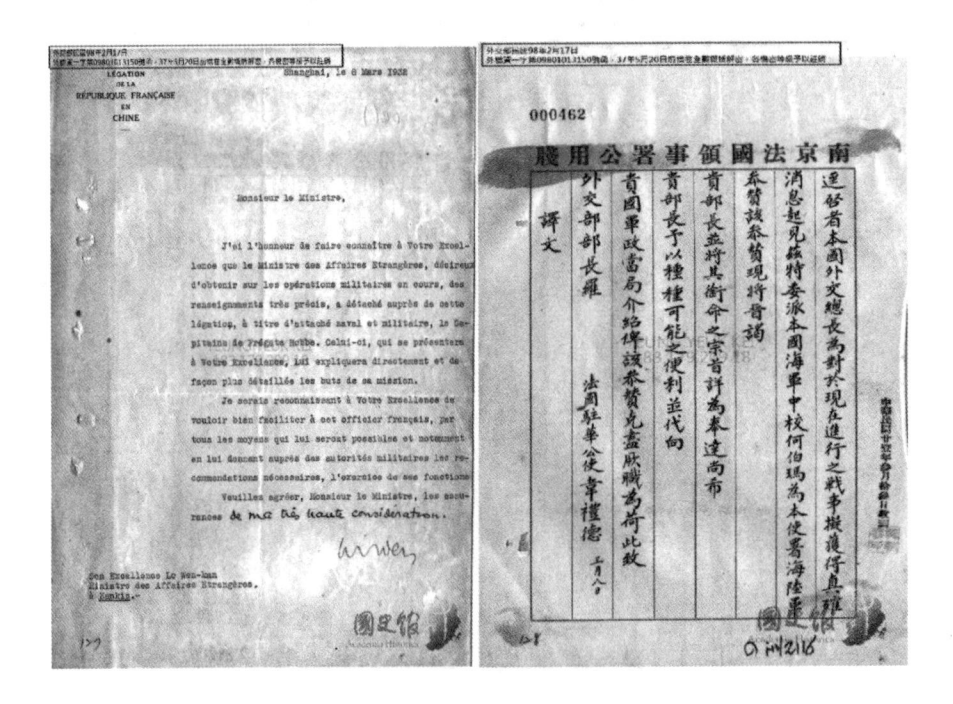

外交部函邓世增（发函文稿）

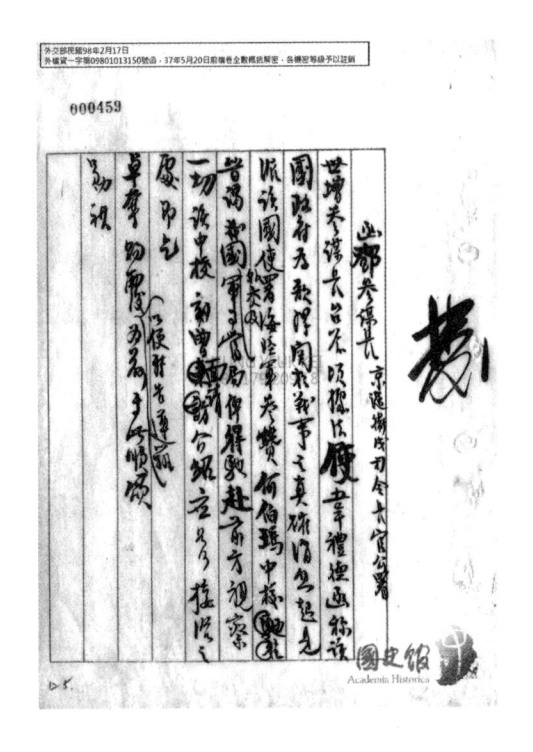

251

邓世增复函外交部（1932年3月13日）

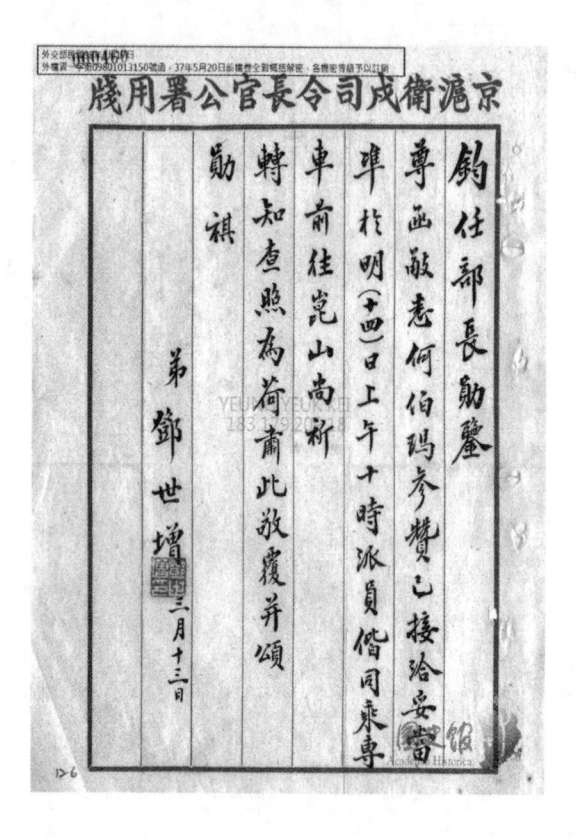

京沪卫戍司令长官公署用笺

钧任部长勋鉴：

尊函敬悉，何伯玛参赞已接洽妥当。准于明（十四）日上午十时派员偕同乘专车前往崑山高桥，转知查照为荷。肃此敬覆，并颂

勋祺

弟 邓世增

三月十三日

外交部复函法国公使（文稿）（1932年3月13日）

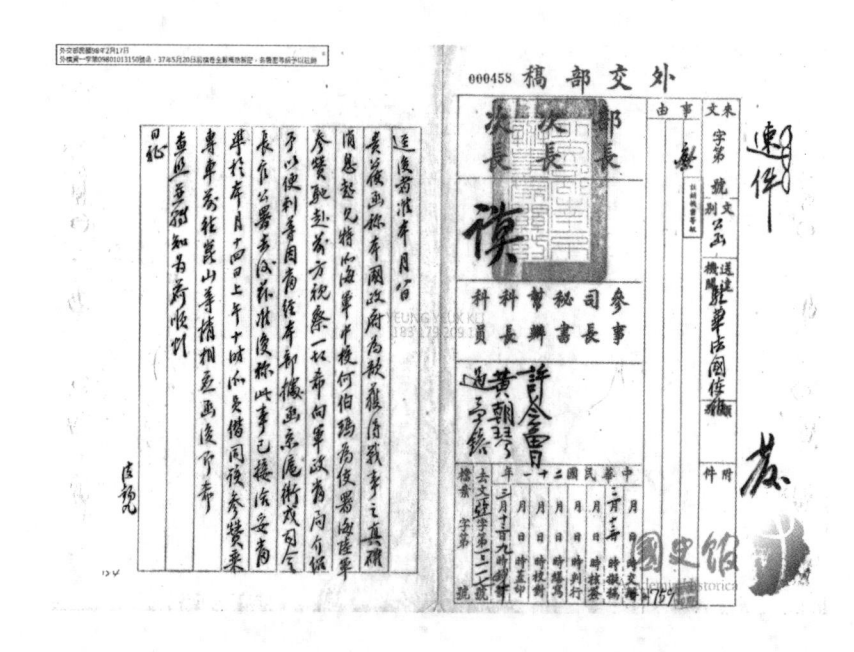

蒋中正电告邓益能（邓世增）（1932年6月10日）

南京京沪司令长官公署

邓参谋长益能兄勋鉴。

中本日行抵牯岭，与驻赣各将领约晤后再赴武汉。如有函电，请兄寄牯岭，并望随时电告近情为荷。中正。

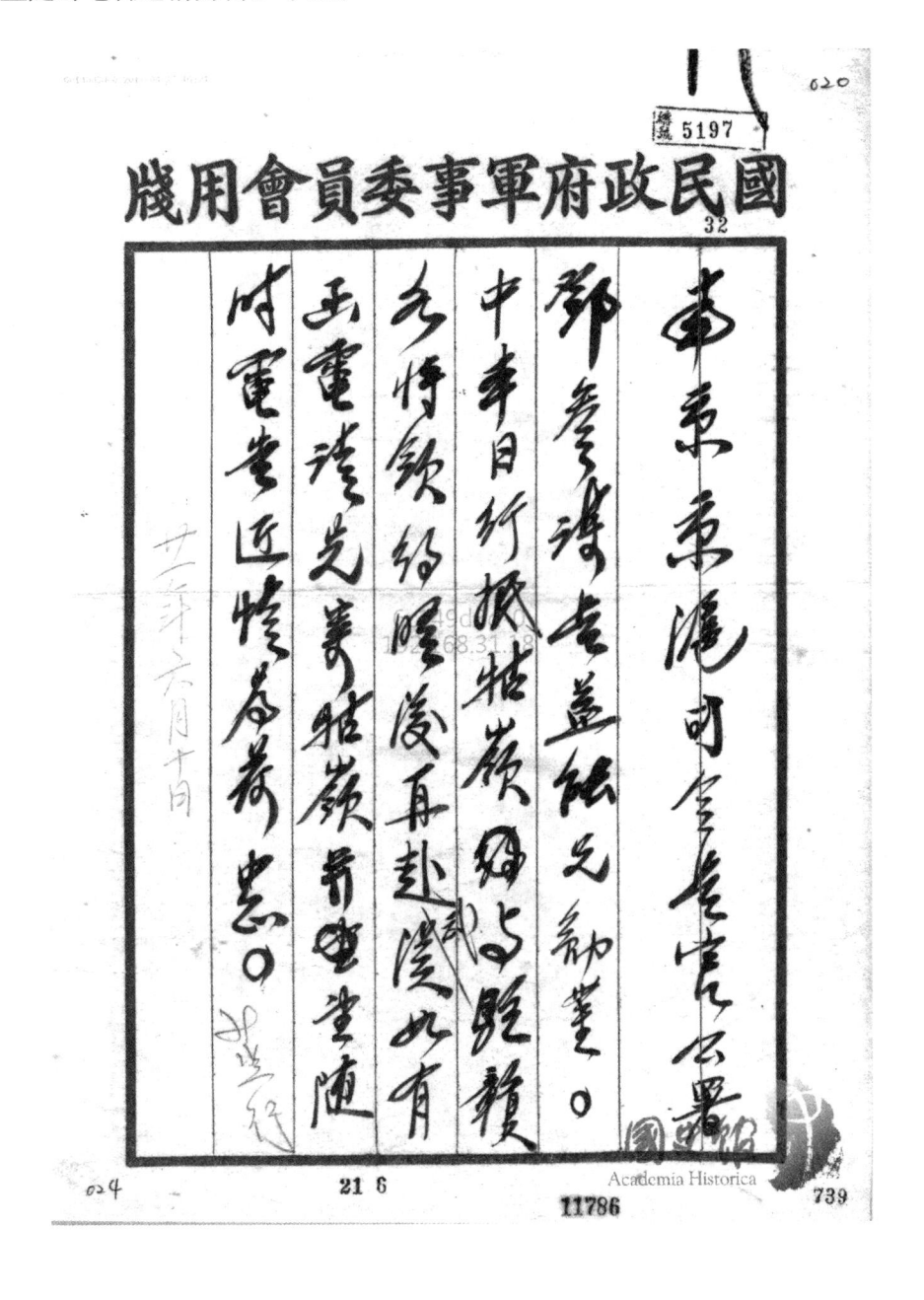

国府军委会办公厅机要室电报摘由笺（1932年6月11日）

邓世增电蒋中正：昨晤真如兄，结果极佳，职日内赴汉面呈一切。

蒋中正复：齐电悉。请兄来浔一叙。中正

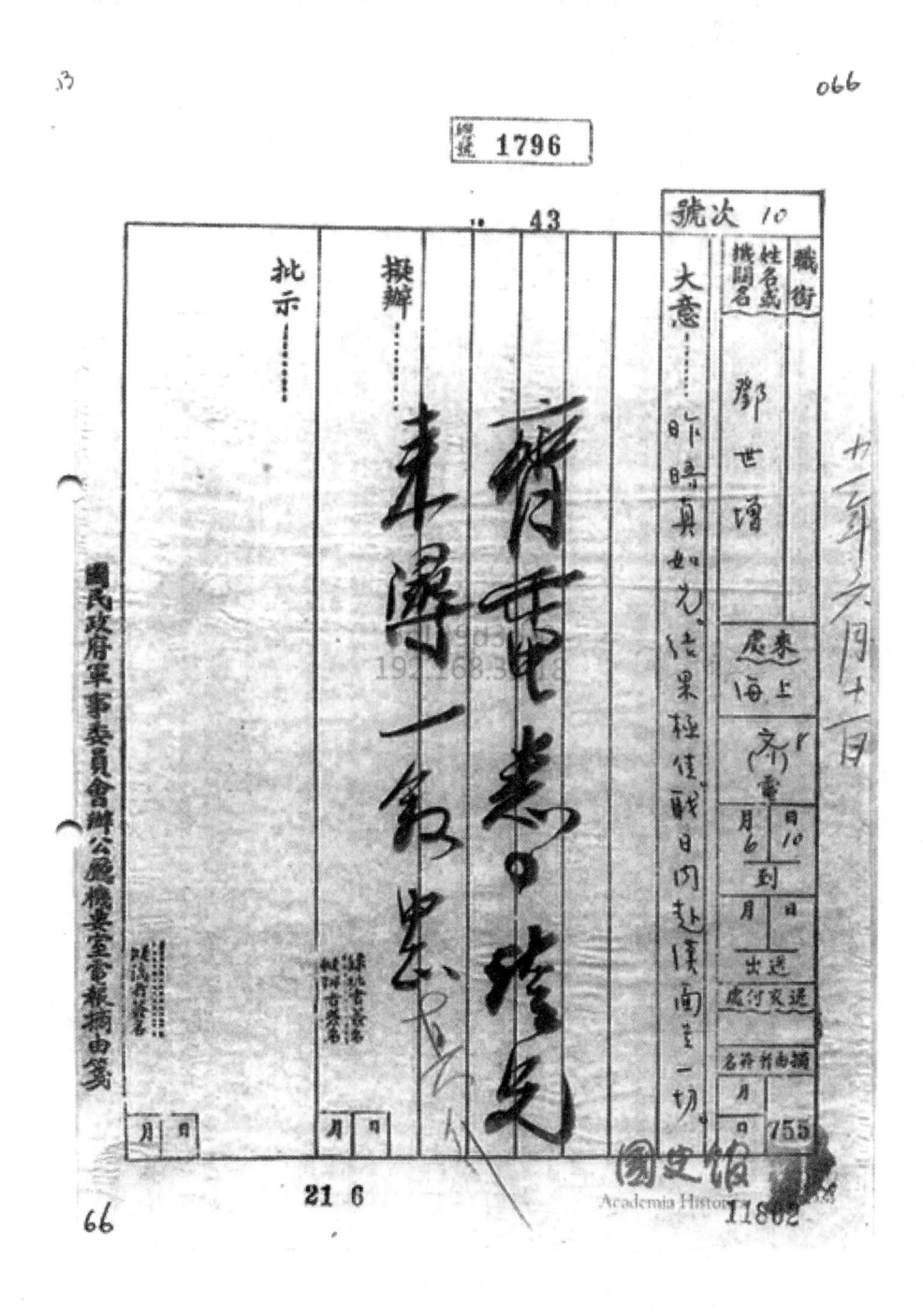

第二部分 各历史阶段资料汇集

京沪卫戍司令长官公署在"一·二八"淞沪抗战期间,向外交部通报战情选录(1931年1月29日)

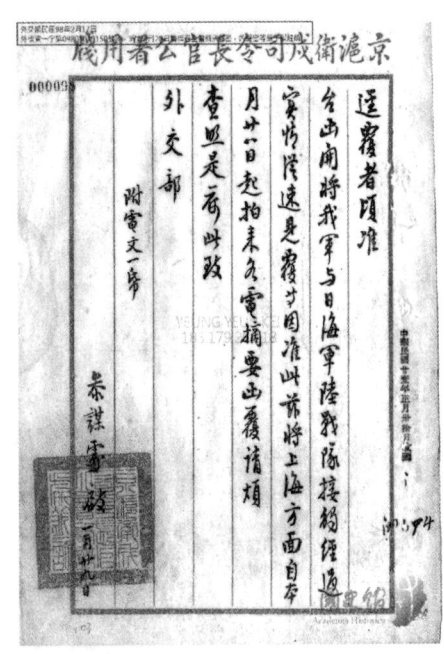

蒋光鼐、蔡廷锴在"一·二八"淞沪抗战期间,向军政部长何应钦、京沪卫戍司令长官陈铭枢(司令长官职未正式交接卸任)报告战情电报抄文

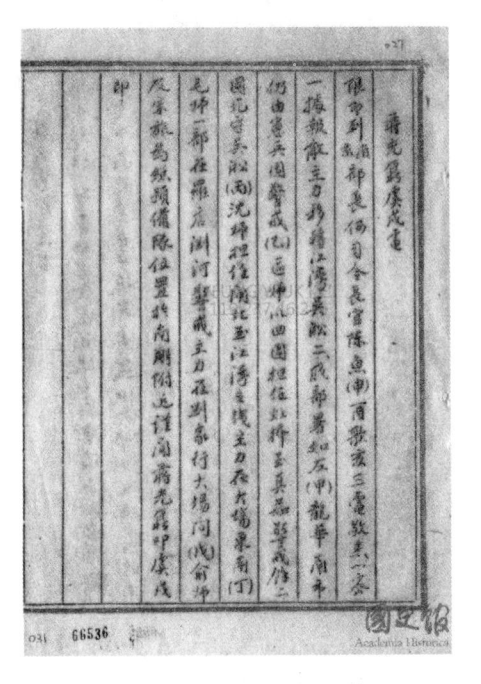

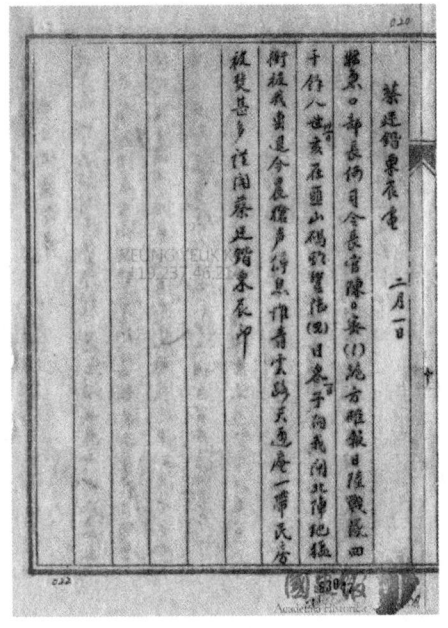

255

淞沪警备司令戴戟将军在"一·二八"淞沪抗战期间,向行政院、军政部、参谋本部、外交部和京沪卫戍司令长官报告军情(外交部来电文选录)

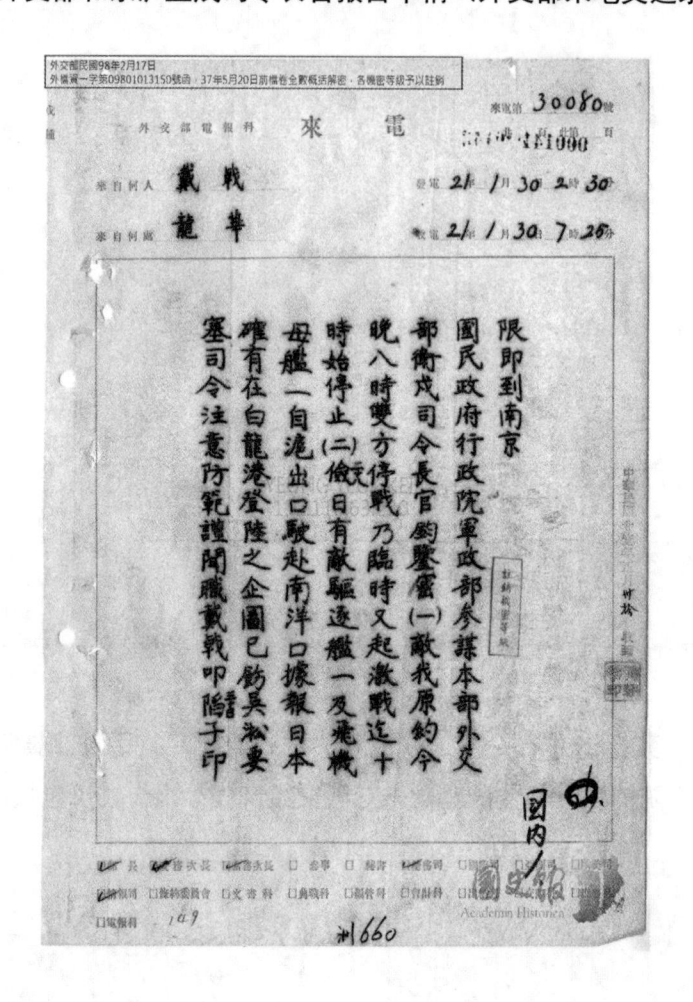

十一、胡汉民电勉抗日将士[1]

淞沪抗战期间,胡汉民电勉抗日将士:

哲生兄并转憬然(蒋光鼐)、贤初(蔡廷锴)、向华(张发奎)、益能(邓世增)、琪翔(黄琪翔)、庆云(陈庆云)诸兄鉴。沪案屈服,四百万民众遽受摧残,闻之雪涕。今战事发生,舆情益愤,兄等持正不屈,力抗暴日,为民干城,感慰无极。亟盼益励士气,歼彼凶残,军人报国,此盖其时。传檄天下,天下当争起以应……汉民卅

---

[1] 摘录于《十九路军抗日战史》,战地新闻社,1932年出版。

十二、《邓世增将军与第十九路军》[1]

第十九路军由它的前身粤一师第四团，国民革命军第四军第十师，第十一军演变、分支、成长而来。从平定两广，北伐，淞沪抗战，福建事变和后来的抗日战争中产生了一批耀眼的将星，如：陈铭枢、蒋光鼐、蔡廷锴、戴戟等。大家对曾任第十九路军副总指挥兼参谋长的邓世增，便没有那么熟悉了。这与

---

[1] 杨耀基撰文。

邓本身为人低调，从不争功，不争权，历任李济深、陈铭枢、蒋光鼐、蔡廷锴的参谋长，生前没有出版自传。

邓世增与十九路军将士的历史渊源：

1918至1919年间，邓世增在罗定肇军任陈铭枢游击营教官（即副营长），当时戴戟、蔡廷锴也在该营任职。1920年邓世增在阳江联合陈铭枢起义，经邓演达、蒋光鼐联络加入粤军第一师。邓世增在粤军第一师补充团任营长、团长时，蔡廷锴在邓部任职。[1]1924年7月邓世增调任第四团团长，是继戴戟、缪培堃之后的第五任团长。粤军第一师改编成第四军后，邓历任团长，副师长，代师长，第四军参谋长，第八路军参谋长等职。[2]后来的第十九路军将士们多在这一时期不是邓世增的同袍便是邓的部下。第十九路军中的钦廉籍将士也多是在这期间或更早跟邓出来从军的，其中包括他的九弟邓世汉、张君嵩、钟经瑞、堂弟邓世棠、堂侄邓东、邓钧等等。第十九路军中的张君嵩团、钟经瑞团是邓世增在任广州卫戍司令时创建的。两团在淞沪抗战中，战斗在第一线，战功彪炳。

在这时期，邓世增与后来成立的第十九路军将士们建立了深厚的感情和信任。蔡廷锴在自传中称赞他"邓世增乃军人中之忠厚长者，不独我对他如此恭维，就是第一师的同事，谁都说他的公道话。他对朋友固然和蔼可亲，就是对部下也不摆架子。有功必报，有过必处罚，真是赏罚严明，无偏无袒。"[3]

驻京沪参加淞沪抗战时期：

1931年9月30日国民政府任命陈铭枢为京沪卫戍司令长官，邓世增任参谋长，辖第十九路军卫戍京沪地区。邓世增率领总部参谋人员第一批进驻南京，安排十九路军进驻京沪，布置京沪卫戍司令长官公署（设于南京中山路三元巷）和十九路军总指挥部（设在南京两广宾馆内）。[4]由于陈铭枢旋即担任交通部部长，改任蒋光鼐为京沪卫戍司令长官，但蒋司令因病未能及时到位。1932年1月15日国府命令：京沪卫戍司令长官蒋光鼐未到任以前，着京沪卫戍司令长官公署参谋长邓世增暂行代理。[5]

淞沪抗战开战在即，1月29日邓世增代表京沪卫戍司令部和第十九路军参加了参谋总长朱培德召集的会议（与会者有何应钦、李济深、顾祝同、林蔚、杨

---

[1] 蔡廷锴著：《蔡廷锴自传》，黑龙江人民出版社，1982年出版，第115页。
[2] 中国台湾台北"国史馆"典藏：蒋中正侍从室《邓世增档案》记载。
[3] 蔡廷锴著：《蔡廷锴自传》，黑龙江人民出版社，1982年出版，第151页。
[4] 参见《中央日报》，1931年11月12日；又见邓肇庠撰文：《邓世增传》记载。
[5] 参见《福建民国日报》，1932年1月16日；又见《军政公报》第129号目录；又见《申报》，1932年1月30日记载。

杰等人），共同研究和确定对上海及长江沿线的防卫方针。邓世增与蒋光鼐等第十九路军将领一起制订整个战区的抵抗作战方案，指导作战，并亲临前线视察。邓世增在1932年2月18日发电给蒋中正、汪兆铭、李济深等提到："士志坚如铜铁，定为山岳……吴淞阵地仍由翁照垣率两团防守。"[1]在军情最紧急之时受陈铭枢、蒋光鼐所托亲临蒋介石洛阳官邸，要求增援。[2]战事后期，第十九路军等退到二线，蒋光鼐被任命为"京沪路总指挥"，[3]邓世增和蒋光鼐又与军政部制订了"京沪路方面第二期抵抗作战方案"。[4]准备万一战事扩大，纵深布防整个战区，包括沪苏浙，拱卫南京。李济深曾书："世增、世汉……参与第十九路军戎机。是役以寡敌众，以窳御坚，卒能遏寇使不得逞者，全军忠义之效也。"[5]又撰：益能（邓世增字益能）参谋长名绩更懋，济深素心所托于兹十年矣……岭桥孤军，黄埔杀贼，孰主其谋，益能之力。盛赞邓世增在淞沪抗战之功。[6]

福建事变：

1932年7月14日邓世增与蔡廷锴乘"芝沙丹尼号"轮一同入闽（到达厦门），第十九路军黄强参谋长及军中的3个师长、6个旅长、漳厦海军警备司令、地方各级官员和各界代表纷纷来迎。[7]1932年7月16日邓世增由厦门乘"楚泰号"军舰抵达福州。邓世增就任驻闽绥靖公署参谋长，并代蒋光鼐发出就职（公署主任）通电，筹办主持公署大小事务。[8]公署下辖第十九路军等。

---

[1] 中国台湾台北"国史馆"典藏：蒋中正文物，《邓世增档案》，电蒋汪朱李/数位典藏号：002-090200-00006-224 记载。

[2] 陈铭枢著，朱宗震、汪朝光编：《陈铭枢回忆录》，中国文史出版社，1996年10月出版，第104页。

[3] 中国台湾台北"国史馆"典藏：档案系列：蒋中正文物/数位典藏号：002-020200-00015-101 记载。

[4] 中国台湾台北"国史馆"典藏：蒋中正文物，《淞沪抗日战役史料》，数字典藏号：002-110300-00014-001 记载。

[5] 黄节撰，李济深书：合浦邓君妻詹夫人（邓世增之母）《墓志铭》记载，1932年12月。

[6] 李济深撰书：《邓母詹夫人诔文》，1932年12月。

[7] 讲述人：徐由辛（徐名鸿族侄，前十九路军总指挥部副官），访问人：薛宗耀、黄启权：《亲历者说：十九路军入闽（二）》"口述历史"，《福建党史月刊》，2009年第8期，第43页、第44页。

[8] 讲述人：徐由辛（徐名鸿族侄，前十九路军总指挥部副官），访问人：薛宗耀、黄启权：《亲历者说：十九路军入闽（三）》，《福建党史月刊》"口述历史"，2009年第11期，第52页。

其间1933年3月13日，蒋光鼐电蒋中正："蔡廷锴称拟编敢死队北上抗日，东路拟令邓世增为前敌指挥官……"[1]

1933年10月19日，蔡廷锴电蒋中正："前方军事已令邓世增暂行负责……"[2]1933年8月6日陆文澜电蒋中正："转报邓世增因连城危急飞漳指挥，并加调沈张两师开连解围……"[3]

在蒋光鼐、蔡廷锴出缺时，均将第十九路军军政事务委托于邓世增。[4]在危急时邓世增亲临前线，直接指挥第十九路军辖下的各师级部队。在当时第十九路军是不可能将指挥权交付"外人"的。

第十九路军在闽时，办了一份军刊曰《挺进》杂志。在创刊号上邓世增亲笔为第十九路军撰写了"本军之使命"，并在创刊号上解释了取名"挺进"的含义，那就是"唯有向前挺进之一途，庶足以达我为国为民目的"。邓世增与其他第十九路军将领的相片登在创刊号上。邓世增还为第六十一师干部教导队《同学录》提字"同济时艰"。借此去指导第十九路军官兵。邓世增兼任前敌指挥官，直接指挥军事，得到第十九路军将士们的信赖。邓世增是第十九路军名副其实受拥戴的领导人之一。[5]

福建事变时，蔡廷锴、邓世增和第十九路军其他将领一起署名，通电全国反蒋。[6]邓世增任福建人民政府军事委员会委员、第一方面军参谋长、兼任第十九路军副总指挥兼参谋长。[7]在第十九路军军史上称总指挥（包括副总指挥）

---

[1]中国台湾台北"国史馆"典藏：档案系列：蒋中正文物／特交档案／数字典藏号：002-080200-00072-112记载。

[2]中国台湾台北"国史馆"典藏：档案系列：蒋中正文物／特交档案／数字典藏号：002-080200-00127-151记载。

[3]中国台湾台北"国史馆"典藏：档案系列：蒋中正文物／特交档案／数字典藏号：002-080200-00112-135记载。

[4]讲述人：徐由辛（徐名鸿族侄，前十九路军总指挥部副官），访问人：薛宗耀、黄启权：《亲历者说：十九路军入闽（三）》，《福建党史月刊》"口述历史"，2009年11期，第53页记载。

[5]中共福建省委党校、中共福建省委党史征集委员会吴国安、钟健英撰文：《十九路军驻闽期间的报刊活动及其特色》，《党史研究与教学》，1988年第4期刊载；又见福建图书馆馆藏，《挺进》杂志创刊号，1933年5月15日。

[6]中国台湾台北"国史馆"典藏：档案系列：蒋中正文物／特交档案／数字典藏号：002-080200-00135-097记载。

[7]参见蔡廷锴著：《蔡廷锴自传》，黑龙江人民出版社，1982年出版；又见第十九路军淞沪抗日历史研究会暨纪念中国人民抗日战争暨世界反法西斯战争胜利70周年专刊《喋血淞沪》记载。

的只有 3 人：蒋光鼐、蔡廷锴、邓世增。1933 年 11 月 29 日刘和鼎电蒋中正："邓世增已就伪（指福建人民政府）前敌总指挥……"[1] 福州外围各军自 1934 年元旦以来，由邓世增率领各军幕僚人员现地侦察地形，策定守福州外围计划，分别构筑工事。[2] 邓世增在前线指挥第十九路军，保卫新成立的福建人民政府。

在第十九路军最后的关头，高级将领只余邓世增留在龙岩和蔡廷锴一起，安排余下官兵的出路（退回广东，让陈济棠收编），以保存第十九路军最后的种子。邓坚持到最后一刻才和蔡廷锴经永定、大埔，到汕头后分别撤去香港。[3]

第十九路军的重建：

1936 年两广事变中，邓世增和蔡廷锴奔走于两广之间，为重建第十九路军而努力。虽最后不能恢复第十九路军番号，但也促成了区寿年师（第一七六师）的成立（原计划编翁照垣部，翁不就职改区寿年师）。[4] 两广事变的和平解决，避免了一场内战，为 1937 年之后的全面抗战储备了军事力量，为国家和政府赢得了准备时间。民国政府为此向邓世增颁发勋章，以表嘉奖。[5]

抗战时期，1939 年邓世增任第八区督察专员兼第四战区南地区特别守备区司令（后改第八区游击指挥官），副司令张炎，参加桂南会战和历次南路抗击日寇之战役。[6] 1943 年任军事委员会桂林办公厅参谋长（主任李济深），统筹整合西南抗战。

解放前夕，邓世增参与筹建民革，秘密领导民革在北海起义。因策反需要一直未公开身份。其间来往京港穗，策反陈济棠、余汉谋、薛岳等粤籍高级将领，虽未成功，但也起了分化瓦解作用，[7] 加速了广东和海南的解放。

---

[1] 中国台湾台北"国史馆"典藏：档案系列：蒋中正文物／特交档案／数字典藏号：002-090300-00063-351 记载。

[2] 蔡廷锴：《回忆十九路军在闽反蒋失败经过》，1964 年撰稿，《文史资料选辑》第 59 辑刊载，中国人民政治协商会议全国委员会文史资料研究委员会编，中国文史出版社 1986 年印行。

[3] 参见蔡廷锴著：《蔡廷锴自传》，黑龙江人民出版社，1982 年出版，第 317 页记载；又见《香港工商日报》，1934 年 2 月 8 日、2 月 28 日记载。

[4] 《香港工商日报》，1936 年 9 月 12 日、16 日、22 日记载。

[5] 中国台湾台北"国史馆"典藏：档案系列：蒋中正文物／特交档案／数字典藏号：002-080200-00476-040 记载。

[6] 《第四战区桂南战史旅行暨战地调查纪事》中国台湾台北"国史馆"典藏：陈诚文物／数位典藏号：008-010701-00040-001 记载。

[7] 参见中国台湾台北"国史馆"典藏：蒋中正侍从室《邓世增档案》之补充登记备查；又见邓世增 1951 年自传手稿；又见邓肇庠撰文《邓世增传》记载。

福建事变

"一·二八"淞沪抗战中,第十九路军坚持抗战与蒋介石的方针产生重大分歧。淞沪停战协议规定上海二十里内不准驻军,大大伤害了第十九路军的尊严,引起极大的不满。第十九路军被调离上海,开赴福建,并任命蒋光鼐为驻闽绥靖公署主任,邓世增为绥靖公署参谋长,蔡廷锴为第十九路军总指挥。邓世增带领京沪卫戍司令长官公署原班人员,转到福建绥靖公署去。

邓世增任福建人民政府军事委员会委员、第一方面军参谋长、兼任十九路军副总指挥、参谋长

1932年7月14日,邓世增与蔡廷锴乘"芝沙丹尼"轮一同入闽。7月16日,邓世增由厦门乘"楚泰"号军舰抵达福州,就任驻闽绥靖公署参谋长,并代蒋光鼐发出就职(公署主任)通电,筹办主持公署大小事务。公署下辖第十九路军和福建地方军等。

1931年九一八事变后,在全国人民抗日救亡运动推动下,广大官兵对蒋介石对内"剿共"、对外妥协的政策逐渐产生了不满,爱国热情也日渐俱增。李济深、陈铭枢、蒋光鼐、蔡廷锴、黄琪翔、邓世增等人由于他们的抗日要求和行动得不到蒋介石政府的支持,与蒋的矛盾日益激化。

陈铭枢、蒋光鼐、蔡廷锴与邓世增及其他十九路军高级将领于1933年11月17日在福州鼓山召开紧急会议,商讨反蒋起事,会上商讨:召开中国人民临时代表大会;成立中华共和国人民革命政府(福建人民政府);废除中华民国国号,另定国旗;脱离中国国民党,另组生产人民党等事项。联共反蒋也是陈铭枢等发动福建事变的既定方略和主要政治前提之一。

1933年10月26日,福建方面与中共苏维埃方面签订了《反日反蒋的初步协定》。11月20日,李济深等在福州召开"中国人民临时代表大会",发表《人民权利宣言》,福建事变爆发。21日,李济深等通电脱离国民党,随后联合第三党和神州国光社成员发起成立生产人民党,以陈铭枢为总书记。22日,中华共和国人民革命政府宣告成立,由李济深、陈铭枢、陈友仁等11人为政府委员,李济深任主席,陈友仁为外交部长,蒋光鼐为财政部长,李济深兼军事委员会主席,任何公敢为福建省长,以黄琪翔为经济委员会主席兼参谋团主任,蔡廷锴任人民革命军第一方面军总司令。更改国旗为上红下蓝,中嵌黄色五角星。同时废止中国国民党。改民国二十二年为"中华共和国元年",并宣布革命政府的中心任务是外求民族解放,排除帝国主义在华势力,内求打倒军阀,推翻国民党统治,实现人民民主自由,发展国民经济,解放工农劳苦群众。

同时,蔡廷锴、邓世增和第十九路军其他将领一起署名,通电全国反蒋。邓世增任人民政府军事委员会委员、第一方面军参谋长,兼任第十九路军副总指挥和参谋长。福州外围各军自1934年元旦以来,由邓世增率领各军幕僚人员现地侦察地形,策定守福州外围计划,分别构筑工事。邓世增在前线指挥第十九路军,保卫新成立的福建人民政府。

蒋介石迅速从"围剿"苏区前线抽调九个师大军入闽,自任"讨逆军"总司令。在蒋介石的军事压力下,闽方未能得到粤、桂方面及国民党内其他势力的支持,国际方面也多持不干涉的态度。人民革命军(即第十九路军)内部发生分化。在王明"左"倾教条主义影响下,中共临时中央又在军事上没有给第十九路军以应有的支援。最后中华共和国在南京蒋政府大兵压境下瓦解,由成立至解散只有53天。

在第十九路军最后的关头,邓世增与撤到龙岩的蔡廷锴会合,企图安排余下官兵的出路(退回广东,让陈济棠收编,但最终被解散),以保存第十九路军最后的种子。邓与蔡廷锴坚持到最后一刻,是经永定、大埔、汕头撤去香港最后一批将领。邓世增再次被蒋介石开除党籍及被通缉而逃亡香港。

在外患内忧严重时刻,第十九路军将领们毅然与对外不抵抗、对内专制独裁的蒋介石及其国民党政府决裂,试图创建抗日反蒋的新政权,孤立与打击了国民党反动派,对停止内战、团结抗战力量具有积极的意义。福建事变为中共倡导的抗日民族统一战线的提出提供了重要历史依据,同时作为两广事变和西安事变的序曲,为促使第二次国共合作的建立,推动抗日民族统一战线的形成提供了有益借鉴。

对第十九路军和福建人民政府在中国民主革命进程中的历史地位与贡献,毛泽东、周恩来给予极高评价。中华人民共和国成立后,在一次中央人民政府开会中,陈铭枢等和毛泽东一起交谈,提及1933年的福建人民政府时,毛泽东主席对他说:"没有你们那时的人民政府,就没有我们现在的人民政府。我们今天的人民政府还是从你们那里学来的。"20世纪50年代初,周恩来总理在上海接见民主人士,对时任复旦大学经济系教授朱伯康(曾任第十九路军教官)热情地说:"你们第十九路军对中国人民做过两件大好事,一是在上海抗日;二是在福建反蒋。"

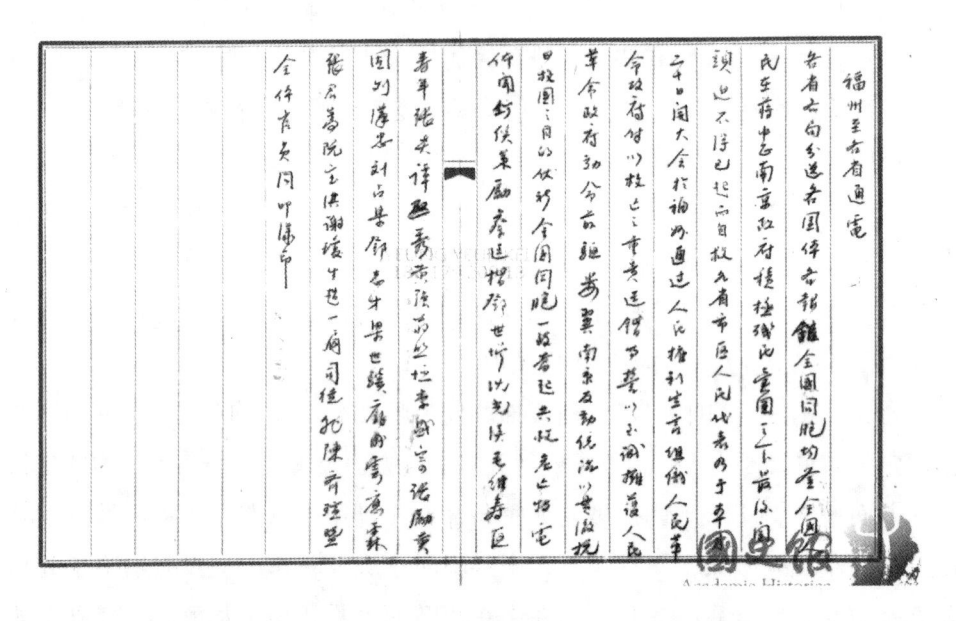

福州至各省通电(1933年11月23日通电抄文,蒋中正文物,台北"国史馆"藏)

各省各局分送各团体各报馆全国同胞均鉴。全国人民在蒋中正南京政府积极残民卖国之下,最后关头迫不得已,起而自救。各省市区人民代表乃于本月二十日开大会于福州,通过人民权利宣言,组织人民革命政府,付以救亡之重责。廷锴等誓以至诚拥护人民革命政府,效命前驱,推翻南京反动统治,以贯彻抗日救国之目的。伏祈全国同胞一致奋起共救危亡。特电布闻,苧候策励。蔡廷锴、邓世增、沈光汉、毛维寿、区寿年、张炎、谭启秀、黄强、翁照垣、李盛宗、张励、黄固、刘汉中、刘占雄、邓志才、梁世骥、庞成、云应霖、张君嵩、阮宝洪、谢琼生、赵一肩、司徒飞(非)、陈齐瑄暨全体官员同叩漾印。

一、《蔡廷锴自传》节录

1932年5月,我擢升第十九路军总指挥,蒋光鼐调升驻闽绥靖主任。卫戍司令长官部撤销,所有长官部人员,拨归绥靖公署,邓世增为公署参谋长,率同人员南下,公署设福州。我是一个军队最高指挥官,只有指挥军事行动之责,无指挥行政之权,公署参谋长邓世增因蒋仍未就主任职,行使职权极为慎重。光阴易过,做事又不不成,从此拖延下去,亦非善策,我即跑到福州,与邓参谋长面谈。他说："绥署成成立以来，因主任尚未就职，屡电蒋主任请其早来或先代其通电就职，他如终未表示，办事甚为为就手，最好请你回去敦请。"邓君与我所见不约而同，到了福州雨日，即回漳州。[1]

*****

民国二十三年

我率残部进驻大小池，粤当局拟收编我残部，即由邓参谋长世增与其接洽。结果来电谓：日间由邓与黄副处长和春同来，一切事宜到时面谈；同时共党亦派代表与我磋商，拟以压力吸收我残部，我以他不守信义，严词拒绝。邓世增未到前，我觉无聊，终日游山打猎。候了十天，邓、黄到了。陈济棠令黄任寰收编，任黄和春为旅长。各事办理完后，黄和春旅调永定，我与邓到永定与黄任寰见面。住一天，由大浦汕头，逗留多日，吾儿绍昌、绍辉与叶少泉、翁云亭等来汕接船，遂同返港。我从军24年，从此暂时得释军人仔肩，而在淞沪抗日名闻海外的第十九路军，亦宣告解体矣。抵港后，因在家中应酬繁剧，由谭启秀介绍到山顶道梁二姑家暂住。吾妻彭惠芳及各男女亲友均到慰问，他们以为我失败灰心失意，唯事实适得其反，我自失败之后，无官一身轻，精神上反觉愉快，体力日好。最难忘怀者，被遣散之官兵，抵粤后，走投无路，即派叶少泉返省料理，并命其将十九路军收支数目对各级官长公布。闻黄和春部收编不及一个月，已被陈济棠下令缴械，周士第只身逃难，徐秘书长名鸿竟被枪决，军队解散不足惜，徐君被枪毙，实出乎意料。徐君不过是我的秘书长，一个文人而已，竟罹此惨刑，冤哉枉也。但数年来冤枉之人不只徐君一人，生在恶势力范围内无法理可言，至今思之，犹有余痛。[2]

二、《亲历者说：十九路军入闽》节录[3]

【讲述人】徐由辛（1913—2009）广东丰顺人，第十九路军秘书长徐名鸿的族侄，曾任第十九路军总指挥部副官，1932年夏随军到福建，1934年初福建事变失败，因伤残回广东蛰居。中华人民共和国成立后，寓居广州。

1932年

问：那么，蔡廷锴什么时候入闽？

---

[1] 蔡廷锴著：《蔡廷锴自传》，黑龙江人民出版社，1982年版，第299页、第301页记载。

[2] 蔡廷锴著：《蔡廷锴自传》，黑龙江人民出版社，1982年版，第317页记载。

[3] 薛宗耀、黄启权撰文：《十九路军入闽》，整理后刊于《福建党史月刊》，2009年11期。

答：蔡廷锴于7月13日乘轮离港，14日抵达厦门。随蔡来闽的人员中，有两个人必须着重介绍一下。

一个是曾经提携过蔡廷锴的邓世增。蔡廷锴评价他："乃军人中之忠厚长者……对朋友固然和蔼可亲，就是对部下也不摆架子。有功必报赏，有过必处罚，真是赏罚严明，无偏无袒。"

邓世增，字益能，生于1889年，广东合浦人。

1931年底应陈铭枢邀请，随往南京任京沪卫戍司令长官公署参谋长，代理过公署主任。入闽前，改任驻闽"绥靖"公署参谋长。

另一个是蔡廷锴最主要的助手，最信赖的谋士，即我的族叔徐名鸿。套现在的话来说，他是我一生中最崇拜的偶像之一。

徐名鸿，字羽仪，号翱翔，1897年出生于广东丰顺一个书香门第。

他思想活跃，关注新文化运动，探索救国救民道路，参加进步社团"工学会"，投身五四运动，接触过马列主义等进步书刊。他又是学校中平民教育社的主要负责人，兼任《平民教育》杂志经理。热衷研究、宣传并实施平民教育，主张通过教育革命和改良达到改造社会的目的，得到著名思想家、哲学家，进步人士梁漱溟赏识和培养。后来，他为实践平民教育，随梁漱溟到山东创办曹州高级中学。

1927年初春，他由第四军党代表廖乾吾介绍，秘密加入中国共产党。8月，他参加南昌起义，并随叶挺为军长的第十一军南下。9月下旬部队抵达潮汕，还在"七日红"期间担任过潮梅海关秘书长。

起义军失败后，他隐匿家乡，与党组织失去了联系。后曾被捕入狱，由时任广州政治分会委员、广东省立第一中学（即现广雅中学）校长梁漱溟，向邓世增保出，聘任为该校校务委员会主任兼授语文课。

第十九路军开江西时，他曾担任陈铭枢与邓演达之间的秘密联系人。后接受陈、蒋、蔡的邀请，再次弃文就武，到新组建的第七十八师任师部秘书（注：实际上就是师部秘书长），后升任第十九路军总部秘书长。"一·二八"淞沪抗战爆发，他主持联系地方，还协助蒋光鼐、蔡廷锴做好部队的思想政治工作。经常随同蔡廷锴等亲临火线，鼓舞士气。在所编辑的《抗日战事》和《改造》等刊物中，撰写文章，以"国家兴亡，匹夫有责，况军人乎""誓以全力抗敌御侮，置个人生死以度外""倘为国牺牲，虽死犹荣"等豪迈口号，激励官兵英勇杀敌。通过《申报》发表"淞沪之战"等消息和接待中外记者，把第十九路军抗日战绩向国内外宣传，以唤醒广大民众团结一致，为抗日救亡而奋斗。

1932年　七月十四日　旧历六月十一　星期四　晴

大清早，全市各商店启肆即纷纷悬旗，各马路牌楼皆张灯结彩，气象焕然一新。中午，群众麇集海后滩一带者，肩摩毂击，水泄不通。市公安局、保安队全体出动，从海后滩至开元路、思明北路、思明南路、中山路，皆戒备森严。

午后一时，蔡军长偕邓参谋长、徐秘书长和前广东空军第五大队队长刘植炎、菲律宾马尼拉中华商会主许友超等所乘坐之"芝沙丹尼"轮，缓缓由鼓浪屿后入港。该轮驶近嵩屿、猴屿海面时，海军航空处一架飞机盘旋空际，或高或低、或左或右，围绕轮船四周飞行，机上系党旗、国旗各一面，迎风飘舞，停泊港内之"中山舰"亦鸣炮致敬。

此时，蔡军长在邓参谋长、徐秘书长等陪同下，已离开办事处赴鼓浪屿周醒南私邸安歇。会后，我随黄强也抵达周宅。

晚，蔡军长召集各师、旅长开军事会议。

7月15日

厦门各界、各团体代表到渡头送行。邓参谋长将于下午一时乘"楚泰"号军舰离厦赴省，办理驻闽"绥靖"公署前期之相关事务，亦到场向蔡军长道别。船至嵩屿渡口，总指挥部参谋处处长赵一肩率总部少校以上各官佐，第四十九师师长张贞亦亲率该师部人员列队迎候。

直到28日才收到西南当局军政要人唐绍仪、萧佛成、邓泽如、陈济棠、李宗仁、邹鲁、余朝枢发来的贺电。

问：怪哉！他们与第十九路军沾亲带故，为什么10多天后才来电祝贺？

答：说怪不怪，"本是同根生"，因同床异梦，曾"相煎""太急"过，后遗症难免矣。何况，蒋介石调我军进驻福建，名为"绥靖"闽省，其实包含有监督、牵制、抗衡西南方面的意图，这般政坛老手哪能不明就里？

问：蒋光鼐通电就职了，大家也纷纷祝贺了，搅得很热闹。依我的理解，此时他窝在心里的气并没有消除，所以借口继续养病，不立即入闽任职，提议暂由蔡廷锴代理包括"绥靖"公署主任在内的所有一切职务。而蔡正在漳州忙于军务，不能住在福州办公，也不能整天两头跑，又如何"代理"？

答：这确实是个难题，但蔡廷锴有高招来解决。

7月26日上午，行政院召开第52次会议，决议："蒋光鼐因病恳辞第十九路军总指挥职，照准。以第十九路军军长蔡廷锴升任，并着于蒋主任休养期内暂行兼代驻闽绥靖公署主任职务。"也就是说，正式批准蔡代理"绥靖"公署主任的职务，还把蒋光鼐免掉的第十九路军总指挥的职务，也给了蔡。这样，蔡廷锴既是第十九路军总指挥，又是第十九军军长，还是驻闽"绥靖"公署代主任,暂时集闽省及我军的政军权于一身。

蔡廷锴的头脑很清醒,知道蒋介石又在玩弄拉一个打一个的老把戏。他当即作出三项对策。

一是明确表示,蒋光鼐一天不来闽履职,他就一天不接任总指挥职务。

二是因自己要坐镇在漳州指挥闽西各部"剿共",无法分身去福州,决定在漳州成立"绥靖"行署,亲自兼任行署主任。后来,"绥靖"公署的参谋处、副官处、军需处、军械处、军法处、交通处每处各派3至5人及秘书1至2人南下。8月1日,"绥靖"行署正式成立。

三是委托邓世增坐镇在福州的"绥靖"公署,代理他的代主任职权,处理日常事务,并负责指挥闽北各部"剿共"。

蔡廷锴用他的智慧解决了难题,但民众却因此说怪话,讽刺福建的政、署、军出现了"六代同堂"。

问:什么叫"六代同堂"?是说长寿、好命吗?

答:不是啦!这里的"代"不是"世代""传代"的意思,而是"代理""代替"的意思。

当时,福建省最高级别行政长官——省府主席出于"代"。自从1928年兼海军部长杨树庄因病一再给假之后,起先还有假期,以后连假期都没有了,索性由省府委员方声涛常代之,因此为一"代"。

最关键的部门长官——省政府财政厅长出于"代"。自何公敢挂冠后,1931年12月由省府会议议决以史家麟代之,已经"代"了半年,颇有长期代下去之势,此为二"代"。

最要害的政、警单位长官——省府秘书长、市公安局局长出于"代"。1932年6月16日,省府代秘书长陈寿凡因病坚辞,省府于17日召开182次委员会议,决定由省保安处秘书主任王懋暂兼代之;7月18日,市公安局局长郭咏荣因病告假5天,后又提出辞职。25日,省府临时会议决定,准郭咏荣告假两个月,派王懋改代市公安局局长,此为三"代"、四"代"。

最大权力的军事长官——驻闽"绥靖"公署主出于"代"。蒋光鼐因病给假休养,由蔡廷锴暂代;在蔡未到省之前,又由邓世增"代代"之,同样也无法估计将"代"到何时,此为五"代"、六"代"。

"六代同堂"指的是这个意思。

本来所谓"代"者,只是暂时的性质及偶尔的事实,很明显的,不足以为准谱,不足以为常态。可闽省政局异常,省会政坛上重要职务之莘莘大观者如此代来代去,可称是全中国的奇观。当时,全省不仅上层有"代",下层还有许多"代",

简直"代"成风，"代"上瘾了。

问：蔡廷锴的"代主任"、邓世增的"代代主任"是什么时候取消的？

答：这当然要在蒋光鼐入闽履职时才能取消，那是在"绥靖"公署成立两个月以后的事了。事情必须从蔡、蒋先后赴上海、武汉讲起。

问：驻闽"绥靖"公署什么时候成立？

答："绥靖"公署筹建工作在第二天，即7月6日就展开了。从早到晚，我军辎重、行柝等源源不绝不断载进旧将军署。吴典随车进署，与樊宗迟一起将"驻闽绥靖公署"的木牌悬挂在大门口。

"绥靖"公署基本上按照"长官公署"结构筹建，在公署主任、参谋长之下，除不设军医处和新增交通处外，其余各处照旧设立，每处设两科。

随蔡廷锴入闽的"绥靖"公署参谋长邓世增，由厦门乘"楚泰"号军舰于7月16日上午11时25分抵达福州。

邓世增到"绥靖"公署后，代蒋光鼐发出就职通电。

由此，驻闽"绥靖"公署正式宣告成立。

问：方声涛对邓世增的到任和"绥靖"公署的成立，态度如何？

答：从表面上看，还是欢迎的。

蒋光鼐的就职通电发表后，17日起，贺电如雪片般地飞来，我军收到的第一份贺电就是方发出的。

发来贺电的南京方面或各地的军政要人还有：林森、居正、何应钦、李济深、熊式辉、陈调元、陈诚、罗卓英、吴忠信、于学忠、杨虎城、何成濬、韩复榘、刘镇华、李延年、徐景唐、吴奇伟、鲁涤平、孙连仲、刘峙、孙蔚如、王树常、许克祥、刘珍年、刘和鼎、张贞、沈鸿烈、曹福林、谢彬、罗霖、唐淮源、易秉乾、徐源泉、马昆、周亚卫等。

蒋光鼐于9月19日下午偕邓世增、孙希文、丘兆琛及代表省政府专程赴漳州迎接的"省三旅"旅长陈维远等，搭"海澄"轮离厦。20日，他们到达福州。

问：蔡廷锴负责南区的"绥靖"，有制订出分三步实施的计划，那邓世增负责办理闽北区的"绥靖"，有制订出什么计划吗？

答：有。

7月下旬，邓世增曾召集第五十六师师长刘和鼎，"省四旅"副旅长钱玉光，新编第二师代表、驻省办事处主任余柏良，独立第四旅代表、驻省办事处主任胡醒樵等，在福州商定了闽北区"绥靖"办法。

三、《十九路军驻闽期间的报刊活动及其特色》摘录[1]

第十九路军入闽后,面临与红军的冲突和桂粤的矛盾,以及蒋介石不断施加压力的三难境地。因为需要稳住脚跟,求得生存和发展,在进行整顿的同时,第十九路军积极开展了舆论宣传、理论探讨和军事学术研究方面的活动。

驻闽期间,第十九路军每师都办有各自的定期刊物,提供官兵言论"发表与探讨"的园地。[2]1933年5月,为了开辟"本军同人发挥'三民主义'。考求军事改进"之新场合,又由总指挥部成立挺进杂志社,筹备出版《挺进》杂志。

时第十九路军总部设于漳州,《挺进》于1933年5月15日就在那里开始出刊。大32开,每两个月一期,逢单出版。由于第十九路军将领对挺进杂志社和《挺进》杂志寄予了厚望,邓世增在创刊号上,解释了取名"挺进"的含义,那就是"唯有向前挺进之一途,庶足以达我为国为民目的"。[3]为此,当《挺进》刚出世,便引起了国内极大的注视。"挺进"这刊名和创刊号《发刊词》是蔡廷锴亲自题写的。还有几十个知名人士作了题词。林森题"恭录总理遗教,为民前锋",于右任题"为国前驱",蔡元培题"扎硬寨,打死仗",宋子文题"军人模楷",朱家骅题"自强不息"。黄绍竑题"明耻教战",阎锡山题"积健为雄",褚民谊题"光焰万丈",邵元冲题"横扫无前是曰挺进,当者辟易使人思奋",唐生智题"优劣竞争一日千里,国命如线直追急起,发扬民气方驾欧美,伟哉鸿文大同之轨",等等。

---

[1] 吴国安、钟建英撰文:《十九路军驻闽期间的报刊活动及其特色》,《党史研究与教学》,1988年第4期(总第82期)。

[2]《挺进》创刊号记载,1933年5月15日印行。

[3] 邓世增撰文:《本军之使命》,载于《挺进》创刊号。

四、《对第十九路军与福建事变的补充》节录[1]

人民政府的瓦解

1934年1月11日左右,前线除第五军谭启秀部两个师被歼灭外,其余四个军八个师基本上未与敌人接触即开始撤退。当时福州在敌机及乌龙江口海军骚扰下秩序尚好。当人民政府决定撤退前几天,我和蔡等商量,特派参谋长邓世增回粤,请陈济棠派兵进入闽南策应十九路军撤退至闽、粤边之事,尚未得回音。

五、《李宗仁回忆录》节录[2]

12月中旬,中央军约十余万人由蒋鼎文统率,兼程自浙、赣两省分路南下入闽。闽方总司令为蔡廷锴,蔡氏负抗日英名,号称能战,原拟背城借一,与宁方一战。孰蔡氏幕中伏有宁方间谍。其参谋长邓世增虽极忠诚,但是黄埔一期毕业的参谋处处长范汉杰家中则装有秘密电台,以故闽方的军事动态,中央了如指掌。加以名不正,言不顺,军心涣散。军长毛维寿等都暗中向南京输诚,蔡军因此不战自溃。到二十三年一月中旬,福州、漳州、泉州都为宁方所攻克。福州军政大员均逃香港。第十九路军残部退入广东,为陈济棠所收编,旋即缴械。抗日有功的第十九路军到此竟全军解体,良堪惋惜。追溯闽变自民国二十二年十月中旬发动以来,到二十三年一月底第十九路军缴械止,前后不足三个月,其经过情形亦殊堪浩叹。

六、《香港工商日报》(1933年)选辑

1933年6月21日邓世增奉命赴省面谒陈济棠

第十九路军总指挥蔡廷锴,因有要公与陈铭枢磋商,乃派绥靖公署参谋长邓世增来港,面谒陈铭枢。邓世增抵港多日,经与陈晤商。闻所谈系关于时局者,邓与陈磋商后,昨晚乃乘省港夜船赴省,面谒陈济棠。闻邓乃奉蔡命,与陈磋商后,则赴省与陈济棠磋商云。

---

[1] 蒋光鼐撰文,刊于《陈铭枢回忆录》附录。
[2] 李宗仁口述,唐德刚撰写,第六篇第48章记载。

又讯云，闽省绥靖署参谋长邓世增，此次负蔡廷锴命来粤，与粤当局磋商联军"剿共"事。计邓氏抵港已多日，昨晚即乘龙山轮晋省，与粤当局磋商一切。同行者有朱光珍女士。据邓氏云，此行晋省，在省大约逗留三二天、即返闽。蔡总指挥最近无来粤意云。（汝）

1934年2月8日邓李两师开入杭永后，曾友仁赴龙岩与邓世增商洽收编，龙岩第十九路军尚有万余人，改编独立旅说或系另一部

（广州专讯）……陈总司令济棠，日前叠接蔡廷锴来电，请求收编该部。……特于前日致电独一师长黄任寰，就近往晤蔡氏，商洽收编问题，闻黄师长奉电后，即令派旅长曾友仁，赴该军防次，与邓世增面商收编办法，缘蔡氏已退居龙岩附近之某村镇，不愿出头露面，经将收编事宜与邓世增负责。邓氏与曾友仁系属同学，平日感情深厚，此次曾邓会商，当得完善之结果。但关于商讨改编情形，截至昨七日止，总部尚未接到书告，外传退驻龙岩之第十九路部队，已改编完妥，未免言之过早，据某军事机关职员说，驻龙岩之十九路军，尚有万余人。枪械均精良，唯子弹欠缺，粤方只决定收编原则。关于收编之条件及手续，须经曾友仁与邓世增商妥后，始能着手收编。以人数论，已经出一师之上，外传约有三千人，确定编为一独立旅之说，谅系零星散兵。日前逃来陈章防次，请予收容者云。

1934年2月28日第十九路余部，尚可续编一师，有由粤编为警卫师说

（广州专讯）日前，第一集团军总部委黄和春为独立第三旅旅长，使收集第十九路散兵，编组成旅，此为付零星部队，收容之办法。此外第十九路余部，尚有团体结集万余人。退驻龙岩方面，枪械最为犀利，蔡廷锴离军时，曾交托邓世增临时统率，并诚恳表示，深愿此部由粤收编，尽可编成一师之数。同时有荐谭启秀为师长之说，……但旬日以来，蒋鼎文部已开进龙岩接防，邓世增为避免压迫起见，经率部退离龙岩，开往永定蕉岭边境，原驻该处之独立第一师黄任寰部，彼此融洽无间，蒋鼎文奉蒋介石电令，企图消灭十九路全部为止。现拟向永定进逼，但恐与粤军发生误会，故暂中止，现决派重要人员代表到粤，与陈总司令会晤，商讨处置第十九路余部问题。一说谓蒋鼎文亲自来粤者。粤当局已饬派人员，在退思园布置。……

七、《大汉公报》1934年1月13日

福建政府代表李章达、邓世增昨抵广州，与粤省当道磋商重要问题。

八、《蒋中正文物》选辑[1]

蒋光鼐电蒋中正：据蔡廷锴称拟编敢死队北上抗日，……东路拟令邓世增为前敌指挥官……若日侵闽已备妥抵御方案等情（1933年3月13日）

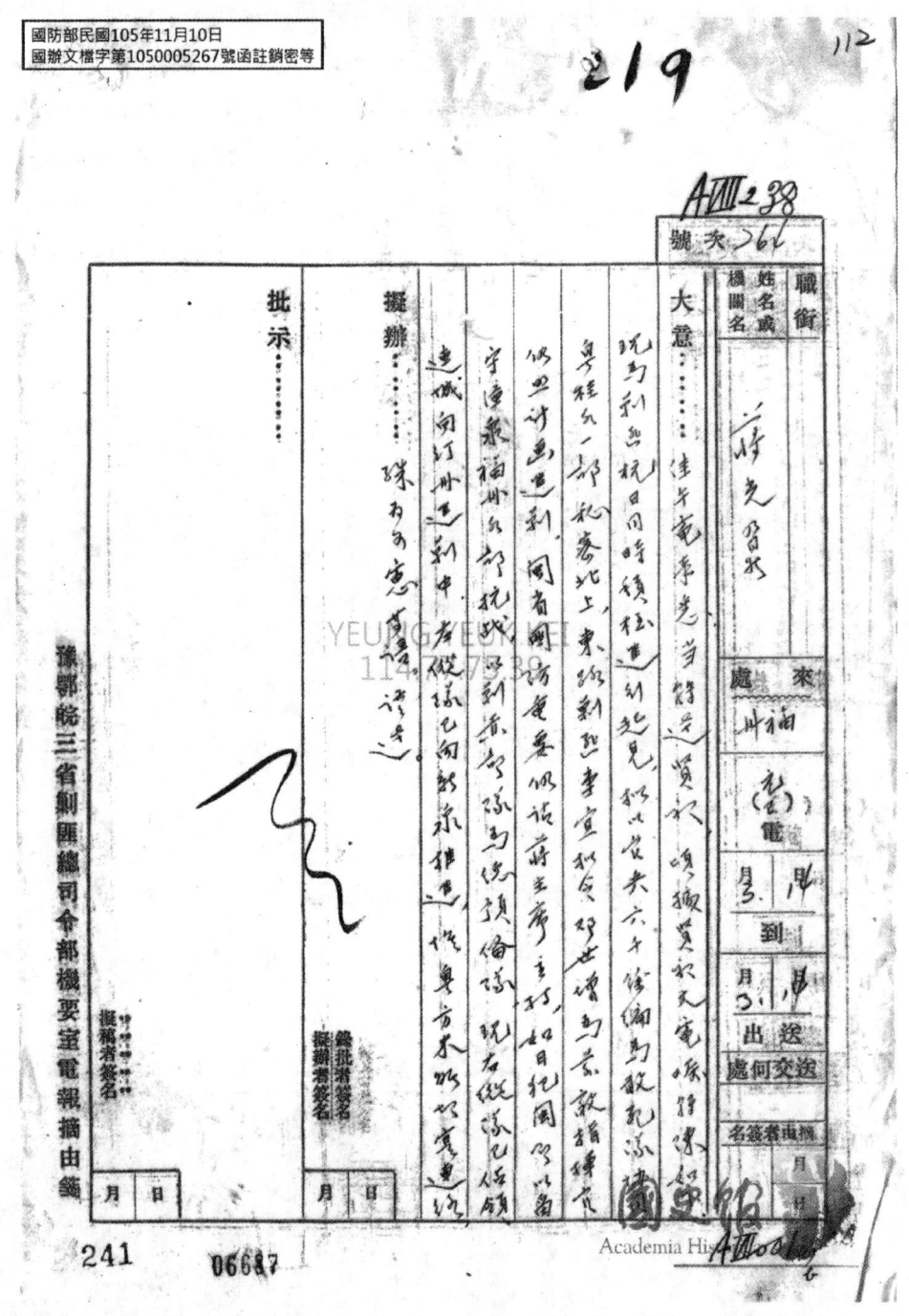

---

[1] 中国台湾台北"国史馆"藏。

蔡廷锴电蒋中正：……职抱病数月未得良果，所有前方军事已令邓（世增）参谋长暂行负责……（1933年10月16日）

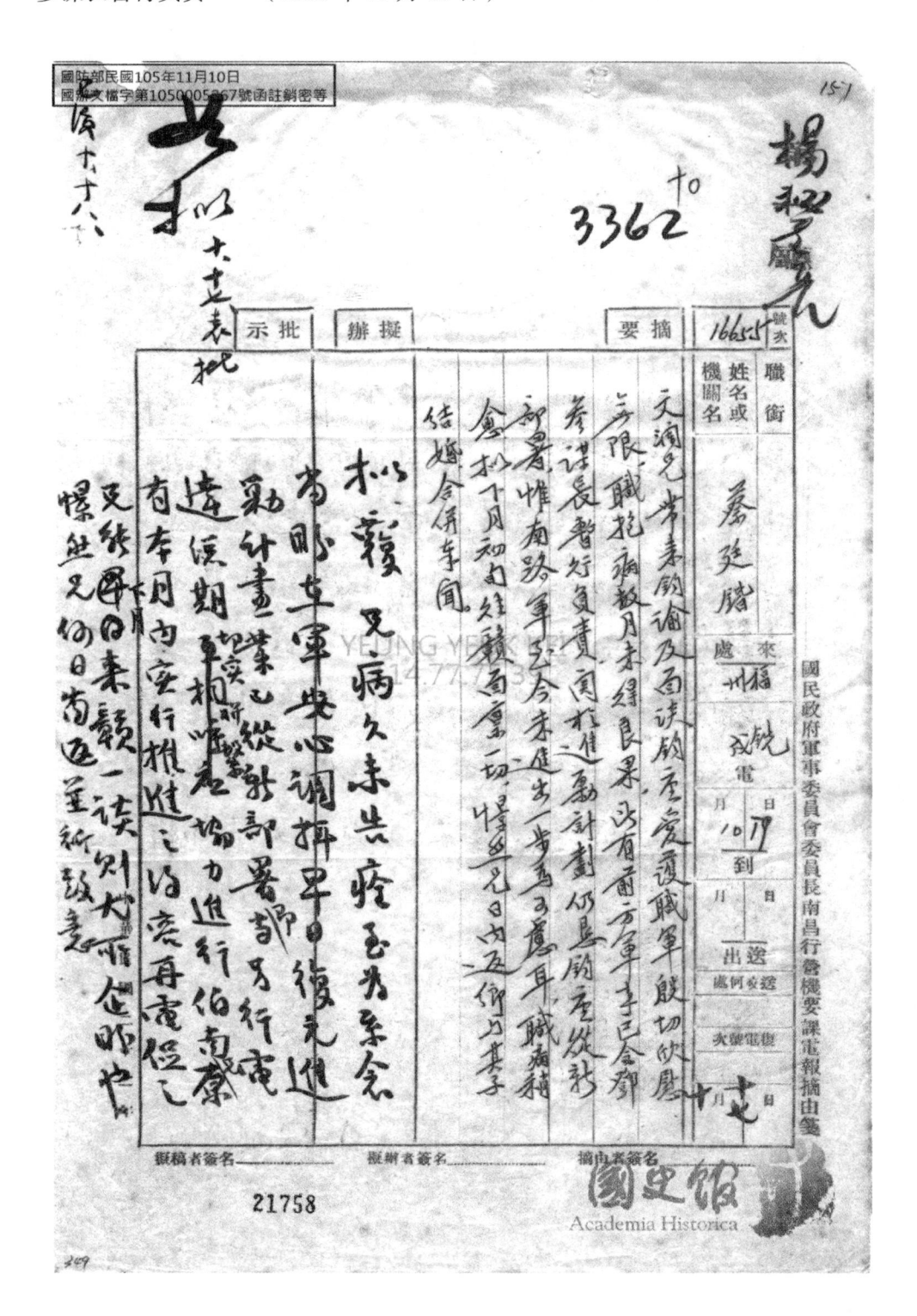

陆文澜电蒋中正：……邓参谋长世增原准江日离闽晋谒连城危急冬日飞漳指挥，并加调沈张两师开连解围。（1933年8月6日）

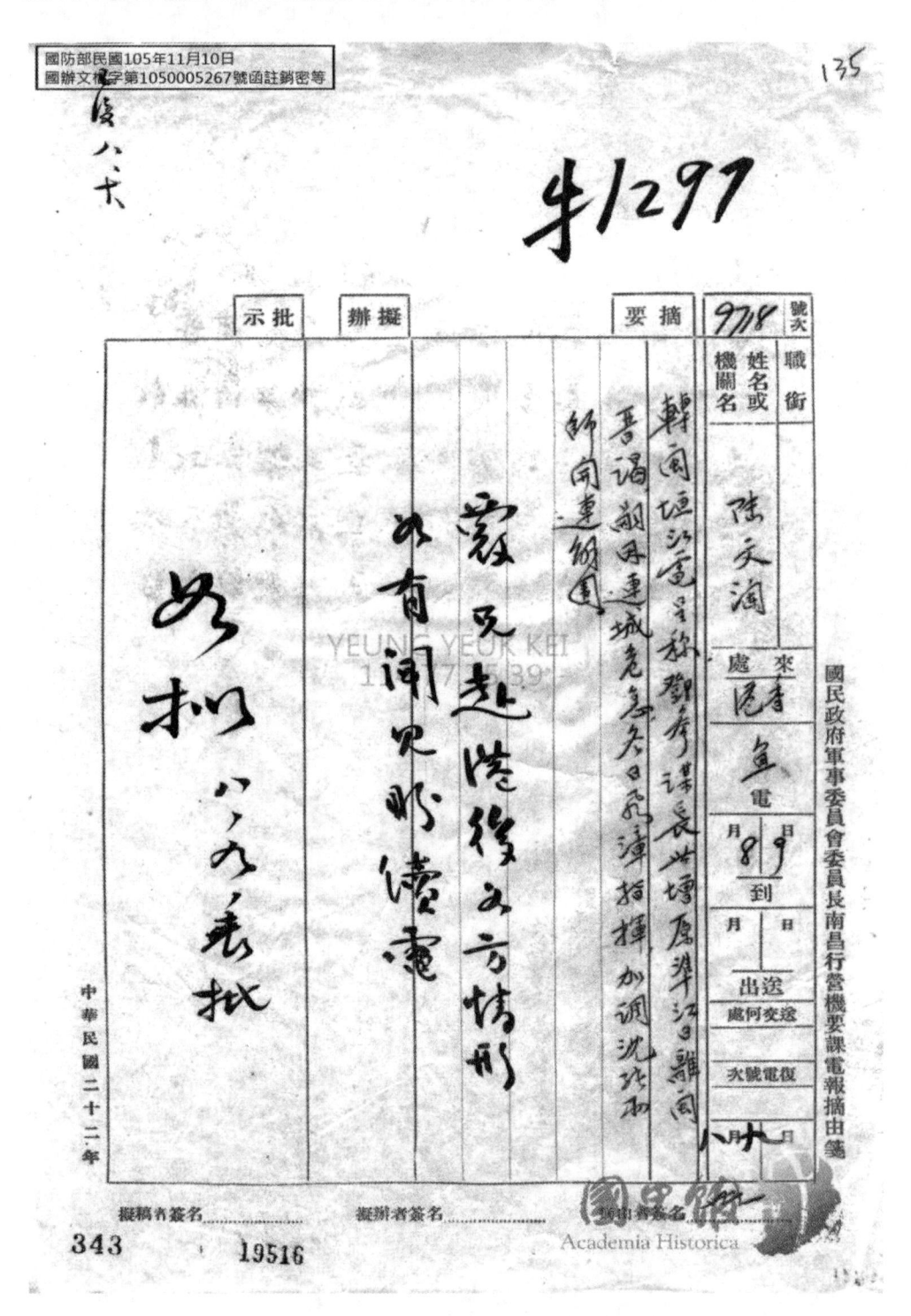

第二部分　各历史阶段资料汇集

　　柴之坚呈蒋中正报告：邓世增来往粤桂间联络（酝酿反蒋）：闽绥靖公署参谋长邓世增前衔真茹命，返钦廉原籍。就近向桂之李白磋商提挈问题。真茹虽去国，仍嘱邓氏切实进行有非达其目的不止。近邓氏又由北海来港晤任潮磋商一切。（1933年1月9日）[1]

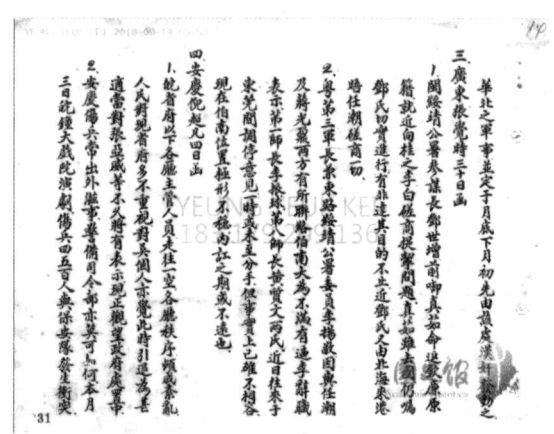

---

[1] 柴之坚为国民政府国防部军事情报局特务处之代号，戴笠任处长。

杨虎电蒋中正：粤桂皆欲罗致蒋（光鼐）蔡（廷锴）重于两粤。蒋蔡亦派邓世增徘徊于粤桂两系间……（1933年2月3日）

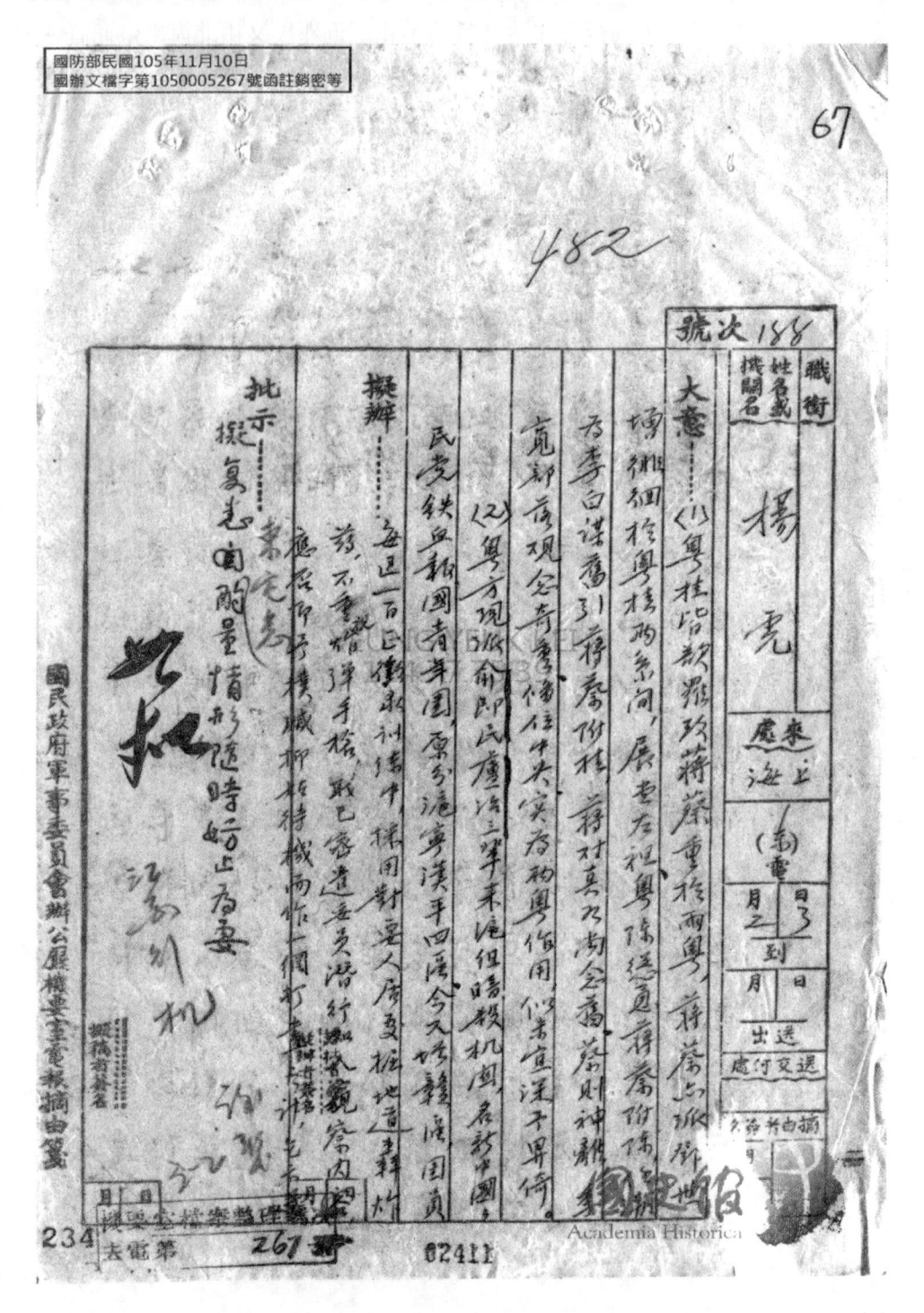

丁默村电杨永泰：闽对刘和鼎、周志群二部事变前确曾多方诱惑，力示好感。并表示刘周如不愿参加，亦应严守中立。嗣又派邓世增拟晤刘周面洽，以刘周复电挡驾毫无结果……（1933年12月1日）

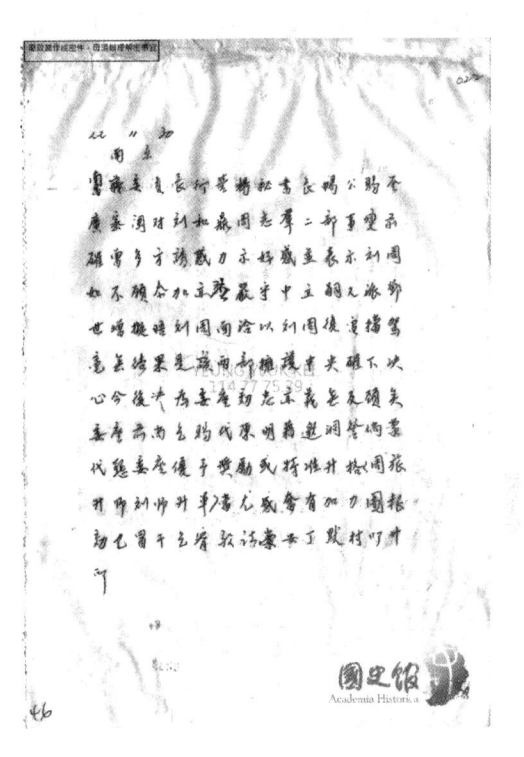

江汉清（戴笠）电蒋中正：伪政府（指福建人民政府）昨正式在福州成立……军（委）委员为李陈蔡蒋戴及邓世增、徐景唐、沈光汉、毛维寿、谭启秀、区寿年、张炎、李章达……（1933年11月24日）

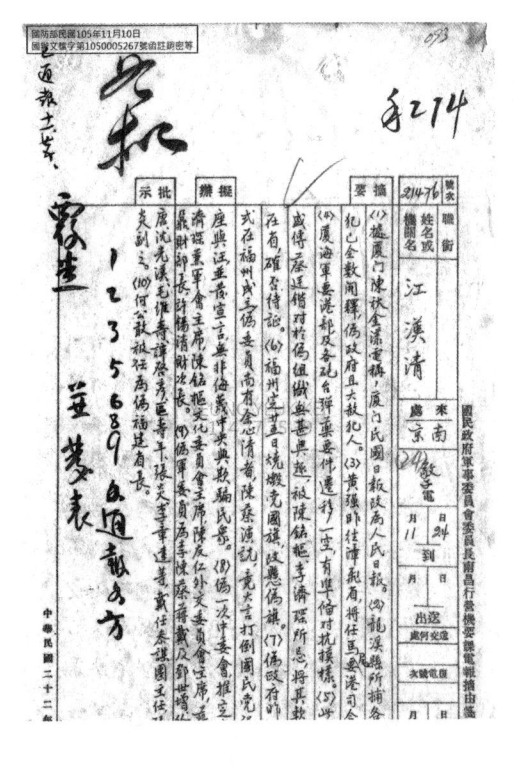

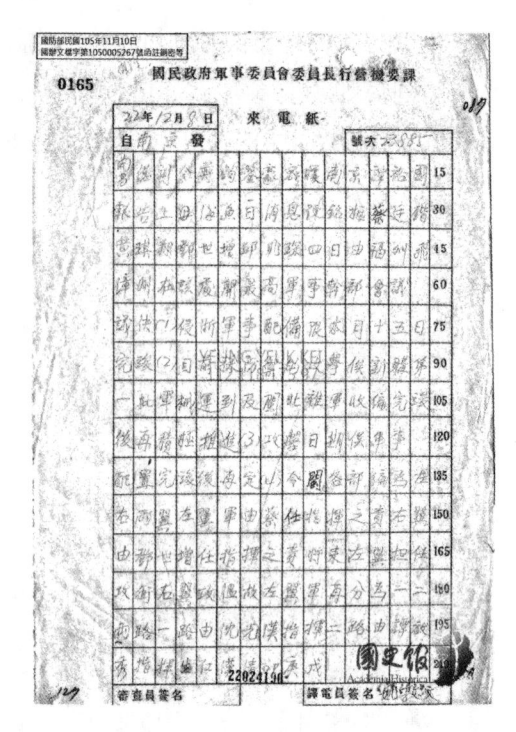

江汉清（戴笠）电蒋中正：南昌总司令蒋钧鉴：豪密据南京谭裕国报告上海鱼日消息：陈铭枢、蔡廷锴、黄琪翔、邓世增、邱兆琛四日由福州飞漳州在该处开最高军事干部会议。议决（1）侵浙军事配备限本月十五日完竣。（2）目前采防御的攻击俟新购第一批军械运到及闽北杂军收编完竣后再积极推进。（3）攻击日期俟军事配置完竣后再定。（4）令闽各部编为左右两翼。左翼军由蔡任指挥之责，右翼由邓世增任指挥之责。将来左翼担任攻击，右翼攻温故。左翼军再分为一二两路，一路由沈光汉指挥，二路由谭启秀指挥。出江汉清叩庚戌。（1933年12月8日）

九、邓世增1933年在福建为月刊题词

邓世增为《福建警友月刊》题词：体仁智勇，行清慎勤（载于1933年第3期10页）

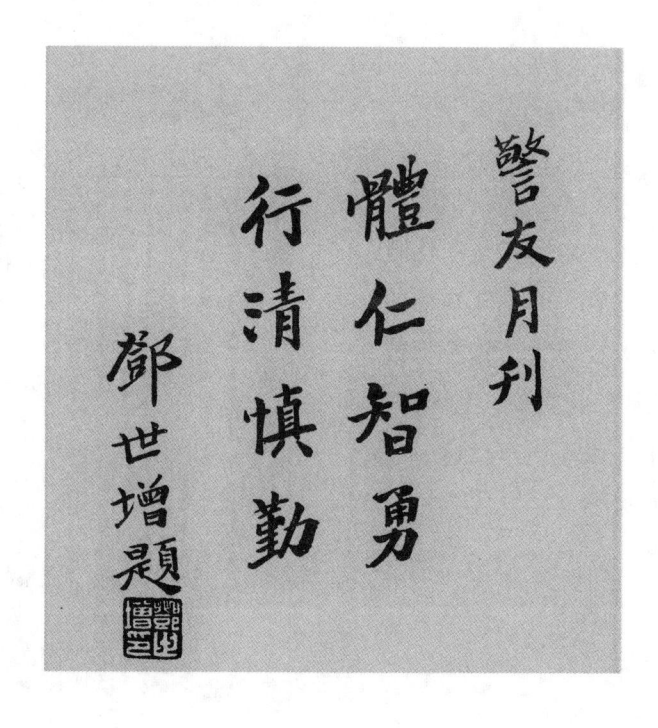

邓世增为《团务月刊》题词：自卫基础（载于1933年第1卷第1期第8页）

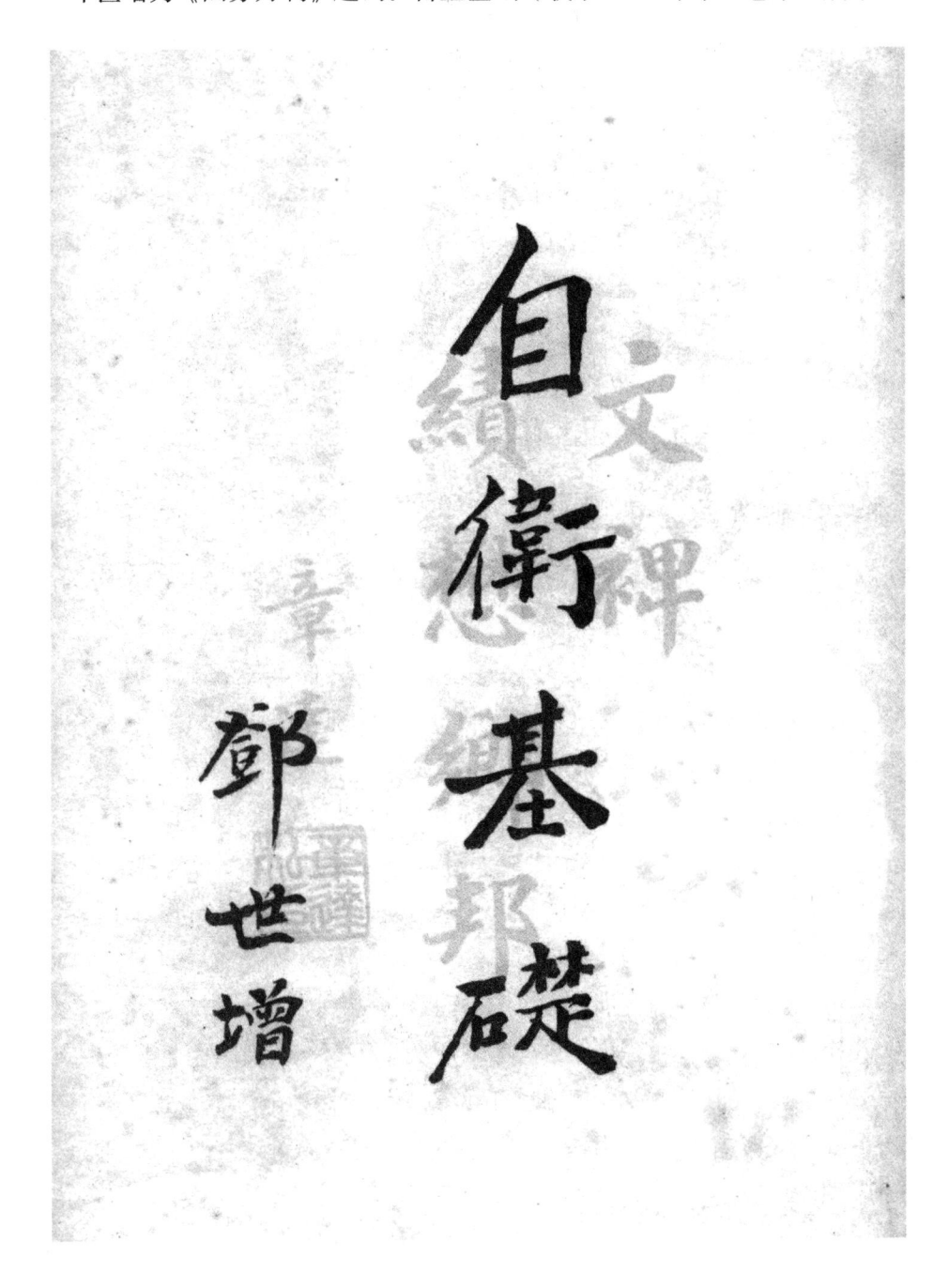

自衛基礎

邓世增

两广事件

　　1936年5月，国民党两广地方实力派精神领袖胡汉民突然因脑溢血去世，蒋介石为了加强中央集权，趁机要求两广取消西南执行部和西南政务委员会，改组粤省政府。广西以李宗仁、白崇禧为代表的新桂系和广东的陈济棠粤系不满蒋介石处心积虑要消灭两广势力，且对内打内战，对日寇采取不抵抗政策，联合进行"反蒋抗日"。6月1日，由粤桂地方实力派组成的国民党西南执行部和国民政府西南政务委员会通电全国，攻击南京蒋介石政权对抗日不作为，声称两广决心与日寇决一死战，"立即北上抗日"，并要求蒋介石立即停止对各地方实力派进逼。消息传出，全国震惊。该政治事件几乎触发了一场内战，但是最终以双方达成政治妥协而和平结束。这一事件通常称之为"两广事变"或"六一事变"。

　　1936年6月1日，广东陈济棠与新桂系联合举兵反对蒋介石。两广地方实力派自1931年以来即处于独立、半独立状态，与南京中央政权相对峙。蒋一直处心积虑要消灭两广的割据势力。2日，两广成立军事委员会和抗日救国军，以陈济棠为委员长兼总司令、李宗仁为副总司令，进兵湖南。6月9日，毛泽东主席在陕北通过无线电向全国发表讲话：西南抗日反蒋，虽然不免夹杂有权位、地盘等不正当的动机，但是在客观上是革命的与进步的……吾人准备在军事上及其他方面给西南以各种可能的援助。

　　蒋一方面调集军队入湖南防御，一方面收买陈济棠的部属。7月，粤空军司令黄光锐率飞机70余架叛陈投蒋，接着粤军第一军军长余汉谋也通电拥护南京政权，就任蒋委任的广东绥靖主任兼第四路军总司令职。陈济棠不战自败，于7月18日通电下野赴港。蒋解决了广东陈济棠后，便转而对付广西，数十万大军从广东、湖南、贵州、云南四面包围广西。广西也征集了10万军队把守边关，摆出决斗架势。李宗仁、白崇禧邀请李济深到桂一起主持反蒋大计，同时帮助蔡廷锴、区寿年等粤军将领重组第十九路军。在陈诚、黄绍竑、冯玉祥力主和平解决，经邓世增、香翰屏、刘斐、朱培德、程潜、居正等人不停来回南宁和广州，劝说双方各退一步。后来在调停下，双方妥协，南京答应白崇禧、李宗仁提出的"确定抗日计划"等条件。9月中旬，蒋介石、李宗仁在广州会晤，广西问题遂和平解决，从而结束了两广与南京蒋氏政权对峙的状态。

1936年两广事件中，邓世增奔走于两广之间。邓世增向在桂的李济深报告两广之形势及蒋介石的真正意图。推动李宗仁、白崇禧采取联共立场，提出《抗日救国协议草案》，促使李宗仁、白崇禧支持蔡廷锴重组十九路军做了大量工作。双方同意和平解决后，蔡廷锴退身香港，行前付托邓世增与桂系商议将原第十九路军旧部缩编为一个师，由桂系统辖以保余力。

在邓世增及各方的斡旋下"两广事变"得以和平解决，避免了一场内战，免却两广人民生灵涂炭，为1937年之后的全面抗战储备了军事力量，为国家和政府赢得了抗战准备时间。

一、《两广六一事变处理经过》节录[1]

桂局和平解决

自7月30日起，余即商同余幄奇，同派邓世增飞桂，带去我给李、白两位的手函，敦劝他们服从中央，完成统一，以免损伤耗国力，牺牲部队，重苦人民，而留今后抗日的地步。8月3日，邓世增从广西飞回广东，带来李、白两位的来信，措辞空洞，不得要领。随后我和幄奇续派邓世增和香翰屏等不断的飞桂，我自己又不断的写信，不断的去电，常常忙到午夜两三点钟还不能完。

二、《政海秘辛》节录

在此期间，陈诚忽派香翰屏，余汉谋派邓世增于8月7日来南宁谈和平，李宗仁以为这只是蒋介石的一种缓兵之计，仍积极部署军事。8月10日，李宗仁、白崇禧派刘斐随香翰屏、邓世增赴粤报聘。目的在于了解广东情况。蒋介石于12日到广州，刘斐于13日回南宁，说蒋介石接见了他，并谓蒋处境不佳，确有谋和可能。

8月17日，张定璠从上海电李、白云："蒋召我去粤，托疾不应，万勿再中其诡计。"8月20日，军事委员会参谋总长程潜派唐星，陈诚派邓世增，黄绍竑派舒宗鎏三个人到南宁重申谋和诚意。李、白因已看到张定璠17日的电报，对蒋谋和原不抱有任何幻想，21日仍写了下面五条交三代表带回广州，以试探蒋介石的反应。这五条是：解放救国言论、救国运动、撤南下之兵北上抗日、从速决定抗日救国计划及实施的时期。

照调解人所拟第二方案发表新命（主要内容是李宗仁留任广西绥靖主任，

---

[1] 陈诚撰文。

黄绍竑仍回任浙江省主席。实际上是撤销7月25日的南京国府命令）；

第一条实现，第二条开始，即宣布就职。

三、《白崇禧传》节录[1]

8月21日，蒋介石派前李济深的参谋长邓世增飞邕见李、白谈和，唐星（程潜代表），舒宗鎏随行。邓世增说："蒋介石当前内外交困，谋和确有诚意。"李、白提出，讲和应以南京取消李济深、陈铭枢的通缉令为先决条件。

8月23日，李宗仁、白崇禧派刘斐同邓世增等飞广州，带去广西的五项条件交给蒋介石。这五项条件是：解放救国言论、救国运动、撤南下之兵北上抗日、从速决定抗日救国计划及实施的时期。

李宗仁为广西绥靖主任，黄绍竑仍回浙江省政府主席；第一条实现，第二条开始，即宣布就职。

四、《蔡廷锴自传》节录[2]

我为第十九路军官兵在桂善后计，即留下信一封，托邓世增转交李、白总司令，内谓如编成一师，请委翁照垣为师长，如编两师，则并委区寿年为师长，丘兆琛副之，李盛宗为教导主任。

五、《香港工商日报》《申报》《大公报》《佛教日报》摘录

《香港工商日报》1936年8月4日

桂局和平仍未绝望，邓世增昨返省，对桂事邓谒余陈磋商。

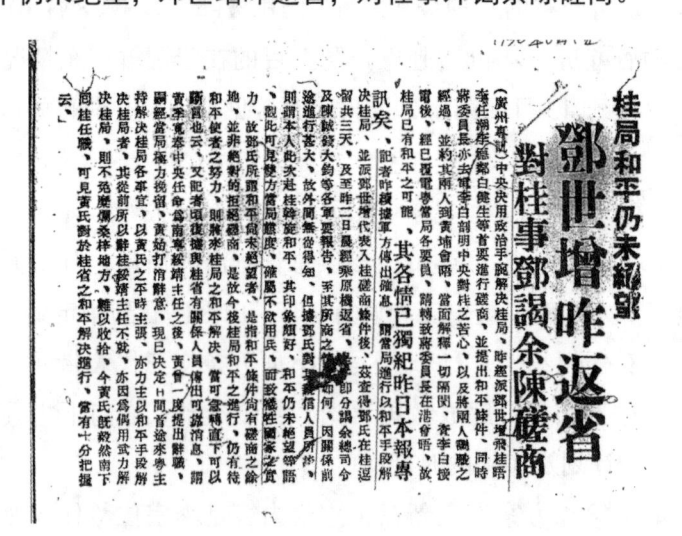

---

[1] 程思远著，第192页。

[2] 蔡廷锴著，第445页。

（广州专讯）中央决用政治手腕解决桂局，昨经派邓世增飞桂晤李任潮、李德邻、白健生等首要进行磋商，并提出和平条件。同时蒋委员长亦去电李、白剖明中央对桂之苦心，以及将两人调职之经过，并约其两人到黄埔会晤，当面解释一切隔阂……并派邓世增代表入桂磋商条件后，兹查得邓氏在桂逗留共三天，及至昨二日晨经乘原机返省，早上即分谒余总司令及陈诚、钱大钧等各军要报告。至其所商之情况如何，因关系前途进行甚大，故外间无从得知。但据邓氏对其亲信人员所谈，则谓本人此次赴桂斡旋和平，其印象颇好，和平仍未绝望等语。观此可见双方当局态度，确属不欲用兵，而致牺牲国家之实力。故邓氏所谓和平尚未绝望者，是指和平条件尚有磋商之余地，并非绝对的拒绝磋商。是故今后桂局和平之进行，仍有待和平使者之努力。……

1936年8月11日

香翰屏、邓世增返粤后，李白态度强硬和平未易实现，居正程潜来粤后即决定对桂军事。

（广州专讯）中央军事要员，及粤省将领陈诚、钱大钧、余汉谋等于昨八日奉蒋委员长命，特遣派香翰屏、邓益能两将军飞桂。访晤李、白，以大义向李、白劝告。该香邓两氏之赴桂，使命重大，不祇关系桂局之和战问题，抑亦为全国统一所系。故全国视线均注重香邓两氏之奔走如何，能否达到和平之希望，邓香在邕与李白作深谈，深引国家之利害，劝告李白，期以促其觉悟。香邓两氏业于昨九日下午四时半自邕乘飞机返省，抵步后，即乘汽车赴退思园，访晤陈诚、钱大钧、余汉谋等，报告赴桂之经过，至香邓此次赴桂，劝告李白，其结果如何，外间人士，亦极为注重。记者分头探刺，得悉香邓此行，绝无结果，李白亦绝无和平之表示，宁战至一兵一卒亦决不就范。且其所提条件，亦属苛求，桂政中央既不能过问，反要中央拨助军费，形成半独立式之地方政府。

1936年8月24日

桂局果又有转机，邓世增偕得刘为章由邕飞粤

黄绍雄亦由港赶回广州，蒋昨在空军部召开会议，何键昨乘车启程来粤

（广州专讯）顷据粤方军政界可靠消息，邓世增于月之十七日奉命由粤飞邕，晤见李宗仁、白崇禧、蔡廷楷等。代表蒋委员长介石，详陈中央爱护和平统一御侮之决心，对桂终愿用政治手腕解决，不肯诉诸武力。李白等，似为中央诚意所感动，加以冯玉祥等之苦心劝告，及蒋委员长提出新和平解决条件之易于接纳，因此李白蔡等态度，均有相当诚意表示。21、22两日在南宁总部召开会议、决定对蒋所提条件意见后，22日午特派其高级参谋刘为章，偕同邓世增乘飞机来广州，代表桂方谒蒋切实谈判和平解决办法。是日邓偕得刘氏抵广州后谒陈诚总指挥，由陈电致黄埔向蒋委员长行营报告后，蒋以桂局和平又有转机，即晚以长途电话致香港，促召黄绍竑返省，黄即遵召乘夜船于昨（23）晨返抵广州，先到某友人公馆休息后，旋偕邓世增刘为章赴东山退思园访陈诚，对桂局问题有所商讨，随相将赴黄埔谒蒋委员长。蒋委员长因22日通函，在广州之宁粤高级军政人员，于昨23日上午十时在瘦狗岭空军司令部，开临时重要会议，对桂局及整个国家民族问题有所讨论，故黄、刘、邓等到行营商议未几，则随蒋一同乘轮过海，驱车赴瘦狗岭空军司令部开会。陈诚、朱培德、程潜、钱大钧、罗卓英、蒋鼎文、余汉谋、香翰屏、黄慕松等均有参加。开至十二时许始散会，就刘为章氏，奉李白等委派偕邓前来观察。则桂局和平，虽未能断为已可实现，但似尚在彼此信使往还谈判中，最近当即无战争发生。

拜命总指挥后 白崇禧赴桂林督师

翁照垣等师每师六团兵力 政要云集南宁仍主组军府

1936年8月30日

（南宁特讯）迩日桂局和平解决之声浪，此间益嚣尘上，因和平使者邓世增氏数度来邕，益以人民厌恶内战，企望和平，无如李白一面言和，但亦不肯接受中央条件，鉴於桂省伪独立取消，及劢纷纷觉醒军队，以图一逞，是以乘中央军警撤退之际，即分向学南岸钦廉邀攻，各情已见於昨日桂林领袖贯突，查白崇禧氏昨二十四日更奉委会议决议，担任南路总指挥，特派第二军副军长翁照垣代师长为第一独立师师长，即祖立总第一师，副三师军长鸟胜德第三路军长鸟代翁，以翁为第二独立师长鸟胜德第三纵队。独立第三师由团长翁照垣代理，又香翰屏纵队已改编为新第一路第二路第三路各该第一路仍由沈光汉任军长，独立第二师师长已改编为军官教导队，第十九路各师则以一师为基干队，而每支队共有六团兵力，其兵力亦不逊於第一路之各纵队也，兹查桂军新编第二师防广西省内之各纵队，仍自卫军一师，故第二、第十九路等在潮汕定前和平，卷旗而巳，又南宁道日军政要人云集，胡汉民、陈济棠、廖仲恺、胡珠、胡毅生、邹瀚清、霍维英、彭绍年、王崇良、江超豪、刘庐隐、区寿年、彭巴等、闻各军遵展程度，均主张速组军政府，以奥中央对抗、故广西组府之议、促其实现云。

287

1936年8月30日

拜命总指挥后，白崇禧赴桂林督师，翁照垣等师每师六团兵力，政要云集南宁仍主组军政府。

（南宁特讯）连日桂局和平解决之声浪，此间甚嚣尘上，因和平使者邓世增氏数度来邕，益以人民厌恶内战，企望和平，如李白一面言和，但亦不肯接受中央条件。观于桂省备战积极，及纷纷扩编军队，以图一逞。是以乘中央军奉命撤退之际，而分向粤南路钦廉进攻，各情已见于昨日本报特讯矣。

1936年9月10日

邓世增、刘为章飞桂，昨因雨阻仍留粤，今晨天气一佳即启航，桂局和平详细办法完全决定，蒋函白勿出洋，不入京即留桂

（广州专讯）……关于广西今后之军事、政治、党务、财政各项，及李济深陈铭枢诸人之出处等问题，俱有分门别类之商榷，第十九路军问题，则另派代表与李白蔡（廷锴）等从详商讨，李白要求先撤退中央军一部回实华北国防，蒋委员长决陆续实行。……因之欲晤白崇禧及请白力勷国事之心极切，乃特具

亲笔长函，并派邓世增为代表，定昨9日上午九时，偕刘为章乘西南民航公司之北斗号机飞赴南宁与李白面商解决一切，该函内容，大要谓国家多难之秋，正宜集中全国力量以渡艰巨。在最近将来，国事待白力勷助者正多，竭力劝白切勿出洋，苟不能即行入京，亦请暂在广西照常与李等处理一切，因桂既已拥护中央，则桂事亦国事也，至第十九路军复组问题，则请邓世增与李白蔡等详商，务求得最适当之解决，并盼白能刻日来粤，俾解决一切后，蒋则返京主持中枢要政云云。

1936年9月12日

桂局及第十九路已同时解决，邓世增今日返粤后陈、黄飞桂

李、白等昨今在邕开善后会议，陈黄到邕后白即偕来谒蒋，桂军改第五路、第十九路保存

（广州专讯）……第十九路军复组及保存其原有名义业经中央接纳，第十九路军主脑，初要求准其共组五师，但中央以该路军原无五师之多，主张其照旧复组，双方现已接近，其复组后之驻地、军费、组编等问题。刻正由粤飞桂之邓世增在邕与桂省及第十九路负责者会商中。想此次团结，诸方既俱出于救亡之诚，则一切事情，自必得面面俱圆之解决也。至白崇禧氏，在佳电到粤

及邓世增，刘为章未赴桂前，原拟于今12日由南宁乘机来粤，唯据其佳日来电及最近消息，则白候邓刘到桂，转致中央新任命及印信并蒋委员长意旨后，始决定行止……。邓世增、刘为章，今12日，则由南宁乘北斗原机飞返广州，将李白连日在邕所会商决定者向蒋委员长复命，陈诚、黄绍竑，亦将于邓刘到粤以后，则于明后日乘中央巨型机福特号飞桂，届时居正亦将偕行，其任务除代表中央，为李宗仁就广西绥靖主任职，黄旭初就广西省府主席职监誓外，并迎白崇禧同乘福特机来粤，晋谒蒋委员长，请商西南国防及今后御侮救亡大计。据可靠消息，广西第四集团军，已经蒋委员长及李白商定，改组为"国民革命军第五路军"，以李宗仁为正总司令，白崇禧为副总司令，废军则仿粤办法设军区，正副军长调任军区司令……第十九路军将编为四个师、以若干期间在粤桂边从事复组工作云。

1936年9月14日

桂局进谋善后阶段，请中央维持桂币

白崇禧暂未赴粤谒蒋说

（南宁专讯）自割为章偕蒋委员代表邓世增抵邕后，解决桂局条件，业已全部商定，惟条件全文，则当局以未届发表时期，故未公佈，惟李宗仁、黄旭初两氏，既定期于本月十六日就绥靖主任及省府主席职，则桂局和平解决，已进至履行条件时期，虽有枝节问题，亦不难迎刃而解，查邓世增氏十日抵邕，与此间李白蔡李等会商桂局善后问题，原拟十二日由邕返粤，向蒋委员长复命，嗣因此间昨日天气不佳，及尚有事须奥各领袖磋商者，故邓氏改期十三日飞粤，如天色晴明，无特别事故，则决不改期，又此间已接到中央派程总参谋长赴邕到邕监誓，特训电达程总参谋长歆训，并望早日莅临，指示一切，至白副总司令赴粤问题，原可于十五前启行，惟据十二日政息，因白氏对此桂军缩编氏以桂省善后问题，亟待处理，暂时决不亲身赴粤，关于整理桂省金融等重要问题，有须白氏留邕勋助之必要，且桂局既解决以后，总之须在李、黄会议，故桂省善后诸端告一段落后，白氏迎早与蒋委员会晤，则勋时可以东下谒蒋，现未能决定，桂省职、已非国币，对于桂币低跌，亦请中方五百万元，保广东毫券，整理军政更务，使桂省金融基础，得以巩固中央迅派大员入桂、整理军政更务，使桂省金融基础，得以巩固中央设法维持，并请援照维持广东毫券成例办理

（南宁专讯）自刘为章偕蒋委员长代表邓世增抵邕后，解决桂局条件，业已全部商定。……查邓世增氏10日抵邕，与此间李白蔡李等会商桂局善后问题，原拟12日由邕返粤，向蒋委员长复命，嗣因此间是日天气不佳，及尚有事须与各领袖磋商者。故邓氏改期13日飞粤，……桂省既服从中央，政令已统一，白氏迟早与蒋委员长会晤，已不成问题矣。

1936年9月22日

李宗仁、黄旭初抵邕后，邓世增谈桂事

中央拨款桂军办复员，第五路军内定编六师

新任桂省绥靖主任李宗仁，省政府主席黄旭初，和平使者刘为章等，日前随同程总参谋长来粤，晋谒蒋委员长，请示桂省各项军政善后事宜。在粤事毕，李（宗仁）黄（旭初）二氏，即于二十日上午由省联乘福特巨型机返邕，即午抵埗，随将来粤谒蒋委员长经过，向白委员崇禧详为转述。闻白氏对于李黄此次来粤会商结果，亦深表同情。刻已依照前定办法，积极进行各项军政善后事宜。白氏并准于最短期内，将军队复员事务办竣，以便来粤谒蒋及出洋考察军事，记者昨（21）日在广州得晤桂局和平使者邓总参议世增，卑以数事相询、当承答述如下：（一）李主任德邻黄主席旭初，于二十日上午，联乘飞机返桂，即午已到南宁，报载李（宗仁）黄（旭初）两先生分途返桂、实属误传；（二）

李主任（宗仁）黄主席（旭初）此次来粤晋谒蒋委员长，对于桂省善后办法，已完全商定，现由中央拨款办理军队复员事宜；（三）桂省军队已决定编为第五路军，共辖部队二十四团，大约编为六师，最多亦不过八师。总司令一职，将由李德邻先生兼任；（四）白委员健生现仍在邕协助德邻先生办理军队复员事务，准备办理完毕，晋谒蒋委员长后，即出国考察。李任潮先生则仍在原籍，将亦出洋考察。第五路军内部，组织如何，本人不甚清楚，该路军将来或保存军制，亦未可定。至谓本人调任该路参谋长一节，则属外间误传，并无此事；（六）进入南路桂军翁照垣丘兆深等部，除化县、廉（江）各处早已先后撤退外，北海方面亦于今日（21日）开始撤退，由粤方派队接防云云。

1936年9月22日

北海桂军昨始撤退，翁照垣、丘兆琛电余（汉谋）、香（翰屏）、邓（世增）报告，覃遂一营开到接防，李白黄昨在邕开重要会议，讨论复员及详细善后办法

（广州专讯）……桂省已切实和平解决，翁照垣、丘兆琛两部，自在南路之日舰暂退后，由昨21日起，该两部亦已始开撤退北海，兹将翁丘两氏电粤报告撤兵原电志下：限即刻到广州。余总司令（汉谋）、香副总司令（翰屏）、徐参谋（景唐）、邓益能（世增）先生钧鉴：（一）幄公（余汉谋）皓（十九）电、益公（邓世增）函均悉；（二）云（即邓世增介弟邓世汉）兄已返梅菉，一切托其转达；（三）覃师（即第四路军一五九师覃遂）接防北海之一营，已请在公馆（即北海附近之墟场）停止。派官员二员，即到北海先行侦察阵地。明早，（即昨21日）即将北海移交该营防守。本军（即翁丘两部）同时撤防，请释廑注，翁照垣、丘兆琛，叩，哿（20日）酉印。

1936年9月29日

两粤奠定全国统一完成，蒋委员长昨晨乘机北返

上午九时四十分乘机起航，同行有陈布雷等，离粤前召军政长官授示机要并出席纪念周

（广州专讯）军委会委员长兼行政院院长蒋介石，……傍晚并召见第四路军总司令余汉谋、副总司令香翰屏、参谋长徐景唐、总参议邓世增等，垂询军务及授示今后国防军事戎机。昨（28）日晨中央监察委员王博士宠惠，亦造访蒋委员长，对国事有所商谈。蒋委员长，后偕同侍从室第二组组长陈布雷等由黄埔驱车返市，出席党政军联合纪念周于中山纪念堂，亲自主持，对座中党政军出席纪念周人员，多所纠正，饬以厉行推进新生活运动。至九时十分训示毕，即驱车赴天河机场，乘波音自用巨型机北飞。省市当局聆悉蒋委员长返京，纷到机场送行，计有余总司令汉谋、香副总司令翰屏、钱主任大钧、徐参谋长景唐、邓总参议世增、师长莫希德、叶肇、粤路警备司令官邹洪、省政府主席黄慕松、宋厅长子良、王厅长应榆、刘厅长维炽、许厅长崇清……

蒋委员长于热烈送行中，在上午九时四十五分，乘自用波音巨型机离粤……

《香港工商日报》1937年1月15日

粤中委北上前会商提案
李白黄有二人晋京

白崇禧日间飞甬说未接电告
刘为章有南返讯邓世增赴港

（广州专讯）粤中委晋京，粤方各中委多数亦决在港迎迓，现自中央定期二月十五日召开三中全会，经由中央党部秘书厅分电各地中委均已准备周时北上，挂方各代表及桂李白代表在港迎迓，同时汪主席亦嘱各代表转交各中委促请晋京。查粤中委余汉谋、陈济棠、黄绍竑、邓龙光各代表转各中委促请晋京，以三中全会期相距只有一月，关于会商提案自应有所准备，故在未北上前拟集各中委商讨一切，现责成中委肖佛成、曾养甫、甫、须月底始可同粤，故粤中委除枞署提案商讨意见，共抒意见，以贡献为北上讨论之资，至桂中委黄旭初、李宗仁、白崇禧、黄旭初、李品仙、黄委员任仁等，亦有南返意，且张任民已分别北上，无别故，现闻刘斐级参谋长刘为章先行抵达及接洽一切，现闻邓派赴京公干之高级参谋刘为章先行抵达及接洽一切，粤绥靖主任余汉谋派邓增赴桂公干，即行南返，粤绥靖主任余汉谋派邓增赴桂公干，有日间乘机飞奉化晋谒蒋委员长消息，昨（十四）日据邓公馆消息，邓氏现仍留港云，又记者以白崇禧已决定日内飞甬谒蒋办事处主任阎宗骅，书面谈话如下。（问）三中全会有期，广西各中委届时是否全体出席。（答）敦虑承李到电告，当然全体赴京出席，然李白黄三人中，最少亦有两人赴京出席也。（问）桂省改革币制后，最近金融情况如何。（答）桂省改革币制后，省内并无低折，省外因入口货多于出口货，汇水自然较高，现正计划增加生产，使出入口货相抵，即币价自然平衡矣云。

《香港工商日报》1936年9月16日

和平告成
李白今日宣誓就职

李济深蔡廷锴将来港休养
邓世增昨乘机由桂飞返粤

（广州）李宗仁白崇禧黄旭初十六日上午八时，在谷窝部宣誓就职经靖主任、军委会常委、桂林行营主任、中央特派谒蒋大员程委员潜，绥靖副主任，军委会常委、桂林行营主任、中央特派谒蒋大员程委员潜，绥靖副主任，军委会常委，黄绍竑，邓今日与桂省将领返回广州，李济深，蔡廷锴，定十六日与李宗仁黄旭初同时在广州省机场搭机赴港休养，粤中将领程潜，黄绍竑，邓今日将返回广州，李济深，蔡廷锴，定十六日与李宗仁黄旭初同时在广州省机场搭机赴港休养，白崇禧已决定下月放洋赴欧考察，同行者有挂省主席黄旭初，暨军政要员作陪，叙说备欢。（广州）广州桂林游览行语讲市记者，邓世增十五日晚在总部宴程潜黄绍竑，刘裴隐今日乘车抵柳州。李宗仁二十五日下午乘车半，乘广西省民航机长庚号飞抵广州，广州桂林游览行语讲市记者，邓世增十五日晚在总部宴程潜黄绍竑，刘裴隐今日乘车抵柳州。

《香港工商日报》1936年9月11日

促李宗仁就職及白崇禧來粵
劉為章鄧世增昨午飛邕
已並頒印信兩顆附機送交
十九路軍在南路仍未撤退

《香港工商日报》1936年9月2日

外患愈深團結宜亟
朱培德程潛居正昨冒雨飛桂
上午十一時餘乘福特號機啟航
鄧世增隨機引導下午三時抵邕
王寵惠因病未克偕往
許崇智謝持抵粵贊助

《香港工商日报》1936年8月26日

桂局和平空气突再浓厚

中央已接纳李白第一步要求
第二步拟李白蔡到港会程朱后再谈
邓世增再飞赴南宁与李宗仁等预商

《香港工商日报》1936年8月23日

除白崇禧留桂以外
蒋可接纳桂方其他和平要求
邓世增黄强今日可由南宁飞粤
桂局为和为战黄邓回后可决定

《香港工商日报》1936年8月9日

粤省要闻

中央對桂軍事昨日更趨和緩

香翰屏鄧世增赴桂斡旋和平

香鄧七日飛桂已在南寧與李白會面

和平有望粵漢路軍運暫時告一段落

——惟軍委會行營仍積極佈置——

（廣州專訊）桂局和平決定之氣氛，現已大復，香翰屏鄧世增氏，且夜於七日上午參加送行會議後，即於下午一時飛桂。據某要員談：香鄧此次赴桂，實負和平責任，李宗仁、白崇禧等，亦自始即意欲息爭，故於八日撤退廣州電台，並自行撤佈防守之一切，和平決無問題。但吾人於和平決定以前，於軍事佈置，仍不放鬆，且已由蔣委員長介石、居覺生、朱培德、唐生智等，密商已定。聞八日由鳳山座機飛廣州，主持其事。粵方近日，對桂軍事佈置，極為緊張，除第六、第八、第四十三、九十三師外，尚有第五路軍總部亦已奉令推止向湘頭之師，而胡宗南部，亦已奉令暫止向湘頭之師，以待桂七日，聲言完全向中央反正，已聞中央復電，北路準備開拔中，廣州營廳部西北飛江，北路準備開拔中，正實常務會討論即集，並已加緊改良設備等，繼續近畿改良搬指揮之用，凡行營及歡迎蔣委長之一切工作，俱在積極進行，不分晝夜。

《香港工商日报》1936年8月3日

桂將和平解決

鄧世增飛桂斡旋

蔣曾電約李白在黃埔晤面

李白願下野主張在港會蔣

（廣州專訊）桂李白拒絕中央命令後，遂與中軍異常緊張，中央政府已傾調滇湘粵四省大兵嚴密包圍監視，同時桂省部隊亦加緊分路佈防，戰機大有一觸即發之勢，其各情另誌別段，茲查中央對桂派兵嚴密包圍後，軍事雖則異常緊張，但中央政府已決定倘非和平絕望時期，決不輕易滑失國力，是以仍用政治手腕進行解決桂局，一方面密促桂省人民自行覺悟，一方面則勤李白翻然改圖，將軍權交還中央政府，藉查中央最近實行各種政治手腕解決桂局後，記者據悉鄧氏出藏息，蔣委員長昨已去電李白約在黃埔晤面，及至昨三十日，粵方確已派出鄧世增乘坐飛機入桂晉謁李任潮李德鄰白健生諸人，和平談判，促其以鄧氏已有電來桂報告，謂李白已有意下野實行和平，是要求蔣委員長在港會晤，倘李氏能允肯來粵與中央要員磋商，則電來粵，大約不成什麼問題，刻下桂省和平開放允，本人已決心下野，開已由蔣委長邀請蕪業界昨一自飽得接商運銀業界電報，謂本案已決，倘李宗仁白崇禧因廣西人民反對內戰紹薩劉日來桂主持桂政，所聞如是，雅否待證。

《香港工商日报》1937年1月9日

邓世增由粤抵桂，联络两广军事

四日抵梧访晤李济深

六日抵邕垣谒白崇禧

第四路军总参议邓世增，日前迭次莅桂商讨时局颇著劳绩。兹查邓氏现复因联络两粤军政要务事宜，奉广东绥靖主任余汉谋之命再度来桂。四日抵梧后，随赴戎墟拜访李任潮先生。继于昨五日离梧，乘车赴邕来桂。据邕电，邓氏昨六日已抵邕垣，即晚谒见白副总司令及夏军长，畅谈一切。并定今（七）日由邕专车来桂，计程今晚当可抵埗云。

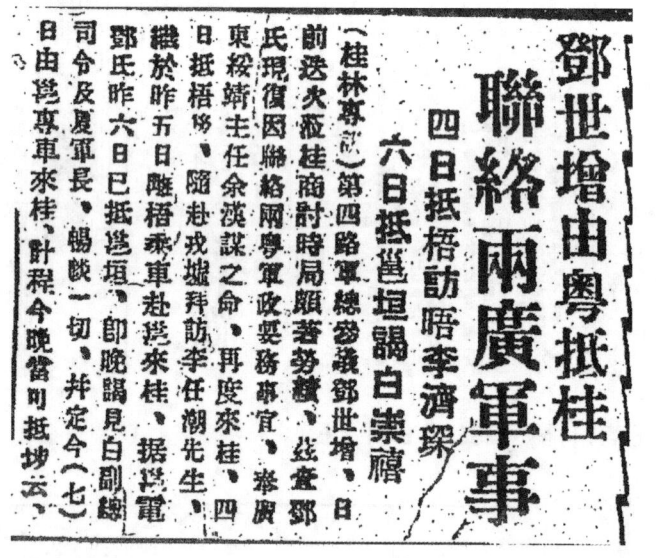

《申报》1936年8月22日

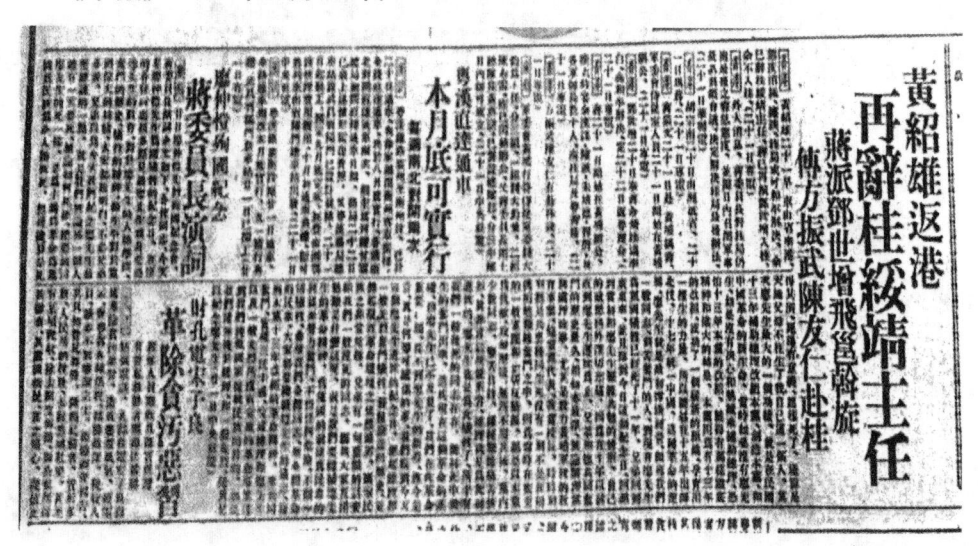

《申报》1936年8月25日

《申报》1936年9月11日

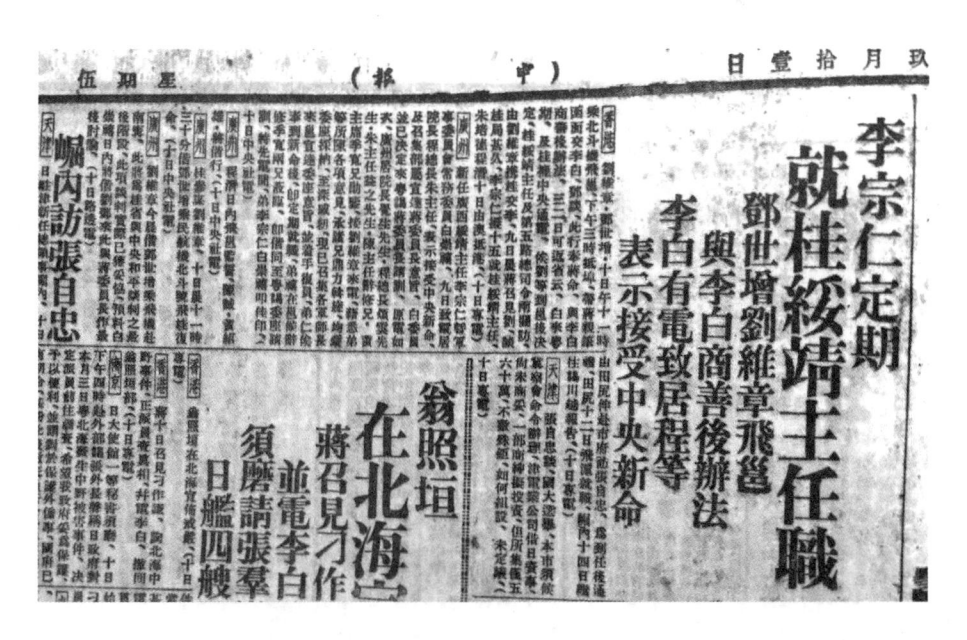

《大公报》1936年8月9日

《大公报》1936年8月10日 /《大公报》1936年9月10日

《大公报》1936年9月11日

《大公报》1936年9月12日

《佛教日报》1936年8月5日

社会消息：邓世增返粤复命，桂局和平有望；李白提出四项下野条件

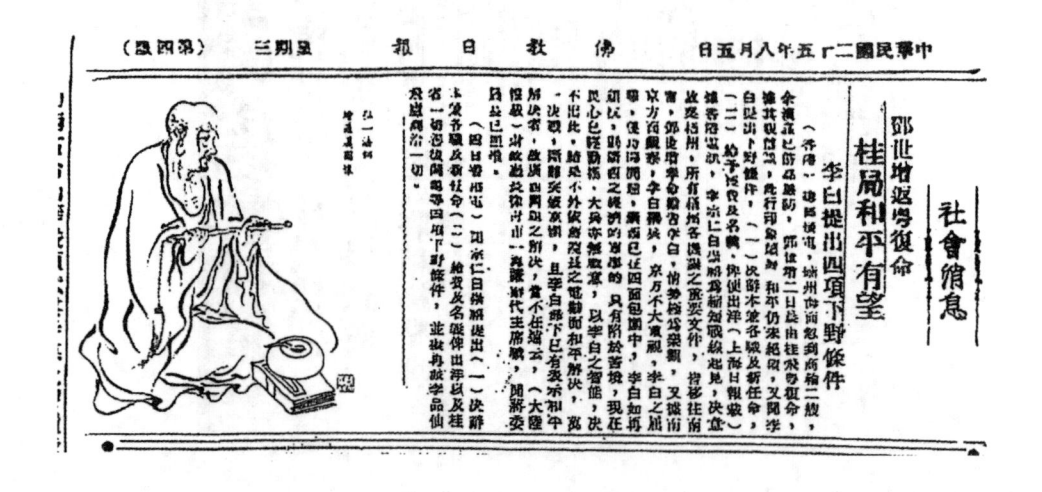

六、台北"国史馆"藏资料选录

陈诚文物选录

邓益能（世增）转交，陕晋绥宁四省边区剿匪总指挥陈诚致李济深信函1：

任公赐鉴。

诚于日昨抵粤，顷晤益能、幄奇、翰屏、赓陶诸兄，均盼吾公莅粤，特请益能兄（邓世增）赴桂面陈种切，书不尽意，神驰无已，尚肃敬叩。

钧祺

旧属陈O敬叩

七月卅日（1936年7月30日）

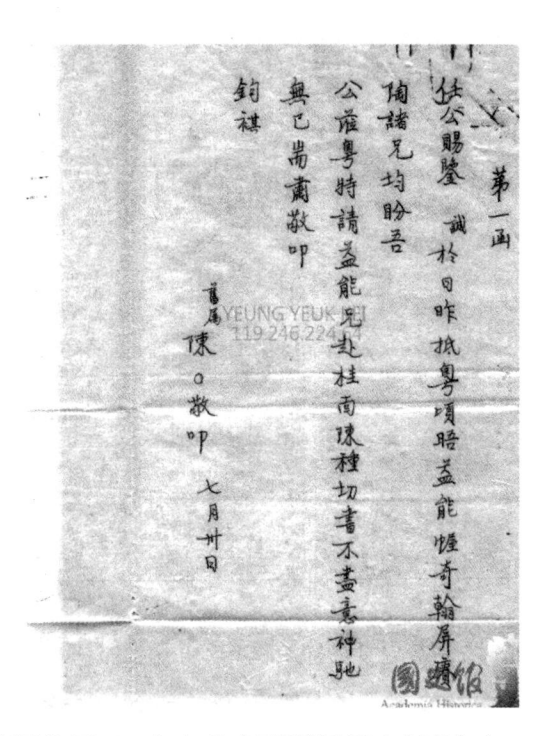

邓益能（世增）转交，陈诚致李济深信函2：中央此次更调任德（李宗仁）、健（白崇禧）两公新职之意，实为共同努力于整个对外之设施，以期完成一致抗敌之阵线。……盼我公就近敦劝，力促德、健两公速下决心，为国珍重作今后一致对外之地步。（1936年8月6日）

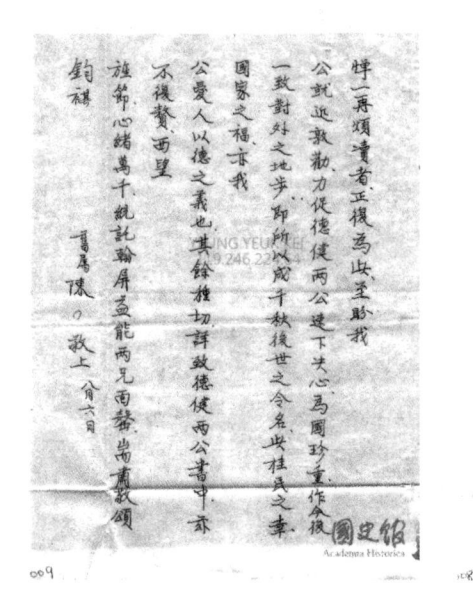

303

邓益能（世增）转交，李济深去函陈诚1：中央请收回德、健（李宗仁、白崇禧）两兄调职之命，并一方停止向桂进迫之兵，则和平即可实现……

（1936年7月31日）

邓益能（世增）转交，李济深去函陈诚2：德、健（李宗仁、白崇禧）两公之调新职显然为介公（蒋介石）欲解除德健两公之兵权，……如果介公有一分抗日诚意，则正可乘此机领导全国抗战。使兄等不向南而指北，不仇内而攘外。（1936年8月9日）

身不抗日則認抗日者此皆為假借自身實說國則認救國者皆為叛逆乃曲媚醜態捏詞宣傳以抗日已絕自居國民雖毒辣究非鹿死何至無視有國之事實鐵案而信抗日之畫餅宣傳乎德健諸公此次目擊民族之危機已至最後關頭而夢想介公抗日無異誤黃河之

奮威如此大可事瞞古所無弟雖息影山野寶心兩美未示乃責弟敦勸德健兩心一致對外以成千秋命名弟心洞河山之破碎敢忘興亡之有責時艱青補粉骨如飴更何辭口吾之勞誰今日之事不肯一致對外者乃介公而非德健兩公且德健兩公在此危亡

清因此一方通電督促一方出兵急倡賀果介公有一分抗日誠意則正可乘此時機領導全國抗戰使兄等不向南而指北不仇內而擁護中央乎乃事實所見適得其反日人增華北而介公慮華南對外則虛豹股慄對內則機艮

日逼魍魎畫現之時振臂一呼抗戰為今天下倡弟服膺不暇更何所用於喋〻果使他山之石待於攻玉則弟必惟責以徹底抗日枚國勿為漢奸此裏妙也昔者嘗聞人言辭以德即對吾以點抬此裏妙也昔者曾聞人言辭俯浮沉雞羣精英內歛必有自振

之一日弟相見有素固深深信不
經此次吾
兄負綏靖抗日異動之責再再粵
日襄為北伐今則南征舊地重遊感
想何似弟知
兄當亦不勝低徊若失雖弟以為
兄心有春秋必具成竹雖不敢妄云
長歸漢鉀覽觸槐之望但排難解

紛當無偏見而與其他帳前
腹不論黑白但知吠堯有以異也故
有前書之呼籲今讀來教雖
知隱裏甚苦但立論不無偏頗
而字裡行間隱見先禮後兵
之意此則弟所惶惑不解者得
毋身居顯赫竟易其肩膊擔道
義之素志乎昔段芝泉一反對薄

儀復辟陳二菴不附袁民稱帝
人間正義不因北洋軍人之毀頹
而抹煞而謂莫俊如吾
兄乃甘昧於抗日救國之大義必欲
自沉於濁流乎弟懷國家感情
萬端因愛之深故言之初敢貢志
言論希
亮察臨書神馳不復
一一餘情由翰屏益能兩兄面詳

並頌
勛安
　　　　弟　李清深上言

蒋中正文物选录

蒋中正电陈诚（文稿）（1936年8月7日）

广州陈参谋长辞修兄：

此次邓世增由桂回粤之报告如何？李（宗仁）白（崇禧）是否有遵命觉悟之意。盼详复。中正

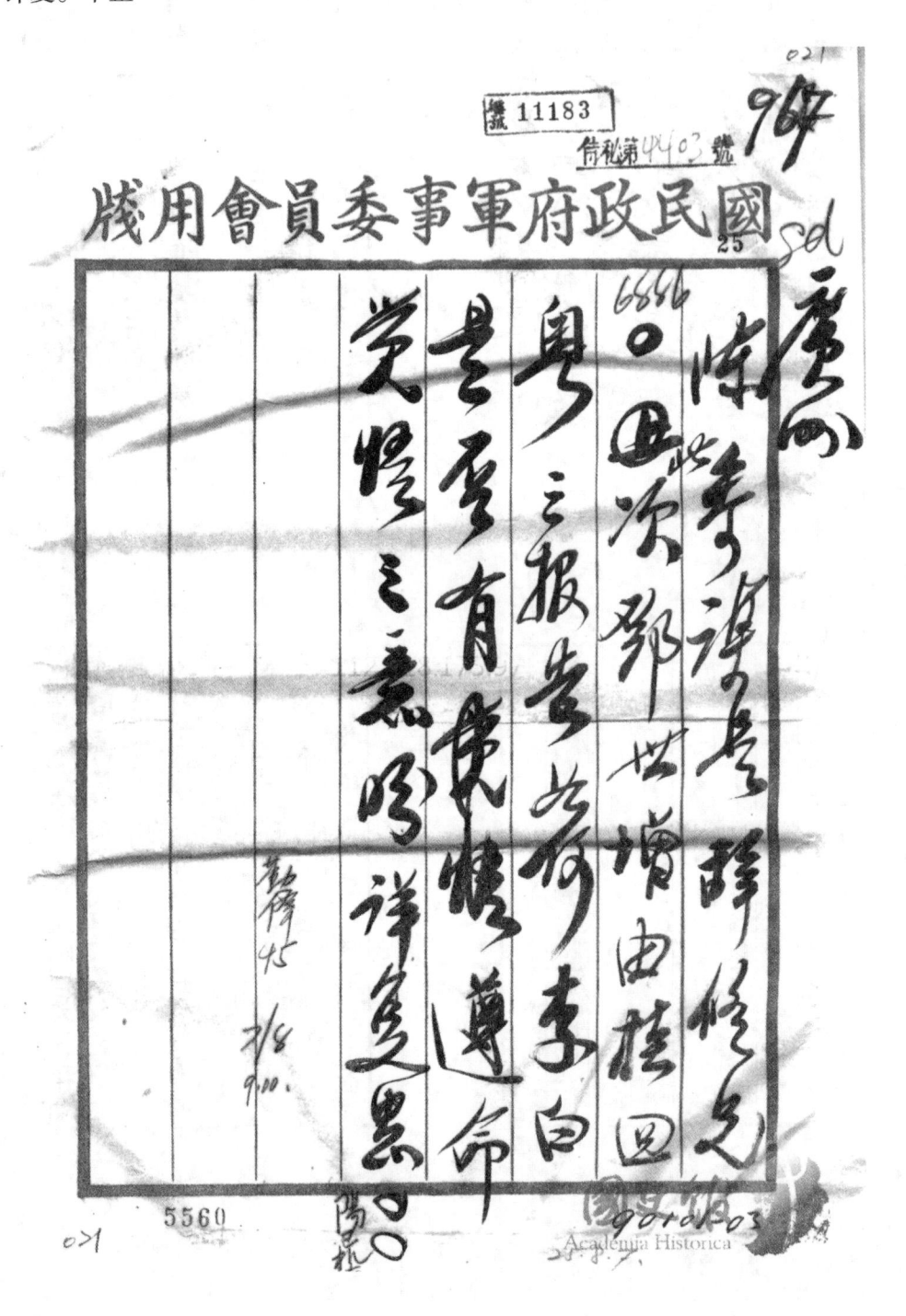

侍从室来电日报表（1936年9月5日）

何应钦电蒋中正：粤局底定，端赖各将领深明大义，拥护中央，遂使兵不血刃之劳。推原功绩，所有在事将领拟并入国庆叙勋案内。分别奖叙，以昭激励，查余汉谋、香翰屏、徐景唐、邓世增……电复为盼。

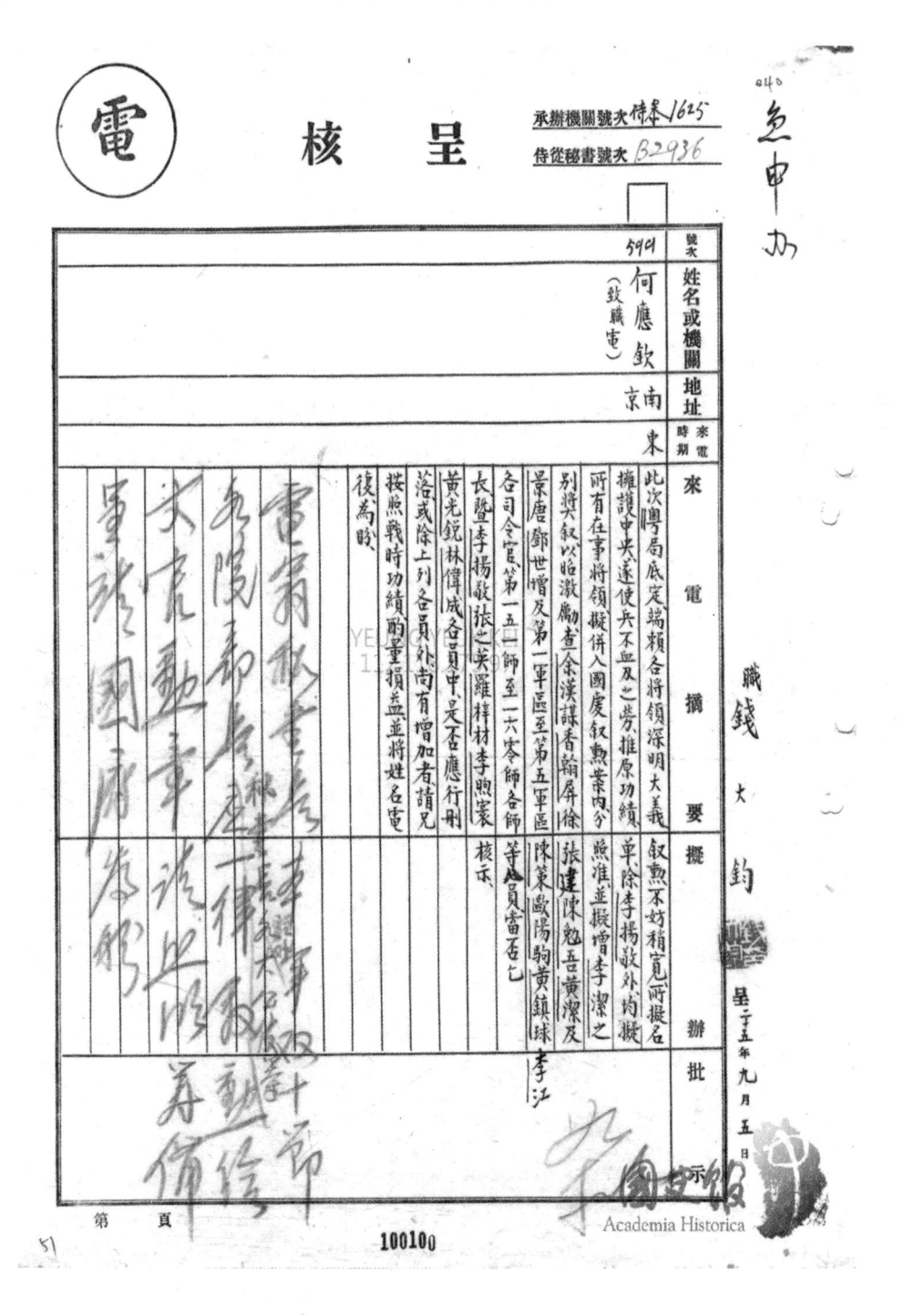

组织家乡民众抗日、参加桂南会战

一、邓世增在家乡组织武装坚持敌后抗战

1937年，邓世增将军任广东省民众抗日自卫团统率委员会委员、广东第十三区民众抗日武装统率委员会主任，组织和领导家乡民众抗日。1938年至1942年，邓世增在家乡历任钦廉地区抗日游击司令官、广东省第八区行政督察专员兼保安司令官、第四战区南地区特别守备区司令官、第八区游击指挥部指挥官。在钦、廉、高、雷地区组建了8个游击纵队，参加桂南会战和历次广东南路抗击日寇之战役。在北海"焦土抗战计划"中，他坚持反对"抑寇而残民"的轻率做法，避免了一场关系全城身家性命的灾难，广为北海人称颂。

《大公报》《香港工商日报》《香港华字日报》《大汉公报》辑录

（《香港工商日报》1939年3月21日）邓世增已接八区职

接任八区行政专员为邓世增氏，已于本月11日到署视事。委出洪士祥为第一科长兼代秘书职务，钟树华为第二科长，陈冠枢为第三科长，罗光义为第四科长。又张司令长官发奎电贺邓专员云：兹闻简命新颁，领政一区，至为欣贺。下车伊始，定卜日新猷，尚希加紧民众训练，树立良好风气，籍为抗战胜利之基础，是所切盼云云。

(《香港工商日报》1939年4月22日）邓世增负责指挥南路民众武装，高钦雷廉四区统归节制，邓视察七八两区自卫团

粤南抗战策略早经最高军事当局全盘决定。近以我各线开始反攻，敌（日）人企图在此方面施行牵制，故一再将策略改进，并充实各线抗战武力，划钦廉分左右两战区，巩固桂省外围线。消息已志日前专讯。兹查关于作战指挥人事问题，除已定正规军由夏参谋长威负责外，对于游击队自卫团之民众武装指挥，已定由第八区行政督察专员邓世增负最大责任，所有高钦雷廉四属各县民众武装游击队伍，均归邓氏节制。故第七区行政专员张炎对于区属民众武装组训及今后地方抗战策略，皆商承邓氏决定。查最高军事当局已划高钦雷廉为南路游击特区，委邓氏为特区最高指挥，倘战事发生，与正规军配合作战，所有七八两区自卫地方民众武装等统应联络一致，息息相通，以利抗战。现各县自卫团常备队之联络均已就绪，且均开赴第一线上蓉戒防。又闻邓氏自奉命担任南路游击特区战时最高指挥责任后，经即与钦廉守备司令莫树杰及各防军长官妥拟作战策略，以求互相配合运用。现南路之战策已全部决定，地方武装则在加紧组训中，期使充实力量。又邓氏将于短期内出巡各县视察，并指示各自卫团之机宜云。

（《香港工商日报》1939年5月31日）邓世增、张炎定期召集各区指挥开会，加紧抗战部署改进配置，决扩大组训总预备队员

特派守备区司令邓世增、副司令员张炎对于区属抗战军事部署，进行不遗

余力。查张副司令近并亲率团队出发沿海各县演习，藉使所部熟悉地形及操练技术，在廉江并获晤第某某集团军蔡副总司令廷楷，对特别守备区今后抗战机宜多所指示。兹查张副司令以演习行将完毕，决定于下月内在某地召集各区指挥开守备会议，届时邓司令亦出席主持。查会议目的，系就其此次出发沿海各县演习结果，将各地方抗战武力重新配置，务求充实。对于区与区之联络问题亦于此际详定改进办法，使成为极机动之形体，随时互相呼应，同时对于各县地方上之军政配合问题，认真彻底破坏公路及不能利用之各地碉堡问题。又如抗战军事部署之推进及其有关工作之相互发展诸端，统于此次会议中作全般之检讨与决定。而关于战时兵源实力问题，决扩大组训各县总预备队。各县后备队改为总预备队后，即委符麟瑞任总指挥之责。符氏新拜命为遂溪县长，现已拟具扩大组训计划，俾届时提出讨论云。

（《香港工商日报》1939年11月1日）邓世增出巡高雷

第八区行政专员、特别守备区司令邓世增，以南路局势又趋紧张，为视察所属防务起见，因偕同参谋人员多人出巡高雷钦廉各县。日昨巡抵雷州半岛，分别召集各县长及团体长官垂询军政，对沿海防务有详细指示。查邓氏出巡并注意地方公路碉堡之破坏情形及清野线内空室。清野成绩倘有办理不力者，限令从速遵照命令执行。其有故意延阻者，查明惩处。同时检阅沿海各部队及视察各港口防线，现仍在雷属巡视中，日间将赴高属廉江等县巡视云。

（《香港工商日报》1939年11月4日）邓世增、张炎会商守备军事：与钦廉区军事密切联络，改进守备策略，强化防务

粤南情势日趋紧张，特别守备区与钦廉守备区业已一致动员准备，并经取得联络。查特守区司令邓世增鉴于区属防务有待改进，因特亲赴雷州半岛各县视察，亲自指导一切……

（《大公报》1939年11月13日）南路形势外弛内张，邓世增等出发各县巡视防务

第八区行政专员兼高雷特别守备区司令邓世增鉴于粤南情势严重，特会同战区司令部及某集团军高级参谋多人出巡钦廉各县、雷州三属（徐闻、海康、遂溪），昨已分别视道完竣。七日再由遂溪转往高州各县，决先到吴川、电白、阳江一带，指示防务，同时视察最近构筑完成之新式宏伟工事。查该项工事，由某地以迄某地，长凡□□百里，动员民众数十万人工作，历时数月，始告竣工。该项工事能攻能守，堪称新马奇诺阵线。邓氏离遂前，记者据其随同出巡之某高级长官称，钦廉情势接电告又复紧张，日舰多艘再图愚动，但该处已有黎秦两师长率领桂省大军座镇，防务可保无虞，若有事故发生，邓专员可随时电向所属指示机宜，必要时方再定行止。

（《香港工商日报》1939年11月10日）粤南现局谈，邓益能将军访问

（第八区专员兼特别守备区司令邓益能将军答记者）在抗战期间，县政府事繁任重，一切措施直接间接影响抗战前途甚大。以兄弟所知，目前各县推行兵役，整理团队，健全保甲等各项要政，均未能达到吾人所期，拆城破路毁碉等工作，尤应迅速依期完成。兄弟此次出巡，以根据各县环境，分别与各县长妥商整理办法。

粤南时局紧张，非自今始，我方对军事早有相当布置，吾人时刻准备与敌拼命，故在防务上随时严密戒备，尤特别注意沿海各县。

（钦廉）军事措置总可放心，唯未便发表。民众动员及空室清野工作大致尚佳，然尚须加紧努力，尤盼党部能与县府切实合作，推动整个民众力量。

敌侵北海及雷州与否甚难断定，敌如犯钦廉，当亦有犯桂之企图。

（《大公报》1939年11月22日）邓世增电告：日犯钦防登陆作战经过

第八区行政专员兼南地区特别守备区司令邓世增，经将日军来犯之战情向上峰报告，电文如下：特急，曲江司令长官张、主席李、茂名张专员、化县文参谋长，□密。1. 铣（十六日）四时据防城林县长（爱民）删（十五日）戌电称：

315

删辰企沙墟来大小日舰连原泊共十余艘,并起飞机十二架,分飞县属企沙光坡茅岭县城各处侦察。除飞光坡投弹外,并开机枪扫射。电线被损,消息不通。日炮终日不绝,4时20分炮击龙门约达千发,及申刻炮声停止。据报:日以飞机大炮掩护企图登陆不逞。13时20分,情报不通。迭据探报,日骑兵始于光坡登陆。全市人民物资向后方迁移时,日确在企沙登陆,现在三坡乡谭公车相持中。职动员全县团队、警察协同防军誓死守土等语。2. 昨北海冠头岭日舰炮击地角百余发,及放烟幕后即向防城方面驶去,现仅存日舰5艘,连日阴雨,瞭望困难,除饬属严防外,谨闻。浦邓世增铣(16日)辰呈叩(19日)。

邓世增电告

日犯钦防登陆作战经过

【广州滴专讯】日军在湘北惨败后,为镇压军心,扩大对粤南滋援行动,最近並对钦试探国际对华态度,及摇撼桂西邕塞,陪伴东京湾,环攻钦防北海,企图登陆,虚张声势,救局面颇为紧张。惟综合各方面报告,除防城企沙之舰队,开往南运输路线,乃於十五日起浸勤集结海口之防北海,企图登陆。○十五日上午七时四十分至十一时许,北海冠头岭海面共有日舰八艘,如外传之甚。○十五日上午七时四十分至十一时许,北海冠头岭海面共有日舰八艘,先後发炮轰击冠头岭地角龙江亦开炮轰,北海市民见情势急迫立即冒雨疏散,一

（《香港工商日报》1939年12月20日）邓世增之豪言，日军犯灵廉必覆灭

（本报19日专电）1.邓世增谈：粤南我军猛勇猛反攻，小董、久隆等处日军伤亡惨重，自并调换邕宁之日军后退增援。邓并表示，日军如进犯合浦、灵山必遭歼灭，敢信我必操胜券。2.陆屋之日军已被完全击溃，我军乘胜向钦东日军出击，迭有斩获。3.桂我军乘胜直达南宁。据北流电话：18日晨，我再克邕垣，毙日军无算，日板垣残部尽被歼灭。

（《香港工商日报》1939年12月21日）邓世增对记者谈粤南战况，我军在日军前后非常活跃

记者顷以特别之机会，获与正在前线督战之第八游击区指挥官邓世增畅谈一切。承具告前方战情及一般情态。兹记录之如下：（记者问）最近前方战事如何？目前我日相持地带以何点为最激烈？又钦防战事展开后，钦西一带尤其防城方面，我游击工作如何？（邓氏答）查钦防自战事开展以后，日不过占据钦防县城及小董、大寺、大直等处数个据点。但其兵力不多，每处不过一千或数百兵择要防守，其余乡镇均在我手中。故我游击队之活动地区甚广，随处可以活跃。近在平吉、小董、那彭、久隆墟、平银渡等处屡袭日军。现与日在小董、久隆、

317

平银渡一带相持中。至防城方面，我游击队在防县西北之那良、江平等处甚为活跃。（问）日兵在迈尾登陆后，图窥东兴，威胁越南，未知近日行动如何？（答）查迈尾在江平之南，孤悬海外，日侵扰后亦无影响于东兴。查江平、东兴等处我均有团队严密防守，日人无若何进展。（问）前线有何好消息见告？（答）近日我军反攻小董及久隆等处，日伤亡甚重，至有调邕宁之兵退后增援。可见日人力量确已成强弩之末矣。（问）假定日向我灵山、合浦进犯，则我已否树立普遍游击区与日人缠战？及请示我方可以阻止日军进行之把握程度？（答）我钦廉人民性质刚悍，作战勇敢，自卫之枪械甚多，团队之组织健全。计现有自卫队已□□大队，均属爱国青年，遍布四境，枕戈以待。苟日本人进犯合、灵，定能使属内团队同时发动，歼灭日本人，敢操胜算。（问）北海方面常常为日舰骚扰，敢问最近该处情势如何？（答）北海方面日舰时到骚扰，唯我布防严密，日不得成逞。如本月五日下午十二时，日舰放下汽艇数艘，在冠头岭登陆。被我守军击退。7日日舰又驶进北海大船埠，开机枪扫射，同时开炮攻击，亦不得逞。（问）战时地方民众动员工作达至何种程度，及请告知其特别成绩？（答）区属战时民众团体之组织均已完备。如学生队战时服务团、救护团、担架队、运输队、破坏队，自卫团等均分别派定工作，尤以自卫团服务成绩为卓著云云。

（《香港华字日报》1939年11月10日）邓世增之重要谈话：各县对要政推行不力亟加整理。民众动员及空室清野成绩均佳。我军事已有准备，防务极为巩固

（本报南路专讯）第八区行政督察专员兼高雷特别守备区司令邓世增氏，于日舰窥扰，高雷、钦廉各属同时告紧中。为部署抗战军事，特出巡沿海各

县及雷州三属。偕行者有第四战区高级参谋徐光武、第十六集团军高级参谋伍□□及谘议王基树等多人。邓氏昨已行抵某地。记者于6日往谒，承亲自接见。据说称，现日粤南情势确甚紧张，但我方军事布置亦相当雄厚，随时均可迎头痛击。本人（邓氏自称）曾迭接报告谓日军在湘北惨败之余，拟在粤南蠢动。当时北海海面日舰围聚，本人以我方军事布置经已完成，日舰忽聚忽散，企图恐吓骚扰，已属司空见惯。故仍继续出巡各县，仅饬属加紧防备。现时钦廉海面虽尚泊有日舰多艘，迭向渔船货艇肆虐，但我沿岸各地均极宁谧，军民抗日极为高涨。

雷州半岛各县日本人甚难进犯。邓氏旋又述及此次出巡各县之观感。据谓各县间对于各项要政之推行，尚未能收预期效果，刻已在积极整理中。至雷州三县民众武力甚为坚强，当能协助防军，保卫地方。其中尤以徐闻一县办理最好，几已到处设防。且该处地势又适宜于防守，大树林最多，当连绵不绝，日本人欲进犯该处，实绝对困难。故琼岛沦陷多月，该县仍安然无事。至于战时民众动员与疏散，粮食之供应，及游击区之划分，公路之破坏等，亦以该县办理较为满意。本人经已饬令其他各县加紧办理。至雷属之文化水准较其他各地为低，故应从发展教育着手，多设学校，藉以扫除文盲，提高地方文化。至关于遂溪县因比连广州湾之故，走私之风甚盛，本人（邓氏）已有所闻，实非从严办理不可。须知在战时做此不法行为，特影响国家税收，抑且破坏国家法纪，影响于抗战前途匪浅。故不能不以断然手段应付。刻已决定严密缉私组织。若一经缉获，轻则将货充公及罚款，重则执行枪决，以儆效尤云。

*****

邓张两氏会谈，详商军事联络。又查邓司令此次行抵某地，七区专员兼特守区副司令张炎亦率领学生队千人出巡各县，到达刻处。邓张两氏对于日阀在湘北惨败之后，图在粤南蠢动，及万一战事一开，高雷钦廉各属军事联络问题，曾作一重要之商讨，多所决定。据有关系方面消息，邓张两司令此次会谈结果，决定加紧动员各县民众，武装民众，协助军队，并在各县之间确立游击区域，加紧设防。其他对于政治之更革，解除人民痛苦诸项，亦多所谈商。粤南防务经两氏之一度详商，当益如巩固矣。

（《香港华字日报》1940年1月5日）邓世增电告战情：我大破昆仑关日军

粤南第八游击指挥官邓世增氏，特电各方告捷。原电云：奉蔡总司令转奉白主任电话，三十一晚昆仑关九塘八塘附近一带之敌，悉为我军歼灭。歼敌数千，俘虏数百，夺获大炮数十门，机枪百余挺，步枪千余支，军用品无算等。邓世增，东（一日）。

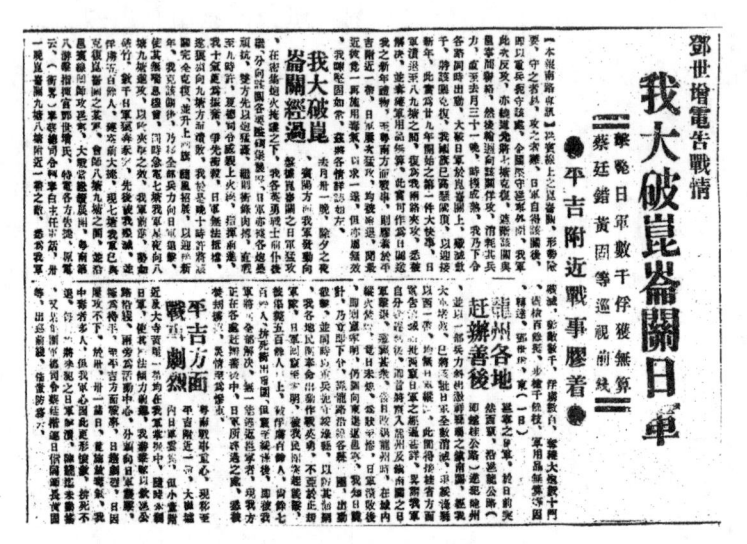

（《香港华字日报》1940年1月20日）邓世增电告：我军进迫钦廉

邓世增指挥官昨将战情电告各方。略谓：小董附近一带战事剧烈，我大军增防前线，毙日甚众。现正向败退日军，衔尾追击中。广平最近为我克复，残日向钦城溃退。我已奋力扫荡前进。我空军连日活跃钦邕沿线，轰炸日军云。

（《香港华字日报》1940年1月23日）钦邕公路战事剧烈，我军袭击大峒墟日军之战功：决死队冲入墟内炸毁日军军火，一部未及退出誓死不屈之壮烈，……邓世增通令严密防范部属不法

我袭击日军之情形：大峒墟位于钦邕线南段，为钦县至小董之中站。从该墟起向东北另有一公路，可直达灵山，故地位极为险要。自日方驻兵小董分犯各县后，该墟更成为一切军用品转运必经之路。计储藏墟内未运之军火，堆积如山。我军屡欲袭击，只以日军警戒严密，不得不伺机行事。及至18日，据报日军已一部调离大峒，兵力单薄。我见时机已到，乃下令预伏该墟四周之我军，大举出动，向该墟猛烈攻击。日兵凭借工事顽抗，炮火也相当剧烈，布成甚密之火网，彼此相持甚久。但我军此次作战，志在用闪电战术，达到毁灭墟内日军囤备之军用品，实不宜于长久相持。且日军凭借公路增援便利，尤有被其包围夹击之虞。因此我乃挑选决死队多人，冒日本人炮火冲入墟内，事先我已择定日防御力最弱一点，届时乃集中火力向其不断冲击。各决死战士乃在猛烈炮火下，越过日军阵地，向墟内推进。日军果为我所乘，被我战士全部冲入。一时手榴弹齐发，日军所藏之弹药应声爆炸，响彻□□，其军用车被炸毁者亦不少。我完成伟大任务后，日军已将墟内重重包围，并节节迫近。我乃发枪向其扫射。枪响处，先头之日军纷纷倒地，我军乘机杀出重围，返回我阵地。但有一部未及取得联络，致未能随先头部队冲出，困处墟内，但仍不肯降服，直战至最后一颗子弹。乃壮烈牺牲，以身殉职。游击司令王定华以各战士勇敢可嘉。除重奖突破包围之各战士外，对各为国牺牲之战士，亦决呈请邓指挥官从优奖恤。

*****

第八区行政督察专员邓世增氏,以在此抗战紧张时期,深恐下属乘机勒收抗战经费及包庇烟赌走私漏税等不法情事。故为先事防范起见,特通令各县认真查察,并制定详细办法着令遵办。1.关于防范包庇烟赌者,须切实严厉稽核土膏之发售,及限制土膏店之开设。无论任何环境下,不得借口开赌。沦陷区经克复后,尤应切实禁绝,以示我敌之□□。2.关于防范走私漏税者,任何船舶之进出,无论所带何物,均应受当地税务机关合法检查,不得抗拒。如系军用品,应取得本省最高军政机构之证明文件,注明种类数量以备考查。3.除国家所颁税率另有规定之外,一切捐数之征收,应照民国二十七年十月一日以前办理。即由原机关照原额征收。凡未经省府令颁之各类捐税,一律取消。各地团队之给养,统由省府统筹兼顾。各地团队不得借口向民众滥取丝毫。4.确定地方团队平时任务,及其协助军政机关执行任务之程度,严禁越俎代庖。5.禁运出口之金银等物,应由海关专责依法办理,任何部队不得直接检查,但于必要时要联合党政机关监督云。

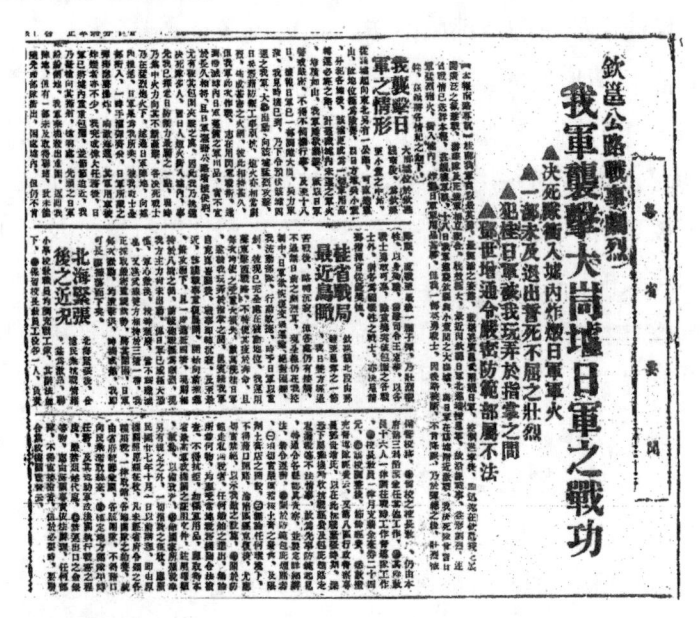

(《香港华字日报》1940年5月11日)钦东我军突袭大峒,日两路犯牛岗激战再起,邓世增电告阵地可保无虞

(本报南路专讯)钦邕路东侧我军以日军连日不断扬言东犯,除已集中双倍力量准备于其蠢动时,予以致命打击外,连日并以英勇机动姿势袭击日军各据点。兹据军悉,我军于5日晚,以迅速行动闪击大峒之日军。因此次行动敏捷,颇使彼军应付手足无措,恐慌至极。我以雷霆万钧之势直冲入墟内,混战

多时始返牛岗。彼之损失如何,刻尚未据报。唯6日晨,钦县日军为报复起见,于凌晨即分两路向牛岗进攻。我事先亦早已预料彼必有此一着,故当即聆声应战。刻尚在激战中。第八游击区指挥部顷已有电到达此间称:我阵地巩固如常,可保无虞云。

*****

(又)……第八游击区指挥官邓世增氏最近前往钦东一带视察,对今后游击作战方针有详确之指示。据记者所得消息,破坏钦邕铁路已列为目前游击队重要工作之一。邓指挥官曾特别提出指示云。

(《香港华字日报》1939年5月12日）邓世增函谢妇慰会赠雨衣。

邓世增函谢妇慰会赠雨衣

香港妇女慰劳会，日前捐赠广东省第八区行政专员公署雨衣一批，该会昨接该区行政专员邓世增（世增）函复致谢，函如下：迳复者，承此雨衣五百件，拜领之余，实深钦感，凤所欹仰，此水重劳厚贵，资为拒敌，义勇深隆，凡此除依军队分发应用外，余代表当地亿兆军民感戴一致谢忱而已，兹随函附上收据一纸，敬希察照为荷。此致香港妇女慰劳会。邓世增启。

民国廿七年九月廿三日（1938年9月23日）《大汉公报》（生刍）
应召北上之邓益能

保卫大武汉，既为我国此次拒敌之一段重大工作，故必合群策群力以从事。观于中央各军事领袖之询谋佥同，与乎各行政机关之集中重庆办事，同时并疏散三镇一般老弱妇孺。而训练合龄之壮丁20万，以分任工作。此其决心不轻于放弃武汉，大可知也。于是凡具军事学识经验及奋斗精神，而尚散处各方者。我最高军政领袖，皆一律延致以共拒敌。日前旧四军健将邓益能（世增）应召北上，即其一也。益能初毕业于广东陆军速成学堂第三期。与李任潮、徐景唐、冯祝万诸公共笔砚。嗣复同考旧都陆军大学而获选。卒业后，俱为粤军第一师师长邓仲元，罗致于麾下。二十年来，我粤名将大都出自第一师者，可见当时邓师长得人之盛矣。当北伐之际，益能任第四军第十一师副师长。时师长陈伯南，赴俄考察军事，益能遂代行师长职权，戌防南路。今日第四路军，余、香两位正副司令长官，则属第十一师下之两团长耳。年前两粤和平合作，益能亦致力不少，深为最高军事领袖所嘉奖，屡拟擢任要职，而益能均谦辞。或者窃疑其立心与李任潮共进退云。兹者我国抗战，已进入最重要阶段，诚非贤者淡泊明志之时。中央既下大决心，集中群策群力以应付。而其具有奋斗精神及经验学识如益能者，复何得抱膝长吟，而不坐言起行也哉。

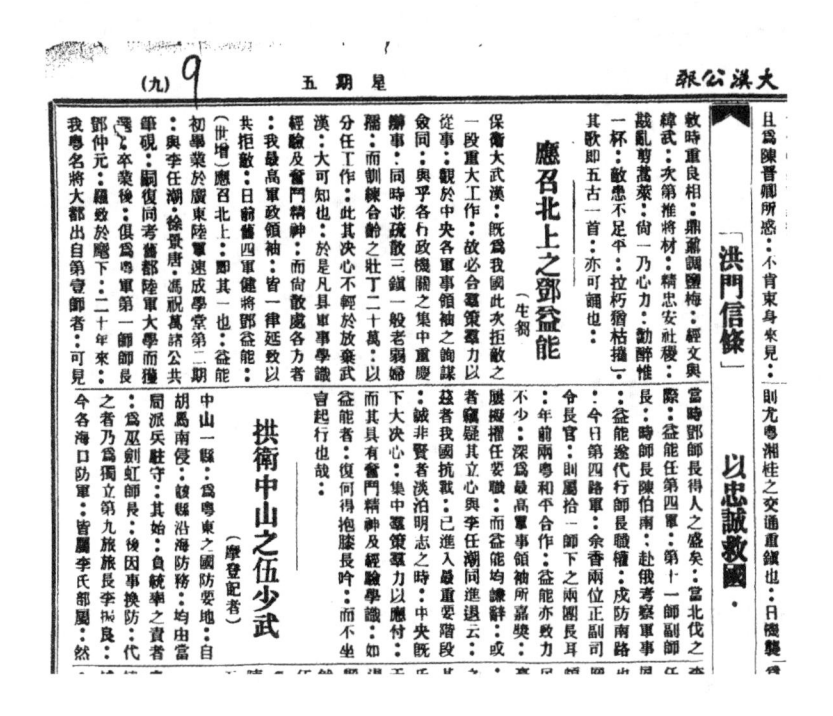

粤南抗战军事新布置(《大汉公报》1940年1月30日)

第(八)区游击指挥邓世增,以区署战事正进行中,业已加紧策动所部从事抗战工作……

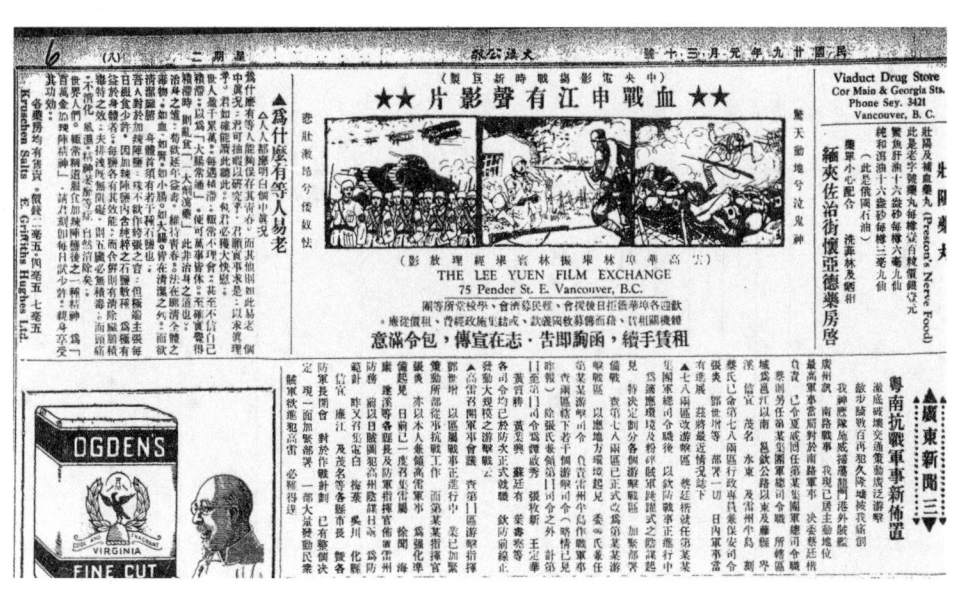

粤属新闻(《大汉公报》1940年10月29日)

我克复防城,倭死伤奇重

(钦县战况)……第八区行政专员兼游击指挥官邓世增,亦由合浦赶往会晤。

并引导视察各游击根据地……二十五日我军一度冲入大寺，杀贼百余……至钦县城外我军，则仍采包围态势。残贼为求打开生路，曾数次冒死冲出，均经我击退。现仍然困守城中。

二、第四战区南地区特别守备区司令部委令

令本部第一游击根据地第二分区副主任曹中铨

兹委该员为本部第一游击根据地第二分区副主任。

此令

中华民国二十八年七月二十五日

司令邓世增

副司令张炎

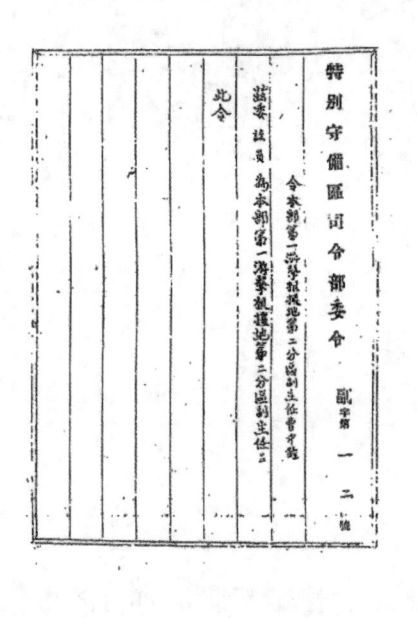

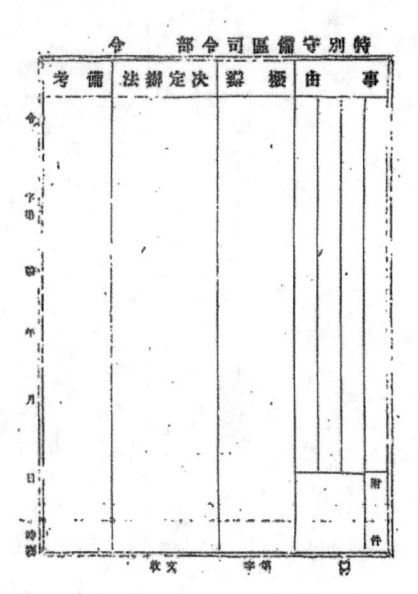

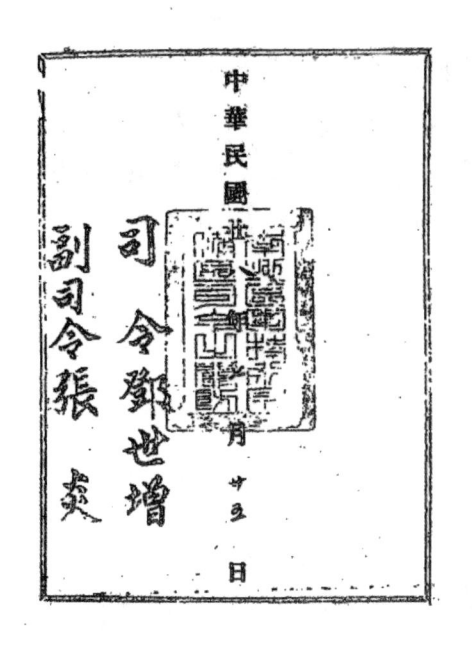

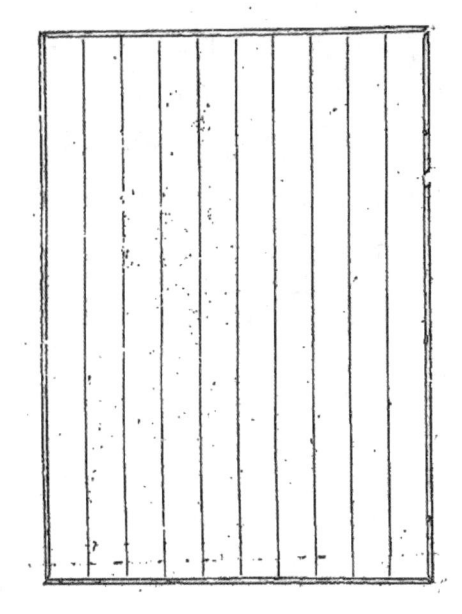

三、《蔡廷锴自传》节录[1]

第6日 1939年5月6日抵廉江城，早已电知邓世增、张炎两保安司令及地方县长来此开会，故将抵城时，邓司令及各界已在迎候……

翌晨，与邓张等往视察阵地。

*****

三十日（1939年12月30日），据邓世增报告，敌运输舰六七艘满载军用品及骡马甚多，是晚抵龙门。想钦州方面乃敌出入孔道，非组织大规模的情报网，不能收事半功倍的战果。即派少参谋刘明恩前往钦城组织情报网，并令邓世增派兵协助。

*****

1940年1月5日，据邓世增报告，该部各游击司令编队极为顺利，约本月中可成立，听候点验，请发编制表等语。

*****

1940年4月12日，接韦军长通报，敌犯上思，激战甚烈，大有再犯龙州之势。午后，邓世增转解来苏廷有部俘敌兵内岛吉郎。

---

[1] 蔡廷锴著，黑龙江人民出版社，1982年版，第509页、第523页、第524页、第535页记载。

四、《蒋中正文物》[1] 选录

李汉魂电蒋中正、孔祥熙（1941年3月4日）：转报日伪军约千三日晨在台山属之广海登陆，迄午取道三娘迳向台城进犯，午时与我团队在三娘迳附近激战中……据合浦邓专员世增电称江晨五时，北海敌舰五、电艇四，敌约百余在海附近高德登陆。至午放火焚烧。我团队正相持中……台山阳江合浦海康战报。

---

[1] 中国台湾台北"国史馆"藏。

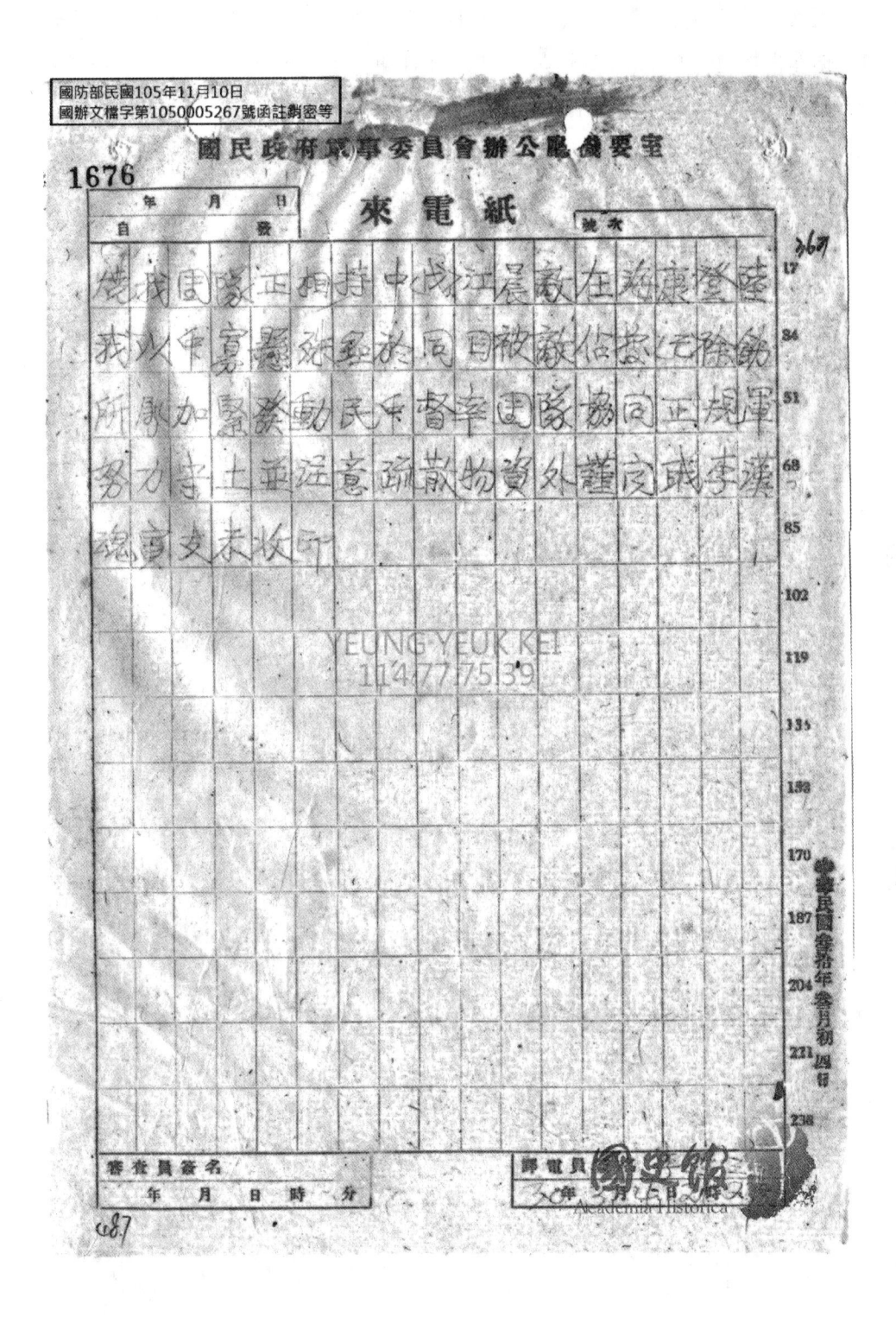

國民政府軍事委員會辦公廳機要室 來電紙

1676

先戌團隊正面持中戌江晨敵在滘康登陸我以亨寡懸殊至於同日被敵佔茲已陰敵所獲加緊發動民下督率團隊協同正規軍努力守土並注意疏散物資外謹復戎李漢魂寅支未收叩

张发奎电蒋中正（1939年3月30日）：二十七日，日机轰炸合浦，致有伤亡。据邓世增电称自二十二日起，日机狂炸合浦，日舰炮击北海，并派小艇登陆，唯经我稍击即去，似属骚扰性质。

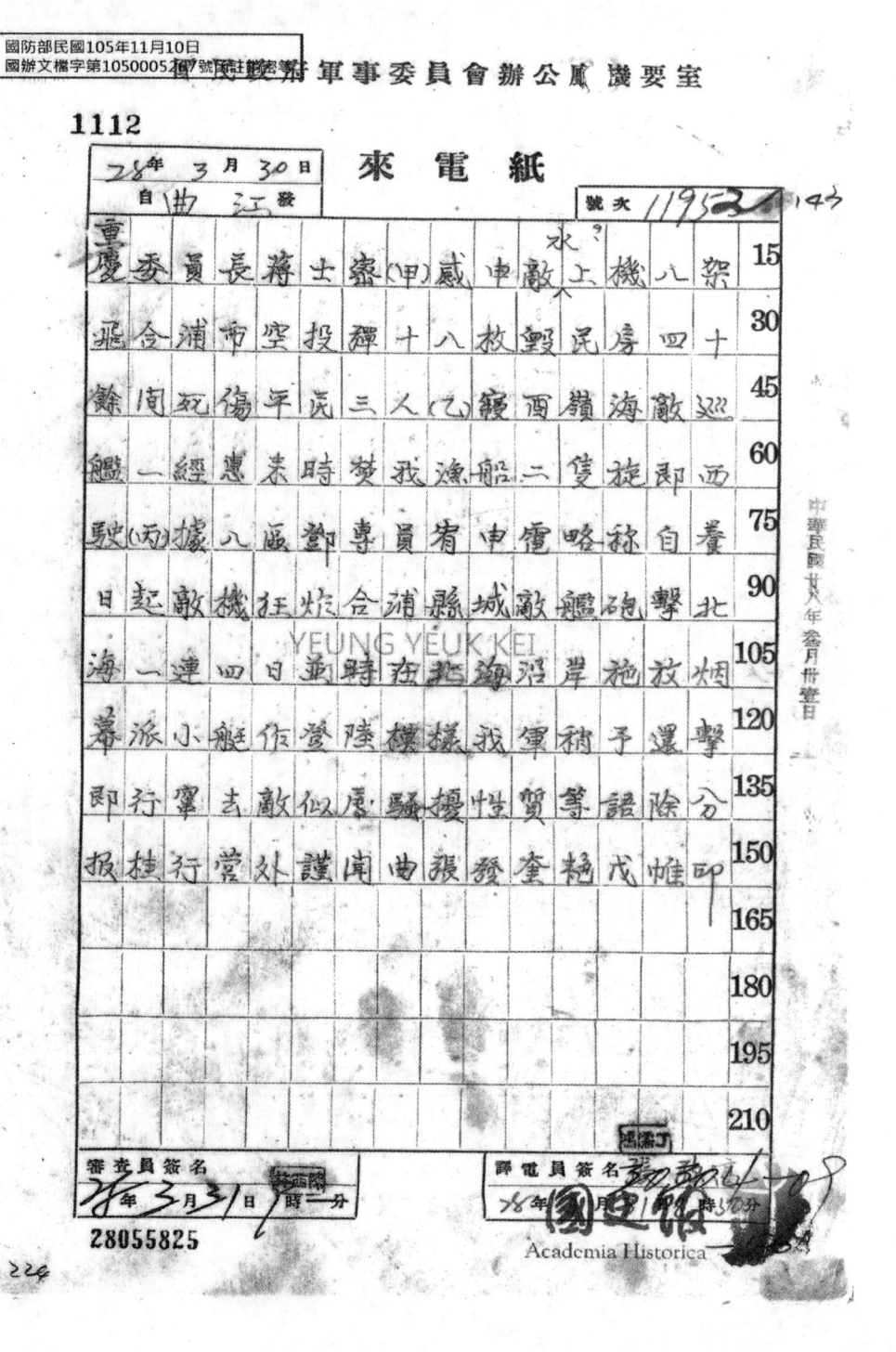

五、《第四战区桂南战史旅行暨战地调查纪事》第二册选录[1]

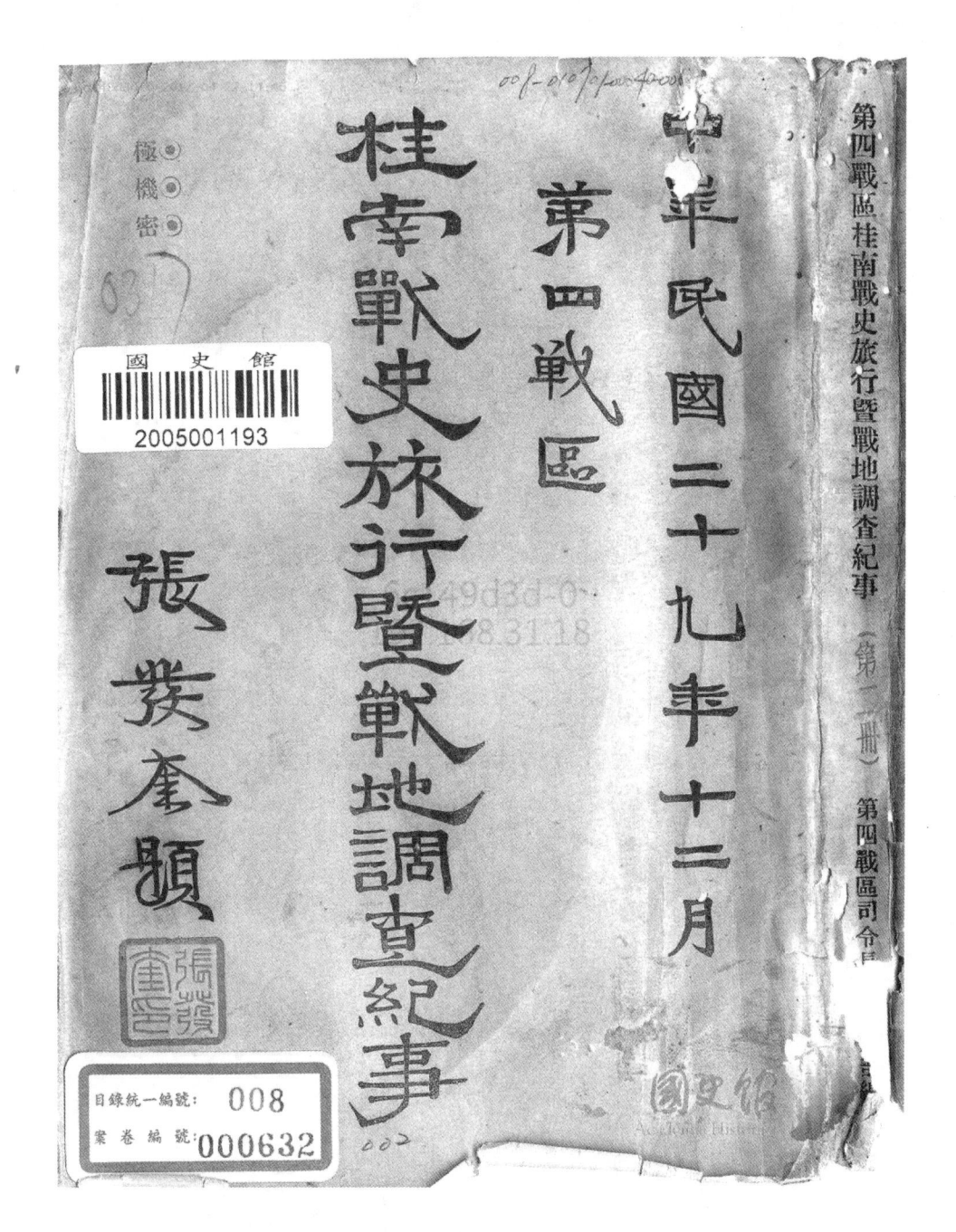

---

[1] 中国台湾台北"国史馆"藏，陈诚文物。

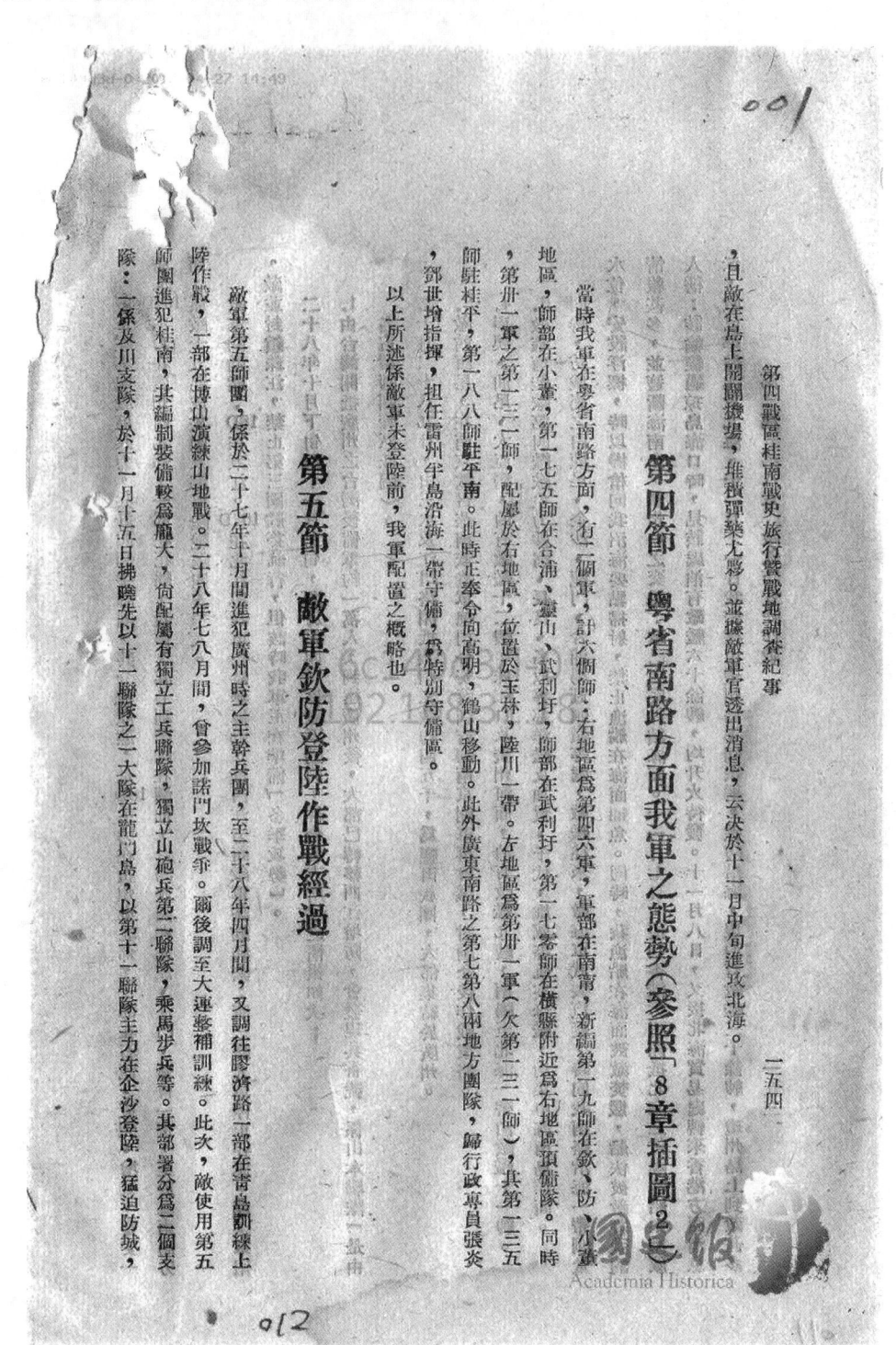

广东南路之第七、第八两地方团队，归行政专员张炎、邓世增指挥，担任雷州半岛沿海一带守备，为特别守备区。

第四节 粤省南路方面我军之态势（参照「8章插图」2）

当时我军在粤省南路方面，有一个军，计六个师：右地区为第四六军，军部在南宁，新编第一九师在钦、防，小董地区，师部在小董，第一七五师在合浦、灵山、武利圩，师部在武利圩，第一七零师在横县附近为右地区预备队。同时，第卅一军之第一三一师，配属于右地区，位置于玉林，陆川一带。左地区为第卅一军（欠第一三一师），其第一三五师驻桂平，第一八八师驻平南。此时正奉令向高明，鹤山移动。此外广东南路之第七第八两地方团队，归行政专员张炎、邓世增指挥，担任雷州半岛沿海一带守备，为特别守备区。以上所述系敌军未登陆前，我军配置之概略也。

第五节 敌军钦防登陆作战经过

敌军第五师团，系於二十七年十月间进犯广州时之主干兵团，至二十八年四月间，又调往胶济路一部在青岛训练上陆作战，一部在博山演练山地战。二十八年七八月间，曾参加诺门坎战争。尔后调至大连整补训练。此次，敌使用第五师团进犯桂南，其编制装备较为庞大，伺配属有独立工兵联队，独立山炮兵第二联队，乘马步兵等。其部署分为二个支队：一係及川支队，於十一月十五日拂晓先以十一联队之一大队在龙门岛，以第十二联队主力在企沙登陆，猛迫防城，

第二部分 各历史阶段资料汇集

东江东岸方面：敌约一大队，占据大旗岭、望州塘……与我凌屋、水棍陂……之粤南路第一游击指挥部、粤南路第八游击指挥部对峙中。

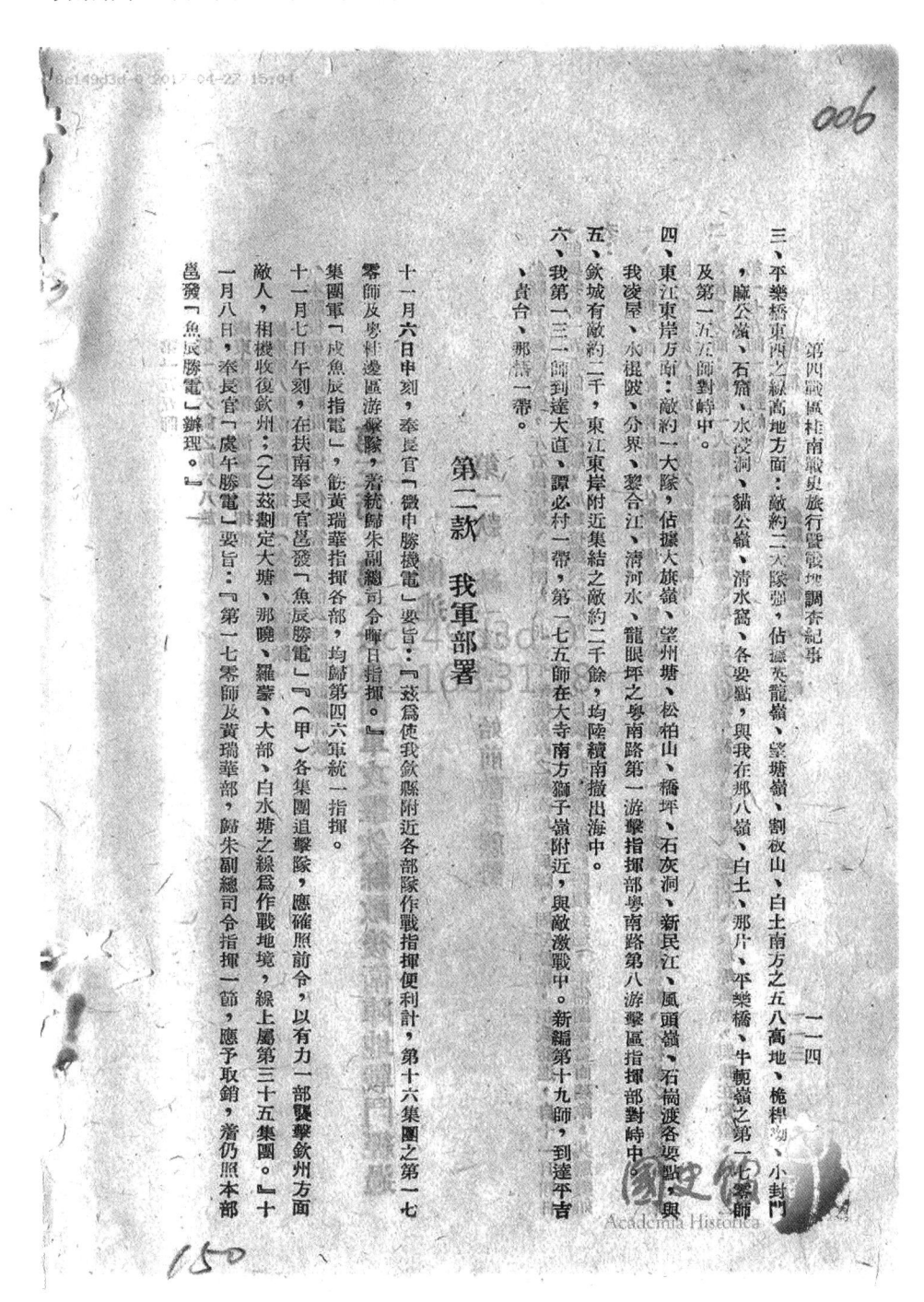

第四战区桂南战史旅行暨战地调查纪事

三、平乐桥东西之线高地方面：敌约二大队强，佔据芡龙岭、塱塘岭、割秋山、白土南方之五八高地、桅桿嶺、小封门、廠公嶺、石宿、水淡洞、貓公嶺、清水窩、各婆點，與我在那八嶺、白土、那片、平樂橋、牛輓嶺之第一七零師及第一五五師對峙中。

四、東江東岸方面：敵約一大隊，佔據大旗嶺、望州塘、松柏山、橋坪、石灰洞、新民江、鳳頭嶺、石禍渡各婆點，與我凌屋、水棍陂、分界、黎合江、清河水、籠眼坪之粤南路第一游擊指揮部粤南路第八游擊區指揮部對峙中。新編第十九師，到達平吉、東江東岸附近集結之敵約二千餘，自陸續南撤出海中。

五、欽城有敵約二千，我第一三一師到達大直、譚必村一帶，第一七五師在大寺南方獅子嶺附近，與敵激戰中。

六、黃台、那窩一帶。

第二款　我軍部署

十一月六日申刻，奉長官「微申滕機電」要旨：「茲為使我欽縣附近各部隊作戰指揮便利計，第十六集團之第一七零師及麥桂邊區游擊隊，着統歸朱副總司令晡日指揮。」

十一月七日午刻，仿黃瑞華指揮各部，均歸第四六軍統一指揮。

十一月八日，在扶南奉長官邕發「魚辰勝電」「(甲)各集團追擊隊，應確照前令，以有力一部襲擊欽州方面敵人，相機收復欽州；(乙)茲劃定大塘、那曉、羅蒙、大部、白水塘之線為作戰地境，線上屬第三十五集團。」十一月八日，奉長官「虞午勝電」八日邕發「魚辰勝電」辦理。「第一七零師及黃瑞華部，歸朱副總司令指揮一節，應予取銷，着仍照本部邓世增所指挥之游击队，拂晓将当面之敌击溃后，辰刻一部进至大路街与钦城残敌隔江对战；另一部迂回石岗渡，与撤退之敌发生激战。

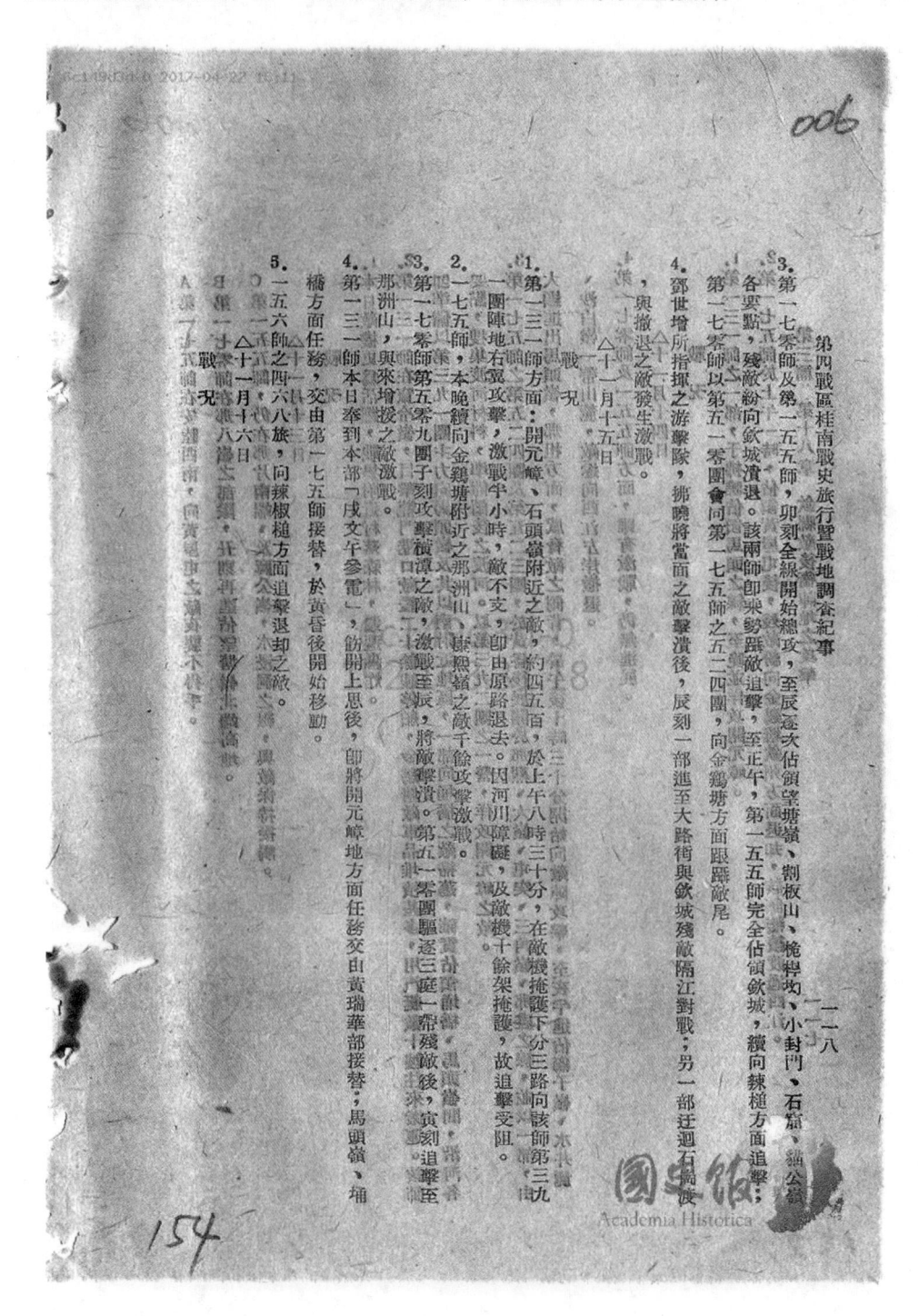

第四戰區桂南戰史旅行暨戰地調查紀事

3. 第一七零師及第一五五師，卯刻全線開始總攻，至辰逐次佔領望塘嶺、割板山、棪桿坳、小封門、石窟、鵝公嶺一二八各要點，殘敵紛向欽城潰退。該兩師即乘勢踞敵追擊，至正午，第一五五師完全佔領欽城，續向辣椒方面追擊；第一七零師以第五一零團會同第一七五師之五二四團，向金鷄塘方面跟蹤敵尾。

4. 鄧世增所指揮之游擊隊，拂曉將當面之敵擊潰後，辰刻一部進至大路街與欽城殘敵隔江對戰，另一部迂迴石崗渡，與撤退之敵發生激戰。

十一月十五日

戰況

1. 第一三一師方面：開元嶂、石頭嶺附近之敵，約四五百，於上午八時三十分，在敵機掩護下分三路向該師第三九一團陣地右翼攻擊，激戰半小時，敵不支，即由原路退去。因河川障礙，及敵機十餘架掩護，故追擊受阻。

2. 第一七五師本晚續向金鷄塘附近之那洲山、甕熙嶺之敵，激戰至辰，將敵擊潰。第五零九團刻攻擊蘋潭口之敵，現正激戰中。

3. 第一七零師第五零九團刻攻擊那洲山，與來增援之敵激戰。

4. 第一三一師本日奉到本部「戌文午參電」，飭開上思後，即將開元嶂地方面任務交由黃瑞華部接替，馬頭嶺、埔橋方面任務，交由第一七五師接替，於黃昏後開始移動。

5. 一五六師之四六八旅，向辣椒樹方面追擊卻之敵，本日十一月十六日拂曉再向辣公嶺進攻，與黃冠鏞之嶺警部不期而遇，雙方誤會猛烈接戰數小時，至正午始查明真相，即停止戰鬥。

CRBA旅十一日戰況

第二部分 各历史阶段资料汇集

钦县附近我军（包含邓世增部第二、第四游击纵队等）对撤退之敌追击态势要图（1940年11月11日）

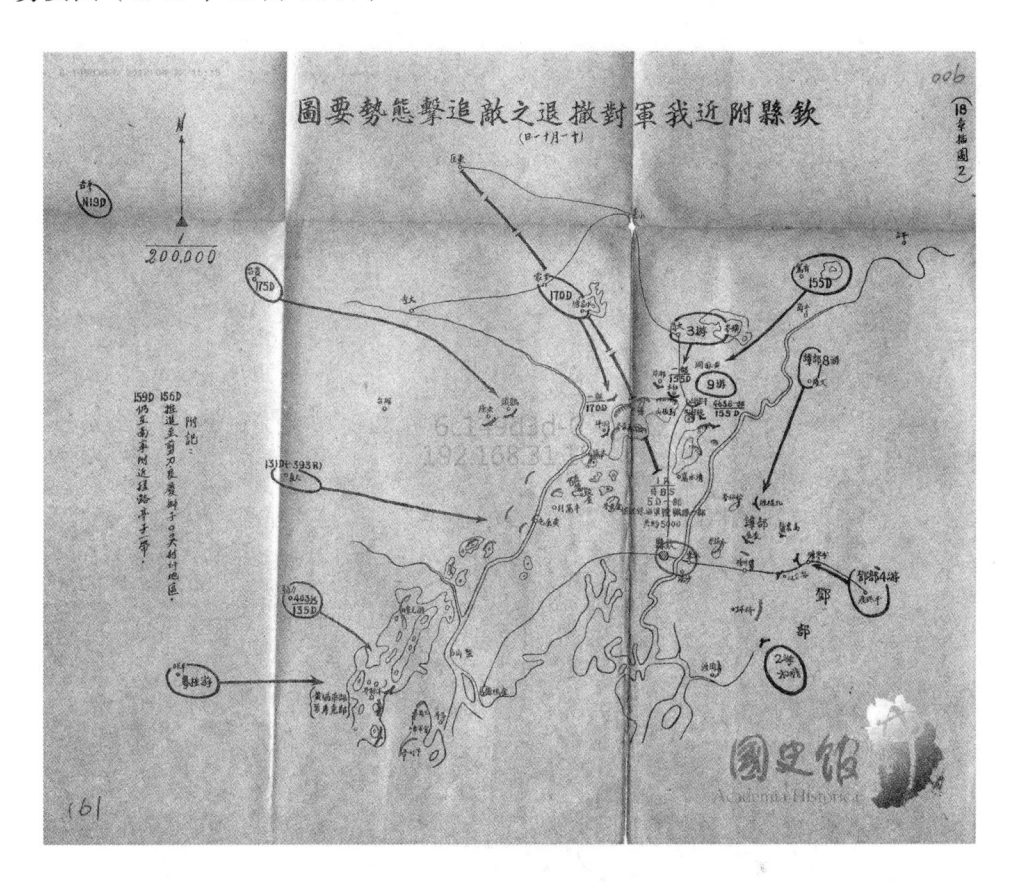

邓世增史料汇编

宾阳战役后，敌军撤退我军追击间各战役之研究——钦县敌后卫阵地之攻击（包含邓世增指挥的南路游击队攻击位置）（1940年11月10日至17日）。

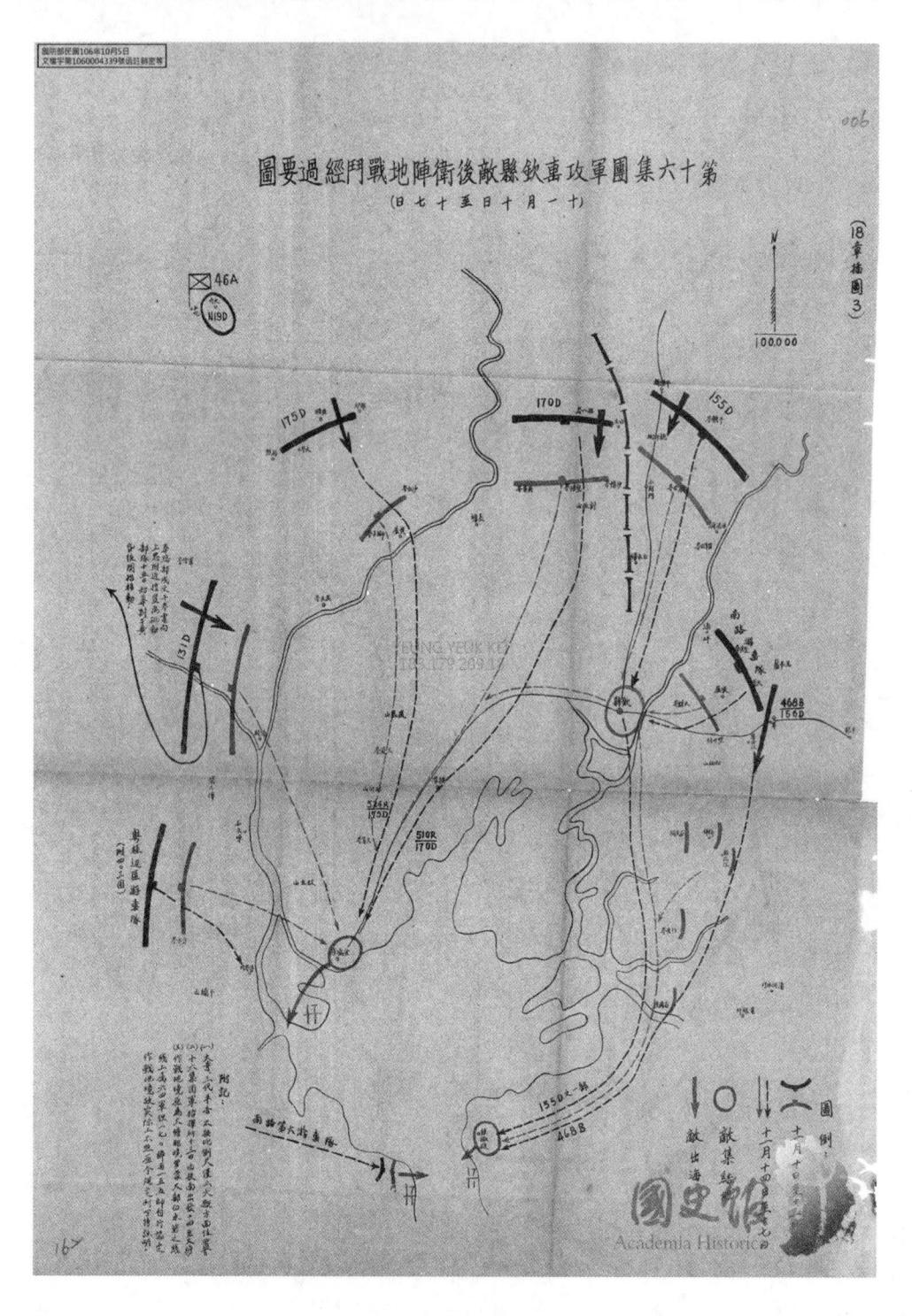

336

第二部分　各历史阶段资料汇集

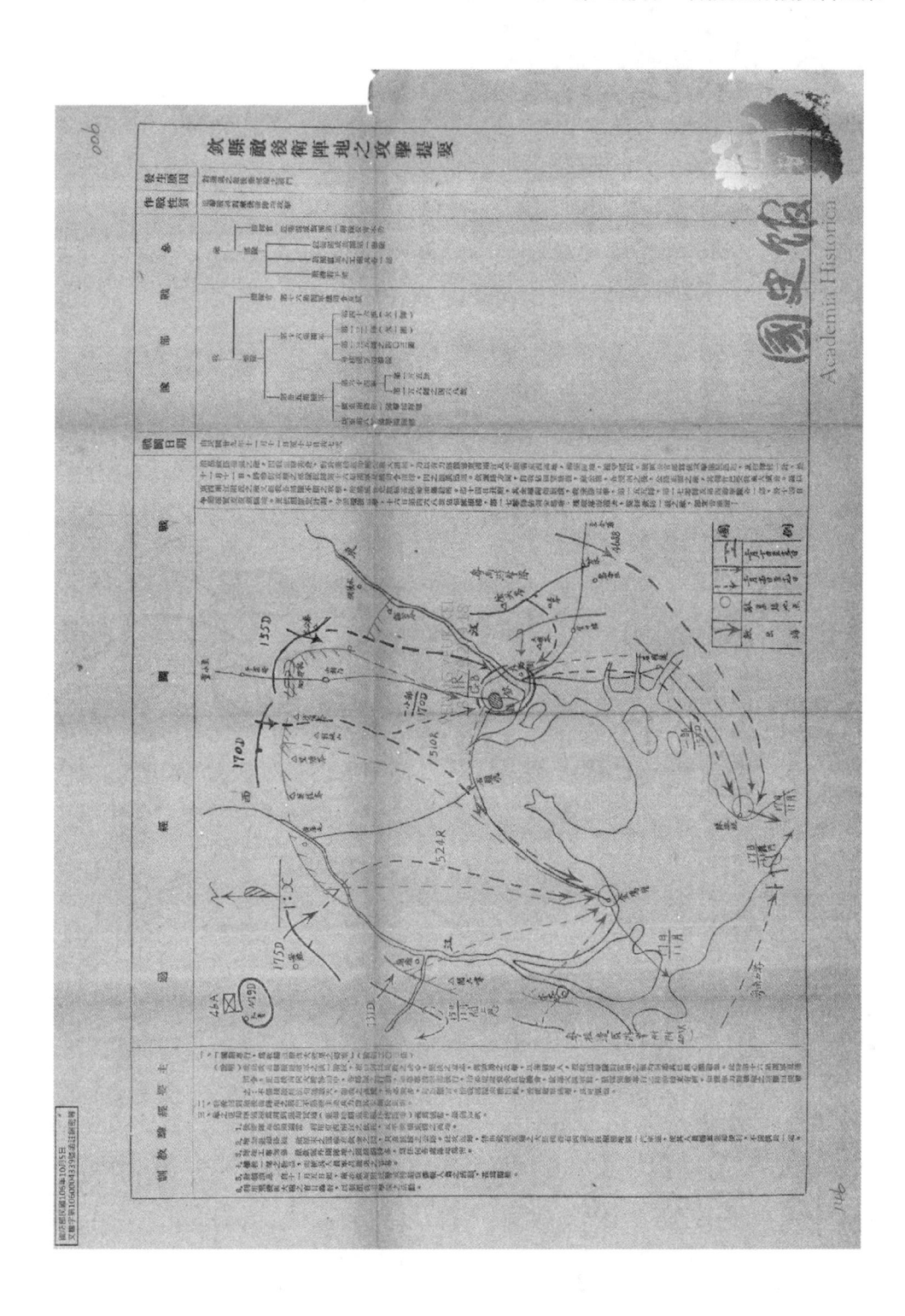

337

六、《广东合浦防空事宜》[1]

广东合浦区防空（兼）指挥官邓世增呈国民政府（1939年5月4日）：

广东合浦区防空情报网暨防空监视哨位置配备图

（防区涵盖：阳春、阳江、信宜、电白、茂名、梅菉、化县、吴川、海康、徐闻、廉江、遂溪、灵山、合浦、钦县、防城）

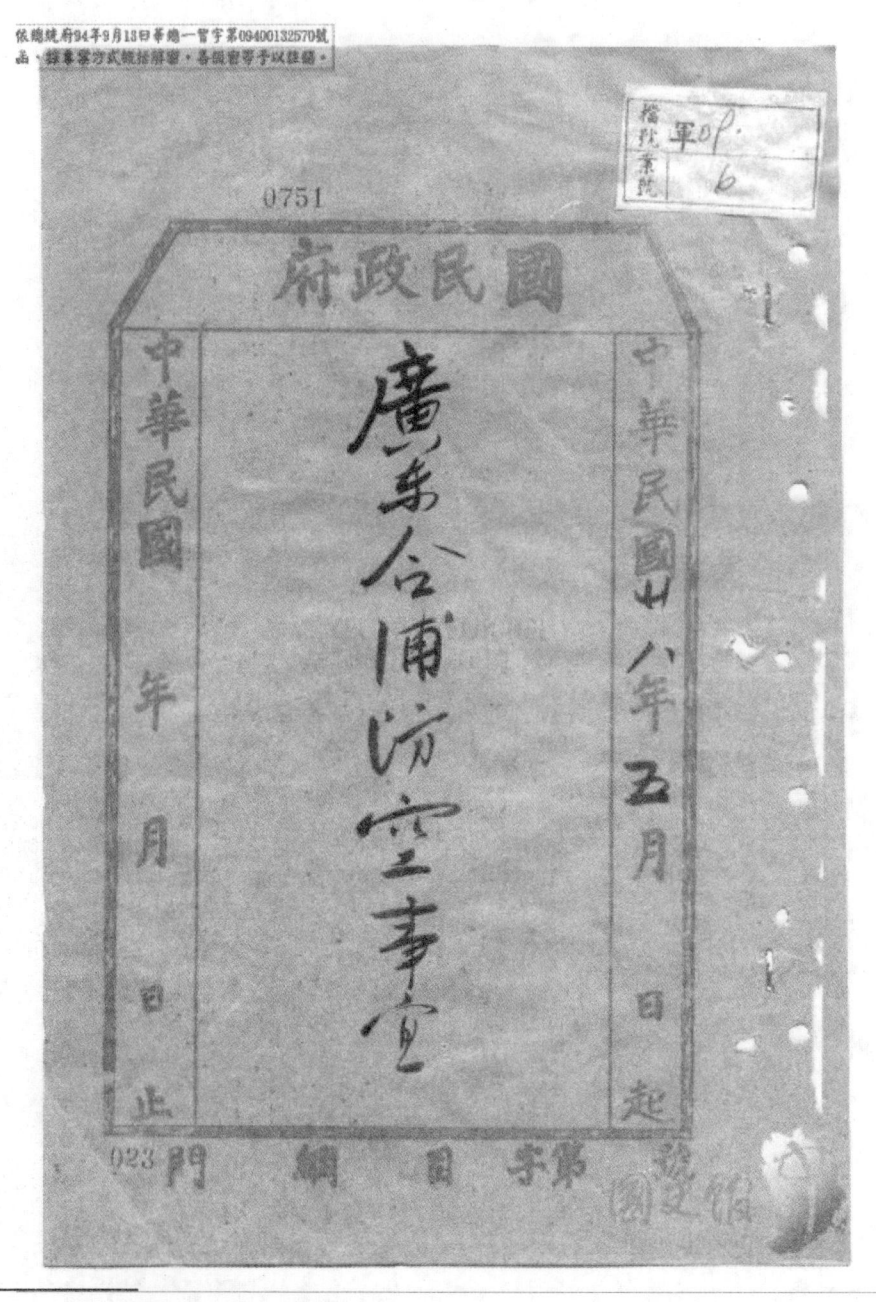

---

[1] 中国台湾台北"国史馆"藏。

邓世增通电就合浦区防空指挥

〔南路特讯〕第八区行政督察专员邓世增、奉令兼任合浦区防空指挥官、邓氏昨特通电就职、兹录原笺如次、「分发省府各厅处长、各防空指挥官、第七八区行政督察专员兼保安司令陆军一七五师长黄、各团管区司令勋鉴、合浦•防城•灵山•钦县•海康•电白•吴川•遂溪•阳春•徐闻•各县长各防空支会会长暨各军校机关团体均鉴、现举广东各省防空司令官余、副司令官李、佥防一征、则邓专员世增、密合浦防空区指挥官莫树杰电准予辞职、遗缺着由该专员彼任、委令随发、仰即赶日接代具报、为要、等因奉此、世增遵于本月真日接铃视事、除呈报暨分别两令外、合行佈仰知照、并转饬所属知照为要、兼合浦区防空指挥官邓世增、文印」。

(《香港华字日报》1939年4月19日)邓世增通电就合浦区防空指挥

國民政府文電摘由單

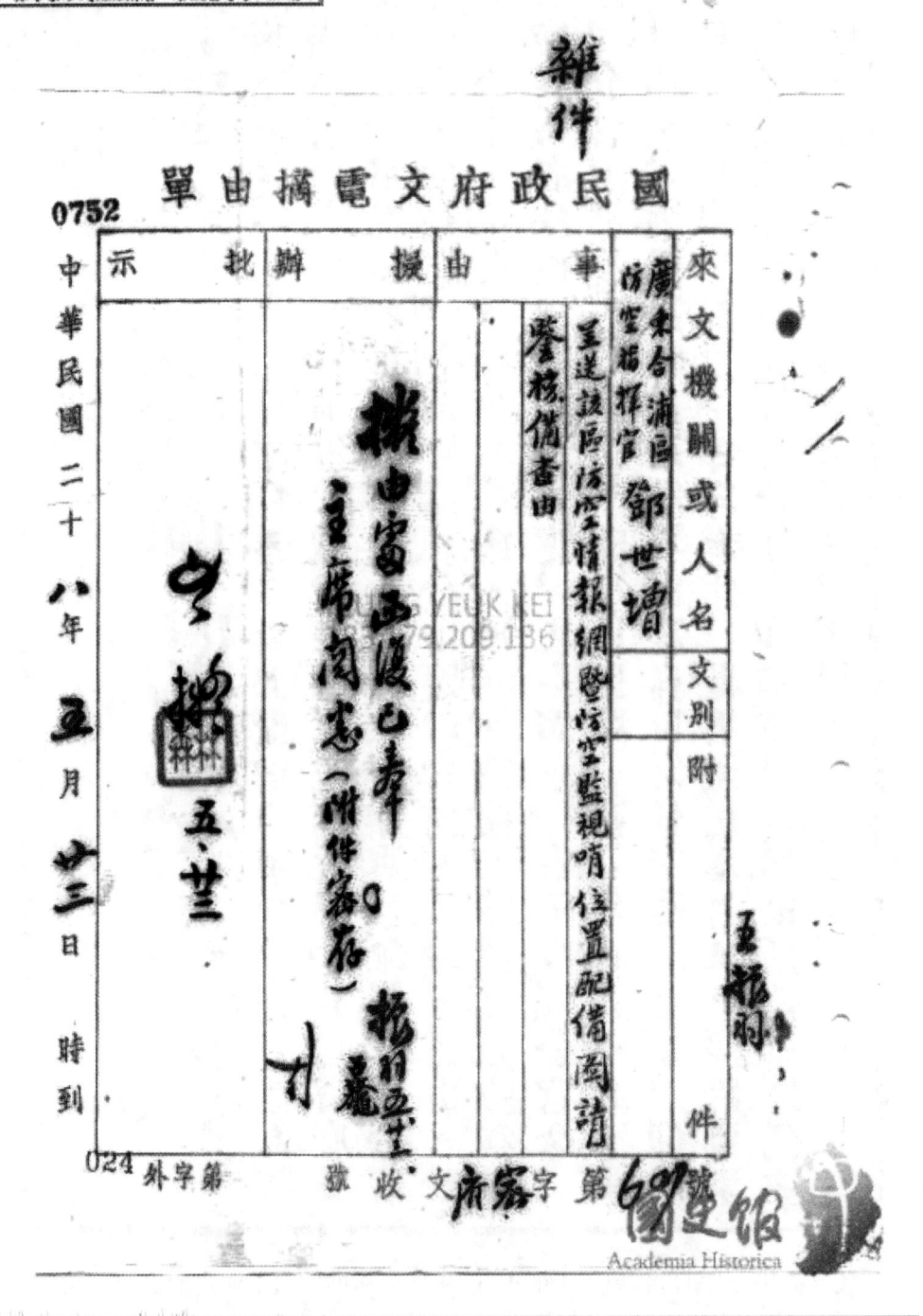

0752

來文機關或人名	文別	附件
廣東合浦區防空指揮官鄧世增		玉振冊件

事由：呈送該區防空情報網暨防空監視哨位置配備圖請鑒核備查由

擬辦：擬由當函復已奉主席閱悉（附件存）

批示：閱 五、廿

中華民國二十八年五月廿三日 時到

外字第 024 號　府宥字第 607 號收文

合浦區防空指揮部呈

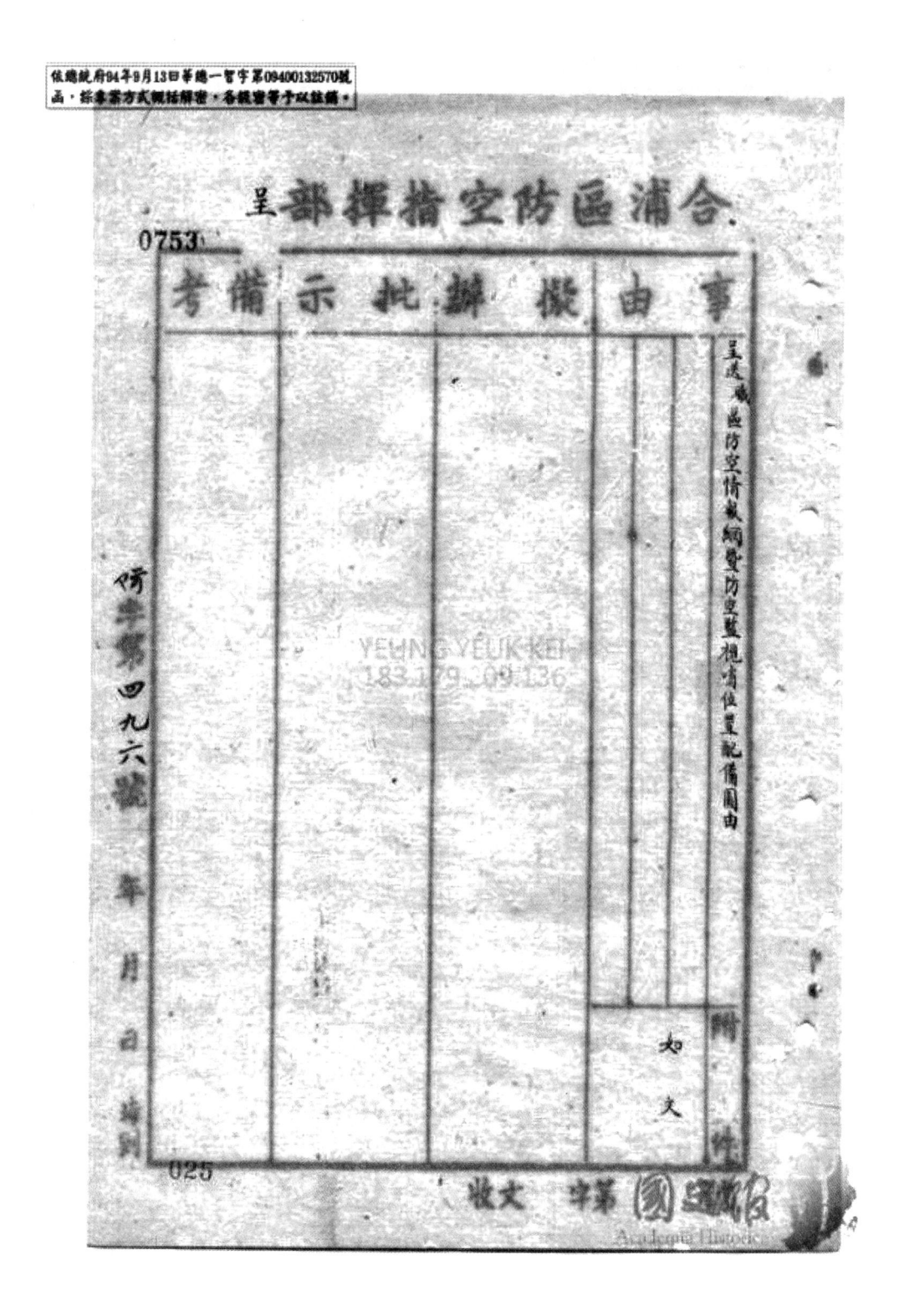

事由	擬辦	批示	備考

事由：呈為職區防空情蒐網暨防空監視哨位置配備圖由

附件：如文

0753

偽字第四九六號

025

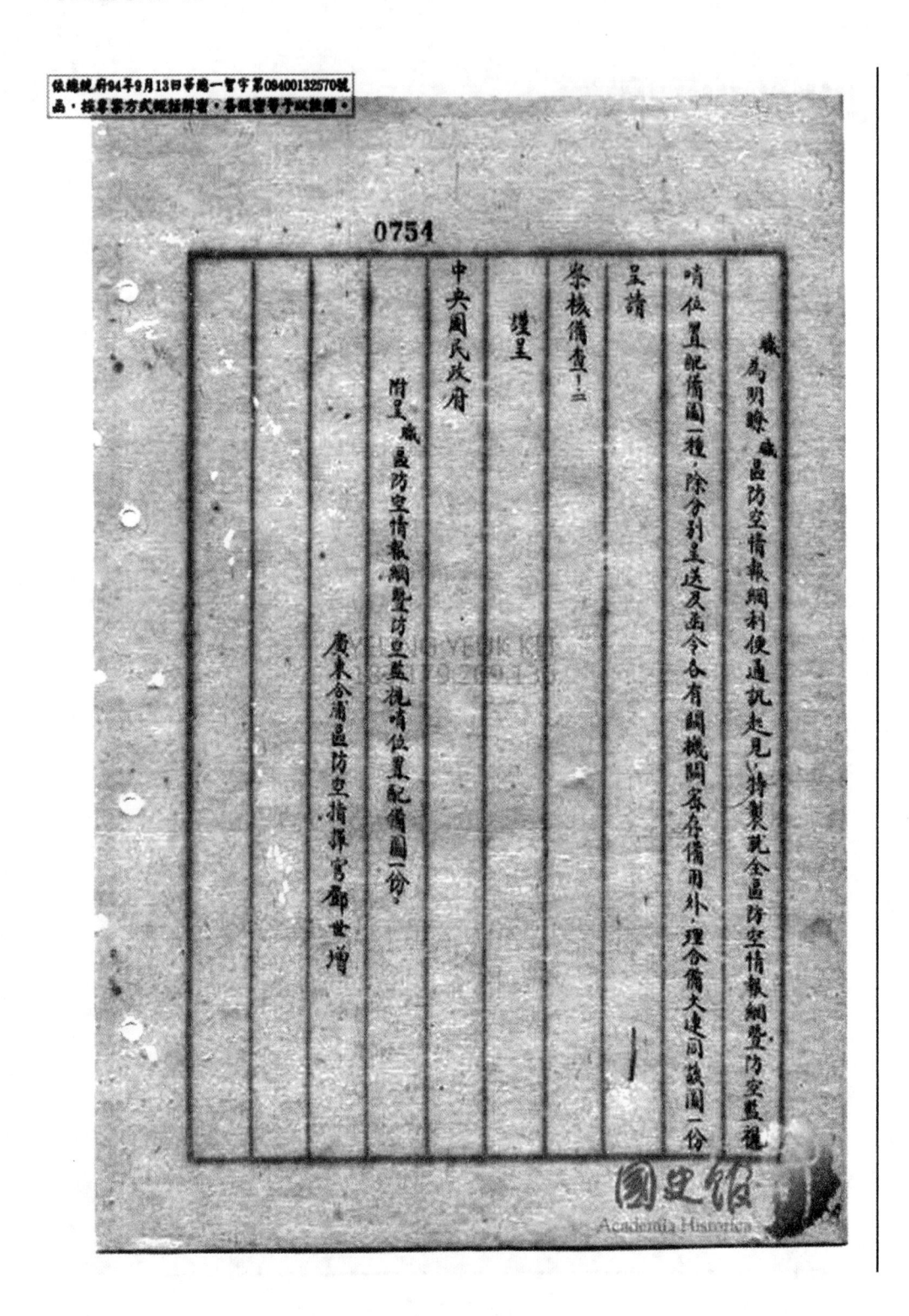

竊為明瞭職區防空情報網利便通訊起見，特製就全區防空情報網暨防空監視哨位置配備圖一種，除分別呈送及函令各有關機關各備用外，理合繕文連同該圖一份

呈請

鑒核備查。

謹呈

中央國民政府

附呈職區防空情報網暨防空監視哨位置配備圖一份。

廣東余蒲區防空指揮官鄧世增

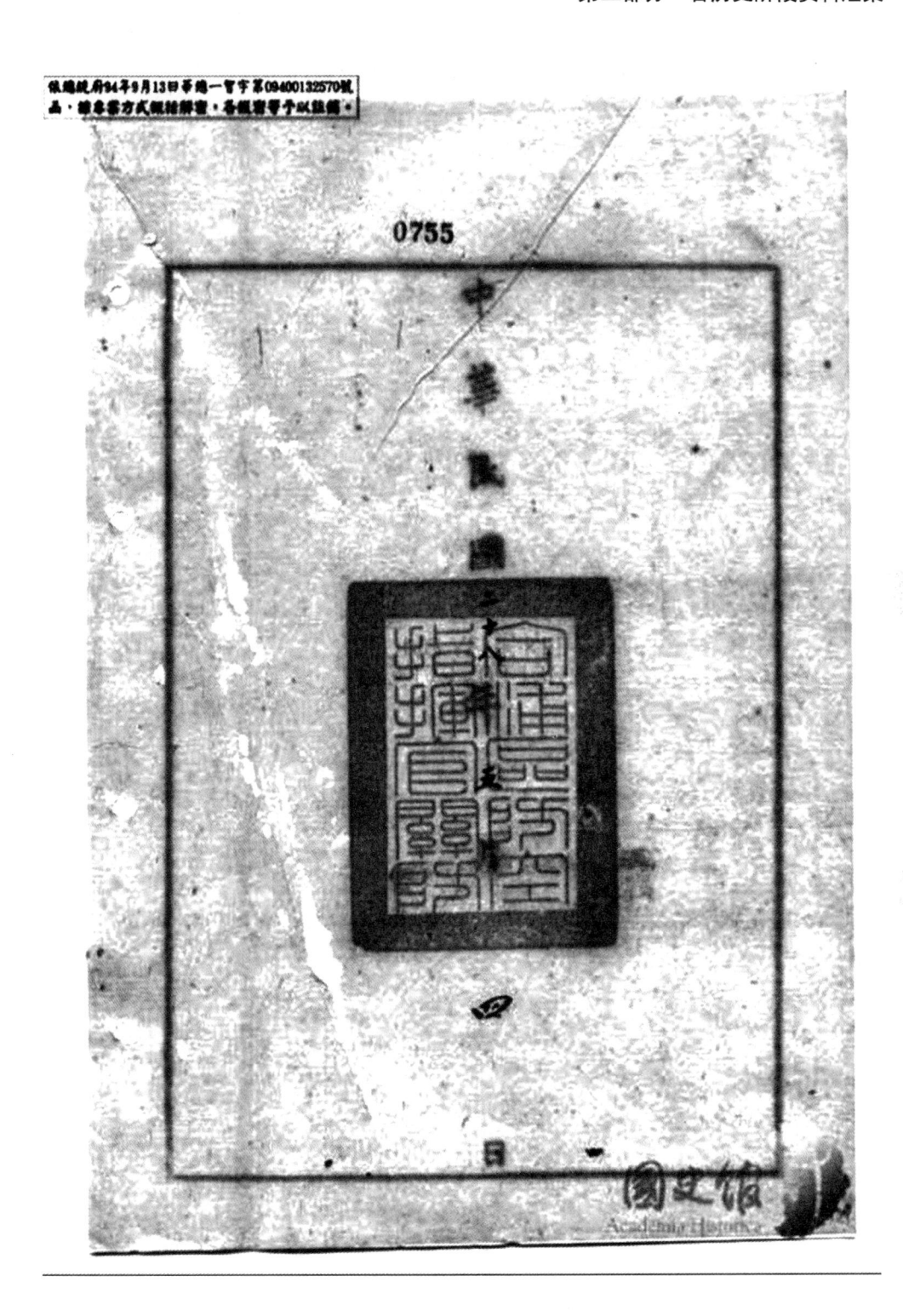

第二部分　各历史阶段资料汇集

0755

中華民國

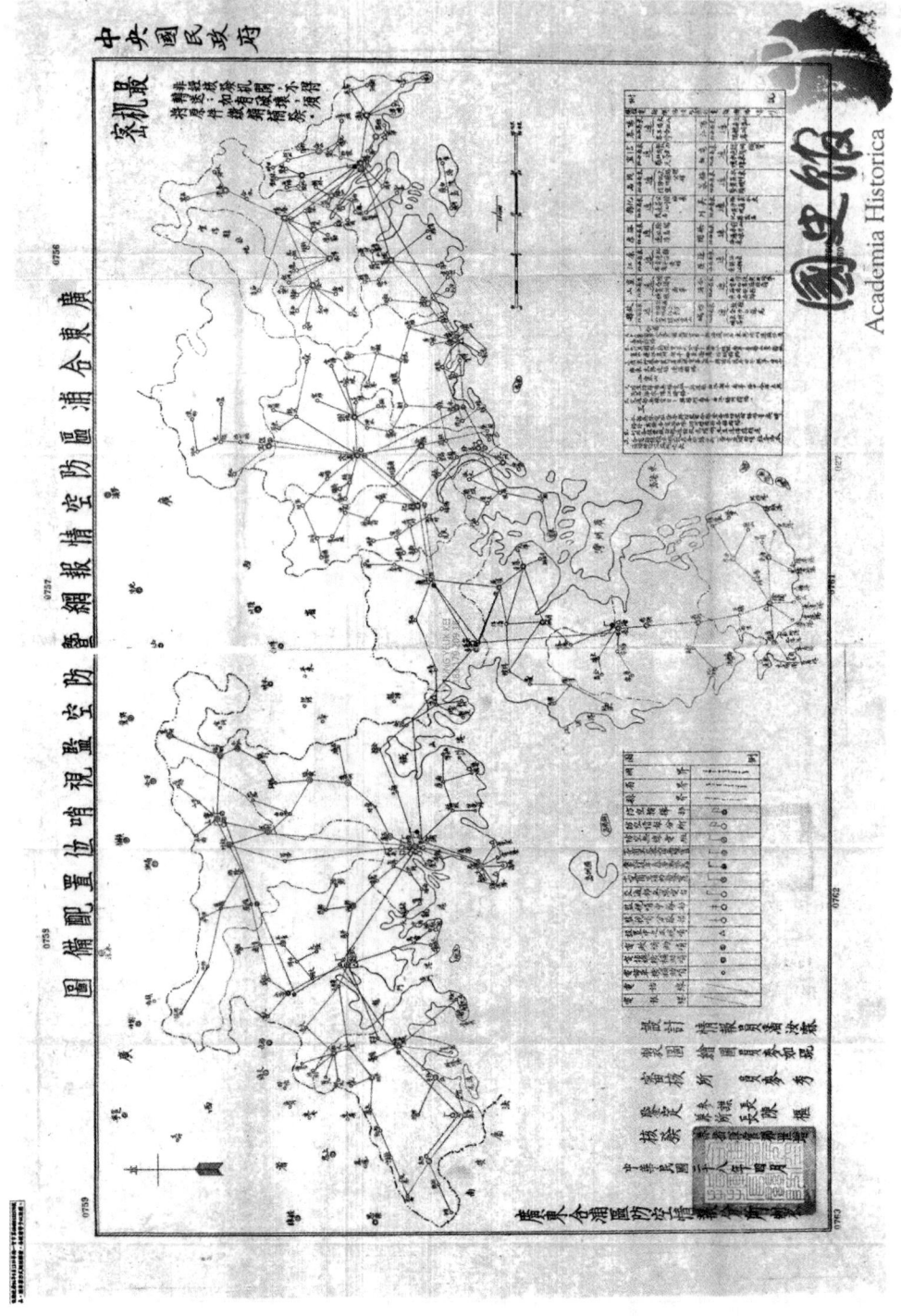

广东合浦区防空情报网暨防空监视哨位置配备图

七、北海"焦土事件"

《北海市志·大事记》（1939年11月14日）节录

11月14日，日军舰多艘入侵冠头岭海面，持续炮轰冠头岭，敌橡皮艇多艘驶近海岸，做登陆态势。守军只做形式上的还击，市民疏散一空。守军第一五一师第一○四五团第二营，在镇公所和学生队配合下，早在市区民房设若干举火点，随时准备实施"焦土抗战"。关键时刻，广东第八区行政督察专员兼保安司令邓世增下令不能轻率举火。8时，海面敌舰艇撤走，北海得免"焦土"浩劫。

《日寇突袭龙门港与北海幸免"焦土"浩劫的经过》[1]

1939年11月16日凌晨2时，冠头岭守军第一五七师"监视哨"电话报警："海面发现敌舰数艘，并有登陆艇多艘窜入内港，似有登陆动向。"随即，外港敌舰不断向港口逼近，继之以密集的炮火向冠头岭一带海岸轰击，持续到上午九时左右始行停止。之后，日寇没有任何举动，舰艇一齐消失在海面上。有人估计，这天日舰倾注在冠头岭附近的炮弹大约在千发以上。

在敌舰轰击的数小时内，北海市区内迅速变成"真空"。在当时属于边缘的各国租界大院内和郊外农村旷野上，一片哀号惨啼，与轰隆震耳的炮声交汇成一首哀愁惨怨的悲歌，刺耳碎心！什么是"哀鸿遍野"？只有亲身经历那种时刻才能真正体会，至今犹不能忘怀。

自海南岛和涠洲岛于1938年12月底和1939年初，相继被日寇占领之后，北海海面和空间全被日寇控制，空、海警日夕频传。市民在惴惴不安，朝夕险危中过日子，正常的生活规律被打乱了，白天全部疏散到各国租界内或农村去"走飞机"，晚上才回到市区做买卖。后来富有的人，跑到内地去或在附近农村的亲戚家住下，一般中小商人则向各国教堂、领事馆高价租房子，安顿货物和家口，当各国"洋楼"内连走廊都住满了人，便租赁院内旷地一片，搭起帐篷板屋，成排成行的临时棚户倒颇热闹，一时"洋楼"大院里出现了新的小市镇。大多数朝觅蚬米的人，只能听天由命，朝出晚归。困难深重的中国老百姓，是这样借助外国的旗帜作庇护的。而北海这个原本繁华的商业重镇，顿时成为行人稀疏，商店关闭，物质奇缺和交通断绝的死市。这算是北海有史以来最衰落悲凉的年代了。

在敌舰炮击的时刻，市区内只有极少数自愿留下与家财共存亡的老年人、

---

[1] 黄家蕃撰文。

残疾人和负有特殊使命的军警保甲人员。还有不能与主人出走的家禽家畜。据当时亲历者的回忆，当天的情景是：大西街的一声狗吠，在海关东面都听得清清楚楚。北海正处于存在与消失系于千钧一发的最严峻最关键的时刻！散处于市区外围的4万市民谁都明白，一场不可避免的浩劫将降临在每个人的头上，一辈子惨淡经营或数代相传的房屋、家财、牲口和所有的一切都将于眼前的一瞬间在熊熊烈火中化为乌有！这种不祥的预感，是4万市民"寇未至而哭之哀"的原因。

原来，日寇这次军事行动，目标不在北海，这得从日本"中国派遣军"司令部制定的在华现阶段的战略部署说起。

自从1938年冬和1939年春，日寇相继侵占海南岛和涠洲岛之后，便以此为基地，是为了侵占南宁，切断越桂公路，实现其由桂南上柳州，窜扰湘桂线，把我方战区再度分割，从而威胁重庆。为此需要，北部湾便成为日寇当前首要的战略目标。而防城县龙门港的战略地理位置，则是北部湾战略目标中首要的目标了。

这天当冠头岭外日舰停止炮轰后两个小时，即中午时分，廉州传来情报：本日凌晨三时，由敌南支舰队司令官高须四郎指挥的第五师团，近卫第二十八师团和台湾旅团在海空军掩护下，在防城县龙门港强行登陆，钦州沦陷。至此人们才恍然大悟，日寇轰击北海，是声东击西，牵制我边防军力，偷袭战略目标的一贯伎俩。结果造成北海一场虚惊，但这都无关紧要。如果当时日寇炮火轰击和登陆艇窜扰内港等行动，再延续两个小时的话，北海将是怎样呢？极大可能是北海整个市区都被冲天的火舌所吞噬，"自此一炬，可怜焦土！"北海的地图将不是今天的样子了。这是所谓"焦土抗战"悲剧准备在北海舞台演出之前的时刻。幸好这场悲剧演出不成。这是为什么？

话得从头说起。早在上年，即1938年12月，广东第五军总部曾以"寒参——作"电，颁发了有关前线各战区的《临时清野办法》5项指令，其中第二项规定"可资敌用之建筑物如堡垒、炮楼、码头、桥梁、大船、公路和民间私有建筑物以及房屋等"，都在破坏之列。1939年元月，钦廉守备司令部又以"代电参——字第037号"补充"转知清野办法5项不包括民间房屋在内"称："奉第五军总部上月寒参——作电开，兹将本部上月（12月15日）参——作电颁发之临时清野办法第五项略加修正如下……可资敌用之建筑物，着即更正（为）民间私有建筑物及房屋等不属上开指定各类者，不包括在（破坏）内，仰各知照"云云。此文颁至合浦县政府，业经"县长"黄维玉签上"遵更正并电饬各区乡镇遵照更正"

等字样,然后电话通知了属下各行政基层。可知所谓"坚壁清野"的消极抵抗主义,其破坏物件最初并不包括民房在内的。但到1939年4月,驻军第一七五师以"钦廉守备司令部"名义颁布明显系经过修正的《坚壁清野办法纲要》十条,却没有明确说明破坏物件"不包括民房在内"。为保存历史资料,全文照录:

钦廉守备司令部(军委会订定:民国廿八年五月六日施行。科民5091号)

坚壁清野实施办法纲要:为防制敌寇深入并促其覆灭起见,特订定本办法。坚壁清野之主要工作如下:破坏可资敌用之建筑物;移藏资源;迁徙人民;经济反封锁(不合作主义);破坏可资敌用之建筑物应依左列实行方法:可资敌用之建筑物之破坏于战区及战地(游击区行之)可资敌用之建筑物,指可资敌寇凭借之军事建筑物及与军事有密切关系者而言;除上项所列可资敌寇凭借之军事建筑物外,其余以不破坏为原则;应予破坏之建筑物及其之时机,当由最高军事指挥长官命令定之。资源移藏与人民迁徙于战区及战地(游击区)行之。经济反封锁于战地行之,由各级行政机关、自卫机关动员委员会、驻守(军)政治部,会同计划实行,其他有关机关协助。资源移藏以不使敌人获得或利用我资源为目标,其实行方法如下:地方公私资源以移藏本县境内敌寇势力不易达到区为原则,必要时可移藏邻境。人民资源并得自行埋藏;户籍、税册及粮房人员须事先转移预定迁移地点,食粮积谷应择偏僻区域储存或埋藏,紧急时无法转运者,得散供民间制取借券,不得任意焚毁或抛弃资敌;人民迁移以一面免避以人力资敌,一面发挥民力为目标。其实行方法如下:人民迁徙应计划紧要区域与次要区域,审度时机分期办理。但已照抗倭第一线军民合作办法参加召集之人员不得撤退;办理人民迁移应审度情形,划定若干安全区域为人民聚居地带,并应经常派员指导;人民迁徙须事先加以充分宣传,使了解乐从并予适当指导与组织;如无法带走、准备遗弃之粮食、牲畜应尽量供应第一线各部队日常给养,并予各兵站就地按价征收之便利;如不能全部迁徙,亦须将壮丁设法集中移出。经济反封锁以做到与敌人断绝买卖往来为目标。肃清内部之奸商汉奸。坚壁清野之工作应与当地最高军事指挥机关、交通机关、金融机关取得密切联系。实施计划及惩奖办法由省主办机关会同拟订,并请当地最高军事指挥长官核准施行。本纲要自颁布之日起施行。

莫士杰黄琪,中华民国二十八年五月六日

这个《纲要》一颁发,驻军和地方行政基层忙个不迭。首先是北海——合浦公路和桥梁,在由镇公所负责从城乡征集来的数千名民夫的铁镐和驻军的炸药配合下,不到半个月时间,完全被破坏了,公路交通因之断绝。与此同时,各区乡、镇保甲对所属居民进行挨户登记并宣布，做好长期疏散的准备；对于粮食、货物、船艇和重要物资，特别是军用物资，也由拥有人自行逐一登记造册上报"不得隐匿致干惩处"。至于什么建筑物才算是或者不属于《纲要》第三项第三款"可资敌寇凭借之建筑物"而在破坏或不破坏之列？并无明确具体的解释；又在什么时候，用什么方式进行"破坏"？也就是群众最关注的一桩关系自身身家性命的予夺之权，只能听之"当地最高军事长官以命令定之"了。因此在每个市民的心中都投下了阴影，惶惶不可终日。

大约在6月，钦廉警备司令部根据这个《纲要》制订了北海的具体实施方案，破坏建筑物的方法是：放火！美其名曰"焦土抗战"。先是，钦廉警备司令部指挥机关设在合浦，其布防重点是北海的沿海边防，驻军是一七五师某团。北海"焦土抗战"的具体做法是由驻军牵头，会同地方行政机关即北海镇公所，给保、甲长下达任务，各在所辖地段内选择一处民房作为起火点，一般都选定位置适中和高屋的楼房，在木板楼梯之下叠好干柴一堆，配备"壳牌"煤油一罐，指定专人负责，接到命令，立即点火。根据这个方案，比《纲要》所规定的破坏更彻底更全面，丝毫没有什么"以不破坏为原则"的余地。所以在11月16日拂晓时分，日舰炮轰最密集之时，乃是北海市区的劫火一触即举、群众处于最焦急彷徨之时候。结果，谢天谢地，北海幸免罹于人为的"回禄"之灾。究竟又是什么葫芦呢？

首先，幸亏日寇没把北海作为此役的攻占目标，当日在龙门港得手后即悄然离去，不再在此纠缠，起到及时制止起火的作用。其次，当时的第八区行政督察专员邓世增也是得力的因素。在当日最关键的时刻，他以地方最高行政长官的权力，始终坚持反对"未抑寇而先残民"的孟浪轻率的做法。表示未到最后关头势不得已之时，不得点火，如由此而产生的一切责任，均由他一人自负。钦廉警备司令部虽属地方最高军事机关，但是却受地方行政专员公署的节制。何况如此关系重大的举措，不敢置地方最高行政长官的意见于不顾而独行其事。因此做出了礼让和克制。

邓世增为什么能当机果断且态度坚决地反对轻率举火？因为他本人是钦廉人，对本地方的得失相对比较关注，加上他在北海的房产占全部家产的最大比重，本人的利益是与北海人民紧紧联系一起的，他比一般平民百姓更不愿看到北海化为灰烬。是公心和私心一齐促使他作出这个决策的。另外，北海的绅商父老奔走活动，请愿呼吁不遗余力。16日拂晓，以北海商会会长吴炳荣、第五区区长刘瑞图为首的地方知名人士多人紧急商议，决定由刘瑞图、吴炳荣出面与驻军长官谈判,转达北海人民"非万不得已勿轻举燃"的意愿;一方面与邓世增通话,要求他"以桑梓福祉为重,以北海同胞为念",运用他的权力制止驻军的轻率行动。[1] 作为客军的驻军长官莫士杰,在官意民情上下一致的压力下,不能不仰承俯从,改变了急进浮躁的态度。一场迫于眉睫的人为灾难就这样幸免了。

邓世增不管出于什么动机,却是实实在在地在紧要的历史关头为北海人民做了一件好事。人们一直口碑称颂,说什么邓世增本无后代,因为积了阴德,天赐给他一个儿子云云。笔者曾有拙句专咏此事:"海市行将化火城,楼台处处叠柴荆。是谁焦土生良策?不管群黎焦灼情。""大伙将燃未举燃,池鱼犹恐被灾连。万家民舍能全瓦,端为刘安未上天。"盖纪实也。

八、《善为族事关爱族人的抗日将领邓世增》[2]

抗日战争全面爆发后,作为钦廉地区保安司令、广东省第八区行政督察专员的邓世增,为作长期抗战之计,在合浦采取拆廉城、毁桥梁、破坏交通要道,削低高楼碉堡等工作,准备吸取"一·二八"淞沪抗战的经验教训(将军亲自经历淞沪"一·二八"战事),誓与日寇血战到底。为抗日战争的全面胜利做出了应有的贡献。

在这期间,他的家属及警卫部队,均驻扎在邓公馆(原名邓屋馆,现位于广西北海市合浦县廉州镇)。自此,将军得知馆内居住的都是来自各地求学、务工、经商的邓氏宗亲,且这里每年都要举行联宗祭祖、增进族人团结的活动,有所感动,同时看到馆舍低矮且破漏。当即出巨资,并指派九弟邓世汉亲自负责施工,大张旗鼓,维修扩建邓屋馆。完工后亲笔手书金光闪闪的"邓公馆"门扁悬挂在大门上。

邓世增抚慰北海灾民(香港华字日报,1939年8月28日)

1946年七八月间,新田村邓宗焕(高陆爷)、邓宗其(大

---

[1] 浦北档案馆:"敌伪档案"《亲身经历回忆》,钦州县县志办提供等。
[2] 邓远华撰文。

只佬）、邓传本（廿五哥）等一批热血青年，风闻广东大红（即革命形势大好）相约投奔广东廉江参加革命。因谋事泄，国民党师长张相琦、张枚新派出一个排的兵力前来抓捕。青年人是走脱了，可老年人却受罪。他们把村中老实巴交的邓宗旺等4个老人抓走。残暴的盲师长（张相琦文盲的戏称），除了严刑拷打几位老人之外，并扬言如不交出逃走的青年，就要枪毙他们。情急之下，村中几位长者，前往合浦县城求救邓世增。将军了解情况之后，一方面安抚来求长者，另一方面指派副官邓传快马加鞭前往六湖洞张相琦处，协商释放被捕族人邓宗旺等人，并于第二天不辞辛劳亲自前往六湖洞，看望受拷打至遍体鳞伤的族人，并每人分给一个红包，且派卫兵送他们安全返家。至今村中老人老每每谈起此事，无不感动万分，异口同声赞颂"益公益公（将军号名的尊称），抗日反蒋有奇功；善族事，爱族人，兄弟情谊血水浓"。

九、广东省第八区行政督察专员公署公文选辑

广东省第八区行政督察专员公署关防（大印）

（1939年7月5日到广东省府）准两广运输处回电报，灵山等县商人低折国币。仰饬县查明具报等因，奉此当经转饬灵山县长遵照办理……

广东省第八区行政督察专员邓世增

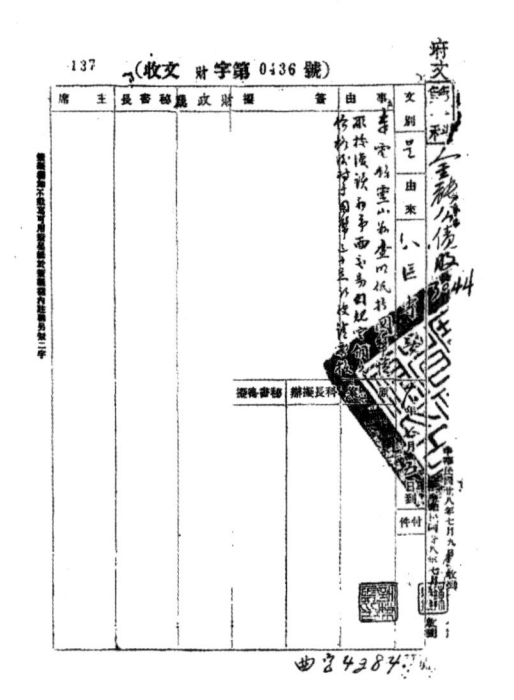

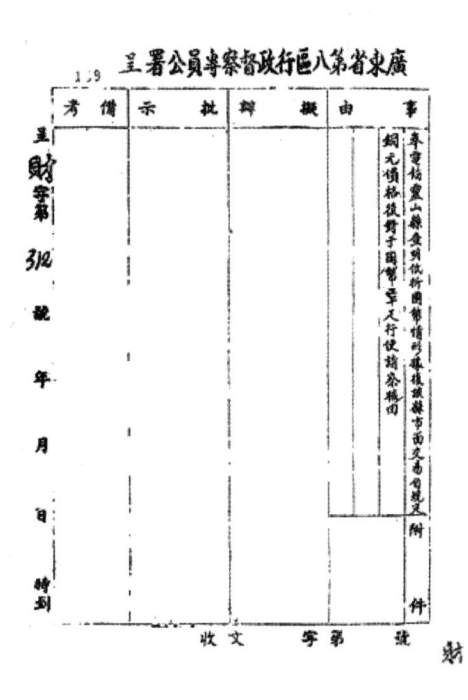

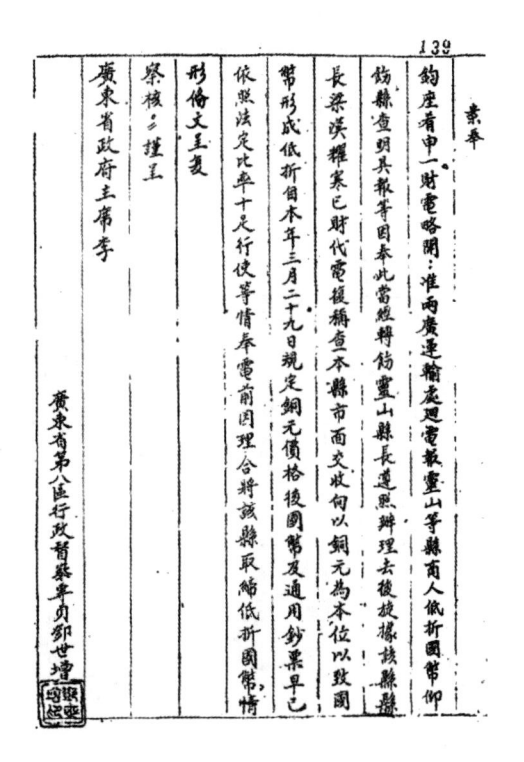

（1941年9月22日到广东省府）

曲江省府主席李（汉魂）钧鉴……

……第四战区海岸线调整计划表仰遵□具报等因自应遵办。除依表列，本县辖内路线令饬各有关乡镇酌量情形调整至可供行人路为限……

职邓世增

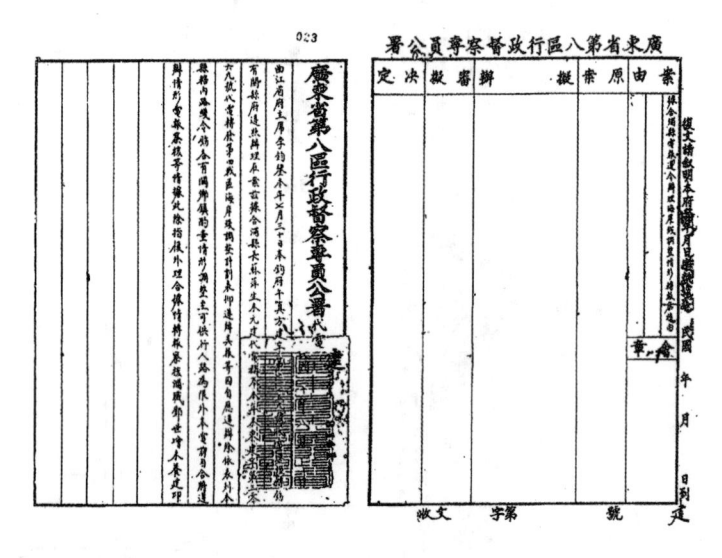

（1941年12月函）

曲江省府主席李（汉魂）钧鉴

粤省对外运输路程14号路线表当经转令有关各县府遵办。嗣据合浦县将遵办情形呈报前来，当即呈奉……

职邓世增

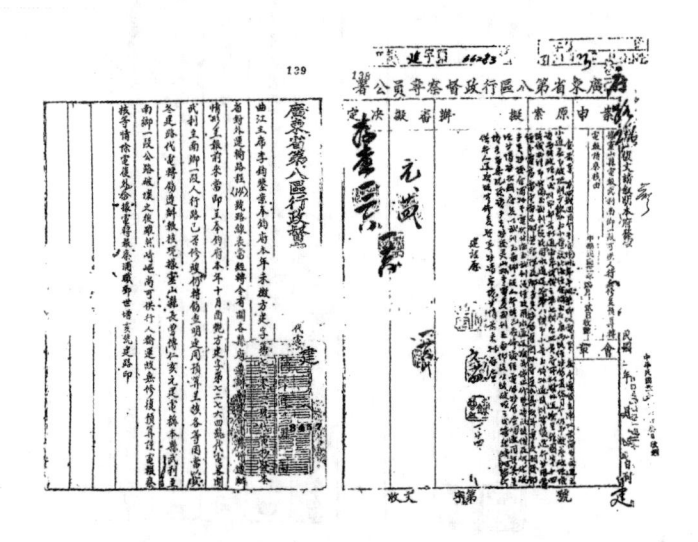

（1941年4月21日函）

呈复遵令办理春耕防旱情形请察核由……

专员邓世增

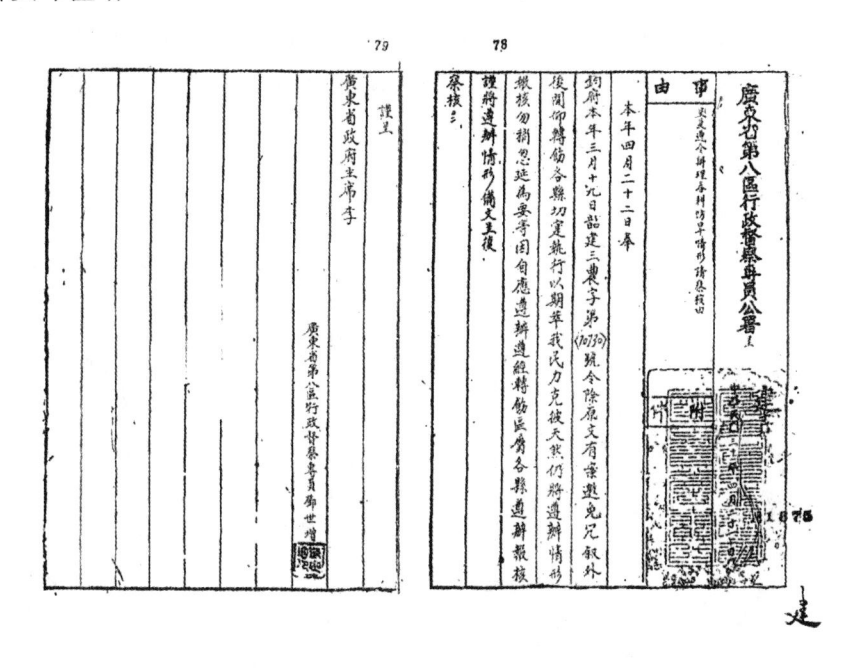

（1939年10月27日到省府）遵令转饬各县关于各版省市券收兑对法币均以一四四比率等因当饬属切实遵办由。

专员邓世增

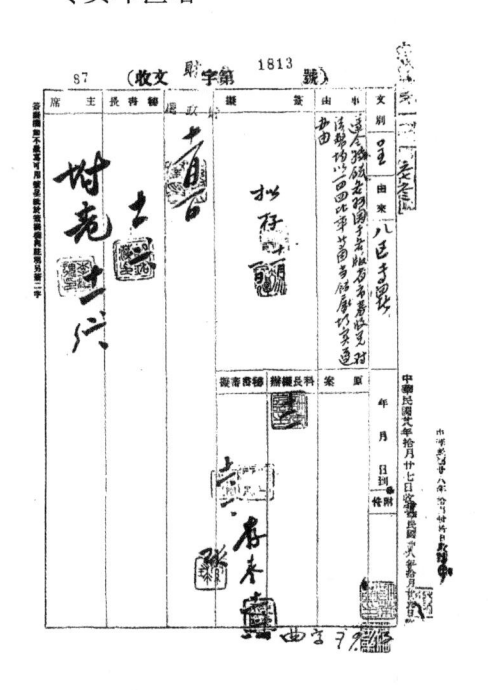

……本省四邑方面近来发生国币省币差价风潮愈趋烈。考其原因固由于外汇猛缩及市面供求未能调和所影响。唯最大原因乃敌人故意操纵作为，破坏我国币制之一种企图。……兹拟请钧府命令各区专负及各县府（一）严禁奸商以诸版省市券套换美钞票。（二）凡要求收兑诸版省券者一律照一四四定率付给国币。持券人不得拒收。（三）严切取缔压抑比率国币与省券。应照一四四法价在市面行使，不得低折以安金融，而维币值……

专员邓世增

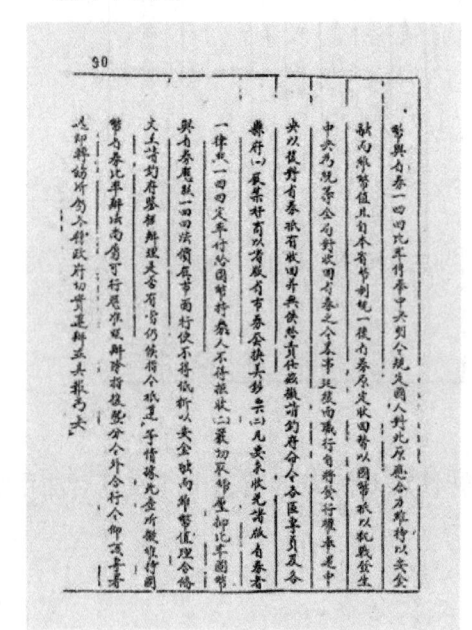

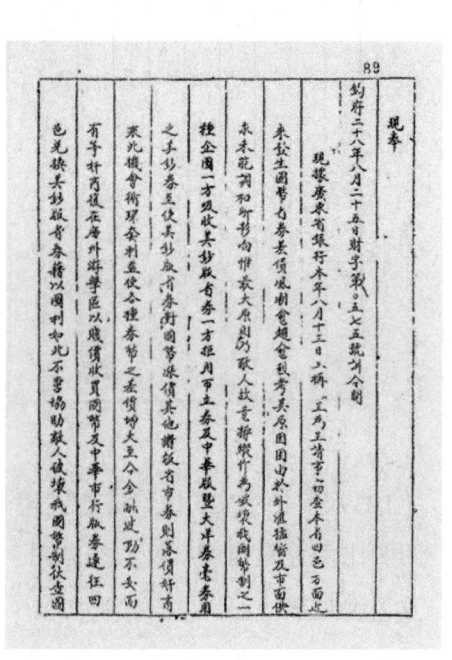

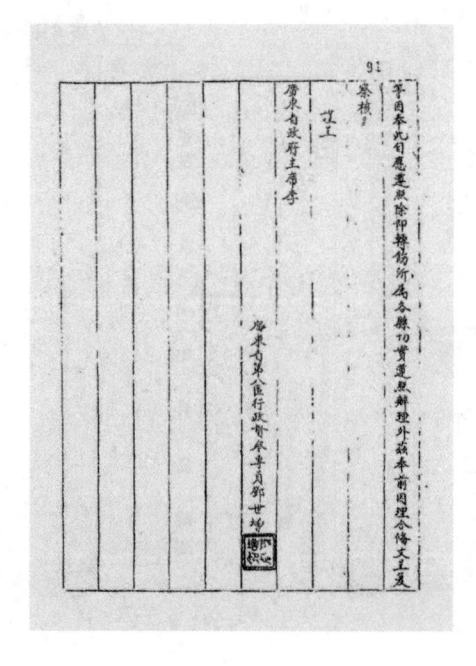

(1941年4月22日到省府）遵将收存钦防归还治河借款如数缴交省行转缴珠江水利局请察核转知由……

专员邓世增

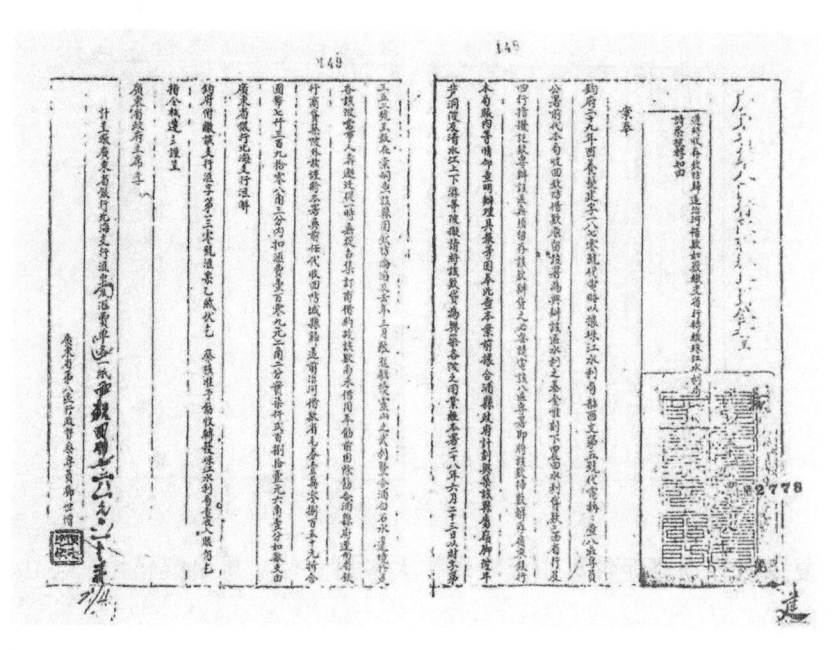

请饬省银行北海支行举办农贷灌贷以救农艰由。（1940年11月18日函）

专员邓世增

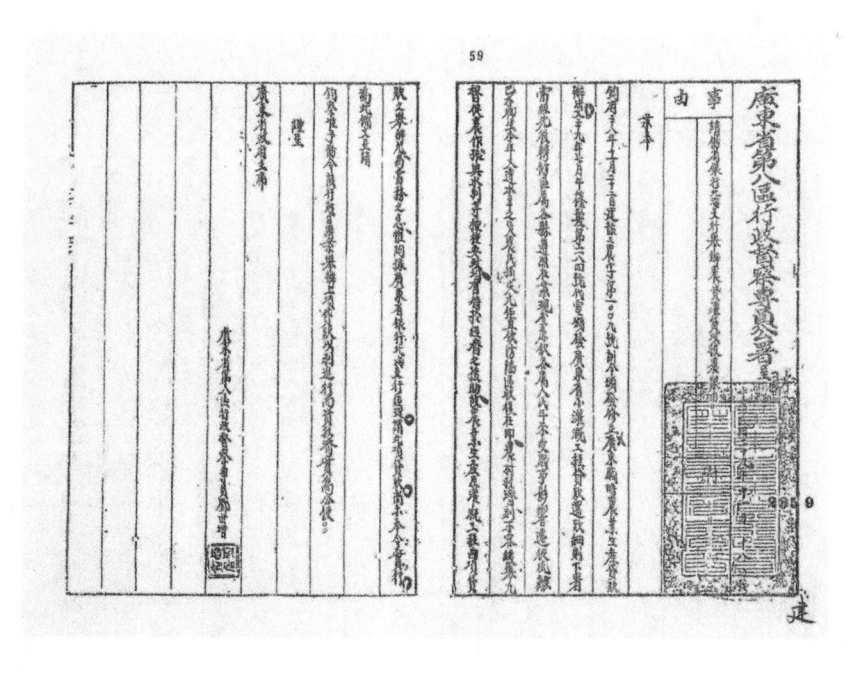

据合浦县代电称，对外运输线改用水道。北海至武利道路无须修复。该项预算似毋庸编报等情。转呈察核示遵由。（1941年11月10日函）

职邓世增

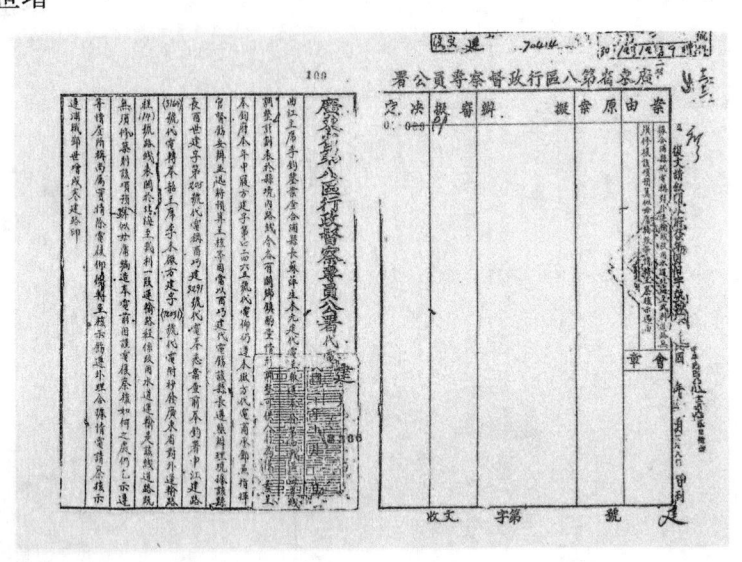

呈复遵照分别督促各县织极办理扩大冬耕宣传。恳请察核由。（1941年11月20日函）

（广东省粮食增产督导处）

兼区督导邓世增

副区督导廖迪雍

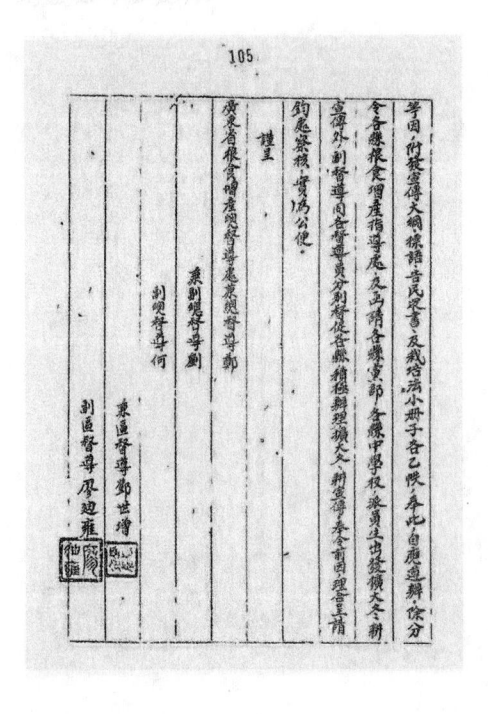

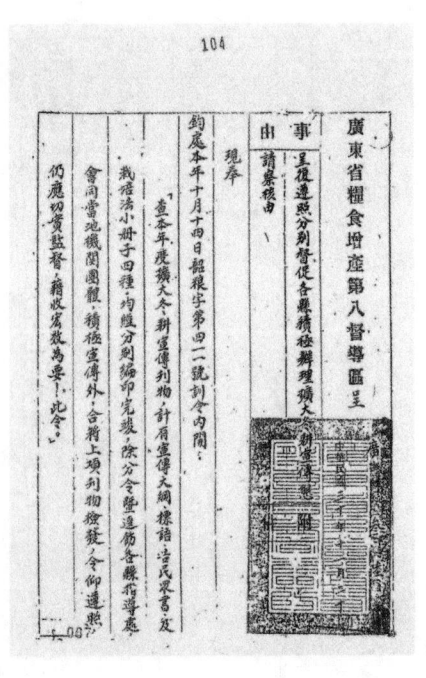

十、《战时南路》半月刊选录[1]

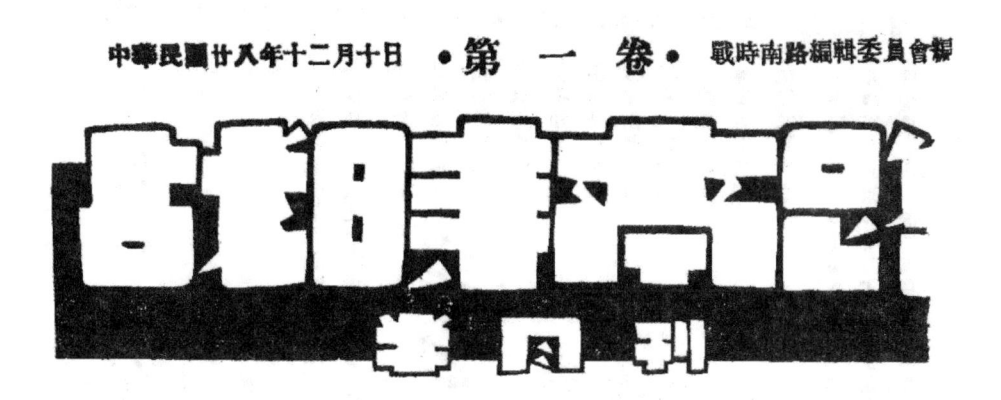

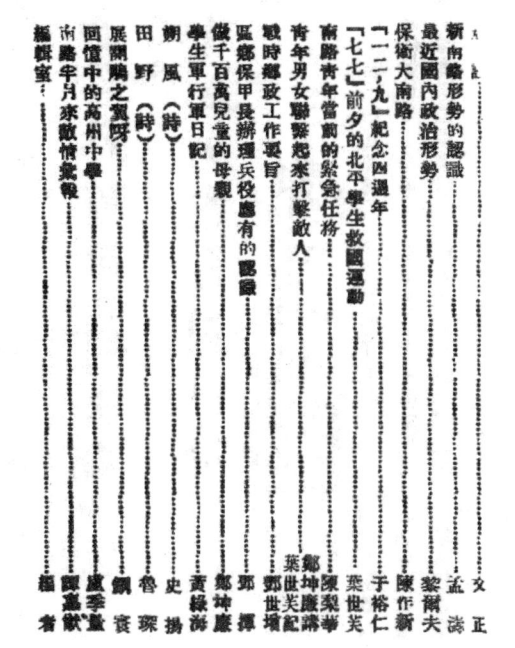

中華民國廿八年十二月十日 ·第 一 卷· 戰時南路編輯委員會編

戰時南路
半月刊

新南路形势的認識	文 正
最近國內政治形勢	孟 涛
保衛大南路	黎 群 夫
「一二·九」紀念四週年	陳作新
「七七」前夕的北平學生救國運動	于裕仁
南路青年當前的緊急任務	葉世芳
青年男女聯繫起來打擊敵人	鄭世芳
戰時鄉政工作要旨	鄭世廉
區鄉保甲長辦理兵役應有的認識	郭 坤 潭
儀千百萬兒童的母親	黃綠揚
學生軍行軍日記	魯史琛
朔風（詩）	鄭 賣
田野（詩）	盧季童
展開鵬之翼啊	鄭萬獻
回憶中的高州中學	編者
南路半月來敵情彙報	編輯室

3

茂名縣京廣林社印

---

[1] 广东南路抗战刊物，由张炎、郑坤廉主持。

357

邓世增在《战时南路》第四期题字：宣传重于作战

迎接新年，迎接新的胜利

于裕仁

怎样在紧张的战争形势下，开展热烈、新年工作，为动员军杂、参加抗战，迎击敌人，保卫乡土而斗争！

靠着全中华民族的英勇斗争，抗战已经坚持了三十个月，胜利的这天已经显现出来了。中国在战争中是更加进步、更加坚强起来了！虽然帝国主义的世界大战已激烈展开，日本帝国主义继续拼命用全力来解决中日事件，加紧向中国施行政治进攻，而且用迅速的军事进攻来配合着。但今天在民国廿九年的前面，中国抗战已经转入战略上的相持阶段了！也就是说，今天敌人的进攻只是战役进攻，半年来的战争更加具体表现出来。首先像南昌战役

敌人虽佔了南昌，但不能再向外发展，相反，今天还被我们炮击、打进城去和鬼子巷战，因此敌人在南昌的外围战争是大大受限制了。其次，长沙的会战更显显出敌人的衰惫现象。敌人遭受惨败后，今天还未能立即再来一次更大的反攻。再者，在鄂北、八路军的英明斗争，

再一次粉碎了敌人的猖狂进攻，使敌人在相持阶段中的用威力来打击游击区敌伪与向针对无法实现。最后，在华南，广东战事更具体表现出来了，敌人没法扩大广州外围估领，就

宣傳重於作戰

戰時南路社新年特大號
慶祝恭錄
蔣委員長抗戰名訓以為
紀念

鄧世增題

《战时南路》收录的邓世增在遂溪战时乡政干训班结业典礼中讲词：《战时乡政工作的要旨》

戰時南路的鄉政・兵役・保育・

廉坤鄭　鄧揮　鄧世增

戰時鄉政工作的要旨

——在遂溪戰時鄉政幹訓班結業典禮中講詞

邓世增

主席，諸位同志，諸位學生：今天是遂溪戰時鄉政幹訓班結業的日子，兄弟因出巡雷州各屬至此，得參與此隆重之盛會，無任歡幸！諸位今日已正式結業，不久卻獻身社會，服務桑梓，此種工作與行動，關係抗戰建國至為重大，顧將個人所見，獻於諸君，用作諸位今後做事之參攷。

中國政治未臻上軌道，由於基層政治組織不健全，實為最大之基因。以全國而論，除廣西較為有組織以外，各省之下層政治機構，多不健全。一切政令至縣府便成具文，至鄉鎮公所則成廢紙，政令不能下達，建設無由實施。在平時尚可勉強敷衍應付。在戰時則破綻諸多，上重下輕，阮陞不穩，弱點更暴露無遺矣。鄉政之良否，不僅關係一地之政治設施，而且關係抗戰建國之整個命運。

諸位於後能否「集中意志」「集中力量」以打擊敵人，爭取最後勝利，端繫於基層政治。鄉政如能否與全起來，切實完成其所行政令，動員民眾之政治任務。諸位切切勿視鄉政為兒戲，淡然置之，更不可以鄉鎮是職位低薪微之苦差而看輕自己。其實鄉鎮長之責要就推行政而言，並不亞於專員或縣長，其對政治設施之貢獻及工作之艱苦，且更有甚焉。

諸位於後獻身於行政工作，第一要有犧牲奮鬥之決心，為實現三民主義而奮鬥：第（二）要認慎為事。和平待人。兄弟所願屬者為警覺與衡動：青年人初入社會，熱情有餘而經驗不足，遇事急躁操切，未能思前想後；詳加致慮，故兄弟主張，如現有鄉鎮最非十分作弊，仍舊任用，而以各位任副鄉鎮長，等於以一見習之機會。然後委以重任。副鄉鎮長職責稍輕而工作之實要實與鄉鎮長等，各位既願受無限之辛勞而參加幹訓班。今日以後將在鄉村中為抗敵救亡而苦幹，以實現抗戰建國之心意與理想，決非為爭官奪利而來，主要之希望還是為抗戰建國而工作，為實現三民主義建立新中國而奮鬥！想諸位斷不至以副鄉鎮長而輕視或灰心也。

諸位負責副鄉鎮長職務後對於鄉鎮長應取「同心協力」之態度，切其先存偏見圖為舊鄉鎮長必定腐敗，而敵對起來。吾人處世做事，須犧牲小我，完成大我，不能固執己見，任意孤行。更不能理想過高，將一切舊人物皆革除。自然，改為新世界，此乃不能實現之幻想。諸位務須革除。加鄉鎮長過於腐敗、魚肉鄉民，有違政令，諸位自當將其劣跡呈請上峯嚴辦，以維法紀而清吏治。

此外，諸位既已獻身行政，對於救國工作固須盡力推行，但對於工作與行動必須統一。非經縣府與黨部許可之標語口號，切勿擅自標貼。非經縣府與黨部批准之工作，不得節外生枝，胡作亂為，必須循規蹈矩，奉行公令，然後成為良好之公務人員。而且，鄉鎮公所之任務與工作，至為繁重，如徵兵、拆毀碉堡、防奸諸問題，均屬當前急務，諸位能一一完成，自亦滿足政府之要求，何必節外生枝，減削工作力量？諸位責任至為重大。新滘溪之建設，端賴乎諸位之努力，顧諸位以來學時之初衷，熱誠努力不懈以完成戰時鄉政幹部之艱巨任務。

其次，因今日參加此會者，有不少廣州灣各校學生，機

他甚為難得，故亦附帶貢獻幾句。

人皆說逐溪文化不高，但以今日情形看來，我覺得完全出乎意料之外，其活潑與倚武之精神，兄弟非常滿意，設非親自目擊，幾乎不能置信，現在須向各位說一句切要大家既熱誠相見，兄弟自亦無拘客氣，各位乃智識階級，必須以身作則，先行勸員起來，然後能勸員民衆，為此諸位既站在民衆領導之地位，其責任之重大可知。

抗戰之目標有三：一為「國家至上，民族生上」；一為「軍事第一，勝利第一」；一為「意志集中，力量集中」鄙意以為「意志集中」在目前最為重要。任統一戰線之下，如不能集中意志，便不能集中力量；更談不到「國家至上，民族至上」。因為意志不能集中，結果必使力量分散，自己削弱了抗戰力量，間接幫助了敵人，而一紛岐謠雜之思想必須糾正」，遂成為當前之要務。

思想之複雜，首先應由本黨同志與政府人員負責。因其中多不能以身作則，每每沉溺於自私自利之途，就誤救國工作，以致一部分青年以為拯救國家必須另找途徑，因而形成思想之複雜。

其實此乃極大之誤解，雖則目前政府機關中不免仍有部分腐敗份子，給民衆以不良印象，但此並不是三民主義之錯誤，實少數份子奉行主義不力之過失，三民主義乃救國家救民族之主義，乃最適應中國目前客觀環境之主義，吾等必須澄清一切不正確之思想，虔誠信奉三民主義而奮鬥！此乃今日貢獻於各位之意見，顧與諸位勉力奉行之。

邓世增在《战时南路》发表文章：《一年来的感想》

一年來的感想

邓世增

三民主義的新中國在掃除萬難不斷的生長着，恰值着日月如珠又踏上了二十九個年頭，迎接這年頭的降臨，承担着約我們這一年來的感想。

本來三民主義革命的力量，一經發動，便如臨崖下石，抗戰建國的工作，不執着於時段，是沒有不底於成的，這是一個鐵則，也是事實的解答。

從抗戰方面說：這一年來，敵人自詡的所謂「四月攻勢」，「五月攻勢」，「九月攻勢」，結果只有得了每一攻勢的慘敗，認為中國的力量很得從頭估計：自負的「反性軸心」也只有佩服了者待物的迎頭一棒，偽「勸搖選舉」的變局；所謂「東亞新秩序」，「東亞協同體」，也不過為一個舉國共棄的漢奸汪精衛惹出了一些火小漢奸為建設什麼偽「中央組織」而互相火拼：他如敵國內的物價上騰，金融混亂，物力缺乏，早成為經濟上的百孔千瘡，退行人民反戰和厭戰思潮底高漲。顧慾的，時間底積累，無論軍事戰，外交戰，政治戰，敵均急退步。只要我們摰撐發這勝利的泉因，不偷安，不懈怠，不忘功於一責，路上了這個二十九年間，便是更捷近最後捷利的一年了。

從建國方面說：本來抗戰的游利也是建國的成功，抗戰從建國勝利的泉因，便是建國方面的成功，抗戰便為了建國，兩者有着不可分離的關係，不過目前想指出的，以往為什麼未能迅速完成建國的工作呢？問題是——

一、因為良眾社會生活模式底決定，大多數人除了納稅以外很少與政府的關係發生關係，他們事實上的政府，可以說不出於家族與工會。所以，他們對政府缺乏認識，並不認識要強有力的政府；他們的社會觀念和國家觀念也很薄弱，說不或我需要較大的社會團體的組織，也不或到國家的重要。這樣而欲鼓勵全民底力量，積極從事建國的工作，苟不經過一個期間的演變，或長期的啓迪，是不易成功的。

二、中國雖有適合所需的救國之三民主義，但一部分人還有鋼於鴉片戰後突變的中國模樣不如人的思想，逃立不起既有民自信的心理。於是便要把外國的馬克斯主義，歐美式的偽民主政治，法西斯主義，列寧主義，生吞活剝的一件件的搬了過來、弄得五花八門，一般不知不覺的人便隨向迷宮圖亂跑，分散了共同的力量 終日拐着摘子，自發時間，既未能向一個目的前邁進，反阻碍了建國的途程。

三、以前有一個外國作家，拿中國辛亥革命和日本明治維新來比較，認為明治維新所以成功是有天皇做統一的中心，辛亥革命後還未完成國民革命，就是欠缺這中心的關係。

自然，這樣說法似乎把了三民主義招担下的國民革命底於大性·根本不顧和偏狹的維新運動相提并論的。但就革命的集團來辦，本來也需要一個革命的重心——中心傾仰，這在蘇俄的革命史上，由列寧逝世到史丹林中間一段可作充分的證明。中國革命，自德珊逝世以後，大家不行諤諤於革命重心的造作，所以消逝了不少的掃除障碍底建設底革命力量，可是，自從日本帝國主義者變其覺食蠶為鯨吞，我國會經七七抗戰以來，已經把這顆不合時代的人民都能深深地理解到，「國家至上，民族至上」，都能集中在一個主義——三民主義之下，一個政府——國民政府，一個領袖——蔣總裁，領導之下而奮鬥了。這種好轉眼來的力量，誠為「我國必勝」不可過抑的洪流。沛然到近一年來，凡係不與切實踐「國家至上、民族至上」，和不堅定信仰「一個主義、一個領袖」的人，都會巧冒飾非，必會受到全國同胞的唾棄，更十足發現了這個洪流的偉大、建國工作必會加速地完成的。

八歐是全面的一角，也是抵花試洪流的洞渦，自然滔滔泊泊的隨存這洪流面邁進。所以這一年來，反映出的比較顯著的事情，例如勵民廣大的民眾參加破路及拆城工作，民眾都能勞而無怨；破壞私人的樹傑，多臨着退逃避而順利進行；又如兵役方面，固然未盡廓清懦怯者遊免服長役的心理，尚待較各工作者之宜像與設照，但別一方面，男敗面自動爭機的

民眾，不僅見於男性，亦見於女性，且有父母自動送其妻子投勛兵役的好現象，就大體上可以說一切都陷贊時代的輪齒而進步了，自然亦是各縣工作同志努力底結晶。不過邁進的速度仍然嬁北不夠，未能配合大時代迫切的要求。所以際上這二十九年頭的時候，希望員責各縣工作的同志，更加努力於精神總勳員的完啟，堅誠，堅貞，堅恆，從住已以發人，拉巳以及人，使每個同胞都能成為抗戰建國途程中最點綴的戰士。

敵人企圖截斷我西南的國際通路，和拖飾其湘北的慘敗，這開月來，他的魔手已伸進我們的欽壓，目前敵人佔領地帶，這個胞的生命才蓋受了敵人的蹂躏，固然令人抱着無分的悲憤！但敵人這灰如此冒險深入，也恰像送上門來的生意，正是我們屑上大時代的責任來打擊敵人的一個機會。這在敗退的同胞，必須更加去芝蓊國民公約，拿出武器槍械的釖献敵人。現在殷泛的游擊戰已在研胎了，同時希望各方人士多子詔散戰士以精神上或物質上的投勛，鼓舞其更高度的熱忱，堅强的配合國軍，再來一個像湘北般的勝利，作近二十九年頭的獻證。

以上拉雜寫來，便算我目前一些感想。

北海市合浦中山公园的益能亭，又名民族亭；益能是邓世增的别号。此亭为纪念邓世增抗日功绩而建。于2015年因"危亭"被拆除。

在"军事委员会桂林办公厅"的岁月

一、《何香凝在桂林》节录

1943年4月,何香凝决定离开韶关,前往"文化城"桂林。当时广西桂林已聚集了从广东、香港疏散去的爱国人士,柳亚子、李章达、蔡廷锴、陈此生等均是何香凝的好友。桂林成了民主人士集中的地方。在赴桂林途中,何香凝感于国土沦丧,山河破碎,个人辗转飘零,作诗《香港沦陷后赴桂林有感》。

夏,何香凝一家老小抵达桂林后,时任军事委员会桂林办公厅主任的李济深将他们安排在芙蓉路八角塘五号邓世增家中寄居。为避免市区空袭危险,随后又将他们转移到离市区十几里远的东郊观音山麓一栋简易的旧房子安顿下来。

香凝老人到底在什么时候来到桂林呢?柳亚子《磨剑室诗词集》1943年4月下旬有题为"廖夫人偕其儿媳经普椿女士挈孙女廖兼、孙男廖恺孙(廖晖)自曲江来桂林,赋呈一首七律,第一二句云:"同舟亡命涉秋春,失笑温馨握手辰。""

这表明他们自香港同船亡命出走,已经历了一个秋春了。同书1943年5月7日,又有题为"是夕,旅桂同志公宴廖夫人暨普椿女士……赋示同座,即送廖夫人暨普椿女士赴渝都"七律一首。参接公宴的除柳亚子夫妇外,有李济深、李任仁、蔡廷锴、陈邵先、朱蕴山、陈此生、邓世增等19人。

蔡廷锴先生在《自传》也提到:1943年4月1日,邓世增由合浦来桂林。同时廖夫人何香凝与其媳孙等亦由港逃难远来,经曲江来桂,住于邓君处。据说其子承志被捕,拟往渝请有力者缓颊,后因某人挡驾不许,故仍居桂林云。

二、《跟随父亲在桂林的日子》[1]

1943年春天,父亲(邓世增)前往桂林履新,我亦离开留在合浦乡间的妈妈和弟妹,随同父亲往桂林读书。父亲是由李济深申报军事委员会,委他为军事委员会桂林办公厅参谋长的。

父亲在桂林八角塘购置了一幢约数千尺的花园洋房。当时照料我的是表姐卢荔蕾(李济深的二儿媳,李沛金之妻),因此我经常往李济深公馆玩耍。

---

[1] 邓筱莲撰文。

不久，廖仲恺夫人何香凝带同其儿媳经普椿（廖承志夫人）、长孙女廖兼及长孙廖晖来我家居住。据说当时蒋介石不准她往重庆，因廖承志仍在坐牢，怕她要求释放其子。

廖夫人经常画国画，她将其中一部分出卖以维持生计，她亦有教我画画，又与我下象棋，虽然让我马与炮，但我仍输给她。

她又告诉我许多往事，例如她小时候不肯缠足，故屡缠屡放。又提及孙中山先生在日本做革命工作时，生活俭朴，加餸往往只是煎一只鸡蛋。又赞宋庆龄的样貌在宋家姐妹中最为出众。

廖夫人又曾说廖伯伯（廖仲恺）被刺杀的情景，她说那天她与廖伯伯一同往开会，在梯间遇人向他们开枪，她和廖伯伯在楼梯分头反方向走避，结果廖伯伯遇难了。她说杀害廖伯伯的幕后主谋是胡汉民，而非蒋介石。

廖夫人常笑我怕鬼怕黑，她说自己不怕鬼，她很想见到廖伯伯，她与廖伯伯有共同的理念，是一位忠贞的妻子。

李宗仁夫人郭德洁曾带一笔较大的款项给廖夫人，但廖夫人不肯收受。

当时常来的还有蔡廷锴等人，张发奎也来过，并在我家吃便饭。还有胡汉民之女儿胡木兰，但廖夫人说木兰与廖伯伯被暗杀的事无关，她不会怪木兰。

名伶薛觉先夫妇也曾在我家居住，他的徒儿常来侍候师傅，其中一女徒儿是白驹荣的女儿，也许是白雪仙。父亲亦善待他们。父亲本不喜欢与伶人来往，但因薛氏夫妇在日寇侵占香港时曾让我们匿藏于其家中（福群道觉庐）。后来他们经广州湾（湛江）入内地，父亲尽力照应他们。

桂林常有空袭警报，父亲会带我往桂林办公厅避空袭。桂林局势紧张即将失守时，李济深夫人接我逃离桂林，坐船往梧州大坡山，即李济深家乡处，同船者还有李达潮之女李筱杏等。记得当时有一老头子在船头高声朗诵，闻说此人就是诗人柳亚子。

三、廖公在医院接见邓世增夫人的缘由[1]

昨晚写了回忆廖承志、邓颖超接见邓世增夫人邓卢月瑛的一点纪事。

今晨早起，翻阅《廖仲恺传》，试图为解读廖家与邓家的关系，准备点资料。没想到意外在这本书的扉页，发现廖公给邓夫人的题词："邓世增夫人纪念　廖承志 1982 年 10 月 15 日"。题字行云流水，一气呵成，充分展现廖公的才气和对邓家的熟悉。

---

[1] 黄辛撰文。

真是上帝冥冥之中又一次对我的关照,我原以为这本书邓夫人带回香港了,没想到竟然一直在我书橱里。

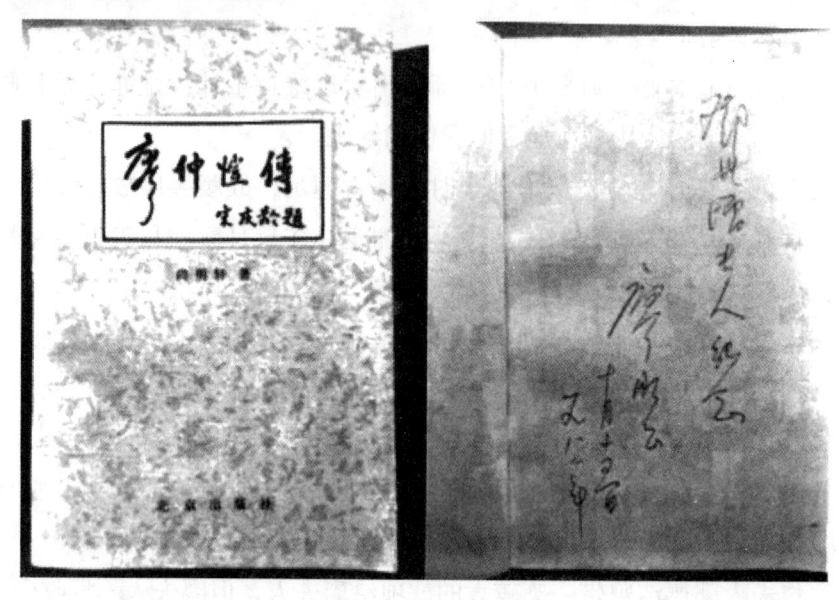

前几天看到十姨拿出廖公接见邓夫人的照片,后面没有注明时间,我就有点担心。昨晚一时兴起,在手机上写了回忆,当时也为医院见廖公的确切日期犯糊涂,只好基于几点回忆:1.当时我已毕业参加工作,是请假前往的,主要原因是陪同邓夫人上京为六姨全家办"赴港签证"。因此让我这个"初生牛犊"再跑一趟。2.记得当时廖公给蒋经国一封信已经发表,我在北京听廖兼说,廖公在中央开会后,回到家中就开始写此信,一边写以便让秘书打印,几乎没有作什么修改。廖兼还说,宋美龄后来也发表一篇致廖公的复信,有人说也是文采飞扬,不亚于廖公的信,还问我是否看到。

现在有了廖公的题字作证,终于找到接见的准确日期:1982年10月15日。

廖公在医院接见邓夫人时,虽然躺在床上,但声音朗朗,可见性格极其开朗豁达,完全不似一位曾两次经过"鬼门关"之人。

廖公第一次遇险是1935年在张国焘手里。当时中央红军与张国焘四方面军会师,廖公属在押犯,恰巧被周恩来碰见,周恩来巧妙地从张国焘手下解救出廖公。后来周恩来去世,廖公三天不进食,一个人从早到晚待在客厅里,这是廖兼对我说的。

廖公第二次遇险是1941年香港沦陷,逃出来后在韶关被军统逮捕,押解到重庆。据说当时蒋介石要杀了他,也不准其母何香凝到重庆探监。当时不少人说情,其中粤系八大将领,如李济深、陈铭枢、邓世增等人发电报:"仲恺仅此子，请留此遗孤。"请求枪下留人。廖夫人何香凝带着一家老少就住在桂林的邓公馆中。

据说当时邓家在桂林城是最有钱的富人之一，因为家中有大量的盐田。我公司有一姓蔡的员工，其父叫蔡应付，曾经对我说他以前是邓家盐田管家，当时他们把一船船的盐运往桂林赚大钱。我妈妈邓燕莲证实有此人此事。

但我母亲却多次对我讲，在北海打理财产的七伯邓世诚最节俭。全家老小每天都是"咸虾送粥"，虾咸得要死，是一斤虾用两斤盐放入瓦罐中腌制的。七伯邓世诚每逢看到人担新鲜鱼虾在邓公馆门前叫卖，都会挥手"唏唏唏"地把叫卖海鲜的人赶走。所以我小时候脑海中的邓世诚就是一个未出过国的土财主形象。

但这几年我偶然思考邓家这段历史，则完全改变了对邓世诚土财主形象的看法。应该说他是邓家幕后大英雄，含辛茹苦，虽然光鲜，但内心有苦说不出。如果没有他这样勤俭持家，哪有邓世增将军在外面的风光？当时的桂林城难民成堆，邓家在桂林八角塘置有花园别墅，邀请廖夫人何香凝一家住其一层。廖夫人不接受权贵的馈赠，作画维持生计，常托邓世增的妻舅帮她卖画。据廖兼讲，廖公特别重感情，每逢星期天，都要求子子孙孙全家老少回到东方红胡同4号（何香凝故居）团聚。他本人即使出差，如果没有特别事，即使是星期六晚上也要飞回北京，真是"曾经沧海难为水"。20世纪80年代，廖兼来香港时也喜欢住邓夫人家。她说住那里感觉更随意自在些。1982年廖公在医院养伤也要见邓夫人，拉家常的特殊接待，便顺理成章了。

这本《廖仲恺传》，是我们中午听到晚上八点廖公要在医院接见邓夫人消息时，大家急得团团转，绞尽脑汁要准备点什么，后来才想到书，跑了几个新华书店，才买到这本值得廖公题字的书。

四、《我的父亲李济深》节录[1]

父亲有一位副官叫龙飞群，他是我们家乡梧州人，因为他是从我们家乡来的，为避"同乡主义"之嫌，父亲也许只付给他很少的一点薪水。龙是一位非常谦恭老实的人，希望得到提拔。一天，当父亲不在他的办公室的时候，我发现龙很不好意思地在标有"投进"的文件框里的文件堆上摆了一张纸。这张纸是对提升的请求。龙把它放在文件堆的顶层，希望父亲能看到它，并且在阅读其他文件时批阅它。

---

[1] 李沛金著，第185页、第202页、第204页记载。

后来我看见父亲进了他的办公室。父亲看了一眼龙的申请，就把它压到了文件堆的底层。可怜的龙！我不知道龙在得到这个提升之前还得等多久。龙是我父亲最忠诚的副官之一。1929年在父亲被蒋介石拘押的事变之夜，他们进入蒋的住所时，龙佩着一支左轮手枪，手里提着父亲的公文包。这些东西在他们进去的时候被顺顺当当地缴除了。可以想象得出龙的屈辱感。1936年听到蒋在西安事变中被张学良和杨虎城逮捕的消息时，龙欢欣鼓舞，放了许多串鞭炮以示庆祝。

1941年当父亲是军事委员会桂林办公室主任时，龙仍如往常一样跟随父亲。国家陷于战争之中。他的日子依然过得很拮据。父亲的前总参谋，荔蕾的姑叔，邓世增在我们的婚礼期间代表荔蕾的家庭来到桂林（荔蕾的父亲在夏威夷）。邓给了龙5000元（我在大学里做助教的月薪是100元）。邓在他的家乡南方做海盐生意赚了一些钱。他还给了舒宗鎏10000元，舒曾经拒绝收受100万银元的贿赂背叛父亲。他知道龙和舒是那样老实，为父亲工作往往是入不敷出的。他们两个跟随父亲四十多年，直到1959年父亲去世为止。

在1948年末，父亲投奔人民共和队伍之前，有一段时期父亲没有担任公职，不再需要龙的服务。龙返回家乡，做起小买卖，指望赚一点钱。我们听说他做得不是很好。

*****

我的女朋友名叫卢荔蕾，1938年岭南大学刚搬到香港时，邓世增太太把她介绍了给我，荔蕾是她的侄女。我父亲担任第八路军司令时，她丈夫邓将军是我父亲的参谋长。卢荔蕾因为被拒绝入境而刚从夏威夷回来。

*****

显要的贵宾

（婚礼）邀请了大约五百多位客人，包括一些显要的贵客。其中有白崇禧（副总参谋长）、张发奎（第四战区司令长官）、黄旭初（广西省政府主席）、李运华博士（"国立广西大学"校长）、邓世增将军（荔蕾的叔父，父亲的前总参谋）、黄杰将军（桂林驻军的指挥官）、省内的地方长官，所有的桂林军事委员会各部门主管，大学里的教师们，艺术家，演员等等。我的大哥也从广东北部赶来（岭南大学的农业系搬迁到了那里）。

策反活动

一、《邓世增1951年自传手稿》选辑

蒋介石还都南京毁约逞兵日益明显。我以私事先返。任公因与上海各方同志切实联络,迟迟返港。返港后,即组织国民党革命委员会。民革成立,任公不要我填表。故我自1939年(笔误,应为1929年)起至1949年解放广州止,当中20年间都系担任策反工作居多。在任公观点,认为我与粤军第一师颇有渊源,且曾滥竽参谋长,策反工作比较别人或易为力。讵知黔技铅刀无所成就以至于此。又鉴于前此组织之抗日反蒋大同盟(1932年至1937年)疏懈而不严密,特务分子亦被钻入(如李勉绳之类)。我既担任策反工作,即须深入内地。万一发现姓名告密,不独个人危险,影响工作实大,我不填表原因在此。有某同志批评不重视组织,想系未明历年来情况之故。

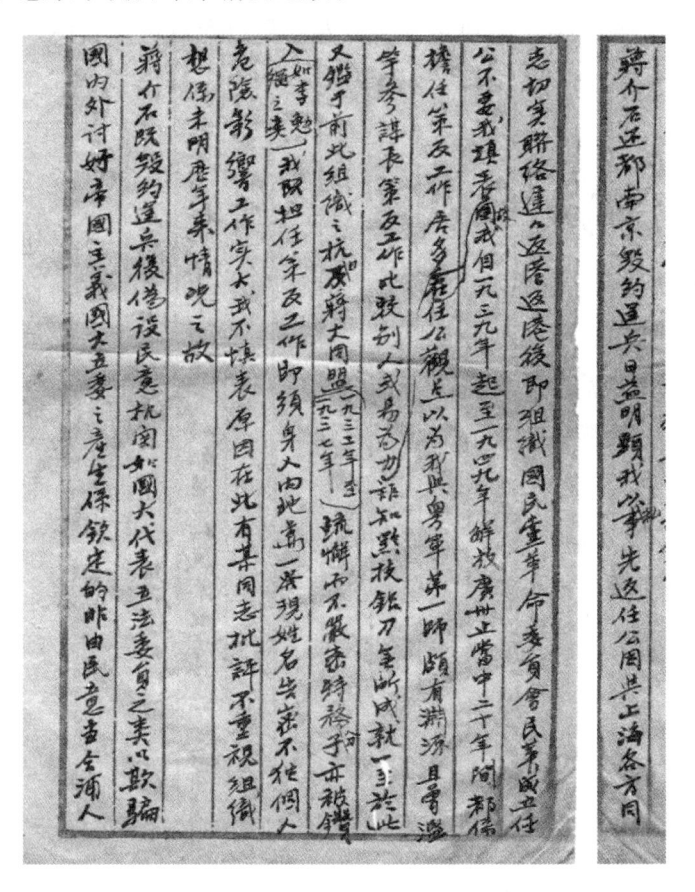

民选举"立委"时，广东国民党省党部一再电令合浦县党部，告知人民大众，不得选我为委员，指定人民要选龙大钧。但合浦人民以我任专员时，廉洁可爱，每月且需垫款若干（以革命论此系延长蒋政权，虽在抗战期间亦不足取），抵抗国民党命令而选我为"立委"。当选后，走晤任公报告。任公曰：尔既有立委掩护，可入京与黄季宽、李宗仁、白崇禧、余汉谋、薛岳等计划倒蒋事宜。到南京先晤陈铭枢同志，告以此来任务。铭枢同志说李、白可能反蒋，但会走入第三路线，不足靠的。唯在瓦解介石军队计不妨进行。且指示第一步要做蒋内部分裂工作，第二步要做蒋、李分裂工作，第三步要做李、孙分裂工作。且介绍"立委"同志于振瀛、谭惕吾、张平江等开会。计划既定，遂遍晤黄季宽、李宗仁、余汉谋、薛岳等。黄季宽同志当选桂竞选时，经已表示积极，此次晤谈，尤具热诚。由渠转致白崇禧。白曰：今与中共合作，将来有何保证？并云：俟骗蒋枪到手再说。蒋已答应我三师枪械。季宽同志曰：尔想再打第二次仗么？三师之枪械有何用处？有无保证，是在我们有无决心。当年第一师入梧，我们亦未要求有何保证。晤李，李答曰：蒋须倒，但须有办法。晤余，余答曰：我一秃头总司令，有何力量？晤薛，薛答曰：蒋介石失败无疑。总合情况他们也知蒋介石必败，顾始终反动到底者，私人权利观念过重，人民权利观念过轻，致有此结果，致有此下场。

徐蚌会战结果，蒋介石军队主力消灭殆尽。余汉谋、薛岳返粤主持军政。我以为彼辈，虽系个人权利观念，但处此环境下，为个人利害计，亦应向人民靠拢。彼果靠拢人民，则广东人民可减少若干损失。故仍不放弃策反工作。其实徐蚌会战后，蒋匪主力荡然无存，大陆解放指顾间事，无须策反。但未奉命停止工作，仍继续进行耳。最笑话者，莫若薛岳，渠就主席职日，我问渠曰：是否为救乡救国而就此职。渠不假思索答曰：当然、当然。并嘱我密电报告任公。且电李章达先生南下相劝。迨章达同志到港，我屡促渠何时发动？渠推稍事整军，迨蒋介石抵粤仍无动作。知渠冥顽不灵，不能不离省还乡赴港。渠走海南后，曾长函责之不复。将函交文汇报发表，而主持香港中共吴先生面嘱不必发表。我于是赴京向李任公报告策反工作经过。二十年策反一事无成，而受招待于远东饭店。同志们总不讥笑，我亦自当惭愧差。幸在招待所内，获有机会学习，从前粗枝大叶心理，为之扫除一空。

民选举五委时广东国民党省党部一再电令合浦县党部告知人民大众不得选我为委员指定韦人民以我任委员时庸碌无能每月且需款若干（以革命论此得延长亦是，政权在握不在抗战期间弃职是耻），振抗国民党命令而选我为立委立委选定后老晓任公报告任四年既有立委核无可入京兴黄季宽李宗仁白崇禧桑汉谋薛岳等计画倒蒋，并到李京先晓陈铭枢同志以此来任务铭枢同志谓李骨能反蒋但会走入第二路待不足靠的，现在武辞介石不年队讨不妨进行且指示第一步要做蒋内部分裂工作第二步是做蒋李分裂工作第三步要做李係分裂工作，计画限定速遍晓黄季宽李宗仁余汉谋薛岳等黄季宽同志步返桂筹选时任已表示积极此次晓谈尤具奖诚田埕将致白崇禧白尚未共会

作将来有何保証並云俟赌蒋枪到手再说蒋已答应我三师械軍实

同志曰不想再打第二仗次伐鲁三师之械有何用处有笔保証是在我们有

笔决心当年第一师人枪我们亦来要求有何伴証晓李答曰蒋須倒但

須辩法晓年全答曰我一凭勇挫司令有何力量晓薛答曰蒋介石

失败笔谈摆合情况他们也知蒋介石必败如观将倒反勤到底者私

人权利過重人民权利观念过轻致有此结果致有此下場

徐蚌會戰结果蒋介石军隊主力消減殆盡余漢諫薛岳遁粤主持軍政我

以為彼等无保個人權利觀念但处此環境下為個人利害計亦应句人民靠

攏彼果靠攏人民則廣東人民可減少若干損失故仍不棄策反作其实

徐蚌會戰後蒋匪主力議然笔将大陸解放指顧間事無須策反但策

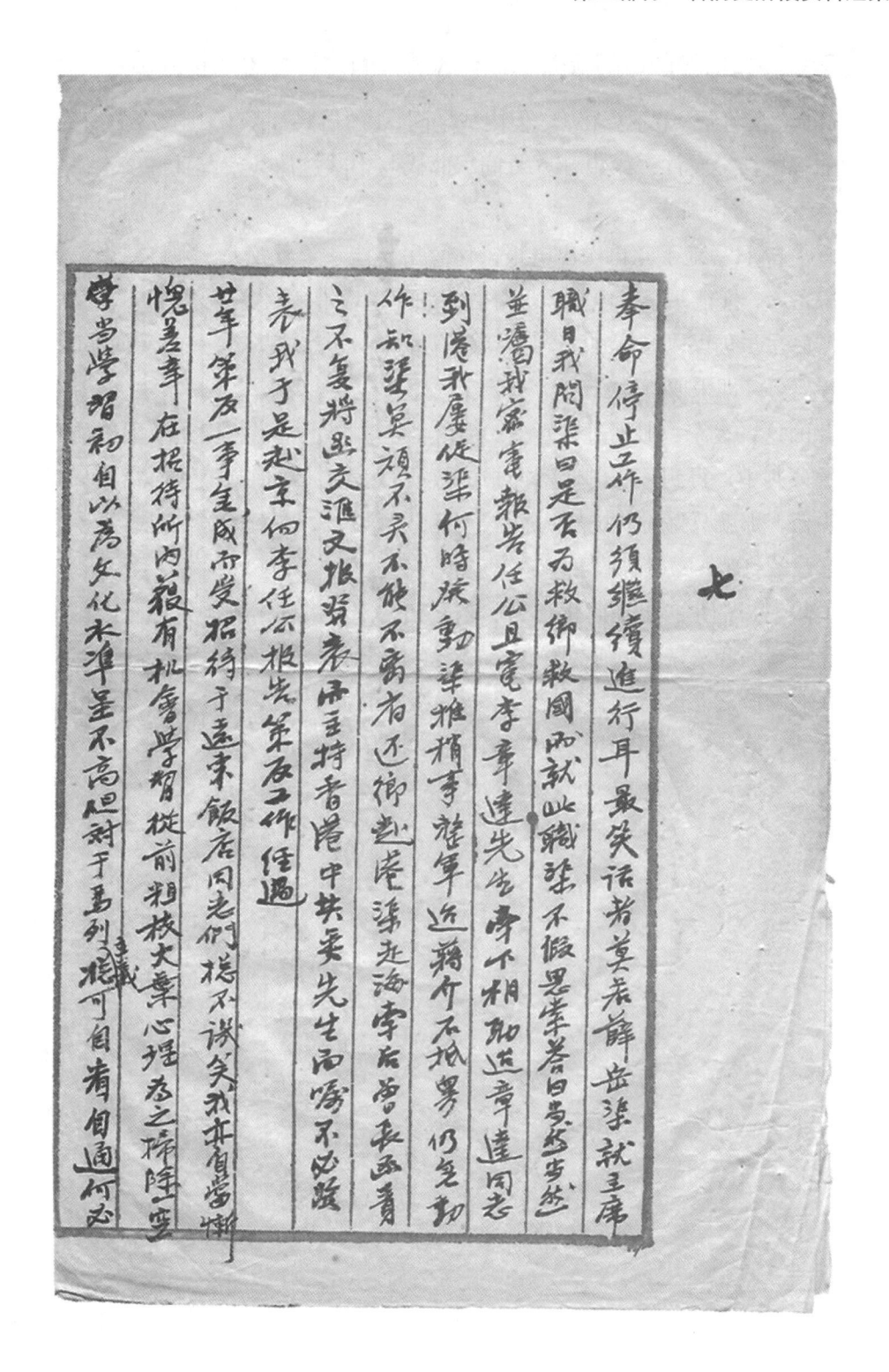

奉命停止工作仍須繼續進行耳最笑話者莫若薛岳某就主席職日我問渠曰是否為救御救國而就此職渠不假思索答曰豈然步然並囑我家書報岳任公且電李章達先生尊不相加迨章達同志到港我屢促渠何時赴粵抗戰推李章達軍近蔣不抵抗仍急勸作就將莫頑不灵不能不屬有還御迨渠赴海军後曾來函責之不复将此交滙文振劈魔屈主持香港中共吴先生函嘱不必發表我于是赴京向李任潮报告策及工作經過廿年第五一事全因而受招待于远东饭店同志们樣不謀笑我亦自当慚愧莫辛在招待所內蒙有机會學挺前期枝大業心理為之稍除一空學當學習初自以為文化水准尚不高但對于馬列根可自看自通何必

二、邓世增对薛岳的统战工作：《蒋介石为何弃用战神薛岳》节录[1]

薛氏"反蒋"一节不算秘密。但内战期间，其"通共"情事，则迄今鲜有人知。据大陆解密档案文件，1949年5月间，薛氏与中共过从甚密，且一度承诺反蒋举事。

5月17日，地下党再次出电报，称薛岳与桂系矛盾较大，须待白崇禧等人离开广东后，才能举事。电报援引粤系将领邓世增带来的情报称：

"薛岳虽仍谋以粤赣独立，但因环境恶劣，不如前之坚决。……薛向邓表示：俟白等离粤，即采取行动云。"

薛的这一表态，似不过是暂安中共之心。据邓世增讲，白崇禧因未能在与中共的谈判中，得到理想的政治回报，故放言表示："他为谋和而结果只得了战犯头衔，那就只好对共抗战到底"；至5月22日，"黄季宽约见告我，薛岳反蒋之已暂打消"；其拟投共一事，就此告一段落。

值得一提的是：早在薛岳走马广东之初，宋美龄即由美国致电蒋经国，询问"薛岳态度近来究竟如何，盼复"；蒋经国则回复："人心之坏，出人意料，万分寒心。薛之态度暂无特殊之表示。"戒心若此。1952年，蒋氏父子以薛氏可能勾结"第三势力"为由，搜查其住宅，非为无因。

---

[1] 谌旭彬撰文。

第三部分

邓氏兄弟

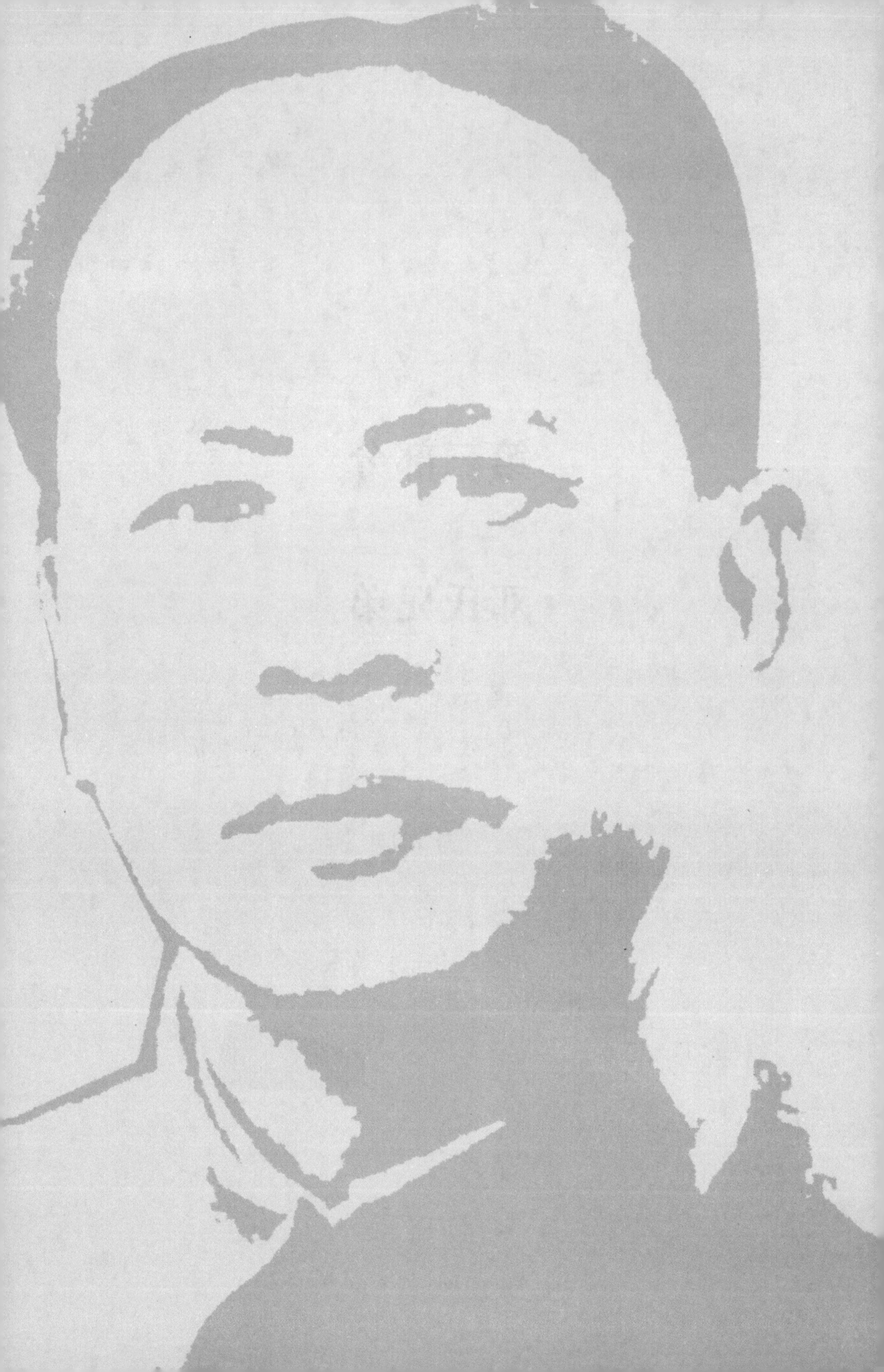

邓世诚

邓世诚（1900—1945），别号性德，邓世增七弟，1922年跟随兄长邓世增投身军界，加入孙中山先生组建的粤军第一师。

1923年7月入读由李济深创办的广东西江陆海军讲武堂第一期，1924年8月毕业后回到粤军第一师。

1925年任粤军第一师第二旅第四团第三营营长，8月改编任国民革命军第四军第十一师第三十二团营长。1924至1925年间，随军参加了西征沈鸿英部、第二次东征战役（东江讨逆之役）讨伐陈炯明部和南征战役（南路讨逆之役）讨伐邓本殷、申葆藩部。为巩固中山先生的广东革命军政府作出了贡献。

邓世诚

1926年因患严重风湿病，辞职回乡养病。任北海白石盐场知事，在青山头与戚文远合作围海建造四五路水盐田。又协助兄长邓世增在北海白虎头与刘瑞图合伙围海建造二十多路水盐田。白石盐场下辖一盐警中队，负责缉拿私盐，维持地方治安。

1929年与杨祥甫又在北雾围海建造20多路水盐田。设立邓益福堂，统一经营白石盐场邓家自有的38路水盐田。由于资源独特，精心经营，收益十分丰厚，邓家的家业得以快速增大。由此，邓家日渐成为当时富甲一方的乡绅。自1930年至解放，盐田的收益，成为邓世增抗日、反蒋活动的经济支柱。

邓世增多年来在外奔走革命，除了是任公（李济深）和民革中的智囊和武胆之外，也是革命经费的重要支柱。邓世诚为此在资金积累和筹措上功不可没。

邓家富裕起来后，邓世诚率先在北海置地建房，先在中华街建了五六栋房子，后在中山路东路邓公馆后建邓园及周边七八间楼房。随后民国将领陈铭枢、许锡清、乡绅刘瑞图等也在朝阳里建起花园式洋房。此后，北海海关、邮政、税务、医院、美国浸会学校和教堂等建筑相继在周边落成。邓世诚开启了北海老街建设的先河。

邓世汉

邓世汉（1906—1976），别字倬云，别号励拔，邓世增九弟。广东西江陆海军讲武堂第一期、陆军大学特别班第一期毕业。民国陆军少将（国民政府军事委员会颁令官号：4654），中国国民党革命委员会党员，广东省人民政府参事室政治研究员。

民国前六年三月六日出生。[1]青少年时追随兄长邓世增，1923年7月考入广东西江陆海军讲武堂第一期，1924年8月毕业，获派任讨贼军第四军第一师（师长李济深）步兵第二旅（旅长陈济棠）中尉排长。10月所部改称建国粤军第一军第一师（师长李济深）步兵第二旅（旅长陈济棠），仍任中尉排长。

邓世汉将军

1925年6月升任步兵第二旅第四团（团长邓世增）上尉连长。8月26日所部改称国民革命军第十一师（师长陈济棠）步兵第三十二团（团长邓世增）仍任上尉连长。随军参加了第二次东征战役（东江讨逆之役），讨伐陈炯明部和南征战役（南路讨逆之役），讨伐邓本殷、申葆藩部。

1926年4月升任国民革命军第四军第十一师司令部少校参谋。

1927年4月调任第四军（兼军长李济深）司令部特务营少校营长，8月10日所部改称新编第四军特务营，仍任少校营长。

1928年3月所部改称广州卫戍司令部（兼司令邓世增）特务营，仍任少校营长。12月考入北平陆军大学特别班第一期深造。

1931年10月陆军大学特别班第一期毕业后，派任南京京沪卫戍司令长官公署（兼司令长官陈铭枢）中校机要参谋，1932年参加了著名的上海"一·二八"淞沪抗战。

---

[1]《现役军官资绩簿》第二册下辑，国民政府国防部第一厅印行，民国三十六年二月，第174页，（少将）步兵科军官记载。

1932年6月京沪卫戍司令长官公署人员随第十九路军迁移福建,改任军事委员会驻闽绥靖公署(主任蒋光鼐)参谋处(处长樊宗迟)中校参谋。1933年3月兼任新兵训练处(辖两大队)处长、第一补充大队大队长。7月调任第十九路军(总指挥蔡廷锴)补充第一师(师长谭启秀)步兵第一旅(旅长司徒非)第三团(团长蒋敬庵)第一营中校营长。参加福建事变。11月22日所部改称人民革命军第十师(师长司徒非)步兵第二十八团(团长蒋敬庵)第一营,仍任中校营长。

1934年1月福建事变失败,避居香港。7月赴日本游学,考察防空事务。

1936年9月任广东绥靖公署(主任余汉谋)防空处(处长陈海华)上校通讯科科长。

1937年1月20日被国民政府军事委员会铨叙厅颁令叙任陆军步兵中校。[1] 8月调任第四路军总司令(余汉谋兼)部参谋处(处长陈勉吾)上校参谋。

1938年10月调任广东省保安第九团上校团长。

邓世汉

1939年3月调任第四战区司令长官(张发奎)部上校机要参谋。8月调任军政部第二十三补充兵训练总处(处长黄植楠)第五团上校团长,率部参加抗击粤北日敌第一次北犯之役。

1941年7月调任广东省军管区司令(李汉魂兼)部补充兵第二团上校团长。1942年3月调升第七战区司令长官部海陆丰守备区指挥部(指挥官喻英奇)少将副指挥官。1943年4月兼参谋长,参加抗击日敌滋扰海陆丰之役。

1943年6月调升合浦沿海警备区指挥部少将指挥官。

1944年2月调任第四战区司令长官(张发奎兼)部少将高级参谋。1945年3月5日所部改编为陆军总司令部第二方面军(司令长官张发奎),仍任少将高级参谋。1943年至1945年间,参加了

---

[1]《国民政府公报》第119册,1937年1月21日第2258号颁令,国民政府文官处印铸局印行:台湾成文出版社有限公司,1972年8月出版,第4页。

广东南路历次日敌进犯各次战役。

1945年冬随张发奎回广州，参与华南地区对日受降事宜，11月7日兼任日军官兵东莞管理所所长。

1946年2月1日所部改组为国民政府广州行营（主任张发奎），仍任少将高级参谋，广州行营日军官兵管理处处长，广州行营日本战犯拘留所主任。负责看管华南地区13.7万日本战俘，分期分批把他们遣返日本。对其中近700多名确认犯有战争罪行的战犯，则关押在广州日本战犯拘留所。然后，部分转解南京、上海审判，部分在广州审判、处决。日本高等战犯：日本华南派遣军第二十三军司令兼香港占领地总督田中久一中将、第一三〇师团师团长近藤新八中将，后在广州审判并执行枪决。

1946年4月4日委任国民政府广州行辕少将高级参谋。[1]

1946年5月10日奉颁抗战胜利纪念章一座（编号230010）。

1948年5月19日所部改组为广州绥靖公署（主任宋子文），仍任少将高级参谋。长期跟随兄长邓世增从事旧军队的策反工作。

1950年9月经中央人民政府副主席李济深保荐，进入北京"华北人民革命大学"（现中国人民大学）学习，毕业后安排在广东省人民政府参事室工作，任政治研究员。1976年2月因病在广州逝世，安葬在广州市银河烈士陵园。

2015年9月，获中共中央、国务院、中央军委向邓世汉将军遗属颁发了：中国人民抗日战争胜利70周年纪念章（纪念章编号：2015001491）。

邓世汉将军遗作：《京沪卫戍公署见闻》，载于《原国民党将领抗日战争亲历记：从九一八到七七事变》第222-231页，全国政协文史资料研究委员编纂，中国文史出版社1987年8月出版；《广州日本战犯拘留所》，载于广州市政协文史资料委员会编纂《广州文史资料》第48辑。

---

[1]《现役军官资绩簿》第二册下辑，国民政府国防部第一厅印行，民国三十六年二月，第174页，（少将）步兵科军官记载。

第三部分 邓氏兄弟

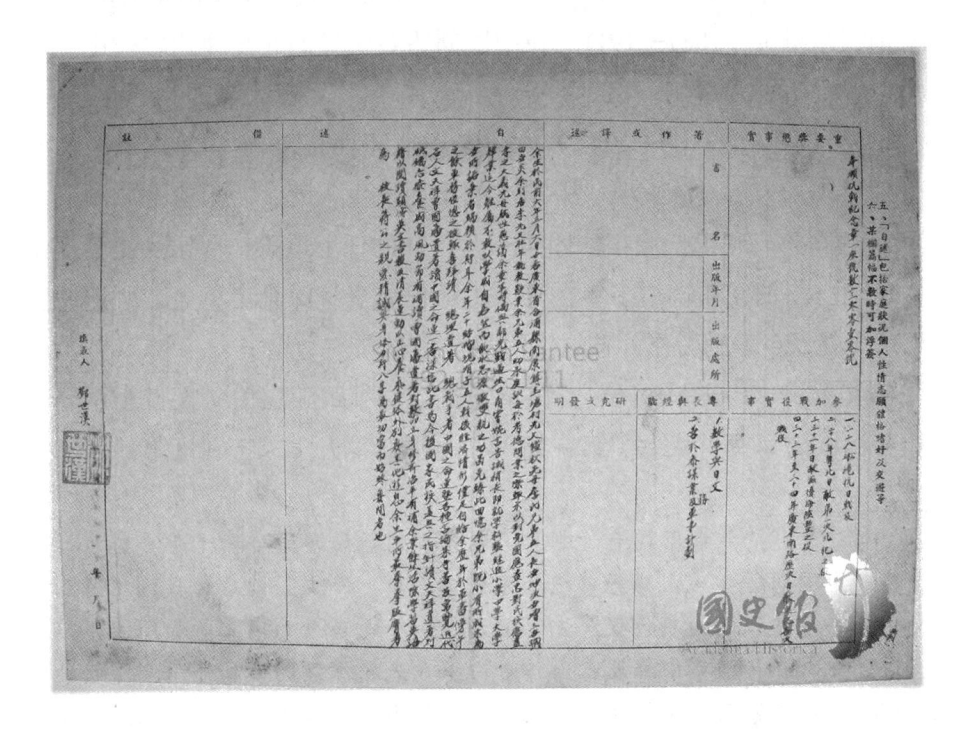

纪念先辈二三事[1]

2015年10月间,我和堂姐妹都领到了中共中央、国务院、中央军委分别颁发给父亲邓世汉和三伯父邓世增的中国人民抗日战争胜利70周年纪念章。这是党和国家对父辈抗日救国英雄行为的认可,是对我们后人最大的鼓励和鞭策。

说起先辈,自然勾起很多的往事:

先祖邓廷绶(1862—1935)字鉴秋,清末民初的读书人,屡试不第后设馆授徒。门下一班弟子如陈铭枢、陈济棠、香翰屏、张君嵩、钟经瑞等,他常对弟子说:"乱世尚武,我国积弱之馀,非整军经武,不能御侮。居今日而言报国,当弃文就武,诸生知所勉矣!"近日与广州合浦学会的世兄弟谈到陈铭枢、陈济棠当年称雄两广时,世兄弟说:"这或是令祖父辈'急公兴学',倡办教育培养出一批钦廉学子之功吧。"祖父在家乡参与捐资办学多达20数处之多。

在先祖父教育敦促下,我的三位伯父和先父都踏上了从军报国之路。

二伯父邓世坤(1887—1911)在中国同盟会领导的光复廉州之役中,因试制炸弹失事而壮烈牺牲。

七伯父邓世诚(1900—1945)1924年毕业于西江陆海军讲武堂,获派粤军第一师供职,为东讨陈炯明、平定沈鸿英而出生入死。后因染上风湿病,于1925年在粤军第一师第二旅第四团第三营营长的任上退役,回家乡经营盐田,以壮大家业。三伯父邓世增多年在外,追随任公李济深奔走革命,所需的资金都是七伯父在家乡辛勤劳作,省吃俭用积累而来的。

先父邓世汉(1906—1976),民革党员。自小跟随三伯父投身于军界,先后毕业于西江陆海军讲武堂(第一期)、北平陆军大学(特别班第一期),参

---

[1] 邓舒撰文,文章原载于《中国同盟会广州后裔联谊会三十年史纪念册》,原编者按:中国同盟会后人邓舒《纪念先辈二三事》一文,读后让我们了解到中国近代史中那个积贫积弱的年代里,先辈们为之奋斗是多么的不容易和所立下卓越的功勋。这篇文章在行间字中都表露出作者对革命先辈深深的爱和怀念,深切地感到邓氏一门忠烈为国家而立下"诚信待人、认真做事、不求闻达"的遗训,它不但是邓氏先辈留给邓氏后人的,也是留给我们中国同盟会所有后人一份最大和最宝贵的精神财富和遗产。作为中国同盟会的后人,为有这样的先辈而感到无比的骄傲和感动,让我们向先辈们致敬。

加了上海著名的"一·二八"淞沪抗战、福建事变等。

1942年,任第七战区海陆丰守备区(指挥官喻英奇)少将副指挥官。

1943年,任第四战区合浦沿海警备区少将指挥官。

1944年,任第四战区司令长官部少将高参。先父先后参加了"一·二八"淞沪抗战、抗击日寇进犯粤北、滋扰海陆丰、进犯广东南路等多次战役。

1945年冬,随张发奎将军回到广州,参与对华南地区日军受降,并兼任日本官兵东莞管理所所长、广州行营日本战犯拘留所主任、广州行营日本官兵管理处处长。负责看管华南地区13.7万日本战俘的工作,并分期分批把他们遣返日本。对其中700多名确认犯有战争罪行的战犯,则关押在广州行营日本战犯拘留所。然后,部分转解南京、上海审判,部分在广州审判、处决。日本高等战犯、日本华南派遣军第23军司令兼香港占领地总督田中久一中将、第130师团长近藤新八中将就是在广州审判并处决的。

1946年获国民政府颁"抗战胜利纪念章"(编号230010)。

先父长年跟随三伯父邓世增秘密从事旧军队的策反工作,在隐蔽战线的工作中作出了自己应有的贡献。

中华人民共和国成立后,1950年9月经中央人民政府副主席李济深的保荐,进入北京"华北人民革命大学"(现中国人民大学)学习。

1953年毕业后,安排在广东省人民政府参事室工作,任政治研究员。

先父自己的经历,对我们一直是讳莫如深、闭口不谈的。记得有一次父亲撰写文史资料《京沪卫戍公署见闻》(载于全国政协文史资料研究委员编纂:中国文史出版社1987年8月《原国民党将领抗日战争亲历记:从九一八到七七事变》第222-231页)时,让我记录整理。我曾笑问:"好威风啊!38岁挂将军衔"。父亲淡然一笑地说:"败军之将不可以言勇,我系小字辈,自小跟着三哥,追随任公,干就是了。想了解历史,多关注一下任公和你三伯吧。"

先父于1976年2月在广州病逝,终年70岁。安葬在广州市银河革命烈士陵园。

三伯父邓世增(1889—1954),生平事迹可圈可点之处甚多:

反封建的干将

三伯父学生时代就接受了"三民主义",是中国同盟会南方支部钦廉分部的主盟(负责)人之一。1911年,他参与领导了光复廉州之役(林翼中先生《廉州之光复》中详细记录了起义的全过程),起义成功后,他出任钦廉军政分府的军政部长。

反独裁的先锋

1929年4月，蒋介石诱骗李济深到南京并拘禁于汤山。三伯父时任第八路军总指挥部参谋长，他以蒋介石专权独裁和背信弃义为名，在广州召开记者招待会并通电全国、兵谏老蒋。

反侵略的英雄

1931年10月，宁粤合作，三伯父时任南京京沪卫戍司令长官公署（司令长官陈铭枢）参谋长，具体负责安排第十九路军布防事务。1932年1月15日，任代司令长官，参与统一指挥驻京（南京）沪各军（第十九路军、第五军）、警、宪、炮台和地方武装的"一•二八"淞沪抗战。

1937年至1939年期间，三伯父先后授任陆军中将、广东省民众抗日自卫团第十三区统率委员会主任、钦廉地区抗日游击司令官、广东省第八区行政督察专员兼保安司令官、兼第四战区南地区特别守备区司令官，参与指挥桂南会战和南路抗击日寇的历次战斗。

热爱和平

1936年在两广联合反对蒋介石打内战的六一事变中，三伯父从原来积极主张出兵反蒋，在接到李济深密令后，接受按照共产党停止内战、迫蒋抗日的正确主张，成功斡旋于蒋、粤、桂系之间，促使六一事变和平解决。在日寇强敌压境侵略中国的危急关头，使国家免于内战之乱，为推动国共合作、共同抗战作出了贡献。

1946年，三伯父任广州行营军调顾问时，看到张发奎命令新一军进剿共产党东江纵队，即质问张发奎为何敢冒天下之大不韪，破坏国共两党的合作？后来才了解到，蒋介石交给张发奎的国共和谈文本正本上并没有记录下华南地区有共产党的抗日武装，所以张发奎因为不明真相以致贸然进剿东江纵队的。三伯父通过张治中将军拿到国共和谈中记录有东江纵队是共产党在华南地区的抗日武装的和谈文本附件，并交给了张发奎。张发奎这时才恍然大悟，知道差点儿被蒋介石所利用了，于是爽快地允许东江纵队北撤。三伯父为保存广东人民抗日武装，作出了特别的贡献。

1948年，积极协助李济深筹建中央民革，参与新政协的和平民主活动和从事策反薛岳等高级将领的工作。三伯父是李济深的左膀右臂，李济深每逢离开香港，三伯父必定搬进罗便臣道（李济深寓所），负责各项工作的安排落实。张文伯伯是常客，每当任务紧迫，需要通宵达旦时，张文伯伯也只能屈就做"厅长"（即在客厅铺开行军床过夜），张凤玫是张文伯伯带在身边最钟爱的小女儿，经常也是随同留宿,她叫三伯父做"契爷",一不小心,我就成了"契弟"了(干弟弟)。

热爱家乡

1939年,三伯父时任第八区行政督察专员。驻军钦廉警备司令部担心日寇占领北海而公布了焦土抗战政策,在主要街道埋下了炸药,随时准备炸毁北海。当日寇突袭冠头岭时,守军张皇失措,准备引爆。在这最关键的时刻,"他(指邓世增)以地方最高行政长官的权力和名义,始终坚持反对'未抑寇而先残民'的孟浪轻率的做法,坚决地表示未到最后关头、迫不得已的时候不得点火。如由此而产生的一切责任,均由他一人自负。"北海史学家黄家蕃在《日寇突袭龙门港与北海幸免"焦土"浩劫的经过》一文如是说。三伯父使家乡避免了一场"焦土"的浩劫。

1943年,父亲任少将指挥官时,合浦沿海警备区指挥部曾设在合浦邓屋村(合浦邓氏宗亲会会址),三伯父见房屋破败,即出资重建,命名并题匾为邓公馆。指挥部撤离后,无偿留给族人居住。以至解放后在邓氏家族中一直传为佳话。

忠厚长者

三伯父历任李济深、陈铭枢、蒋光鼐、蔡廷锴的参谋长。他从不居功也不争名,在同袍中口碑极好。在《蔡廷锴自传》中,蔡将军是这样评价三伯父的:"乃军人中的忠厚长者,不独我对他如此恭维,就是第一师的同事,谁都说他的公道话。他对朋友固然和蔼可亲,就是对部下也从不摆架子。有功必报赏,有过必处罚,真是赏罚严明,无偏无袒。"蔡将军还说:"营长邓世增知我爱我……便有将其营长之职让位于我,而他则专任师部军械处(长)职务之意,而督办却不如是办,他将邓营长升为补充团长,以我接其遗缺为第一营营长。"

诚信待人、认真做事、不求闻达是三伯父邓世增和先父邓世汉对子女和邓氏后人的遗训,我想这也是他们留给邓氏家族后人最可宝贵的精神遗产吧!

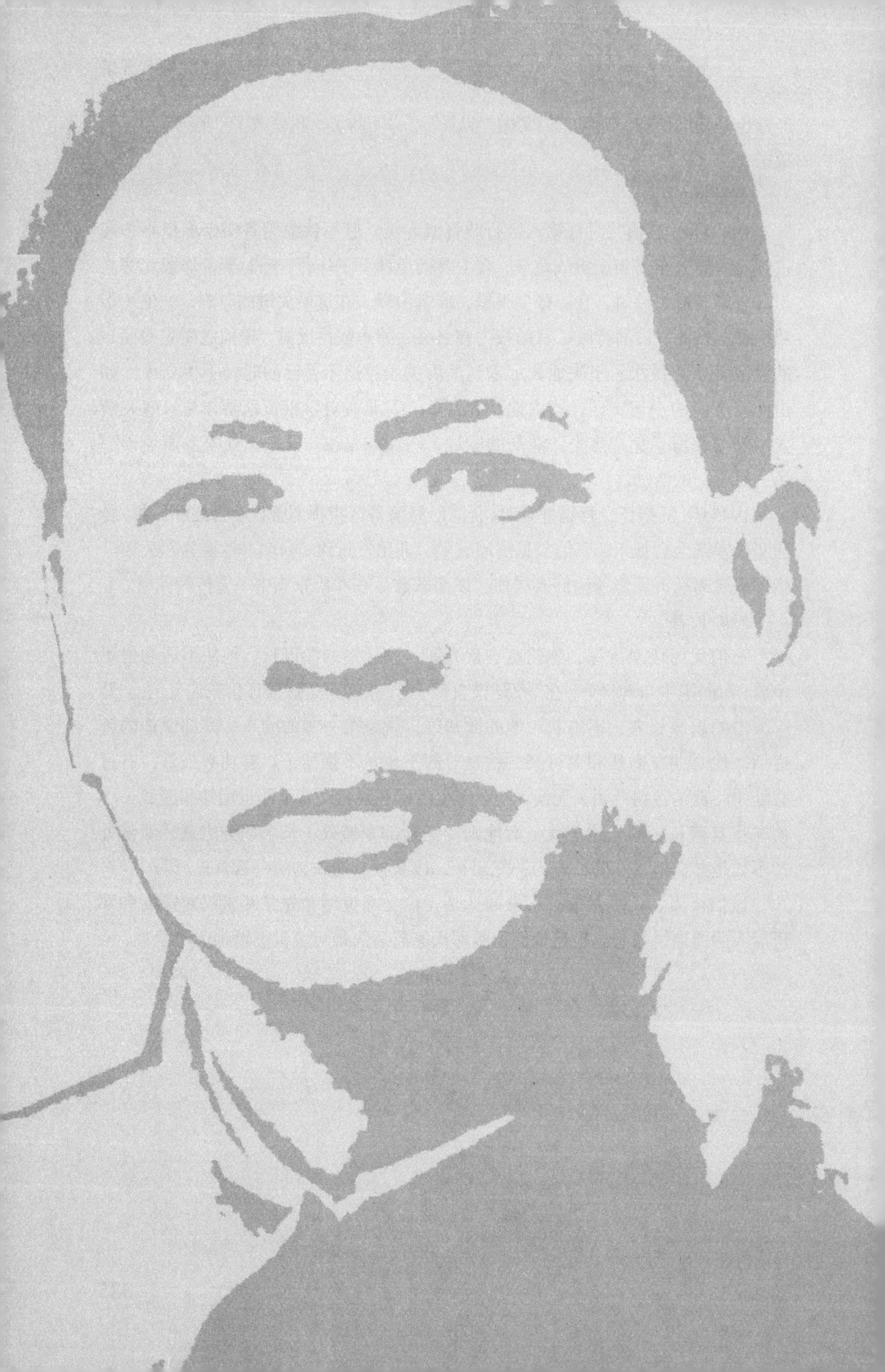

第四部分

纪念邓父鉴秋先生及邓母詹夫人

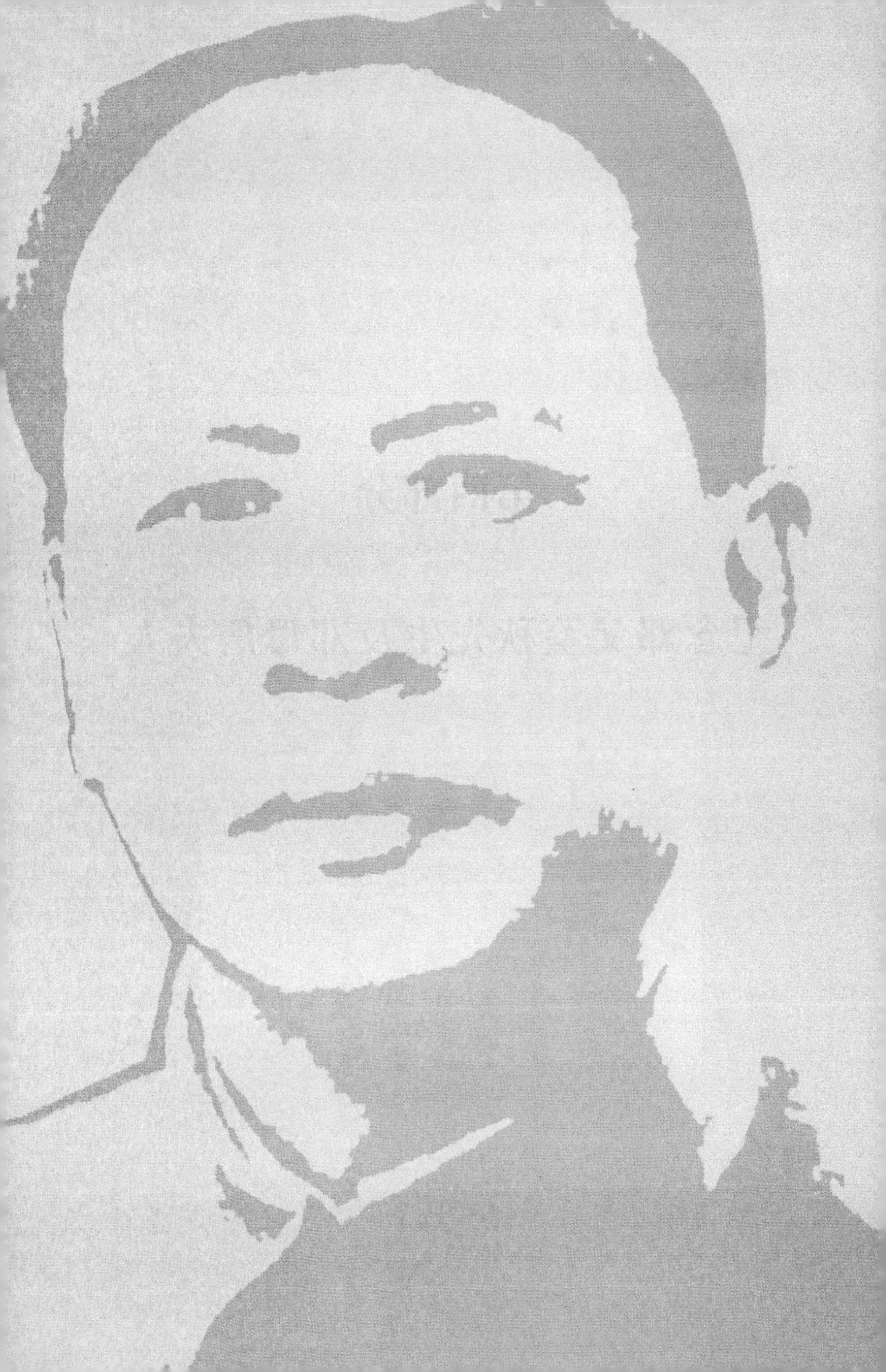

邓鉴秋先生事略

邓廷绶,字鉴秋(1863—1935),生于广东省合浦县南康镇玉塘村(现为广西壮族自治区北海市铁山港区营盘镇彬塘玉塘村),长在一个耕读小康之家,父亲邓邦英。邓鉴秋娶妻詹氏,育有子女十人。自幼懂事,好学,爱读书。14岁那年,兄弟生意失败,乃至倾尽家产。二哥深感内疚,而往雷州湖江岩寺出家。邓鉴秋(尊称鉴公)有鉴于此,即向祖父、父亲动以亲情,陈以家道复兴之理,并亲自到湖江岩寺把二哥接回家。自此家庭和顺,勤力耕作,家境也逐渐丰裕起来。之后,鉴公年龄稍长,见村中孩童上学不方便,即在玉塘村及彬塘村设馆教学。他热衷于教育事业,认为只有通过教育,才能国强民富。曾捐助县立第三中学(现名南康中学),更出资创办五区第七小学(现名彬塘小学),并亲自担任首任小学校长。他生性慈善,常为乡亲戚里贫病急难慷慨解囊;资助族里入城升学的贫苦学生,深得族人的尊崇。

邓鉴秋先生和夫人詹氏

鉴公痛恨清政府的腐败无能，丧权辱国、民不聊生。先后把4个儿子送上反清、抗外侮的民主革命道路。长子邓世坤在辛亥革命，参加廉州起义，制作手榴弹时，不慎引起爆炸而牺牲。鉴公在悲痛中没有气馁，继续支持儿子世增在廉州起义，推翻清政府府衙，建立民国军政府，宣布共和。后来更鼓励3个儿子（世增、世诚、世汉）入读军校，学好本领报效国家。1932年得知世增、世汉在上海参加"一·二八"淞沪抗战，感到无比骄傲。逢人告知，大感老怀安慰。

鉴公是一位教书先生，有抱负，胆识过人。在1925年间，二儿子世增时任国民革命军第十一师副师长，驻北海，负责清肃钦廉一带扰犯乡民的土匪和散兵游勇。鉴公自告奋勇，亲自深入十万大山，往见张瑞贵（原申葆藩旧部旅长），对他晓明大义、审度时势，最后劝说了张瑞贵接受革命军的收编。因此避免了一场恶斗，使钦廉人民得以安居乐业。

邓鉴秋老先生一生热心教育事业，乐于为善，胸襟宽广，爱国爱乡爱家，引领他的儿子们前赴后继走上反封建帝制，追求民主，反对外族侵略的革命征途。鉴公后人在家乡玉塘村的祖宅地旁小山丘上建造了一座碉堡式大楼，为了纪念他，命名为"鉴公楼"。

邓鉴秋出资创办合浦县第五区第七国民小学，并担任第一任校长。现为彬塘小学，位于广西北海市铁山港区营盘镇

第四部分　纪念邓父鉴秋先生及邓母詹夫人

邓世增等捐建的南康中学高中楼（位于现广西北海市铁山港区南康镇），门匾上刻有"纪念邓鉴秋"等字样

《邓鉴秋先生讣告》[1]

邓鉴秋先生在家乡是一位备受尊崇的长者,是合浦近代教育启蒙先行者。遗留存世资料凤毛麟角。一次偶然机会,唐锦汉老师在广州中山图书馆特藏部翻阅到一本古旧的线装小册子。它是时任中山大学校长、民国元老邹鲁先生署名的《邓鉴秋先生讣告》。内里记载了邓鉴秋先生的出身和家庭;记载了两广军政要人对他的哀悼;记载他儿们的哀启。使我们了解到邓鉴秋先生,一位热爱教育事业、乐于助人、有抱负、襟怀广阔的爱国爱家爱乡,令我们尊敬和怀念的老先生。

---

[1] 邹鲁署。

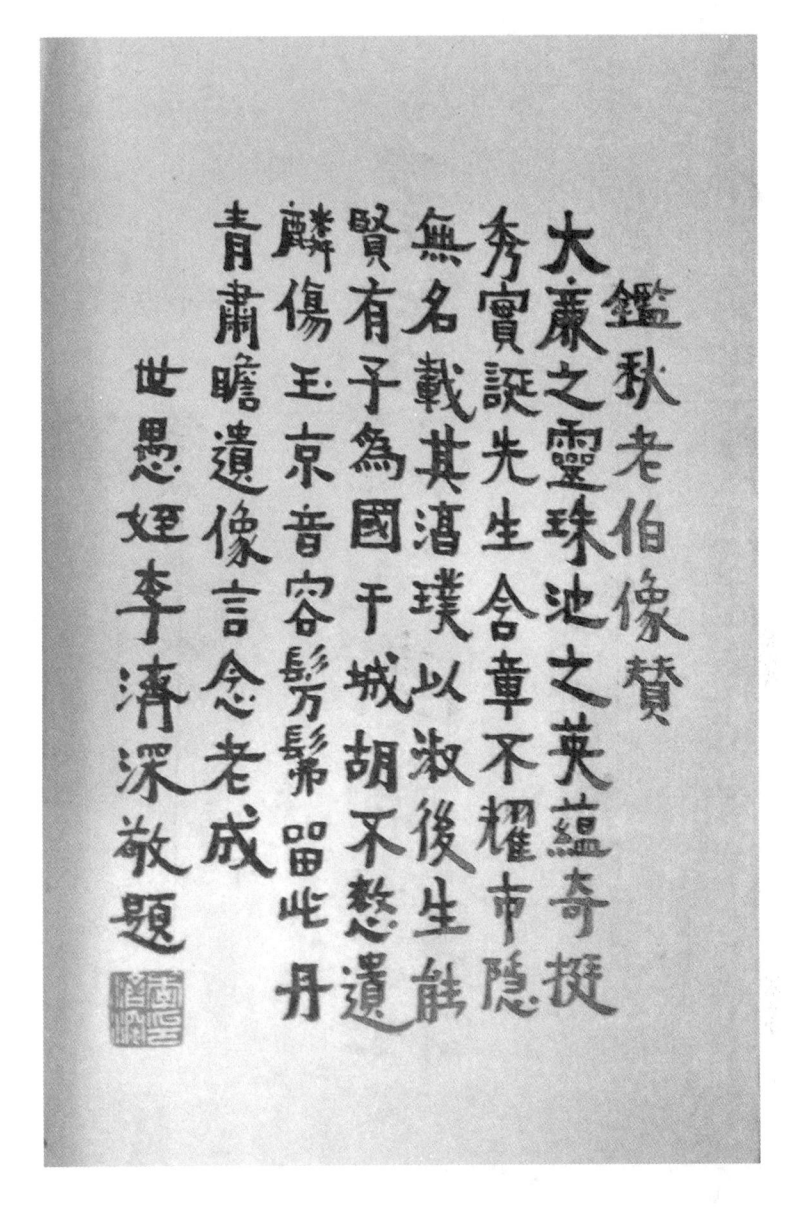

第四部分 纪念邓父鉴秋先生及邓母詹夫人

> 鑑秋老伯像贊
> 大廉之靈珠池之英蘊奇挺
> 秀實誕先生含章不耀市隱
> 無名載其滷璞以淑後生能
> 賢有子為國干城胡不憖遺
> 麟傷玉京音容髣髴留此丹
> 青肅瞻遺像言念老成
> 世愚姪李濟深敬題

李济深（1885—1959） 字任潮，广西苍梧人。保定陆军军官学堂毕业。民国陆军上将。历任粤军第一师师长、国民革命军第四军军长、总司令部参谋长、黄埔军校副校长、广东第八路军总指挥、广东省政府主席、福建人民政府主席、军事委员会桂林办公厅主任。抗日战争胜利后，组建中国国民党革命委员会，并任中国国民党革命委员会主席。中华人民共和国成立后，任中华人民共和国中央人民政府副主席、全国人大常委会副委员长、全国政协副主席。

星沉南極

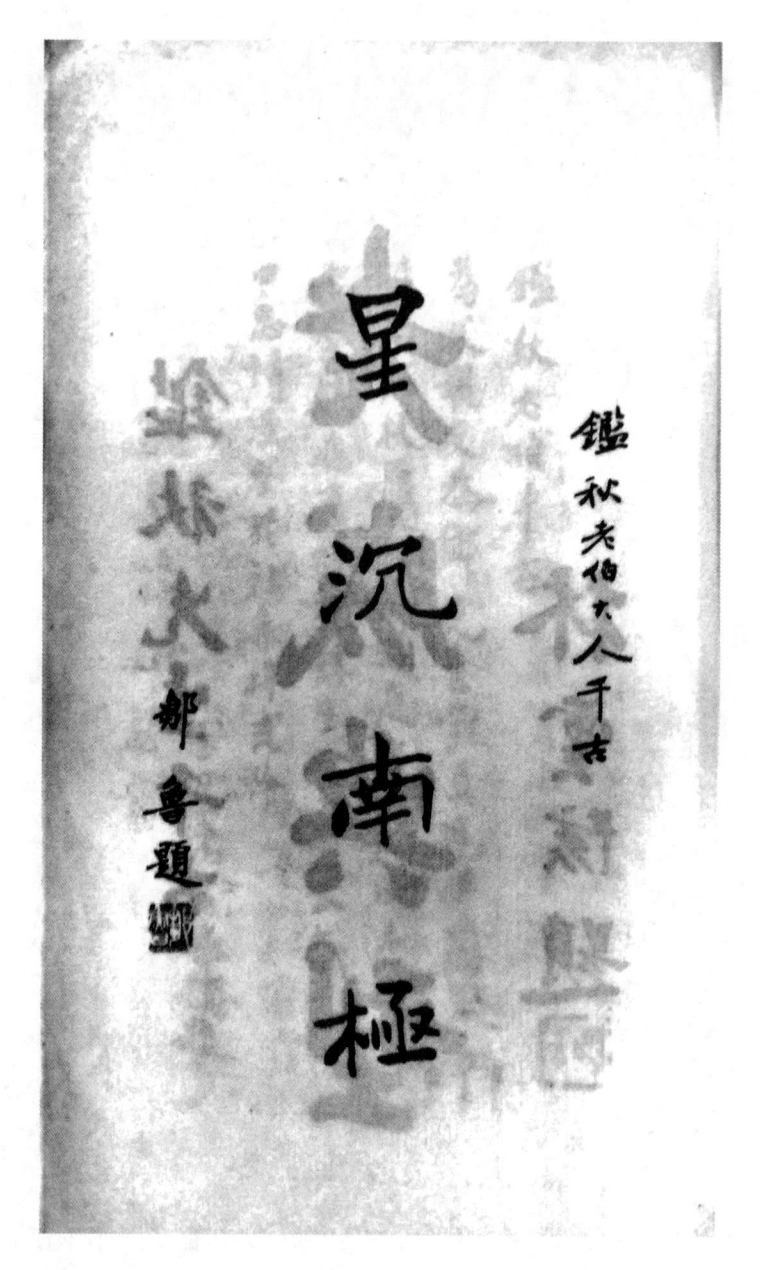

鑑秋老伯大人千古

鄒魯題

邹鲁（1885—1954） 广东大埔人，国民党元老。广东法政学堂毕业。武昌起义后，与朱执信、陈炯明、胡汉民等参加广州起义。民国元年（1912），任广东省官钱局总办。参加护法之役，任潮梅军总司令、广东省政府财政厅厅长、"国立广东大学"（中山大学）首任校长、国民党第一届中央执行委员、国民党第六届中央常务委员、监察院监察委员。

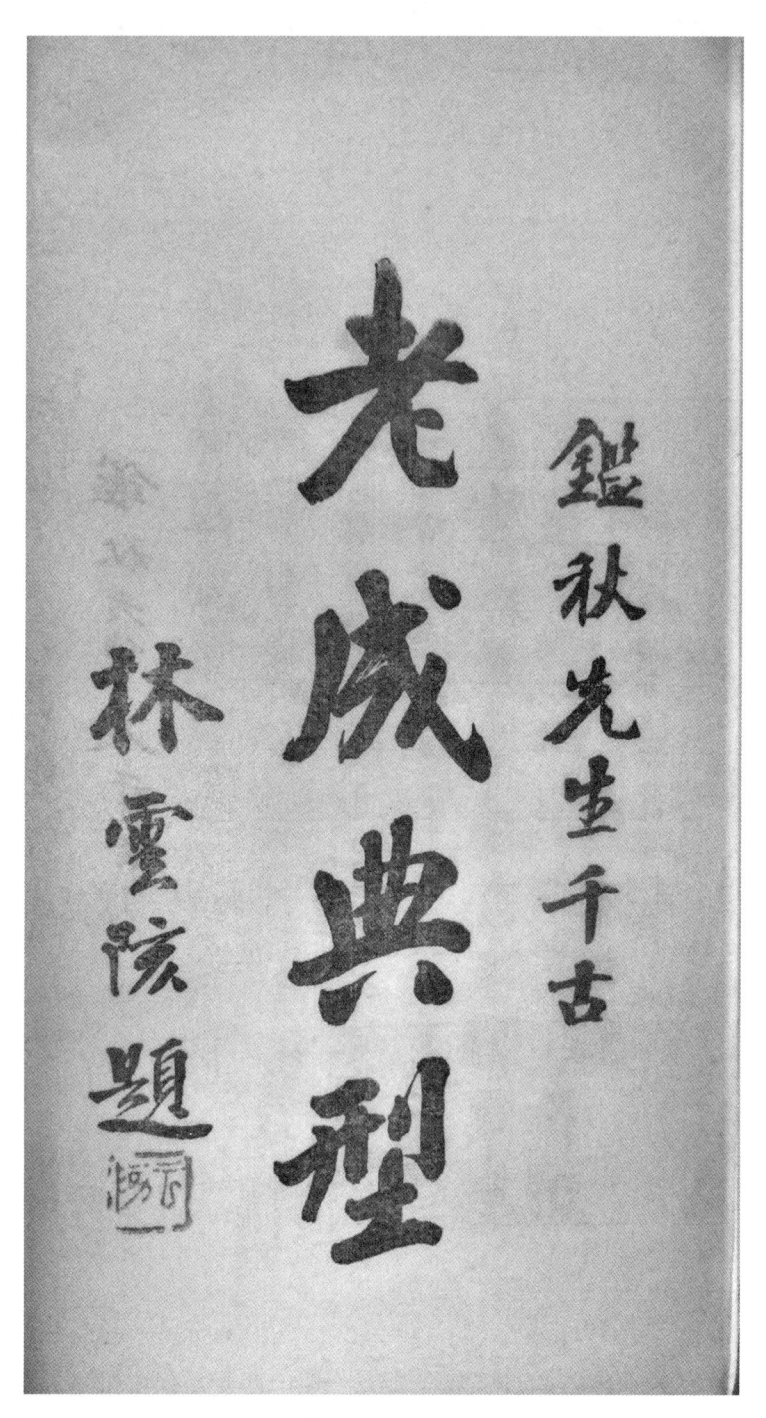

第四部分　纪念邓父鉴秋先生及邓母詹夫人

鉴秋先生千古

老成典型

林云陔题

林云陔（1881—1948）　广东信宜人。早年加入中国同盟会，参加辛亥革命，任高雷道都督。后留学美国。历任孙中山大元帅府秘书、广州市市长、广东省政府主席兼财政厅厅长、建设厅厅长、国民政府监察院审计部部长、审计长。

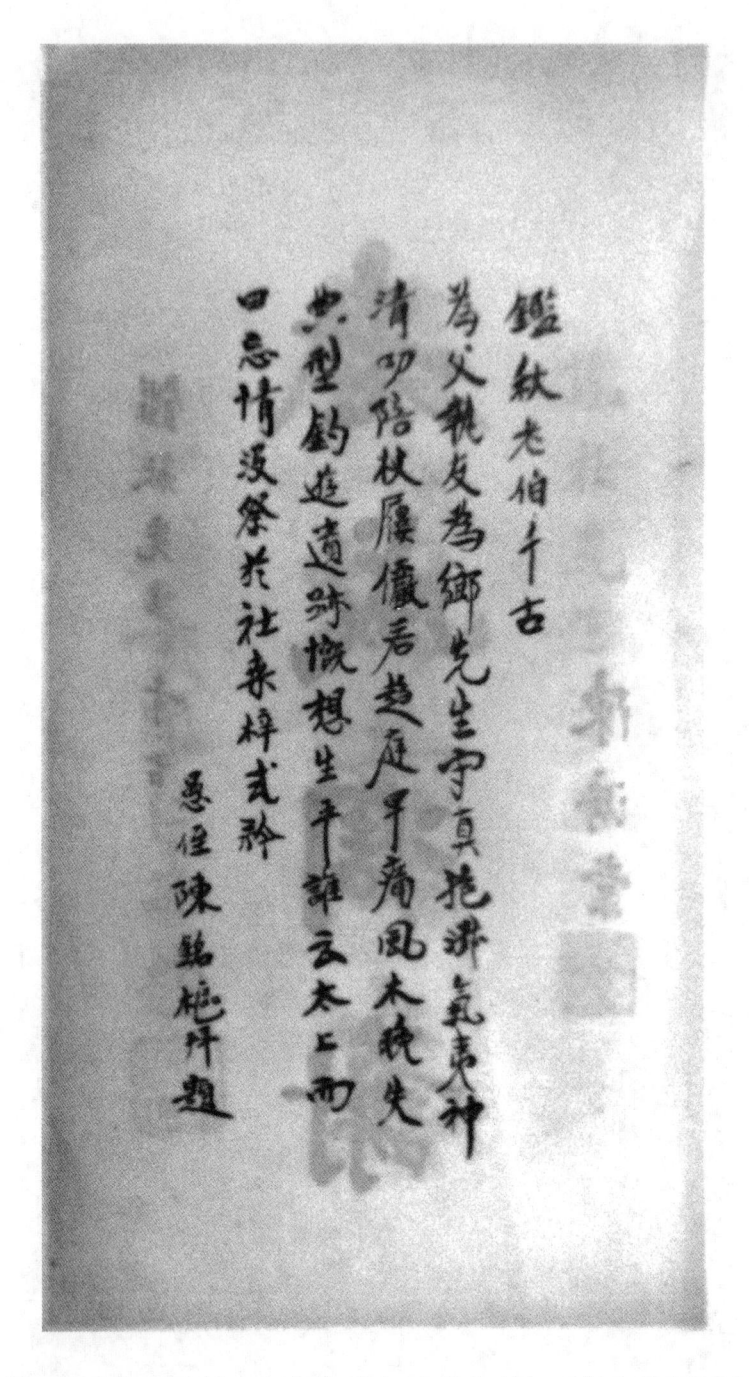

陈铭枢（1889—1965）　广东合浦人（现广西）。保定陆军军官学校第一期炮兵科肄业。历任第十一军军长、广东省政府主席、京沪卫戍司令长官、国民政府军事委员会委员、国民政府交通部部长、代理行政院院长。中华人民共和国成立后，任中南军政委员会农林部部长、中南行政委员会副主席、民革中央常委、中央人民政府委员、全国人大常委、全国政协常委。

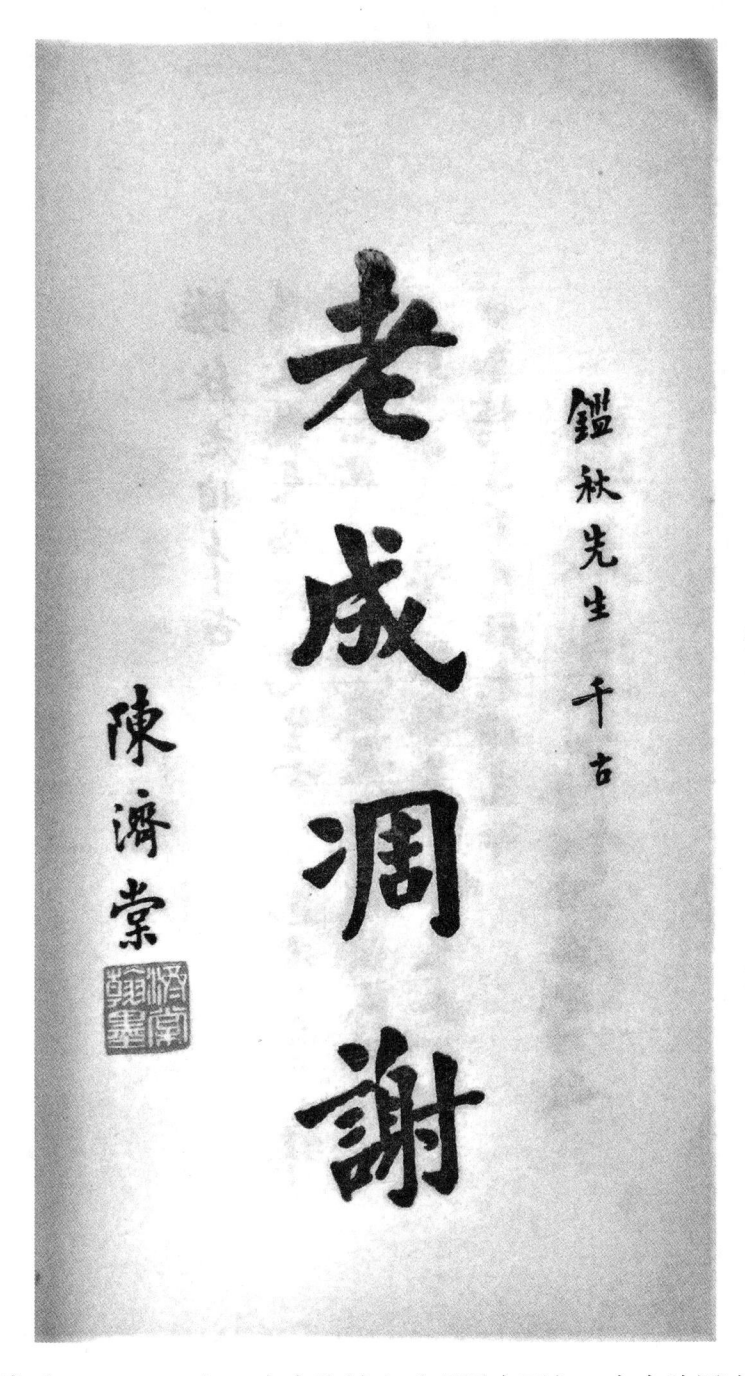

第四部分　纪念邓父鉴秋先生及邓母詹夫人

鎧秋先生千古

老成凋謝

陳濟棠

陈济棠（1890—1954）　广东防城人（现属广西）。广东陆军速成学校第三期步科毕业。历任广东第八路军总指挥、第一集团总司令、一级陆军上将、国民党中央执行委员、国民政府农林部部长、海南防卫总司令部总司令。

鉴秋先生千古

殿圯灵光

李宗仁敬题

李宗仁（1891—1969）　广西桂林人。广西陆军速成学堂毕业。民国一级陆军上将。民国时期桂系首领，历任国民革命军第七军军长、广西绥靖公署主任、广西第四集团军总司令、第五战区司令长官、国民政府副总统、代总统。

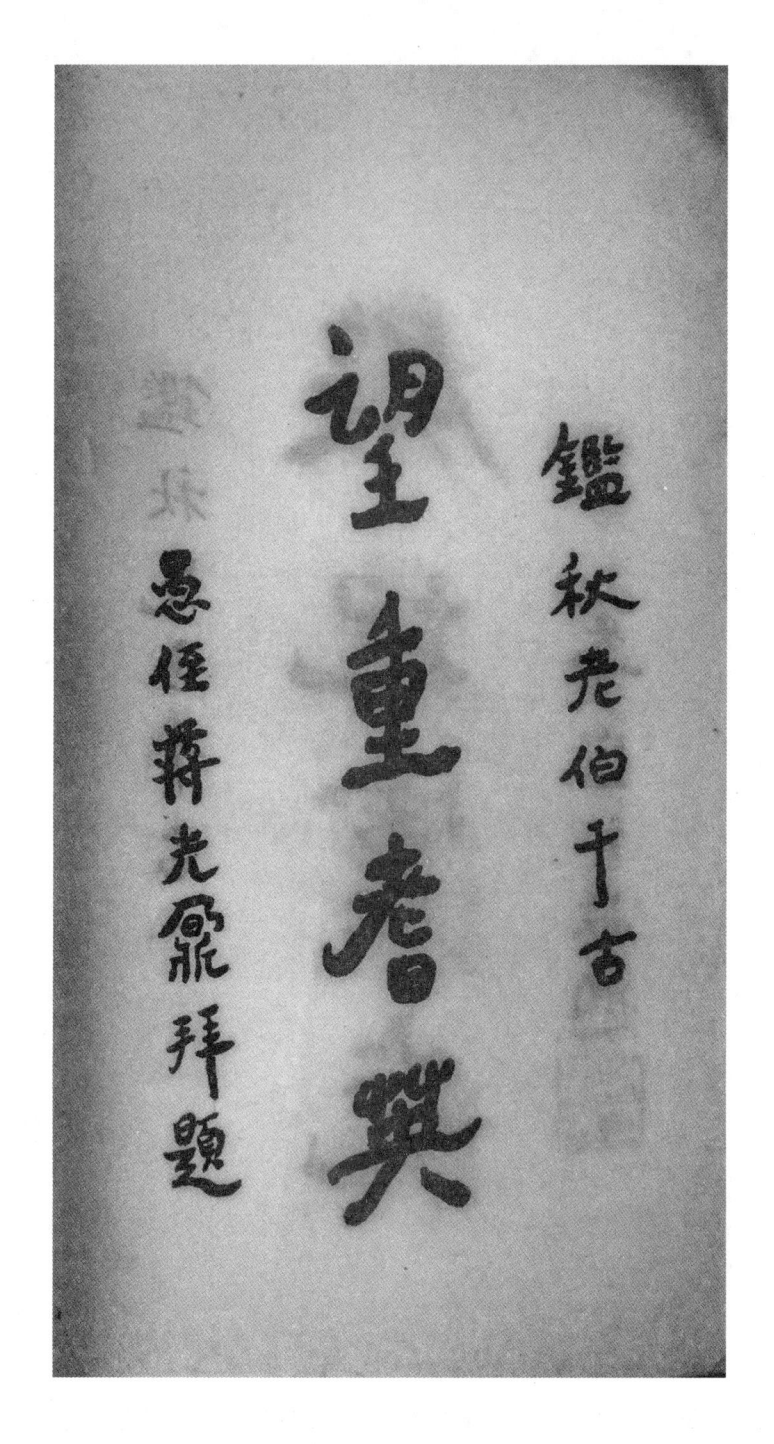

第四部分 纪念邓父鉴秋先生及邓母詹夫人

> 鉴秋老伯千古
>
> 望重耆英
>
> 愚侄蒋光鼐拜题

蒋光鼐（1888—1967） 广东东莞人。保定陆军军官学校第一期步兵科肄业。历任国民革命军第十一军副军长、第十九路军总指挥、驻闽绥靖公署主任、福建省政府主席、第七战区副司令长官。中华人民共和国成立后，任国家纺织工业部部长、全国政协常委、民革中央常委。

镗秋世伯千古

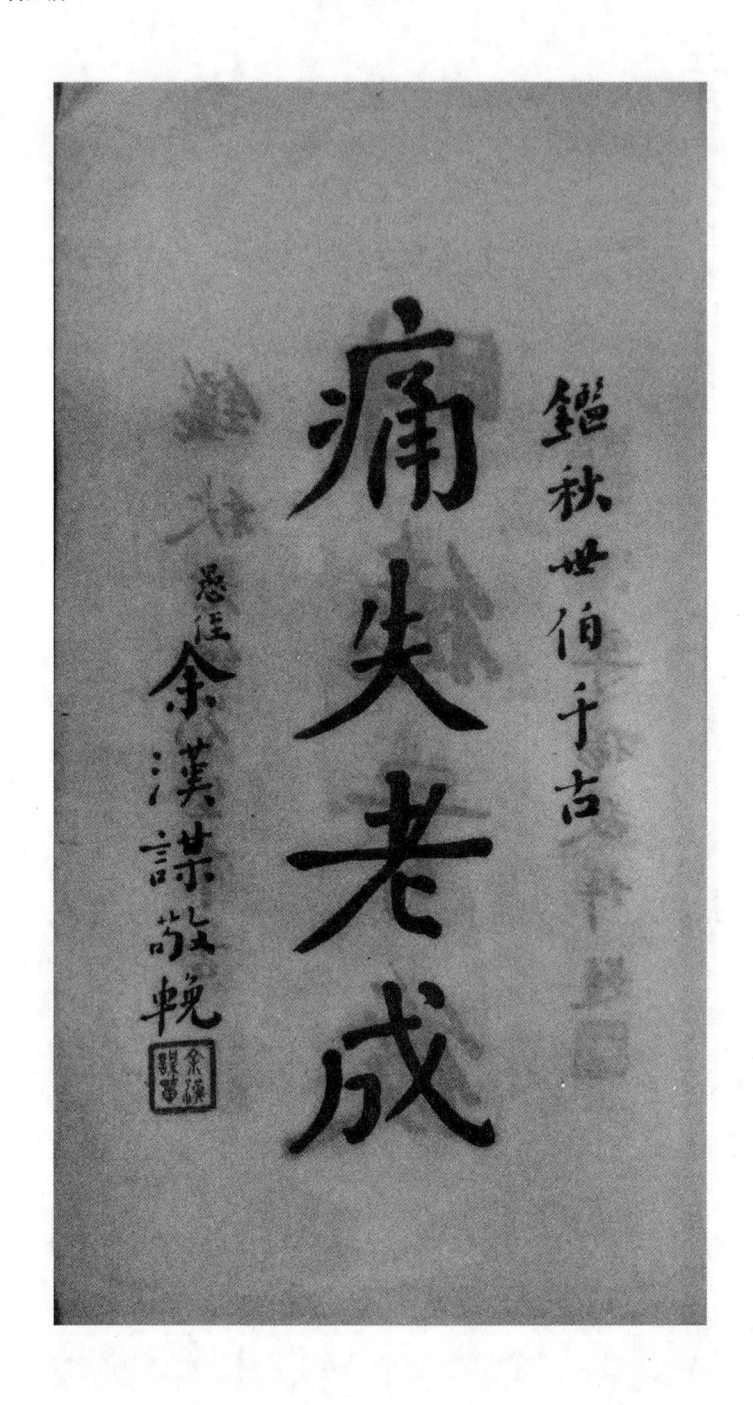

痛失老成

愚侄 余汉谋敬挽

余汉谋（1896—1981） 广东高要人。民国陆军一级上将，保定陆军军官学校第六期步兵科毕业。历任第四军第十一师第三十一团团长、广东第一集团军军长、第四路军总司令、广东绥靖公署主任、第七战区司令长官、华南军政长官、海南特区行政公署副长官、陆军总司令。

明德肯後

鑒秋老伯先生千古

李揚敬拜題

李扬敬（1894—1988）　广东东莞人。广东陆军速成学校第三期步科，保定陆军军官学校第六期辎重兵科毕业。历任孙中山总统府警卫团连长、国民革命军第四军第十一师参谋长、黄埔军校教育长兼入伍生部部长、第八路军总司令部参谋长，广东第一集团军第三军军长、副总司令，军事委员会参议官，中央训练团副教育长，广州特别市市长，海南防卫总司令部副总司令兼参谋长。

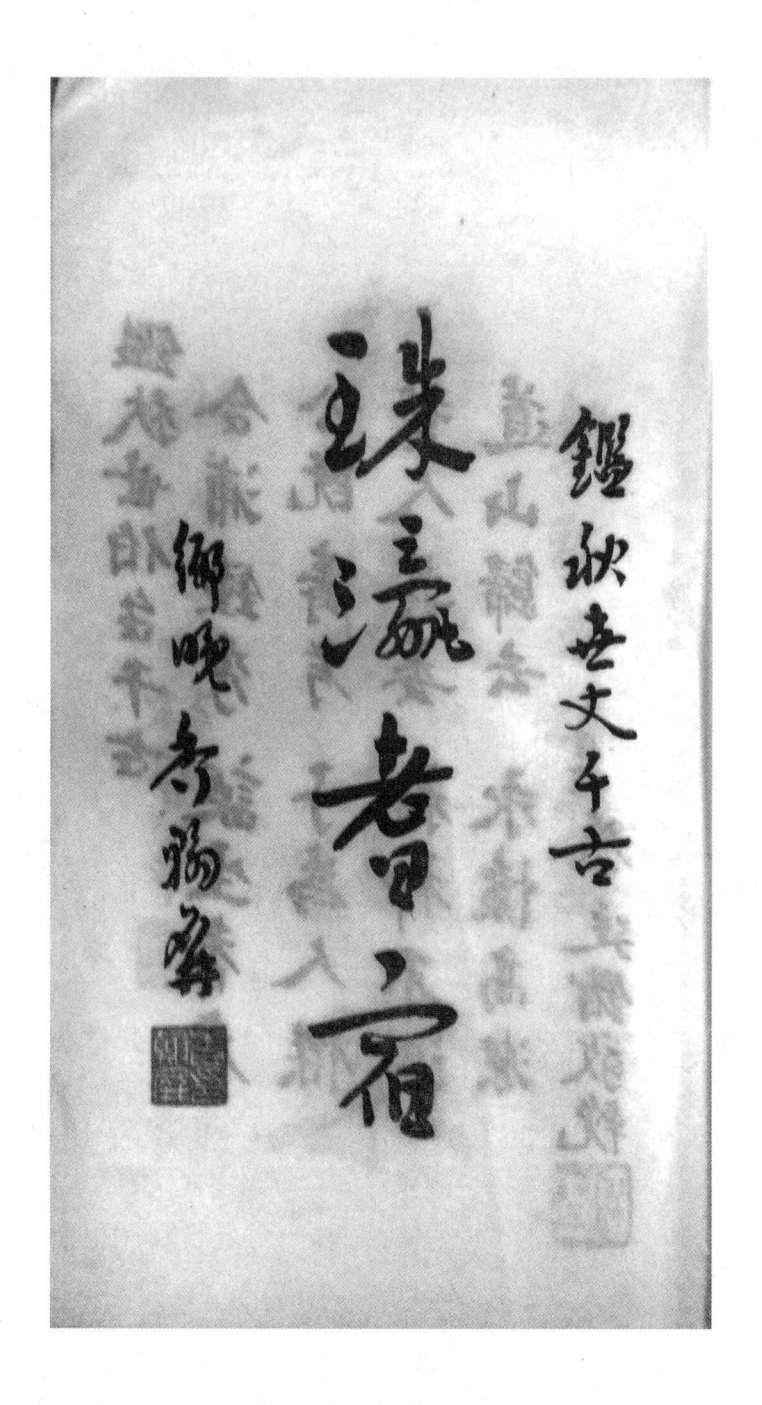

香翰屏（1890—1978） 广东合浦（现属广西）人。广东护国军第五军军官讲武堂毕业。历任第四军第十一师第三十二团团长、广东第一集团军第二军军长，第四路军副总司令，第九集团军副总司令、代总司令，国民党中央监察委员会委员，广州行辕副主任，广州绥靖公署副主任，"行宪"第一届国民大会广东代表。

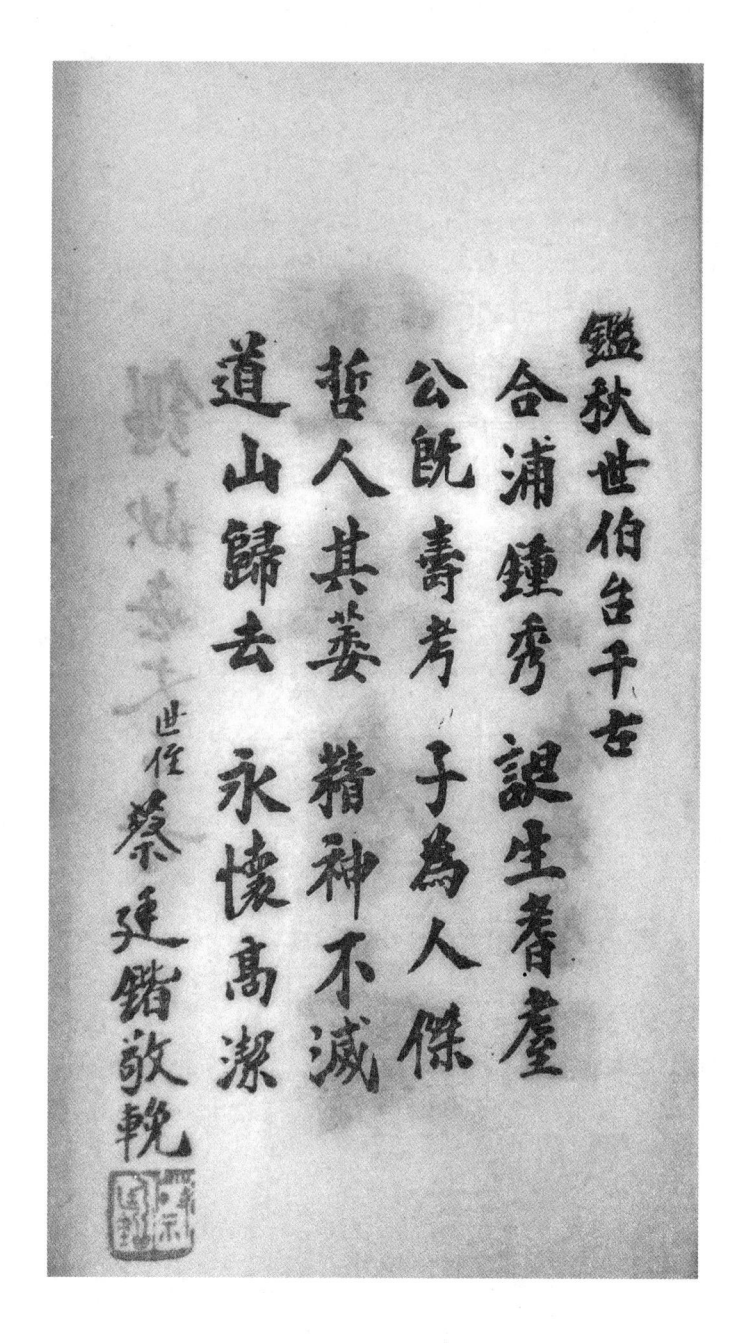

第四部分 纪念邓父鉴秋先生及邓母詹夫人

> 鉴秋世伯在千古
> 合浦钟秀 诞生眷台
> 公既寿考 子为人杰
> 哲人其萎 精神不灭
> 道山归去 永怀高洁
>
> 世任蔡廷锴敬挽

蔡廷锴（1892—1968）　广东罗定人。广东护国军第二军讲武堂第三期毕业。历任第十九军军长、第十九路军总指挥、福建绥靖公署主任、第二十六集团军总司令、粤桂边区总司令、军事委员会上将参议官。中华人民共和国成立后，任中央人民政府委员、国防委员会副主席、国家体育运动委员会副主任、全国政协常委、民革中央常委等。

硕德耆年

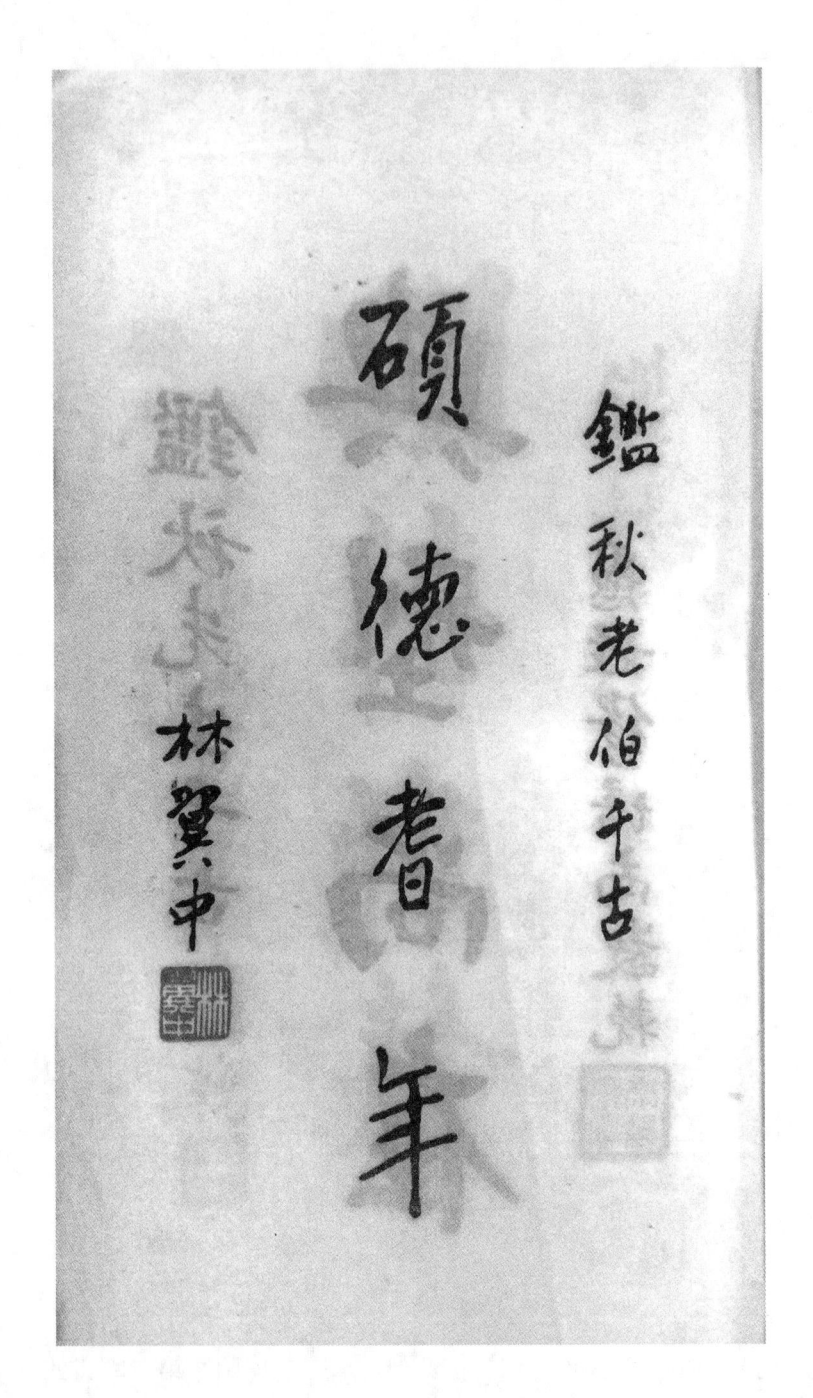

鉴秋老伯千古

耋寿大人 林翼中

林翼中（1887—1984） 广东合浦（现属广西）人。广东高等师范学校毕业。历任国民革命军第四军第十一师政治部主任、中央军事政治学校政治总教官、广东省政府民政厅厅长、国民政府农林部次长、广东省参议会议长、珠海书院监督、崇正总会副理事长。

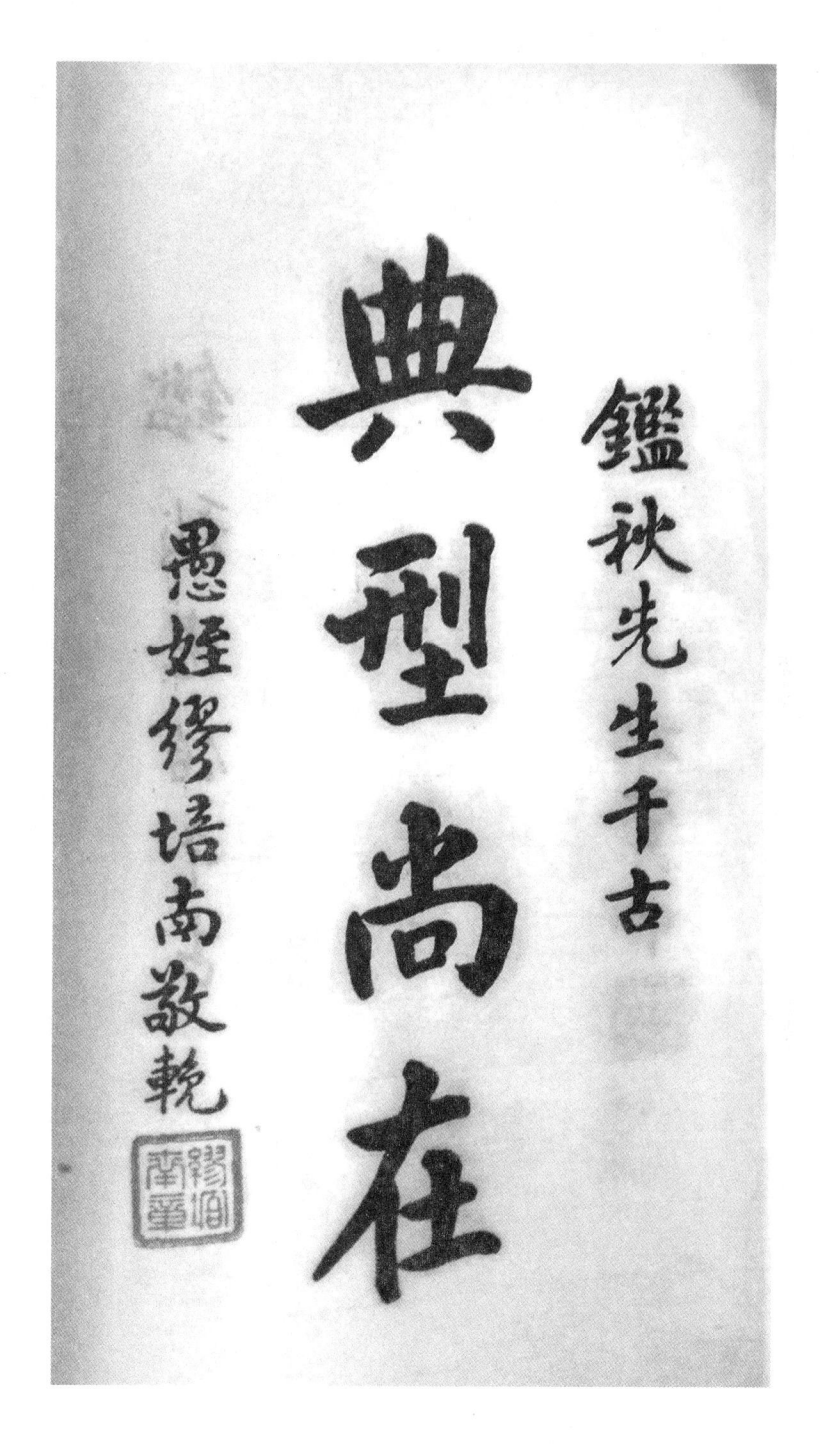

第四部分 纪念邓父鉴秋先生及邓母詹夫人

鉴秋先生千古

典型尚在

愚姪缪培南敬輓

缪培南（1895—1970） 广东五华人。保定陆军军官学校第六期步兵科毕业。历任国民革命军第四军军长、第八路军总指挥部参谋长、第六十五军军长、第九集团军总司令，第四、第七战区长官司令部参谋长，兼东江指挥所主任，广州行辕（后改为广东绥靖公署）副主任。

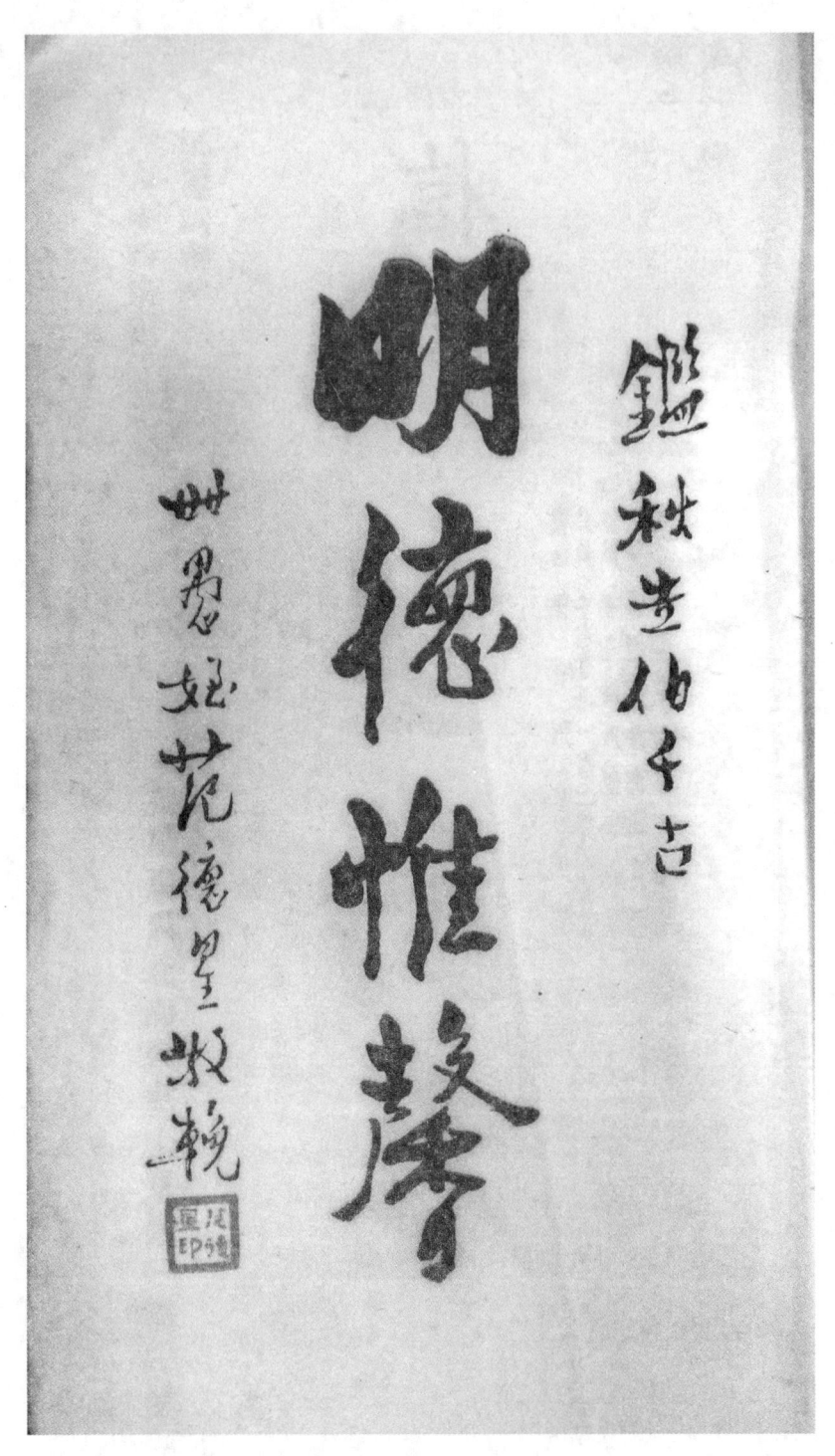

> 鑑秋老伯千古
>
> 明德惟馨
>
> 世愚姪范德星敬輓

范德星（1882—1945）　广东合浦（现属广西）人。广东陆军速成学堂第五期毕业。历任第四军十师三十团中校营长、上校团长，广东第一集团军第一独立旅旅长、第四路军总司令部少将参议。

訃

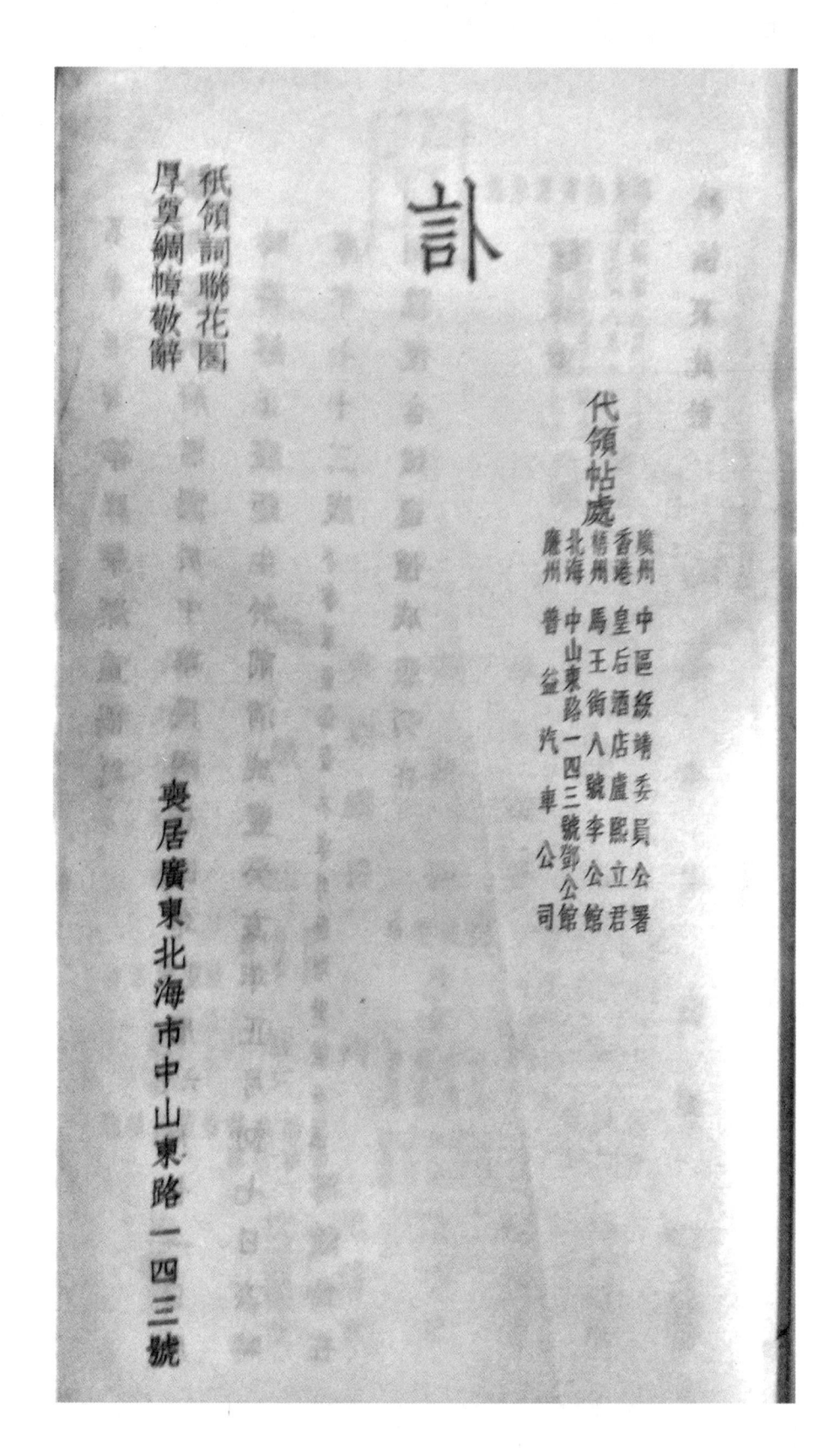

代領帖處

慶州中區綏靖委員公署
香港皇后酒店盧熙立君
梧州馬王街八號李公館
北海中山東路一四三號鄧公館
廉州普益汽車公司

祇領詞聯花圈
厚賀綢幛敬辭

喪居廣東北海市中山東路一四三號

不孝世增等罪孽深重禍延
顯考鑑秋府君慟於中華民國廿四年夏曆六月廿一日辰
時壽終正寢距生於前清咸豐癸亥年正月初七日亥時
享年七十三歲不孝承重孫登不孝男世增世誠世漢等隨侍在
側親視含殮遵禮成服叨在

族世黨寅戚友學
  誼諒蒙
矜恤哀此訃

第四部分　纪念邓父鉴秋先生及邓母詹夫人

聞

謹擇國曆九月十三日
夏曆八月十六日 家奠
國曆九月十四日
夏曆八月十七日 出殯

承重孫　鄧登　世穎　泣血稽顙

孤哀子　世誠 世增 世囯 世因　女 顏如 顏慕 顏知　泣血稽顙

承杖繼孫　世漢　旭　少蓮 海蓮 燕蓮 秀蓮 碧蓮　泣稽首

齊期繼孫　達 遠 有孫女　清蓮 潔蓮 愛蓮 濟蓮　泣稽首

齊期孫　發　鈞　愛珍 嬌珍 淑珍 翠珍　泣稽首

期服姪　世和 世香 世秩　姪女 桂 淮 橫 植　抆淚稽首

大功服姪孫　駿 修 熊 東 驥　姪孫 駒　抆淚稽首

409

小功服姪曾孫

　日　養
　庠　庠
　庠　庠
肇　肇　肇
康　庸　庠

抆淚稽首

小功服姪

世世世世世世
綾泰稽稔利稱
世世世世世世
綬驥森權嵩英

抆淚頓首

緦服姪孫

棟驥森權嵩英

拭淚頓首

緦服姪壻

龔起銓
陳冠恆

拭淚頓首

緦服甥孫

李兆斌文

拭淚頓首

司書袒免姪壻

劉瑞圖

拭淚頓首

哀啟

哀啓者　先嚴諱文藻字鑑秋　先祖邦俠公之季子也昆弟四人世業耕讀家本小康　長次伯父欲以商業致富顧初自鄉塾中來未諳世途巇險被奸儈所吞噬盡傾家產　先曾祖　先祖皆以為家產兄弟各有名分矛盾全舉以償逋負　次伯見虧蝕過鉅無顏歸家潛赴雷州湖江巖寺披薙為緇流時　先嚴年纔十四目覩情狀再三請於先曾祖　先祖曰骨肉離析匪家之禎與其留少許貲產以自私孰若復謀團聚涌力合作堂上鑒其誠許之於是親至湖江巖寺邀與同歸次伯猶以無顏見家人為辭　先嚴毅然曰家道之興替要在人為耳聚首于家庭和順于門內而勤劬於職業安見舊日區區之所有不足以恢復而昌大之哉遂得與連鑣返由是吾家懲前轍之覆以營商為戒而耑力於鋤雨犁雲明經修行之中本業克勤家境亦寖以裕　先嚴夙攻制舉業光緒間徐花農惲次遠學使按試來廉兩登草榜科

第四部分　纪念邓父鉴秋先生及邓母詹夫人

舉既廢受檢定為高等小學教員執教鞭數年多所成就逮 不孝世炎
殯於潆西河抱痛遂不復從事黑板生涯而教育事業仍具熱心曾贊
助縣立第三中學創辦五區第七小學解囊無吝色生平禀性慈善遇
戚里中貧病急難輒加欸助而未嘗自以為恩鼠牙雀角之爭得其片
言無不折服以玆每流覽史册國家觀念獨深清政不綱歲辛亥助 不
孝世坤 隨蘇敬修師長奔走革命因製溜彈失慎致殞其身 先嚴志
不稱裏仍遣 不孝世增 世誠 世諴 等貧笈陸軍學校肄以及時報國不
孝世增 等追隨吾黨先進執掌國事千役十年有奇曾迎養廣州上海
北平各處 先嚴無喜色獨淞滬抗日之役 不孝世增 等喬參戎機
先嚴始告人曰兒輩知報國矣其志趣有如此者 先嚴生三女長 顔
幕適李族蚤失所天撫孤成立次 顔如 許字龔族未嫁先斷幼 顔如北
平華光女子學校高中畢業適陳族北平大學政治學士冠樞現長合

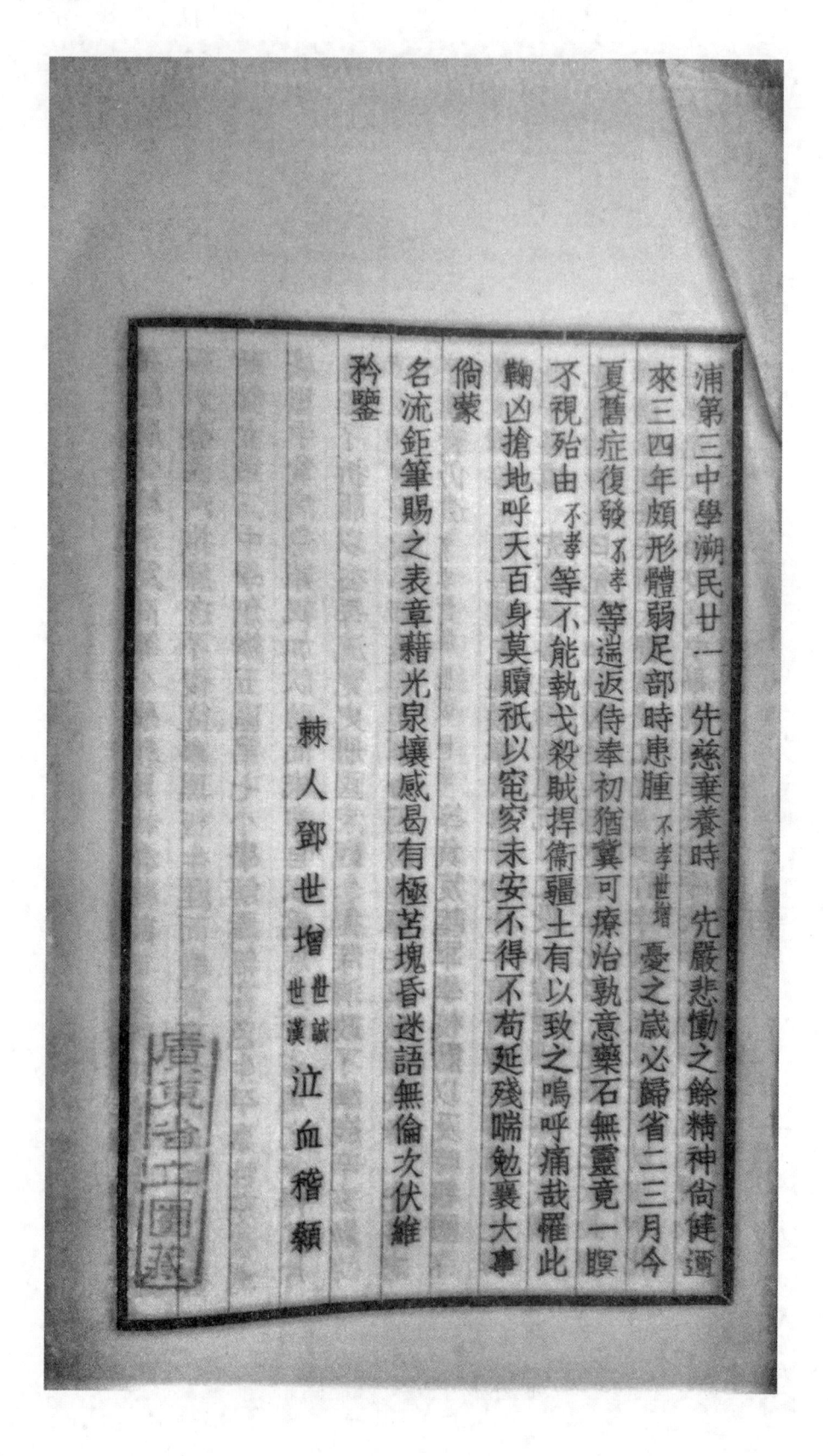

浦第三中學溯民廿一 先慈棄養時 先嚴悲慟之餘精神尙健邇來二三四年頗形體弱足部時患腫 不孝世增 憂之歲必歸省二三月今夏舊症復發 不孝等遍返侍奉初猶冀可療治孰意藥石無靈竟一瞑不視殂由 不孝等不能執戈殺賊捍禦疆土有以致之嗚呼痛哉罹此鞠凶搶地呼天百身莫贖衹以窀穸未安不得不苟延殘喘勉襄大事倘蒙

矜鑒

名流鉅筆賜之表章藉光泉壤感曷有極苫塊昏迷語無倫次伏維

棘人鄧世增 世誠 世漢 泣血稽顙

《邓君詹夫人吊唁册》

邓鉴秋妻詹夫人，与邓氏同邑，父亲詹国力，从事农耕。詹夫人自幼蒙受《女诫》的教育熏陶，操守正直品性柔顺安详为乡人赞颂。18岁嫁入邓家，正值邓家生意失利家道中落，父母兄弟分家。詹夫人极力劝阻陈其利弊，联络众兄弟合伙如初。兄弟妯娌之间和睦友爱，侍奉父母细心周到，从此家道振兴，经济渐渐富裕。

詹夫人勤俭持家辅助丈夫先后养育五个儿子三个女儿，经常用忠孝仁义教育勉励子女，期望儿子为国为家建功立业。病榻上得知孩儿辈奔赴抗日前线杀敌救国时引以为骄傲，语：有子能赴国仇吾死亦瞑目了。1932年10月26日，因病在北海逝世，时值上海"一·二八"淞沪抗日战事之后。

时隔75年，在2007年9月8日晚上，邓府姻亲后人钟国新医生从广东省肇庆市到北海寻亲，郑重其事地把一本《邓君詹夫人吊唁册》副本交付詹夫人孙邓发，并说这本吊唁册是他的父亲生前小心收藏了几十年，嘱他日后有机会时就送交邓家后人。这是邓氏家族历史的一个见证。

细细翻阅这收藏了75年的《邓君詹夫人吊唁册》，那薄如蝉翼的宣纸已经发黄，周边残缺不全，有些页面的上部分已被剪掉，但内里的文字还清晰可见。吊唁册收录了近800名人为詹夫人撰写的墓志铭、祭文、祭诗、挽联。其中多是当年国民政府中叱咤风云的军政、文化界名人所手书、撰写。文字中既是悼念贤良淑德的詹老夫人，又是赞颂儿辈们在民主革命和在"一·二八"淞沪抗战作出的贡献，更是一个大时代的写照！很有纪念意义，具有历史文物的保存价值。

合浦邓君妻詹夫人墓志铭
顺德黄节撰文苍梧李济深书

詹夫人合浦邓文藻君之室也。父国郑，力田不士，与邓氏同邑。夫人幼承女诫，端操幽娴，见称党里。年十八出适于邓。邓氏世业儒书，继营商运。已而懋迁折阅，家遂落。一门以内，食指众多，兄弟乃谋析爨异居，更番奉养，二亲就食子舍。夫人既归，以为舅姑之养，在于朝夕。不可以思自离。慨然曰，家道之兴替，视乎治家者之勤惰如何，岂有舍二亲而各立门户遂足以兴者哉？乃勤告邓君，式联兄弟，合爨如初。昆仲姒娣雍雍如也。且怵于商折在前，复劝邓君仍事耕读，由是家计渐裕而子妇承欢，二亲颐养，皆臻上寿，夫人之孝也。夫人勤以佐夫，俭以持家。先后育丈夫子五，女子子三。长子世坤，辛亥革命随粤军第二师师长苏慎初奔走国事。因制榴弹失落殒身。四子世炎，九岁能文，涉攻群籍，勤研实学，毕业于省立广廉州中学校，而忧国成性，年二十三以瘵卒。夫人感于祸乱，以为必得勇武之士方足捄国，常以忠义勖诸子。故次子世增、三子世诚、五子世汉皆毕业军校，服军职，得镶糈以养亲。然夫人期诸子建树，未尝以是色喜也。世增秉母教，忠义奋发。余尝与同役广州，知其人有国士之风。民国二十年九月日本侵略我辽东，我失地数万里。逾年一月遂进寇我淞沪。其时世增任京沪卫戍司令长官公署参谋长，世汉方毕业陆军大学，亦参与十九路军戎机。是役以寡敌众，以窳御坚，卒能遏寇使不得逞者，全军忠义之效也。夫人每闻杀贼捷音，则喜而不寐，曰：儿辈能赴国仇，吾为有子，死亦瞑目矣。呜呼，昔者楚子发母能以教诲，诗曰，"教诲尔子，式穀似之"，夫人有焉。淞沪功未竟而世增世汉相继赴闽复参戎幕。是秋，夫人疾作，以十月二十六日卒于里。春秋六十有八。冬十一月世增以母杖讣告北来，曰将以十二月十三日奉母柩葬于邑治东南之采花岭，而请余铭杖。余维夫人懿行不诬如此。铭曰：

之子于归，家人宜之。良士休休，母惧失之。陟屺瞻之。母曰予季，赴敌无怨，母乐于地。

合浦邓先生妻詹夫人《墓志铭》。顺德黄节撰文，苍梧李济深书（白话释文：何国樑）

詹夫人是广西合浦县邓文藻先生的妻子。父亲詹国力勤于农事，不事科举，与邓氏是同乡。詹夫人自幼受到《女诫》的教育熏陶，操守正直，品性柔顺安详，为乡人所赞赏。18岁时嫁到邓家。

邓家世代致力于读书科举。后来转而从商谋生。不久，生意亏本，家道中落。一家大小，人口众多。兄弟们就打算分家自立，轮流赡养父母，而父母就轮番到各个儿子家吃饭。詹夫人嫁过邓家以后，认为赡养父母在于随时照顾，不可想着私自离开。她感慨地说，家业的兴盛或衰落，就看持家的人是勤劳还是懒惰，哪有丢下父母自立门户就可以兴旺的呢？于是反复劝告邓先生，联络众兄弟，合伙如初。兄弟妯娌之间和睦友爱，大家庭里一片祥和气象。再考虑到前段时间经商亏本的教训，又劝邓先生仍然一面耕作，一面攻读以备科举考试。从此家庭经济渐渐富裕，而儿子媳妇侍奉父母细心周到，两老得到调摄保养，都达到长寿，这是詹夫人恭谨孝顺的缘故啊。

詹夫人勤谨辅助丈夫，节俭持家。她先后养育了五个儿子、三个女儿。长子邓世坤，辛亥革命时追随粤军第二师师长苏慎初从事革命活动。因为制造榴弹发生意外而牺牲。第四子邓世炎，9岁就能够写文章，广泛研读各种经典，勤奋钻研科学技术，在省立廉州中学毕业。由于长期辛勤劳累加以忧心国事，染上了肺病，23岁就不幸病逝。詹夫人有感于祸乱，认为必须有英勇威武的人才才能够拯救国家。她经常用忠孝仁义教育勉励子女。因此二子邓世增、三子邓世诚、五子邓世汉，都毕业于军校并在军队中担任职务，得到军饷来赡养父母。然而詹夫人只是期望儿子建功立业，未曾因儿子获得薪饷而高兴。邓世增接受母亲教诲，忠心卫国之情振作流露。我与他曾经在广州一起工作，深感他有国士的风范。民国二十年（1931年）9月日本侵略我国辽东，占领了我国领土数万平方公里。第二年1月又侵犯我国淞沪地区。当时邓世增正担任首都（南京）和上海卫戍司令公署参谋长，邓世汉刚从陆军大学毕业，也参与了第十九路军对日寇的抗战。这次以寡敌众，以弱御强的战役，终于阻遏日寇侵略，使其阴谋不能得逞，乃是因为十九路军忠义奋战所致。詹夫人每次听到杀贼的捷报，就高兴得不能入睡，说，孩儿辈能奔赴前线杀敌救国，我算是有好儿子了，即使死了也可以瞑目无牵挂了。啊，古代楚国将军子发的母亲能够以善道教诲儿子，《诗经》说，"以善道教诲你的儿子，使他们从善。"詹夫人就是这样做的了。淞沪抗战未结束，而邓世增邓世汉兄弟又前往福建参与军政事务。这一年（1932年）秋天，詹夫人病重，于10月26日在家乡逝世，享年68岁。冬天邓世增以母丧发讣告来，说，将在12月13日扶母亲灵柩到合浦县治所东南的采花岭安葬，恳请我给他母亲撰写墓志铭。我想詹夫人的美德善行确如上述。撰铭文颂扬她：詹氏嫁入邓家，上下和谐兴旺，儿子忠义仁厚，慈母挂肚牵肠。登上秃山而瞻望远方母亲。似闻慈母勖勉，我儿远赴沙场，奋勇杀敌无怨，为母含笑九泉。

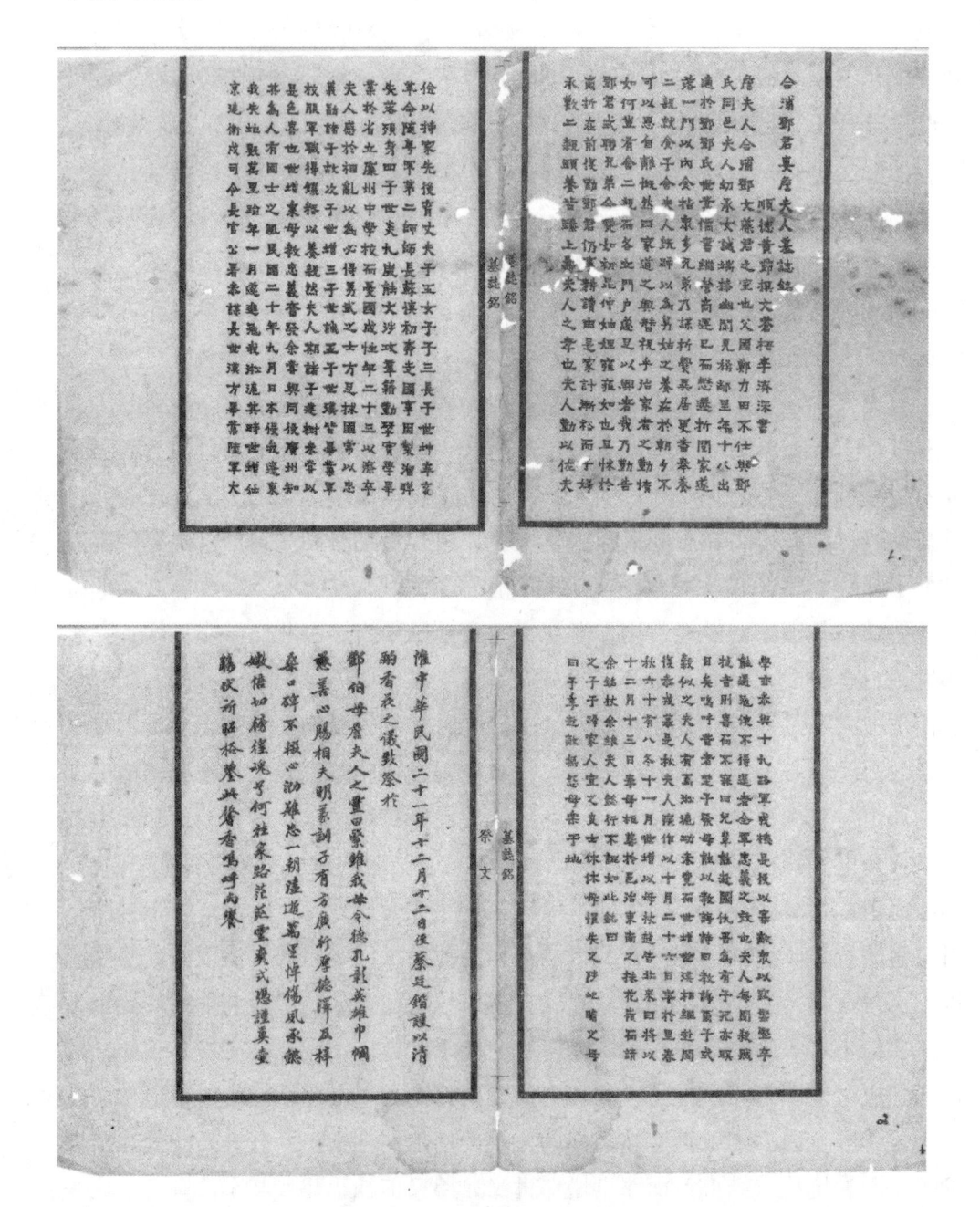

蔡廷锴撰写之祭文

维中华民国二十一年十二月十二日侄蔡廷锴谨以清酌香花之仪致祭于邓伯母詹夫人之灵，曰：繄维我母，令德孔彰；英雄巾帼，慈善心肠；相夫明义，训子有方；广行厚德，泽及梓桑；口碑不辍，心泐难忘。一朝溘逝，万里悼伤。夙承懿嫕，倍切彷徨。魂兮何往，泉路茫茫。灵爽式凭，谨奠壶觞。伏祈昭格，鉴此馨香。呜呼尚飨！

白话释文：何国樑

唯中华民国二十一年十二月十二日侄子蔡廷锴谨以清酒香花等礼品敬祭于邓伯母詹夫人之灵前，说：

敬爱的伯母啊，你美德流芳，你是女中豪杰，心地善良。你深明礼义，辅助丈夫；养育子女，教导有方。你为人厚道，造福家乡。人人赞口不绝，个个铭感难忘。一旦忽然逝世，四海痛悼悲伤。侄儿平素蒙受你的美德熏陶，加倍感到彷徨。你的灵魂往哪里啊？黄泉路上，渺渺茫茫。面对你的灵位，恭敬地洒下酒浆。祈求神灵降临，鉴赏祭品的芳香。啊，请您享用祭品吧！

李济深撰写之诔词

维中华民国二十一年十月二十六日北海

邓母詹夫人卒，呜呼哀哉！夫仙灵图画，缥缈于五云之端；鏧悦丹青，光泽在七襄之上。小觿金燧，佩于中门。提笤采蘋，思存南涧。奉承暇豫，则能得威姑，传示徽柔，则式昭彤管。乃生男子，维熊维羆。仲子益能参谋长名绩更懋，济深素心所托于兹十年矣。一卧沧江，岁聿云暮。万方多难，赴以告哀。伤吾友之肫仁，遽板舆之违养。凯风寒泉，回肠荡气。六析辍滲，三党同悲。济深仪型玉度，肃将申椒，仰瞻云旗，穆愉司命。为之诔曰：

詹伯之胤，作嫔于邓。维则柔嘉，有觉德行。达孝尊亲，冬温夏清。酒醴馈酏，循墙三命。禋祀既崇，积善余庆。克相其天，爰习郑笺。广居富润，为国之翰。虎气腾上，俊迈无前。封豨修蛇，洊食上国。岭桥孤军，黄埔杀贼，孰主其谋，益能之力。孰教其忠，母仪不忒。寒潭兮霜白，暮霭兮烟青。瞻慈云之覆屋，嗟爱日于中庭。惟圣善之所届，载彤炜而益馨，冀神灵之仿佛，庶肸蠁于羹铏。

李济深恭撰并书

邓母詹夫人诔词中华民国二十一年十月二十六日北海

（白话释文：何国樑）

邓母詹夫人不幸逝世，可悲可痛啊！图画里的仙人都掩映在瑞云之中，腰带配巾的颜色光泽在织锦之上。小觿（解结的锥子）和（取火的）金燧佩挂于中门，出嫁前到涧边采摘浮蘋作祭品，虔诚地祭告祖先。婚后细心伺候公公婆婆，就能得到他们欢心。言行仁慈善良，自然彰显美好名声。生养教育男儿，个个都像棕熊那样刚强勇武。而次子益能参谋长的事业与名声更盛大。济深我私心托付于他已经十年了。自从辞职下野，转眼便到了年底。正值日寇入侵，国难当头，而噩耗传来，不禁为诚挚仁厚的好友，突然失去尽孝的机会而感伤。缅怀润物无声的母爱，思念茹苦含辛的劬劳，令他肝肠寸断。慈母的恩泽中辍，（父亲、母亲、妻子三姓）各族亲戚，无不痛悼含悲。济深我整肃仪容，恪守礼法，虔诚献上芳洁的祭品，仰望云天，恭谨地使掌管命运之神愉悦。撰写诔辞道：

  詹伯家的爱女，嫁作邓家新娘。
  为人德行正直，禀性温和善良。
  孝顺体贴长辈，使之冬暖夏凉。
  常备酒类粥品，谦恭殷勤奉养。
  祭祀虔诚隆重，福荫后人安康。
  儿子修文习武，矢志安民卫国；
  立德修身自励，成为国家栋梁。
  威风凛凛盖世，才识超迈无双。

第四部分　纪念邓父鉴秋先生及邓母詹夫人

野猪蟒蛇日寇，猖狂侵我中华。

十九路军健儿，吴淞浴血杀贼。

谁人主持谋略？益能运筹帷幄。

谁人教其精忠？邓母以身作则。

寂寂寒潭霜白，沉沉暮霭烟青。

感念慈母恩泽之覆荫，嗟叹未能尽孝而伤情。

慈母风范影响所至，载于史册而更芳馨。

希望神灵隐隐降临，令小鼎祭品之清香弥散于青冥。

李济深恭敬地撰著并书写。

李宗仁题挽：殿圮灵光

有子多謀 運籌帷幄
浴戰月餘 計無一錯
懲迫倭寇 功在民族
提問嶺南 慈容可掏
今在逯泉 永可瞑目

鄧府詹夫人千古

吳伍賀揚雷拜輓

鄧母詹夫人哀辭

狩獮淑媛　雍肅其儀
相夫教子　懿行昭垂
令妻賢母　粵海女師
彤管有煒　永式來茲

劉通敬題

鄧母詹夫人千古

孝始事親齊家
道不入門乃
心仍望子孫
名成蓋志報
國

胡漢武集生抖輓

懿範寔當代楷模自足
千古
九泉
哲嗣為黨堂英傑宣慰

鄧廿月大人千古

張科敬輓

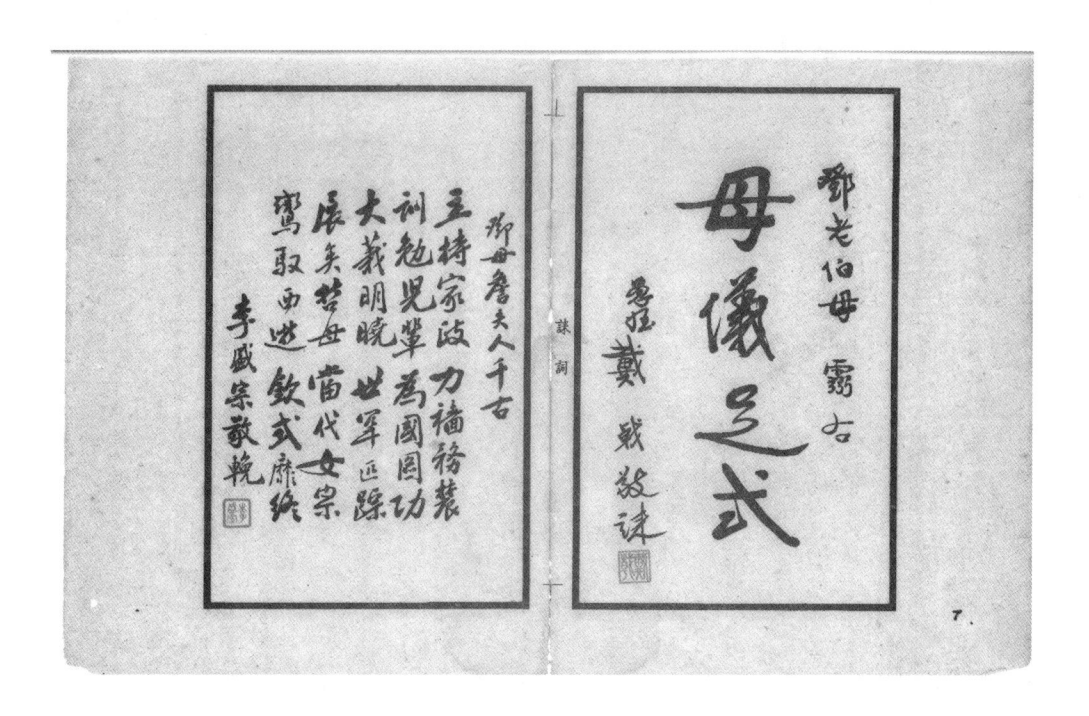

第四部分　纪念邓父鉴秋先生及邓母詹夫人

邓老伯母　灵右

母儀足式

愚侄戴　戟敬誄

邓母詹夫人千古

主持家政力補務襄
詞勉兒輩為國圖功
大義明曉世軍匹踪
展矣萱母當代女宗
鸞取西迤欽式廉纯

李毅宗敬輓

邓母詹夫人誄

遲遲太君淵慎溫恭闓訓
飫聞大義深通桃
燈佐讀沐雨櫛風嫗戊夫子家道百隆徵之
詰嗣秉訓徑戎義方有自達奏膚公婦有四
德備於歲躬朝天不吊遠云考終盖椎北堂
發痠長空待看邢史表斯女宗

愚姪毛維壽

邓老伯世詹夫人誄詞

高士良對　德耀遺徽
石辭身瘁　丰功家肥
縉雲方雅　仲華武威
于如秦士　一府堪隨
軍諮忠藎　秉訓慈閫
五嶺詫德　千禩流輝

愚挺陳培錕敬誄

邓世詹夫人 懿行

壸範垂型

周斌拜題

邓母詹夫人千古

猗維賢母曠代女宗 相夫教子 家室肅雍
同力合作丕振家風 嬌嬌哲嗣 人中之龍
為國禦侮卓著偉功 昊天不弔 遽降鞠凶
式茲壸範垂示無窮

愚姪王俊敬題

邓世伯母詹夫人千古

相夫讀書 勉子殺賊
鍾郝儀型 永垂竹帛

世愚姪沈戴和拜題

邓伯母詹夫人靈右

及夫稱壽 無鍾郝之風
惟母儀之不朽 永千秋之是宗

愚姪鍾喜焯拜題

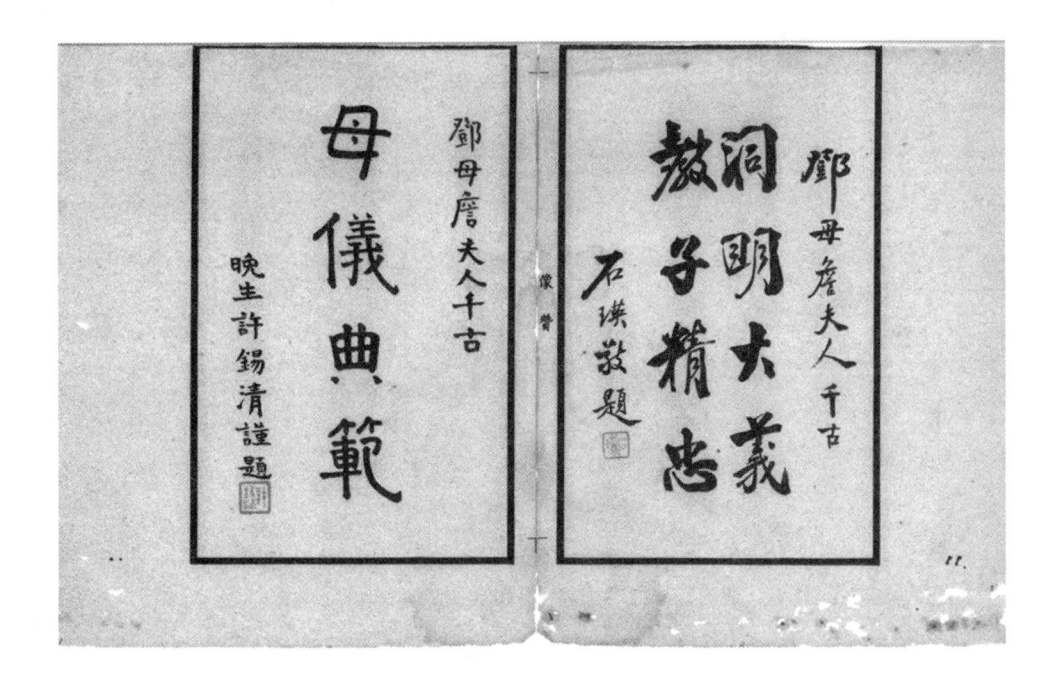

第四部分　纪念邓父鉴秋先生及邓母詹夫人

鄧母詹夫人千古

洞明大義
教子精忠

石璞敬題

鄧母詹夫人千古

母儀典範

晚生許錫清謹題

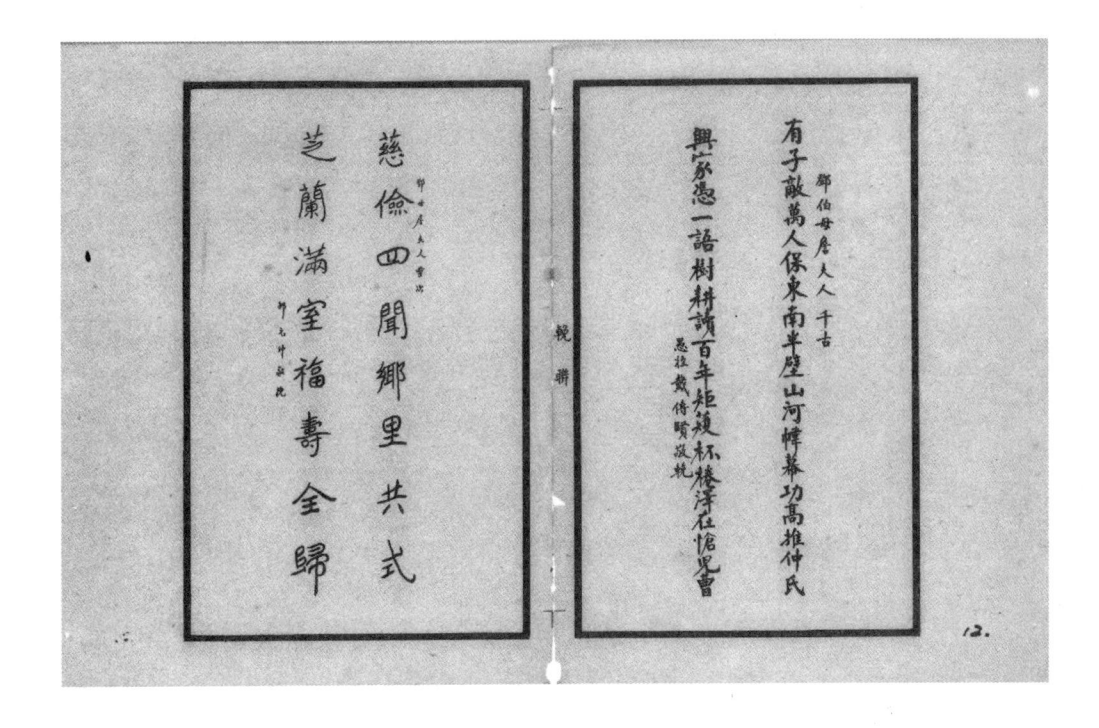

鄧伯母詹夫人千古

有子敵萬人保東南半壁山河幛幕功高推仲氏
興家憑一語樹耕讀百年矩矱杯棬澤在愴先曾

愚姪費倚贒敬挽

鄧母詹太夫人靈右

慈儉四聞鄉里共式
芝蘭滿室福壽全歸

挽联

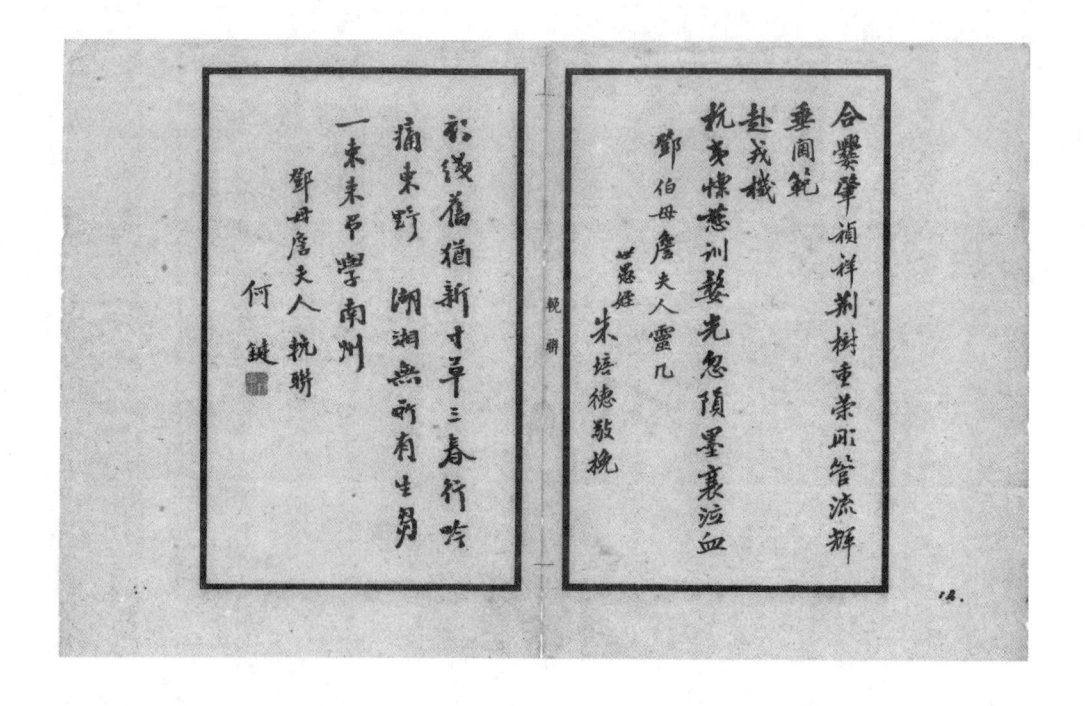

膝下有屺兄何欤不摧何攻不克

人间矣寿母其生也荣其死也哀

邓母詹夫人千古

允为女界模型留有贤声传里邮

享尽人间福寿更多遗荫及孙曹

待生萨镇冰拜 挽

合欢荜祯祥荆树重荣所管流辉

垂闻范

赴戎机

抗黄慷恻训誉光忽顷墨衰泣血

邓伯母詹夫人灵几

世愚姪朱培德敬挽

永念旧犹新寸草三春行吟

痛束野 潇湘无所有生男

一束来吊学南州

邓母詹夫人挽联

何键

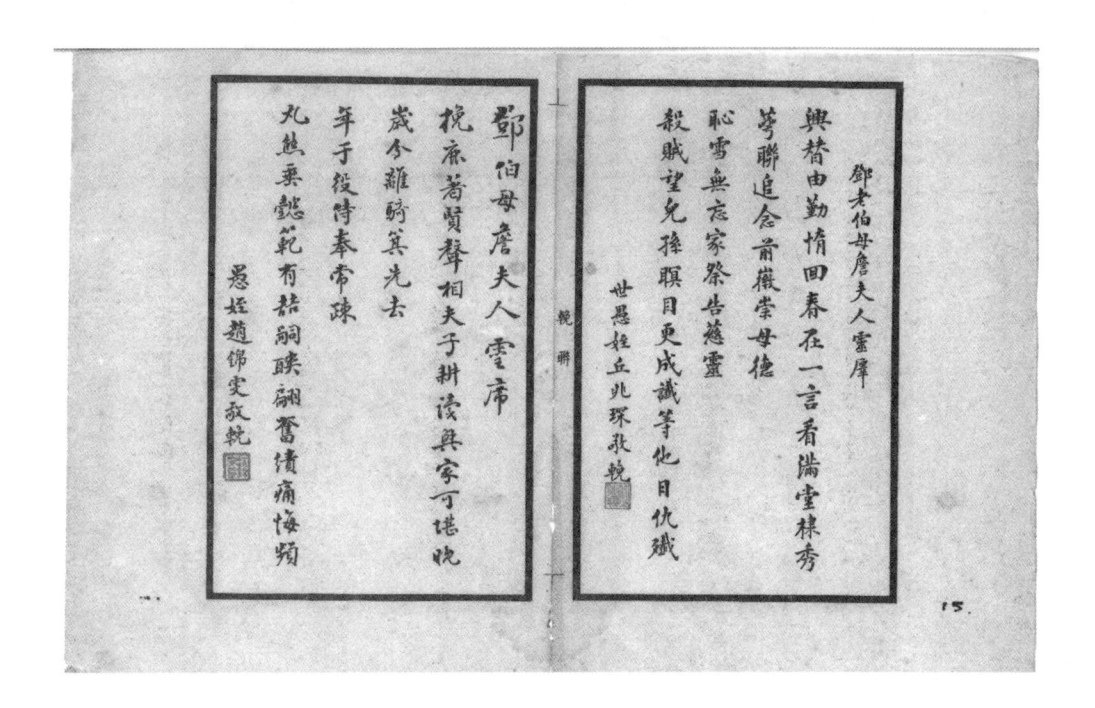

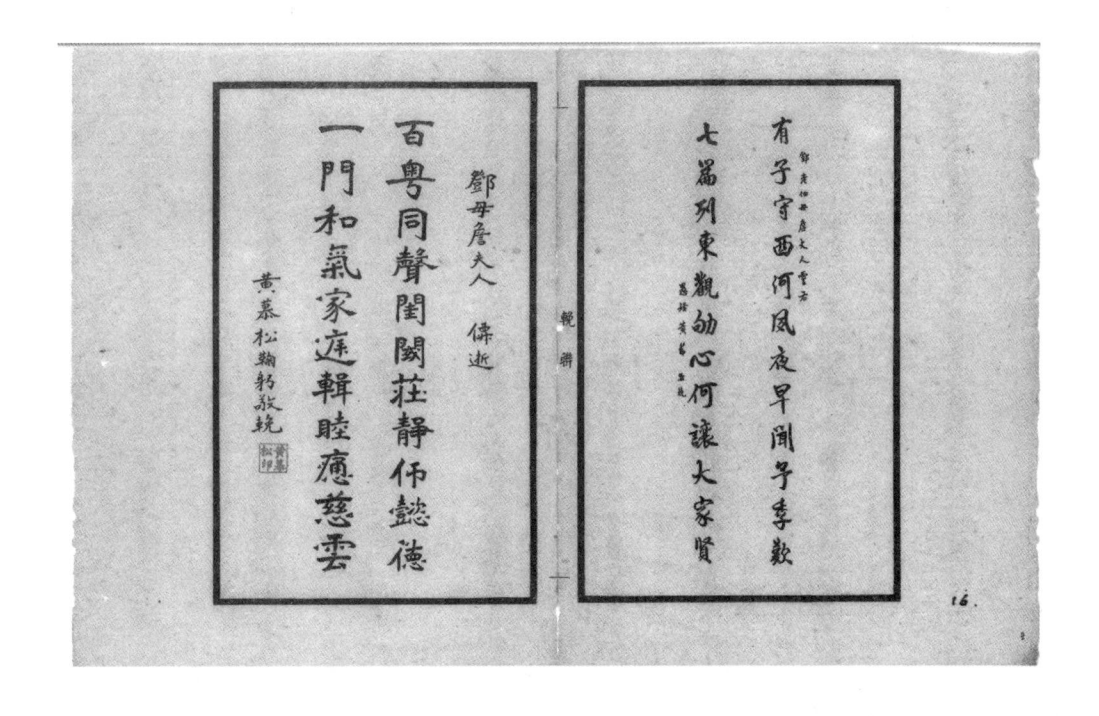

第四部分　纪念邓父鉴秋先生及邓母詹夫人

邓老伯母詹夫人灵犀

兴替由勤惰回春在一言看满堂棣秀
等联追念前徽棠母德
恥雲無忘家祭告慈靈
殺賊望免孫瞑目更成識等他日仇讎

世愚姪丘兆珴歛戟

邓伯母詹夫人雲席

梡床著贤声相夫子耕读与家可谓凯
岁念离骑箕先去
年于绥诗奉常疎
九熊無懿範有詁嗣睽翮舊績痛悔頻

愚姪趙錦棠敬戟

有子守西河風夜早聞箏琴數
七篇列東觀劬心何讓大家賢

邓母詹夫人　佛逝

百粵同聲閨閫莊靜侔懿德
一門和氣家庭輯睦應慈雲

黃慕松鞠躬敬戟

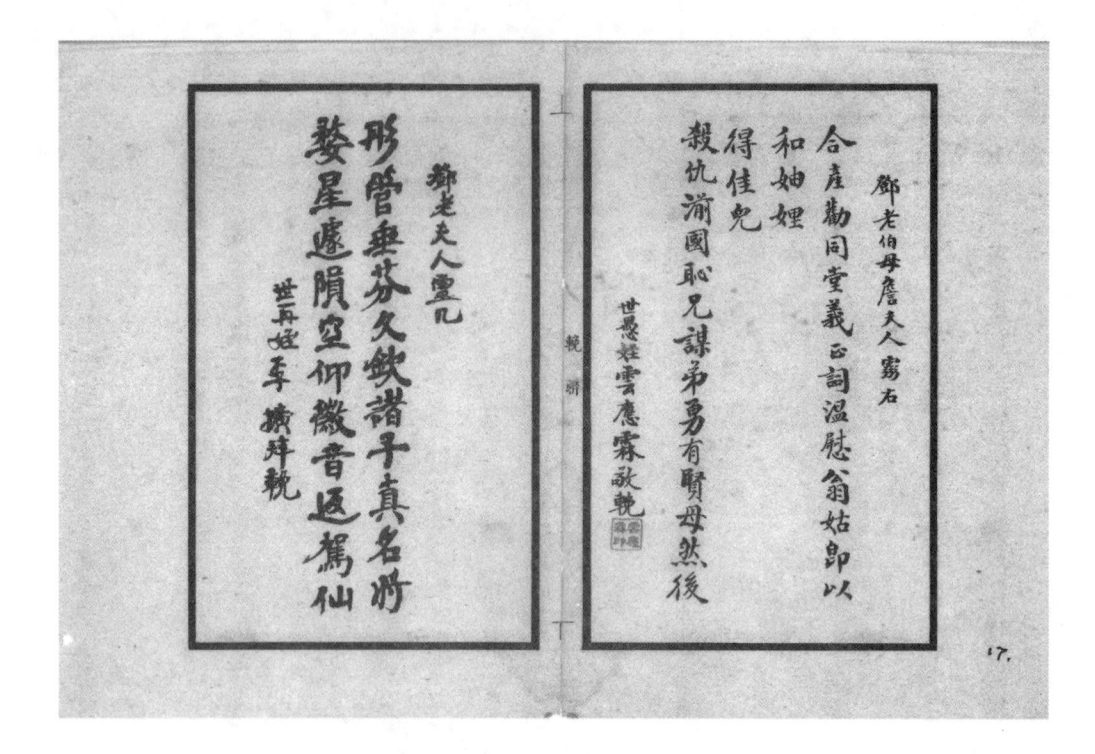

邓老伯母詹夫人鉴右

合庭勸同堂義正詞溫愧翁姑卽以
和妯娌
得佳兒
殼仇湔國恥兄謀弟勇有賢母然後

世愚姪雲應霖敬輓

鄧老夫人靈几

彤管流芬久歟諸千真名將
婺星遽隕空仰徽音返駕仙

世再姪車 續拜輓

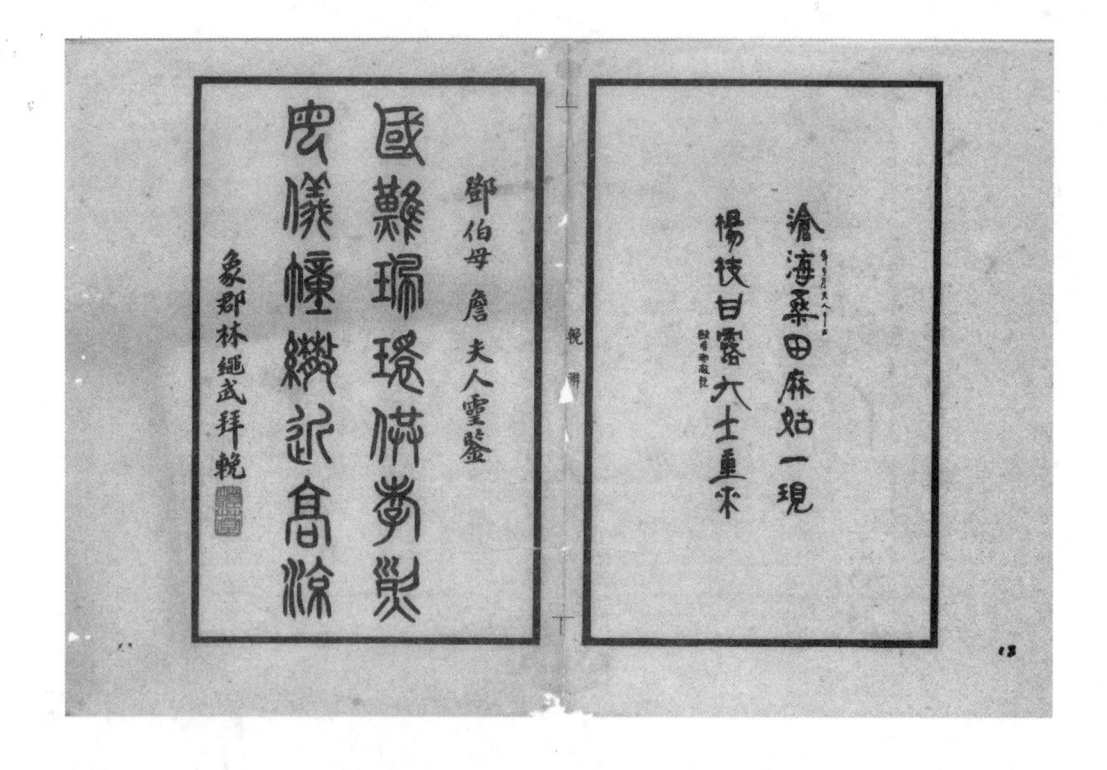

滄海桑田麻姑一現
楊枝甘露大士重來

鄧伯母詹夫人靈鑒

國繫瑚璉佛夢
宏儀懷纖祉高瞻

象郡林繩武拜輓

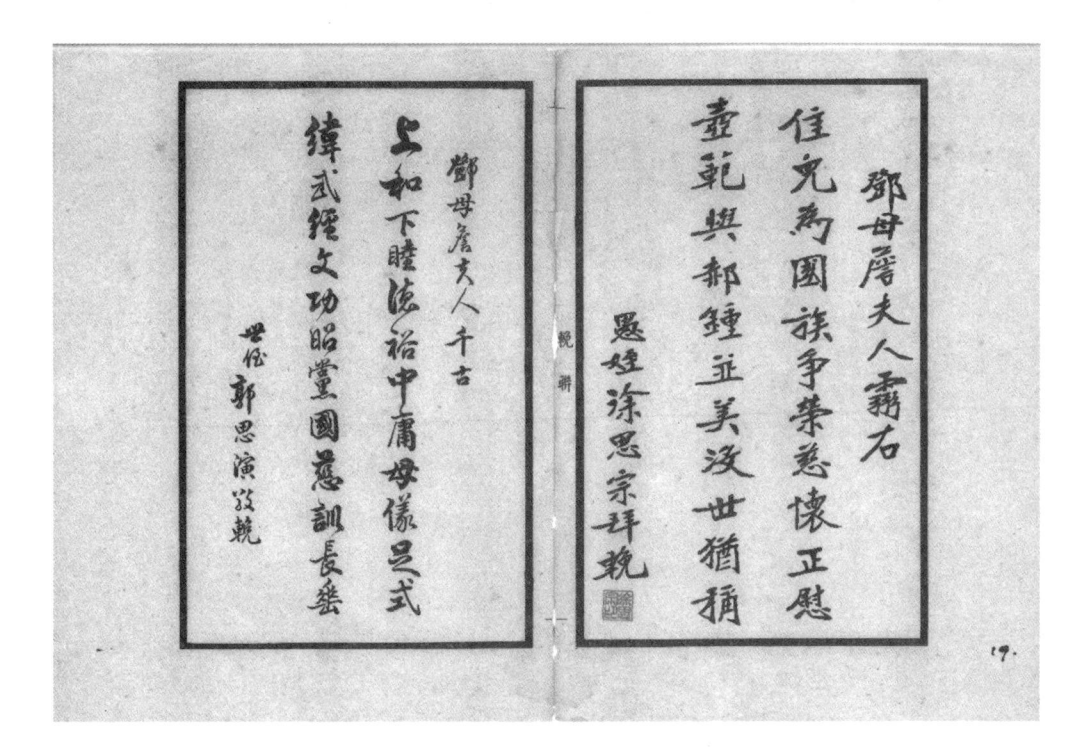

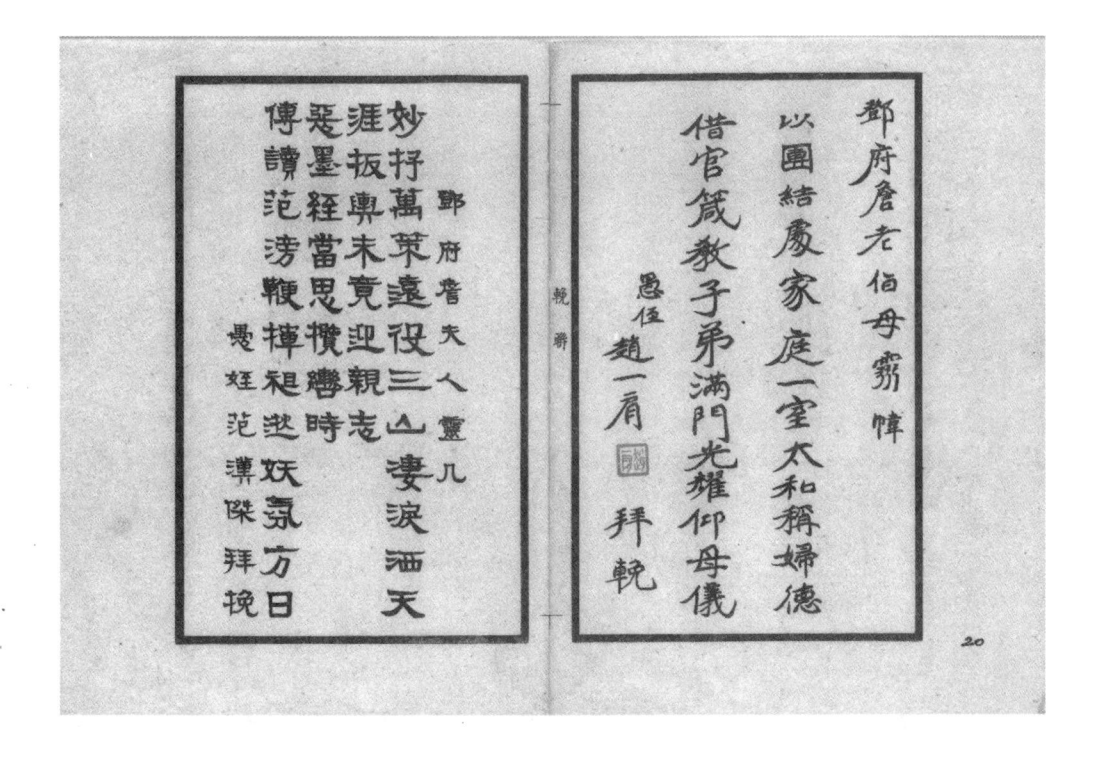

第四部分　纪念邓父鉴秋先生及邓母詹夫人

邓母詹夫人霸石

佳兒為國族爭榮慈懷正慰
壼範與郭鍾並美沒世猶稱

愚姪涂思宗拜輓

邓母詹夫人千古

上和下睦綠裕中庸母儀足式
緯武經文功昭黨國慈訓長垂

世侄郭思演發輓

邓府詹老伯母霸悼

以國結慶家庭一室太和稱婦德
借官箴教子弟滿門光耀仰母儀

愚侄趙一肩拜輓

邓府詹夫人靈几

妙抒萬葉遠役三山淒淚灑天涯扳輿未竟迎親志
惡墨經當思懷橘時傳讀范滂鞭撣昶逃妖氛拜境

愚姪范漢傑拜輓

邓伯母詹夫人千古

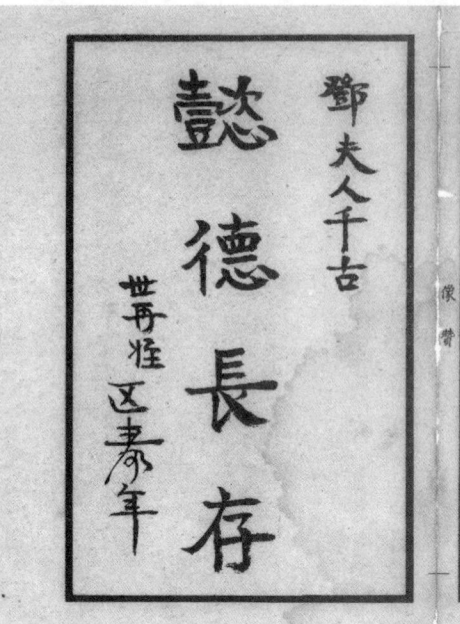

懿媺太君　幼娴淑德
相夫成家　尤徵遠識
漆室憂時　賊子衛國
哲嗣秉訓　忠賢卓特
懿媺太君　女宗立極
閫範長垂　爲天下則

世愚侄沈光溪敬題

鄧夫人千古

懿德長存

世再姪區春年

鄧老伯母詹夫人靈右

穀厥子慾抗日著舉獻溯哥從未應予論助到賢母
報阿婆示厚享平逾用甲嘯坴瞇去還將餘福蔭群孫

張之英拜輓

鄧母詹夫人千古

有令子屢賢戎機於危十倍功最烈
恨賢母乘雲歸宛人天懺于淚同傾

君姓楊官宇拜輓

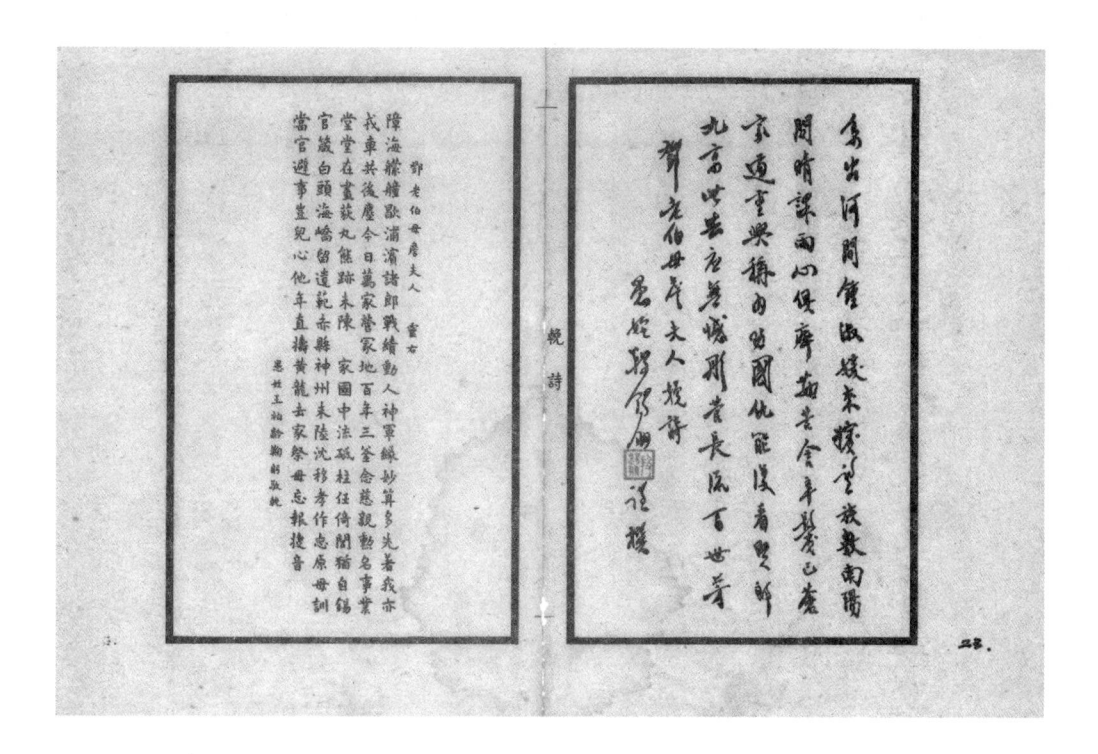

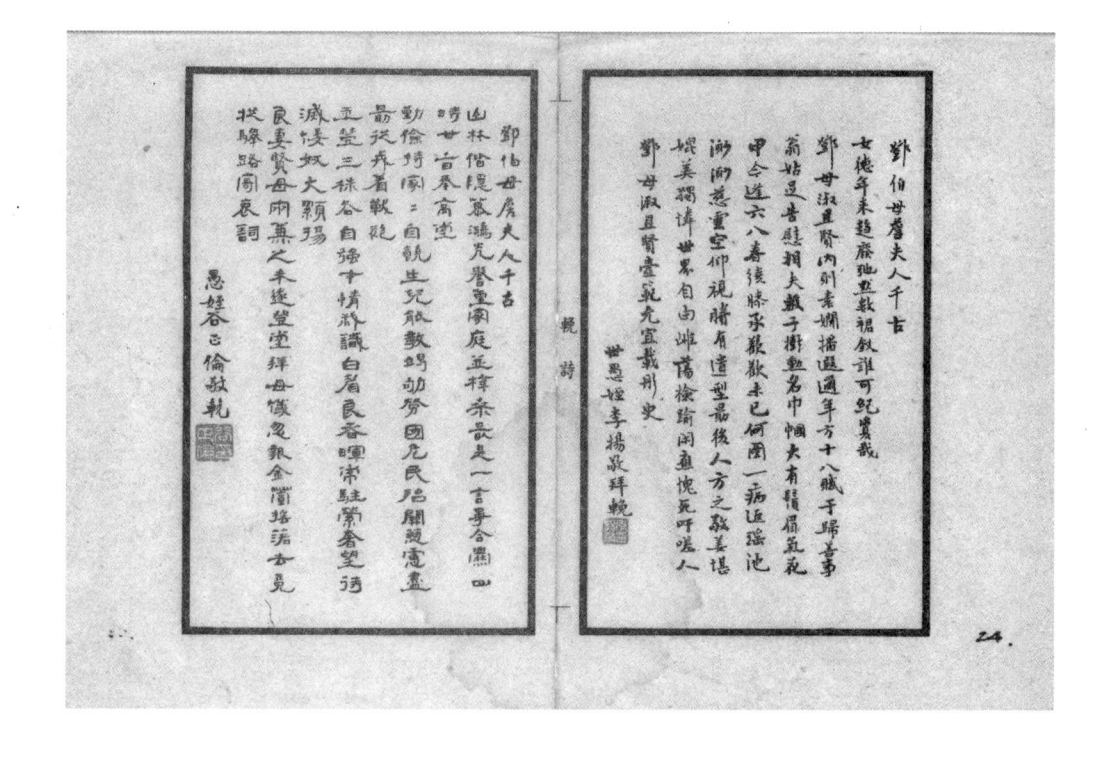

第四部分 纪念邓父鉴秋先生及邓母詹夫人

挽诗

秀出河间詹淑媛来擴望族歌南阳
闺门课雨心慢摩如奉令年鬓已苍
家道重兴搽甸甸慼能没养双鬟
九言世苦庶姆那菁長历百世芳
賀邓伯母詹夫人挽詩
君侄邓仰湘謹撰

邓老伯母詹夫人挽古
陇海艨艟歐戰起鵝浦諸郎戰績勋人神算妙多光善我亦
我車共後慶今日萬家譽家地百年三签念慈親勤名事業
堂堂在畫蔵九熊绵未陳家國中法砥柱往侍閒諸自錫
官絲白頭海崎遣乾赤縣神州未陸沈孝作思原母訓
當官過事盡紀心他年直擬黃龍去家祭母忘報捷音
愚姪王柏齡謹拟輓歌

邓伯母詹夫人千古
女德年未趨庭跪地盥敬祖訓叙誰可紀寶貴
邓母淑且賢内外青媼播遷逼年方十八歲于歸事
翁姑逹四十春娌相夫親子攜塾名巾幗大有醫得五死
甲令近六八壽後脉承啓歡歎未已何圖一痛返瑤池
世世慈重空仰視勝有遺型最後人方之歎美讉
坤美獨誇世界自由湘陽檢醉間直愧咒呼喚人
邓母淑且賢塞乾先實戴刑史
世愚姪李扬敬拜輓

邓伯母詹夫人千古
山林傲隐蒸鴻乃誉臺閩庭並梓壼歌是一言寡合勵四
呼世宣奉高遠
勉徐待闺二自鋭生死殉敢媽劬勞團九民陷闥趯虎盡
最従夷戰徙白强十情秋讃白首良春躍律生常奢堂诗
亚筝三抹杏自怡贤母曜律金蘭路誌古兒
良妻賢母閫集之本逵堂堂拜母懷悬金蘭路誌古兒
淚後奴大嗓揚
挽聯路閫哀詞
愚姪吞己倫敬輓

邓母詹夫人

宝婺光寒黯九秋，岭南风树不胜愁，姑嫜终养臻贞
寿，夫婿齐眉到白头，耕读持家会稽兒曹报国
欣酬，拈花一笑凌云去，尘世尘嚣无遗诚留
荀龙薛凤艳诸郎，美溢燕山教义方，甘泪涅精忠垂
训，裔承新野绍前光，挥戈淞沪寒倭胆，揭橥人权振
国常，墨经相将穷寇荡，海天望断白云乡

　　　　　　　　　愚晚刘和鼎敬挽

邓嫂詹夫人偕游纪念

尉寂梅妻古
池寒珠母灵
徽音传太卜
懿泽播幽馨

　壬申仲冬胡侍生张肇松率子□元拜题

邓母詹夫人灵鉴

将门忽失女中师，望断南云意为
移，膝下鞶銮慢出兵间岁月
板舆进，梅有泪成衣湿芭棚
为诗子舍知，盰喜椿堂犹逮养
寄言吾友节哀思

邓府老伯母詹夫人灵席　愚姪何公敢顿首拜挽

邓仙母詹夫人挽辞

龙头星芒海风影，摩世际萬目
姻说泰帆蚬溪营，中戈军连鎮策
上功早闻忠勇永，家学内训叮嚀义
尤卓群泯孀，氣猶引传翩健如
鸡西池阿母涛，莅甫升绍飞来阵
台间豪云再张何之華皷三军清

　　　　　　　世愚姪尤昇谨撰

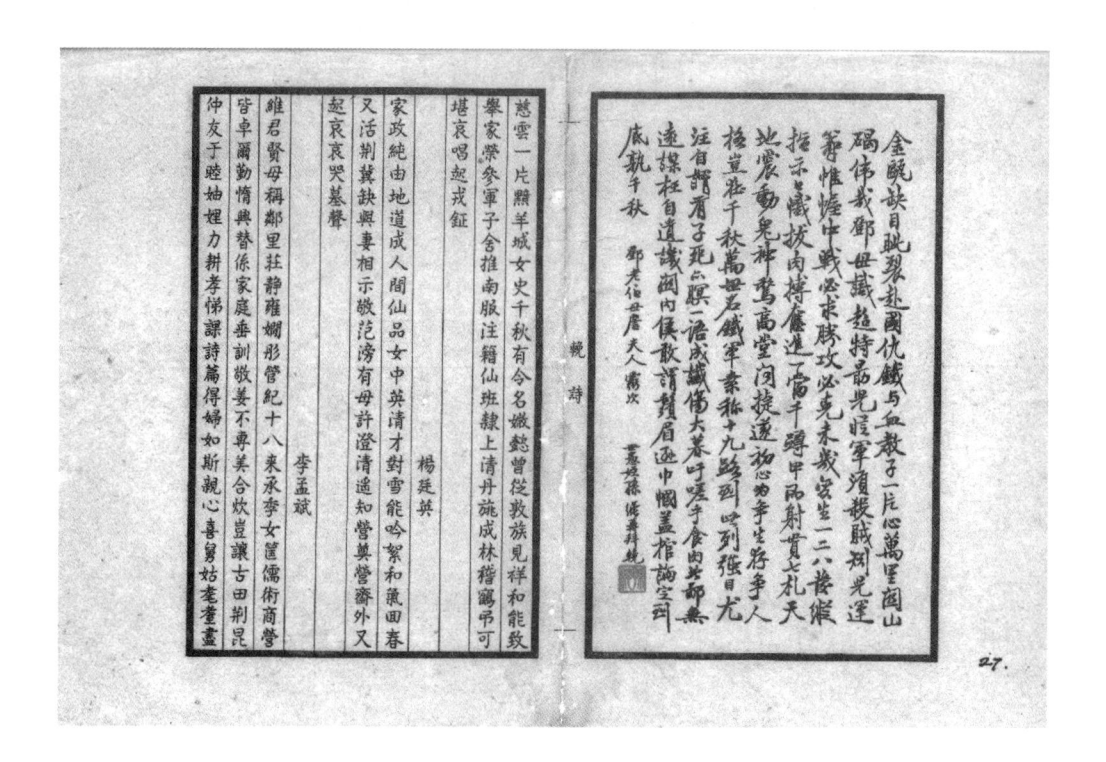

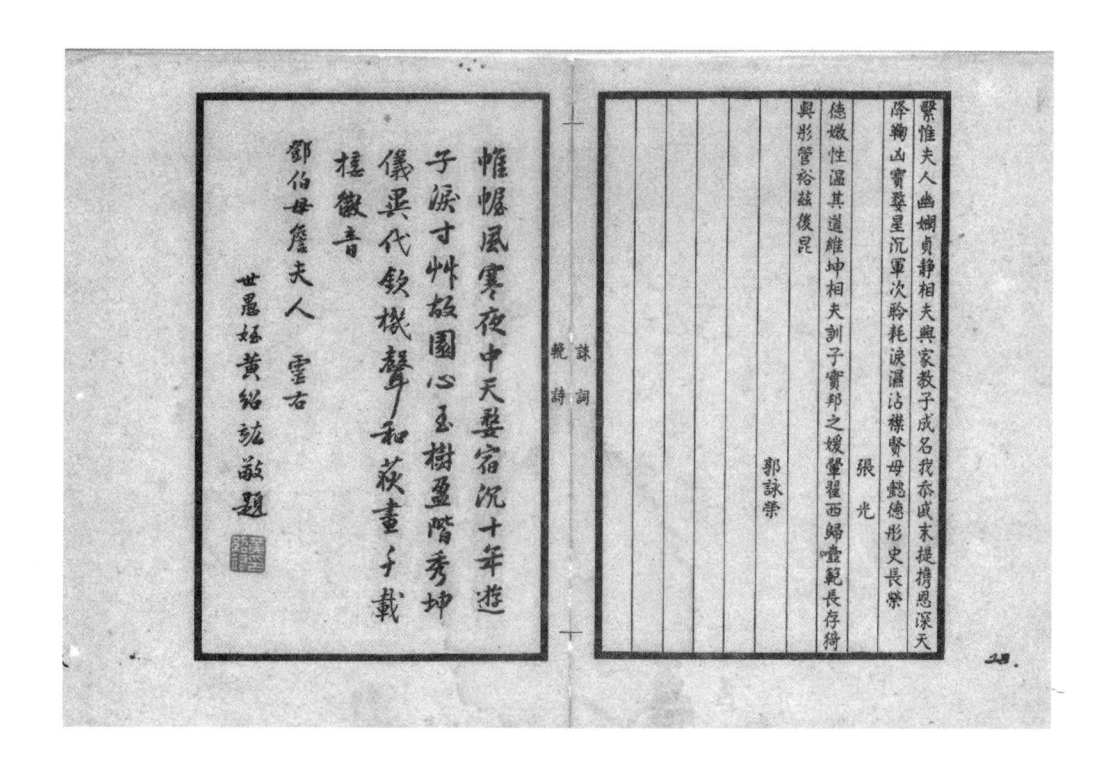

第四部分 纪念邓父鉴秋先生及邓母詹夫人

輓詩

金甌缺目眺衆趣國仇鐵与血敎子一片心萬里關山
磊偉哉鄧母識趨時最光暄軍須譯賊刬光運
箸惟嬉中戰必求勝攻必克未戴家生二六登暇
指示懺拔肉搏噬進一當千蹲甲冑射貫七札天
地震動鬼神驚高堂閑擻孙幼为孝生存孝人
摧堂拉千秋萬世名鐵軍素称十九路到此列强豈无
泣訢顰眉子死六跌一唔成鐵儒大菩叶嘆手食肉芳部无
远操柧自道鐵涮內侯敏請讚眉逐中幗盖柞諭空邨
底就辛秋
　　鄧老伯母詹夫人痛次
　　　　　　　　　嘉應徐佐興拝稿

慈雲一片瓣羊城女史千秋有令名嫩鶱曾從救族見祥和能致
舉家榮參軍子舍推南服注籍仙班隸上清丹詔成林鵷鵠吊可
堪哀唱起戎鉦
家政純由地道成人間仙品女中英清才對雪能吟絮和莱田春
又活荆棘缺與妻相示敬范滂有母許澄清通知營壘營齊外又
起哀哭墓聲
　　　　　　　楊廷英

雖君賢母稱郰里社静雍嫻彤管紀十八來永李女匡儒術商營
皆卓爾勤惰典替保家庭垂訓敬姜不專美合炊豈讓古田荆昆
仲友子睦妯娌力耕孝悌課詩篇得婦如斯親心喜姆姑毫董畫
　　　　　　　李孟斌

誄詞

繁惟夫人幽嫺貞静相興家敎子成名我忝戚末提携恩深天
澤鞠山寶翠星沉軍次聆耗淚濫禩賢母嫩德彤史長榮
德嫩性溫其道維坤相夫訓子寶邦之媛鞏瞿西婦喁喁範長存待
興影管裕兹復昆
　　　　　　　郭詠榮

　　　　　　　張　光

帷幄風寒夜中天婺宿沉十年遊
子淚寸忖故國心玉樹盈階秀坤
儀異代欽機聲和荻畫千載
楷徽音
　　鄧伯母詹夫人　靈右
　　　　　　世晜姪黄紹竑敬題

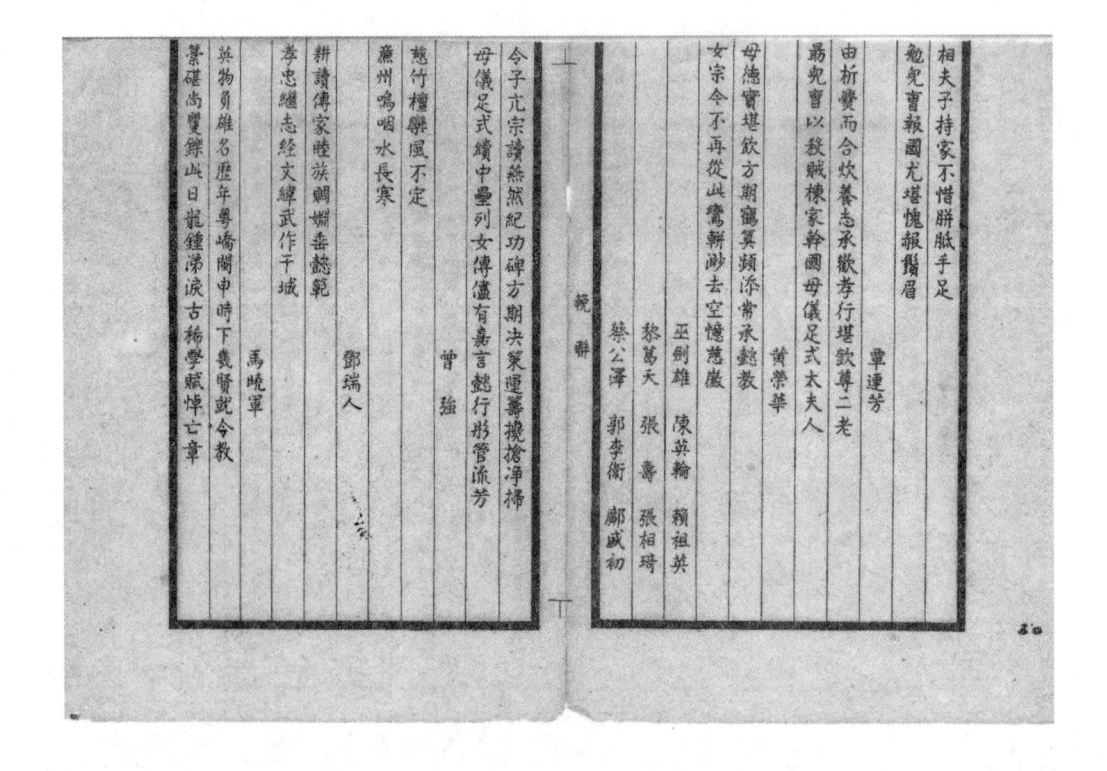

上壽近稀齡更忻子孝孫賢大好桑榆新景色
諸郞皆國器正盼陳情乞養何堪慈竹遽凋零　　何啟遭

相夫子克儉克勤婦德足砥薄俗
教兒曹允文允武母儀自著千秋　　李祿超

和妯娌以同養舅姑修身齊家共仰閨門眞學問
勗夫子而各成儒將昭文允武徙知巾幗亦英雄　　沈戴和

耕讀大宗閫賢母芳徽重尊海　　李耀漢

輓聯

韜鈐出帷幄佳兒戰績滿江南
華髮縈戎機士行早叨賢母訓　　張襄

白頭營齋莫安仁猶賦悼亡詞
薄海歎交游尋文郞誼訂雷陳戎馬倥傯相慰最沉灌同一簣
登堂空想儀像念賢母德昭鐘郝嚴音洋溢群欽閫範足千秋　　樊宗漣

老福正婆娑羨耄年鴻案相駐更有五桂稱賢選長戎機著奇績
慈雲令縹緲嘆此日鴉音俗播頓令三軍失蔭惟將東常表哀思　　何犖

　　　　　　　　伍藩　黎民樂　沈之犖

相夫子持家不惜胼胝手足
勗兒曹報國无堪愧報眉眉　　覃運芳

由析費而合炊養志承歡孝行堪欽尊二老
勗兒曹以毅賊棟家幹國母儀足式太夫人　　黃榮華

母德寶堪欽方期寡算頻添承鞠教
女宗令不再從此鸞斬渺去空憶慈嚴　　巫劍雄　陳英翰　賴祖英
　　　　　　　　　　　黎萬天　張壽　張相琦
　　　　　　　　　　　蔡公澤　郭李衛　鄺盛初

令子允宗讀燕然紀功碑方期決策運籌擁彗淨掃
母儀足式績中壘列女傳儻有嘉言懿行形管流芳　　曾強

慈竹檀風不定
蕉州鳴咽水長寒

孝忠繼志經文緯武作干城　　鄧端人

耕讀傳家睦族嫻嫻垂懿範　　馬曉軍

英物負雄名歷年粵嶠閩申時下義賢宛令教
簣礎尚豐錄此日龍鍾涕淚古稀學藏悼亡章

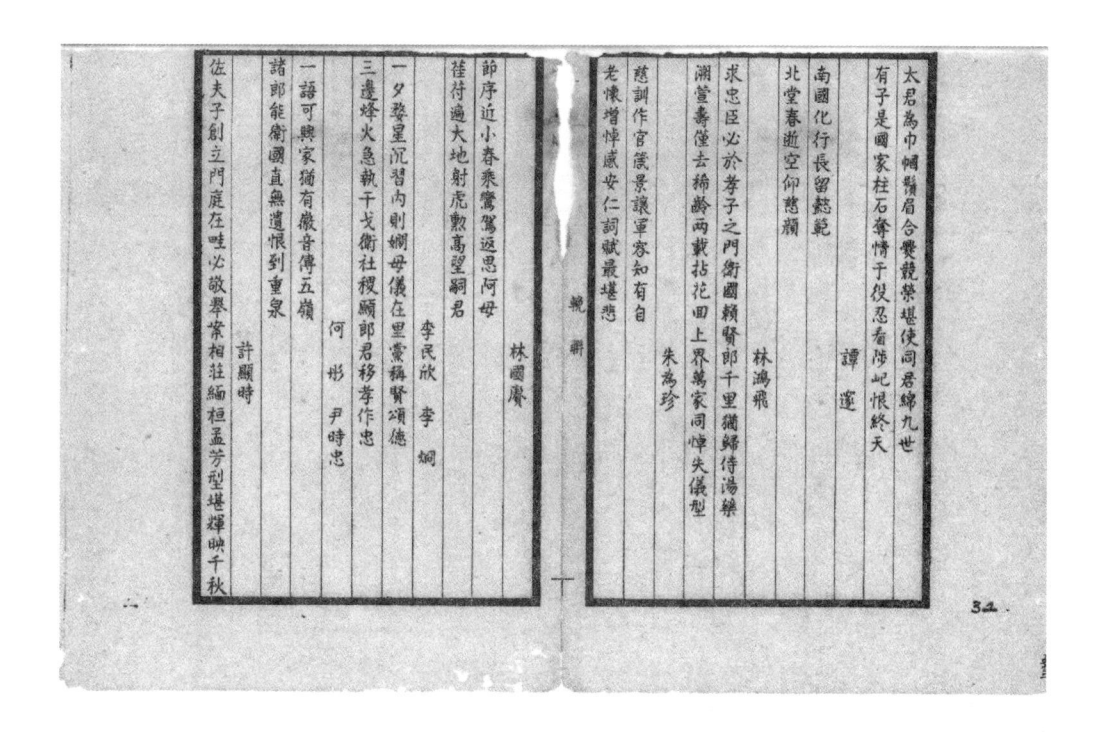

第四部分　紀念鄧父鑒秋先生及鄧母詹夫人

哲嗣勇抗倭寇是誰教訓義方足垂史冊
賢母遠登仙域使我望懷北海淚瀰華星
　　　　　　　　　　　　　　　　陳漢光

有兒輩能赴國仇稱死瞑目
顧弟兄無分門戶孝克齊家
　　　　　　　　　　　　　　　　李務滋

三鳳齊飛抗日立勳報國本承楚母訓
一家雍睦課兒合爨誼不愧古人風
　　　　　　　　　　　　　　　　文鴻恩

訓育有方於令衡國勳強詹公忠推令子
　　　　　　　　　　　　　　　　陳章

諸耕垂則山日文孫哲嗣福祿壽考作全人
　　　　　　　　　　　　　　　　李潔芝

孝義兩純終能家道奮興形史應標合分爨
鄉閭咸愈若更念郎君繼志黃龍直搗冀中華
　　　　　　　　　　　　　　　　舒宗壁　鄧演存

慈駕列仙貢懿德徽音博濟鄉關遺渥澤
嗣君推漂選閩山粵海屢惟恇若元勳
　　　　　　　　　　　　　　　　雲瀛橋

騎省聲成忍見營齋真感喟
參軍才早藻從知建業出勳勞
　　　　　　　　　　　　　　　　陳維遠

太君為巾幗鬚眉令爨兢榮堪使同君婦九世
有子是國家柱石奪情于役忍看涉此恨終天
　　　　　　　　　　　　　　　　譚運

南國化行長留慈範
北堂春逝空仰慈顏
　　　　　　　　　　　　　　　　林鴻飛

求忠臣必於孝子之門衡國賴賢郎千里猶歸待湯藥
溯萱壽僅去稀齡兩戴拈田上界萬家同悼失儀型
　　　　　　　　　　　　　　　　朱為珍

慈訓作官箋景讓軍容知有自
老懷增悼歲安仁詞賦最堪悲

節序近小春乘鷹駕返思阿母
崔待過大地勳射虎勳高望嗣君
　　　　　　　　　　　　　　　　林國廣

一夕登星沉智內則嫻母儀在里鸞稱頌德
三邊烽火急執干戈衛社稷爾郎君移孝作忠
　　　　　　　　　　　　　　　　李民欣　李婀　尹時忠

一語可與家猶有徽音傳五嶺
諸郎能衛國直無遺恨到重泉
　　　　　　　　　　　　　　　　何彤

佐夫子刱立門庭在哇必敬舉案相莊緬桓孟芳型堪輝映千秋
　　　　　　　　　　　　　　　　許顯時

彤管春暉

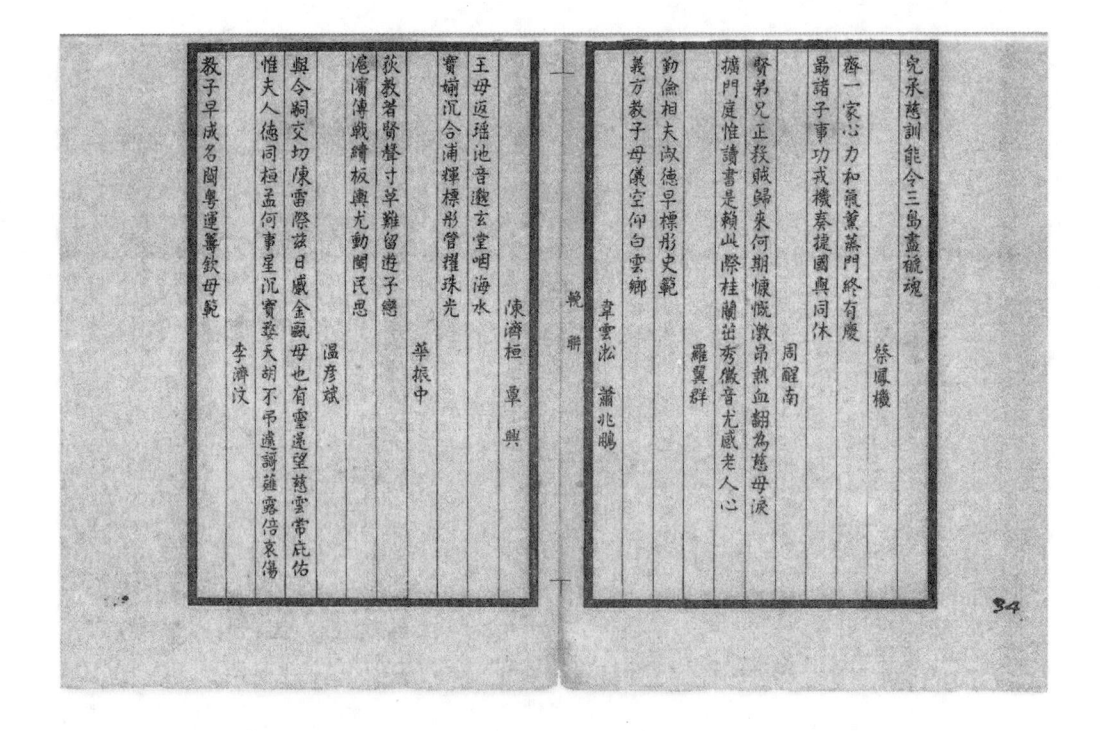

有賢郎馳驅叢國遠志未酬當歸旋寒嘆仲華至孝萁挽回寸草　康念曾　黃維玉　鍾毓彬

國事正迍邅豐經從戎期內史
山河悵逶遞生錫東帛獻南州
念賢母有南國家風二老歡顏相與衷堂奉養
得令子為中原柱石九泉瞑目固思識語倍傷悲　羅旭和　周壽臣
　　　　　　　　　　　　　陳廉伯

羨壽母治家以道橫杼教姻年屆七旬誇鸞馭寫克歸西
有文郎為國宣勞所常績著考終十月
　　　　　　　　　　　　　鏡孫　孔北拜

諸子帷幄運籌開早為當世重
何母箕疇集福逛齡已是古來稀　蔡昌

入冬忽親飛昇知遣愛在人祗址樂善為懷霧露慈雲合擬九蓮
　　　　　　　　　　　陸嗣曾

等護
將軍
抗日端賡籌策美克家有子最難立功不伐惆惆雅度何殊大樹
人景邁嚴不使一家輕析箸
　　　　江清華牽子筱呂　貽孫

覺辨

克承慈訓能令三島盡銷魂　蔡鳳機

奔一家心力和藹氣蒸門終有慶
錫諸子事功戎機奏提國與同休

賢弟兄正毅戰歸來何期悔慨激昂熱血翻為慈母淚
擴門庭惟讀書是賴山際桂蘭茁秀徵音尤感老人心　周醒南

勤倫相夫攻德早標形史範
義方教子母儀空仰白雲鄉　韋雲淞　蕭兆鵬
　　　　　　　　　　　　羅翼群

王母返瑤池音邈玄堂咽海水
資孀沉合浦煇標影管擢珠光　陳濟桓　覃興
　　　　　　　　　　　　　　華振中

荻教著賢聲寸草難留遊子戀
滬瀆傳戰蹟板輿尤動閭民思　溫彥斌

與令嗣交切陳雷際茲日歲金飄母也有靈還望慈雲常庇佑
惟夫人德同桓孟何事星沉寶婺天胡不吊遠諱雜露倍哀傷
教子早成名閩粵運籌欽母範　李濟汶

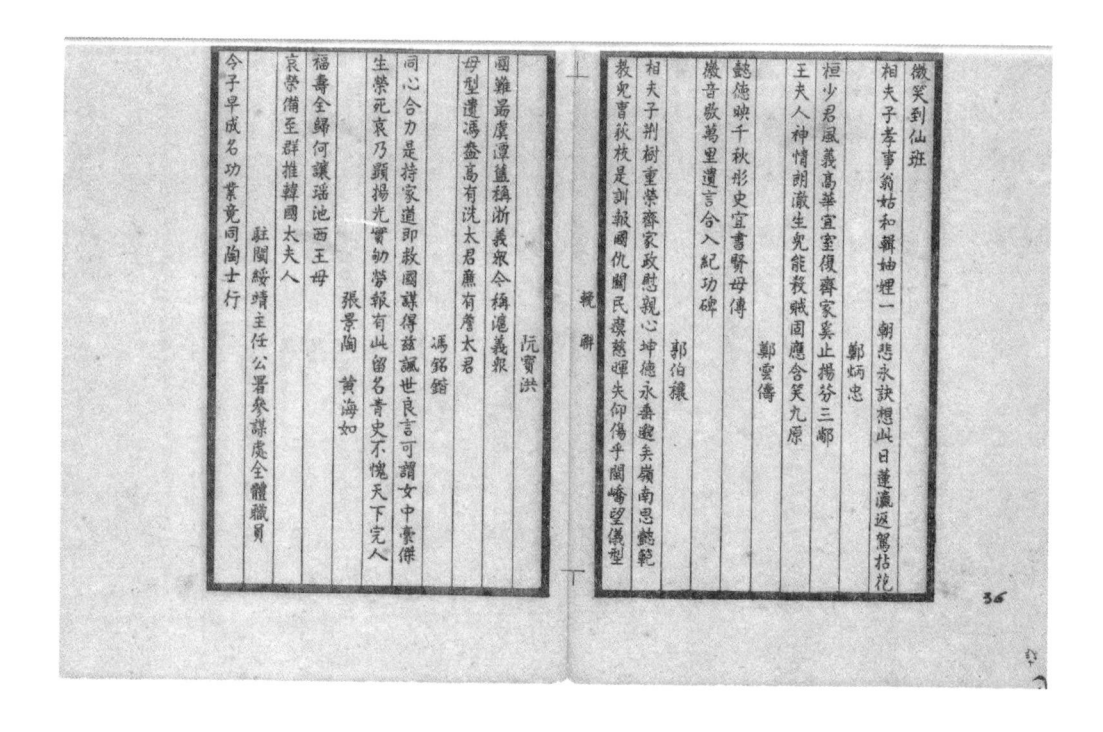

第四部分　纪念邓父鉴秋先生及邓母詹夫人

挽联

嚴直方
惕兒能殺賊滬淞克敵東慈歲
有子為黨國干城顯揚無忝
惟母著女宗懿範福壽全歸

薛雪
治國即治家金石名言有志豈圖門戶顯
訓子以訓世千城重寄同心端賴棟樑材

林勛
登果赴瑤池一門慈孝備四德五噫三嘆人間懺家拜甘泉
褅傳屬中壘群嗣勳名治六韜天半仙音動黃竹

陳福初
翁桂清

蘇康甲
一語復興家善被重溫應念母氏
是壽母是福人厥德不回其則不遠
有慈孫有孝子雖死之日猶生之年

胡錦雅
奇謀參抗日哉機塵捷喜見兒會
有賢郎不愧人豪革橄揮戈同浦奇才天下重
如大母堪楷模女傑相夫訓子少君懿德世間傳

莊偉剛
美哲嗣效忠黨國決勝滬濱七載泰論交淵當時惟嫗運籌較欺
立功酬母訓

鄭炳忠
微笑到仙班
相夫子孝事翁姑和翰妯娌一朝悲永訣想此日蓬瀛返駕拈花

鄭雲傳
桓少君風義高華宜室儷齊家奠止揚裕三娜
王夫人神情朗澈生兒能殺賊固應含笑九原

郭伯穣
懿德映千秋彤史宜書野母傳
嚴音敎萬里遺言合入紀功碑

阮寶洪
教兒曹秋枝是訓報國仇國民虔慈暉失仰傷乎閩嶠望儀型
相夫子荊樹重榮齋家政慰親心坤德永垂迥矢嶺南思懿範

馮銘鏘
國雖易虞潭道稱浙義眾令稱遺義報
母型遺馮鎏高有洗太君廉有詹太君
同心合力是持家道卽救國謀悍茲諷世良言可謂女中豪傑
生榮死哀乃顯揚光實勷報有此留名青史不愧天下完人

張景陶　黃海如
哀榮備至群推韓國太夫人
福壽全歸何讓瑤池西王母

駐閩綏靖主任公署參謀處全體職員
今子早成名功業竟同陶士行

遺風猶壽世型儀共仰宋宣文

駐閩綏靖主任公署交通處全體職員

賢名如鍾郝垂蔭自長一時法鼓金鐃齋其堂闡明佛果
繼起有嬰陵歸真吳懺岫日素車白馬榮哀鎖梅播徽音

駐閩綏靖主任公署副官處全體職員

虔世持家母儀足式
相夫教子家法堪傳
有子多才難得運籌尊領袖
是翁有夢可堪炊白託詩歌

唐德煌

挽聯　　毛文頎

和氣寫南陽相夫碑竭心勞譽室至今仍合饗
美談傳北海訓子幾經口授聯鑣行見各書煎

陸運文　鄒剛

相夫德著閣閤方期偕老百年胡乃白夢忽來歌聽楚些鴻案寂
有子功在黨國正喜留名千載詎堪慈雲先散悲深涉屺鯉庭寒

黃冠章

教子有義方史乘昭垂尚母訓
活家重儉德鄉閭咸仰敬姜賢

何巍昌

香梓舍虎鈐晝篆正在玉枝幷茂徽承舞綵失慈烏
興夔礎鴻案相莊何期錦瑟無端聲斷宮絃懷侶鳳

何治偉

徽鳳著愛日方長何期駕鶴乘開遍嶺梅寒縞素
養正燈慧雲遽體太息顧遑鳥哺感深風樹最悲傷

周寶衡

肉再同炊藉魁高堂巾幗鬚眉殊不愧
名拚一戰回看諸子榮生死總無遲

史家驊

州六秩更八齡資賤貴處之夷然緬懷荻畫留光有是兄有是
一身鑒五福令德考終數者備矣請看麻衣羅拜又多子又多

林柏森

有子真如孫仲謀護國珠海抗日湛濱八閩中央策運籌益世勤
相夫直瀚張公藝庭事姑孀和諧妯娌一門內同居合爨滿庭鳴

利樹宗

欣聞慈母高風記當年訓授倚閭自有王孫能報國
人仰賢郎卓績鷺山日歌摧陟屺祇慚公謹本登堂

駱秀禮

虔獲成功百粵皆曾資保障
聞新報國金萱忽謝教常存

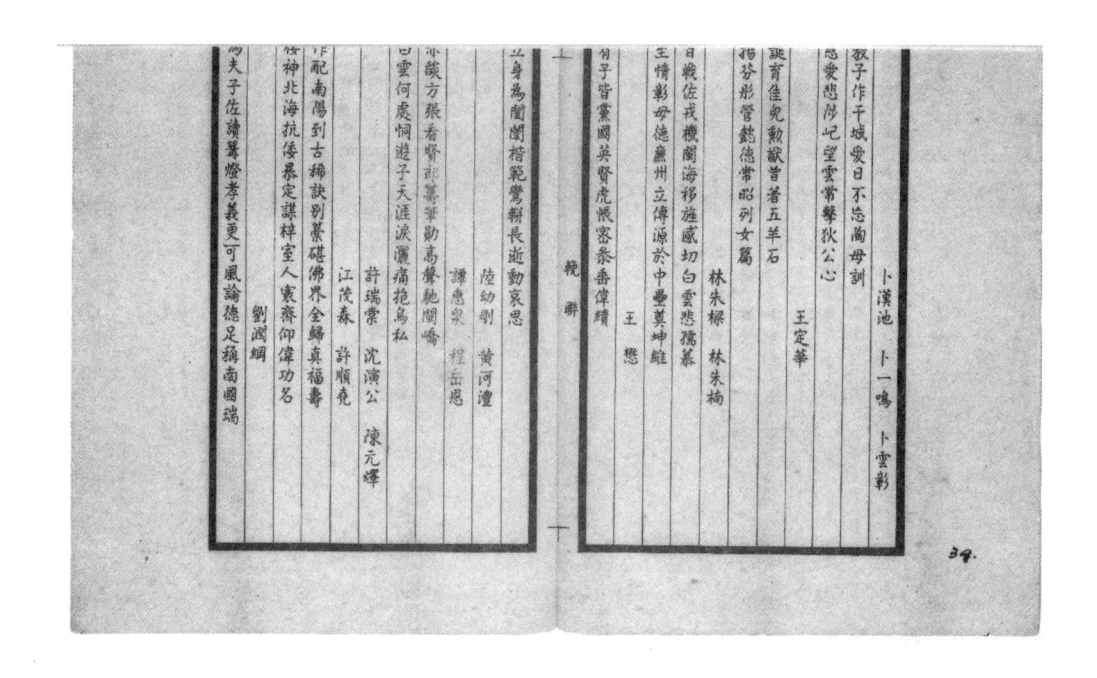

挽聯

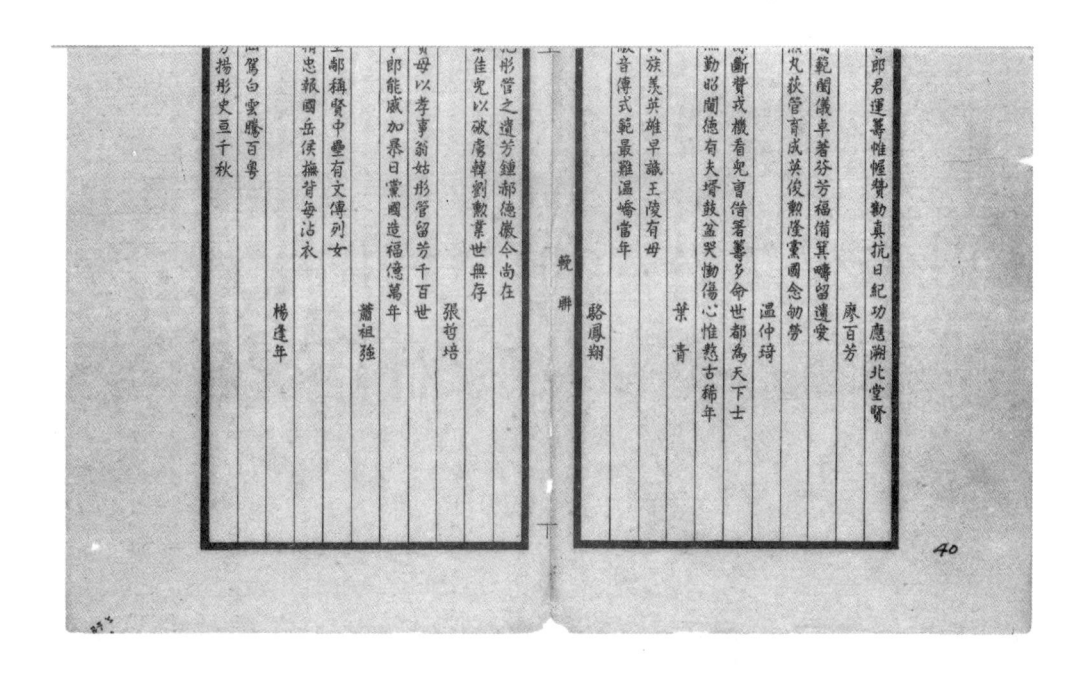

卜漢池　卜一鳴　卜雲彰

叙子作干城愛日不忘蘭母訓
慇愛悲彤屺望雲常舉狄公心

王定華

毓育佳兒勲猷曾著五羊石
揚芬彤管懿德常昭列女篇

林朱樑　林朱楠　王懋

日戰佐戎機蘭海移旌感切白雲悲孺慕
王情彰母德廣州立傳源於中壘眞坤維

月子晉黨國英賢虎帳寃參垂偉續
立身為閨閫楷範鸞翰長逝動哀思

陸幼剛　黃河澧

小幟方張看賢郎驚筆勤高聲馳閩嶠

譚惠泉　程岳恩

白雲何處恫逝子天涯淚濺痛抱烏私

許瑞棠　沈演公　陳元燁

作配南陽到古稀訣別慕礎佛界全歸眞福壽

江茂森　許順克

佐神北海抗倭暴定諜梓室人裏齋仰偉功名

為夫子佐籌燈孝義更可風論德足稱南國瑞

劉潤綱

鄧君運籌帷幄惟賢勤眞抗日紀功膺湖北堂賢
範閫儀卓著芬芳福備其疇留遺愛

廉百芳

㷀丸荻管育成英俊勲隆黨國念劬勞

溫仲琦

斷聲閨看兒曹僭簪多命世都為天下士
勸昭閫德有夫塔鼓宣哭慟傷心惟悲古稀年

葉青

觀音傳式範最難溫嶠當年

駱鳳翔

彤管之遺芳鐘郝德徽今尚在
佳兒克以破虜韓劉勲業世無存

張哲培

貫母以孝事翁姑彤管留芳百世
郎能威加暴日黨國造福德萬年

蕭祖強

正邦稱賢中壘有文傳列女
精忠報國岳侯撫背母沾衣

楊達年

溫駕白雲騰百粵
芳揚彤史亘千秋

挽聯

挽联

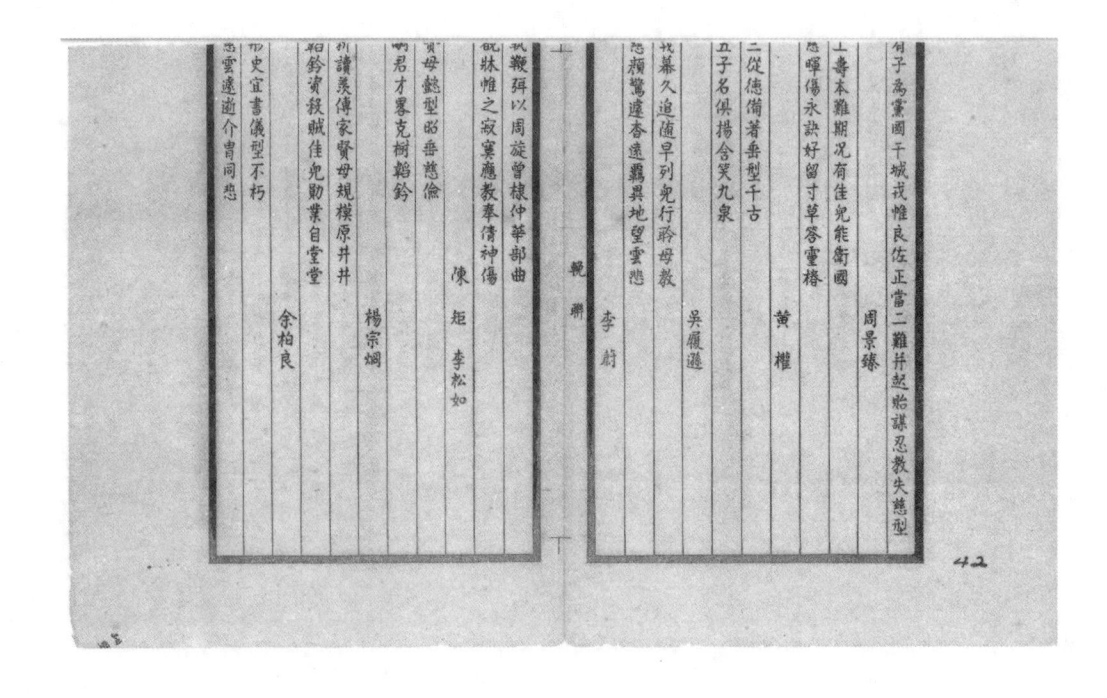

有子鼐范才安内攘夷千载功勋垂竹帛
贤母钟郝范日旷叁顶三秋愁怅痛粉榆
　　　　　　　　　　　　　陈伟器

伍夫子创叶成家辛苦半生留得清芬光彤管
教子成名乡闾百世留坤范
　　　　　　　　　　　　　廖国嚣

有贤儿宣劳报国功名万里应无遗憾到黄泉
　　　　　　　　　　　　　廖国彦

持家以俭粤海千秋仰女宗
教子相夫到苦半生心力尽
　　　　　　　　　　　　　李仲仁

茹子相夫到苦半生心力尽

抗日共奔丧千里泪痕多
　　　　　　　　　　　　　严博球

寻真近古柟相夫持家未及齐眉登极乐
仁慈通大义弟子报国行看只手定狂澜
　　　　　　　　　　　　　陈樾　何逢洲

　　　　　　　　　　　　　毛体充　缪任衡　武梅生
　　　　　　　　　　　　　方德华　伍新三　赵廷鹏

为妇善持家应有微音留纬管
生儿能卫国庑闻音乐赘戎机
相夫以耕读承欢孝友齐家尤羡七秩同偕植德允宜膺笃祜
　　　　　　　　　　　　　王铎声

有子为党国干城戎惟良佐正当二难并起始谋忍教失慈型
　　　　　　　　　　　　　周景錱

二从德备著垂型千古
上专本难期况有佳儿能卫国
怎嗟伤永诀好留寸草答萱椿
　　　　　　　　　　　　　黄权

五子名俱扬合笑九泉
怨顿鸳连杳远鹣鲽地望云悲
戎幕久追随早列兑行聆母教
　　　　　　　　　　　　　吴履逊

饥鞭弥以周旋曾棣仲华郡曲
姊妹惟之寂寞应教奉清神伤
　　　　　　　　　　　　　李蔚

贤母懿型昭垂慈伦
　　　　　　　　　　　　　陈垣　李松如

两君才器克树鞶鞶

州读义传家贤母规模原井井
　　　　　　　　　　　　　杨宗烱

相铃资毅佳兜勋业自堂堂

为云逮逝介胄同悲
仞史宜书仪型不朽
　　　　　　　　　　　　　余柏良

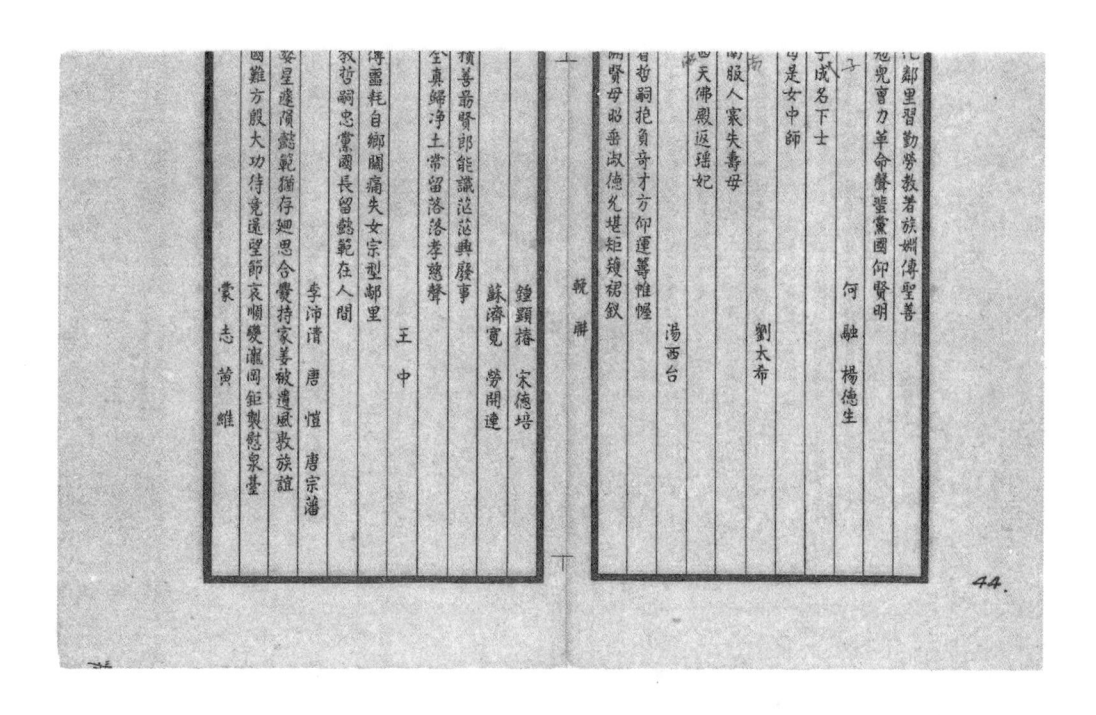

第四部分　纪念邓父鉴秋先生及邓母詹夫人

挽联

茹苦以处国仇运奇策强邻奋战绩著沪淞捷报频传符素愿
相夫共整家计孝翁姑和妯娌贤声遍珠浦徽音犹在动哀思

黄庆藩

何时直抵黄龙报国精忠堪远贻人训
云变生苍狗无心造化弄人奇

黄典元　沈廷英　吴绍让

懿范卓著闺闱发扬人咸悼
贤部劬劳党国暴日能抗目科暝

霍厥河　周崇　　　王肇光　何觉甫

挽联

懿德光蕉全当年勤俭治家闺仪驰誉
元原可无憾此日公忠为国誋嗣莹声

萧松琴　邓宗尧　黄先

至善先哲家道泽直堪永奕世
相忠期报国堂勋端许慰慈灵

蔡振玮

绝服备哀荣大福攀钦韩国姥
敬憧瞻絜俊昆谁让岳家儿

欧阳英

我德相夫却範乾鐘仪崇百代
我方训子荀龙辞凤足千秋

麦骞　欧启华

挽联

记郦里习勤劳教养著族娴传圣善
起兜盲力革命声莹党国仰贤明

何融　杨德生

了成名下士
传是女中师

刘太希

南服人寰失寿母
西天佛殿返瑶妃

汤西台

相哲嗣抱负奇才方仰运筹惟幄
闻贤母昭岳淑德允堪垂颈裙钗

钟显椿　宋德培
苏济宽　劳开达

全真归净土常留落落孝慈声

王中

叙哲嗣忠党国长留鹤范在人间
传灵耗自乡阎痛失女宗型郦里

李沛清　唐恺　唐宗藩

娑星遽陨懿範乾存廻思合费持家姜被遗感救族谊
国难方殷大功待竟遗望节哀恸变瀛冈钜制慰慈泉臺

裳志　黄维

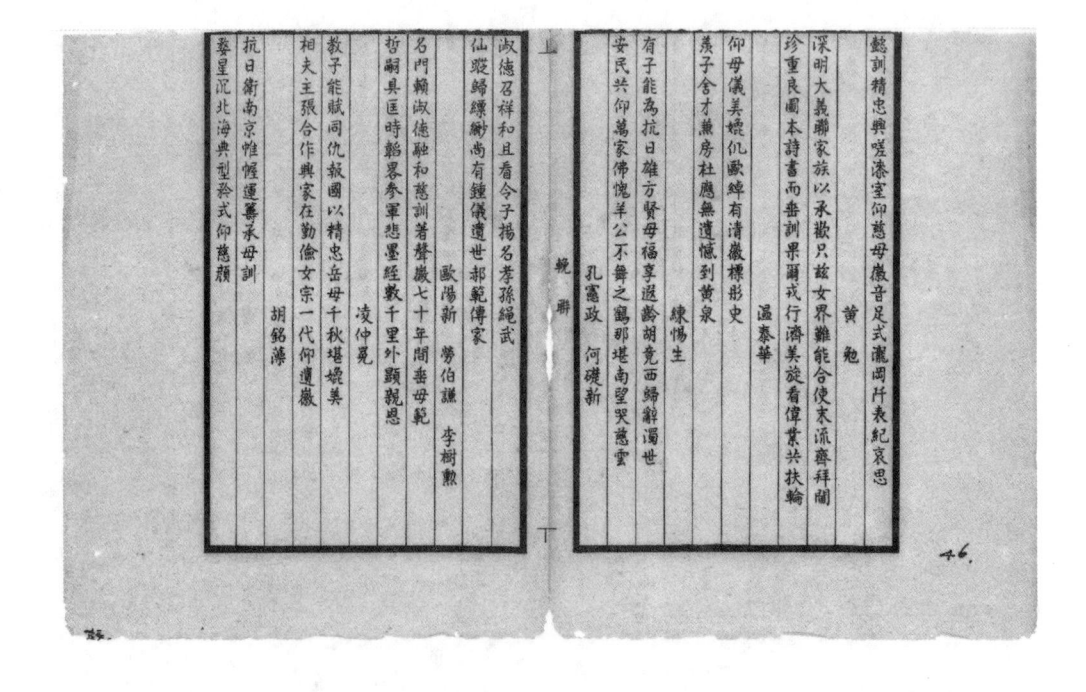

树母教於海隅太君贤能令闻著矣正宜岁月宁安何期鹤驾归
蓬岛
敌人
权倭锋於沪上文郎秦誉绩炳如行见乾坤手整嗟少熊丸尽
典型还以相夫巾帼英雄能有几
张文鹄
断机杼而教子虎帐威风凛若星
治家思百忍风徽和气致祥证止齐眉钦德曜
丁荣光
臂筹安八阃黎庶春晖莫报悲泣血痛皋鱼
白志鹏 张兆棠

诗咏葛覃山日兴家思太姒
感深奉柘来年罢社勋王修
叶颖 叶毅
相夫挽鹿辕子凡熊淑德早标彤史范
佛座拈花慈闱撒竹仙踪空渺白云乡
韩舆民
淑德耀绵郡睦伯故荼翁姑方谓天相善人永绵岁月
祥云开岭表显兆孙膺诰命岂料偶因小疴遽返蓬莱
余丕承 许定骞 侯梅
天昊坤虞沧海横流仗贤郎帷幄运筹歇浦威春暴日
谢冠群 覃维正

鲤训精忠兴嗟漆室仰慈母徽音足式陇冈阡表纪哀思
深明大义聊家族以承欢只孜女界难能合使末流齐拜阖
黄勉
珍重良图本诗书而垂训果翩戎行济美旋看伟业共扶轮
仰母仪美娲仉歐钟有清徽标彤史
温泰华
养子含才兼房社鹿无遗憾到黄泉
有子能为抗日雄享遐龄胡竟西归辭谒世
练惕生
安民共仰万家佛傀羊公不舞之鹤那堪南望哭慈云
孔宪政 何礦新

淑德召祥和旦昏令子扬名誉孙绳武
仙驭归缥缈尚有锺仪遗世郇範傅家
欧阳新 劳伯谦 李树勋
名门赖淑德融和慈训著声徽七十年间垂母範
哲嗣具匡时韬畧秦军悲墨经数千里外显亲思
凌仲觉
教子能赋同仇报国以精忠岳母千秋堪媲美
相夫主张合作兴家在勤俭女宗一代仰遗徽
胡铭潘
耄卷沉衛南京唯帷幄运筹承母训
彗星沉北海典型裕於仰慈颜

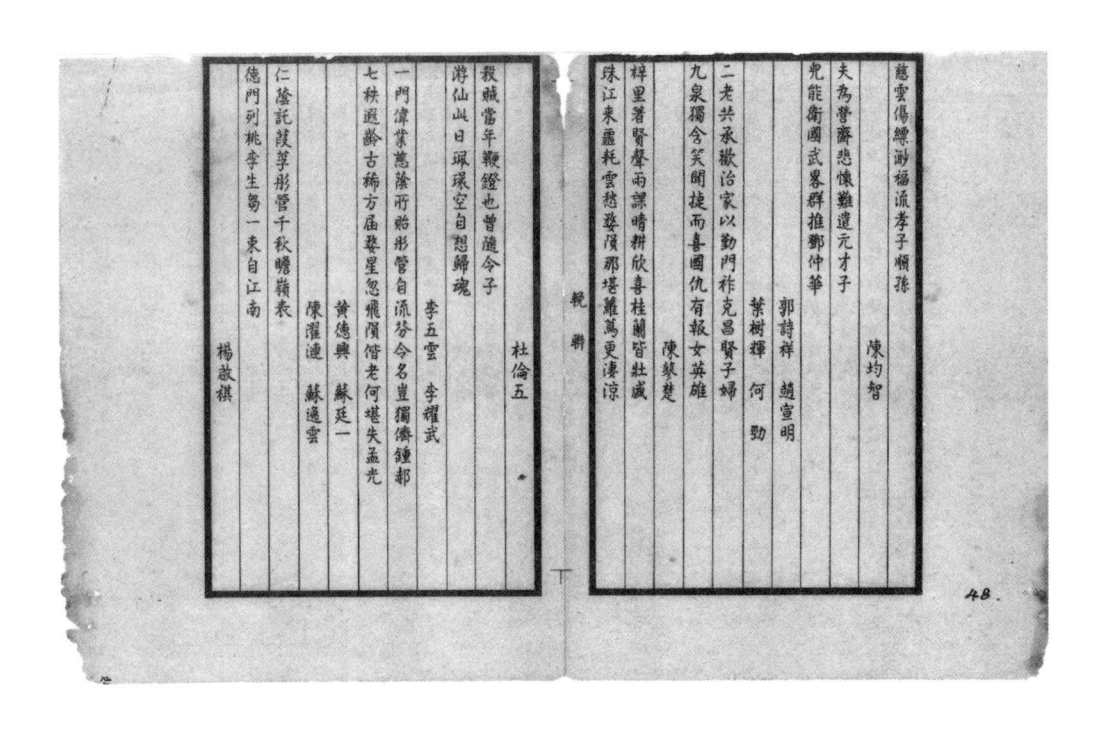

第四部分　纪念邓父鉴秋先生及邓母詹夫人

輓聯

勷昆仲合炊助家道中興賢哉譽留南浦
敎子女成名為黨國棨侮慈矣色喜住西歸
　　　　　　　　　　　廖超榮　謝松年

厚福布坤貞英世詒書東閣苑
退齡歸淑德盈階蘭桂統庭幃
　　　　　　　　　蔣武　曾肇基　黎民武

夫作大儒宗裙布荊釵曾分黃卷青燈苦
子為名將領文經武緯都從和丸晝荻來
　　　　　　　呂譏　張滙川　覃恭讓
　　　　　　　孔可權　覃香　符列光

有子負名將才萬里烽煙歸侍榮
大地無乾淨土九華霜月去朝真
　　　　　　　　蘇玉泉　謝繼金

勤偷治家訓男育女巾幗儀型垂不朽
忠勇為國安内禦外蓮儒母敎難忘
　　　　　　　　　　　　唐恩溥

太君五福齊膚隆孚洪範
哲嗣三珠並茂吳娥汾陽
　　　　　　　　　　　施惠之

母德仰崔巍望峙大平懿範
　　　　　　楊啟球　楊國源

慈雲傷縹邈福流孝子順孫
克能衛國武畧群推鄧仲華
　　　　　　　　　　　　陳均智

夫為譽薜悲懷難遣元才子
　　　　　　　郭詩祥　趙宣明
　　　　　　　葉樹輝　何勁

二老共承歡治家以勤門祚克昌賢子婦
九泉獨含笑開捷而喜國仇有報女英雄
　　　　　　　　　　　　　陳槃楚

梓里著賢聲雨課晴耕欣喜桂蘭皆壯戚
珠江來靈耗雲慈墓隕那堪蘭篤更淒涼

殺賊當年鞭鐙也曾遺令子
游仙山日珮璥空自愬歸魂
　　　　　　　　杜倫五
　　　　　　　　李五雲　李耀武

一門湮萃慈蔭蘼始形管自流芬令名豈獨儕鍾郝
七秩退齡古稀方屆蓉星忽飛隕楷老何堪失孟光
　　　　　　　　　　　　　黃德興　蘇延一

仁蔭託護孥形曾千秋瞻嶺表
　　　　　　　　陳濯邊　蘇遇雲

德門列桃李生當一束自江南
　　　　　　　　　　　楊啟祺

443

挽联

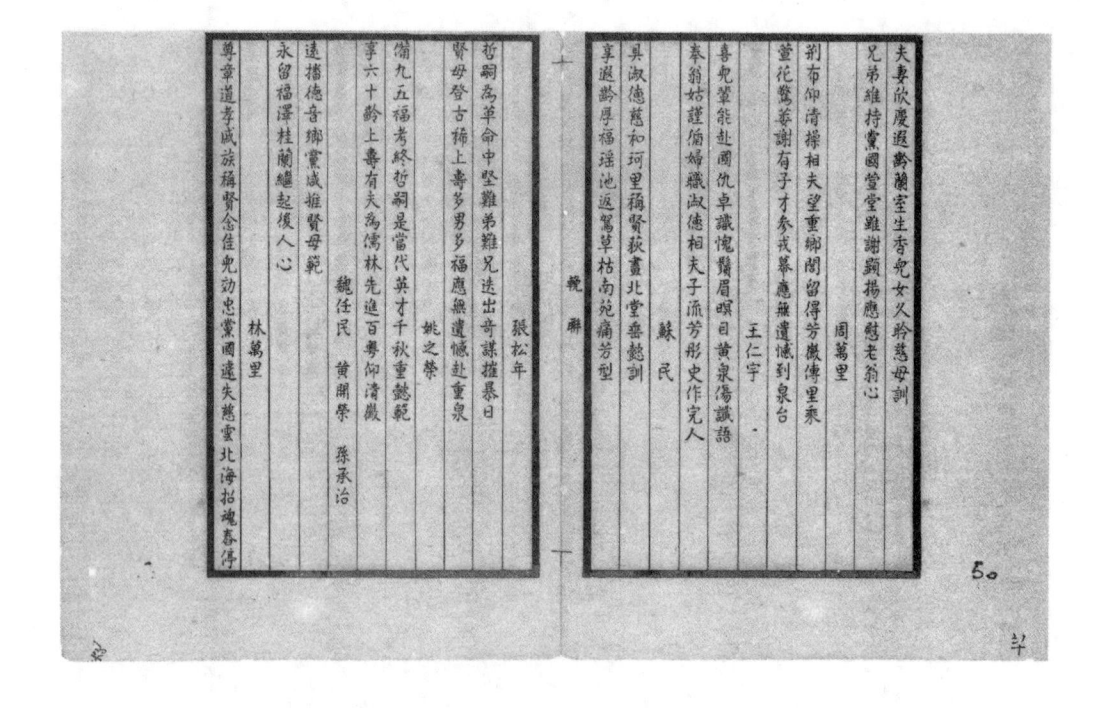

合浦有明珠凤阁挟纩留温遗爱西南钦懿范
辽阳犹陷垒严慈尚望从戎墨绖援东北卹哀思
　　　　　　　　　　　　　　　　　　张智

治国本齐家贤母兄宜哉令子
粉郝停杼柱慰哀犹具永怀歔
　　　　　　　　　　　　简英甫

惟憾蓉军存大计
闺闱主馈有贤声
　　　　　　　　潘应塑

相夫久著贤声福备德全合是前身修到
　　　　　　　　　　　　　　吴树

育子皆成大器文经武纬多从懿训得来
　　　　　　　　　　　　　　张浊

敬子戎难花之名韵钤树墨
贤母旬孟敬而俊彤管派芳
　　　　　　　　　　　　黄锅

衔国易儿曹念淞沪战功世皆称尚桓公有贤慈母
兴家重耕读春庭闱和气熟不叹孟光氏真女丈夫
　　　　　　　　　　　　　　　　　　赵植之

相夫能刻业成名燕寝正游年不图鸳镜生悲老去潘郎添白发
有子皆安内攘外慈帏令失恃四忆熊丸励学难忘柳母课青灯
　　　　　　　　　　　　　　　　　　　　　　梁华基

夫妻欣庆遐龄兰室生香兔女久矜慈母训
兄弟维持党国堂堂谢谢扬扬应慰老翁心
　　　　　　　　　　　　　　周万里

荆布仰清操相夫望重乡闾留得芳徽传里秉
萱花惊姜谢有子才参戎幕应燕遗憾到泉台
　　　　　　　　　　　　　　王仁宇

喜兕觥能赴国仇卓识愧鬣眉喉目黄泉伤识语
奉翁姑谨俯妇职咸德相夫子派芳彤史作完人
　　　　　　　　　　　　　　　　　苏民

具淑德慈和珂里称贤荻画北堂垂懿训
享遐龄福厚桃李遥池返驾草枯南苑痛芳型

哲嗣为革命中坚弟难兄选出奇谋摧暴日
贤母登古稀上寿多男多福应无遗憾赴重泉
　　　　　　　　　　　　　　　张松年

备九五福考终哲嗣是当代儒林先进百粤仰清徽
享六十龄上寿有夫为儒林先进百粤仰清徽
　　　　　　　　　　魏任民　黄开荣　张承治

远播德音乡党咸推贤母范
永留福泽桂兰继起慰人心
　　　　　　　　　　　　林万里

尊章道孝成族称贤念佳儿劲忠党国遽失慈帏北海招魂春停

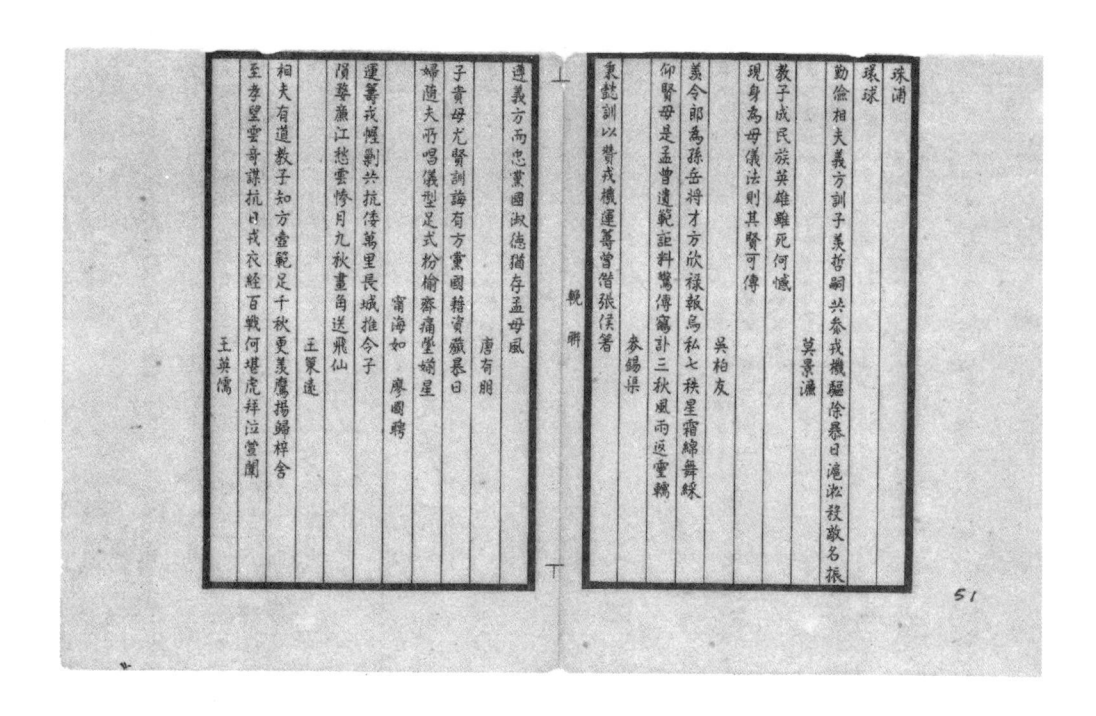

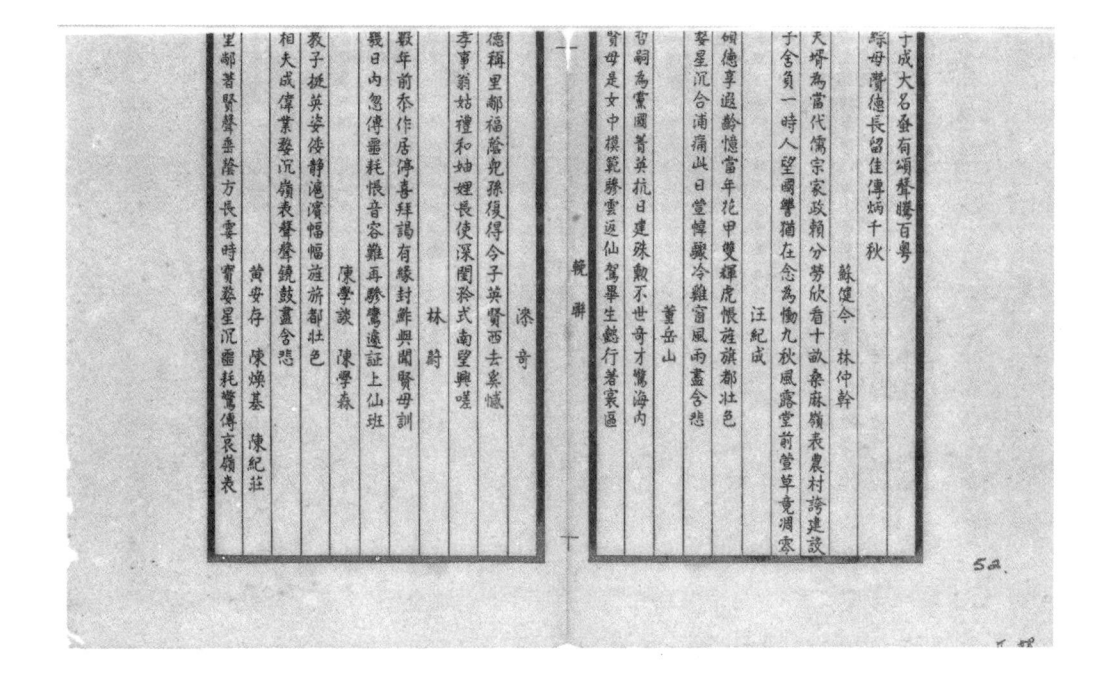

第四部分　紀念鄧父鑒秋先生及鄧母詹夫人

珠浦

勤儉相夫義方訓子美哲嗣共叅戎機驅除暴日滬淞毀敵敬名振　　莫景濂

教子成民族英雄雖死何憾

現身為母儀法則其譽可傳　　吳柏友

美令郎為孫岳持才方欣祿報為私七秩星霜綿舞鷫

仰賢母是孟曾遺範証料鴛傳鳥卜三秋風雨返萱幃　　麥錫娛

衷懿訓以費戎機運籌當愷張侯著

觀瀾

遵義方而忠黨國淑德猶存孟母風　　唐有朋

子貴母尤賢訓薛有方黨國培資藏暴日

婦隨夫乃唱儀型足式扮榆察痛瑩婥星　　廖國聘

運籌戎幄剿共抗倭萬里長城推令子　　濱海如

隕蕊廉江愁雲慘月九秋畫角送飛仙　　王粟遠

相夫有道教子知方壼範足千秋更美鷹揚歸梓舍

至孝望雲哥謀抗日戎衣經百戰何堪虎拜泣萱幃　　王英儁

珠浦

十成大名垂有頌聲騰百粤　　蘇健令

孫母懿德長留佳傳炳千秋　　林仲幹

天塔為當代儻宗家政頼分勞欣看十敵桑麻嶺表農村詩建設

子舍負一時人望國譽蒲在念為愴九秋風露萱堂前堂草童潤寰　　董岳山

傾德享遐齡憶當年花甲雙輝虎悵旌旗都壯色　　汪紀成

慈星沉合浦痛此日堂幃驚冷雛寶風雨盡含悲

令嗣為黨國菁英抗日建殊勳不世奇才駕海內

賢母是女中模範勝雲返仙駕學生魏行著裒圖

觀瀾

德稱里鄙福蔭兒孫復得令子英賢西去衷懷　　漆奇

李事翁姑禮和妯娌長使深閨裕式南望興嗟　　林蔚

戰年前乘作居淳喜拜諤有綠封祥與聞賢母訓

戴日內忽傳噩耗悵音容難再勢鸞遠証上仙班　　陳學諴

教子挺英姿婈靜滄嬪表閭旌游都壯色　　陳學森

相夫成偉業鬢沉嶺表鸞鏡鼓畫含悲　　黃安存

里鄭著賢聲垂譽方長寰時寶鬢星沉圖耗鴛傳哀滿表　　陳煥基　陳紀莊

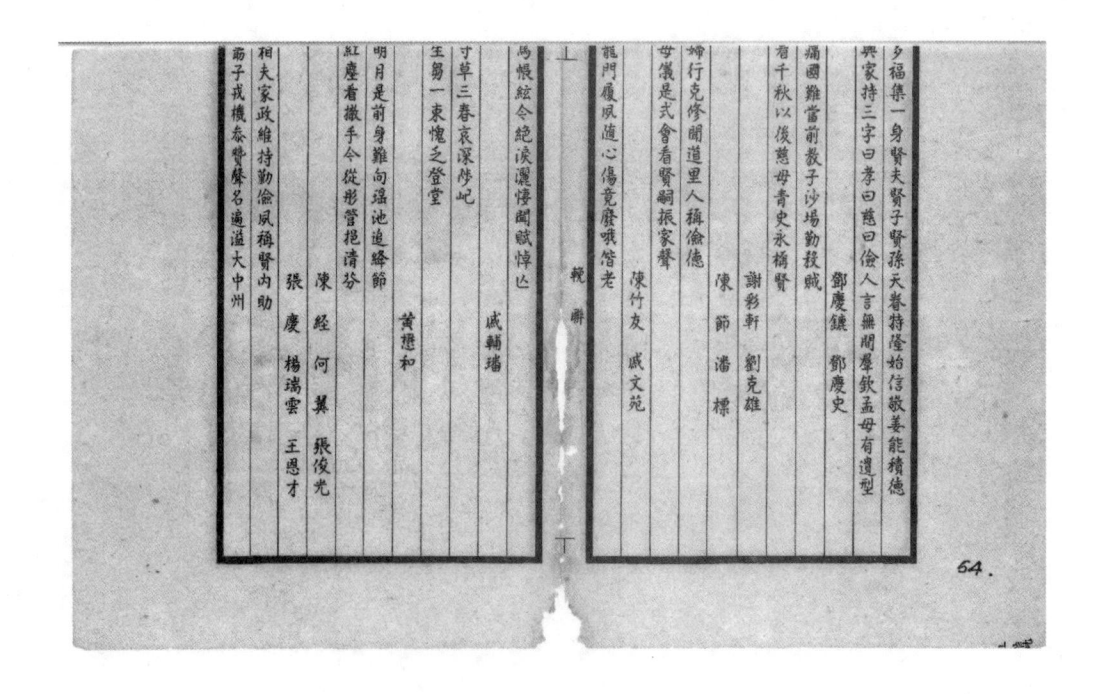

八為儒宗子為名將內外宗祊尸祝
文正紆起歸真何憾仙日靈旂瞟渺廣修善果證菩提

蘇子舟

考有令名後有賢嗣六七葉之家風
坤乾猶存勤儉相夫徽撝鹿

張鵬

母儀安仰義方訓子顯丸熊

虞翔

萱菊閒時嫌學遜俊昆

可雲有路鵬飛爭美

陳本梁 郭少荃 唐貴桐

挽聯

阿母持家有道委沉午夜儀型空仰郝鍾賢
令子為國宣勞績著申江勳業正堪管葛儔

梁喔章

敬族尊親力主同居賦婦德
作忠移孝好憑懿毀報慈恩

沈趨如

十九路軍譽振寰區喆嗣耕賢戎機淞滬靖海氛毀敵立功半壁
山河貧保障

忠孝極榮哀

夜次子勳勞宣畫國賢母遠揹穰養海天況發彩流徽遺愛一門

黃東勒

—

夕福集一身賢夫賢子賢孫天眷特隆始信敬善能續德
興家持三字曰孝曰慈曰儉人言無閒聲欽孟母有遺型

鄧慶鑲 鄧慶史

禍國雖當前散子沙場勤毀戚
看千秋以後慈母青史永橋賢

謝彩軒 劉克雄

婦行克修聞道里人稱偷德

陳節 潘標

母儀是式會看賢嗣振家聲

陳竹友 戚文苑

龍門覆鳳適心傷竟廢哦皆老

馬悵絃念絕淚灑悟聞賦悼亾

戚輔瑞

寸草三春哀深序屺
玉筍一束憶乏堂堂

黃悲和

明月是前身雖向瑤池追絳節
紅塵看撒手今從彤管艷清芬

陳經 何其 張俊光

相夫家政維持勤儉鳳稱賢內助
而子戎機泰奮聲名遠道大中州

張慶 楊瑞雲 王恩才

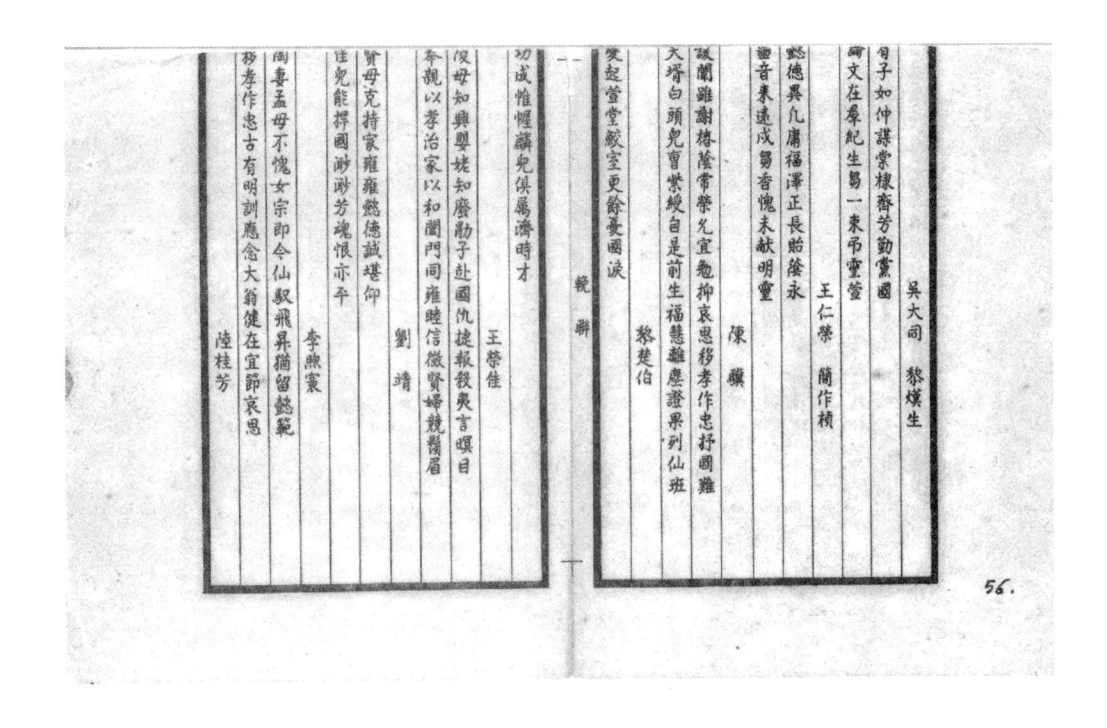

第四部分　纪念邓父鉴秋先生及邓母詹夫人

挽聯

王中鎖寫修家政教哲嗣同赴國仇何期晏會蟠桃空騰良歲晷
文史翰星

吳福澤全偹箕疇諭德行孝欽萱範方慶眉齊鴻案卲塔合浦壁

王宗宣

陳恩元

珠江稱革命萊源憶詳譚慧訓黨國宣勞住日久推文伯母
華國悼女宗作古泰瑟琶秋風歸耕上馭諸天齊接廣寒仙

劉燁材

壽母驪瑤島仙跡闌閬傷神尚有白頭夫婿
賢郞吳雲臺將恩溽瀆殺敵壋稱奇血男兒

挽聯

李翰

萬子以抗倭衛國是真巾幗英雄
相夫兩間雨深晴共仰荊釵賢母

閩民

喜子能赴國難勤助興家曾分肉飼遠瞻責
勸夫專事篤修力助抗日部自畫兄刲背承

李游民　陳慶龍
陳偉彬　劉增年

教子作平城盡孝勸學齊福報
登仙歸樂國萱靈餘蔭仰蒸嘗

盧學獻　汪叔廈

自子如仲謀棠棣香芳勤黨國
兩文在羣紀生易一束弔萱堂

吳大司　黎煥生
王仁榮　蘭作楨

懿德異几庸福澤正長貽蔭永
函音遠成昜香愧未獻明壠

陳　礦

譙蘭雖謝椿萱菁榮无宣勉抑哀思移孝作忠抒國難
天胷白頭兒曹紫緩自是前生福慧離應證果列仙班

黎楚伯

雙起堂堂懿室更餘憂國淚
功成惟幄幃麛兔俱屬濤時才

挽聯

王榮佳

俊靚以孝治家以和閨門同雍睦信徵賢婦競齊眉
奉親知與嬰姥知麼勸子赴國仇捷報殷夷言喋目

劉　靖

賢母克持家雍雍懿德試堪仰
佳兒能報國砂砂芳魂恨亦平

李熙棠

陶妻孟母不愧女宗即令仙馭飛昇擱留懿範
移孝作忠古有明訓應念大翁健在宜節哀思

陸桂芳

享壽屆七旬五福俱全親見賢郎應顯秩
政聲騰百粵三槐亞茂同欽慈母育英才
　　　　　　　　　　　　　　王沛霖
國事艱難看賢郎傍瀧濱共勤閫疆千里捷書娛愛日
坤儀同景仰痛令母召赴瑤池耗傳珠浦萬家停杵泣慈雲
　　　　　　　　　　　　　　朱建予
家由賢婦而成那堪一夕重泉玉溪尚詠無題句
子能獲賊則喜祇以四郊多壘漆室常存靖難心
　　　　　　　　　　　　　　陳惠宣
策善曰慈去奢曰儉方其粉榆於式拈花還返落伽山
事親以孝教子以忠即令蘭桂聯芳撫臂難忘賢母訓

輓聯

戰年節鉞甫歸程豈期寸草春暉涉岵顯增遊子淚
七十老翁應破涕為道三吳戰續捷書早慰壽慈心
　　　　　　　　　　　　　　陳同昶
閫子救敵冠於瀧濱深喜能赴國仇爾日竟符徐母願
先夫驅狐狸於地下為問主持家政誰人復娩敬姜賢
　　　　　　陳寰飛　麥穗芳　車頌五
為婦倡同居敬宗不讓梁音行
生兒能報國逮德應推鄧仲華
　　　　　　　　　　　　　　甘畯丞
合炊爨以復同居不徒孝道養親且可倡家族團體先聲如母眼

光超世俗
羨拜慈闈
習耕讀而主中饋薰能厚德載福自應有兒子榮華效果今人心
　　　　　　　　　　　　　　林光翰
諸兒皆軍界英豪同抗倭奴名揚全球咸景仰
賢母是女中堯舜忽沉縈宿訃傳北海共悲哀
　　　　　　　　　　　　　　梅華生
勤儉足洗漓澆自有書香娛夫子
利祿不縈志獨紓國難喜兒曹
　　　　　　馮仲輔　盧穀　吳為冀
祖夫教子以至大至剛不愧乎令賢命婦

輓聯

孟母梁妻確可矜可法自然千載作良師
停杵到灕春河里珠江沉合浦
　　　　　　　　　　　　　　毛相澄
響瑗紓國難養堂彤史嬈餘姚
　　　　　　　　　　　　　　黃昭琛
未賦白頭思益母
不遵逸志索嘗歸
　　　　　　　　　　　　　　陳元瑩
彤管流芳子舍晉曾親懿範
疆場決勝人功到底屬賢郎
　　　　　　　　　　　黃任　姜玉笙

第四部分　纪念邓父鉴秋先生及邓母詹夫人

叹宝婺之星沉德範常存珍如碗琰
望慈雲兮风渺巖音尚在香遠蘭台
　　　　　　　　　　陳明晃　陳卓英

坤範徒存勤儉相夫徽揽鹿
母儀安仰義方訓子顯丸熊

勤儉持躬修走合編慈母傳
精忠訓子誕門舉拜女宗儀
　　　　　　　　華兆東　李元

相夫挽鹿課子丸龍滅德早棟形史範
佛座拈花慈情權竹仙瑤空湖白雲鄉
　　　　　　　　　　　　李伯頼

　　　　　　乾冊

四德齋修千秋垂譽駕鶴蓬島列仙班
錦堂悲悼冷留將德曜足千秋
　　　　　　　　龍詹典　龍大鎏

玉恨勤風淒吹做慈雲剛十月
相夫力學教子成名功在國家資母訓
　　　　　　　　　　　　陳思賀

何等受福八座同尊訊今蘭慧睹芳芬言淘佩資賢母
令似隻傍南塘嬈烈愧我支離摸髀應被劉波唖老兵
　　　　　　　　　　　　陳植雲

威宣南服孝嶋南絃仰賢郎戎馬勤勞勇冠千軍欽將畧
　　　　　　　　　　　　盧謂生

慈永北堂澤流北海慟會母翔鵞冲舉壽躋七秩證仙班
　　　　　　　　　　　　許仲衡

福更慈仁誠為希有
涅槃超寂滅所以者何
　　　　　　　　　　黎惠摩

教子成名相夫成業遍斤徽實譽千秋不朽著雄文
治家以倫處眾以和問俗探巖音四德俱全羣女誡
　　　　　　　陳鳴基　藍鐵珊　曾傅基　梁鳴卿

辭一心力於以與家母亦女中人傑
參與戎機用能抗日于為民族英雄

　　　　　　乾册

哲嗣抱宗岳雄才昔年冠絮東鄰偉蹟詢堪光祖國
賢母具娘任慈德山日華沉北海哀思何止湎佗城
　　　　　　蔡坤呂佑　李樹霖　陳有勞　巫寶如

垂範女宗墨絰忽聞鵞慈母駸
歸眞瑤島白頭無愧大家風
　　　　　　趙君勋　莊楡　陳子越
　　　　　　　　　　劉子才　朱順

中鏡鳳楞賢佐夫塡重整門庭奉情情懷猶有恨
上乘令證果有兒輩莫安社稷仲華勳業信無雙
　　　　　　　　　　　　李鄒熾

挽聯

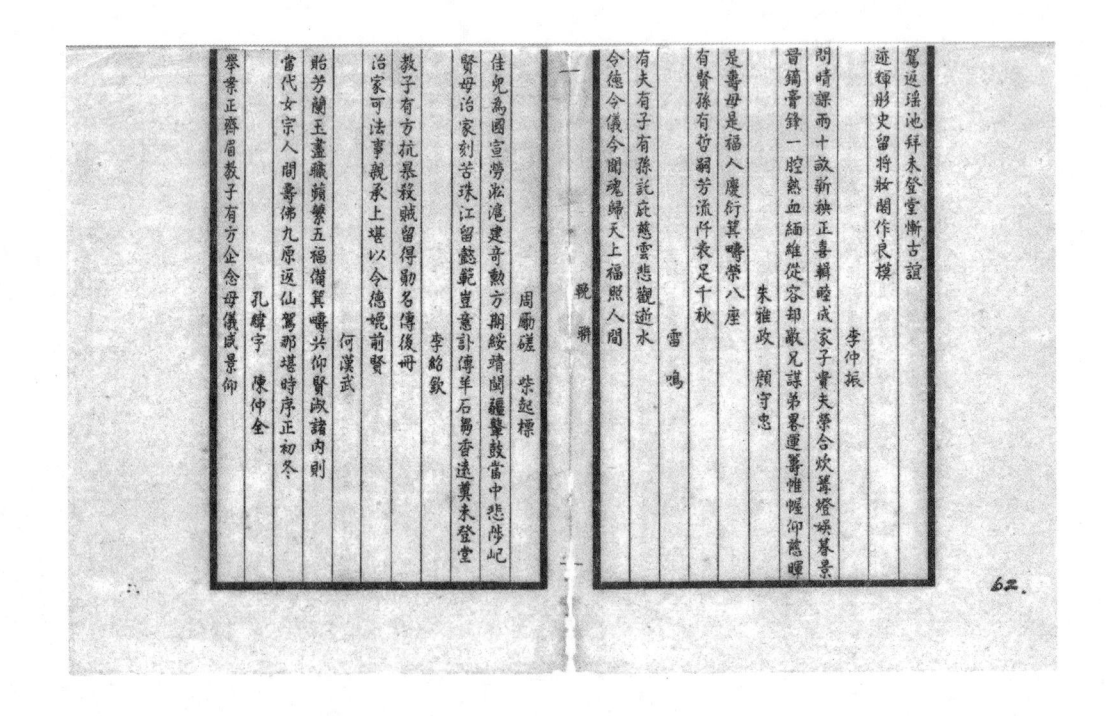

教子成名輝增彤管
有孫繩武丕振家聲　　　　　　馮珝

梓舍沉富鶼鈴惟鑒運籌滬戰蕉旬摧勁敵
桑星沉粵詒叙袵式女宗一代著芳型　　　　蕭仲明　廖頌堯　張耀
　　　　　　　　　　　　　　　　　　　陳遠尊　張光瓊

教子有方尚冶將才徵母訓
相夫無忝長留女史耀人間　　　　劉尚志
　　　　　　　　　　　　　　　趙玉珊

挽聯

三郁稱賢傳同中壘
二難敵愾功燦南塘　　　　陳相

飲聞孟母賢勞百世流芳昭畫荻
備享巽褒福祿一朝含笑恰拈花　　徐名富　陳澧泉
　　　　　　　　　　　　　　　羅懋勛　彭材生　李克煌

是巾幗完人是母儀模範
能相夫創業能教子成名　　　高岳崧　唐鑪龐
　　　　　　　　　　　　陳提鵬　陳公宸

駕返瑤池拜末登堂慚古誼
迹輝彤史留將執閫作良模　　　　李仲振

閃晴滾雨十歉新祺正喜輯睦成家子貴夫榮合欣籌燈娛暮景
冒鏑晉鋒一腔熱血緬維從容卻敵兄謀弟畧運籌惟慳仰德暉
　　　　　　　　　　　　　　　　　　　朱雅政　顏守忠

是壽母是福人慶衍箕疇榮八座
有賢孫有哲嗣芳流仟表足千秋　　　　雷鳴

有夫有子有孫託庇慈雲悲逝水
令德令儀令閫麾歸天上福照人間

挽聯

佳兒為國宣勞宏滬建奇勳方期綏靖閩疆聲鼓富中悲陟岵
賢母治家刻苦珠江留懿範豈意訃傳羊石菊香遠莫未登堂　　李紹敦

教子有方抗暴殺賊留勛名傳後冊
治家可法事親承上懂以令德媲前賢　　　何漢武

貽芳蘭玉盡纖蘋蘩五福備箕疇共仰賢淑諸內則
當代女宗人間壽佛九原返仙駕邵塘時序正初冬
　　　　　　　　　　　　　　　　孔韓字　陳仲全

擧案正齊眉教子有方企念母儀咸景仰

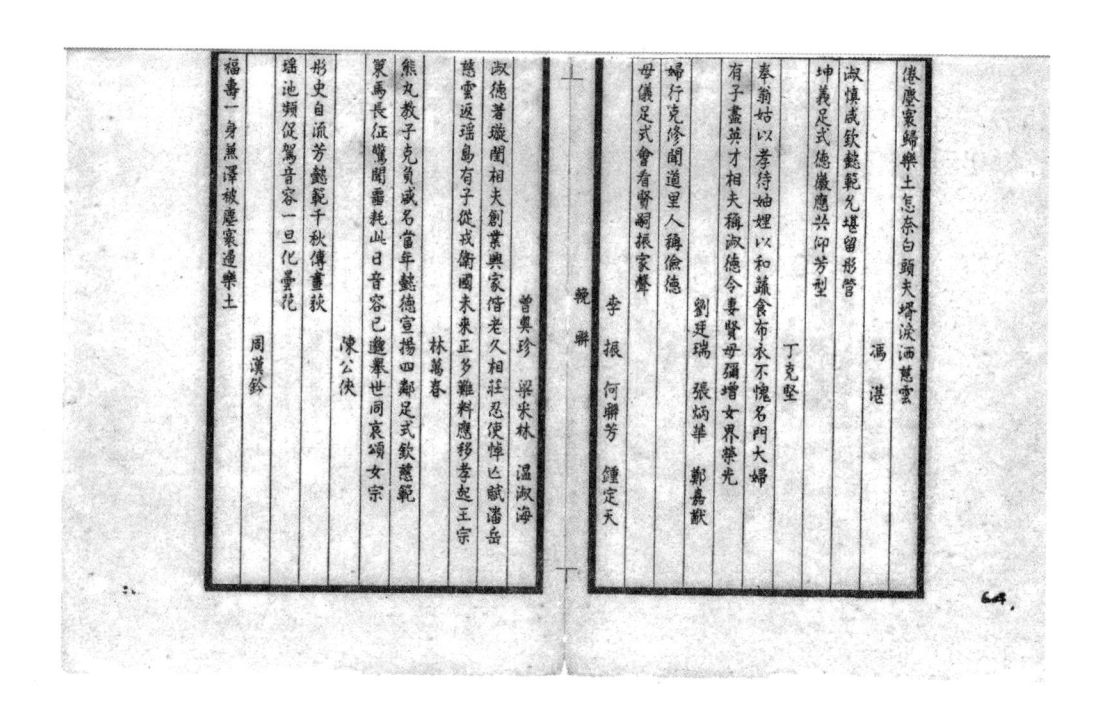

第四部分　纪念邓父鉴秋先生及邓母詹夫人

蹉跎应洒泪盛人以德怆怀阑乾倍伤神
　　　　　　　　　　　　　　陈锡乾　袁柳溪　李　芳
子肖克家前昌後裕
母仪遗世生荣死哀
　　　　　　　　　　　　　　徐伯谦　梁志光　叶有沃
两天宝婺忽报颠沉贤母裕式里闾停相郑慈念德应垂芳家泽
闽海妖氛正期扬哲嗣经纶邢国从戎经节哀更恸九原心
　　　　　　　　　　　　　　陈锦泉
德劭年高况復棠班八座
大贤子孝庆知合笑九泉

竞挽

侃俪巳齐金福一生无缺憾
咒曹同奋起徽音千古备哀荣
　　　　　　　　　　　　　　朱康泉　郑颐庆
萱令嗣为党国宣劳见义者大
有遗型作闾阎裕式流泽孔长
　　　　　　　　　　　　　　江家莅
相夫持偷成家渊经年举案齐眉逢岛归真悲冷月
嘉子从戎卫国香山扶舆绕膝萱悼章慕哭慈云
　　　　　　　　　　　　　　李宝安　萧单灼
有令子握兵符笑看绕膝孙曾歆承爱日

慷慨寰归乐土惊奈白头夫婿洒楚云
　　　　　　　　　　　　　　冯　湛
淑慎咸钦懿范允堪留彤管
坤义足式德徽应共仰芳型
　　　　　　　　　　　　　　丁克坚
奉菊姑以孝待姒娌以和蔼食布衣不愧名门大妇
有子盡英才相夫稱淑德令專賢母彌增女界榮光
　　　　　　　　　　　　　　刘廷瑞　张炳华　郑禹献
妇行克修闻道里人称偷德
母仪足式会看贤嗣振家声
　　　　　　　　　　　　　　李振　何骈芳　钟定天

竞挽

故德著璇閨相夫創業興家偕老久相莊忍便悼匕賦滕岳
慈雲返瑤島有子從戎衛國未來正多難料應移孝起王宗
　　　　　　　　　　　　　　林万春
熊丸教子克負咸名當年懿德宣揚四鄰足式歡懿範
鸞馭長征驚聞雷耗屾日音容已遽畢世同哀頌女宗
　　　　　　　　　　　　　　陈公侠
彤史自流芳懿范千秋传画荻
瑶池频促驾音容一旦化昙花
　　　　　　　　　　　　　　周汉钤
福寿一身薰泽被家遵乐土

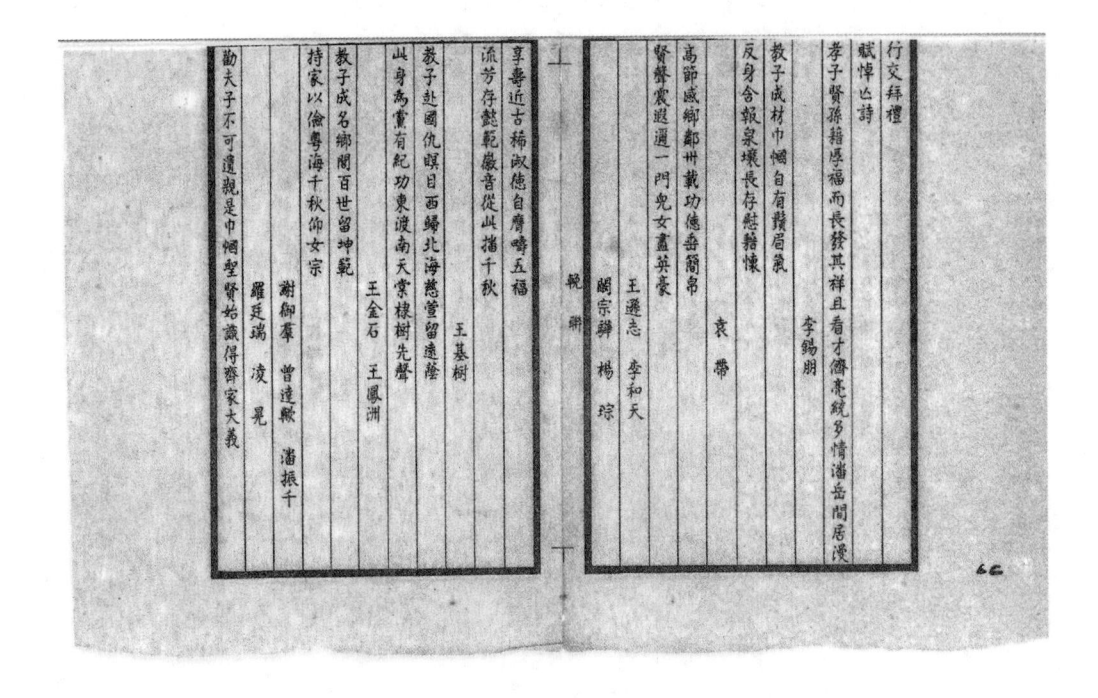

仁恩萬口頌惠遺粵桂駕慈航

陸學淵　劉世楨　何　權
嚴子鈞　廖恩錫　陳粹華
李舜長　桂　年　錢見誠
金肇組

最夫子而興家邦堪遠返瑤池裏鸞合浦
期朝君以報國猶見擧安粵島謀定全閩
秉德興與孟徐相輝母儀昭著
有子庵千城重寄懿範盈襟
里鄰無閒言以孝友相夫忠貞教子
家庭長輯睦是南陽賢婦北海名媛

駱鳴鑾　鍾廷樞　鍾廷柱

今嗣以授業從戎早歲勳名留粵海
愧我未登堂拜母他年碩德誦蘆山
有賢母斯得賢子于役當年呼祈父
顯顯職乃以顯親至情終古說王戎
寧无越

家道伏中興才堪揭地掀天用作鹽梅真宰輔
遺嚴禮南服德足相夫教子名高帷幄有傳人
姑有泉

淑慈尊母嫣前懿而欣分俊合堪美按梨鴻光碩德樊英才起高

行交拜禮
賦悼亡詩
孝子賢孫掊學福而長發其祥且看才儕亮統多情諧岳閒居漫
教子成材巾幗自有鬚眉義
反身合報泉壤長存慈孺懷
李錫朋
賢聲震遐邇一門兒女盡英豪
高節感鄉鄰州載功德岳簡帛
袁帶
王遜志　李和天
闞宗辨　楊琮

享壽近古稀盛德自膺疇五福
流芳存懿範徽音從此播千秋
王基樹
教子赴國仇瞑目西歸北海萱堂留遺蔭
毀身爲實有紀功東渡南天棠棣樹先聲
王金石　王鳳淵
持家以儉粵海千秋仰女宗
教子成名鄉閭百世留坤範
謝御莘　曾達猷　潘振千
羅廷瑞　凌晁
勸夫子不可遺親是巾幗聖賢始識得齊家大義

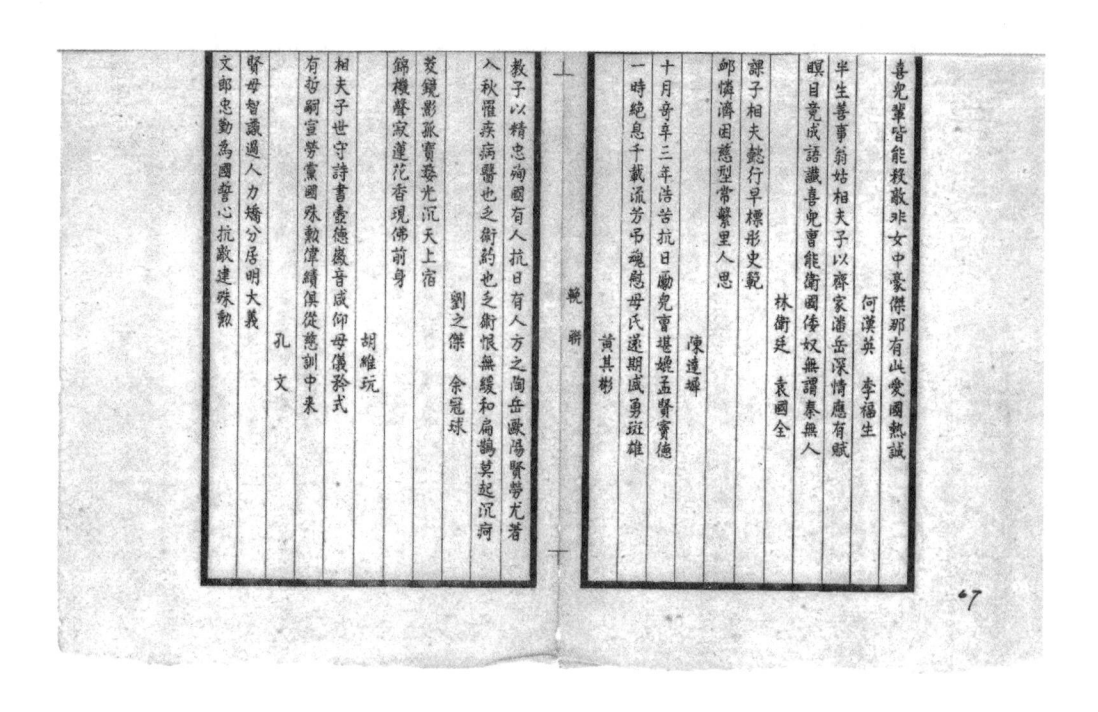

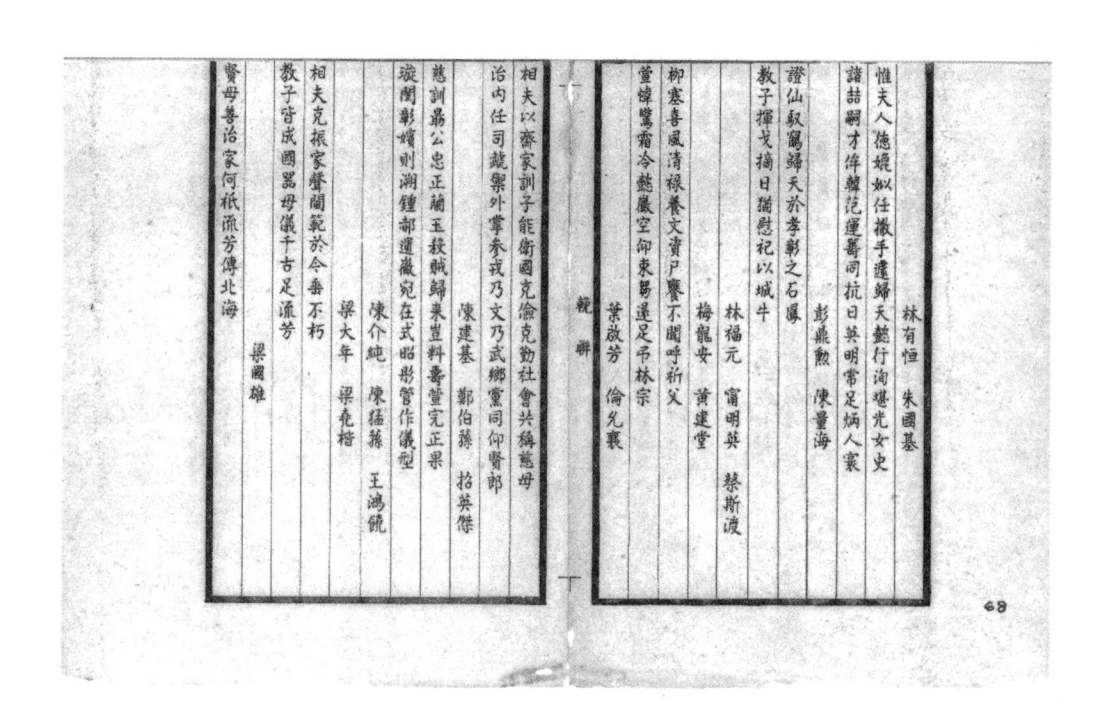

第四部分　紀念鄧父鑒秋先生及鄧母詹夫人

喜兒輩皆能秩敘非女中豪傑那有此愛國熱誠

半生善事翁姑相夫子以齊家潘岳深情應有賦
瞑目竟成讖喜兒曹能衛國佇奴無謂泰無人

　　　　　　　　　　　　　　何漢英　李福生

課子相夫懿行早標彤史範
郵憐濟困慈型常繫里人思

　　　　　　　　　　　　　　　　林衛廷

十月壽辰三年浩苦抗日勵兒曾堪娘孟賢實德
一時絕息千載流芳弔魂慰母氏逢期咸勇斑雄

　　　　　　　　　　　　　陳達嬋　黃其彬　袁國全

教子以精忠洵國有人抗日有人方之陶岳歐湯賢莘尤著
入秋罹疾病醫也乏衛鈞也乏衛恨無緩和扁鵲莫起沉痾

　　　　　　　　　　　　　　　劉之傑　余冠球

茨覺影派寶姿光沉天上宿
錦機聲家蓮花香現佛前身

　　　　　　　　　　　　　　　　胡維玩

相夫子世守詩書處德壺音咸仰母儀矜式
有諸嗣宣勞薰國殊敕偉績俱從慈訓中來

　　　　　　　　　　　　　　　　孔文

賢母智識過人力矯分居明大義
文郎忠勤為國盡心抗敵建殊勳

惟夫人德堤姒任撒手遽歸天懿行洵塈光女史
諸喆綢才俾範范運籌司抗日英明常足炳人寰

　　　　　　　　　　　　　　林有恒　朱國基

澄仙馭鶴歸天於李彰之石瀑
教子揮戈摘日渝慰祀以城牛

　　　　　　　　　　　　　　彭蘸勳　陳壹海

柳塞喜風清祿養文資戶饗不聞呼祈父
萱幃驚霜冷慈嚴空仰束笞遠足弔林宗

　　　　　　　　　　林福元　甯明英
　　　　　　　　　　梅龍安　黃建堂　蔡斯渡
　　　　　　　　　　　　黃啟芳　倫允襄

相夫以齊家訓子能衛國克倫克勤社會共編慈母
治內任司藏禦外掌參戎乃文乃武鄉黨同仰賢郎

　　　　　　　　　　　陳建基　鄭伯蓀　拾英傑

慈訓嘉公忠正補玉殺賊歸來豈料壽萱完正果
璇閨彰嫭則渤鍾郝遺徽宛在式昭彤管作儀型

　　　　　　　　　　　陳介純　陳猛蓀　王鴻皖

教子克振家聲閫範於今垂不朽

　　　　　　　　　　　　　梁大年　梁堯楷

賢母善治家何祇流芳傳北海

　　　　　　　　　　　　　　　　梁國雄

挽联

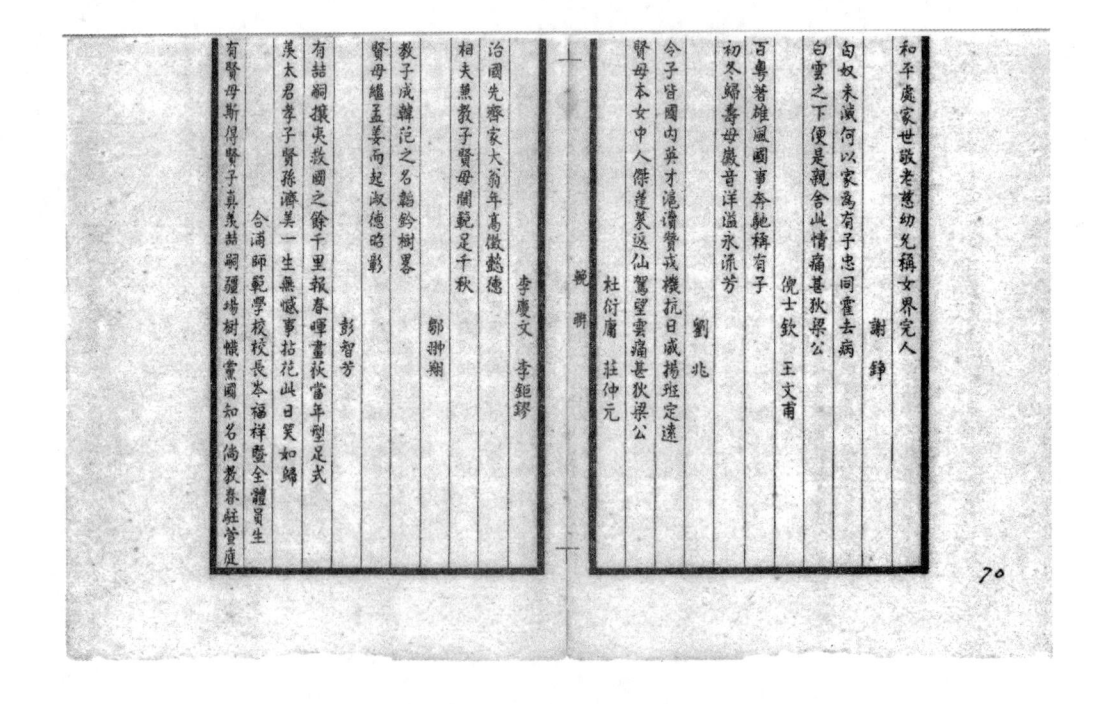

諸兒能抗日應知含笑赴西池
　　　　　　　　　袁祖安

相夫克享家庭樂
教子能增黨國榮
　　　　　　　　　劉劍德

母享大耋以登仙德之積也
子能為國而殺敵孝莫大焉
　　　　　　　　　潘承鎣

夫人風清令赴瑤池悲永訣
兒曹官貴擎欽玉樹出良材
　　　　　　　　　楊　作

不愧太夫人成家首重尊親奉庭闈和妯娌一室雍熙新聞範
是真女豪傑易子惟期報國謨雄鯤威鷲欲三軍語蕩掃倭腥
　　　　　　　卜士扳　卜溫其

閫範咸欽一夕瑤池返駕
坤儀足式千秋彤管流芳
　　　　胡銘基　張慕喬
　　　　曾慶綸　朱棣華　邱兆祥
　　　　趙連鈺　易寶安

戴佳兒培成大器耀堂公安方期堂華長榮看蕚綠衣娛樂趣
蒙令嗣眷顧多時職分扃務怎忍縶找痛讀空懷彤管播芳徽
　　李壽標　　　　　李英邦　黎德謙

挽詞

和平逝家世敬老慈幼先稱女界完人
囪奴未滅何以家為有子忠同霍去病
白雲之下便是親舍此情痛甚狄梁公
　　　　　　倪士欽　王文甫　謝　錚

百粵蒼雄風國事奉馳稱有子
初冬歸壽母歲音詳溢永流芳
　　　　　　　　　劉　兆

今子皆國內英才滬讀賢戒機抗日威揚巷痛班定遠
賢母本女中人傑蓬萊返仙駕望雲痛巷莊仲元
　　　　　　杜衍庸　莊仲元

治國先齊家大翁年高徽懿德
相夫蕉教子賢母關範足千秋
　　　　　　　　　鄒紳翔

教子成韓范之名翰鈐樹署
賢母繼孟姜而起淑德昭彰
　　　　　　　　　彭智芳

有喆嗣擴夷救國之餘千里報春暉晝荻當年型足式
莫太君孝子賢孫源美一生無憾事拈花此日笑如歸
　　　　　　　李慶文　李範錚

有賢母斯得醫子真羨喆嗣疆場樹幟黨國知名偏教春駐萱庭
今涵師範學校長本福祥醫全體員生　合輓

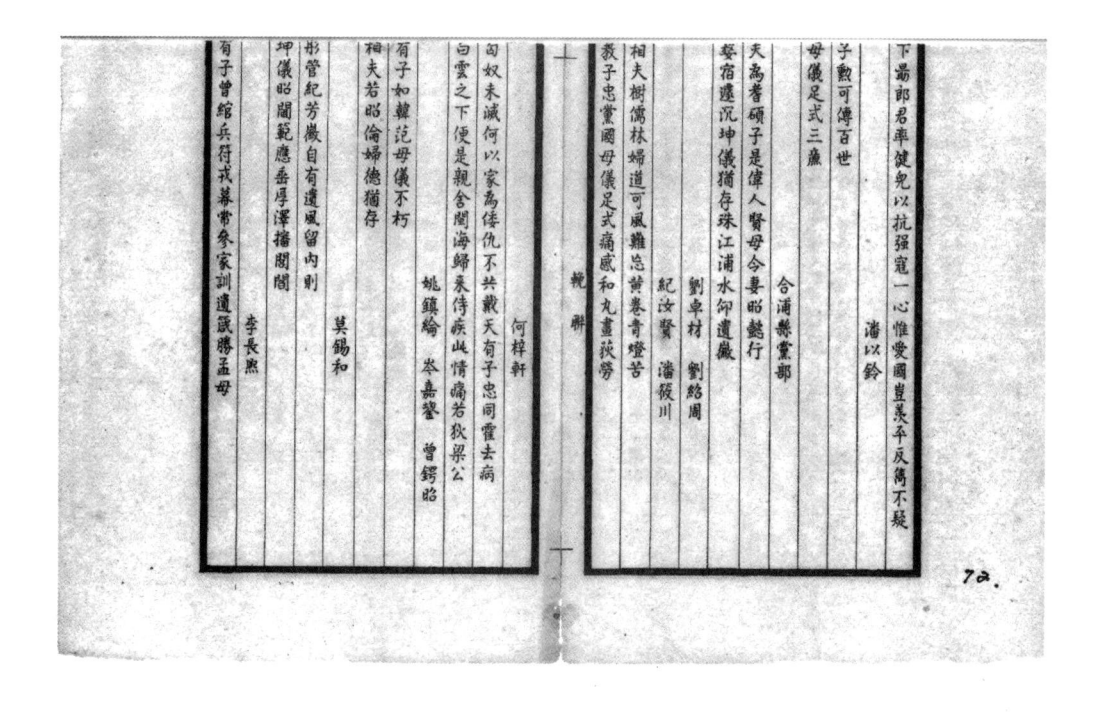

第四部分　纪念邓父鉴秋先生及邓母詹夫人

挽联

应对锦堂娱晚景
不堪箝鼓共哀鸣
膺显职乃以颐养多慈母
合浦县第一小学校长岑辟祥暨合体负生

赐子忠国事此较和丸画荻更为贤巾节殊堪千古
任长军谋归来枕块寝苫而尽孝斯情痛报三晖

　　　　　毕承英

明懿训以笃宫诗教孝教忠母真圣善
执干戈而卫社稷为家为国人无间言

　　　　　罗人俦　　罗人谓

有子抱龙韬出贽戎机玉墨宏敷扬百号
　　　　　罗英烈

　　　　　　　　挽联

昇仙腾鹤叔滑燮彩珠江懿范仰千秋
　　　　　陈伯松　　许瑞葇　　苏则中

倭抗沦上共勤阃中功竣长昭教日
云黯天南涕泽海北魂拍痛哭梅开时
　　　　　罗传宣

五十年贫守碎缠冀佳儿境困终亨胡则棨梓舍萤腾痛哉遗谒
西王母

六八载范垂萱获者哲嗣费分复合己深获萱堂化育兄矣同钦
邓太君

上相夫子和兄弟而绐箕裘百忍好宜家久深仰止张公艺
　　　　　符汝梅

下蜀郡君率健兄以抗强寇一心惟爱国岂羡卒反窝不疑
　　　　　潘以铃

子毂可传百世
母仪足式三癯
　　　　　合浦县党部

夫为著硕子是伟人贤母令妻昭懿行
婺宿遽沉坤仪犹存珠江浦水仰清徽
　　　　　刘卓材　　刘绍周

相夫忠党国母仪足式痛感和丸画荻劳
教子树儒林妇道可风难忘黄卷寄灯苦
　　　　　纪汝贤　　潘筱川

　　　　　　　　挽联

匈奴未灭何以家为倭仇不共戴天有子忠同霍去病
曰云之下便是亲含闾海归来侍疾凡情痛若狄梁公
　　　　　何梓轩

有子如韩范母仪不朽
相夫若昭伦妇德犹存
　　　　　姚镇纶　　岑嘉鉴　　曾锷昭

彤管纪芳徽自有遗风留内则
坤仪昭闾范应垂厚泽播闾阎
　　　　　莫锡和

有子曾绍兵符戎幕常参家训遗徽胜孟母
　　　　　李长熙

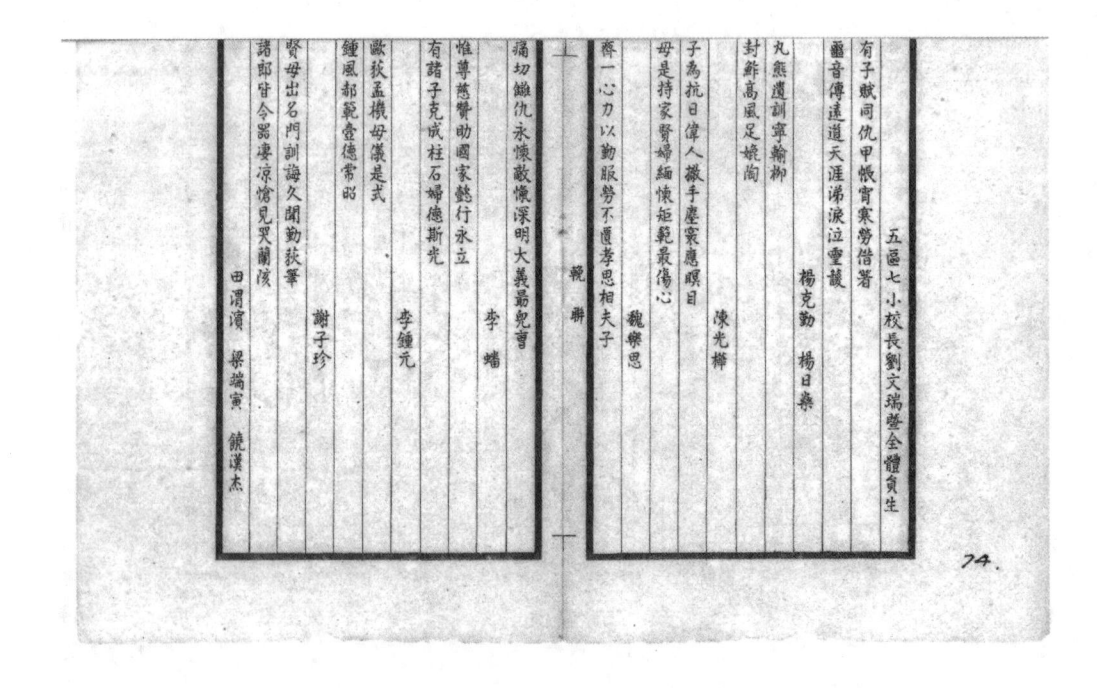

招魂今閫萬里生鬱邑具臨風雪涕效衷生
教妤興歐萊為伍珥環佩九秋風雨助飛舉
作妤成韓范之名節錢壯龍韜百粵山河資保障
蔡善瑋 蔡廣卿

有令子蔡國家安危艙海掃像奴大漬山河齎壯色
惟賢母儔箕幗福壽秋雲遠簦影漫天風雨倍傷神
曾其鋪 王逵元

五嶺八閩共萬瑟雲永護
蕭山浦水怱鸞鶴宿長沉
李蓮仙 楊挺子

　　輓聯

善賢母德婉歐陽重徽音方期篤箕長綿寸草心殷酬愛日
有令子功追高密拘羅富兵甲鷺鷥郡西馭三軍淚灑失慈雲
盧苑修

教子成韓范奇才松檜摧強夷功紀旌常垂宇宙
賢母繼孟敬懿範珠江傳雷耗薤露適鄉間
李叔平

重託萬雛親有令子為黨國偉人惟惺篤軍譽得恃怙懷依廣廈
何堪薙露痛愧余李作名門快婿京華旦學賀遠揮涕淚拜慈闈
劉漢昌 陳瀘泉

美德堪嘉晬嫄教嫻循肉則
令儀足式相夫訓子振家聲
陳冠楷

　　　　　　　　73.

五區七小校長劉文瑞暨全體員生

有子賦同仇甲帳宵寒勞借箸
鷗音傳達道天涯涕淚泣壹護
楊克勤 楊日桑

丸熊遺訓章翰柳
封鮓高風足娩陶
陳光樺

子為抗日偉人撫手塵寰應瞑目
母是持家賢婦緬懷矩範袤傷心
魏樂思

壽一心力以勤服勞不匱孝思相夫子

痛切鱔仇永懷敵愾深明大義勗兒曹
李蟠

惟尊慈賢助國家艱行永立
有諸子克成柱石婦德斯光
李鍾元

歐荻孟機母儀是式
鍾風郄範壹德常昭
謝子珍

賢母出名門訓海久聞勤荻筆
諸郎皆令器悽涼館見哭蘭陔
田渭濱 梁端寅 饒漢杰

　　　　　　　　74.

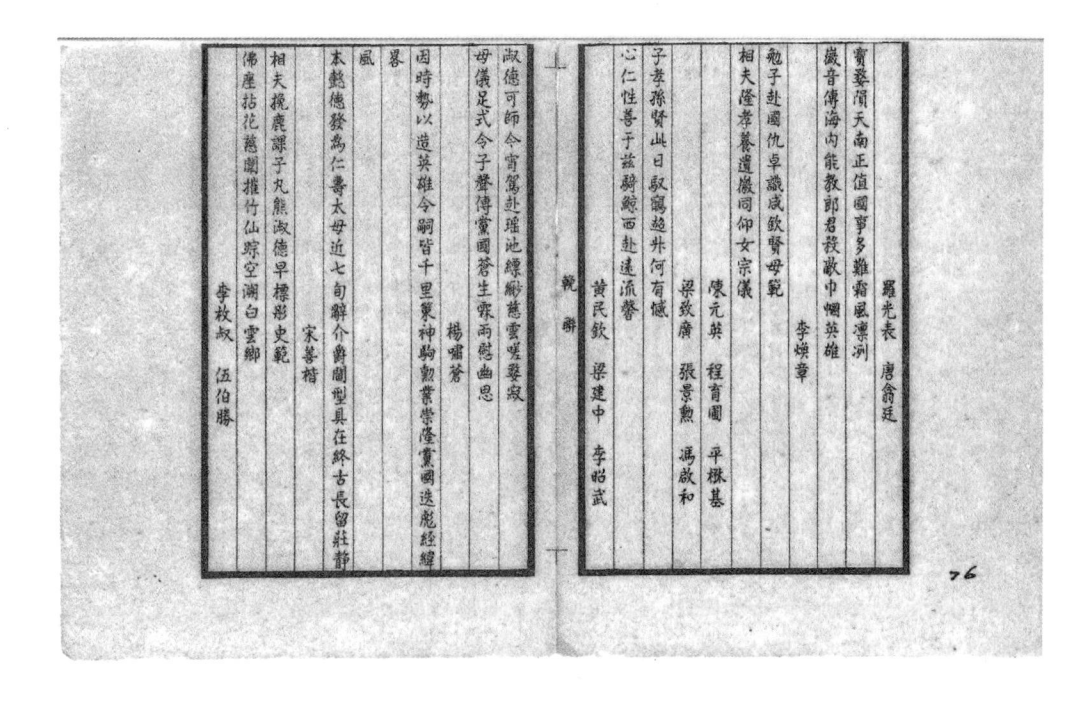

第四部分　纪念邓父鉴秋先生及邓母詹夫人

挽聯

看詰嗣選擢粵闔京滬軍警重權楊顯及親應快慰
勤夫子復興伯叔弟兄家庭合爨賢明如母足欽崇
　　　　　　　　　　　　　　　　顏文照　彭龍瑞

教令子以成名當諧淞滬銘勳功同特甞
痛慈宗之遺範憶昔荻機重訓賢比孟歐
　　　　　　　　　　　　　　　　林振　卓佐廷

夫作大篤宗裙布荊釵曾同黃卷青燈苦
子為參謀長經文緯武都是和丸畫荻來
　　　　　　　　　　　　　　　　鄭衡　陳芴堂

相夫為海角儒宗裙布欽荊曾助黃卷青燈苦
教子作江流砥柱經文緯武都從九熊晝荻來
　　　　　　　　　　　　　　　　楊兆霖　陳芴堂

以孝興家有鼎歲門庭是慈母恩勤所造
有子衛國溠楨流海水憼國人稱頌之情
　　　　　　　　　　　　　　　　寶雲鄉德蕙

勉相夫以起家當年里邑交譽治堂共惜姬姜斋
能穀賊為有子令日中原多故入地難鍾漆室憂
　　　　　　　　　　　　　　　　潘枝

有子能赴國仇每聞殺賊捷音而喜
至老無遺閫訓遠迢與夫協趣之風
　　　　　　　　　　　　　　　　馬如飛

　　　　　　　　　　　　　　　　陳應鎣　段魯齡

挽聯

實譽滿天南正值國事多難霜風凜冽
徽音傳海內能教郎君歆仰女宗儀
　　　　　　　　　　　　　　　　羅光表　唐禽廷

嚴音傳海肉能教郎君歆仰巾幗英雄
勉子赴國仇早識咸欽賢母範
　　　　　　　　　　　　　　　　李煥章

子姪孫賢崐日馴鳳趨井何有憾
相夫隆奉養遺巖同殺鯨西赴遠流繁
　　　　　　　　　　　　　　　　陳元英　程育圍　平樸基

心仁性善于塩蔚鯨西赴遠流繁
　　　　　　　　　　　　　　　　黃民欽　梁建中

　　　　　　　　　　　　　　　　梁致廣　張景勳　李昭武
　　　　　　　　　　　　　　　　　　　馮啟和

淑德可師令宵駕赴瑤池繡幔慈雲嗟晝寂
母儀足式令子聲傳蘭答生霖雨聽曲思
　　　　　　　　　　　　　　　　楊嘯蒼

因時勢以造英雄令嗣諧千里驥神駒勳業崇盛實國逸彪經緯
風景

本懿德發為仁壽太母近七旬辭介爵副型具在終古長留莊靜
　　　　　　　　　　　　　　　　宋善樁

相夫挽鹿課子丸熊淑德早標影史範
佛座拈花慈闈推竹仙踪空闌白雲鄉
　　　　　　　　　　　　　　　　李枝叔　伍伯勝

挽册

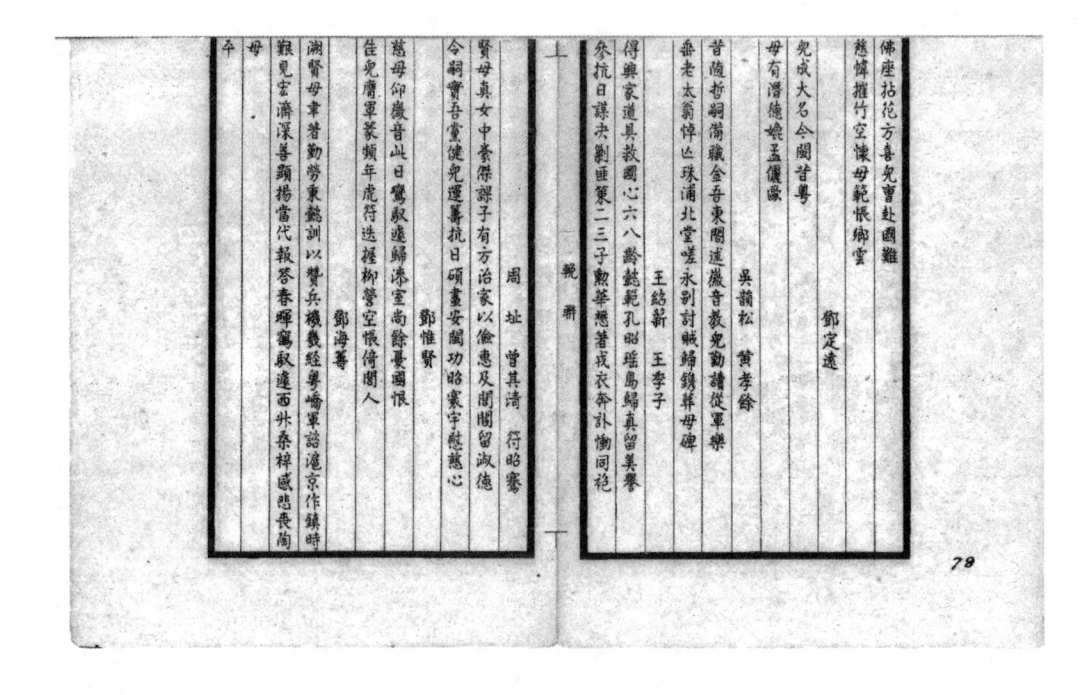

有子治軍巖疆獨茂
其人已往遺懿長存
　　　　　　　姚秋園
太夫人閨閫岳型百粵爭傳賢母錄
有令子海疆糶武八閩同謳女師篇
　　　　　　　桂東原
板輿客路憶前塵根養承顏懿訓同親荻畫
書劍京華陪仲子吾家鳳望相期無負雲台
　　　　　　　鄧毅潘
精忠報國激懷抗仇大義勉兒師武穆
煙姻親和鄉鄰無間遺風逸姆化珠江
　　　　　　　黎植三
遺訓說孫太夫人國難母以母為念
懿望近高涼沈氏官儀兌受子移封
　　　　　　　吳旭東
數甲未七旬方冀姆星南極永
和丸曾五子何堪萱樹北堂悲
　　　　　　　郭廣智
賢母享大年最夫課子譽滿鄉邦痛鷺馭仙游黃竹歌音悲動地
佳兒員時望躍馬橫戈聲蜚黨國正戎機遠赴白華潔養恨終天
　　　　　　　徐鐵民
懿德著鄉閭生榮死哀足表德門令母

佛座拈花方喜兒曾赴國難
慈幃擁竹空懷母範恨縈雲
　　　　　　　鄧定遠
兒成大名令閣昔粵
母有潰德嬡孟儀歐
　　　　　　　吳韻松　黃孝徐
昔隨哲嗣備職金吾東閤遽徹音教兒勤讀從軍樂
吾老太翁悼匕珠浦北堂嗟永別討賊錯鑄華母碑
　　　　　　　王紹新　王李子
得興家道具救國心六八齡懿範孔昭瑤島歸真留美譽
外抗日謀共劉匪第二三子勳華懋著戎衣奔訃慟同袍
　　　　　　　周址　曾其清　符昭鸞
賢母真女中豪傑課子有方治家以儉惠及閭閻留誠德
令嗣寶吾黨健兒遐邇抗日碩畫安閩功略豪宇懋徽心
　　　　　　　鄧惟賢
慈母仰徽音山日鷺馭遐歸漆室尚餘蔓國恨
佳兒齎軍蔡頻年虎行遴擢柳營空恨倚閭人
　　　　　　　鄧海善
湘賢母畢勤勞東懿訓以贊兵機義經粵嶠軍符滬京作鎮時
艱見宏濟深善顯揚當代報答春暉寫叔遠西州承梓感慨長陶
　　　　　　　母平

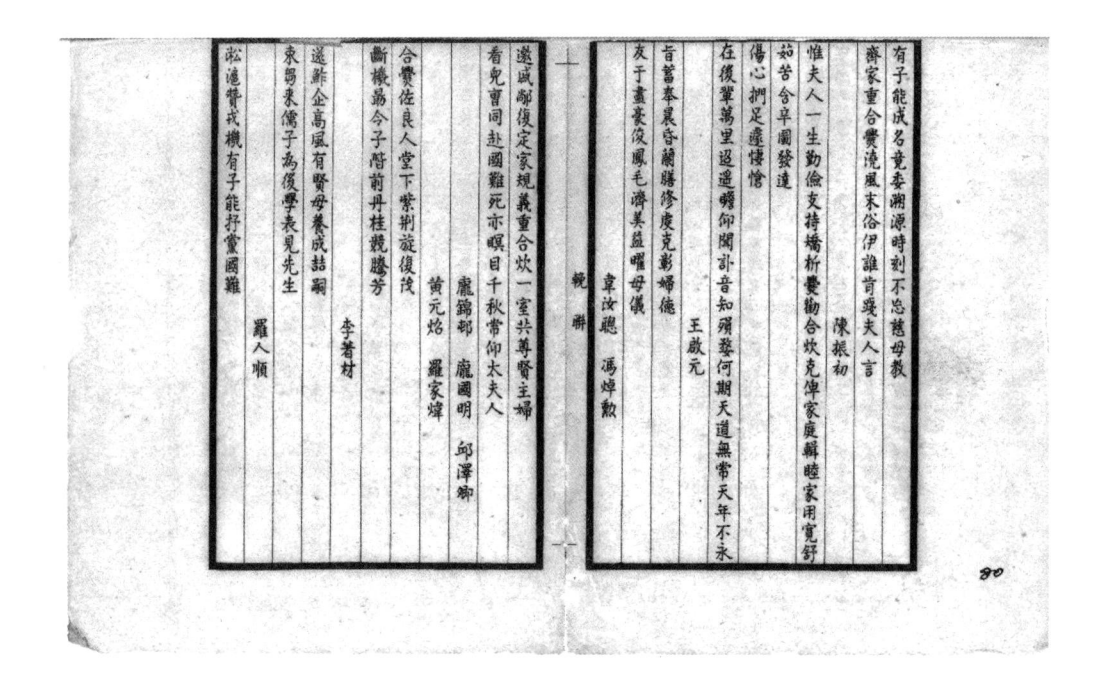

第四部分 纪念邓父鉴秋先生及邓母詹夫人

志愧难酬祇期从戎边除辜魃然功待勒识裹拭目仰良
与诘祠泰同袍伏乡阁而生髀肉正值中原援摄外海凭陵壮
懿范垂千秋尤堪获画庭前凤语褒扬懿范
仙游当十月太息梅花岭上鸳鸯缥缈赴瑶池
　　　　　　　　　　　　　　郭庸祥
相夫护家药彤营芬扬堪懿范
　　　　　　　　　　　　　　陈世彬
教子为国用北堂春近仰徽音
欲德范之常存兮珍如琬琰
仰徽音而宛在香逼兰台
　　　　　　　　　　　　　　廖北沂

佐夫婿振家声端由耕读以作完人正庆堂萱瑞陵绪蕃昌巾
帼比翰眉远播凤规传浦海
鬼归曹肩驾举悲而泪汩珠江
勉儿曹肩国难誓灭倭奴而甘瞑目何期识语有徵墨音突告罄

李绍罗　张鼎光　杜凤飞
凌育旺　王汉雄　袁有斯
李宗希　张吉卿　陈耀廷
谭龙南　李小宾　黄碾庆
龙日三　苏浦溪　蔡东元
凌禹墙　马国锦　陈炜堂
邓卓如　庞宽甫　冯崇规

有子能成名竟委湖源时刻不忘慈母教
齐家重合卺浇风末俗伊谁肯变夫人言
　　　　　　　　　　　　　　陈振初
惟夫人一生勤俭支持矫祈耋勒合炊克绳家庭辑睦家用宽舒
苦心捫足遽传愔
伤在復聲萬里迢遞歸仰訃音知彌耋何期天道无常曜年不永
盲富奉晨昏膳修庆克影妇俭
友于画褒俊凤毛济美益曜母仪
　　　　　　　　　　　　　　王戴元
　　　　　　　　　　　　　　韦汝聪　冯煇敏

邀咸邻复定家规义重合炊一室共尊贤主妇
看儿曹同赴国难死亦瞑目千秋常仰太夫人
合卺佐良人堂下紫荆旋復茂
断机勖令子为復学表见诘祠
送鲊企高风有贤母养成诘祠
求锡嘉儒子为復学表见先生
　　　　　　　　　　　　　　庞锦邨　庞国明
　　　　　　　　　　　　　　黄元焰　罗家炜　邱泽卿
　　　　　　　　　　　　　　　　　　李著材
淞邮赞戎机有子能抒党国难
　　　　　　　　　　　　　　罗人顺

庶幾留懿範無人不頌郝鍾賢
　　　　　　　　　趙　肅　馮日平
玉帳勳金鳳吹徹慈雲當仲呂
北堂拜西母晉將福蔭在南陽
　　　　　　　　　　　　王安泰
吳淑德慈和蘭桂階前齊挺秀
享遐齡厚福颯環天上竟歸真
　　　　　　　　　朱景輝　詹覺吾
承蘭令拈補偏俊應譽槃我篇
晝荻鳳宣勞銘仟侍續瀧問表
　　　　　　　　　葉端照　程尚志

相夫挽鹿教子丸熊彬垂世範
佛座拈花慈闈搗竹白雲室湖在天空
　　　　　　　　　何少垣
有子能衛國拒仇青史永垂賢母訓
相夫得壽家睦里鄉邦同悼婺星頹
　　　　　　　　　張春甫　劉耀寰
　　　　　　　　　黃毓芳　馬光榮
為婦順為母慈七十年來垂懿範
有孫賢有子孝數千里外報春暉
　　　　　　　　　李永彬
起居八座壽考七旬編維懿範廣音有其德應享其福

事舅姑相夫子篤友于四德備臻人言無間
少淑女長良妻終賢母五男競與嗣績永昌
　　　　　　　　　熊式輝
　　　　　　　　　陳調元
相夫以勤教子以義於世風浣薄之中永垂懿範
克敵為勇禦侮為強自大局飄搖而後賴有哲人
　　　　　　　　　黃旭初
閑耗嶺南書德曜風規高士悼
運籌京口戌仲華位業次公期
　　　　　　　　　方聲溥
矯俗簿以孝義相夫有鴻婦之賢而福壽則過

當闈難以忠勤瑁子無踰母之遇而智操則詞
　　　　　　　　　張發奎　陳勁節
其賢兼畫荻釵荊令壽能光列女傳
有子正運籌決勝顯揚應慰九原心
　　　　　　　　　陳儀
推孝友以睦親荊樹重榮福壽駢臻原有自
秉義方而教子蘭階競秀勳名樹起正無窮
　　　　　　　　　吳鐵城
勤儉相夫德著鄉閭欽閫範
義方教子功垂黨國策戎機
　　　　　　　　　梁鴻楷

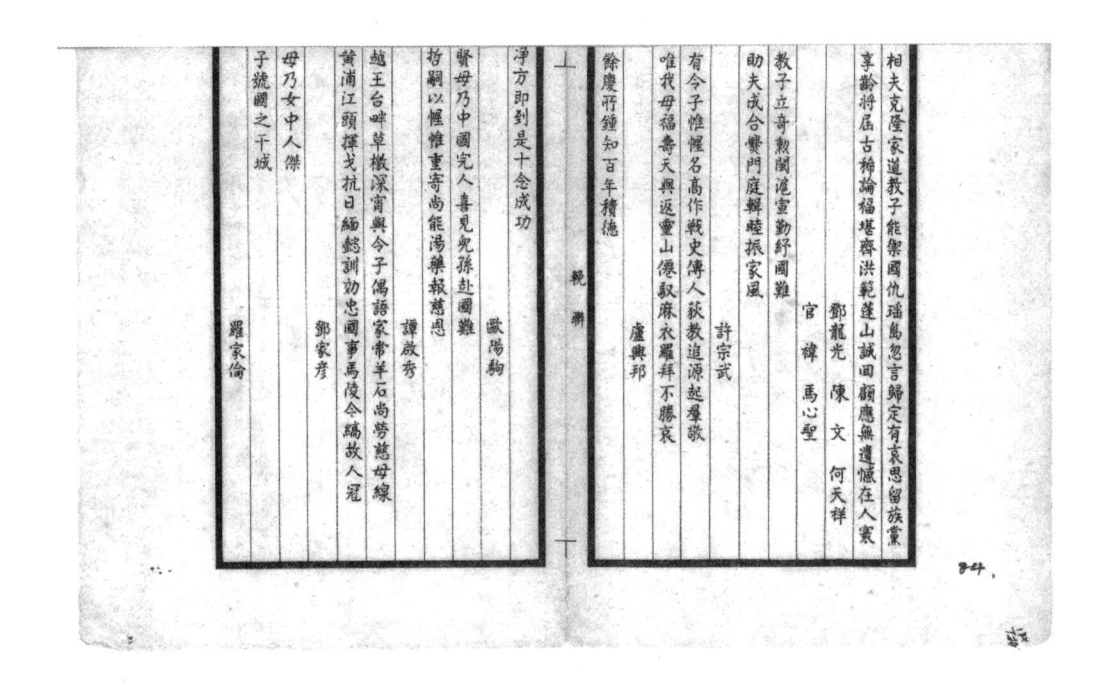

第四部分　紀念鄧父鑒秋先生及鄧母詹夫人

子為名將經文緯武都是和丸畫荻來
　　　　　　　　　　　　黃任寰
威德感高門荊樹重榮田氏宅
婺輝沉北海星槎催返阿童船
　　　　　　　　　　　　黃漢魂
大君本慈讓為懷庭闈輯睦家逾濱昌憂樂總關情遙著桑榆猶
挺秀
從戎
哲嗣以治平自負黨國勤勞席不暇暖忠孝原一致弟兄墨絰共
　　　　　　　　　　　　胡宗鐸

輓聯

和以相夫肯任家人終析爨
死猶愛國恰聞兒輩竟藏仇
　　　　　　　　　　　　黃光銳
有佳兒能報國仇酣戰滬濱力驅暴寇
祝賢母早卅天界逍遙仙境熙佑英雄
　　　　　　　　　　　　葉琪
諸郎功業堪誇韜鈐樹譽
賢母風儀足式彤管流芳
　　　　　　　　　　　　周斌
萬里別晨昏看郡君移孝作忠闈海人民齊捧日
十年共甘苦痛阿母長辭永訣贛邊習斗刺生寒
　　　　　　　　　　　　張枚新

相夫克盡家道教子能禦國仇瑞島忽言歸定有哀思留族黨
享齡將屆古稀論福堪齊洪範蓬山誠恐無遺憾在人寰
　　　　　　鄧龍光　陳文　何天祥
教子立奇勳閥滬宣勤紓國難
助夫成合巹門庭輯睦振家風
　　　　　　　　　官禕　馬心聖
有令子維匯名作戰史傅人獲教導源起曼敬
唯我母福壽天興返峒山傳叔麻衣羅拜不勝哀
　　　　　　　　　　　　許宗武
餘慶爾鍾知百年積德
淨方即到是十念成功
　　　　　　　　　　　　盧興邦

輓聯

賢母乃中國完人喜見兒孫赴國難
哲嗣以懾惟畫奇尚能湯藥報慈恩
　　　　　　　　　　　　譚啟秀
越王台畔草橄深霄興令子偶語家常羊石尚勞慈母線
黃浦江頭揮戈抗日編韺訓劬忠國事馬陵令縞故人冠
　　　　　　　　　　　　鄧家彥
母乃女中人傑
子號國之干城
　　　　　　　　　　　　羅家倫

挽联

夫為林下高賢鴻案相莊共仰清徽垂百世
子乃粵中名將魚軒遠涉常留龄範足千秋

劉紀文

八座起居榮肉助賢聲尊德曜
三軍競勇著立功有子識廉頗

朱兆莘

越水羞先嘗荼
以孝事親以勤相夫以忠訓子滿室釀和祥伴讀課耕永承舊德
武綱國事戎總師干戎秦戎客諸兒戰陣赴仇殺賊一洗吳山

羅文莊

多福多壽通六秩又八齡方期養潔緬蘭金母末公齋壹堂
兌倫克勤歷畢生如一日更蘄教成畫荻荀龍賈虎各騰驤

許崇清

教成諸子并為黨國干城方期玉壘兵銷護草忘憂同養志
修到蓬生備致箕裘福德詎意瑤池果熟曇花留影遽歸真

金曾澄

持家任勞睦姻敦誼山日興威景慕難攀仙叔隔長辭
教子報國相夫力田平生恭儉李慈無愧女宗垂令範

區芳浦

相夫甘胼胝手足身心交瘁痛今日獻芻菜酒天齡不假婺星沉
教子能捍衛邢家識見絶倫翹富年課雨問晴風範未亡楷模在

挽詩

端堂北修閨喪
內政修齋壯丹坵一園和藹美家肥揮戈退日看寧馨扶杖占年
近古稀北海秋風傷永訣南端夜月悵無依萬重山統魁憑爭愧
未登門化鶴飛

乾坤洗滌看兒曹勇戴兕鱉擔六轡母教嚴施蕪父教丈巾幗
備勤勞
銅山響應洛鐘鳴南極光沈寶婺星豈但知交長太息花雙無菊
辭延齡

孫國源

含辛茹苦已多愁曾未洛嗟命不由令日賢郎同貴顯儼如素有

曾其潢

等悠悠
昭昭母德信完全通戚嘅共轟傳費分餕合彌和睦色養高堂
夙夜虔
諸郎午夜業書詩正是分燈課續時教勤守貧儲學術膝前慈訓
卻誰知
夫人身雖俗塵身原自瑤池降世豈天上遠來王母詔追惟懿範
淚沾巾

包國修

三珠五桂共堪誇淚灑堂前偈絡紗畫荻難忘慈母訓莫椒恩過
惠侯家辭亞不醉麻姑酒迎佩遶聲侍女花卻莫萱椿長健在天
留後福報無差

曹俊

第四部分　纪念邓父鉴秋先生及邓母詹夫人

輓詩

錢玉光

一聲蕋露起南天十里旌旂帶暮煙萱閣遽遭慈訓在靈幃重
淚痕連吟成落葉傷悼老報得春暉見賢慚愧臣卿遙拜母幽
光低首苔蒲熙

蕭君漢

五羊仙眷忽飛昇靈耗傳來感不勝至性範妻曾出沒先幾瓊
辭知興慈烏門巷忙催日孝經池塘泣卧冰嶺海山永帶孤生
勿欷墓苦無能

邵新

名門明禮足芳徽士行遠多遜絳幃封鮓一書貽憶訓揚鷹千里
東先機軍中瞻色曾猿緻冶下懷恩且腸永爲憐興才學宇可素

梁濟川

車馳唁滿京塵

蔣炎

片語天心契庭前荊復生恪恭婦職藏賢孝擂羊城哲嗣皆時彥
高門列戰榮忽閣歸鳳馭涕淚濶撒

仰失慈雲難鼎天豈同行遠多遜絳幃封鮓當正當多難日瞽耕獨有未荒田縱隨青鳥扣歸去闕
骨肉圍譁病正當多難日瞽耕獨有未荒田縱隨青鳥扣歸去闕
範遺留世上傳

陳桐

軒題羊荊館文郎耳熟慈幃淑德詳十歜秧分心走馬四方籌
悔亡羊荊花交汶源風遞桂子聯芳愛日長二老白頭饒晚福

龍炎

殺賊務殺盡弓刀好護持堂賢母訓語不及其私八闇茇荊棘
北堂又辭頤何期一夜雨忽令萱草推白雲無盡日陟屺望天涯
淑嫺濟門早年詳令妻賢母不尋常變燈子舍看通鶴顯積德婆湖
待挽攝井白擦勞勤主置通房歲鶴淚蘭夜蘭忍
見織阿邈達

嫡星搖耀返天真萬里慈雲遍海濱共道珠江爲賢母誰知中幡
失完人童征風捲山河淡習斗聲來涕淚新一享九泉應懇詣
郎教賊搣強郡

沈河

周孝培

庭幃萬葉太和風荊樹春囘一念中婉境入門成李友昂藏授筆
課秉雄偉書母喜能藏職謹病獨防或誤戎淒背奇男應不負祇
嘆老別白頭菊

黃炳武

骨肉乖離起婦言獨欲賢母古風存孝思堂上豐甘旨和義庭中
睦弟昆證佛先夫知厚福治兵鼎子靖中原異時形史修佳傳懿
範南陽許獨尊

陳名揚

一家門戶不輕分愛國從知在合羣尊海十洲傳軼範滬江百戰
際風雲夢中但盼甘泉捷病裹頻詢來石軍關興黃礦垂訣語最
免麟閣紀殊勳

維夫人姓屠氏以賢淑稱鄉里擇訓歸儒家子而資殖繁食指遺折閫析爨始夫人曰非宜爾崇本業家自理雖無與敬戒矢寢燠昌公姑喜享高年樂甘旨奉事生禮事死古賢婦無與比弟諸兇忠貞以各知兵滴美難輿引為耻涅背言猶在耳樹欲靜風不止廢褰找哀涉屺烏慕心知難已式徼音視彤史

瞻仰徬徨謹陳誄闌範德輝世且希搏嗟乎維君賢母稱郷里

向門間揚及令蘭桂滿階芳福應長延早歲喪雙趾傷懷猶

家崒黨民慈意歡捷音頻傳祿鑲喪雙趾傷懷藏封

有政巾幗雄圖事邊將籌令子暴早強橫寇滬凇顧兇符戈藏於

天年養志晨昏端賴以歡欷新秋晴雨時午夜筆燈書聲裹施於

張譜文

——

女誡幼飫聞令儀式里郢于歸佐夫讀秋秋大體上與家自有道良言足魄鉤昆李仍合炊高堂歡養耕讀繼先業心力齋少長一門有太和佳氣自成象二老八旬餘優游天年享母賢才亦才文武各俱儻難痛未已請纓同慨懷努力勞執掌

滬捷報頻來母懷怡開朗有子能報國庭訓辛不柱軍中聞寄語

殺敵益奮佳何期實姿沈芳型失兵仰我方莽母歸無同悵惘

願為國事重相期慰泉壤

劉樹梅

——

粵南有鄧母競作女中師處家有大道和睦旁興慈和丸黑晝秋

蘭桂毓英姿大樹將軍起聲名揚九奧滬濱烽火日南海勵兇時

周醒南

——

蕡髻羅浮浩浩珠江山川靈夯卓哉是邦誕生淑德性婉而莊鈇

聞女誡志潔且芳連相夫子內助匡襄姑親羅酒餅怡保

孝友家道日康及兒慈訓曰粲以剛期其遠大雲路翱翔鴞桃祥

舍次弟騰驤尤文尤武國之元良漢族光復功著所常淞滬賈海

聲闊尤張遣捷鷺喜未遭無何靈駕應召仙鄉慈雲踏海

天范范戎衣墨經徐王頎於望薛鴻棠相莊和睦婷似孝奉尊婦持

躬倫模家道復康多男頎秀牙笏泂姝義方教子邦國之光未諝

無疆我慚謝洒英克揄揚風哀誄詞不成章

大臺遠赴仙鄉我欽淑範百世流芳

屠鼎璋

——

卓哉鄧母賢媊

誄詞

幼嫻內則長備四德允恭克讓明鑑淵識相夫孝親教子忠國家庭雍睦桑麻日麗哲嗣干城戎畿夯持卓哉母儀傳華麗極仙鶴忽逝八方太息遠寄輓歌鏡鼓聲塞

孔海鯤

——

巾幗之英閨閫之賢敬慎戒儀德容工言珠池銅柱慈惠鸞貼

謀燕翼三鳳嗣響瑤島雲深我聞涕零後起奕奕未方興

湯邦楨。

——

於鑠鄧母卓著賢馨鑿于歸望族淑貞孝親和衆課讀課耕鍾靈毓夯誕育群英有子破敵萬里長城式瞻壹範世莫輿京

李鳳香

第四部分 纪念邓父鉴秋先生及邓母詹夫人

建樹易兒曹績紀滬濱勳銘闔海
和平造家室禮修梁案孝著鄒經

楊熙績

天本宿儒生績縷紡紗曾分黃卷青燈苦
于爲參謀長宏才博學都自和丸重荻來

馬君武

待家仰體勞姑心最難娣姒同炊獨自承歡操井臼
有子能幹國家事看到旂常戴績應知含笑赴瑤池

李任仁

謝瀛洲　黃希聲　盧德
黎國昌　曾司春

──

玉池登羽籍福隆庭階
著清標德垂壹範

林時清

盛譽諜郵記騰趕滬濱儘有奇勳傳抗日
靈音悲遠道正迴朔閩海忍教寸草泣春暉

唐瀛青

看兒曹奮跡戎行記抗日勳高稱甚慇名鷲滬濱
恫慈馭永歸天上正望雲衰莱忍教霣涕賦蓼莪

陳玉崑

謝庭玉樹三株方期磨劍歸來隆孝養
鴻案齊眉二老只惜彩雲易散鼓盆嘆逝獨神傷

《邓氏詹夫人吊唁册》中部分题词人简介

（以该册页依次出现为序）

黄节（1873—1935） 字玉昆，号纯熙。顺德人。曾任北京大学文学院教授，清华大学研究院导师。历史学家。擅长书法、诗文，其诗人称"唐面宋骨"，号称"岭南近代四大家"之一。历任广东省政府教育厅厅长。广东通志馆馆长、广东省政府委员。

李济深（1885—1959） 字任潮，广西苍梧人。保定陆军军官学堂毕业。民国陆军上将。历任粤军第一师参谋长、师长、国民革命军第四军军长、总参谋长，（广东）第八路军总指挥，福建人民政府主席，军事委员会桂林办公厅主任。抗日战争胜利后，组建中国国民党革命委员会，并任中国国民党革命委员会主席。中华人民共和国成立后，任中华人民共和国中央人民政府副主席、全国人大常委会副委员长、全国政协副主席。

蔡廷锴（1892—1968） 广东罗定人。国民革命军第十九路军军长兼副总指挥，参加"一·二八"淞沪抗战。福建事变后，任第十九路军总指挥。中华人民共和国成立后，任中国人民政治协商会议全国委员会副主席，国防委员会副主席。

林森（1868—1943） 原名林天波，字长仁，号子超，自号青芝老人。福建林森县人（今闽侯县）。早年加入兴中会、中国同盟会。辛亥革命中领导九江起义。曾任国民政府委员、"立法院"副院长、国民党中央监察委员、国民政府主席。

张君嵩（1896—1948） 广东合浦（今属广西）人。黄埔军校第一期毕业。曾任广州卫戍司令部卫戍团长、第十九路军第七十八师第一五六旅第六团团长，参加"一·二八"淞沪抗战和福建事变。抗日战争爆发后，任陆军暂编第二军暂编第八师师长，率部参加粤北会战、长沙会战、长衡会战。抗日战争胜利后，任中央训练团第八军官总队中将总队长、粤桂边区清剿指挥部副总指挥兼广东省第 10 清剿区司令。

黄固（1891—？） 广西桂林人。保定陆军军官学校第一期骑兵科毕业。

第十九路军第七十八师第一五五旅旅长,参加"一·二八"淞沪抗战。福建事变时,任福建人民革命军第三军副军长。抗日战争爆发后,任一七六师副师长、四十六军新编第十九师师长,率部参加淞沪会战、武汉会战、昆仑关会战诸役。中华人民共和国成立后,任民革中央团结委员、广东省人民政府参事。

贺扬灵(1901—1947) 江西永新人。武昌师范大学毕业。曾任南京国民政府交通部秘书。参加福建事变的人民革命政府。抗日战争爆发后,任浙江省第六区行政督察专员兼保安司令官,浙江省政府委员、秘书长。著有《古诗十九首研究》《残叶》等。

刘通(1879—1970) 福建福州人。任福建高等法院院长、福建省政府民政厅厅长。1933年任"立法院"的"立法委员"。中华人民共和国成立后,参加民革,任民革中央委员,福建省政协副主席,全国政协委员。

胡汉民(1879—1936) 广东番禺人。中国国民党元老和早期领导人。曾任广东都督,"中华革命党"政治部部长,留守广州代行大元帅权兼广东省省长,南京国民党中央政治会议主席,"立法院"院长,国民党中常会主席。

孙科(1891—1973) 广东香山(今中山市)人。孙中山长子。1910年加入中国同盟会。广州市首任市长,广东省政府委员、建设厅厅长、代主席,曾任国民政府考试院院长、行政院院长、"立法院"院长。抗日战争胜利后,任国民政府副主席。

戴戟(1895—1973) 祖籍安徽旌德人,生于江苏省苏州。保定陆军军官学校毕业。第十九路军爱国将领。淞沪警备司令,参加"一·二八"淞沪抗战。任福建省政府委员兼民政厅长,参加福建事变(福建人民政府)。抗战期间,任皖南行署主任、后方勤务总司令部东南补给区司令。中华人民共和国成立后,任安徽省副省长,安徽省政协副主席,民革中央委员。

李盛宗(1893—?) 湖北武昌人。任第十九路军第六十师副师长兼参谋长,参加"一·二八"淞沪抗战和福建事变,任福建人民革命军第一军副军长。抗日战争爆发后,先后任安徽省第七、第一、第三区行政督察专员兼保安司令官。1949年,在安徽率部起义。

毛维寿(1892—1937) 福建泉州人。任第十九路军第六十一师师长,率部参加"一·二八"淞沪抗战。福建事变后,任福建人民革命军第三军军长。后任第二路军总指挥,军事参议院参议。

陈培锟(1877—1964) 福建闽侯人。清末进士,翰林院编修。福建高等学堂监督,福建省政府委员、财政厅厅长、代主席。抗日战争爆发后,任福建省参议会副议长。中华人民共和国成立后,任福建省人大代表、政协委员、福建省人民政府文史研究馆馆长,民建中央委员。

周斌(1895—1985) 号远村,湖北武昌人,毕业于日本陆军大学第二期。1911年,加入中国同盟会。参加护法、护国运动。任广东非常大总统府参议,建国粤军总司令部参谋。参加北伐战争、国民革命军江苏江防代理旅长、南京中央军校高级班中将主任、陆军大学代理教育长、陆军大学教育长,兼代理校长、中央陆军炮兵学校校长。中华人民共和国成立后,任上海市人民政府文史研究馆馆员。

王俊(1894—1976) 广东澄迈人。任国民革命军第一军第一师副师长、代师长,陆军步兵学校筹备主任、校长。抗日战争爆发后,任第十二集团军副总司令,第七战区司令长官部参谋长,国民政府军事训练部次长。抗日战争胜利后,当选为广东省出席(制宪)第一届国民大会代表。

沈载和(1889—1951) 广东合浦(现广西)人,广东法政专门学校毕业,历任广东开平县长、广东三水县长、广东省银行行长。淞沪抗战时期,任第十九路军驻广州办事处主任,积极筹集军饷。

钟喜焯(1889—?) 广东钦县人,两广武备学堂毕业。历任广东合浦县县长、廉江县县长,广东台山县县长。

石瑛(1879—1943) 湖北阳新人。早年留学英国。1905年,加入中国同盟会,中国国民党第一届中央执行委员。历任湖北、浙江省政府委员,建设厅厅长,南京市市长,国民政府铨叙部部长。抗日战争爆发后,任湖北省临时参议会议长。

许锡清(1899—1978) 广东合浦(今属广西)人。历任武汉国民政府政治部副官长,广东钦县、乐会县县长,南京国民政府实业部常务次长。第十九路军总部副秘书长。参加福建事变,任福建政府财政部次长。中华人民共和国成立后,任广东省人民政府参事室参事,广州市人民政府建设局副局长,广州市政协常委。

戴传贤(1891—1949) 字季陶,浙江吴兴人。东京日本大学法科毕业。历任国民党第一届中央执行委员、常委、黄埔军校政治部主任、国民党中央宣传部长、南京国民政府委员兼考试院院长,国民党中央训练部部长、特种外交委员会委员长,国史馆馆长。

邵元冲(1890—1936) 字翼如,浙江绍兴人。浙江高等学堂毕业。历任孙中山大元帅府机要秘书,中国国民党第一届中央执行委员、常委,杭州市市长,南京国民政府委员,"立法院"副院长、代院长。

顾孟余（1888—1972） 河北宛平人。早年任北京大学教授、系主任、教务长。后任南京国民政府教育部部长、铁道部部长。抗日战争爆发后，任国民党中央宣传部部长，中央大学校长。抗日战争胜利后，任行政院副院长。

萨镇冰（1859—1952） 福建福州人。中国近代著名海军将领、上将。早年任清朝海军统制（总司令）。1917年任海军总长，20世纪20年代理国务总理，1922年任福建省长。1933年，参加福建事变，任福建人民革命政府顾问及福建省省长。中华人民共和国成立后，任第一届全国政协委员，中央人民政府革命军事委员会委员。

朱培德（1888—1937） 云南盐兴人。云南讲武堂毕业。追赠一级上将。1921年被孙中山任命为中央直辖滇军总司令，1923年任广东军政府陆军部代部长兼广州警备司令。1925年8月任广州国民政府委员、历任国民革命军第三军军长，江西省政府主席，军事委员会参谋总长、代理总司令、军委办公厅主任。

何键（1887—1956） 湖南醴陵人。保定陆军军官学校第三期步兵科毕业。1927年任国民革命军第三十五军军长，1929年任湖南省政府主席。抗日战争爆发后，任国民政府内政部部长。

丘兆琛（1899—1963） 广东惠阳人。保定陆军军官学校第六期步兵科毕业。任第十九路军总指挥部高参，参加"一·二八"淞沪抗战。参加福建事变，任人民革命军第一方面军闽东警备司令。1941年夏任广东省政府南岳建设委员会副主任委员。

赵锦雯（1894—1965） 云南昆明人。保定陆军军官学校第六期工兵科毕业。任国民革命军第一军第二十师、第二十二师、第二十一师副师长，第十九路军第六十一师参谋长。参加"一·二八"淞沪抗战。福建事变后，任福建政府人民革命军第二军参谋长。抗日战争爆发后，任第六十军、第一集团军总司令部参谋长，率部参加抗日战事。1949年12月9日在昆明通电起义。

黄慕松（1884—1937） 广东梅县人。留学日本陆军士官学校中华学生队第六期工兵科毕业。任粤军总司令部编审委员会副委员长、委员长，南京国民政府参谋本部测量局局长，陆军大学校代理校长，国民政府参谋部次长，任广东省政府主席。1937年3月病逝于广州。

云应霖（1896—1975） 广东文昌人。广东武备学堂第二期毕业。曾任第十九路军第七十八师第一五五旅第一团团长，参加"一·二八"淞沪抗战。参加福建事变，任福建人民革命军第三军第五师师长，任第七十八师师长。中华人民共和国成立后，任广东省政协常委，广东省人民政府监察厅副厅长。

李扩（1895—1965） 广东梅县人。云南陆军讲武堂第十三期骑兵科毕业。1931年任第十九路军第六十师、第七十八师参谋长，参加"一·二八"淞沪抗战。参加福建事变，任福建人民革命军第三军参谋长。抗日战争爆发后，任第七战区司令长官部副官处处长，第七战区兵站监部岭东兵站分监。

欧阳渐（1871—1943） 字竟无，江西宜黄人。人称"竟无大师"。是近代著名佛学居士。一生著作甚丰，为近代佛学的振兴与发展作出重要贡献。

林绳武（？—？） 广东中山人。书画家、教育家。北京画院专业画家。

涂思宗（1897—1981） 广东蕉岭人。云南陆军讲武堂韶关分校第二期步兵科毕业。任国民革命军第一军第二十二师师长、第九军第三师师长。"一·二八"淞沪抗战时，任军事委员会淞沪战地特派员。抗日战争全面爆发后，任国民革命军第六十三军副军长、国民政府延安视察团团长、第九集团军总司令部参谋长、军政部桂林办事处主任。

郭思演（1899—1965） 广东大埔人。保定陆军军官学校第八期炮兵科毕业。历任粤军第一师第一团中校团副兼营长、第四军中校炮兵团长、第十一军上校炮兵团长、第六十一师教导团团长、第五十九师代师长、第五军第九十九师师长、副军长。抗日战争爆发后，任第六战区湘鄂川黔边区总指挥、虎门要塞司令。

赵一肩（1898—1946） 广东梅县人。云南陆军讲武堂第十三期骑兵科毕业。任第十九路军总指挥部参谋处处长，参加"一·二八"淞沪抗战。福建事变时，任人民革命军第一方面军第五军第九师师长。抗日战争爆发后，任第六十三军第一八六师师长，抗日战争胜利后，任国防部第四厅厅长。

范汉杰（1894—1976） 广东大埔人。黄埔军校第一期毕业。任国民革命军第四军第十师副师长、第十九路军总指挥部副参谋长。参加"一·二八"淞沪抗战。福建事变时，任人民革命军第一方面军总司令部副参谋长。抗日战争爆发后，任第一军副军长、第二十七军军长、第三十四集团军副总司令、第三十八集团军总司令、第一战区副司令长官、东北"剿总"副总司令兼锦州指挥所主任。1948年10月被俘，1960年11月特赦。后任第四届全国政协常委。

沈光汉（1887—1972） 广东罗定人。任第十九路军六十师师长，参加"一·二八"淞沪抗战。福建事变时，任人民革命军第一军军长。抗日战争爆发后，组织罗定县民众抗日自卫统率委员会和团队武装，任军事委员会军事参议院中将参议。抗战后任国民大会代表。

区寿年（1902—1957） 广东罗定人。广东护国军第二军阳江军事教习所结业。任第十九路军第七十八师师长。参加"一·二八"淞沪抗战。福建事变时，任人民革命军第一方面军第三军军长。抗日战争爆发后，任第一七六师师长，四十八军副军长、军长，第二十六集团军副总司令，第六绥靖区副司令官，第七兵团司令官。中华人民共和国成立后，任广州市政协常委。

张之英（1891—？） 别字余生，广东钦州（现广西）人。广东陆军速成学校毕业。任国民革命军第八路军总指挥部独立第二师第四团团长、第一教导师副师长，广东第一集团军总司令部舰队代理司令，广东江防第一舰队司令部司令，广东海军司令部司令，广东绥靖公署少将参议。

杨官宇（1901—1970） 原籍广东香山，生于美国檀香山。任广东航空学校校长。福建事变时，协助第十九路军组建航空队，任队长。抗日战争爆发后，任第三飞机制造厂厂长。

段锡朋（1896—1948） 江西永新人。北京大学政法科毕业。五四运动领袖之一，中华民国学生联合会首任会长。后任教于武昌大学、中山大学，曾代理"国立中央大学"校长，教育部代理部长。

王柏龄（1889—1942） 字茂如。江苏江都人。保定陆军速成学堂毕业。历任云南讲武堂教育长，粤军监军，参与创建黄埔军校。后任国民革命军第一军副军长，长江要塞司令、江苏省政府委员、建设厅厅长。

李扬敬（1894—1988） 广东东莞人，李章达族弟。保定陆军军官学校第六期辎重兵科毕业。历任国民革命军军官学校教育长，陆军第六十三师师长，第一集团军第三军军长，广东第四路军副总司令。抗日战争胜利后，任广东省政府委员、民政厅厅长、秘书长，广州市市长。

谷正伦（1889—1953） 贵州安顺人。留学日本陆军士官学校中华学生队第十一期炮兵科毕业。随黄兴参加武昌起义。被孙中山任命为中央直辖黔军总司令，创立宪兵并任首都卫戍司令。抗日战争爆发后，任军事委员会驻鄂湘川黔边区绥靖公署主任，第六战区副司令长官，甘肃、贵州省政府主席。

刘和鼎（1894—1969） 安徽合肥人。保定陆军军官学校第三期步兵科毕业。历任第五十六师师长，第三十九军军长，第二十一、第十一、第三十三集团军副总司令。

张肇崧（1867—1950） 广东合浦（今属广西）人。世代务农，却书礼传家。后为袁世凯家庭教师。多部作品，名重一时，后任"仲元图书馆"首任馆长。

张国元（1890—1956） 广东合浦（今属广西）人。张肇崧长子。陆军大学正则班第三期毕业。历任北京陆军大学第七期教育长，广东陆军测量局局长，国民政府军事委员会参谋本部总务厅厅长，广东第一集团军总司令部办公厅主任。抗日战争爆发后，任广东省第八区行政督察专员兼保安司令，合浦县县长。

张日元（？—？） 广东合浦（今属广西）人。张肇崧次子。哈尔滨俄文专科学校毕业。任省铁路稽查局局长，曾任广西大学教授。

何公敢（1889—1977） 原名嵩龄。福建闽侯人。日本东京帝国大学毕业。任中国同盟会福建特派员，厦门大学教授，福建省政府委员、财政厅厅长、秘书长。福建事变时，任闽海省省长。中华人民共和国成立后，任民盟中央委员，福建省人大代表，福建省司法局局长，第二届全国政协委员。

光昇（1875—1963） 别字明甫，安徽桐城人。曾任广东省政府参事，淞沪抗战时任淞沪卫戍司令长官公署顾问。第一至四届国民参政会参政员。与沈钧儒组织中国民主同盟。中华人民共和国成立后，任安徽省教育厅厅长，安徽省政协第一、第二届副主席，第一届全国政协委员。

孙绳（1887—1939） 亦名华佛，湖北黄冈人。保定陆军军官学校第三期步兵科毕业。曾参加武昌起义、云南护国军。任广州大元帅府大本营警卫团第一营营长，建国粤军第四军第二十九团团长，随军参加北伐。后任湖北省政府委员、民政厅厅长。参加"一·二八"淞沪抗战和福建事变。

李孟斌（1887—？） 福建闽侯人。马尾船政学堂毕业。加入国民革命军，任"海筹"巡洋舰舰长、国民政府军政部海军署军衡司司长、海军马尾要塞司令、海军学校少将校长。

杨廷英（1904—1987） 别号俊雄，福建闽侯人。保定陆军军官学校第二期步兵科毕业。参加福建事变，任人民革命军第一方面军海军陆战队司令部司令官。任广东第四路军总司令部少将高级参谋，后任陆军第一五七师司令部少将高级参谋。

黄绍竑（1895—1966） 字季宽，广西容县人。保定陆军军官学校第三期步兵科毕业。任国民革命军第七军党代表，南京国民政府委员及军事委员会委员，行政院内政部部长，代理交通部部长，任浙江、湖北省政府主席，国民政府监察院副院长。中华人民共和国成立后，任第一届全国人大常委，第一至第四届全国政协委员。

郭咏荣（1889—？） 曾任闽厦警备司令部参谋。任福州市公安局长。

何启澧（1892—？） 别字兰生，顺德人。"国立北京大学"法政科毕业。任广州大本营法制委员会委员，"国立北京大学"教授，"国立中山大学"教授，广东法官学校及广东省立法科学院教授，广州市政府土地局局长，广州市政府财政局局长，广东省政府秘书长、委员兼建设厅厅长。

李禄超（1890—1984） 别字家驹，广东香山县人。从美国大学毕业后，即加入中国同盟会。任广州陆海军大元帅府秘书。两次出任广东省政府委员，兼实业厅厅长。任广九铁路局局长。中华人民共和国成立后，任广州市人民政府参事室副主任。

李耀汉（1878—1942） 字子云，广东肇庆府新兴县人。任广东肇阳罗镇守使，两广护国军第二师师长，第四军总司令。被北京政府任为广东省省长，兼任广东督军。任新编粤军第六军军长。任沈鸿英部第五军军长、后被广东革命政府讨贼联军击败，赴香港寓居。

张襄（？—？） 别号仲昌，福建侯官人。保定陆军军官学校第一期骑兵科。任武汉卫戍司令部汉口办事处处长、淞沪警备司令部参谋长。参加"一·二八"淞沪抗战。

樊宗迟（1893—1962） 别号绍圣，福建长乐人。保定陆军军官学校第二期骑兵科毕业。任建国粤军第四军第六旅步兵第十一团团长、京沪卫戍司令长官公署少将参谋处长。参加"一·二八"淞沪抗战。后任广东第四路军总司令部少将高级参谋。

何荦（1888—1959） 字公卓，广东徐闻人。保定陆军军官学校第一期炮兵科毕业。任广东石井兵工总厂厂长、广东省会公安局局长、国民革命军第八路军总指挥部副官长、国民革命军第四集团军总部中将参谋长、第一集团军总司令部代理参谋长、湛江市市长。

伍蕃（1890—1959） 字少裴，广东顺德人。保定陆军军官学校第二期骑兵科毕业。广西省政府保安处处长，广西省政府委员，广西省保安副司令官。抗日战争爆发后，任第七战区游击挺进第三纵队司令官。

覃连芳（1894—1958） 字武德，广西柳江人。保定陆军军官学校第六期骑兵科毕业。参加北伐，任国民革命军第七军司令部交通处处长、第七军第二十四师师长。抗日战争爆发后，任第三十一军副军长、第八十四军军长，率部参加徐州会战、武汉会战、随枣会战诸役。

巫剑雄（1893—1951） 广东防城（今属广西）人。钦州讲武堂工兵科、南京陆军大学第三期毕业。历任第四军第十一师第三十团团长、广东第一集团军第二军第四师师长。抗日战争爆发后，任陆军第一五四师师长、第十二集团军第六十三军副军长、广东钦廉师管区司令部司令官。

邓瑞人（1896—1955） 广东三水人，陈铭枢姻亲。主管十九路军筹款、后勤与军需。国华商业银行创办人。

马晓军（1881—1959） 字翰东，广西容县人。留学日本陆军士官学校中华学生队第十期步兵科毕业。广州陆海军大元帅府大本营参军处参军。历任国民革命军总司令部高级参谋、军事委员会办公厅主任、军政部主任参事。抗日战争爆发后，任国民政府"立法院"的"立法委员"。

陈汉光（1888—1943） 广东防城人。陈济棠堂兄。广东护国军第二军讲武堂毕业。历任国民革命军第八路军总指挥部教导团团长，广东第一集团军总司令部警卫旅少将旅长，兼琼崖绥靖委员，第六十六军第一六〇师师长。

李务滋（1893—1974） 字伯潜，广东从化人。保定陆军军官学校第六期辎重兵科毕业。历任国民革命军第四军第十三师参谋长，第五军第十八师师长。抗日战争爆发后，任第四战区第五游击挺进纵队司令官，第七战区广（宁）阳（江）守备区指挥部指挥官。

文鸿恩（1892—1934） 别字对庭，广东文昌人。云南陆军讲武堂第十二期步兵科毕业。历任国民革命军第六军第十七师师长、第二十六军第六十四师师长、陆军第五十八师师长。"一·二八"淞沪抗战时，任上海市警察局局长。

陈章（1902—1948） 字戍光，广东罗定人。福建军官学校炮兵科毕业。历任建国粤军第一军炮兵队队长，广东第一集团军独立第二旅旅长，第四路军第十四师师长，第一五二师师长，第六十三军副军长、军长。

李洁之（1900—1994） 别字廉贞，广东兴宁人。陆军步兵学校经理科毕业。历任第八路军总司令部交通处处长，第一集团军独立第四旅旅长，广东省会警察局局长，第七战区军粮计核委员会副主任，广东第九区行政督察专员兼保安司令。中华人民共和国成立后，任广东省人民政府参事室主任，广东省政协副主席。著有《李洁之文存》等。

舒宗鎏（1854—1976） 字勉斋，生于广州。满族人。广东黄埔海军学校第十五期毕业。历任广州大元帅府海军局副官长、国民革命军第八路军总指挥部海军副司令、广东第一集团军总司令部海军副司令官。参加福建事变，负责华侨事务及筹组海军事宜。抗日战争爆发后，任广东西江绥靖公署参谋长，任军事委员会桂林办公厅第二处处长。中华人民共和国成立后，任国务院参事。

云瀛桥（1880—1940） 广东海南文昌人。毕业于虎门广东陆军速成学校。历任第八路军第五军第十三师师长、国民政府军事参议院参议。

陈维远（1890—1942） 福建闽侯人，字近思。毕业于保定陆军军官学校第一期步科。任国民革命军第二十二师参谋长、第十一军第二十四师副师长、国民革命军第八路军第三师旅长、闽粤边区"剿共"指挥官。十九路军入闽，任福建省防军第三混成旅旅长、闽南警备司令。后任广东第一集团军总司令部少将参事。

邓演存（1888—1966） 广东惠阳人，邓演达兄，保定军校第一期炮科毕业。历任广东炮兵学校副校长、广东石井兵工厂少将副厂长、国民革命军第四军参谋长、汉阳兵工厂厂长兼陆军部汉阳兵工专门学校校长、武汉国民政府军事委员会兵工局副局长、广东第一集团军总司令部参议、军委会兵工署中将专职委员。抗日战争时期，任军事参议院参议。中华人民共和国成立后，任广东省政协委员、常委。

谭邃（1895—1939） 字君密，广东开平人。保定陆军军官学校第六期步兵科毕业。历任建国粤军总司令部参谋，国民革命军第八路军第五军第十三师副师长、师长。抗日战争爆发后，任第一五九师师长，第六十六军副军长、军长。

朱为鉁（1892—1951） 广西博白人。广西陆军讲武学堂第一期炮兵科毕业。历任广西绥靖督办公署第一独立旅旅长，广西第四集团军陆军新编第一师师长。抗日战争爆发后，任国民政府军政部兵役署副署长，兼任兵役署役政司司长，江西省军管区司令部副司令官。

林国赓（1886—1955） 号向今，福建福州人。马尾船政学校毕业，曾留学英国海军学校。历任海军总司令部参谋长、闽厦海军警备司令官、海军总司令厦门要港司令官。

李民欣（1887—1955） 广东番禺人。保定陆军速成学堂第一期步兵科毕业。任广东北伐军第二师参谋长、广东西江善后督办公署参谋长、国民革命军第八路军总指挥部副官长。参加福建事变。抗日战争爆发后，任军事委员会桂林办公厅高级顾问。民革中央常务委员，参加第一届全国政协会议。中华人民共和国成立后，任广州市人民政府副市长、广州市政协副主席。

何彤（1892—1972） 别字葵明，广东顺德人。保定陆军军官学校第一期步兵科毕业。历任国民革命军第四军副官长，两广缉私局局长。抗日战争爆发后，任第一五五师副师长，汕头市市长，广东省政府委员、民政厅厅长，广州市市长，广东第一区行政督察专员兼保安司令。

许显时（1896—1986） 别号成谋，福建闽侯人。保定陆军军官学校第三期炮兵科毕业。历任独立第四师参谋长，福建、甘肃省政府委员、建设厅厅长，第八战区司令长官部中将高参兼经济作战处处长。在香港起义后，任福州政协副主席、副市长，福建省政协副主席，福建省民革主委，民革中央委员。

廖愈簪（1870—1948） 字杏斋，广东合浦（今属广西）人。前清举人。

北京法政学堂毕业。曾任北海审判厅厅长、驻军师部秘书，广东省高等法院首席检察官，广东省高等法院第二分院院长。

黄维玉（？—？） 广东合浦（今属广西）人。任新会县长、合浦县长。

周寿臣（1861—1959） 原名长龄，香港黄竹坑人。参与创立东亚银行，担任主席 30 多年。香港首位华人行政局议员。

罗旭和（1880—1949） 香港出生，为第一位华人官守太平局绅。创办"旭和洋行"。任立法局议员、行政局议员。在香港各界任职甚多。

陈廉伯（1884—1944） 别字朴庵，广东南海人。英国籍中国商人。广东总商会会长，还曾任龙济光督军署顾问，广东粮食救济总会总理，广州商团团长。抗日战争爆发后，任香港东华医院总理。

蔡昌（1877—1953） 字均泰，广东香山县人。大新公司的创建人，曾先后任香港慈善机构保良局局长、东华三院董事长、香港中山海外同乡济难总会委员等职。

陆嗣曾（1888—1956） 号定庵，广东信宜人。"国立北京大学"法学院毕业。历任广州航政局局长，广州地方检察厅检察长，地方审判厅厅长，广东高等法院院长，广东省临时参议会参议员，广东法商学院院长。

蔡凤机（？—？） 号镜湖，福建晋江人。民国初任闽北道尹，历十多年。

周醒南（1885—1963） 别字惺南，广东惠阳人。早年参加辛亥革命。历任闽"护法区"工务总局长，负责漳州市政建设改造。任广州市税务局局长。抗战前夕，到香港创办环山小学，自任校监及校长。

罗翼群（1889—1967） 广东兴宁人。两广参谋处测绘学堂毕业。历任广东陆军测量局局长，广州大元帅府少将参军，广州大本营军需总局局长，建国军潮梅军军长，广东省政府委员兼南路行署主任。中华人民共和国成立后，任第一届全国政协委员、广东省政协常委、民革中央委员。

韦云淞（1889—1953） 广西容县人。广西讲武堂工兵科毕业。历任国民革命军第十三军第二师师长、第四十八军军长、第十六集团军副总司令、桂林城防司令。率部参加淞沪会战、徐州会战、武汉会战、桂南会战诸役。

陈济桓（1892—1944） 广西岑溪人。历任第四十三师副师长、桂林城防司令部参谋长。1944 年抗战殉国。

覃兴（1898—？） 广西武鸣人。广西陆军讲武堂毕业。任第一七四师副师长，广西民团总指挥部副总指挥。

华振中（1892—1979） 广东始兴人。保定陆军军官学校第六期步兵科毕业。历任建国粤军第二军参谋长、广东第一集团军独立第七旅旅长、第十九路军六十一师参谋长，第十九路军总部高参，参加"一·二八"淞沪抗战。福建人民政府时，任参军处参军兼民团总指挥、抗战时任第九战区司令部参谋长、广东省政府委员、民政厅厅长。

林　劲（1893—？）　别号健民，广东香山人。保定陆军军官学校第六期步兵科毕业。历任第十一军第二十四师（师长戴戟）司令部参谋长、第十九路军总指挥（蒋光鼐）部参谋处处长、第十九路军第六十一师（师长戴戟）司令部参谋长、淞沪警备司令部副官处长。参加"一·二八"淞沪抗战。任广东第四路军总司令部上校参谋。

温彦斌（1891—1944）　福建莆田人。保定陆军速成学堂第一期步兵科毕业。历任粤军东路讨贼军第七旅旅长，第十一师副师长，国民革命军第一军第二十二师代理师长，第十四集团军总司令部参谋长。

李达潮（1892—1976）　又名济汶，广西苍梧人。李济深胞弟。受兄影响参与民主革命。解放前夕，策动"海杰""海洲"两艘缉私舰起义回归。中华人民共和国成立后，任民革中央候补委员、民革广东省常委、广州市副主委，广州市卫生局局长。

萧兆鹏（1898—？）　广西龙州人。任第十六集团军总司令部参谋长、广西省政府保安处处长、广西第七区行政督察专员兼保安司令官、桂林绥靖主任公署高级参谋。

严　端（1884—？）　别字直方，广西昭平人。日本东京早稻田大学政治科毕业。历任广西都督府财政部部长、国民政府"立法院"的"立法委员"。

胡锦雅（1894—1975）　号维骖，广东开平人。少时赴美，入美国飞行学校学习。回国后，参与中国空军第一架国产军用飞机"乐士文"号研制。任国民革命军空军第二大队少将司令官、中国国民党第四次全国代表大会代表。

阮宝洪（1890—？）　广东琼山人。保定陆军军官学校第六期步兵科毕业。参加福建事变，任福建人民革命军第四军第七师师长。后任第一五四师副师长、第十二集团军总司令部高级参谋。

陆匡文（1892—1964）　又名焕，别号曾陶，广东信宜人。北京大学哲学系毕业。历任广州大元帅府法律委员会秘书，"广东省立勷勤大学"教授、秘书长，广州行营政务处中将处长，广东省政府委员。

黄冠章（1896—1945）　广东防城人。早年毕业于广东政法专门学校。曾任陈济棠秘书，第一集团军总司令部军需处少将处长，广东省银行副行长。

周宝衡（？—？） 空军俊杰，广东开平人。在美国物地士航空学校学习飞行技术。曾任航空学校校长，南京空军第六队队长、粤海关监督、韶关飞机制作厂厂长。

史家麟（1882—1953） 福建闽县人。由宋教仁介绍参加中国同盟会。历任福州海关（常关）关长、厦门常关关长兼交涉署科长、广州海关监督府会办、福建省财政厅厅长和福建税务管理局副局长、福州市参议会议长。中华人民共和国成立后，任民革福州市委员支部委员、福州市人大代表。

林柏森（1896—1960） 广东蕉岭人。保定陆军军官学校第九期工兵科毕业。历任建国粤军第一军第一师司令部参谋处作战科科长、第一集团军第一路军总指挥部副参谋长、中央陆军工兵学校校长、陆军副总司令兼参谋长。

利树宗（1893—1957） 字柱石，毕业于黄埔陆军小学堂第四期步兵科。先后在粤军任排长、连长、营长、团长、师训副官等职。后历任国民革命军第一集团军第一运输站站长、广州市宪兵司令、第480旅旅长、番禺县县长。

卜汉池（1893—1971） 广东合浦（今属广西）人。广东陆军速成学堂第二期步兵科毕业。任第四军第十一师少校副官、第一集团军第一军少将处长。抗日战争爆发后，任第一五二师第四六〇旅旅长、副师长。

林朱樑（1899—？） 又名朱梁，别字厦安，广东合浦县（现广西）人。黄埔军校第一期毕业。历任广东第八路军总指挥部第二警备团团长、广东第一集团军第二军司令部副官处处长、第十九路军第七十八师第一五六旅司令部参谋主任、广东东区绥靖主任公署代参谋长、广东第四路军总指挥部独立旅司令部参谋长、副旅长。抗战时期，任第七战区司令长官部敌后抗日游击挺进第一纵队司令部司令官，军事委员会少将参议。抗战后任国防部少将部员、广东合浦县长。

陆幼刚（1892—1983） 号厉庵，广东信宜人。北京大学文科毕业。历任广州市政府教育局局长、秘书长、土地局局长，广东省政府秘书长、代主席。抗日战争爆发后，任军事委员会军风纪巡察团中将委员、广州市临时参议会议长。

刘润纲（1859—1936） 广东廉州（今广西）人。庠生，拔贡。后赴京考获大桃二等，委任知县不做。后入广州广雅书院深造，在多地任教，热心公益，多有著作。

廖百芳（1875—1950） 广西容县人。早年加入中国同盟会，参加武昌起义。历任桂林大本营咨议、广州卫戍司令部秘书长、李济深侍从秘书、广西省政府秘书、广西省参议会参议员。

温仲琦（1902—1981）　广东蕉岭人。毕业于北京大学经济系。历任《梧州日报》《广州民国日报》社长、总编辑，后任县长、局长。追随李扬敬、薛岳为重要幕僚。

骆凤翔（1883—1972）　又名冠宇，广东博罗县人。毕业于广东陆军速成学堂第一期，留任教官。1910年加入中国同盟会。广州起义后，参与策划光复惠州之役。历任岭东镇守府司令亲军标统兼各部总监、大元帅府直辖第八师师长、惠州警备司令，又历任陈济棠部团长、广西梧州市公安局局长、广东省财政厅办公室主任秘书、第四战区挺进部队东江游击纵队司令部少将司令、"国大"代表、广东省绥靖公署中将参议。中华人民共和国成立后，任广东省人民政府参事室参事、民革委员、广东省政协委员。

杨逢年（1892—1951）　字澄宇，福建漳州人。（清）保定军官（预备）学堂毕业，曾任过孙中山大元帅府侍卫、国民革命军旅长等职务。抗战时，任闽南游击第一支队司令。

陈伟器（？—？）　曾任广东紫金县县长兼县公路局局长。

廖国器（1893—1962）　字云程，广东合浦县（今属广西）南康人。毕业于北京大学。历任海口市警察局局长、武汉卫戍司令部经理处主任、钦县县长、海口市市长、普宁县县长、合浦县县长、合浦县立第三中学校长。

严博球（1894—1950）　广东德庆人。广东陆军速成学堂第一期步兵科毕业。抗日战争爆发后，历任新会县县长、高要县县长、广东地方警卫队编练委员会参事、江门市长、番禺县县长等。

萧祖强（1889—1952）　号健新，广东中山人。保定陆军军官学校第一期工兵科毕业。历任广东军事政治学校工兵科科长、广东第一集团军总司令部工兵指挥部副指挥官、中央陆军军官学校广州分校工兵交通兵科科长。

周景臻（1889—1961）　字霭纯，广西苍梧人，生于广州。广东陆军速成学堂第四期毕业。历任国民革命军第二方面军第十一军第二十五师参谋长、广东南区绥靖公署少将主任，广东第六、第七区行政督察专员兼保安司令，广东省政府委员。

吴履逊（1903—1974）　广东揭阳人。广东黄埔陆军速成学校毕业。"一·二八"淞沪抗战时，为第十九路军第七十八师第一五六旅第六团第三营营长。后任第一五四师第四六二旅步兵第九二二团团长、第十二集团军独立第九旅少将副旅长、潮汕警备司令部副司令官、北平行辕中将高参。

黄典元（1889—1960）　广东廉江县人。先后担任广州甲种商业学校校长，广州法科学院、广东大学、中山大学、勷勤大学教授，财政部统计处处长，国库主任，广东金库长，广州市银行副行长等。中华人民共和国成立后，任中山大学教授兼财经系主任、广州市第一届人大代表。

蔡振玮（1905—1955） 广东廉江人。广东高等师范学校文科毕业。任《钦廉日报》编辑、廉江中学校长、福建绥靖公署秘书。参加福建事变，被通缉避难于香港。后返回合浦，再任廉江中学校长。中华人民共和国成立后，任钦廉行政专员公署文教科科长。

刘太希（1898—1989） 江西信丰人。在北京大学享有才子之誉。曾任广东省东莞、南海、番禺等县知事。后任江西星子县、南康县、福建东山县县长。抗日战争爆发后，任少将衔参议。

劳开连（1903—？） 广东合浦（今属广西）人。曾任北海中学校长、广东省民众御侮救亡会合浦分会北海办事处副主任。

蒙志（1889—1940） 字炳忠，广西平南人。保定陆军军官学校第三期步兵科毕业，曾任第七军第二旅第四团上校团长、第五十二师少将副师长、军事委员会少将高级参谋、浙江省国民抗敌自卫军第1区自卫总队少将总队长。

黄维（1889—1954） 字星垣，广西北流人。毕业于广西桂林法政学堂。曾任李宗仁部任军需主任。抗日战争时期，在广西从事金融业，并任第四战区长官部广西粮食管理局少将局长，同时任广西省参议员、省农业顾问等职。

丁荣光（1902—？） 广东琼山（今属海南省）人。云南陆军讲武堂第十五期工兵科毕业。任建国粤军总司令部讲武堂教官，国民革命军第四军第十师司令部参谋兼军官教导队教官，第十九路军团长。参加北伐战争、"一·二八"淞沪抗战、福建事变。

白志鹍（？—？） 曾任（北伐后）武汉政治分会财政委员会主席、广西银行总经理。

张兆棠（1892—？） 广东新会人。广东陆军速成学校毕业。历任黄埔军校经理科教官兼队长，国民革命军总司令部经理处财政科科长，第四集团军总司令部经理处处长，香港广西银行副经理、经理。在香港银行界享有较高声誉。

叶毅（1911—1948） 浙江人。抗日战争爆发后，任第九战区司令长官部少将参谋，参加长沙会战。任第十三兵站分监部少将参谋长。

韩舜民（？—？） 曾任广西柳州军官学校上校军事教官。

侯梅（1901—1990） 广东梅县人。云南陆军讲武学堂第十五期炮兵科毕业。任第四路军总司令部总办公厅上校参议。抗日战争爆发后，任第六十三军第一五四师司令部参谋长、第一五七师副师长、陆军总司令部代理参谋长。中华人民共和国成立后，任广州市人民政府参事室副主任、广州市政协常委。

黄勉（1890—1961） 别字平夷，广西陆川人。历任广东军政府少校副官，湘军总司令部少校参谋，广西宜山县县长、柳州县县长，广西柳江区行政督察专员，河南省第七区行政督察专员兼保安司令、淮阳县县长。

练惕生（1898—1967） 福建武平人。云南陆军讲武堂第十五期步兵科毕业。历任第一五七师师长、第六十二军副军长。中华人民共和国成立后，任福建省人民政府委员、福建省体育运动委员会主任、福建省政协副主席。

凌仲冕（1893—？） 广东茂名人。长期在粤军邓龙光部任职，历任广东省政府农工厅主任秘书、新编第二师司令部主任秘书、北江绥靖委员公署政务处处长、独立第四师政治训练处处长、陆军第八十三军第一五六师政治训练处处长。中华人民共和国成立后，任广东省人民政府参事室参事。

欧阳新（1890—1968） 字冠凡，广东三水人。保定陆军军官学校第一期工兵科毕业。任广东第四路军总指挥部参事。抗日战争爆发后，任淞沪警备司令部特务团少将团长、第六十八师少将副师长、中央训练团第九军官总队少将副总队长。

陈骥（1890—1974） 字骧衢，广东顺德人。保定军校第二期步科毕业。历任西江讲武堂教官、广东省保安第四旅旅长、六十六军一五九师师长、第一八七师师长、六十六军副军长、军长。因昆仑关战役失利被撤军长职。后任广东第四区行政督察专员兼保安司令、广东顺德县县长，1949年3月移居香港，后转赴南洋定居。

胡铭藻（1889—1968） 广东开平人。保定陆军军官学校第一期步兵科毕业。历任粤军第三师参谋长、广东西江行政公署代理主任、广东第五区行政督察专员兼保安司令。抗日战争爆发后，任广东民众抗日自卫团统率委员会委员，广东省政府委员、秘书长，广东西江南路行政公署主任。

廖起荣（？—？） 任第十九路军第六十一师第一二一旅第三团团长，参加"一·二八"淞沪抗战。

孔可权（1883—1953） 别字可权，广州人。广东武备学堂第一期肄业。历任广东陆军速成学堂堂长、潮梅镇守使署参谋长、建国粤军第四军司令部副官长、广东省临时参议会参议、衢州绥靖公署驻广州办事处主任。

黄德兴（？—1943） 河南永城人。任陆军第五十一军第一一四师师长。参加保卫淮河、徐州会战及台儿庄战役。1943年10月，与敌激战时中弹殉国，国民政府追赠陆军少将。

李伯颜（1894—？） 原名金璋，原籍山东，黄埔军校第一期毕业，历任中国驻法国公使馆武官、第六军驻上海办事处参谋长、第四战区暂编第二军第八师少将副师长、第七战区高级参议等职。

简英甫（1880—？） 广东南海人，民族资本家。创办广东地利公司，开办东亚烟厂、中国烟厂，后任东亚银行董事局董事。

赵植之（1890—？） 广东新会人。海员出身。参加中国同盟会，追随孙中山参加国民革命，负责海外交通运输。孙中山特亲题"天下为公"四个字给赵的"联义社"。任东路讨贼军总指挥部军需处处长、大元帅府事务司司长。

苏健今（1889—1973） 字殿金，广东合浦（今属广西）人。留学日本东京早稻田大学，精通英、日文。回国后在廉州中学任教，对中医有深入研究。中华人民共和国成立后，创办北海市中医院，任北海中医院副院长，农工民主党北海支部主任委员，北海市政协委员、副主席。

林蔚（1889—1955） 别字蔚文，浙江黄岩人。南京江南水师学堂工程科毕业。历任国民革命军第十七军司令部参谋长、国民政府参谋本部第三厅厅长、国民政府军令部次长、军事委员会委员长侍从室主任、中国远征军第一路军参谋团团长。

陈学谈（1882—1966） 别字天焕，广东湛江人。历任雷州善后处处长、湛江赤坎局局长兼赤坎西营商团团长、军事委员会华南先遣军广州湾司令官，兼第二方面军广州湾军警督察处处长。

陈恩元（1892—1977） 字丙南，广西全州人。桂林陆军小学毕业。历任国民革命军第七军第三十五师参谋长、桂林区民团指挥官、广西第八区行政督察专员兼保安司令、桂林市长。

陈同昶（1900—？） 广东高要人。北京高等警官学堂毕业。历任中国国民党广东省党部候补监察委员，广东广宁、顺德、高要县县长，汕头市市长。

卢谔生（1870—1912） 别字逸少，广东南海人。曾创办《群报》《国民报》《二十世纪军国民报》《天民报》等。

李郁焜（1890—1958） 字少炎，广东中山人。保定陆军军官学校第一期工兵科。历任广东省会警察局局长、广州警备司令部副司令官。抗日战争爆发后，任广东第六区行政督察专员、第一区督察专员兼保安司令官。

罗懋勋（1905—1969） 别字德燊，广东高要人。中央军事政治学校第四期政治科毕业。历任第一八七师第一五六旅参谋长，陆军六十二军副军长、军长。

刘尚志（1892—1971）　别字士先，安徽歙县人。保定陆军军官学校第二期步兵科毕业。历任第五十六师师长，陆军第三十九军副军长、军长，第十集团军副总司令。曾创立安徽中学。

陈墨香（1884—1942）　别字敬余，湖北安陆人。中国京剧作家，为荀慧生、程砚秋、王玉蓉编写过剧本。一生改编创作100多个京剧剧本。

陈公侠（1898—1958）　别字丹白，广东南海人。保定陆军军官学校第六期步兵科毕业。历任第一五五师副师长、师长，第六十四军副军长、军长，广东第八区行政督察专员兼保安司令官。

周汉铃（1879—1958）　广东连县人。绿林出身。由香翰屏收编加入粤军，历任魏邦平部粤军第三师营长、团长、江防司令。抗日战争爆发后，任广东第五挺进游击区司令部少将副司令官、广东游击挺进第七纵队司令部副司令官。

胡汉贤（1884—1968）　又名维玩，广东开平人。归国华侨。曾任广东空军司令部参谋长，广东航空学校校长。抗日战争时期，被聘为航空委员会咨议。中华人民共和国成立后，当选为广东省政协委员、广东省人民政府参事。

刘刚德（1893—1960）　福建闽侯人。任成都中央陆军军官学校上校通讯教官、福建省电政总局副局长。

彭智芳（1887—1968）　广东钦县人。广东钦廉军官教练所毕业。历任粤军第二旅旅长，国民革命军第四十九军第一师师长、军长，广东南韶师管区司令官，第七战区司令长官部中将参议。

岑福祥（1906—？）　广东合浦人。广东高等师范学校文科毕业。合浦县立第一中学（即今北海市北海中学）首任校长。

姚秋园（1877—1952）　别号觉庵，广东揭阳人。中过前清禀生、举人。北京高等实业学堂毕业。历任法部主事、广西第二师范学校校监、广东禁烟督办公署督办、潮州府税务局局长、福建银行监理、学海书院教授。

周址（1890—1953）　别字之础，广东开平人。保定陆军军官学校第一期步兵科。历任国民革命军独立第四师副师长、代理师长，广东第一集团军第三军司令部参谋长，广东省政府顾问。

袁带（1878—1966）　广东省中山市人。抗战时，任中山、顺德两县敌后别动队司令，第四战区挺进第三纵队司令，第七战区第三纵队司令，中山县县长职。曾率部击落日机，击毙日本海军大将大角岑生。后任中山县参议员、广东省咨议、中山县自卫总队队长、中山县警备司令部司令。

林福元（1890—1962）　出生于美国，祖籍广东开平市。毕业于美国寇蒂莱斯特航空学校。历任广东航空学校机务处长、广东航空署机务处长、(南京)第一飞机修理厂厂长、广东空军参谋长、广州东山飞机制造厂厂长、广东韶关飞机制造厂厂长。

梅龙安(1902—?) 出生于美国,祖籍广东台山。入芝加哥三民飞行学校学习飞行和飞机制造技术。历任广东航空学校飞行教官、广州东山飞机制造厂厂长、广东韶关飞机制造厂厂长。

叶启芳(1898—1975) 广东三水人。广州岭南大学经济系毕业。历任黄埔军校任政治教官、《大刚报》总编辑及《广西日报》社长。中华人民共和国成立后,历任广东省政协委员,国民大学教务长,华南联大文学院院长,中山大学图书馆馆长兼外国文学史教授国民大学教务长等职。

邓殷藩(1893—1955) 字篱五,号铁屏,广西思乐人。广西陆军讲武堂、陆军大学特别班第1期毕业。历任国民革命军第四军军务处长、第四军第十一师团长,参加北伐。后任第七军司令部上校参谋处长、龙州区民团指挥部副指挥官、广西绥靖公署少将高参。

郭赓祥(1874—1947) 字纪云,号清溪居士。广东(现广西)合浦县人,光绪贡士。精于诗、书,擅墨兰,是合浦鲜有身兼"三绝"的艺术家。

钱玉光(1894—?) 字春秀,福建古田县人。历任福建省防军第四旅旅长、国大代表。中华人民共和国成立后,任福建省民革委员,古田县人大代表、政协委员。

萨君豫(1890—?) 福建省闽侯人,萨镇冰的族侄。保定陆军速成学堂、北京陆军大学毕业。历任福建陆军小学堂教育长、监督,福建马尾海军陆战队军官训练班教育长,福建海军陆战队司令部参谋长,福建省第五区行政督察专员,兼保安司令。

周孝培(1893—1978) 名乃莊,字震九,福建省寿宁县人。日本陆军骑兵学校毕业。历任东北军骑兵第14团副团长,第三混成旅参谋,讲武堂教官,福建省防军教导旅副旅长、代旅长,南京骑兵学校研究委员、驻日本大使馆陆军武官,国民政府军训部任骑兵副监(军衔少将),并代理兵监之职。

邓定远(1893—1970) 别字立予,广东海康人。保定陆军军官学校第六期步兵科毕业。历任孙中山广州大本营宪兵营营长、国民革命军第四军司令部参谋处处长、雷州游击挺进纵队司令官、海康县县长、第四战区司令长官部高级参谋。

韦汝聪(1878—1944) 广东中山人。日本陆军士官学校中华学生队第一期步兵科毕业。历任广东武备学堂学兵营指挥、广东陆军小学堂总办、广东陆军测量局局长、江西讲武堂总办。

何少垣（1888—1946）　广东南海人。广东陆军军需学校毕业。历任广东第一集团军第二军司令部军需处处长、广东陆军军需学校教育长、广东第四路军总司令部军需副监、军事委员会军政部军需署军需监。

李艺空（1908—1966）　广东台山人。美国图格航空学校毕业。历任空军第三大队副大队长、重庆防空司令部参谋处处长、中央飞行试验所副所长。

熊式辉（1893—1974）　别字天翼，江西定义人。保定陆军军官学校第二期骑兵科毕业。历任江西省政府主席、军事委员会南昌行营办公厅主任、国防最高委员会委员、军事委员会第二部部长、国民政府东北行营主任。

陈调元（1886—1943）　别字雪喧，河北安新人。陆军大学正则班第一期毕业。历任南京国民政府军事委员会常务委员，安徽省政府主席，国民革命军第三十七军军长，山东省政府委员、主席，南京国民政府委员，军事参议院上将院长。

黄旭初（1892—1975）　广西容县人。陆军大学正则班第四期毕业。历任广西第四集团军总司令部总参议、陆军第十五军军长、广西省政府主席、广西大学校长。

方声涛（1885—1934）　别字韵松，福建福州人。留学日本陆军士官学校中华学生队第四期骑兵科。历任大元帅府卫戍总司令、广州陆海空军大元帅府大本营参谋长、代理福建省政府主席。

张发奎（1896—1980）　别字向华，广东始兴人。民国陆军二级上将，广东黄埔陆军小学第六期毕业。历任国民革命军第四军副军长、军长，第二方面军上将总指挥，第八集团军总司令，第四战区司令长官，国民政府广州行营主任，陆军总司令。

陈劲节（1896—1944）　广东顺德人。广东西江陆海军讲武堂肄业。历任国民革命军第四军司令部交通处处长、北伐军总司令部第四兵站总监、陆海空军总司令部兵站总监部副监、第三战区司令长官部兵站副监、第九战区司令长官部兵站总监。

陈仪（1883—1950）　别字公侠，浙江绍兴人。留学日本陆军士官学校中华学生队第五期炮兵科毕业。历任军政部兵工署署长、代理部长、福建省政府主席、第二十五集团军总司令、台湾省行政长官兼台湾省警备司令部总司令。

吴铁城（1883—1953）　广东中山人。日本明治大学法律系毕业。历任广州大本营参军长、国民革命军独立第一师师长、第十七师师长、广东省政府委员、建设厅厅长、广东省政府主席、"立法院"副院长、行政院副院长。

梁鸿楷（1887—1954） 别字景云，广东新兴人。历任粤军第一师师长、广州卫戍司令部副司令官、中央直辖讨贼军第四军军长、建国粤军第一军军长。

李汉魂（1894—1987） 别字伯豪，广东吴川人。保定陆军军官学校第六期步兵科毕业。历任第六十四军军长、第九战区第二兵团总司令、第二十九团军团长、广东省政府主席、广东省军管区司令部司令官、第三十五集团军总司令、国民政府内政部部长。

胡宗铎（1892—1962） 别字今予，湖北黄梅人。历任国民革命军第七旅旅长、第二师师长、第三路军第三纵队总指挥、国民政府军事委员会委员。

黄任寰（1888—1952） 广东梅县人。广东武备学堂第二期毕业。历任第一集团军第四军军长、广东第二军区司令官、广东省民众抗日自卫团统率委员会副主任委员兼参谋长、第七战区司令长官部高级参谋。

叶琪（1896—1935） 别字翠微，广西容县人。保定陆军军官学校第二期骑兵科毕业。历任国民革命军第八军第五师、第一师师长，第三十五军副军长，第十八军军长，第十二军军长，南京国民政府军事委员会委员，广西第四集团军总司令部总参谋长。

张枚新（1894—1953） 广东南雄人。广东陆军测量学堂毕业。历任第一集团军第二军第四师师长、广东第一集团军总司令部副官长、南路军第二军第四师师长、军事参议院参议。

邓龙光（1896—1979） 别号剑泉，广东茂名人。保定陆军军官学校第六期步兵科毕业。历任第四军第十二师师长、广东第三军第九师师长、第一五六师师长、第六十四军副军长、第八十三军军长、第六十四军军长、第三十五集团军总司令、第二方面军副司令长官。

许宗武（1892—?） 别号继能，广西临桂人。保定陆军军官学校第一期骑兵科毕业。历任独立第二师代理师长，广西新军训练总指挥部参谋长，浙江省第九、第八区行政督察专员兼保安司令官。

卢兴邦（1880—1945） 别号光国，福建尤溪人。历任粤军第三师第五旅旅长，东路讨贼军留闽第一师师长，国民革命军新编第一师师长，福建省政府委员，第五十二师师长。

邓家彦（1883—1966） 别号孟硕，广西桂林人。历任司法总长、国民政府委员、国防最高委员会常委。

罗家伦（1897—1969） 别字志希，浙江绍兴人。北京大学文科毕业。历任国民革命军总司令部编辑委员会委员长、清华大学校长、中央大学校长、中国国民党中央党史编纂委员会委员长。

区芳浦（1891—1951） 又名普春，广东南海人。两广高等工业学堂毕业。历任第八路军总指挥部政治部主任，广东第一集团军政治部中将主任，梧州市市长，广东省政府委员、财政厅厅长。

欧阳驹（1896—1958） 别字惜白，广东中山人。保定陆军军官学校第六期步兵科毕业。历任广州国民政府警卫军参谋长，独立第一师副师长，第十七师副师长，广东省会公安局局长，淞沪警备司令部参谋长，广东省政府委员、秘书长，第七战区赣粤闽边区副总司令，广州特别市政府市长。

谭启秀（1892—1949） 广东罗定人。广东陆军将校团炮兵科毕业。第十九路军七十八师副师长兼吴淞要塞司令，参加"一·二八"淞沪抗战。福建政府人民革命军第五军军长、军事参议院参议、广东南路第八游击区司令官、第七战区司令长官部高级参谋。

刘纪文（1890—1957） 别字兆铭，广东顺德人。日本东京早稻田大学毕业。历任广东省政府委员兼农工厅厅长、国民革命军总司令部军需处处长、南京特别市市长、国民革命军总司令部经理处处长、广州市市长、行政院审计部次长。

朱兆莘（1879—1932） 别字鼎，广东花县人。京师大学堂、美国纽约大学毕业。前清秀才、禀生、举人。历任国会议员、总统府秘书、驻美国旧金山总领事、驻英国使馆一等秘书、驻意大利大使。九一八事变后，任特种外交委员会委员。

罗文庄（1890—？） 广东番禺人。历任广州国民政府司法行政委员会委员、国民政府司法部次长、广东省高等法院院长。

许崇清（1888—1969） 别号志澄，广东广州人。东京高等师范学校毕业。历任广东省政府委员、教育厅厅长、广东省政府委员、民政厅厅长、"国立中山大学"校长。

金曾澄（1879—1957） 别字湘帆，广东番禺人。广州广雅书院毕业，留学日本同文书院。历任广东高等师范学校校长，广东省教育学会副会长、会长，广州大学校长，广东省政府委员、教育厅厅长、"国立中山大学"校长。

陈桐（1897—1951） 别字伯琴，广东徐闻人。广西军官模范团毕业。历任第十九路军补充师第二旅副旅长、广东省会公安局警察训练所教育长、徐闻县县长、广东海康县县长。

黄炳武（1867—1954） 别字希平，福建闽清人。早年加入中国同盟会。历任福建省政府委员、建设厅厅长，福建财政整理委员会委员长，国民革命军第六路军总司令。

刘树梅（1891—1940） 别名刘锡章，湖南沅陵人。早年参加辛亥革命。哈佛大学财经系毕业。回国后，在上海执教，是民国时期研究会计学的主要代表人物之一。

张谓文（1885—1949） 浙江杭州人。保定北洋陆军武备速成学堂第二期步兵科毕业。南京国民政府军事委员会办公厅第二处处长、国民政府参谋本部高级参谋、浙江省保安司令部副司令官。

孔海鲲（1895—1953） 安徽合肥人。保定陆军军官学校第六期步兵科毕业。任第三十九军第五十六师师长，参加随枣会战、豫中会战诸役。

厉鼎璋（1892—1972） 别字幼岩，江苏仪征人。保定陆军军官学校第三期炮兵科毕业。历任第三十九军第五十六师参谋长、副师长、师长，参加随枣会战、枣宜会战。后任陆军第三十九军副军长，兼第五十六师师长。

汤邦桢（1893—？） 安徽合肥人。保定陆军军官学校第七期步兵科毕业。任陆军第三十九军第五十六师师长。

黄茂权（1887—1949） 广东高州人。广东护法第二军教练所毕业。参加一·二八淞沪抗战，历任陆军第七十八师第一七八旅旅长。参加福建事变，任福建人民革命军第十九路军第一军第一师副师长。后任南路第七游击指挥部副司令官。

唐灏青（1892—？） 别号翰湘，福建闽县人。保定陆军军官学校第二期步兵科毕业。历任国民革命军总参谋长李济深长官部副官长、广州黄埔国民革命军军官学校代理教育长、广东第八路军总指挥部副官长、广东第四路军总指挥部中将衔参议、中央陆军军官学校第六分校副主任。

林时清（1895—1966） 原名秀奇，广东信宜人。广东陆军速成学校第三期步科毕业。历任广东第八路军总指挥部高级参谋、第一集团军总司令部高级参议、广东区宪兵司令部司令官、广东军事政治学校副校长、第四路军总司令部直属独立第一师师长、广东第七区行政督察专员兼保安司令官。

杨熙绩（1884—1947） 别字少炯，湖南常德人。历任广州大元帅府秘书、南京国民政府文书局局长、西南政务委员会委员。

马君武（1881—1940） 又名和，别字君武，广西桂林人。上海震旦书院毕业。历任广州军政府交通部部长、广州非常大总统府秘书长、广西省长，广西大学创建人，上海大学首任校长，三任广西大学校长。

李任仁（1886—1968） 别字重毅，广西桂林人。历任广西省政府委员、教育厅厅长、西南政务委员会委员、广西临时参议会议长、第一届"立法院"的"立法委员"。

谢瀛洲（1894—1972） 别字仙庭，广东从化人。法国巴黎大学法科毕业。历任国民政府司法行政部常务次长，广东省政府委员、教育厅厅长，广东高等法院院长，广东省政府审计处处长，国民政府司法行政部常务次长。

邓世增故居——鉴公楼和邓公馆简介

鉴公楼座落在广西北海市铁山港区营盘镇彬塘玉塘村51号。由邓世增七弟邓世诚主持施工，九弟邓世汉参与设计，选址紧邻邓家祖屋宅地西面小山丘上，于1937年兴建至1938年建成。邓氏三兄弟及其家人均曾在此居住。

故居主体建筑是一幢4层高碉楼（连一层天台）和一座一层回廊式会客厅，大院四周建有围墙，靠围墙内建有排屋，西面围墙建有两座角楼起拱卫作用。原房屋面积共约1190平方米，占地3500多平方米。原围墙外还设有马厩及杂物房。

碉楼是用砂、石粒、白石灰、水泥和黏土等，一起搅拌均匀，倒入夹板内，一层一层用棒锤夯打、砸实筑成的，历经80多年风吹雨打至今大致完好。从碉楼建成至2000年间，是当地最高建筑物。当年站在天台上，海湾、珍珠场尽收眼底。碉楼每层为一厅三房格局。四角突出并设有枪眼，除第四层用玻璃窗户外，其他门窗均用铁门、铁窗，防匪盗和居住兼备。第一层除亲戚、保姆居住，还有一储存米、油房间。邓世汉、邓世诚住楼上的二层、三层，楼上第三层设有一枪、弹房。邓世增居第四层。原天台还建有储水池。邓氏兄弟为纪念父亲邓鉴秋，将碉楼命名为"鉴公楼"。

邓世增将军广西北海市铁山港区玉塘村故居鸟瞰图

会客厅是一座有中式屋顶西式回廊，民国时期较流行，具中西混合特色的建筑。邓氏兄弟在中堂会客。两旁有餐厅和休息房间。

大院内有宿舍（排屋）、水井、水池、厨房、浴室、鸟房、猪舍，还种有各种果树和蔬菜。围墙外的祖屋，改用为中间房放置祖先牌位，两旁为粮仓、柴房。

鉴公楼建筑群在土改时被收归国有，后经历过部队、中学、水产加工厂、珍珠场场部的使用。1988年，合浦县人民政府按政策将其归还给邓氏后人。2009年11月北海市人民政府公布"邓世增故居"为北海市文物保护单位。

邓世增将军广西北海市铁山港区玉塘村故居

邓世增将军广西北海市铁山港区玉塘村故居门前

北海市人民政府于 2009 年 11 月将邓世增将军广西北海市铁山港区玉塘村故居定为北海市文物保护单位

邓公馆（邓世增公馆）座落在广西北海市中山东路 143 号，是邓世增之父邓鉴秋在 20 世纪 20 年代末购置，具中西合璧建筑风格的大院。内有前后两座分别为三层和二层的楼房。前后座之间及后院建有两个小花园，内有假石山、水池、石枱凳，园内种植了各样花果树木。

邓世增与家人居住在前座楼上，楼下驻卫兵。后座建有回廊，楼上有居室及西式凉亭，楼下设有大厅和办公室，是邓家族人聚会场地，也曾是邓世增接待乡绅政要，与同袍好友议政之所。大院西侧另建有一排房屋，前侧屋居人，后侧屋做厨房、谷仓、储物室、卫生间等用途。

解放后，邓世增兄弟为响应国家抗美援朝运动，将邓公馆捐献给国家。邓公馆先后成为市政府机关、检察院办公室和宿舍，现因年久失修已失去昔日面貌。

2009 年 11 月，北海市人民政府公布邓世增公馆为北海市文物保护单位。

2020 年 7 月，由北海市文物保护研究院申请的市级文物保护单位——邓世增公馆旧址修缮许可通过专家技术评审。

广西北海市中山东路邓世增公馆旧址

邓世增公馆旧址修缮设计效果图，广西文物保护研究设计中心设计

后　记

　　承蒙邓世增将军亲属子女后人信任与委托，有幸执笔对本书统筹、整理与编纂。结稿之时，如同观摩与审视粤军——粤系军事集团所走过的历程与轨迹，粤军的宏富史实与邓世增将军亲历并行，邓将军史料汇编所反映的丰富史事，交织成一部广东近现代革命与军事史迹，令人流连忘返深受感染。史称粤军，其广义为广东籍将领统率的本省军队，统辖所属各级部队的重要将校也由广东籍人士担当，更有甚之，一些粤军骨干部队的初级军官及其兵员补充，皆源自广东本土人。粤军，作为独立的地方军事集团，兴衰存亡于1912—1950年间，总计38年。"粤军"之称谓，虽止于1925年8月国民革命军之编制组成，但是后续以粤军为基础的"粤系部队"，以粤系将领军官为指挥阶层，以粤籍本土居民为补充兵员，以粤语（包含广府、客家、潮汕方言）内部流通方言，活动范围主要（或多数）为广东地方之武装力量，为便于叙述统称为"粤系军队"（或粤系部队），按照其历史渊源形成和地域武力整合类别，亦称谓"粤系军事集团"。邓世增将军就是粤系军事集团中一员重要将领。近现代以来中国革命的策源地在广东，国共两党的军事力量皆崛起于广东，人民军队建军之始于三大起义，然军事骨干生长成型于广东，粤军之兴起与国民革命军—人民军队之诞生与成长雏形，是那个时代赋予广东的伟大使命。粤军暨粤系军事集团，是那个过去时代的缩影，距离今天已渐行渐远，没有多少人知道它的经世与史实。以粤军将领邓世增为题，以历史视线与现代眼光进行历史资料汇编与学术叙述，亦是首次引入。任何历史阶段或是断代史、专题史，都需有人进行综述，任何历史事件及其人物，无论孰是孰非终需要有人予以估量评述，对于过往历史之追溯与总结，亦是当代史学者一项义不容辞之使命，需要义无反顾地尝试践行履职。我们行进于当今强国、强军、振兴中华、统一国家的伟大时代，更应站得更高看得更远，为广东乃至岭南这段辉煌伟岸的革命史迹，留存当代人之追忆与缅怀。忘记这段历史，就写不出真史信史。

陈予欢谨识
2019年11月28日于广州